rowohlt
BERLIN

Herfried Münkler

Welt in Aufruhr

Die Ordnung der Mächte im 21. Jahrhundert

Rowohlt · Berlin

14. Auflage April 2025
Veröffentlicht im Rowohlt · Berlin Verlag,
Kreuzbergstraße 30, 10965 Berlin
Originalausgabe
Zuerst veröffentlicht im Rowohlt · Berlin Verlag, November 2023

Satz Guyot Text Pro bei Pinkuin Satz und Datentechnik, Berlin
Druck und Bindung GGP Media GmbH, Pößneck
ISBN 978-3-7371-0160-8

Kontaktadresse nach EU-Produktsicherheitsverordnung:
produktsicherheit@rowohlt.de

FSC www.fsc.org MIX Papier | Fördert gute Waldnutzung FSC® C014496

«Wer in der Zukunft lesen will,
muss in der Vergangenheit blättern.»

André Malraux

«Der Vorzug der neuen Richtung ist,
dass wir nicht dogmatisch die Welt antizipieren,
sondern erst aus der Kritik der alten Welt die neue
finden wollen.»

Karl Marx

Inhalt

KAPITEL 3

Module der Weltordnung 163

KAPITEL 4

Erzählungen und Bilder der Weltordnung 245

KAPITEL 5

Analytiker des großen Umbruchs: Thukydides, Machiavelli, Clausewitz 333

EINLEITUNG:

Vom Wandel der Weltordnung

Die letzten Jahrzehnte sind von tiefgreifenden und folgenreichen Veränderungen der weltpolitischen Konstellationen geprägt, nachdem die Weltordnung zuvor für mehr als vierzig Jahre in Beton gegossen zu sein schien – jedenfalls, wenn man, wie die Deutschen, vor allem die Bipolarität von Ost und West mitsamt ihrer gesellschafts- und wertepolitischen Unterfütterung vor Augen hatte. Sieht man jedoch etwas genauer hin und weitet das Blickfeld auf den globalen Süden, so hat es auch in der Zeit zwischen dem Zweiten Weltkrieg und dem Zerfall des Sowjetimperiums eine Reihe disruptiver Entwicklungen gegeben, wie etwa das Ende der europäischen Kolonialreiche. Von diesen waren zwar bereits während des Weltkriegs einige ins Wanken gekommen, aber die überwiegende Mehrheit der politischen Akteure ging bei Kriegsende davon aus, dass sie weiterhin eine weltpolitisch bedeutende Rolle spielen würden.

Als Winston Churchill 1946 in Zürich seine berühmte Rede mit der Forderung nach einer Vereinigung (West-)Europas hielt, dachte er mitnichten daran, dass Großbritannien ein Bestandteil dieses geeinten Europa sein werde, sondern sah im Britischen Weltreich einen eigenständigen Akteur der weltpolitischen Szene, die wesentlich von drei großen Mächten bespielt würde: den USA, der Sowjetunion und eben dem *British Empire*. Das vereinte Europa, wie Churchill es forderte, sollte als sicherheitspolitisches Glacis gegenüber der Sowjetunion dienen. Dass es das Empire schon bald nicht mehr geben würde, war für ihn unvorstellbar. Indem die Züricher

Rede später in die Vorgeschichte des Europaprojekts gerückt und mitunter als dessen Startschuss bezeichnet wurde, ist der tiefe Bruch, den die weltpolitische Entwicklung gegenüber Churchills damaligem Weltordnungsentwurf darstellte, kurzerhand wegerzählt worden. Aus dem Bruch wurde eine geglättete Fortschrittserzählung, als deren Visionär Churchill figurierte.

Man muss sich dieses Beispiel vor Augen führen, wenn man verstehen will, warum die jüngsten Veränderungen als «Weltunordnung» bezeichnet werden. Es ist die Wahrnehmung vor allem derer, in deren Vorstellung die Welt*ordnung* auf dem Ost-West-Gegensatz beruhte und in deren Aufmerksamkeitsfokus es jenseits dessen weltpolitisch kaum anderes gab. Tatsächlich war die bipolare Ordnung des globalen Nordens der große Bremser von Veränderungen, und sie gab eine Struktur der globalen Konstellationen vor, die auch den Süden des Globus erfasste; gegen deren Dominanz kam die Bewegung der «Blockfreien» nicht an. Der für diese Epoche häufig verwendete Begriff der «Eiszeit» hatte eine vielfältige Bedeutung: Nicht nur die Beziehungen zwischen beiden Seiten waren frostig bis eisig, sondern auch die auf Veränderung abzielenden Kräfte wurden im Osten eingefroren, um zu verhindern, dass sie sich politisch bemerkbar machen konnten. Auf jedes «Tauwetter» folgte darum entsprechend den Imperativen der bipolaren Ordnung eine neue «Eiszeit». Je stärker sich die Kräfte der Veränderung bemerkbar gemacht hatten, desto frostiger wurde im Ostblock anschließend das politische Klima. Bis zu den Reformen Gorbatschows war das eine quasi gesetzmäßige politische Thermik.

Das hat sich mit dem Ende des Ost-West-Konflikts grundlegend verändert. Die Sowjetunion, der konservative – oder präziser noch: der konservierende – Pol der Weltordnung, zerfiel, wobei auch im Rückblick frappiert, wie unspektakulär sich das Ende dieses vormals zentralen Akteurs der Weltpolitik vollzog. Mit einem Mal war er nicht mehr da, was vielen im Westen zum Anlass wurde, sich am Beginn einer Ära der Sorglosigkeit zu wähnen. Dem Untergang des von Lenin geschaffenen Reichs stand am Ende des 20. Jahrhunderts der rasante Aufstieg Chinas gegenüber, der sich zunächst relativ unauffällig vollzog und im Westen vielfach von der Erwartung begleitet wurde, mit der Einführung kapitalistisch-marktwirtschaftlicher Elemente im Reich der Mitte werde auch die Einparteienherrschaft der Kommunisten verschwinden und eine demokratisch-rechtsstaatliche Ordnung an ihre Stelle treten. Die Welt, so die Vorstellung, war nicht länger geteilt, weder machtpolitisch noch ideologisch, sondern wuchs zusammen, und die bis dahin durch den Ost-West-Gegensatz paralysierten Vereinten Nationen, so die Erwartung, würden bei der Bewältigung der Menschheitsaufgaben eine zentrale Rolle spielen.

Dieser bis vor kurzem noch dominante «Erwartungshorizont» (Koselleck) ist der zweite Grund, warum uns die gegenwärtigen Konstellationen als Welt*un*ordnung erscheinen. Der Erwartungshorizont ist inzwischen nämlich schon wieder verschwunden, und man sollte nicht davon ausgehen, dass er in absehbarer Zeit noch einmal auftauchen wird. Stattdessen ist China zum neuen Gegenpol der USA geworden, und die Vorstellung, es werde nach dem Ende der Bipolarität zur globalen Durchsetzung des westlichen Politik- wie Wirtschaftsmodells kommen, hat sich in nichts aufgelöst. Ob diese Vorstellung je realistisch war oder ob es sich bei ihr von Anfang an um eine große Selbsttäuschung handelte, mag hier dahingestellt bleiben. Über mehr als zwei Jahrzehnte hinweg hat jedenfalls die Vorstellung dominiert, es könne eine nicht von Konfrontation, sondern von Kooperation getragene Weltordnung entstehen, in der zwischenstaatliche Kriege zum historischen Auslaufmodell geworden seien.

Für eine begrenzte Zeit war viel von dem «unipolaren Moment» die Rede, das den USA zugefallen sei und das der «einzig verbliebenen Supermacht» die Chance eröffne, zum «Hüter» einer globalen Ordnung zu werden, einer Ordnung, die nicht wesentlich durch Feindschaften und Gegensätze, durch Konfrontation und den sie begleitenden Zwang zur Parteinahme gekennzeichnet sei, sondern in der die bis dahin im politischen Bereich bloß rhetorische Formel von der Menschheit und ihren Herausforderungen politische Gestalt annehmen werde. Doch auch daraus ist nichts geworden: Nach den Terroranschlägen vom 11. September 2001, einem weiteren disruptiven Ereignis, haben die USA sich dazu verlocken lassen, die allgemein prognostizierte Entwicklung zur Durchsetzung von Demokratie und marktwirtschaftlich organisiertem Kapitalismus in der arabisch-muslimischen Welt notfalls auch mit Gewalt durchsetzen zu wollen, um deren seit dem Ende des Zweiten Weltkriegs zu konstatierende Selbstblockade aufzulösen – und sind damit auf ganzer Linie gescheitert. Sie haben sich nicht nur in der arabisch-muslimischen Welt militärisch verzettelt, sondern auch global an politischer Reputation verloren. Reputation aber ist eine der wichtigsten Währungen internationaler Politik. Was der amerikanische Politikwissenschaftler Joseph Nye als «soft power» bezeichnet hat, beruht wesentlich auf Reputation. Im Vergleich zu «hard power» ist sie sehr viel kostengünstiger und stellt damit die Voraussetzung für globale Einflussnahme ohne die Gefahr einer materiellen Überforderung der jeweiligen Vormacht dar. Indem die USA ihre Reputation verspielten, wurde es für sie immer aufwendiger, den «unipolaren Moment» zu nutzen, bis es unbezahlbar war.

Bereits unter US-Präsident Obama wurde das Projekt der unipolaren Weltordnung beerdigt, und dem folgte das Eingeständnis, dass die USA nicht länger zu einer gleichzeitigen und gleichgewichtigen Machtprojektion in den atlantischen und den pazifischen Raum hinein in der Lage seien. Dieses Eingeständnis ist zwar von seiner weltpolitischen Bedeutung her nicht mit dem Zerfall der Sowjetunion gleichzusetzen, aber es steht doch für die erodierte Macht des anderen Pols der ehemals bipolaren Ordnung. Zwei Jahrzehnte nach dem Ende der Bipolarität begann die Erosion der Unipolarität.

Währenddessen ist den USA in China ein ernstzunehmender Konkurrent mit globalem Anspruch erwachsen. Das hat, seitdem China überaus selbstbewusst und energisch auftritt, zu einem neuen Entwurf der Weltordnung geführt, bei dem manche schon davon sprachen, auf das amerikanische werde ein chinesisches Zeitalter folgen. Des Weiteren ist an die Stelle einer politisch saturierten Sowjetunion, bis 1989/90 der Gegenpol des Westens in einer auf Stabilität angelegten Weltordnung, ein revisionistisches Russland getreten, das die territoriale Souveränität einiger seiner Nachbarstaaten in Frage stellt, also nicht auf Bewahrung, sondern auf Veränderung aus ist. Die Vorstellung, man könne «Frieden schaffen mit immer weniger Waffen», ist infolgedessen zerbröselt und fortgespült worden wie eine Sandburg am Strand.

Derweil sucht die Europäische Union nach ihrer Rolle unter den sich formierenden Weltmächten. Für sie gilt, was man einst von der Bundesrepublik Deutschland gesagt hat: wirtschaftlich ein Riese, politisch ein Zwerg. Die Europäer – und keineswegs nur die Deutschen – waren nach dem Ende des Ost-West-Konflikts davon überzeugt, dass ihrem Projekt, Frieden wesentlich mit wirtschaftlichen Mitteln zu schaffen, die Zukunft gehöre. Das kam dem Portfolio der Machtsorten, über das die Europäer verfügten, durchaus entgegen. Vermutlich hat man in Europa auch darum so lange an dieser Vorstellung festgehalten, weil darin ein ethisch attraktiver Weltordnungsentwurf mit einer herausgehobenen Stellung der Europäer zusammenfiel, einer Position zumal, deren Behauptung keine großen Kosten verursachte und sich politisch weithin risikolos ausnahm. Inzwischen müssen sich die Europäer freilich sputen, den Rückstand im Bereich der militärischen Macht, den sie sich dabei eingehandelt haben, möglichst schnell aufzuholen. Es geht um die Frage, ob Europa beziehungsweise die Europäische Union in der sich herausbildenden Weltordnung ein relevanter Akteur oder eine *quantité négligeable*, eine vernachlässigbare Größe, sein wird.

Viele sprechen angesichts dieser Entwicklung inzwischen von der *Weltunordnung*. Das klingt alarmistisch, hat einen durchweg nervösen Grundton und signalisiert, man müsse möglichst schnell aus diesem Zustand wieder herauskommen – ohne dass man sagen kann, wie das erfolgen soll. Das nimmt die zunächst besorgte und seit dem 24. Februar 2022 aufgeregte Stimmung in der deutschen Gesellschaft auf. Die Unordnung, von der die Rede ist, bemisst sich an der Vorstellung einer Weltfriedensordnung, die durch die Herrschaft des Rechts und die Ausbreitung globalen Wohlstands gekennzeichnet sein sollte. Daran gemessen handelt es sich tatsächlich um eine große Unordnung. Die nachfolgend entwickelten Vorstellungen gehen jedoch in eine andere Richtung: Wir haben es, so die Grundthese, mit einem Wandel der Weltordnung zu tun, wie er eigentlich immer wieder stattgefunden hat, in der Vergangenheit über längere Zeitstrecken, seit dem 20. Jahrhundert jedoch immer schneller. So findet das, was sich früher nur im Zeitraffer beobachten ließ, nunmehr in Echtzeit vor unseren Augen statt. Das ist beunruhigend. Darin wiederholt sich hinsichtlich der globalen Ordnung, was ein durchgängiges Signum der modernen Welt ist: eine umfassende Beschleunigung der Veränderung, die zeitweilig als Fortschritt, als Annäherung an ein normativ ausgemaltes Ziel der Geschichte, beschrieben worden ist – und nunmehr als Balancieren am Abgrund wahrgenommen wird. Von daher könnte man zu dem Schluss kommen, das Fortschrittsnarrativ, das in den letzten Jahrzehnten auch die Theorie der Internationalen Beziehungen dominiert hat, habe wie ein starkes Beruhigungsmittel gewirkt, indem es die sich beschleunigenden Veränderungen als Verwirklichung eines großen Friedensprojekts erzählt hat. Haben wir uns in der Vergangenheit die Entwicklung schöngeredet und darüber versäumt, uns auf die durchaus abzusehenden Herausforderungen vorzubereiten? Sind vor allem die Europäer in die Falle eines weltpolitischen Biedermeier gegangen?

Was sich nach dem Ende des Ost-West-Konflikts über zwei bis drei Jahrzehnte als Schritt für Schritt erfolgender Ordnungsgewinn ausgenommen hat, ist für die meisten inzwischen zum Einbruch des Chaos in eine vormals *wenigstens ansatzweise* geordnete Welt geworden. Danach ist es die Aushebelung des Fortschrittsnarrativs durch gegenläufige Entwicklungen, die den Begriff «Unordnung» zum vorherrschenden Klassifikationsbegriff gemacht hat. Auch das ist nicht ungewöhnlich, stehen sich doch seit der Aufklärung, spätestens seit der Französischen Revolution, Fortschrittliche und Konservative mit unterschiedlichen Bewertungen der allgemeinen Entwicklung gegenüber. Dabei kamen sie in der Regel zu einem Gesamturteil, in dem sie die Veränderungen *insgesamt* als entweder gut oder schlecht bewertet haben. Man war in jedweder Hinsicht politisch ein Parteigänger der Veränderung, die man als Fortschritt ansah, oder stand auf Seiten der Beharrung und Bewahrung, war also konservativ. Das ist heute kaum noch der Fall, denn die Bewertung von Veränderungen geht wild durcheinander. Auch das spielt beim vorherrschenden Eindruck der Welt*un*ordnung eine Rolle: So mancher, der die Veränderungen im gesellschaftlichen Mikrobereich durchgehend begrüßt, wünscht sich beim Blick auf die internationale Ordnung die stabilen und übersichtlichen Konstellationen der Bipolarität zurück. Andere dagegen, die auf die programmatische Formel «Frieden schaffen mit immer weniger Waffen» gesetzt haben, beobachten die lebensweltlichen Neuerungen mit Misstrauen und Unbehagen.

Wenn sich die geschichtsphilosophisch grundierten Orientierungsmuster mit den entgegengesetzten Polen des Konservatismus und der Progressivität bei der Beurteilung politischer und sozialer Entwicklungen auflösen, wird der sich beschleunigende Wandel unübersichtlich, und für viele wird er zu Tumult und Aufruhr. Querdenker-Gruppierungen, wie sie zuvor als Opponenten der staatlich verordneten Corona-Schutzmaßnahmen hervorgetreten sind, lassen sich nun auch im Hinblick auf die veränderte Weltlage beobachten. Das alte Muster der politischen Sortierung nach rechts, links und Mitte hat viel von seiner Aussagekraft eingebüßt. So kommen der beschleunigte Wandel der Weltordnung und die Erosion der Bewertungsmuster zusammen; die Folge ist die Wahrnehmung einer «Welt in Aufruhr». Was daran tatsächlich «Aufruhr» ist und was auf eine sich verändernde «Ordnung der Mächte» hinausläuft, soll nachfolgend untersucht werden. Es sind diese einander entgegengesetzten Perspektiven, die im Titel des Buches annonciert werden: der Rückfall in eine «Anarchie der Staatenwelt» und die Herausbildung einer neuen «Ordnung der Mächte» in den globalen Verhältnissen.

Die Beschleunigung des weltpolitischen Wandels, die sich immer schneller vollziehende Veränderung der Weltordnung, ist nicht zuletzt die Folge einer *Raumrevolution*, die sich in den letzten Jahrzehnten vollzogen hat. In deren Verlauf ist es zu einer «Raumschrumpfung» in Verbindung mit einer «Zeitschrumpfung» gekommen: Die Entfernungen sind infolge schnellerer Verkehrsmittel, ihrer dichteren Vertaktung und der sich tendenziell in Echtzeit verbreitenden Informationen über Krisen und Katastrophen am «anderen Ende der Welt» in der allgemeinen Wahrnehmung immer kleiner geworden, so dass uns Nachrichten aus geographischen Räumen bedrängen, die frühere Generationen entweder gar nicht erreichten oder weithin kaltgelassen haben, weil sie erst spät eintrafen und man davon ausging, dass man mit so weit entfernten Krisen und Katastrophen nichts zu tun hatte.

Das Gespräch der beiden Frankfurter in Goethes *Faust*, immerhin Bürger einer Handelsstadt mit internationalen Wirtschaftskontakten, deren Geschäfte auf einen zügigen Informationsfluss angewiesen waren, ist heutzutage nicht mehr denkbar: «Nichts Bessers weiß ich mir an Sonn- und Feiertagen / Als ein Gespräch von Krieg und Kriegsgeschrei, / Wenn hinten, weit, in der Türkei, / Die Völker aufeinander schlagen. / Man steht am Fenster, trinkt sein Gläschen aus / Und sieht den Fluss hinab die bunten Schiffe gleiten; / Dann kehrt man abends froh nach Haus, / Und segnet Fried und Friedenszeiten.» – Worauf der andere Frankfurter ergänzt: «Herr Nachbar, ja! so lass ich's auch geschehn, / Sie mögen sich die Köpfe spalten, / Mag alles durcheinander gehn; / Doch nur zu Hause bleib's beim Alten.» – Ganz selbstverständlich gehen die beiden davon aus, dass der Tumult und Aufruhr der Welt ihr ruhiges Leben nicht beeinträchtigt und sie in der Sicherheit ihres Hauses die ebenso neugierigen wie gelassenen Beobachter des Weltgeschehens bleiben können. Ein paar Jahrzehnte später, mit dem Ende der Biedermeierzeit, hätte man die beiden als «Philister» bezeichnet, ein der Studentensprache entnommener Begriff, der eine abgründige Distanz der auf Veränderung Bedachten gegenüber dem Spießertum der beiden Osterspaziergänger zum Ausdruck brachte.

Seit längerem schon ist ein Gespräch wie das der beiden Frankfurter nicht mehr vorstellbar – auch wenn der Wunsch, wieder so denken und empfinden zu können, die Grundstimmung der «neuen Friedensbewegung» in Deutschland insgeheim prägen dürfte. Das allgegenwärtige Wissen um Kriege und Katastrophen in der Welt führt freilich dazu, dass manches, was über kurze Zeit für helle Aufregung sorgt, rasch wieder in den Hintergrund tritt und vergessen wird. Die schlechten Nachrichten überlappen und überlagern sich, und was zuunterst zu liegen kommt, spielt schon bald keine Rolle mehr. Was als Erinnerung zurückbleibt, ist das Bedrohliche und Erschreckende, das dafür sorgt, dass Ängste und Sorgen ins allgemeine Bewusstsein Einzug halten. Die Dauerpräsenz des Schrecklichen in der Welt hat eine Atmosphäre des Bedrohtseins entstehen lassen, die von den Demoskopen Woche für Woche abgefragt und abgebildet wird. Und die Dauerpräsenz von Ängsten und Sorgen wiederum ist in den demokratischen Gesellschaften, die für kommunikative Interventionen von außen offen sind, zum Resonanzboden für autoritäre Despoten geworden; deren Interesse ist, diese Ängste mit Warnungen und Drohungen zu bespielen, sie noch einmal zu steigern, um so ihre politischen Ziele leichter durchsetzen zu können. Was unter diesen Umständen dahinschmilzt, ist die Fähigkeit, strategisch zu denken und zu handeln. Die erwähnte «Zeitschrumpfung» greift um sich, und das Denken der Menschen wird beherrscht von den Eindrücken des Augenblicks. Das wiederum spielt denen in die Hände, die langfristige Pläne verfolgen, eben den Despoten und Autokraten.

In solchen Konstellationen ist ein Blick in die Geschichte hilfreich, die Geschichte der Weltordnungen, der Imperien und Staatensysteme, aber auch in die Geschichte der reflektierten Auseinandersetzung mit diesen Ordnungen, ihrer Entstehung wie ihrem Zerfall; dazu ein Blick auf geopolitische Entwürfe, die zumeist vorausschauend und imperativisch angelegt sind, und auf historische Analysen, die im Rückblick Zerfall und Scheitern erklären wollen. Darum wird es in diesem Buch über weite Strecken gehen. Dieser Blick ist, wenn man so will, das Gegenteil dessen, was hier als «Raum- und Zeitschrumpfung» bezeichnet wird: Er stellt so etwas wie eine «Raumdehnung» aufgrund einer «Zeitdehnung» dar, die uns den Wandel von Weltordnungen gleichsam in Zeitlupe beobachten lässt; obendrein hat das den Vorteil, dass wir das, was sich in unserer Gegenwart im globalen Rahmen abspielt, in begrenzten Räumen mit einem sehr viel niedrigeren Interferenzniveau in Ruhe, ohne Aufgeregtheit oder Nervosität, studieren können. Die Auseinandersetzung mit der Geschichte soll also dazu dienen, den Blick für die gegenwärtigen Entwicklungen und Verwerfungen zu schärfen und ihn mit politischer Urteilskraft auszustatten. Denn das Beobachten von Ähnlichkeiten und Differenzen zwischen Gegenwart und Vergangenheit kann es ermöglichen, Zukünftiges zu antizipieren.

Der gegen ein solches Verfahren immer wieder erhobene Einwand, dass das, womit wir es jetzt zu tun haben, etwas grundlegend anderes sei als das, was man in der Vergangenheit beobachten könne, verwickelt sich in einen Widerspruch, weil er die prinzipielle Unähnlichkeit von Vergangenheit und Gegenwart ja nur geltend machen kann, nachdem er sich zuvor selbst auf das Verfahren des Vergleichs eingelassen hat. Deswegen lässt sich die Frage, ob wir aus der Geschichte lernen können und, wenn ja, was wir daraus lernen, nicht allgemein und abstrakt, sondern nur konkret und im Hinblick auf bestimmte Aussagen beantworten. Dabei ist immer im Auge zu behalten, dass es bei Ähnlichkeit und Differenz «nur» um Plausibilität geht und nicht um eine exakte Kongruenz zwischen Vergangenem, Gegenwärtigem und Zukünftigem. Zweck dessen ist, wie gesagt, die Erarbeitung von Urteilskraft, die durchaus auf wissenschaftlichem Wissen beruht, aber mit diesem nicht identisch ist. Der Vergleich ist keine Gleichsetzung, sondern die Nutzung von Ähnlichkeit und Unterschied, um sich des eigenen Standpunkts zu vergewissern. Wir vergleichen permanent, sind uns dessen aber nicht bewusst, reflektieren die Vergleiche nicht – und neigen deswegen zu Gleichsetzungen, die gefährliche Simplifikationen enthalten. Gegen diese Gefahr ist die hier gepflegte Sorgfalt des historischen Vergleichens gerichtet. Vor allem aber schützt der Blick in die Vergangenheit davor, sich bei den Überlegungen zu einer neuen Weltordnung in Wünschbarkeiten zu verlieren, wie das in den letzten drei Jahrzehnten der Fall war. Die Rückversicherung bei der Geschichte ist so etwas wie eine «Erdung» des Blicks in die Zukunft.

Bei der Beschäftigung mit den geographischen Räumen, die den Blick in die Geschichte ergänzt und erweitert, werden die diversen Akteure bei der Errichtung und Zerstörung von «Weltordnungen» sichtbar. Darüber stellt sich die Frage, wie sich historische Konstellationen und große Persönlichkeiten beziehungsweise theoretische Modelle und geschichtsmächtige Akteure zueinander verhalten: Werden Herrscher und Politiker zu großen Persönlichkeiten, weil ihre Problemwahrnehmung und Handlungsfähigkeit mit den Konstellationen, in denen sie tätig werden, zusammenstimmen – was heißt, dass der Weg zu historischer Größe mit Zufällen und Unwägbarkeiten gepflastert ist –, oder schaffen große Politiker erst die Konstellationen, derer sie bedürfen, um ihren politischen Gestaltungswillen zur Geltung zu bringen? Im Grundsatz ist das eine Frage, die sich für die Geschichtsbetrachtung immer wieder gestellt hat und die je nach vorherrschenden Methoden und Erwartungen des Publikums in die eine wie die andere Richtung beantwortet wurde. In dieser Allgemeinheit gestellt, handelt es sich um eine Frage, die auf den Methodenkanon der Geschichtswissenschaft und die Selbstreflexivität der Historiker abzielt. In diesem strengen Sinn ist sie hier nur von beiläufiger Relevanz.

Was sie für das Thema eines Wandels der Weltordnung jedoch bedeutsam macht, ist der Umstand, dass Herrschern und Politikern, die ihrem Land einen herausgehobenen Platz verschafft oder an der Um- und Ausgestaltung der internationalen Mächteordnung führend mitgewirkt haben, von der Historiographie gern das Epitheton «der» oder «die Große» verliehen worden ist: Alexander der Große hat im buchstäblichen Sinn ein Weltreich zusammenerobert; Karl der Große hat eine die germanischen *regna* übergreifende Ordnung geschaffen und im Zusammenwirken mit Papst Leo III. das Römische Reich im Westen Europas erneuert; Zar Peter der Große hat Russland zu einer europäischen Macht gemacht, und Zarin Katharina die Große hat weite Gebiete im Süden des Reichs dazugewonnen und Russland dem Osmanischen Reich gegenüber politisch-militärische Dominanz verschafft; Friedrich der Große wiederum hat Preußen durch seine Eroberungen und deren erfolgreiche Verteidigung in einem langen Krieg zu einer europäischen Großmacht gemacht. Wer Weltordnungen oder die Ordnung der Mächte aufbaut oder verändert, erwirbt dadurch offenbar den Anspruch, «der» oder «die Große» genannt zu werden.

Das hat bei Herrschern und Politikern einen Drang hervorgebracht, «in die Geschichtsbücher einzugehen», hat also erheblichen Einfluss auf ihr Handeln – zumindest bei jenen, die sich nicht mit einem Platz in der Galerie der bloß aufeinanderfolgenden Könige, Kanzler und Premierminister begnügen wollen, sondern eine herausgehobene Position und eine die anderen deutlich überstrahlende Sichtbarkeit erstreben. Das wird vor allem dann relevant, wenn ein Politiker in der Gefahr steht, nur ein weiteres Glied in der Geschichte des Niedergangs einer vormaligen Großmacht zu sein.

Bei einigen der sonst nur schwer nachvollziehbaren Entscheidungen des russischen Präsidenten Wladimir Putin dürfte das die ausschlaggebende Rolle gespielt haben. Man kann darum die handelnden Akteure beim Um- und Ausbau von Weltordnungen nicht in Modellen und Konstellationen verschwinden lassen, aber man sollte ihnen auch nicht die alles überragende Gestaltungsmacht attestieren, wie das in Biographien und Memoiren oft der Fall ist.

Politische Akteure sind umgeben von Helfern und Beratern, die in der einen oder anderen Weise auf ihre Entschlüsse einwirken und ohne deren Unterstützung sie ihre Entscheidungen nicht in operative Politik umsetzen können. Die Ratschläge und Empfehlungen der Entourage kommen indes nicht aus dem luftleeren Raum, sondern sind durch die in der Gesellschaft oder einem politischen Raum zirkulierenden Ideen und Narrative geprägt. Sie spielen auch bei der Übernahme von Vorschlägen durch den politischen Entscheider eine wichtige Rolle. Anstatt über Psychogramme der Mächtigen zu spekulieren, werde ich hier versuchen, den vorherrschenden Narrativen und geopolitischen Entwürfen nachzugehen, deren implizite Imperative zu dechiffrieren und alternative Optionen zu erkunden, um auf diese Weise nicht nur getroffene Entscheidungen zu erklären, sondern auch die Spannweite möglicher Entschlüsse in der Zukunft zu antizipieren. Den identitätsstiftenden Narrativen eines politischen Raumes messe ich darum eine größere Rolle bei, als das sonst in politischen Studien üblich ist.

Was nun den tatsächlichen Einfluss von Helfern und Beratern auf einen politischen Entscheider anlangt, so ist bei dessen Beurteilung das «Gesetz einer progredierenden Verdummung von Autokraten» zu beachten. Analog zu der von dem antiken Historiker Xenophon im Dialog *Hieron* aufgeworfenen Frage, ob ein Tyrann Freunde haben könne, da die Grundlage seiner Herrschaft doch generalisiertes Misstrauen sei, stellt sich hier die Frage: Wie viel Vertrauen kann ein Autokrat, der sich von Konkurrenten um die Macht umgeben weiß, zu seinen Beratern haben, beziehungsweise wie lange haben diese den Mut, den allmächtigen Politiker mit dem ihnen verfügbaren Wissen zu versorgen? Oder teilen sie ihm nur noch das mit, wovon sie glauben, dass es seinen Vorstellungen entspricht und er es hören will? Das wiederum ist ein großer Vorzug demokratischer Rechtsstaaten gegenüber Autokratien: dass die Berater vor dem Beratenen keine Angst haben müssen. Sie können sich zwar unbeliebt machen und aus dem Kreis der Berater entfernt werden, aber sie müssen nicht um ihre Freiheit und ihr Leben bangen, wenn sie schlechte Nachrichten überbringen oder den Vorstellungen der Mächtigen widersprechen. Das ist mit Blick auf den sich herausbildenden weltpolitischen Gegensatz von demokratischen Ordnungen und autokratischen Regimen festzuhalten: Autokraten haben Vorteile bei der Entwicklung langfristig angelegter Strategien; Demokratien sind im Vorteil, wenn es darum geht, die Vor- und Nachteile, Chancen und Risiken solcher Strategien abzuwägen.

Selbstverständlich wird es im Folgenden auch um Werte und Normen gehen sowie um zwischenstaatliche Regeln und internationales Recht, was freilich immer in Verbindung mit der Frage steht, wer bereit und in der Lage ist, Recht und Regeln durchzusetzen. Das vielleicht größte Defizit in der Vorstellung, es solle, ja müsse möglich sein, Frieden zu schaffen mit immer weniger Waffen, war die stillschweigende Unterstellung, es genüge, Regeln aufzustellen und Werte für verbindlich zu erklären, ohne die Frage zu beantworten, wer denn der «Hüter» dieser Werte und Regeln sei. Der häufig zu hörende Hinweis auf die Vereinten Nationen war kaum zufriedenstellend, denn die Vereinten Nationen waren für diese Aufgabe unzureichend ausgestattet beziehungsweise blockierten sich selbst, sobald sie mit größeren und politisch kontroversen Herausforderungen konfrontiert wurden. Man müsse sie eben reformieren und ertüchtigen, war die Antwort, die nicht zur Kenntnis nahm, dass die Selbstblockade der Weltorganisation auch und gerade für die immer wieder angemahnten Reformen gilt. Stattdessen wurden dem normativ angelegten Weltordnungsentwurf immer anspruchsvollere Werte und striktere Regeln aufgesattelt, während gleichzeitig die permanenten Verstöße dagegen unsanktioniert blieben. Sieht man genauer hin, so war der mit dem Rückzug des Westens aus Afghanistan und dem russischen Angriffskrieg gegen die Ukraine gescheiterte normative Weltordnungsentwurf selbst eine Form struktureller Unordnung: Die Schere zwischen Wertevorgabe und Regelbindung auf der einen und ihrer tatsächlichen Durchsetzung gegen Werteverächter und Regelbrecher auf der anderen Seite öffnete sich immer weiter, und man konnte nicht erkennen, wie und wann sie sich schließen würde.

Das heißt nicht, dass die im Entstehen befindliche neue Weltordnung eine ohne Regeln und Werte wäre. Aber die in ihr geltenden Regeln werden weniger sein und eine geringere Tiefe haben, und vor allem wird es sich bei ihnen nicht um Einforderungen von Nichtregierungsorganisationen handeln, sondern um Verabredungen und Verträge zwischen den großen Mächten, den dominierenden Akteuren dieser Ordnung. Das dürfte in ähnlicher Form auch für die in Anschlag gebrachten Werte gelten – wohlgemerkt: für Werte und Regeln im globalen Maßstab, nicht für Werte und Regeln im Einflussbereich der jeweiligen großen Mächte. Im Innenraum der Mächte freilich werden die Werte und Regeln zur Anwendung kommen, die ihre politische Identität ausmachen, und das werden in der demokratischen Welt andere sein als in den autoritären Systemen. Dabei ist nicht auszuschließen, dass die Werte und Normen innerhalb der demokratischen wie der autoritären Ordnungen eine gewisse Bandbreite aufweisen. Und sie werden sich im reichen Norden von denen der in Armut und Elend verharrenden Regionen des globalen Südens unterscheiden. Das heißt dann aber auch, dass der «Westen», wer immer dazugehören mag, den globalen Geltungsanspruch seiner Werte und Normen einschränkt und sich stattdessen wesentlich auf sein eigenes Territorium konzentriert.

Das ist realistisch, weil der Westen diese Werte und Normen

gegen seine großen Konkurrenten und Widersacher ohnehin nicht durchsetzen kann und ihm die Aufrechterhaltung ihres Geltungsanspruchs Probleme machen wird, sobald es um die Festlegung von Regeln im Verhältnis der großen Mächte zueinander geht. Je weniger von Werten die Rede ist, desto leichter werden sich Regeln im Umgang der großen Mächte miteinander festlegen lassen. Man muss sich also entscheiden, was einem wichtiger ist: das folgenlose Geltendmachen von Werten oder die Verständigung auf verbindliche Regeln. Auch im Umgang mit schwächeren Akteuren, den Staaten der weltpolitisch zweiten und dritten Reihe, dürfte es ratsam sein, normativ zurückhaltend aufzutreten, um sie nicht ins Lager der Autokraten zu treiben. Das politische Ringen um die Unterstützung und Parteinahme dieser zweiten und dritten Reihe hat seit dem russischen Angriff auf die Ukraine begonnen, und es wird nicht enden, auch wenn der Krieg vorbei sein wird.

Im Ergebnis wird das darauf hinauslaufen, dass geopolitische Aspekte gegenüber wertepolitischen Vorstellungen an Gewicht gewinnen – nicht innerhalb der Binnenstrukturen der großen Akteure, aber im Verhältnis zwischen ihnen und im Umgang mit der zweiten und dritten Reihe der weltpolitisch relevanten Mächte. Einen Vorgeschmack darauf bietet das Hofieren der arabischen Erdöl- und Erdgaslieferanten, das nach Reduzierung der Lieferungen aus Russland einsetzte, um die Versorgung der Europäer sicherzustellen. Mit einem Mal traten die Menschenrechtsfragen, die im gegenseitigen Verhältnis im Vordergrund gestanden hatten, wieder zurück, und man verständigte sich darauf, sie, wenn überhaupt, hinter verschlossenen Türen zu besprechen. Man wird davon ausgehen können, dass diese Form des Umgangs mit Wert- und Normfragen Schule machen wird. Dass sich Geopolitik im Konfliktfall gegen Wertbindung durchsetzt, ist eigentlich nichts Neues; bei einem Gang durch die Geschichte lassen sich dafür zahllose Beispiele finden. Davon wird nachfolgend häufiger die Rede sein.

Bleibt noch die Frage, wie viele große Akteure die derzeit entstehende Weltordnung prägen und sich dabei gegenseitig als solche anerkennen werden. Man kann den russischen Angriff auf die Ukraine zum Zweck ihrer Einverleibung in die Russländische Föderation als Ausdruck der russischen Angst deuten, trotz der weiterhin vorhandenen Atomwaffen und Trägersysteme nicht oder nur *gerade noch* zu diesen Großen zu gehören. Das hat mit dem relativen Bedeutungsverlust militärischer gegenüber wirtschaftlicher Macht zu tun. In einer Welt der Kooperation spielten Nuklearwaffen keine sonderliche Rolle. Das ist in einer Welt der Konflikte und Kriege anders. Im Hinblick auf die im Entstehen begriffene Weltordnung ist die russische Führung an einer Umgewichtung der Machtsorten interessiert. Dazu gehört auch eine Politik der Destruktion, die Russland seit längerem der EU gegenüber betreibt, mit dem Ziel, die Europäer nicht zu einem eigenständigen und handlungsmächtigen Akteur werden zu lassen, sondern sie gegeneinander auszuspielen, zu schwächen und einige Mitgliedstaaten in den eigenen Einflussbereich zu ziehen. Wäre diese Politik erfolgreich, so würden es drei große Mächte sein, die die Weltordnung bestimmen: China, die USA und Russland.

In milderer Form hat sich eine die Europäer schwächende Linie auch in der US-amerikanischen Politik bei dem früheren Verteidigungsminister Donald Rumsfeld beobachten lassen, als er ein von ihm so genanntes «neues Europa» gegen das «alte Europa» ausspielte, und des Weiteren in den Jahren der Präsidentschaft Donald J. Trumps, der mehrfach bekundete, ihm komme ein politisch handlungsfähiges Europa nicht gelegen. Offenbar setzte auch Trump auf eine Weltordnung der Drei, wobei er eine Koalition der USA mit Russland gegen China präferierte. Dieses Projekt ist auf ganzer Linie gescheitert; unter Präsident Joe Biden werden die Europäer wieder als ein verbündeter, aber doch eigenständiger Akteur behandelt. Das könnte auf ein System der Fünf hinauslaufen: neben den USA, China und Russland also noch die EU und Indien. Davon wird im letzten Kapitel ausführlich die Rede sein. Wie auch immer –

die Europäer werden sich erheblich anstrengen müssen, um dem kleinen Kreis der die Weltordnung dominierenden Akteure anzugehören, und das heißt, dass sie sich aus einem Regelgeber und -bewirtschafter in eine politisch handlungsfähige Macht verwandeln müssen. Ob sie das schaffen, wird sich wohl noch in diesem Jahrzehnt entscheiden.

Es ist ein in jeder Hinsicht riskantes Projekt, auf das ich mich beim Blick auf die Mächteordnung des 21. Jahrhunderts eingelassen habe. Es wäre weniger riskant, hätte ich die Wünschbarkeiten aufgeschrieben, die zwar an der tatsächlichen Entwicklung zerschellen können, deren normativer Anspruch dadurch aber nur begrenzt in Mitleidenschaft gezogen wird. Die Antizipation eines Prozesses ist erheblich verwundbarer, dafür aber politisch sehr viel nötiger als eine weitere Runde von Wünschen und Hoffnungen, bei denen man zum Zeitpunkt der Niederschrift schon weiß, dass sie nicht in Erfüllung gehen werden. In dem paradoxen Sinn der beiden vorangestellten Mottos von Malraux und Marx dient darum die ständige Rückversicherung bei Früherem als Gegengewicht zum Hinauslehnen in eine mit vielen Fragezeichen versehene Zukunft.

KAPITEL 1

Das jüngste Ringen um die politische Ordnung Europas – und der Welt

Das Ende des Kalten Krieges: Deutschland und Europa rüsten ab

Nach dem überraschenden Ende des Kalten Krieges, der Europa vier Jahrzehnte lang in Bann gehalten hatte, schien vieles möglich, was zuvor als ausgeschlossen galt: Wenn eine Umwälzung dieses Ausmaßes tendenziell gewaltfrei vonstattengehen und ein waffenstarrendes Regime buchstäblich über Nacht implodieren konnte, wenn es möglich war, dass die über Jahrzehnte eingefrorenen Verhältnisse mit einem Mal zu tanzen begannen und die Politik mit einer nie erlebten Leichtigkeit die eben noch schwer bewachten Grenzen auflöste – dann sollte es doch auch möglich sein, das in den vorangegangenen Jahren immer wieder als Alternative zur Logik der wechselseitigen militärischen Abschreckung beschworene Projekt eines «Friedens mit immer weniger Waffen» Wirklichkeit werden zu lassen.[1] Die bewaffnete Konfrontation beider Blöcke hatte sich binnen weniger Monate in nichts aufgelöst, und die vormaligen Feindschaften erschienen mit einem Mal als ein einziges großes Missverständnis, von dem im Nachhinein keiner so recht zu sagen wusste, weswegen es eigentlich so lange das politische Denken und Empfinden beider Seiten bestimmt hatte.

Das machte auch die zuvor als utopisch angesehene Idee plausibel, das Militär aller Staaten nicht nur deutlich zu reduzieren, sondern so weit abzurüsten, bis es auf einen Restposten zusammengeschrumpft war, der nur noch symbolische Bedeutung hatte. Die Vorstellung von einem Militär, das den repräsentativen Rahmen bei Staatsempfängen bildete, aber nicht gegen andere Staaten einsetzbar war, machte die Runde. Europa, das in der ersten Hälfte des 20. Jahrhunderts zum Schauplatz der furchtbarsten Kriege in der jüngeren Geschichte geworden war und in der zweiten Hälfte des Jahrhunderts den in globaler Hinsicht am stärksten militarisierten

Raum dargestellt hatte, sollte zum Ausgangspunkt einer Veränderung werden, die den Krieg als Mittel der Politik zum Verschwinden brachte. Eine der großen Menschheitsutopien, deren Anfänge bis zu den biblischen Propheten und den römischen Dichtern des augusteischen Zeitalters zurückreichen,[2] schien Wirklichkeit zu werden.

Man musste freilich keineswegs so weit gehen, eine Welt des «Friedens ohne Waffen» als Ziel vorzugeben, um eine Politik der forcierten Abrüstung, zunächst in Europa und von hier aus auf andere Konflikträume übergreifend, für geboten zu halten. Realistisch war zunächst die Zielsetzung eines «Friedens mit immer weniger Waffen», was politisch durch die anlaufende Truppenentflechtung der beiden Militärblöcke ohnehin auf der Tagesordnung stand. Das betraf als Erstes die Deutschen, die nach der Vereinigung der beiden deutschen Staaten zeitweise mehr als eine Dreiviertelmillion Mann unter Waffen hatten; infolge der in der Bundesrepublik und der DDR bestehenden Wehrpflicht verfügten sie über große, im Konfliktfall mobilisierbare Reserven, und ihre Arsenale waren mit Panzern der unterschiedlichsten Typen, Artillerie- und Raketensystemen, Kampfbombern und Abfangjägern prall gefüllt. Eine derart überdimensionierte deutsche Armee hätte nach dem Abzug der Sowjets aus Mitteleuropa und der Reduzierung der US-Truppen im Westen bei den europäischen Nachbarn größte Sicherheitsbedenken ausgelöst. Schon deshalb musste sie abgerüstet werden.

Seit den 1950er Jahren lief der politische Konsens in Westeuropa darauf hinaus, dass die Bundesrepublik zwar wirtschaftliche Macht aufbaute, nicht aber militärische. Die Divisionen der Bundeswehr standen unter NATO-Kommando, und spiegelbildlich war die Nationale Volksarmee der DDR in die Kommandostrukturen des Warschauer Pakts eingegliedert. Den Warschauer Pakt gab es jedoch nicht mehr, und was aus der NATO werden würde, war zu Beginn der 1990er Jahre weitgehend offen. Allgemein war die Rede, aus dem Militärbündnis solle nunmehr ein vor allem politisches Bündnis werden. Also musste das Militär des vereinten Deutschlands drastisch reduziert werden, um die neue politische Ordnung des Kontinents nicht zu konterkarieren; die absehbare ökonomische Potenz machte den westlichen Nachbarn, die sich mit der alten Bundesrepublik zuvor auf Augenhöhe gesehen hatten, schon genug zu schaffen. Das vereinte Deutschland würde an Bevölkerungszahl (mit Ausnahme Russlands) und Wirtschaftskraft jeden anderen europäischen Staat deutlich übertreffen. Vor allem Frankreich und Großbritannien hatten zunächst gezögert, der deutschen Vereinigung zuzustimmen und stattdessen zeitweilig auf den Fortbestand der Zweistaatlichkeit gesetzt.[3] Die deutliche Reduktion des deutschen Militärs war mithin Voraussetzung dafür, dass Europa die Vereinigung akzeptierte.

Das war indes keine Forderung, die gegen die Deutschen und ihre Vorstellungen von der politischen Zukunft des Landes durchgesetzt werden musste – ganz im Gegenteil. Im Westen war das Verhältnis zwischen Gesellschaft und Bundeswehr ohnehin distanziert geblieben: Adenauer hatte die Aufstellung eigener Streitkräfte gegen den Widerstand der sozialdemokratischen Opposition und erheblicher Teile der Bevölkerung als Eintrittsbillett für die Westintegration durchgesetzt, und diese Entscheidung ist im Verlauf der 1960er Jahre dann auch von den anfänglichen Gegnern akzeptiert worden. Aber eine innige Beziehung zum Militär, wie sie für das Kaiserreich und noch die Weimarer Zeit, von den zwölf Jahren NS-Regime ganz zu schweigen, typisch war, hatte sich daraus nicht entwickelt. Die Bundeswehr war und blieb ein notwendiges Übel angesichts der Bedrohung aus dem Osten, was spiegelverkehrt zum Teil wohl auch für die Bevölkerung der DDR und ihr Verhältnis zur Nationalen Volksarmee galt. Ein wichtiger Unterschied zwischen Bundesrepublik und DDR bestand freilich darin, dass Letztere ihr Militär zum zentralen Bestandteil des Staatszeremoniells gemacht hatte, es also bei jeder sich bietenden Gelegenheit im Paradeschritt und mit einem Defilee schwerer Waffen präsentierte. Im Staatszeremoniell der Bundesrepublik spielte das Militär eine eher bescheidene Rolle, und politische Feiertage wurden in geschlossenen Räumen begangen. Aber nun gab es die DDR nicht mehr. Die schlagartig entstaatlichte Gesellschaft im Osten war mit den Problemen ihres wirtschaftlichen Umbaus beschäftigt und hatte für das Militär keine besondere Aufmerksamkeit mehr. Außerdem war klar, dass sie es aus eigener Kraft nicht mehr würde finanzieren können.

Überhaupt spielte im Nachwendedeutschland der zielgerichtete Einsatz von ökonomischen Ressourcen die politische Hauptrolle. Dabei ging es vor allem um die soziale Abfederung der wirtschaftlichen Verwerfungen in den neuen Bundesländern, also um Finanztransfers aus den westlichen in die östlichen Bundesländer und um Wirtschafts- und Finanzhilfen an die Länder Mittel- und Osteuropas, eingeschlossen die in einer schweren Wirtschaftskrise steckende Sowjetunion. Um diese Mittel aufbringen zu können, war eine drastische Reduzierung der Militärausgaben naheliegend. Man konnte sich diese «Friedensdividende» – ein von Helmut Kohl gern gebrauchter Begriff – durchaus leisten, weil ja der Grund für die vormalige Höhe des Verteidigungsetats, die Blockkonfrontation, entfallen war. Und da sich der sozioökonomische Umbau des Ostens als kompliziert und langwierig erwies, wurden die deutschen Streitkräfte mit den Jahren immer weiter reduziert. Die Höhe des Sozialetats lag schon bald weit über der des Wehretats, womit nebenbei eine alte Forderung der politischen Linken eingelöst wurde. Als sei das selbstverständlich, gewöhnte man sich in Deutschland an die Vorstellung, es sei möglich, in einem «Frieden mit immer weniger Waffen» zu leben – nicht nur als Interim zwischen zwei Perioden der Aufrüstung, sondern als dauerhafter Zustand politischer Stabilität.

Diese Sichtweise war im Übrigen nicht nur in Deutschland vorherrschend, sondern bestimmte, wenn auch nicht in so ausgeprägter Form, die Entwicklungsrichtung aller europäischen Länder: denen im Osten, weil sie sich ein im Verhältnis zu ihrer Wirtschaftsleistung überdimensioniertes Militär schlichtweg nicht mehr leisten konnten – und nicht mehr leisten wollten, nachdem der von Moskau ausgehende Erwartungsdruck, bestimmte militärische Fähigkeiten bereitzustellen, entfallen war –, und denen im Westen, weil auch für sie die zuvor angenommene Bedrohungslage weggefallen war.[4] Verstärkt wurde die Vorstellung einer nicht nur prinzipiell möglichen, sondern politisch gebotenen umfassenden Abrüstung noch durch die nachträgliche Rechtfertigung der einstigen Aufrüstungspolitik: Die Sowjetunion sei vor allem zusammengebrochen, weil sie dem von US-Präsident Ronald Reagan forcierten Rüstungswettlauf auf Dauer ökonomisch nicht gewachsen gewesen sei.[5] Von dieser Anstrengung, die dem Westen weniger wirtschaftlich als politisch in der Gestalt von Protesten und «bürgerlichem Ungehorsam» zu schaffen gemacht hatte, wollte man sich jetzt erholen.

Der Hotspot der Demilitarisierung war in den 1990er Jahren also Deutschland, weil es seine eigenen Streitkräfte erheblich reduzierte und die auf seinem Territorium stationierten Truppen der Verbündeten abzogen, sowjetische im Osten, amerikanische im Westen, dazu die britische Rheinarmee und die in Südwestdeutschland stationierten französischen Verbände. Aus einem Land mit der weltweit höchsten Militärdichte wurde eines, das sich im Vergleich zur vorangegangenen Zeit als nahezu demilitarisiert ausnahm. Man muss sich das in Erinnerung rufen, um das lange Festhalten der deutschen Politik an einer seit 2014, dem Beginn des Krieges in der Ukraine, in die Kritik geratenen nichtmilitärischen Friedenssicherung nachvollziehen zu können. Auf die setzte man selbst dann noch, als am südöstlichen Rand Europas die von Russland ausgehende militärische Gewalt bereits Grenzen verändert hatte. Das galt freilich auch für andere Staaten Europas.

Man konnte den Eindruck gewinnen, einige westeuropäische Staaten hätten die Positionen der Friedensbewegung aus den 1980er Jahren übernommen, die ja auch einen «Frieden mit immer weniger Waffen» gefordert hatte. Er sollte gemäß den Vorstellungen der Friedensbewegung dem Einstieg in die Abrüstung eine Leitlinie vorgeben, während der «Frieden ohne Waffen» das Ziel einer auf lange

Sicht hin angelegten Politik war. Und das hieß vor allem: ein Frieden ohne Atomwaffen. Atomwaffen und ihre Trägersysteme, insbesondere Mittelstreckenraketen – sowjetische SS-20 sowie US-amerikanische Pershing II und Cruise Missiles –, waren in den 1980er Jahren zum negativen Symbol der Friedensbewegung und ihres Widerstands gegen eine neue Aufrüstungsrunde geworden. Dabei ging es weniger um die Raketen als solche als um deren Bestückung mit Atomsprengköpfen, die, wären sie zum Einsatz gekommen, West-, Mittel- und Osteuropa in eine nukleare Wüste verwandelt hätten. Noch vor dem Ende des Kalten Krieges wurden auf Grundlage des INF-Vertrages von 1987[6] die auf beiden Seiten aufgestellten Raketen abgezogen und verschrottet, und auch die einsatzfähigen Nuklearsprengköpfe wurden deutlich reduziert. Ihre Zahl liegt zurzeit mit 1550 strategischen Gefechtsköpfen auf beiden Seiten etwas unterhalb der in den START-Verträgen festgelegten Höchstgrenzen. Insofern war der unmittelbare Anlass für Protest und Widerstand gegen die Stationierung der Mittelstreckenraketen in Europa verschwunden.

Die Fähigkeit der USA und Russlands als nuklearer Nachfolgestaat der Sowjetunion, einen vernichtenden Atomkrieg zu führen, bestand freilich fort, war aber bis zum Beginn des russischen Angriffskrieges gegen die Ukraine am 24. Februar 2022 aus dem Fokus der politischen Debatte verschwunden. Trotz des Hinzukommens weiterer Atommächte verfügen beide nach wie vor über etwa neunzig Prozent aller Sprengköpfe. Die wechselseitige nukleare Geiselnahme, die für die Konstellation des Kalten Krieges prägend gewesen war, hatte zwar ihre politisch-psychologische Brisanz verloren, war aber binnen kurzer Zeit wiederherzustellen.[7] Dass sie für drei Jahrzehnte kein politisches Thema mehr war, hatte auch damit zu tun, dass sich mit dem Abbau der Mittelstreckenraketen die Vorwarnzeiten wieder vergrößert hatten, was die Wahrscheinlichkeit eines Atomkriegs infolge eines Irrtums oder technischen Fehlers erheblich verringerte. Hinzu kam, dass inzwischen andere

Typen des Krieges die politische Agenda dominierten: innergesellschaftliche Kriege, militärische Interventionen zur Beendigung solcher Bürgerkriege, Kriege gegen Terrorgruppen und ihre staatlichen Unterstützer sowie hybride Kriege, in denen Cyberangriffe und Desinformationskampagnen an die Stelle der mit kinetischer Energie geführten Kriege traten.[8]

Der grundsätzliche Dissens zwischen denen, die auf die Vorstellung vom «Frieden mit immer weniger Waffen» setzten, und jenen, die einen «Frieden ohne Waffen» anstrebten, trat über lange Zeit auch darum nicht offen zutage, weil in der Formel «immer weniger Waffen» die Art der Waffen nicht angesprochen war, die verschwinden sollte. Der De-facto-Fortbestand nuklearer Vernichtungskapazitäten wurde durch die umfassende Reduzierung konventioneller Waffen verdeckt. Obendrein fanden zahlreiche Konferenzen mit Resolutionen zum Abbau von Atomwaffen statt, die aber an den vorhandenen Kapazitäten mit den darauf fußenden Strategien wenig änderten. Die allgemeine Aufmerksamkeit galt den Konferenzen und nicht den weiter vorhandenen Nuklearwaffen. Darüber hinaus spielte beim Abebben der Kritik am «bewaffneten Frieden» eine Rolle, dass Nuklearwaffen seit dem Abbau der Mittelstreckenraketen wieder als *politische Waffen* galten, deren bloße Existenz die Schwelle zu einem konventionellen Krieg zwischen den großen Mächten so weit anhob, dass solche Kriege zwischen den Blöcken tendenziell ausgeschlossen waren: Das Risiko, dass konventionelle zu atomaren Kriegen eskalierten, war zu groß, als dass sich namentlich die USA und Russland auf einen mit konventionellen Waffen geführten Krieg hätten einlassen können. Die Atomwaffen der beiden waren so etwas wie eine Garantie, dass sie alles dafür tun würden, um eine direkte konventionelle Konfrontation zu vermeiden.

Als Beleg für die Verlässlichkeit dieser Sicht wurde auf die Geschichte des Kalten Krieges verwiesen, in der zwar zahllose Stellvertreterkriege (*proxy wars*) stattgefunden hatten, es aber zu keiner direkten Konfrontation zwischen sowjetischem und US-amerikanischem Militär gekommen war.[9] Die Forderung nach Abschaffung aller Atomwaffen wurde dementsprechend von der Sorge gebremst, durch den Wegfall der nuklearen Eskalationsrisiken könne die Eintrittsschwelle zu konventionellen Kriegen zwischen den großen Mächten wieder sinken, die Ächtung von Atomwaffen also letztlich zu einer Häufung konventioneller Kriege führen. Aus einigen politischen Brandherden hätten tatsächliche Großbrände werden können. Das war dann doch zu riskant. Dementsprechend war die Forderung nach Abschaffung aller Atomwaffen eher deklaratorisch, als dass sie für die operative Politik eine größere Relevanz besaß, und insgeheim war klar, dass die Atomwaffen erst verschwinden würden, wenn es keine Großmächte mehr gab und eine politisch geeinte Menschheit an deren Stelle getreten war. Das lag in ferner Zukunft.

Tatsächlich blieb die Frage, welchen Frieden man eigentlich anstrebte, den mit weniger Waffen oder den ganz ohne Waffen, politisch ungeklärt, weil das Problem der Friedensordnung selten konsequent durchdacht wurde: War der Friede, der jetzt in Europa herrschte, ein Ergebnis dessen, dass die Führung eines unprovozierten Krieges, eines Angriffskrieges, für den Angreifer Kosten hatte, die selbst im Falle seines Sieges jeden vorstellbaren Nutzen überstiegen? Oder war der europäische Friede das Ergebnis dessen, dass die Vorteile des Friedens für alle in der Friedensordnung so groß waren, dass für sie schon der Gedanke an die Möglichkeit eines Krieges ausgeschlossen war? Ersteres war politisch mit dem Fortbestand der NATO, Letzteres mit einer sukzessiven Ausweitung der EU verbunden. Auf den ersten Blick mag die Differenz zwischen beidem marginal sein, aber tatsächlich haben wir es mit einem gravierenden Unterschied zu tun.

An dieser Stelle noch einige Bemerkungen zum Nutzen analytischer Modelle bei der rekonstruierenden Beschäftigung mit Entwicklungen und Ereignissen, die einige Zeit zurückliegen, deren Folgen und

Ergebnisse aber unmittelbar auf die Gegenwart einwirken und von hier aus bewertet werden. Dabei gibt die Beurteilung der jeweiligen Konstellation das Urteil vor, während frühere Beurteilungen häufig als naiv, vorurteilsbeladen oder schlichtweg falsch verworfen werden. Mit dem Fortgang der Ereignisse kann sich dieses Urteil freilich auch wieder ändern, und so manches, was aus der gegenwärtigen Evidenz heraus als zutreffend und wahr erscheint, kann dann selbst unter den Vorwurf der Naivität oder Vorurteilsbeladenheit geraten. Der Satz, dass «die Wahrheit im Auge des Betrachters liegt», gilt nicht nur für den einzelnen Betrachter, sondern auch für die Konstellationen, aus denen heraus er seine Urteile trifft. Mitunter treten diese unterschiedlichen beziehungsweise gegensätzlichen Beurteilungen auch gleichzeitig auf und werden als Begründung für politische Reaktionen oder Zukunftsperspektiven genutzt. Das ist gerade an der abrupten Veränderung der deutschen wie der gesamteuropäischen Politik gegenüber Russland zu beobachten: Von den einen wird die frühere deutsche Russlandpolitik als naiv und idealistisch kritisiert, während andere sie als realistisch und friedenspolitisch weitblickend verteidigen. Dementsprechend unterschiedlich wird dann auch die von Kanzler Scholz nach Beginn des russischen Angriffskriegs gegen die Ukraine ausgerufene «Zeitenwende» bewertet.

Ein weiterer Streitpunkt bei der Beurteilung der vormaligen Russlandpolitik Berlins und Brüssels ist die Frage, mit welchem Ereignis man den Weg in den Krieg und die neue Konfrontation zwischen Ost und West in Europa beginnen lässt: erst mit dem russischen Angriff auf die Ukraine am 24. Februar 2022 oder mit der vorangegangenen Annexion der Krim im Jahre 2014? Womöglich mit dem Georgienkrieg von 2008 oder bereits mit den beiden Tschetschenienkriegen, dem von 1994 bis 1996 und dem von 1999 bis 2009? In jedem Fall ist bei einer solchen Ereignisabfolge Russland der initiative Akteur, der die militärische Gewalt ins Spiel gebracht hat.

Man kann diese Zeitordnung, wo auch immer sie ansetzt, freilich als eine kritisieren, die durchgängig so angelegt ist, dass Russlands aggressives Agieren am Anfang des Krieges in der Ukraine steht und der Kreml für den Zusammenbruch einer auf Regeln und Verträgen begründeten europäischen Friedensordnung verantwortlich ist. Im Gegensatz dazu kann man die Abfolge der Kriege auch mit den USA als initiativer Macht beginnen lassen, indem man den Dritten Golfkrieg, also die US-geführte Intervention zum Sturz Saddam Husseins im Jahre 2003, an den Anfang stellt oder aber die NATO-Luftangriffe auf Serbien vom 24. März bis 12. Juni 1999, mit denen der Rückzug serbischer Truppen aus dem Kosovo erzwungen wurde. Tatsächlich hat Russland diese Angriffe auf Serbien, die ein neuerliches Massaker wie das von Srebrenica verhindern sollten, als eine schwere Demütigung empfunden, mit der ihm vor Augen geführt wurde, dass es sich mit den USA oder dem Westen nicht mehr auf Augenhöhe befand. In den russischen Rechtfertigungen für das eigene gewaltsame Agieren wird regelmäßig auf das gegen Serbien gerichtete Bombardement der NATO verwiesen, und die westliche Legitimation der Luftschläge im Jahre 1999, der Schutz ethnischer Minderheiten, avancierte zur russischen Begründung für militärisches Eingreifen von Georgien über die Krim bis zum Donbas: Auch hier war durchweg vom Schutz der russischen Minderheit die Rede.

Nun kann man mit guten Gründen geltend machen, dass der Gebrauch militärischer Gewalt in den beiden Ereignisketten nicht gleichzusetzen sei, insofern im Donbas wie auf der Krim bei der Abstimmung über die Unabhängigkeit der Ukraine vom Sommer 1991 eine deutliche Mehrheit der Bevölkerung für diese Unabhängigkeit gestimmt hat, die russischen Militäraktionen also im Gegensatz zu dieser Willensbekundung standen, während die NATO der Mehrheit der im Kosovo beheimateten Albaner zu Hilfe kam. Obendrein könne von einer politischen oder kulturellen Diskriminierung der Russischsprachigen in der Ukraine nicht die Rede sein. Aber dann befindet man sich bereits in einem politischen Disput, der sich im Austausch gegensätzlicher Positionen erschöpft. Die letzten Endes willkürliche Herstellung historischer Evidenzen, wie sie in der Befassung mit der Frage erfolgt, wer denn «mit der Gewalt angefangen» habe, hilft hier einer wissenschaftlich distanzierten Beschäftigung nicht weiter. Will man eine politische Festlegung durch eine bestimmte Temporalität der Ereignisreihung vermeiden, so ist man auf die Konstruktion von Modellen verwiesen, in denen die Bedingung der Möglichkeit von Friedensordnungen umrissen, zugleich aber auch die Risiken politischen Scheiterns infolge von Fehlentscheidungen oder falschen Beurteilungen beschrieben werden. Auf deren Grundlage können dann politische Entwicklungen zwischen Krieg und Frieden nachgezeichnet werden. Dabei geht es zunächst nicht um Schuld und Verantwortung, sondern um die Risiken, die aus unübersehbaren Konstellationen resultieren, um Entscheidungen unter der Voraussetzung unvollständiger oder falscher Informationen und um Dilemmata, in die politische Mächte in den jeweiligen Friedensordnungen geraten können.

Solche Modelle werden nachfolgend in einer doppelten Abfolge entwickelt: Zunächst geht es um Typen der Friedensordnung, die sich durch vertikale oder horizontale Achsen der politischen Machtverstrebung oder durch die ihnen jeweils zugrunde liegenden sozioökonomischen Konstellationen unterscheiden. Sie werden hier der leichteren Identifizierbarkeit halber nach ihren theoretischen Hauptvertretern als Vegetius-, Dante- und Comte-Spencer-Modell bezeichnet. Darin sind die Voraussetzungen und Direktiven einer Friedensordnung entwickelt, anhand derer sich nachvollziehen lässt, wann und inwiefern ein relevanter Akteur diese Vorgaben verfehlt oder gegen sie gehandelt hat. So wird jenseits der Willkürlichkeit bei der Konstruktion historischer Evidenzen eine Folie aufgespannt, um die Aktionen großer Mächte zu beurteilen; zugleich werden mögliche Perspektiven einer europäischen oder weltumspannenden Friedensordnung entwickelt, die für die weiteren Überlegungen dieses Buchs als intellektuelle Leitplanken dienen.

In einem zweiten Schritt wird dies noch einmal wiederholt an den Optionen, revisionistische Mächte einzubinden, die auf Veränderungen der bestehenden Friedensordnung aus sind; hier werden ökonomische Verschränkung, politisches Appeasement und militärische Abschreckung als Instrumente zur Aufrechterhaltung der bestehenden Ordnung gegeneinander konturiert. Bei diesem zweiten Schritt der Modellkonstruktion rücken die Überlegungen unmittelbar an die jüngsten Geschehnisse in Ostmitteleuropa heran, sind aber auch für die Entwicklungen im pazifischen Raum relevant. Die zweimal drei Modelle werden dabei gleichsam zu Ferngläsern, durch die sich Entwicklungen und Ereignisse sehr viel besser beobachten und beurteilen lassen, als wenn man unmittelbar vor ihnen steht – und dabei den Überblick verliert. Um die Beschäftigung mit diesen Modellen nicht zu abstrakt werden zu lassen, werden sie durchgängig mit historischen Beispielen gespickt, in denen das, was die Wirkweise des Modells wie dessen Probleme und Risiken ausmacht, an konkreten Konstellationen der Geschichte veranschaulicht wird.

Friedensordnung I: das Vegetius-Modell

Wird der Frieden als eine Folge davon angesehen, dass die Kosten eines Krieges prinzipiell höher sind als die seines potentiellen Ertrags, und das nicht zuletzt deswegen, weil sich mit Beginn eines Angriffskrieges politische und militärische Allianzen gegen den Angreifer bilden, die ihm militärisch untragbare Verluste oder schwerwiegende politische und wirtschaftliche Nachteile zufügen, welche ihn um alle Vorteile des Angriffskrieges bringen, dann muss es im politischen System mindestens drei Akteure geben, deren militärische Fähigkeiten so groß sind, dass sie jedem Friedensbrecher gewaltigen Schaden oder gravierende Nachteile zufügen können. Das Erfordernis von mindestens drei Akteuren, die in der Lage sind, einen Regelbrecher und Friedensstörer in die Schranken der bestehenden Ordnung zu weisen, ergibt sich daraus, dass bei einem geschlossenen System einer von diesen Dreien selbst der Regelbrecher und Friedensstörer sein kann, so dass mindestens zwei Mächte vorhanden sein müssen, die seine Gewinne aus Regelbruch und Friedensstörung zunichtemachen, und man sich zudem uneingeschränkt auf ihr entschiedenes Gegenhandeln verlassen kann. Der Grund dieser Verlässlichkeit würde darin bestehen, dass sonst ihre eigene Position in der Ordnung deutlich geschwächt würde und sie sich gleichzeitig aufgrund ihrer überlegenen Fähigkeiten in der Lage sehen, dem Regelbrecher und Friedensstörer entgegenzutreten.

Die Pointe dieses Typs von Ordnung besteht somit darin, dass – modelltheoretisch betrachtet – ihre Verteidiger, indem sie die eigenen Interessen verfolgen, für den Fortbestand der Ordnung und die Aufrechterhaltung oder notfalls auch Wiederherstellung des Friedens sorgen. Man muss ihnen also keine Verpflichtung zu einem in der Ordnungsverteidigung bestehenden Gemeinwohl auferlegen, bei dem unklar bleibt, ob sie solchen – im weiteren Sinn moralischen – Forderungen folgen würden, sondern es genügt, dass sie ihr bloßes Eigeninteresse im Auge haben.[10] Um diese Aufgabe erfüllen zu können, müssen sie freilich militärische Fähigkeiten besitzen, die hinreichend groß sind, um einen potentiellen Regelbrecher und Friedensstörer von seinem Vorhaben abzuschrecken oder ihn, wenn er sich nicht hat abschrecken lassen, in die Schranken zu weisen und sicherzustellen, dass er aus Regelbruch und Krieg keine Vorteile zieht. Dieses Modell folgt der von dem römischen Militärtheoretiker Flavius Vegetius formulierten Devise *si pacem vis para bellum* – wenn du den Frieden willst, bereite den Krieg vor, oder, vielleicht treffender übersetzt: sei auf den Krieg vorbereitet.[11] Nennen wir dieses System das *Vegetius-Modell* und die ihm zugrunde liegende Anforderung den *Para-bellum-Imperativ*.[12]

Die politischen Risiken des Vegetius-Modells bestehen neben

einer Verabredung der Starken gegen die Schwachen darin, dass es einerseits bei der Bevölkerung der dem System angehörenden großen Mächte Akzeptanz finden muss und andererseits für diejenigen glaubwürdig zu sein hat, gegen die sich die Kriegsvorbereitung zur Verhinderung eines Krieges richtet. Das Vegetius-Modell mit dem Para-bellum-Imperativ ist strukturell kontraintentional: Was man faktisch betreibt, ist das Gegenteil dessen, was man tatsächlich anstrebt. Man bereitet sich auf die Führung eines Krieges vor, um in Frieden leben zu können. Aber dabei kann bei Freund und Feind, bei der eigenen Bevölkerung (das ist im Wesentlichen ein Problem von Demokratien) wie bei denen, die durch die Kriegsvorbereitung zur Wahrung des Friedens gebracht werden sollen, der Eindruck entstehen, man *rede* bloß vom Frieden, bereite tatsächlich aber einen Krieg vor, in dem es keineswegs um die Wahrung des Status quo gehe, sondern um die Ausweitung der eigenen Macht beziehungsweise die Eroberung und Annexion von zu anderen Staaten gehörenden Territorien. Unter dem Deckmantel der Friedenswahrung, so der Verdacht, schaffe man die Voraussetzungen für einen Krieg, um die bestehende Ordnung zu ändern oder auch eine ganz andere zu errichten. Wer kann schon mit Sicherheit sagen, ob das Paradoxon des *si pacem vis para bellum* tatsächlich eines der vielen Paradoxa der Politik ist? Oder ob es sich um eine Täuschung handelt, bei der das als kontraintentional Behauptete das tatsächlich Intendierte, das *pacem velle* (Frieden wollen) die Tarnfarbe für das *bellum gerere* (Krieg führen) ist. Historische Beispiele dafür lassen sich zuhauf finden.

Sobald man der Bindung an die Paradoxie misstraut, entsteht ein Sicherheitsdilemma, das sich wie folgt beschreiben lässt: Die eine Seite des Systems erhöht ihre Rüstungsanstrengungen, weil sie davon ausgeht, dies sei zur Aufrechterhaltung eines militärischen Gleichgewichts und zur Einbindung der anderen Seite in die bestehende Ordnung vonnöten. Von der Gegenseite wird das jedoch als eine Politik des militärischen Übergewichts wahrgenommen, weswegen sie ihrerseits Aufrüstungs- beziehungsweise Nachrüstungsanstrengungen unternimmt, was dann von der ersten Seite wiederum als eine gegen sie gerichtete Bedrohung angesehen wird. Die reagiert darauf mit zusätzlichen Rüstungsanstrengungen – mit der Folge, dass die Beteiligten in eine nach oben offene Rüstungsspirale hineingeraten. Gefährlich wird das dann, wenn eine Seite dabei zu dem Ergebnis kommt, ein kurzer Krieg sei für sie besser als das Gefangensein in einer sich endlos drehenden Rüstungsspirale. Der Weg in den Ersten Weltkrieg lässt sich, zumindest teilweise, als Entscheidung zum Krieg zwecks Ausnutzung eines augenblicklichen Übergewichts rekonstruieren.[13] Rüstungsspiralen sind dadurch gekennzeichnet, dass die eine Seite einen zeitweiligen militärischen Vorteil hat, womit sich für sie ein Zeitfenster öffnet, in dem sie, wenn alles gut läuft, siegen kann. Solche Zeitfenster haben eine erhebliche politische Suggestivität. Sie sind damit die größte Gefährdung für politisch-militärische Gleichgewichtskonstellationen.

Das Vegetius-Modell funktioniert also nur dann zuverlässig, wenn die Gefahr des Eintritts in endlose Rüstungsspiralen durch entsprechende Rüstungsbegrenzungsabkommen beschränkt ist und keiner der dem System Angehörenden damit rechnen muss, auch ohne Krieg – durch immer weitere Rüstungen der Gegenseite, auf die zu reagieren ihn ökonomisch überfordert – zugrunde gerichtet zu werden. Das war die Gefahr, mit der die Friedensbewegung im Westen während der 1980er Jahre unter anderem argumentierte: dass die Sowjetunion, da sie von den verfügbaren Ressourcen und ihrer Technologie her der westlichen Rüstungsdynamik nicht würde folgen können, ihre Rettung in einem Präventivangriff auf den Westen suchen und in einem Verzweiflungsakt einen Krieg beginnen könnte. Ein solcher Ausbruch aus der Rüstungsspirale ist irrational, aber in Konstellationen struktureller Ausweglosigkeit nicht ausgeschlossen. Dazu ist es in den 1980er Jahren nicht gekommen, aber das war von den modelltheoretischen Annahmen her alles andere als selbstverständlich und womöglich nur die Folge eines kontingenten

Vorgangs: der Wahl von Michail Gorbatschow zum Generalsekretär der KPdSU.

Zu den strukturellen Risiken des Vegetius-Modells gehört aber auch, dass gar nicht Rüstungsanstrengungen selbst, sondern der ökonomische Aufstieg eines Akteurs in Friedenszeiten bei stetigem Zurückfallen seines potentiellen Kontrahenten dazu führt, dass dieser sich zu einem Krieg entschließt, von dem er hofft, er werde die Nachteile wettmachen, welche er im Frieden hinnehmen muss. Man wechselt dann, spieltheoretisch betrachtet, die Konkurrenzbedingungen, um die Bahn des strukturellen Abstiegs zu verlassen. Das ist zurzeit das politische Risiko im Verhältnis zwischen den USA und China, das mit der Bezeichnung «Thukydides-Falle» belegt worden ist.[14] Wie groß die Wahrscheinlichkeit eines Krieges zwischen den USA und China im konkreten Fall auch immer sein mag – das Risiko steigender Kriegswahrscheinlichkeit erwächst aus einer Infragestellung der paradoxen Logik des Vegetius-Modells, weil in diesem nur die genuin militärischen, aber nicht die sozioökonomischen Faktoren berücksichtigt sind. Neben dem Sicherheitsdilemma und der Verabredung der großen Mächte zum Nachteil der kleinen ist die Falle des Thukydides das dritte dem Vegetius-Modell und dem Para-bellum-Imperativ inhärente Problem.

Der antike Historiker Thukydides hat in seiner Darstellung des großen, ganz Griechenland erfassenden Krieges zwischen der Seemacht Athen und der Landmacht Sparta die These vertreten,[15] es seien nicht etwa bestimmte politische Entscheidungen der Athener, Spartaner oder Korinther gewesen, die letzten Endes zu diesem Krieg geführt hätten, sondern dazu habe das stetige politische und wirtschaftliche Wachstum Athens im Frieden geführt; in Sparta sei die Sorge aufgekommen, dass es seine wesentlich auf militärische Fähigkeiten gegründete Hegemonie über den Peloponnes und weitere Teile Griechenlands Schritt für Schritt an die Athener verlieren werde: Bei dem Beschluss der Spartaner, dass «ein Krieg notwendig» sei, seien sie «nicht so sehr von den Reden der Bundesgenossen überzeugt als von der Furcht bewogen» worden, «die Athener könnten allzu mächtig werden; sahen sie doch den Großteil von Hellas bereits in ihrer Gewalt».[16]

Die auf athenischer Seite wiederum vorherrschende Wahrnehmung, wonach nicht eine bestimmte Entscheidung Athens die Lakedämonier zum Krieg veranlasst habe, sondern das kontinuierliche eigene Wachstum unter den Bedingungen des Friedens, brachte die Athener zur Überzeugung von der *Unvermeidlichkeit* eines Krieges und veranlasste sie unter dem Einfluss des führenden athenischen Politikers Perikles dazu, bei einer politisch marginalen Streitfrage nicht nachzugeben, sondern zu einem für sie vermeintlich günstigen Zeitpunkt auf Krieg zu setzen. Es waren danach, Thukydides zufolge, Annahmen über die Gegenseite, die in den Krieg führten. Die Vorstellung von der Unvermeidlichkeit eines Krieges, wie sie sich auch bei Beginn des Ersten Weltkriegs in Teilen der politischen Elite der großen Mächte breitgemacht hatte, hat politisch das Potential, die friedenssichernden Mechanismen des Vegetius-Modells auszuhebeln.

Die Kriegsursachenanalyse des Thukydides und ihre Fortschreibungen bis in die Gegenwart legen, gleichgültig, ob sie im Einzelfall zutreffend sind oder nicht, ein weiteres Dilemma der gemäß dem Vegetius-Modell strukturierten Ordnung offen:[17] den Umstand, dass vielfach nicht Tatsachen, sondern ihre Interpretation durch die politischen Akteure dafür ausschlaggebend sind, ob die konditionale Voraussetzung des Para-bellum-Satzes Anwendung findet: *si pacem vis* – wenn du den Frieden willst –, und zwar nicht verstanden als selbstbezüglicher Imperativ, sondern als zuverlässige Annahme über die Absichten und Motive der Gegenseite. Diese Interpretationsvarianz stellt eine folgenreiche Fehlerquelle in der nach den Vorgaben des Vegetius-Modells errichteten Friedensordnung dar. Im gegenwärtigen Konflikt zwischen den USA und China könnte das darauf hinauslaufen, dass eine Seite einen marginalen Konflikt zum großen Krieg ausweitet, weil sie von dessen «Unvermeidlichkeit» überzeugt ist. Darauf wird immer wieder zurückzukommen sein.

Friedensordnung II: das Dante-Modell

Als Alternative zum Vegetius-Modell, in dem die Verlockung zum Angriffskrieg durch mehrere in einer Status-quo-Koalition vereinte und dabei jedem Aggressor überlegene Akteure blockiert wird, kann die Ordnung mit einer einzigen Macht an der Spitze angesehen werden. Deren Aufgabe besteht darin, äußere Angriffe auf diese Ordnung abzuwehren und im Innern für Frieden zu sorgen. Nach innen zumindest haben die militärischen Fähigkeiten dieser «Macht an der Spitze» eine wesentlich konstabulatorische Funktion, was heißt, dass sie sich vom Aufgabenprofil her dem der Polizei annähern.[18] Das konstabularisierte Militär hat, lässt man die Verteidigung der Ordnung gegen äußere Feinde einmal außer Betracht, nicht die Aufgabe, einen politischen Willen mit kriegerischen Mitteln gegen einen anderen, ihm entgegengesetzten Willen durchzusetzen, wie im Vegetius-Modell; es ist im buchstäblichen Sinn ein «Ordnungshüter», was heißt, dass jeder Wille, der die bestehende Ordnung in Frage stellt, illegal ist und unterdrückt werden muss. Das klingt nach Tyrannei, zumindest nach einer Willkürherrschaft der das System kontrollierenden und beherrschenden Macht, und tatsächlich kann ein solches System in Tyrannei umschlagen, wenn die Macht an der Spitze vor allem ihre Eigeninteressen verfolgt und die anderen der Ordnung Angehörenden ausbeutet. Eine solche Konstellation wird gemeinhin als imperialistisch bezeichnet.[19]

Dem steht das als Normalität unterstellte Ideal gegenüber, wonach sich die Macht an der Spitze einer Ordnung, weil sie durch deren Zerstörung nichts zu gewinnen, aber alles zu verlieren hat, ganz in den Dienst des Gesamtsystems stellt. Sie begreift sich im buchstäblichen Sinne als «Hüter» dieser Ordnung[20] und wird häufig auch als «wohlwollender Hegemon» bezeichnet. Die Achillesferse dieses Systems besteht somit darin, dass es allein durch die mit einem guten Willen gepaarte Rationalität des «Hüters» an der Spitze gesichert ist und dass es bezüglich dieses «Hüters» sonst keine Kontroll- und Korrekturinstanzen gibt. Das hat zur Folge, dass dieses System, wenn sich an seiner Spitze Machthunger und Habgier breitmachen, über keine immanenten Mechanismen verfügt, die Ordnung gegen einen dem «Cäsarenwahn» verfallenen «Hüter» zu verteidigen, wodurch die Ordnung in pure Unordnung umschlägt. Das ist der Preis, den das Dante-Modell der Friedensordnung für seine vertikale Konstruktion zu zahlen hat. Das horizontal angelegte Vegetius-Modell kennt dieses Problem nicht, ist es doch mit Blick auf die Verhinderung des Machtmissbrauchs durch einen starken Akteur konstruiert und bietet die Chance, diesen notfalls auch gewaltsam auszuschalten. Systemischer Garant dessen ist der Para-bellum-Imperativ. Für den hat das Vegetius-Modell aber den Preis eines institutionellen Misstrauens und des Sicherheitsdilemmas zu entrichten.

Man kann das hierarchisch strukturierte Friedensmodell mit einem einzigen Hüter an der Spitze als eines begreifen, das der Idee eines «Friedens mit immer weniger Waffen» verpflichtet ist, was unter anderem in einer Verpolizeilichung des Militärs zum Ausdruck kommt. Die Voraussetzung dafür ist das uneingeschränkte Vertrauen in den Hüter bei denen, die auf ihre Bewaffnung verzichten oder die Waffen, die sie vor der Errichtung einer «Ordnung mit Hüter» besessen haben, abgeben oder gemäß der Formel «Schwerter zu Pflugscharen»[21] in Produktionsinstrumente verwandeln. Ob dieses Vertrauen gerechtfertigt ist, lässt sich in der Entstehungsphase einer solchen Ordnung nicht voraussehen. Was sich aber mit Sicherheit voraussehen lässt, sind die erheblichen Kostenvorteile des vertikalen Modells gegenüber dem horizontalen: Gemäß der Formel «Schwerter zu Pflugscharen» werden hier nämlich die unproduktiven Kosten der Kriegsvorbereitung in Investitionen zugunsten von Produktion und Infrastruktur verwandelt, und nur der «Hüter» hat die Kosten militärischer Rüstung zu tragen. In einer horizontalen Ordnung dagegen müssen tendenziell alle relevanten Akteure diese Kosten stemmen. Durch den Eintritt in eine Rüstungsspirale können solche Kosten ins Exorbitante steigen, was in einer vertikalen Ordnung nahezu ausgeschlossen ist, da es ja gemäß den Annahmen des Modells keine Konkurrenten oder Kontrahenten des «Hüters» gibt, von denen eine solche Spirale in Gang gesetzt werden könnte. Wenn wir uns hypothetisch eine Versammlung von Politikern vorstellen, die eine Friedensordnung begründen wollen – in der Realität sind solche Ordnungen eher das Ergebnis von Ereignissen, Prozessen und Zufällen, als dass sie durch wohlbedachte Beschlüsse zustande kommen –, dann müssen sie sich zwischen dem Imperativ der Kostenvorteile und dem des Misstrauens gegenüber der Rationalität und Gutwilligkeit des «Hüters» entscheiden. Oder knapper: Ihre Entscheidung hängt davon ab, ob ihr wirtschaftliches Mehrprodukt groß genug ist, um sich das systemische Misstrauen des Vegetius-Modells leisten zu können.[22]

Der spätmittelalterliche Dichter und Politiktheoretiker Dante Alighieri, ein aus seiner Heimatstadt exilierter Florentiner, hat in seiner Schrift *De monarchia* mit großer Sorgfalt ein vertikal-hierarchisches Friedensmodell entworfen, weswegen dieser Typ von Friedensordnung hier als *Dante-Modell* bezeichnet wird.[23] Die Einzigkeit der Ordnungsspitze steht bei Dante, der ein Zeitgenosse der Auseinandersetzungen zwischen Kaiser und Papst um die Oberhoheit der lateinischen Christenheit war und unter den Faktionskämpfen in seiner Heimatstadt Florenz litt, im Zentrum seiner Überlegungen.[24] Bei diesen Kämpfen hatte er in Florenz auf die «falsche», nämlich die unterlegene Seite gesetzt und war deswegen auf Lebenszeit aus seiner Vaterstadt verbannt worden. Die Frage der Oberhoheit über die lateinische Christenheit war, als Dante sich mit ihr im 14. Jahrhundert befasste, um einiges komplexer als noch im 11. und 12. Jahrhundert, als es nur darum ging, ob der Papst oder der Kaiser an der Spitze stehen solle. In der Zeit der salischen Kaiser drehte sich die Beantwortung dieser Frage um die Investitur der Bischöfe im Reich, die zwischen Kaiser und Papst umstritten war. In diesem Konflikt behielten zuletzt die Päpste die Oberhand: ein Beispiel für die Dominanz von *soft power* über *hard power*, das selbst Henry Kissinger in seinem Buch *Weltordnung* erwähnenswert gefunden hat.[25]

Als Dante *De monarchia* schrieb, hatte das Papsttum den Höhepunkt seiner Macht bereits überschritten, und die sich in Italien als Guelfen bezeichnenden Anhänger der päpstlichen Oberhoheit hielten nicht zuletzt deswegen zum Papst, weil der sich im avignonesischen Exil befand, so dass die Parteinahme für ihn auf die Selbständigkeit der italienischen Fürstentümer und Republiken hinauslief. Man setzte auf den Papst, weil das in der politischen Realität Italiens in einem pluralen System münden würde, in dem die je Herrschenden ihren eigenen Interessen folgten. Der Konflikt zwischen Kaiser und Papst war also zu einem zwischen einer hierarchischen und einer horizontalen Ordnung geworden. Dante sah in Letzterem eine auf Dauer gestellte Unordnung, in welcher der Krieg ein Normalzustand war. «Sie heucheln Gerechtigkeit, wollen aber keinen haben, der die Gerechtigkeit zur Durchführung bringt», schrieb er über die Guelfen-Ordnung.[26] Es war dies eine Ordnung, bei der sich die Regionalmächte gegenseitig in Schach hielten beziehungsweise immer wieder gegenseitig mit Krieg überzogen.[27] Es war eine Ordnung, die sich als Vegetius-Modell beschreiben lässt.

Aber wie ließ sich der kaiserliche gegenüber dem päpstlichen Anspruch auf Oberhoheit begründen? Immerhin konnte der Papst als «Nachfolger Petri» für sich eine biblische (Mt 16,18–19) und damit heilsgeschichtliche Legitimation in Anspruch nehmen – die Position des Stellvertreters Christi nämlich, der bis zu dessen Wiederkehr, also bis zum Weltende am Tag des Jüngsten Gerichts, für ein friedliches Zusammenleben der Christenheit zu sorgen hatte. Dagegen war das Kaisertum nach dem Ende des Römischen Reichs im Westen erst unter dem Frankenkönig Karl (der den Beinamen «der Große» erhalten hat) erneuert worden, wobei der Papst diese Erneuerung mit der Krönung Karls in Rom vollzogen hatte. Zudem war es nur ein halbiertes Kaisertum, das mit dem fortbestehenden oströmischen Reich in Konstantinopel um den Anspruch auf die Nachfolge des *Imperium Romanum* konkurrierte. Es befand sich legitimatorisch somit nicht nur gegenüber dem Papst, sondern auch gegenüber den Byzantinern in einer schwachen Position und konnte dem zunächst nur die Macht des Schwertes entgegensetzen, also die Fähigkeit, Europa mit Gewalt zu pazifizieren. Dies stellte jedoch keine überzeugende Legitimität dar, sondern blieb der Legitimation des Papsttums instrumentell zu- und untergeordnet.

Die zu beantwortende Frage lautete also: Wie ließ sich die kaiserliche Fähigkeit zur Gewaltanwendung und zur Durchsetzung von Zielen mit Waffengewalt sakralisieren, um das Schwert dem Bischofsstab gleichzustellen, wenn nicht ihm überzuordnen? Eine der möglichen Antworten darauf war der Sieg im Kreuzzug, die Sakralisierung des Schwertes durch seinen Gebrauch gegen die Feinde der Christenheit. Diese hatten die heiligen Stätten der Christenheit, vor allem Jerusalem, nach deren Rückeroberung im Ersten Kreuzzug, erneut in ihren Besitz gebracht. Wenn der Kaiser an der Spitze der christlichen Ritterschaft das Heilige Land zurückeroberte, war dies ein Legitimitätsgewinn gegenüber *beiden* Rivalen: dem Papst, der das Schwert nicht führen durfte, und den oströmischen Kaisern, die das Heilige Land nicht vor den Muslimen hatten schützen können. Der Sieg im Kreuzzug verwandelt die kaiserliche Macht in göttlich legitimierte Macht. Friedrich Barbarossa ist diesen Weg gegangen, als er, bereits in hohem Alter, zum Kreuzzug aufbrach.[28] Der Dritte Kreuzzug endete jedoch in einem Fiasko, als der Kaiser am 10. Juni 1190 im Fluss Saleph (heute Göksu) in Südanatolien ertrank. Mit dem Kaiser ertrank der Träger der Legitimität, die zu erwerben er im Begriff stand. Das Problem dieser Sakralisierung von Gewaltkompetenz lag darin, dass die solcherart erworbene Legitimität an die Person des Siegers über die Feinde der Christenheit gebunden blieb und bei dessen Tod nicht automatisch auf seinen Nachfolger überging. Sie musste von jedem seiner Nachfolger stets aufs Neue erworben werden.

Stärker institutionell ausgerichtet war dagegen die auf dem Reichstag von Roncaglia (1158) erstmals erfolgte Bezeichnung des Reichs als *Sacrum Imperium*, als Heiliges beziehungsweise Geheiligtes Reich.[29] Die Sakralisierung des Reichs erwuchs aus der Vorstellung, dass das Ende der Welt nicht kommen werde, solange dieses Reich fortbestehe. Diese legitimatorische Vorstellung knüpfte an das *Buch Daniel* im Alten Testament an, wo von einem Traum des babylonischen Königs Nebukadnezar berichtet wird, in dem dieser ein gewaltiges Standbild sah. Dessen Kopf bestand aus Gold, Brust und Arme aus Silber, der Leib bis zu den Hüften aus Bronze, die Beine aus Eisen und die Füße schließlich aus Eisen und Ton. Aber dann habe sich vom Felsen hinter dem Standbild ein Stein gelöst und die tönernen Füße des Standbilds zerschmettert, woraufhin die Statue in sich zusammengebrochen und zu Staub zerfallen sei. Dagegen habe sich der Stein über den gesamten Erdboden als Felsplatte ausgebreitet. Nachdem keiner der Weisen aus Nebukadnezars Reich diesen Traum zu deuten vermochte, wurde Daniel, ein aus Jerusalem nach Babylon verschleppter Jude, herbeigerufen, der ihn als Abfolge von vier mächtigen Reichen deutete, wobei das vierte das letzte der irdischen Reiche sein werde. Anschließend werde die Herrschaft Gottes auf Erden beginnen, wofür die Entstehung der großen Felsplatte stand. Für den Verfasser des Danielbuchs stand das Reich aus Gold für das neubabylonische Reich, das aus Silber für das Reich der Meder, das aus Bronze für das persische Reich und das aus Eisen und Ton für das Reich Alexanders des Großen.[30] Nachdem das historische Ende des Alexanderreichs und der Untergang der ihm folgenden Diadochenreiche entgegen den damit verbundenen Erwartungen nicht zur Errichtung eines ewigen Gottesreichs geführt hatte, rückte das Römische Reich an die Stelle des letzten Reichs, verbunden mit der Vorstellung, solange dieses Reich fortbestehe, werde das Jüngste Gericht nicht stattfinden.

In Zeiten nun, in denen die vorherrschende Stimmung nicht mehr auf Befreiung und Erlösung ausgelegt war, wie in der Zeit des babylonischen Exils der Juden, sondern Gottes Gericht über die Menschheit als Stunde der Verdammnis der meisten verstanden wurde, machte sich eine kosmoskonservative Grundstimmung breit, und die Fortdauer des letzten Reichs wurde im Anschluss an den zweiten Paulusbrief an die Thessalonicher als *Katechon* angesehen, als Aufhalter des Weltendes und Verhinderer der Heraufkunft des Antichrist.[31] Der Idee einer anbrechenden Gottesherrschaft wurde so die Vorstellung vom Reich als Aufhalter des Weltendes entgegengesetzt – eine Gegenüberstellung, die keineswegs auf das 12. Jahrhundert beschränkt blieb, sondern in der Konfrontation der USA und Russlands inzwischen legitimationspolitisch wieder auftaucht: Haben die Neocons die USA im Anschluss an die Vorstellung von *the city upon the hill* oder *the chosen people* in die Rolle einer heilsgeschichtlichen Macht hineinimaginiert,[32] so stellt die russisch-orthodoxe Kirche Russland inzwischen als den Aufhalter einer weiteren Ausbreitung westlicher Dekadenz dar.[33] Das läuft ebenfalls auf eine heilsgeschichtliche Legitimation hinaus.

An der Vorstellung vom Katechon setzte ein in der Mitte des 12. Jahrhunderts verfasstes geistliches Spiel an, der *Ludus de Antichristo*: Der Kaiser, so die Erzählung, ist Weltherrscher geworden, nachdem sich ihm die Könige von Frankreich und Byzanz, Babylon und Jerusalem als Lehnsleute unterworfen haben. Er hat die zerstrittene Welt geeint und legt in der Vorstellung, nun sei die Welt in Ordnung gebracht, die Symbole seiner kaiserlichen Herrschaft über die Welt, Szepter und Krone, in Jerusalem nieder, um fortan nur noch König der Deutschen zu sein. Doch die neue Friedensordnung zerbricht schon bald, denn der Antichrist reißt die Herrschaft an sich und errichtet unter der betrügerischen Parole allgemeinen Friedens ein Regime, das aus Tyrannei und Bürgerkrieg besteht. Am Schluss greift Christus selbst ein, um die Schreckensherrschaft des Antichrist zu beenden.[34] – Allein das Fortbestehen des Kaisertums der Deutschen, so die Lehre des am Tegernsee beheimateten reichspatriotischen Verfassers, könne die Welt vor schrecklichen Verwüstungen und Verheerungen bewahren. Dabei dürfe man sich durch den Anschein eines allgemeinen Friedens nicht täuschen lassen; dahinter würden sich Tyrannei und Krieg verbergen, um von dem Augenblick an, da der Kaiser seine Macht abgibt, die Szene zu beherrschen. Die Konzentration aller Macht beim Kaiser ist demnach *die einzige Garantie* gegen den Absturz ins Chaos. Das war eine geschichtstheologische Legitimation kaiserlicher Oberhoheit, die wesentlich an die Deutschen adressiert war und gegen die sich spätestens mit dem Aufkommen von Vorstellungen, in denen die Nationen um den politischen Vorrang konkurrierten, energischer Widerspruch erhob.[35]

Dante, um noch einmal auf ihn zurückzukommen, hat das Problem einer solchen protonationalen Zurechnung des Kaisers zu umgehen versucht, indem er das Römische der die lateinische Christenheit umfassenden Universalmonarchie ins Zentrum seiner Überlegungen stellte; außerdem hat er eine in theologische Kontroversen führende Sakralisierung dieses Hüters vermieden, indem er dessen Vormacht nicht aus biblischen Prophetien, sondern aus der aristotelischen Telos-Lehre heraus entwickelte. Demgemäß eröffnet er seine Argumentation auch nicht mit der Frage nach der *Legitimität* des Kaisers, sondern mit der nach seiner *Funktionalität*, der Frage nämlich, «ob eine Monarchie [gemeint ist die Universalmonarchie] zum Heile der Welt vonnöten ist». Erst nach deren Bejahung wendet er sich der weiteren Frage zu, «ob sich das römische Volk von Rechts wegen das Amt der Monarchie beigelegt hat». Dementsprechend handelt Dantes Schrift mehr vom Imperium als institutioneller Ordnung und weniger von der Person des Kaisers und seiner Umgebung. Der Kaiser ist nur der Schlussstein einer institutionellen Ordnung, in der Streitfragen nicht mit Gewalt, sondern nach den Vorgaben des Rechts entschieden werden, somit die Rechtsprechung an die Stelle der Kriegführung tritt und der Kaiser als inappellable Entscheidungsinstanz fungiert.

Dazu gehört auch, dass er nicht in die Selbstregierung der Städte und Königreiche eingreift, sondern alles damit Zusammenhängende nach dem Grundsatz der Subsidiarität von den dafür zuständigen «unteren» Instanzen bearbeiten lässt. Nur im Falle eines auf diesen unteren Ebenen unlösbaren Konflikts wird die jeweils höhere Instanz eingeschaltet, und wenn die Angelegenheit auch hier nicht abschließend geklärt werden kann, gelangt sie schließlich in der vertikalen Hierarchie bis zum Kaiser. Dessen Funktion läuft somit wesentlich auf Friedenssicherung durch Kriegsvermeidung hinaus, jedenfalls Kriegsvermeidung innerhalb des Römischen Reichs, das als Ordnung der lateinischen Christenheit anzusehen ist. Kriege gegen «äußere Feinde» sind dabei jederzeit möglich, und in ihnen fällt dem Kaiser die Rolle eines Schützers der Christenheit zu. Das Dante-Modell bringt die eine und einzige Oberinstanz ins Spiel, um zu vermeiden, dass Interessenkonflikte und Meinungsverschiedenheiten in Form von Kriegen ausgetragen werden. Letzten Endes stellt das eine Ordnung der Verrechtlichung dar, die freilich nur dann funktioniert, wenn es eine von allen anerkannte, den Streit ultimativ beendende Instanz gibt.

Das unterscheidet das Dante-Modell von den Vereinten Nationen beziehungsweise ihrem Sicherheitsrat, wo das Vetorecht der ständigen Mitglieder dafür sorgt, dass eine einzige Macht alles blockieren kann. Dante privilegiert den Kaiser und gesteht weder dem Papst noch einem der europäischen Könige ein Vetorecht zu. Auch wenn er sich mit diesem Problem nicht weiter beschäftigt, so ist doch klar, dass der Kaiser über die Kompetenz wie die Fähigkeit verfügen muss, seine Entscheidungen gegenüber Widerstrebenden notfalls mit Gewalt durchzusetzen, was auf eine Vorwegnahme der später so bezeichneten *constabulary force* hinausläuft.

Friedensordnung III: das Comte-Spencer-Modell

Es gibt indes noch ein drittes Friedensmodell, das nicht, wie das Vegetius- und Dante-Modell, auf eine Ordnung des Politischen zentriert ist, sondern eine fortgeschrittene Wirtschaftsverflechtung zur Grundlage hat. Die ökonomische Integration eines Raumes hat Folgen für dessen politische Ordnung. Es ist dies ein Modell, das weder die Probleme des Para-bellum-Imperativs hat, also die Akzeptanz des Paradoxen und das Sicherheitsdilemma, noch die Dilemmata des Dante-Modells bei der Installierung eines Hüters, der zuverlässig das Gesamtwohl im Auge hat und dem sich keine Orientierung an Partikularinteressen nachsagen lässt. Das gelingt diesem Modell, indem es eine direkte Verbindung zwischen intentionalem Antrieb und funktionalem Effekt herstellt und auf die herausgehobene Stellung einer Einzelinstanz verzichtet. Stattdessen wacht eine Reihe von Schiedsgerichten über die Regeleinhaltung. Die Wirtschaftsverflechtung ist für alle von Vorteil, weil sie für ein höheres Wohlstandsniveau sorgt; sämtliche Beteiligten sind daher, so die Annahme, am Fortbestand und weiteren Ausbau dieses Systems interessiert. Die mit der wirtschaftlichen Verflechtung verbundenen wechselseitigen Abhängigkeiten sollen sicherstellen, dass keiner der Beteiligten in der Lage ist, ohne Inkaufnahme gravierender Nachteile Pressionen gegen andere Systembeteiligte auszuüben. Für den Fall, dass eine Macht zu militärischer Gewalt greift und einen Krieg beginnt, wird sie mit einer Reihe von Wirtschaftssanktionen überzogen, die sie im Idealfall an der Fortführung des Krieges hindern. Da alle Systembeteiligten das antizipieren, kommt eine Ordnung der wirtschaftlichen Verflechtung ohne ein der Abschreckung dienendes Militärpotential aus, zumal eines, das Misstrauen gegenüber der Ordnung zu wecken geeignet wäre. – So sieht es jedenfalls das Modell vor.

Spieltheoretisch formuliert gründet es auf der Ablösung von Nullsummenspielen, bei denen man nur so viel gewinnen kann, wie andere verlieren. An deren Stelle treten Win-win-Konstellationen, in denen alle gewinnen, wobei diese Gewinne freilich von unterschiedlicher Höhe sein können. Nullsummenspiele stehen für Systeme, in denen Krieg als mit militärischer Gewalt geführter Ausscheidungswettbewerb möglich ist; Win-win-Konstellationen stehen für Ordnungen, in denen Krieg prinzipiell ausgeschlossen ist, weil er ja gemäß dem Nullsummenspiel zur Folge hat, dass ein anderer verliert, was der eine gewinnt. Die Ordnung der wirtschaftlichen Verflechtung beruht idealiter auf einer restlosen Substitution militärischer durch wirtschaftliche Macht.

Immanuel Kant hat in seiner Schrift *Zum ewigen Frieden* geraten, Alleinherrschaften in Republiken zu verwandeln, weil ein Volk aus freien Stücken das Unglück eines Krieges kaum beschließen werde – was bis zum heutigen Tag eine allzu optimistische Annahme geblieben ist.[36] Und er hat darauf hingewiesen, dass Handel auf Dauer nicht mit Krieg zusammen bestehen könne, so dass eine voranschreitende wirtschaftliche Verflechtung zu einem Rückgang der Kriege und schließlich zu ihrem gänzlichen Verschwinden führen werde. Dabei greift Kant auf die Vorstellung vom «wechselseitigen Eigennutz» zurück: «Es ist der Handelsgeist, der mit dem Kriege nicht zusammen bestehen kann, und der früher oder später sich jedes Volks bemächtigt.»[37]

Kant griff hier Überlegungen auf, die der schottische Nationalökonom Adam Smith in seinem Buch *Wealth of Nations* angestellt hatte, und machte sie für die geschichtsphilosophische Annahme einer fortschreitenden Pazifizierung fruchtbar. Die frühe Soziologie des 19. Jahrhunderts glaubte dann, das von Kant noch wesentlich als Postulat der Philosophie Formulierte an der realen Gesellschaftsentwicklung festmachen zu können. So hat Auguste Comte in seinem Dreistadiengesetz, mit dem er die Weltgeschichte in drei große Abschnitte gliederte, dem Krieg und dem Geist des Militarismus eine eigene Epoche zugewiesen, von der er annahm, dass sie mit dem Anbruch des Zeitalters der Industrie und Wissenschaft zu Ende gegangen sei. Damit schloss er an die Kantsche Vorstellung an, wonach Krieg und Handel nicht zusammen bestehen können, ersetzte den Handel im Sinne des Güteraustauschs jedoch durch die Industrie als Güterproduktion in großem Stil und stellte dies dem Krieg, der auf Raub beruhte und Zerstörung zur Folge hatte, gegenüber – als ein prinzipiell anderes Verhältnis des Menschen zu den für die Lebensführung erforderlichen Ressourcen. Comte war davon überzeugt, dass Krieg und Industrie, militärischer und produktivistischer Geist nicht nebeneinander bestehen können, sondern zwei aufeinanderfolgenden weltgeschichtlichen Etappen angehören. Nach dem Ende der napoleonischen Kriege, die Europa für mehr als zwei Jahrzehnte in Angst und Schrecken versetzt hatten, und dem Eintritt in eine lange währende Periode des innereuropäischen Friedens besaß diese soziologische Entwicklungstheorie erhebliche Evidenz.[38]

Auch der englische Soziologe Herbert Spencer hat Ende des 19. Jahrhunderts die Auffassung vertreten, die Konstitutionsprinzipien freier Gesellschaften – Vertragsfreiheit und freier Warentausch – seien mit denen kriegerischer beziehungsweise militaristischer Gesellschaften unvereinbar. Im Unterschied zu Comte ließ er beides jedoch nicht zeitlich aufeinanderfolgen, sondern verband es mit geographischen Konstellationen, was auf eine geopolitische Konkurrenz hinauslief: Während Seemächte die Träger von Handel und Industrie seien und einem wirtschaftlich wie politisch liberalen Denken zuneigten, seien Landmächte, die nur einen prekären oder gar keinen Zugang zu den Weltmeeren haben, dem Geist und Gestus des Militärischen verpflichtet und bedienten sich auch weiterhin des Eroberungskrieges, um ihre Macht zu steigern.[39]

Spencers Theorie bezog ihre Plausibilität daraus, dass sie sich als gesellschaftstheoretische Erklärung des damaligen weltpolitischen Konflikts zwischen Großbritannien, der großen Seemacht, und der großen Landmacht Russland – Rudyard Kipling hat diesen Konflikt als «the great game» bezeichnet – lesen ließ. Man konnte Spencers Gegenüberstellung als Antizipation eines großen Krieges verstehen, in dem es nicht nur um die Vormacht in Zentralasien gehen würde, sondern auch um die Prinzipien der Weltordnung des 20. Jahrhunderts;[40] man konnte sie aber ebenso als Antizipation des Triumphs einer an die veränderten Umstände besser angepassten Gesellschaftsordnung über rückständige und damit strukturell unangepasste Gesellschaften begreifen. Spencer selbst hat wohl letzterer Lesart zugeneigt, war er doch einer der ersten Vertreter des Sozialdarwinismus, demzufolge es nicht zu einem Ausscheidungskrieg kommen musste, sondern das zur Anpassung Unfähige zum Verschwinden verurteilt war.[41] Nennen wir die auf Industrie und Handel, Überschussproduktion und wirtschaftlichen Austausch beruhende Friedensordnung also das *Comte-Spencer-Modell.*

Seinem Anspruch nach ist das Comte-Spencer-Modell auf eine umfassende Optimierung der Systemergebnisse ausgerichtet, wie es in der spieltheoretischen Ablösung des Nullsummenspiels durch Win-win-Konstellationen beschrieben ist. Man kann das auch einfacher ausdrücken: An die Stelle eines unproduktiven Ressourceneinsatzes in Form von Aufrüstung mitsamt einer die Gesellschaftsentwicklung jedes Mal zurückwerfenden Ressourcenvernichtung im Krieg tritt der Imperativ der Gütervermehrung, des wohlbedachten Umgangs mit prinzipiell knappen Ressourcen und damit einer kontinuierlichen Steigerung des Wohlstandsniveaus. Ein Begleiteffekt ist, dass durch das hohe Maß an ökonomischer Verflechtung die einer solchen Friedensordnung zugehörigen Staaten tendenziell nicht mehr fähig sind, Krieg zu führen, zumal dann nicht, wenn es sich um längere Kriege handeln sollte. An die Stelle der militärischen Abschreckung im Vegetius-Modell oder des pazifizierenden Einwirkens einer übergeordneten Macht im Dante-Modell tritt im Comte-Spencer-Modell die Möglichkeit, die Wirtschaftskreisläufe zu entflechten – was idealiter dazu führt, dass dem Friedensbrecher infolge der Wirtschaftssanktionen das gezückte Schwert kraftlos aus der Hand fällt. Ein Krieg wird hier demnach mit ökonomischen Maßnahmen bereits im Ansatz beendet.

Wie die anderen Modelle setzt auch das Comte-Spencer-Modell darauf, dass es zum Krieg erst gar nicht kommt, weil alle in eine solche Friedensordnung Integrierten wissen, dass sie einen Krieg über längere Zeit nicht durchhalten können. Deswegen beginnen sie ihn erst gar nicht. Die Argumente, mit denen westliche, insbesondere europäische Politiker zu Beginn des Jahres 2022 auf den russischen Präsidenten Putin einzuwirken suchten, folgten im Wesentlichen den Vorstellungen des Comte-Spencer-Modells, und die nach dem 24. Februar 2022 verhängten Sanktionen[42] waren der Versuch, die Mechanismen dieses Systems zwecks Kriegsbeendigung einzusetzen. Aber weder der hohe Grad der wirtschaftlichen Verflechtung Russlands mit der EU hat Putin vom Angriff auf die Ukraine abhalten können, noch haben die schnell verhängten Sanktionen dazu geführt, dass Russland den Krieg beenden musste. Das hatte auch damit zu tun, dass sich viele Länder den Sanktionen gar nicht oder nur teilweise angeschlossen haben, weil das nicht ihren politischen Präferenzen und wirtschaftlichen Interessen entsprach. Darin zeigt sich ein beachtliches Problem des Comte-Spencer-Modells als *globale* Friedensordnung: dass sich *alle* relevanten Akteure dem Sanktionsregime unmittelbar und vollständig anschließen müssen, wenn der gewünschte Effekt einer wirtschaftlichen Lahmlegung des Kriegführenden erreicht werden soll, dass es somit niemanden gibt, der sich in einem mit kriegerischen Mitteln geführten Konflikt für neutral erklärt. Ist diese Voraussetzung nicht gegeben, wird man davon ausgehen müssen, dass das Comte-Spencer-Modell die ihm zugedachte Wirksamkeit nicht erlangt.

In Verbindung mit dieser Voraussetzung gilt auch, dass die Sanktionierenden nicht oder nur in geringem Maße von Lieferungen des Sanktionierten abhängig sind. Derlei wird nur bei kleineren und eher schwachen Akteuren zutreffen, und auch die dürfen nicht auf die verdeckte Hilfe von Großen und Mächtigen zurückgreifen können, wie das bei den Iran-Sanktionen der Fall ist. Schließlich hat – dritte Voraussetzung – eine große Bedeutung, dass militärische Gewalt und wirtschaftliche Sanktionen nicht in unterschiedlichen Zeitstrecken, sondern *zeitgleich* wirksam werden, so dass ein entschlossener und für begrenzte Zeit durchhaltefähiger Angreifer nicht davon ausgehen kann, ein *fait accompli* zu schaffen, also Verhältnisse, die hernach nicht mehr zu verändern sind. Das ist die dreifache Achillesferse des Comte-Spencer-Modells.

Die europäische Integration als konkretisiertes Modell

Die Ereignisse um den russischen Angriff auf die Ukraine waren für die europäische, zumal die westeuropäische Politik umso erschütternder, als diese nach dem Ende des Zweiten Weltkriegs mit dem Aufbau einer am Comte-Spencer-Modell orientierten Friedensordnung allerbeste Erfahrungen gemacht hatte.[43] Das begann mit der Montanunion, durch die in den 1950er Jahren deutsche Kohle und französisches Erz zusammengeführt wurden, so dass nicht länger, wie in der Zeit zwischen der deutschen Annexion Lothringens im Frankfurter Frieden und der französischen Rheinlandbesetzung von 1923, der bewaffnete Zugriff auf die Ressourcen der je anderen Seite erforderlich war, sondern die gewaltsame Aneignung durch eine umfassende Kooperation abgelöst wurde.[44] Dieser Anfang wurde dann mit den Römischen Verträgen in die Europäische Wirtschaftsgemeinschaft (EWG) überführt, der neben Deutschland und Frankreich noch Italien, die Niederlande, Belgien und Luxemburg angehörten. Es handelte sich also um eine vor allem auf wirtschaftlichen Grundlagen erfolgende Pazifizierung jenes Raums, der in den beiden großen Kriegen der ersten Hälfte des 20. Jahrhunderts eine zentrale Rolle gespielt hatte. Man kann die EWG als ein Vorhaben beschreiben, bei dem es um das Vergessenmachen von historischen Erinnerungen durch umfassende Wohlstandssteigerung ging, also darum, die im kollektiven Gedächtnis verankerten Ressentiments zugunsten einer Konzentration auf gegenwärtiges und künftiges Wohlergehen abzuschwächen.

War man auf diesem Weg erst einmal vorangekommen, so sollte auch eine kritische Beschäftigung mit der von Groll und Zorn beherrschten Erinnerung an die zurückliegenden Kriege möglich sein. Die Aufarbeitung der NS-Geschichte und des Zweiten Weltkriegs setzte in Deutschland etwa Mitte der 1960er Jahre ein, zu einer Zeit somit, als sich in der Bundesrepublik nicht zuletzt infolge des gemeinsamen europäischen Marktes eine Wohlstandsgesellschaft entwickelt hatte, in der es sich gut leben ließ. Im Rückblick auf die letzten zwei Jahrzehnte wird deutlich, dass Russland unter Putin den entgegengesetzten Weg gegangen ist: Nicht der Aufbau einer Wohlstandsordnung spielte die ausschlaggebende Rolle, sondern die geschichtspolitische Pflege der Erinnerung an einstigen imperialen Glanz und machtpolitische Größe, also das Heranzüchten und Pflegen von Ressentiments.[45] Deswegen wurde auch die mit der Aufarbeitung der russischen beziehungsweise sowjetischen Geschichte befasste Organisation *Memorial* zunächst in ihrer Arbeit behindert und schließlich verboten.[46]

Das Europaprojekt entfaltete schon bald eine solche Attraktivität für andere Staaten im Norden und Süden des Kontinents, dass diese ihm so schnell wie möglich beitreten wollten, und es folgten verschiedene Erweiterungsrunden.[47] Die Frage des Friedens geriet dabei zeitweilig in den Hintergrund, weil die Beitrittskandidaten ohnehin der NATO angehörten und militärisch bereits miteinander verflochten waren.[48] Bei der Süd- und Norderweiterung ging es demgemäß nicht um militärische Sicherheit, sondern um den Zutritt zu einem gemeinsamen Markt, dem man angehören wollte, um am wachsenden Wohlstand Europas teilzuhaben. Das änderte sich jedoch wieder, als nach dem Ende des Kalten Krieges die Frage einer Osterweiterung auf die Tagesordnung des Europaprojekts geriet. Zweifellos spielte dabei auch die wirtschaftliche Konsolidierung der zuvor an die sowjetische Wirtschaftssphäre angeschlossenen mittel- und südosteuropäischen Staaten eine Rolle, aber es ging doch ebenso darum, eine Wiederkehr der Dämonen aus der Zwischenkriegszeit zu verhindern, als in dem betreffenden Raum eine Reihe innergesellschaftlicher wie zwischenstaatlicher Kriege stattgefunden hatte,[49] deren Neuauflage man nach dem Ende der *Pax Sovietica* nicht ausschließen konnte – jedenfalls dann nicht, wenn zwischen dem östlichen Teil der Ostsee und dem Schwarzen Meer durch Geschichtserzählungen (oder Geschichtsklitterungen) angefeuerte Ressentiments die Oberhand gewinnen würden.

Wie begründet diese Befürchtung war, zeigten die jugoslawischen Zerfallskriege der 1990er Jahre.[50] Also ging es darum, durch Wohlstandstransfer nach Ostmittel- und Südosteuropa solchen Ressentiments nach Möglichkeit einen Riegel vorzuschieben. Das war eine Aufgabe, die nur durch die Aufnahme der mittel- und südosteuropäischen Länder in die Europäische Gemeinschaft zu bewältigen war, während die etwa gleichzeitige Osterweiterung der NATO die Furcht der ostmitteleuropäischen Länder vor Russland, dem nach wie vor mächtigen Nachbarn im Osten, besänftigen sollte. Die Osterweiterung der EU war und ist eine gigantische Investition in die wirtschaftliche Rekonstruktion und politische Stabilität der betreffenden Räume. Von Anfang an war nämlich klar, dass die ostmitteleuropäischen Beitrittsstaaten auf unabsehbare Zeit Nettoempfänger bleiben würden; obendrein würden sie durch die bloße Vermehrung der stimmberechtigten Mitglieder sowie ihre eigenen politischen Traditionen die Kompromissfindung in Brüssel zusätzlich erschweren. Letzterem hat man durch eine Reihe institutioneller Reformen Rechnung zu tragen versucht, indem man die Erweiterung der Union mit ihrer Vertiefung verband. Diese Vertiefung lief auf eine Übertragung weiterer nationalstaatlicher Kompetenzen auf die Kommission in Brüssel hinaus, was einige der bisherigen Mitgliedstaaten nur widerwillig vornahmen und was auf längere Sicht einer der Anstöße war, der zu dem Austritt der Briten aus der Union führte. Fasst man die letzten beiden Dekaden des Europaprojekts in geopolitischer Hinsicht zusammen, so hat nicht nur eine Ost*erweiterung*, sondern eine regelrechte Ost*verschiebung* der EU stattgefunden. Die Europäische Union ist Russland näher gekommen, und damit stand die Frage im Raum, wie sie ihr Verhältnis zu Russland gestalten sollte.

Wie lässt sich Russland in die europäische Friedensordnung einbinden?

Bereits beim Jahreswechsel 1989/90 zeichnete sich ab, dass die Sowjetunion der Verlierer der politischen Umbrüche in Europa sein würde. Das Ende des Kalten Krieges ging im Wesentlichen auf ihre Kosten, denn mit den «friedlichen Revolutionen» in Mittel- und Südosteuropa (nur in Rumänien kam es zu bewaffneten Auseinandersetzungen mit mehr als tausend Toten[51]) hatte die Sowjetunion ihren politischen Einfluss auf die dortigen Länder eingebüßt; es war absehbar, dass das äußere Imperium, der westliche Ring der Warschauer-Pakt-Staaten, deren Armeen die erste Verteidigungslinie beziehungsweise erste Angriffsstaffel bei einem Krieg mit der NATO bilden sollten, zerfallen würde. Noch aber hatte die Sowjetführung bei den anstehenden Verhandlungen über die politische Zukunft Deutschlands alle Trümpfe in der Hand, und die Entscheidung über die Zukunft Deutschlands war der Schlüssel zur zukünftigen Ordnung Mitteleuropas. Die grundlegenden Entscheidungen, das war ebenfalls abzusehen, würden in den Gesprächen zwischen Washington und Moskau fallen; London und Paris würden nur eine nachgeordnete Rolle spielen, und in Bonn, vor allem aber in Ost-Berlin musste man letzten Endes hinnehmen, was die jeweilige Führungsmacht beschließen würde. Noch standen mehr als eine dreiviertel Million sowjetischer Soldaten in den Staaten des nach wie vor existierenden Warschauer Pakts (davon allein 380000 in der DDR), und es ließ sich nicht ausschließen, dass sie bei größeren Unruhen, sobald diese als Vorboten eines Bürgerkrieges angesehen wurden, gegen eine aufständische Bevölkerung eingesetzt würden, um in ähnlicher Weise wie 1953 in Ost-Berlin, 1956 in Budapest und 1968 in Prag die sowjetische Vorherrschaft über Mitteleuropa wiederherzustellen.

Die Angst vor einer solchen Entwicklung bestimmte die Politik der USA und der westeuropäischen Staaten, und demgemäß wurden von hier aus einige Anstrengungen unternommen, das Tempo der Veränderungen in Osteuropa zu drosseln, um für politische Stabilität in den im Umbruch befindlichen Staaten zu sorgen und mit Krediten dazu beizutragen, dass es nicht zu Versorgungsengpässen kam, bei denen man mit Volksaufständen oder massiven Migrationsbewegungen hätte rechnen müssen. Bei den Überbrückungskrediten fiel der Bundesrepublik Deutschland eine besondere Rolle zu, und nicht zuletzt dadurch gewann Kanzler Kohl einen politischen Einfluss auf das Geschehen, den er sonst nicht gehabt hätte.[52] Im Bündnis mit US-Präsident George H. W. Bush bestimmte Kohl das Tempo der Entwicklung, was in einigen westeuropäischen Staaten zu erheblichen Irritationen führte. Das war ein Vorzeichen dafür, dass in der politischen Ordnung nach dem Kalten Krieg wirtschaftliche Macht eine größere Gestaltungskraft haben würde als militärische Macht. Eine solche Ordnung würde freilich nur dann zustande kommen, wenn Gorbatschow in der Sowjetunion die Politik der Perestroika fortsetzen konnte.[53] Der Westen war auf Gorbatschow und eine stabile Sowjetunion angewiesen, und das war der zweite Trumpf, den man in Moskau beim Jahreswechsel 1989/90 noch in Händen hielt.

Aber wie groß waren die Entscheidungsspielräume Moskaus tatsächlich, seitdem außer Frage stand, dass die in tiefen wirtschaftlichen Problemen steckende Sowjetunion nicht mehr in der Lage sein würde, die DDR und die anderen Staaten des «Rates für wirtschaftliche Zusammenarbeit», wie die sowjetisch geführte Wirtschaftsorganisation des Ostblocks hieß, ökonomisch über Wasser zu halten.[54] Außer Frage stand zudem, dass die Sowjetunion, am Rande des wirtschaftlichen Zusammenbruchs, dringend auf Kredite aus dem Westen angewiesen war. Insofern war die Präsenz der Streitkräfte in der DDR sowie den anderen Ostblockstaaten der einzige wirkliche Trumpf, den Moskau bei der politischen Neuordnung Mitteleuropas in der Hand hatte.[55] Aber das war ein Trumpf mit absehbarem Verfallsdatum, denn lange würde Moskau diese Militärmacht nicht mehr finanzieren können. Gorbatschow war auf eine drastische Reduzierung der sowjetischen Truppenstärke angewiesen, wenn er die Politik der Perestroika weiterführen wollte. Es gab somit gute Gründe für die Annahme, dass sich der Generalsekretär der KPdSU nicht auf einen längeren Machtpoker über die Zukunft Deutschlands und Europas einlassen konnte. Für ihn hatte die politische Stabilisierung und wirtschaftliche Erholung der Sowjetunion unbedingten Vorrang, und um der ökonomischen Erneuerung des Sozialismus willen war Gorbatschow dann tatsächlich bereit, auf das äußere Imperium der Sowjetunion in seiner bisherigen Form zu verzichten.[56] Allerdings legte er Wert darauf, dass dies nicht auf eine Osterweiterung der NATO hinauslaufen dürfe.[57]

Das Ziel von Gorbatschows Reformpolitik war der wirtschaftliche Wiederaufstieg der Sowjetunion, die seit den 1970er Jahren gegenüber dem Westen immer weiter ins Hintertreffen geraten war, und für die Erreichung dieses Ziels war Gorbatschow bereit, alles andere hintanzustellen. Womit er beim Jahreswechsel

1989/90 jedoch nicht gerechnet hatte, war, dass es zwei Jahre später keine Sowjetunion mehr geben würde. Damit hatte freilich auch im Westen keiner gerechnet. Der Untergang der Sowjetunion war nicht das unmittelbare Ergebnis von Gorbatschows Politik der politischen und wirtschaftlichen Reformen, sondern – im Gegenteil – eine Folge des Widerstands gegen diese Politik in der Sowjetunion selbst, eines Widerstands, der seit dem sich abzeichnenden Zerfall des «äußeren Imperiums» sowie den Separationsbestrebungen im Baltikum und im Kaukasus kontinuierlich gewachsen war. Dieser Widerstand fand seinen Höhepunkt in einem von orthodoxen Parteifunktionären geplanten und Teilen der Armee getragenen Putsch Ende August 1991, der nach ein paar Tagen jedoch kläglich in sich zusammenbrach. Die dilettantische Planung und Ausführung des Putschs konnte als weiterer Beleg für den maroden Zustand des Sowjetregimes angesehen werden.

Gorbatschow war in seinem Urlaubsdomizil auf der Krim festgesetzt worden und konnte erst nach dem Scheitern des Putsches nach Moskau zurückkehren. Seine erzwungene Untätigkeit, sein zeitweise völliges Verschwinden von der politischen Bildfläche mitsamt dem Umstand, dass in Moskau andere, namentlich Boris Jelzin, inzwischen Präsident der Russischen Sozialistischen Föderativen Sowjetrepublik, die entscheidende Rolle spielten, führten zu einem Schwund seines früheren Charismas und leiteten eine folgenreiche Machtverschiebung im politischen Zentrum ein. In deren Folge avancierte Boris Jelzin zum «starken Mann», während Gorbatschow mehr und mehr an Einfluss verlor.[58] Mit Gorbatschows Machtverlust und der Auflösung der KPdSU, die während des Putschs eine überaus dubiose Rolle gespielt hatte, lösten sich die letzten Klammern – eine weitere Klammer war das sowjetische Offizierskorps, das aber nach dem gescheiterten Putsch politisch paralysiert war –, von denen das multinationale Gebilde Sowjetunion zusammengehalten wurde. An den Rändern des Riesenreichs hatten sich seit 1989/90 nationale Separationsbestrebungen entwickelt, die nun dramatisch an Einfluss gewannen: Die baltischen Staaten hatten ihre Unabhängigkeit bereits erreicht; ihnen folgten nunmehr Weißrussland und die Ukraine, die zentralasiatischen Republiken sowie Kasachstan und nicht zuletzt die Länder im Kaukasus. Mit dem Jahreswechsel 1991/92 hatte die Sowjetunion zu bestehen aufgehört, und übriggeblieben war – als Verwalter der Konkursmasse, als Nuklearmacht und Inhaber des Sitzes im UN-Sicherheitsrat – ein auf seinen Kernbestand zusammengeschrumpftes Russland.

In globalhistorischer Sicht war damit das letzte europäische Kolonialreich untergegangen; die Geschichte des Zerfalls der Kolonialreiche war an ihrem Ende angelangt. Diese Entwicklung hatte nach dem Zweiten Weltkrieg mit der Auflösung des Britischen Empire auf dem indischen Subkontinent sowie des französischen Kolonialreichs in Indochina und Nordafrika begonnen, und danach hatte sie das belgische, das niederländische und schließlich auch das portugiesische Kolonialreich erfasst, um nur die wichtigsten zu nennen.[59] Warum, so ließ sich damals fragen, sollte es den Russen anders ergehen als den Westeuropäern? Nur weil im 18. und 19. Jahrhundert die imperiale Expansion des Zarenreichs nicht in überseeischen Räumen, sondern in Europa und im Fernen Osten, im Kaukasus und in Zentralasien erfolgt war? Das Ende der großen Reiche, so diese Sicht, hatte Russland mit der Verspätung einiger Jahrzehnte ereilt.[60]

In Russland sahen viele das jedoch anders, und das nicht nur, weil es Lenin im Verlauf des Bürgerkriegs von 1918 bis 1922 gelungen war, mit der Sowjetunion ein politisches Gebilde zu schaffen, das von seinen Umrissen her *ungefähr* dem gerade untergegangenen Zarenreich entsprach und als Projekt der Zukunft und nicht als Festhalten an Vergangenem verstanden werden konnte. Russland nahm für sich eine Ausnahmeposition gegenüber den europäischen Kolonialimperien in Anspruch, weil die Eroberungen dieser Reichsteile seit dem 18. Jahrhundert als Rückkehr russischen Gebiets zu «Mütterchen Russland» – und eben nicht als koloniale Expansion – angesehen wurden. Die Territorien, die damals erobert wurden, seien, so das Narrativ, in der Zeit der Mongolenherrschaft von Russland entfremdet und konkurrierenden Reichsbildungen einverleibt worden, etwa dem Osmanischen oder dem Polnisch-Litauischen Reich. Dementsprechend wurden Vergleiche oder gar Gleichsetzungen mit dem Ende der europäischen Kolonialreiche in Russland entschieden zurückgewiesen.[61]

Am vorläufigen Endpunkt dieses an der Wiederherstellung Großrusslands ausgerichteten Geschichtsnarrativs steht die von Wladimir Putin im Jahr 2005 anlässlich seiner Rede zur Lage der Nation geprägte Formel vom Zerfall der Sowjetunion als der «größten geopolitischen Katastrophe des 20. Jahrhunderts». Bei der russischen Elite, aber auch in großen Teilen der russischen Bevölkerung hat das Ende der Sowjetunion zu «postimperialen Phantomschmerzen» geführt, die schon bald die weitere Demokratisierung Russlands blockierten. Die wiederum konnte ohne eine schrittweise Föderalisierung des Riesenreichs kaum erfolgreich vorankommen. Bei der Föderalisierung aber war eine politische Segmentierung Russlands mitsamt der politischen Verselbständigung weiterer Territorien kaum zu vermeiden. Die Demokratisierung Russlands und die Aufrechterhaltung seiner imperialen Größe, so lässt sich im Rückblick festhalten, waren miteinander nicht zu vereinbaren. Insofern lief die politische Konsolidierung Russlands während der ersten Präsidentschaft Putins auf ein Zertreten der demokratischen Pflänzchen aus der Jelzin-Ära hinaus.[62]

Nach dem Zerfall der Sowjetunion war im Grunde zu erwarten, dass Russland eine autoritäre Wende nehmen und in jeder sich neu entwickelnden Friedensordnung, einer europäischen oder einer globalen, ein potentiell revisionistischer Akteur sein würde.[63] Revisionistische Mächte sind dadurch definiert, dass sie starke Interessen an einer Veränderung der bestehenden internationalen Ordnung haben und zu einem früheren Zustand zurückkehren wollen, in dem sie stärker und einflussreicher waren. Der Westen musste unter diesen Umständen dafür Sorge tragen, dass der russische Revisionismus *latent* blieb und nicht *akut* wurde. Den klügeren unter den Analytikern der internationalen Politik war das seit Mitte der 1990er Jahre klar, und dementsprechend dachten sie bereits während der Jelzin-Zeit darüber nach, wie man Russland am Status quo interessieren und vom Akutwerden revisionistischer Vorstellungen abhalten konnte.

Das Problem dieser Gedankenspiele war jedoch, dass die Antizipation zukünftiger Herausforderungen für die operative Politik von nur geringer Relevanz ist, besonders in Demokratien, wo sich die Politik eher um innen- als um außenpolitische Fragen dreht und die Gegenwart eine deutlich größere Rolle spielt als der Blick auf das, was in Zukunft eintreten könnte. Das galt damals auch für das Projekt einer neuen Weltordnung, die aus US-amerikanischer Perspektive nicht mehr bipolar, also mit Washington und Moskau als gleichgewichtigen Zentren, sondern unipolar mit den USA als einzigem globalen Zentrum angelegt sein sollte. Russland wurde darin ein Platz in der zweiten Reihe zugewiesen.[64] Der latente Revisionismus Russlands fiel mit einer Selbstüberschätzung der USA zusammen, wobei die meisten amerikanischen Politiker keine Vorstellung davon hatten, wie anspruchsvoll und kostspielig die Sicherung einer unipolaren Weltordnung auf Dauer sein würde.

Im Hinblick auf die wirtschaftliche Lage und die darauf gegründete politische Macht war eine unipolare Ordnung für die USA naheliegend; weniger deutlich war das mit Blick auf die Atomwaffen und ihre Trägersysteme, bei denen sich das postsowjetische Russland nach wie vor mit den USA messen konnte. Obendrein hatten die USA – fixiert im Budapester Memorandum – selbst dafür Sorge getragen, dass die beim Zerfall der Sowjetunion auf vier Staaten verteilten sowjetischen Atomwaffen (neben Russland handelte es sich dabei um Kasachstan, Weißrussland und die Ukraine) an Russland abgegeben wurden, damit es nicht zu einer Vermehrung der Atomwaffenstaaten kam und keine Anreize zu einer weiteren

Runde bei der Proliferation von Nuklearwaffen entstanden. Die russische Politik – im Unterschied zu der von Gorbatschow in der späten Sowjetunion verfolgten Linie – interessierte sich nicht mehr für nukleare Abrüstung, weil sie damit die letzte Stütze ihres Anspruchs, auf Augenhöhe mit den USA zu stehen, verloren hätte. Vielmehr begann Russland seit seiner wirtschaftlichen Erholung – im Wesentlichen eine Folge gestiegener Rohstoffpreise – damit, schrittweise seine Atomwaffen zu modernisieren und neue Trägersysteme zu entwickeln. Nach der Erfahrung des dramatischen Einflussverlusts im Verlauf der jugoslawischen Zerfallskriege und der Intervention einer von den USA geführten «Koalition der Willigen» im Irak zum Sturz Saddam Husseins erlangten die Atomwaffen als politische Waffe für die russische politische Elite zusätzliche Bedeutung.[65] Sie wurden unverzichtbar. Im Rückblick lässt sich festhalten, dass zwischen 1988 und 1992 die Möglichkeit für eine umfassende Abrüstung der Atomwaffen vorhanden war, sich dann aber im Verlauf der 1990er Jahre immer mehr verlor. In den Konstellationen der 2020er Jahre auf nukleare Abrüstung zu setzen, ist politisch illusionär, weil Russland und wohl auch die in ihrer Hegemonialposition unter Druck geratenen USA dem niemals zustimmen würden.

Die Herausforderung einer jeden Friedensordnung durch revisionistische Mächte

Die strukturelle Herausforderung einer jeden Friedensordnung ist das Auftreten revisionistischer Mächte, die mit dem in der jeweiligen Friedensordnung eingefrorenen Status quo unzufrieden sind und ihn – partiell oder grundlegend – verändern wollen. In der europäischen Geschichte der Neuzeit ist es nur in den Friedensverträgen von Münster und Osnabrück (1648) und im Wiener Kongress (1815) gelungen, Friedensordnungen zu schaffen, in denen keine auf grundlegende Veränderungen des Status quo bedachte Großmacht vorhanden war. Nach dem Frankfurter Frieden von 1871, der den Deutsch-Französischen Krieg beendete, war Frankreich eine latent revisionistische Macht; in der Pariser Friedensordnung, die nach dem Ersten Weltkrieg aus einer Reihe von nach Pariser Vororten benannten Einzelverträgen erwuchs, war es vor allem Deutschland, das auf Revisionen bedacht war, weil es sich im Friedensvertrag von Versailles ungerecht behandelt fühlte und auch geltend machen konnte, darin sei vielfach gegen das von US-Präsident Wilson proklamierte Selbstbestimmungsrecht der Völker verstoßen worden;[66] weiterhin war Sowjetrussland (das sich 1922 dann in Sowjetunion umbenannte) eine revisionistische Macht, weil es zu den auf eine grundlegende Neuordnung Mitteleuropas hinauslaufenden Verhandlungen nicht eingeladen worden war, obwohl das Zarenreich als am Weltkrieg beteiligte Macht den höchsten Blutzoll entrichtet hatte;[67] auch die Türkei war auf Revisionen aus und widersetzte sich der im Friedensvertrag von Sèvres vorgesehenen Schaffung eines Kurdenstaates auf einem von ihr selbst beanspruchten Territorium. Sie hatte damit als erste revisionistische Macht Erfolg: Im Vertrag von Lausanne (1923), der an die Stelle des Vertrags von Sèvres trat, war von einem Kurdenstaat nicht mehr die Rede; schließlich war auch noch das zu den Siegermächten gehörende Italien eine revisionistische Macht, weil es die ihm bei Kriegseintritt von den Alliierten zugesagten Gebiete an der dalmatinischen Küste nicht erhalten hatte, wie es in der Pariser Friedensordnung überhaupt von der Gegenküste des Adriatischen Meeres ferngehalten wurde und sich nicht als europäische Großmacht anerkannt fühlte. Man sprach in Italien deswegen in einer von Gabriele D'Annunzio geprägten Formel von einem verstümmelten Sieg, einer *vittoria mutilata*.[68] Es gelang den Garantiemächten der Pariser Friedensordnung nicht, die potentiell revisionistischen Mächte (vielleicht mit Ausnahme der Türkei) nachhaltig am Status quo zu interessieren. Die Pariser Friedensordnung stand von Anfang an auf wackligen Beinen, zumal auch der Genfer Völkerbund, der als Garant und Regelgeber geschaffen worden war, eine eher schwache Einrichtung blieb.

Die schlechten Erfahrungen, die man mit der Stabilität der Pariser Friedensordnung gemacht hatte, waren einer der Gründe, warum es nach dem Ende des Zweiten Weltkrieges – bei den Zusammenkünften der Siegermächte in Teheran, Jalta und Potsdam legten die «großen Drei» über die Köpfe der kleineren Mächte hinweg die politische Aufteilung Europas fest – zu keiner sämtliche kriegsbeteiligte Mächte umfassenden Friedenskonferenz kam. Auch nach dem Ende des Kalten Krieges wollte man eine solche Konferenz nicht. Stattdessen beschränkte man sich in den Zwei-plus-Vier-Gesprächen auf Verhandlungen über die politische Zukunft Deutschlands. Als Italien und Polen eine große Friedenskonferenz ins Spiel bringen wollten, wurden sie von den USA scharf zurückgewiesen.[69] Allenfalls die NATO-Russland-Grundakte kann als ein dünner Ersatz für die nicht verhandelte europäische Friedensordnung angesehen werden. Russland wurde auf offizieller Ebene somit nur am Rande in diese Friedensordnung eingebunden, wobei freilich offenbleiben muss, ob eine verlässliche *politische* Einbindung angesichts der Instabilität Russlands in der Jelzin-Ära überhaupt möglich gewesen wäre. Alles konzentrierte sich stattdessen auf die Frage, ob und wie eine *wirtschaftliche* Einbindung gelingen könne. Mit Blick auf den Zusammenbruch der russischen Wirtschaft war das naheliegend.

Russland war und ist freilich nicht die einzige Macht, die gegenüber der am Ende des 20. Jahrhunderts entstandenen Ordnung Europas revisionistische Vorstellungen hat. Als ein weiterer revisionistischer Akteur ist die Türkei zu nennen, bei der seit dem Zerfall der machtpolitischen Konstellationen des arabischen Raumes infolge der Zerschlagung des Saddam-Regimes durch die USA sowie dem «arabischen Frühling» mitsamt dem Bürgerkrieg in Syrien eine neo-osmanische Orientierung zu beobachten ist. Die Erinnerung an die einstige Macht und Größe des Osmanischen Reichs spielt in der türkischen Politik eine zentrale Rolle. Das gilt im Übrigen nicht nur für die türkische Südgrenze, sondern auch für den ägäischen Raum, wo die Türkei im Streit mit Griechenland liegt, weil man sich nicht über die Zugehörigkeit von Gasfeldern verständigen kann und die Teilung Zyperns ein notorischer Zankapfel ist. Eine dritte latent revisionistische Macht in Europa ist Serbien, der eigentliche Verlierer der jugoslawischen Zerfallskriege in den 1990er Jahren. Serbien ist an Grenzveränderungen gegenüber dem Kosovo sowie am Beitritt von Teilen Bosniens (der Republika Srpska) zu seinem Staatsgebiet interessiert. Und schließlich ist auch Ungarn potentiell revisionistisch; nicht umsonst trägt Ministerpräsident Orbán gelegentlich einen Schal, mit dem er den Anspruch auf die im Vertrag von Trianon (1919) abgetretenen Gebiete zum Ausdruck bringt.

Die Türkei schwankt seit geraumer Zeit zwischen der Rolle eines NATO-Mitglieds und dem Auftreten als selbständige Mittelmacht hin und her, und das in einem Raum, der wegen der türkischen Kontrolle über die Meerengen (Bosporus, Marmarameer und Dardanellen) eine geopolitisch herausgehobene Bedeutung hat. Die türkische Politik unter Erdoğan versucht, sich beide Optionen offenzuhalten: einerseits die eines NATO-Mitglieds zwecks Inanspruchnahme des US-amerikanischen nuklearen Schutzschirms sowie eines Landes mit engen wirtschaftlichen Verbindungen zur EU und andererseits die einer selbständigen Macht, die ohne Rücksicht auf die westlichen Verbündeten agiert und gegen das NATO-Mitglied Griechenland immer wieder zu Pressionen greift. Ähnliches kann auch von Serbien gesagt werden, das einerseits die historisch gewachsenen engen Bindungen zu Russland pflegt, andererseits aber aus wirtschaftlichen Gründen eine Mitgliedschaft in der EU anstrebt und deswegen eine «Politik der Diagonale» betreibt. In beiden Fällen, Türkei wie Serbien, wird die Neigung zu einer offen revisionistischen Politik also durch die damit verbundenen Kosten und Nachteile gedämpft. Das ist der Unterschied zu Russland, das spätestens mit der Annexion der Krim zu einer offen revisionistischen Politik übergegangen ist. Für die Europäer besteht freilich das Risiko, dass die Türkei und Serbien im Windschatten Russlands und unter Ausnutzung der militärischen und finanziellen Inanspruchnahme von NATO und EU durch den Krieg in der Ukraine den Versuch unternehmen könnten, hier und da kleinere Revisionen am Status quo zu ihren Gunsten vorzunehmen.

Drei Strategien im Umgang mit revisionistischen Mächten

Vom Grundsatz her lassen sich drei Arten des Umgangs mit revisionistischen Mächten voneinander unterscheiden:[70] Da ist zunächst das Projekt, Revisionsbestrebungen durch *Wohlstandstransfer* aufzufangen, also den Erinnerungen an einstige Macht und Größe und den daraus erwachsenden Ressentiments durch eine umfassende Anhebung des Lebensstandards der im revisionistischen Staat lebenden Menschen entgegenzuwirken; weiterhin ist da die Dämpfung von Revisionsbestrebungen durch politisches Entgegenkommen in einigen strittigen Fragen, was gemeinhin mit dem seit dem Münchner Abkommen von 1938 abwertend konnotierten Begriff des *Appeasement* belegt wird; und schließlich die an den Vorgaben des Vegetius-Modells und seines Para-bellum-Imperativs orientierte Politik der Abschreckung, der *deterrence*, die durch den Aufbau militärischer Fähigkeiten und eine demonstrativ bekundete Bereitschaft, diese auch einzusetzen, jeden Versuch zur Änderung des Status quo beziehungsweise einer Verschiebung der bestehenden Grenzen zu blockieren sucht.

Diese drei hier separat und alternativ aufgeführten Optionen werden im konkreten Fall meist kombiniert, zumal dann, wenn sich die Status-quo-Mächte nicht sicher sind, wie weit die Absichten des revisionistischen Akteurs gehen und welchen Einsatz er dafür zu leisten bereit ist. Dabei müssen freilich nicht nur die «feindseligen Absichten», sondern auch die «feindseligen Gefühle», um eine Unterscheidung bei Clausewitz aufzunehmen,[71] in Rechnung gestellt werden, was auf eine überaus riskante Kalkulation hinausläuft. Außerdem spielt bei der Verbindung von unterschiedlichen Optionen eine Rolle, dass die potentiellen Verteidiger der bestehenden Ordnung nach der für sie wirtschaftlich günstigsten Reaktion Ausschau halten und dabei auf die politische Akzeptanz in der eigenen Bevölkerung achten müssen. Es ist angezeigt, dass sie zunächst herausfinden, wie die revisionistische Macht wiederum auf das jeweilige Gegenhandeln reagiert.

Die drei Optionen des Umgangs mit revisionistischen Mächten folgen unterschiedlichen Zeitrhythmen, und die Präferenz für ein bestimmtes Gegenhandeln hängt davon ab, ob die revisionistischen Bestrebungen als *latent* oder *akut* eingeschätzt werden. Nicht zuletzt geht es darum, dass die Status-quo-Verteidiger ihre Politik untereinander abstimmen, was zumeist schwierig ist, weil die Staaten von den Bestrebungen des Ordnungs(zer)störers in unterschiedlicher Weise betroffen sind und dessen Zielsetzungen dementsprechend unterschiedlich einschätzen. Das war auch in der Vorgeschichte des russischen Angriffs auf die Ukraine der Fall. Bei der Verteidigung des Status quo hängt infolgedessen viel davon ab, ob der revisionistische Akteur über einen Zeitvorsprung verfügt, den er nutzen kann, um vollendete Tatsachen zu schaffen. Die lassen sich danach nur noch durch die Führung eines großen Krieges mit verheerenden Folgen für *alle* Beteiligten rückgängig machen. Das wiederum hat zur Folge, dass viele Verteidiger der ursprünglichen Grenzziehungen bereit sind, einen *fait accompli* des revisionistischen Akteurs als neuen Status quo hinzunehmen. Häufig ist es dieser Zeitvorsprung, auf den der Revisionist setzt und aus dem er politischen Profit ziehen will.

Der Abkauf von Revisionsvorstellungen durch Wohlstandstransfer, um mit der ersten Option zu beginnen, läuft meist auf wirtschaftliche Verflechtungen zwischen dem potentiell revisionistischen Akteur und den Status-quo-Mächten hinaus, und zwar mit dem Ziel, gegenseitige Abhängigkeiten herzustellen, die einen Krieg zu führen schwer machen. Im Kriegsfall würde die Auflösung dieser Verflechtungen den Wohlstand der revisionistischen Macht so sehr einschränken, dass die Bevölkerung die Aggressionspolitik vielleicht nicht mehr unterstützt. Die politische Führung der revisionistischen Macht muss also, so das Kalkül einer Friedenssicherung durch Wohlstandstransfer, sehr genau abwägen, ob sie sich auf solche Risiken einlassen will und dabei mehr zu verlieren hat, als sie im günstigsten Fall gewinnen kann. Es ist ein aus der ökonomischen Verflechtung resultierender Wohlstand, der die Erinnerung an einstige Macht und Größe beim potentiellen Revisionisten verblassen lassen soll. Nationaler Stolz und imperiales Überlegenheitsbewusstsein werden durch materielles Wohlergehen relativiert, weswegen die Anhänger einer notfalls auch zum Krieg bereiten Revisionspolitik in der Orientierung am guten Leben die Ausbreitung von «Dekadenz» sehen, die sie lautstark anprangern: Der Genuss des gegenwärtigen Wohlergehens zehrt die Erinnerung an eine politisch verklärte Vergangenheit auf.

Auf diesem Weg sind die (West-)Deutschen im Verlauf der 1950er Jahre mehr und mehr pazifiziert worden, und das erreichte Wohlstandsniveau war die Grundlage dafür, dass sie Ende der 1960er Jahre der Ostpolitik Willy Brandts zustimmten und mehrheitlich die Ressentiments ob der «verlorenen Ostgebiete» hinter sich ließen. In diesem Sinn lässt sich auch das wirtschaftliche Zusammenwachsen Europas von der Montanunion bis zur Bildung der Europäischen Union im Jahre 1992 als erfolgreiches Domestizieren revisionistischer Impulse durch Wohlstandssteigerung begreifen. Es kommt nicht von ungefähr, dass sich die EU selbst als ein «Raum des Friedens und des Wohlstands» bezeichnet. Die Politik des Wohlstandstransfers steht in einem unmittelbaren Gegensatz zur erinnerungspolitischen Pflege von Ressentiments.

In Anbetracht dieser europäischen und insbesondere deutschen Erfahrungen lag es nahe, Russland durch einen qua ökonomischer

Verflechtung erfolgenden Wohlstandstransfer in die europäische Friedensordnung einzubinden. Zwar kam eine Aufnahme Russlands in die Europäische Union, also eine noch weiter nach Osten ausgreifende Erweiterungsrunde, aus vielerlei Gründen nicht in Frage, unter anderem auch deswegen, weil selbst ein stark reformiertes Russland den Kopenhagen-Kriterien nicht genügt hätte.[72] Diese Politik einer wirtschaftlichen Verflechtung wurde insbesondere von Deutschland vorangetrieben, während in den ostmitteleuropäischen Staaten einige der alten Verflechtungen aus der Zeit des «Rates für gegenseitige Wirtschaftshilfe» fortbestanden. Die zahlreichen Energiepipelines aus Russland nach Europa – die beiden Nord-Stream-Pipelines sind ja nur zwei von mehreren – waren und sind Materialisierungen dieser Politik. Die EU-Staaten wurden dabei von russischem Erdgas (sowie Erdöl und anderen Rohstoffen) abhängig, aber gleichzeitig wurde auch Russland von seinen europäischen Abnehmern abhängig, weil sich das über Pipelines nach Europa gepumpte Erdgas im Konfliktfall nicht kurz- und mittelfristig umleiten lässt, wie das bei Erdöl und anderen Rohstoffen möglich ist. Obendrein wurden die europäischen Überweisungen für die Energie- und Rohstoffimporte zu einem tendenziell unersetzbaren Bestandteil des russischen Staatshaushalts, auf den die Regierung in Moskau zwecks Versorgung ihrer Rentner und Staatsbediensteten kaum verzichten konnte. – So jedenfalls stellte es sich im politikstrategischen Kalkül dar.

Das Gros der politischen und ökonomischen Elite in Deutschland war sich sicher, die wirtschaftliche Einbindung Russlands in die Waren- und Kapitalkreisläufe der EU werde dafür sorgen, dass Russland auf gewaltsame Grenzänderungen an den Rändern Europas verzichten würde. Als Russland mit der Besetzung und Annexion der Krim sowie der Schaffung und Unterstützung der Separatistengebiete im Donbas im Jahr 2014 dann doch Grenzen verschob, machte man geltend, es gehe der russischen Politik doch nur darum, einen NATO-Beitritt der Ukraine durch die Schaffung ungeklärter

Grenzfragen zu verhindern. Ähnliches habe Russland bereits 2008 im Georgienkrieg praktiziert, als Putin mit Südossetien einen Grenzkonflikt mit Georgien schuf, um dessen NATO-Beitritt zu blockieren. Aber konnte und durfte man unter diesen Umständen die Politik der wirtschaftlichen Verflechtung fortsetzen? Oder war es angezeigt, die deutsche und europäische Gasversorgung zu diversifizieren, worauf Polen und die baltischen Staaten sowie die USA bekanntlich drängten?[73] Eine Diversifizierung der europäischen Energieversorgung hätte die Strategie konterkariert, Revisionsbestrebungen durch Wohlstandstransfer einzudämmen, und damit das gesamte darauf gegründete Sicherheitskonzept Europas in Frage gestellt. Also lautete die vor allem in Deutschland favorisierte Antwort: Wenn man Zweifel an einer Fortdauer der russischen Friedfertigkeit hatte, dann musste man die wirtschaftliche Verflechtung nicht verringern, sondern im Gegenteil noch einmal erhöhen. Konkret hieß das: Nordstream 2.

Der politikwissenschaftliche Begriff für diesen Typus von Reaktion heißt «Pfadabhängigkeit»: Man muss den eingeschlagenen Weg weitergehen, weil allein das Erkunden eines zweiten Weges das gesamte System zur Pazifizierung eines Revisionisten gefährden würde. Die einseitige Reduzierung wechselseitiger Abhängigkeiten schürt Misstrauen auf Seiten der revisionistischen Macht, die sich fragen muss, ob sie sich auf den wirtschaftlichen Austausch noch verlassen kann. Solche Zweifel wollte man nicht provozieren. Es gab daneben freilich noch ein anderes Problem, nämlich die Absicht, die deutsche beziehungsweise europäische Wirtschaft zu dekarbonisieren und auf erneuerbare Energien umzustellen, was zwangsläufig zu einer verringerten Abhängigkeit von russischen Erdgas- und Erdöllieferungen führen würde – nicht sogleich und nicht auf einen Schlag, aber doch im Lauf der Zeit. Die wirtschaftliche Verflechtung wäre damit aufgelöst. Die europäischen Debatten über eine Dekarbonisierung der Wirtschaft und den Ausbau erneuerbarer Energien wurden in Russland aufmerksam verfolgt, während man im Westen offensichtlich nicht wahrnahm, dass damit zwei der eigenen politischen Imperative in Widerstreit gerieten – oder deutlicher: dass der propagierte Umbau der Wirtschaft mittelfristig die sicherheitspolitische Architektur Europas untergrub.

Die zweite Möglichkeit zur Einbindung potentieller Revisionisten in die bestehende Ordnung, eine Politik der begrenzten Zugeständnisse, das *Appeasement*, hat zwar seit dem Scheitern Neville Chamberlains an Hitler in den Jahren 1938 und 1939 einen schlechten Ruf,[74] aber das bedeutet keineswegs, dass Zugeständnisse gegenüber revisionistischen Mächten nicht nach wie vor als politisches Pazifizierungsinstrument eingesetzt wurden. Die unter der Formel «Land gegen Frieden» geführten Oslo-Verhandlungen zwischen Israelis und Palästinensern etwa waren ein Versuch, durch politisches Entgegenkommen ein Friedensabkommen zu ermöglichen; die Rückgabe des von den Israelis 1967 eroberten Sinai an Ägypten diente dabei als politisches Vorbild. Der am 26. März 1979 in Washington unterzeichnete israelisch-ägyptische Friedensvertrag hat zu einem stabilen Frieden zwischen Ägypten und Israel geführt, während der im Camp-David-Abkommen vorbereitete Osloer Friedensprozess letztlich daran scheiterte, dass die palästinensische Führung die Mehrheit ihrer Bevölkerung nicht dazu bewegen konnte, auf eine grundlegende Revision des Status quo im Nahen Osten zu verzichten – und das wohl auch nicht wollte.

Auch das unter Vermittlung von Deutschland und Frankreich zustande gekommene Minsker Abkommen zwischen Russland und der Ukraine – im Prinzip handelt es sich um zwei Abkommen –, das die Lage in den Separatistengebieten im Donbas beruhigen und den Krieg in einen *frozen conflict* verwandeln sollte, folgte der Logik des Appeasements, denn es brachte europäische Zugeständnisse in der Krimfrage für eine Beruhigung im Donbas ins Spiel. Das Risiko einer solchen Politik der begrenzten Zugeständnisse besteht indes darin, dass man im Voraus nicht zu sagen vermag, ob die gemachten Zugeständnisse den revisionistischen Akteur verlässlich saturieren werden oder bei ihm nur «Appetit auf mehr» hervorrufen. Das ist auch das Risiko eines jeden Verhandlungsfriedens zwischen Russland und der Ukraine, würde der doch, um bei der historischen Analogie zu bleiben, auf ein «Münchner Abkommen» nach dem Münchner Abkommen hinauslaufen,[75] also den Frieden durch Zugeständnisse gegenüber einem Akteur erkaufen, der sich fortgesetzt als keineswegs vertragstreu erwiesen hat. Demgemäß ist der Verweis auf «München 1938» der Haupteinwand gegen Verhandlungen mit Russland, solange dessen Soldaten noch auf ukrainischem Territorium stehen.

Der britische Premier Chamberlain hat den in München «erkauften» Frieden freilich für eine entschiedene Politik der Aufrüstung genutzt, ohne die Großbritannien die Luftschlacht über England im Sommer 1940 wahrscheinlich nicht gewonnen hätte. In diesem Fall verfolgte die Politik des Appeasements also einen doppelten Zweck: Einerseits sollte sie den Frieden sichern, andererseits die Vorbereitung auf einen Krieg im Sinne eines variierten Vegetius-Modells ermöglichen: *si victoriam vis para bellum in tempore* – wenn du den Frieden willst, bereite dich rechtzeitig auf die Führung eines Krieges vor. In gewisser Hinsicht lässt sich das auch für die Ukraine nach der Krim-Annexion im Jahr 2014 sagen: Der Versuch, den Krieg einzufrieren, wie er im Minsker Abkommen von den Europäern unternommen wurde, war die Voraussetzung dafür, dass US-amerikanische Sicherheitsunternehmen die ukrainische Armee – freilich in recht begrenztem Umfang – aufrüsten und trainieren konnten. Ohne beides hätte die ukrainische Armee Ende Februar 2022 gegen das russische Vorhaben, die Ukraine schnell zu besetzen, nicht derart erfolgreich Widerstand leisten können. Dieser Widerstand hat dazu geführt, dass die russische Strategie einer raschen Niederwerfung der Ukraine scheiterte,[76] so dass der Westen die Möglichkeit hatte, das ukrainische Militär durch Waffen- und Munitionslieferungen zu einer nachhaltigen Gegenwehr zu ertüchtigen.

Die dritte Option, eine Politik der Abschreckung, verzichtet darauf, die revisionistische Macht in die bestehende Friedensordnung einzubinden. Stattdessen konzentriert sie sich darauf, sie von einem Angriff auf diese Ordnung mit militärischen Mitteln abzuschrecken. Statt auf politische Inklusion setzt sie auf militärische Exklusion. Diese Option ist normativ am wenigsten anspruchsvoll, weil sie von vornherein auf die Suche nach Gemeinsamkeiten und möglichen Kompromissen oder gar Zugeständnissen verzichtet und das prinzipiell Trennende (Frieden «gegen Russland», nicht «mit Russland») herausstellt. Zugleich verlangt sie den Status-quo-Mächten die höchsten Kosten von allen Optionen ab, da sie auf eine aus gegenseitigem Vertrauen resultierende «Friedensdividende» verzichtet. Vertrauen darauf, dass die revisionistische Macht nicht zu den Mitteln der Gewalt greifen wird, wenn die Gelegenheit dazu günstig ist, sei, so der Imperativ der Abschreckung, mit nicht zu verantwortenden Risiken versehen. Sicherheit gebe es nur dann, wenn man jederzeit in der Lage sei, dem revisionistischen Akteur einen untragbaren Schaden zuzufügen, und zusätzlich dafür sorge, dass es keinen Zweifel daran gebe, man werde das im Falle eines Angriffs auch ohne jedes Zögern tun. Das ist eine überaus kostspielige Politik, weil die Status-quo-Mächte, um die «Zahlungsunfähigkeit» der revisionistischen Macht sicherzustellen, ihrerseits erhebliche Ausgaben für ihre militärischen Fähigkeiten tätigen müssen: in eine immer wieder zu erneuernde Ausrüstung und in ein gut ausgebildetes Militär.

Es ist jedoch keineswegs sichergestellt, dass aus einer konsequenten Verfolgung dieser Option verlässliche Sicherheit erwächst. Die unternommenen Rüstungsanstrengungen können nämlich zu dem bereits erwähnten Sicherheitsdilemma führen, wenn der abzuschreckende Revisionist sie nicht als Abschreckung, sondern als Bedrohung wahrnimmt.[77] Um ein solches «Missverständnis» zu vermeiden, sind zuverlässige und gemeinsam überwachte Abkommen über Rüstungsobergrenzen vonnöten, was wiederum ein Mindestmaß an gegenseitigem Vertrauen voraussetzt. Ist dieses Vertrauen nicht vorhanden beziehungsweise gibt es für die abschreckende

Seite gute Gründe, es nicht aufzubringen, steigt die Gefahr einer militärischen Auseinandersetzung. Eine Politik der Abschreckung schließt ebenso wie das oben beschriebene Vegetius-Modell, dem sie strukturverwandt ist, das politische Risiko ein, dass sie den Eintritt dessen wahrscheinlicher macht, was sie doch eigentlich verhindern soll. Insofern ist das mit ihr verbundene Versprechen risikoloser Sicherheit eine politische Selbsttäuschung.

Und nicht nur das: Die Einschränkungen des gesellschaftlichen Wohlstands infolge gesteigerter Rüstungsausgaben müssen von der Bevölkerung der abschreckenden Macht akzeptiert werden. Das ist alles andere als selbstverständlich, solange die als revisionistisch identifizierte Macht nicht mit einer bewaffneten Revision der bestehenden Konstellationen hervorgetreten ist, also den Krieg begonnen hat. Solange das nicht der Fall ist, bestehen Zweifel und werden von interessierten Kreisen auch systematisch geschürt, ob die teuren Rüstungsanstrengungen tatsächlich zur Sicherung des Friedens erforderlich sind. Vor allem liberaldemokratische Ordnungen sind dabei durch Desinformationskampagnen überaus verwundbar. Dementsprechend fragil ist die Unterstützung für die Rüstungsanstrengungen in der Bevölkerung der Status-quo-Mächte. Das ist das Dilemma einer Politik der Abschreckung, die im Nachhinein freilich, wenn der Revisionist den Krieg begonnen hat, in der Öffentlichkeit als einzig sinnvoller Umgang mit der Herausforderung dargestellt wird, nicht selten von denselben Politikern, die zuvor strikt gegen gesteigerte Rüstungsanstrengungen aufgetreten sind.

Die strategischen Defizite der deutschen und europäischen Russlandpolitik

Diese eingehende Betrachtung möglichen Reagierens auf als revisionistisch identifizierte Mächte war hier erforderlich, um zu erklären, warum die europäischen Regierungen, wie es *nach* dem russischen Angriff auf die Ukraine hieß, so «naiv» sein konnten, in die von Putin aufgestellte Falle einer Energieabhängigkeit von Russland zu tappen und zudem das eigene Militär fahrlässig herunterzuwirtschaften. Tatsächlich war die Entscheidung für eine Friedenssicherung durch wirtschaftliche Verflechtung eine für die Europäer naheliegende Entscheidung – nicht nur, weil sie die Konsumtion der «Friedensdividende» ermöglichte, sondern auch, weil das aus Russland bezogene Erdgas billiger war als das aus den USA zu beziehende LNG-Flüssiggas und zugleich die ökologisch besser zu vertretende Energie darstellte. In der Frage der politischen Erpressbarkeit verwies man darauf, dass die einstige Sowjetunion ein zuverlässiger Rohstoff- und Energielieferant gewesen sei und man dies auch von Russland annehmen könne. Diese Kontinuitätsbehauptung enthielt den ersten Denkfehler, denn im Unterschied zu Russland war die Sowjetunion kein revisionistischer Akteur, sondern ein saturierter Besitzstandswahrer.[78] Ein größeres Problem war, dass, wie bereits erwähnt, nicht zuletzt von deutscher Seite, dem größten Bezieher russischen Erdgases, die Dauerhaftigkeit dieser wirtschaftlichen Verflechtung in Frage gestellt wurde: Das russische Erdgas galt inzwischen als «Brücken»- oder Übergangslösung bei der Umstellung auf erneuerbare Energien.

Fossile durch erneuerbare Energien zu ersetzen, war eine im Grundsatz richtige Reaktion auf den bedrohlichen Klimawandel, signalisierte der russischen Seite jedoch, dass es sich bei der bestehenden Wirtschaftsverflechtung, zumal in ihrem gegenwärtigen Umfang, um ein Auslaufmodell handelte. Dabei war nicht abzusehen, welche russischen Güter an die Stelle von Gas und Öl treten konnten. Die Politik eines mittelfristigen Verzichts der Europäer auf fossile Energie legte die strategische Verwundbarkeit Russlands in wirtschaftlichen Fragen offen, seitdem sich das Land in einen Rentierstaat verwandelt hatte.[79] Die Wirtschaft eines Rentierstaats beruht zu einem erheblichen Teil auf der Kapitalisierung von Bodenschätzen und ist gleichzeitig auf den Import von technologisch anspruchsvolleren Fertigprodukten angewiesen. Das heißt nicht, dass Deutschland und andere europäische Länder angesichts der drohenden Erderwärmung ihre Gas- und Ölimporte aus Russland nicht hätten reduzieren dürfen, aber es wäre spätestens von dem Zeitpunkt an, da man dieses Vorhaben in Koalitionsvereinbarungen aufnahm, angezeigt gewesen, seine Auswirkungen auf das strategische Projekt einer Pazifizierung Russlands durch wirtschaftliche Verflechtung sorgfältig zu evaluieren und darauf mit einer modifizierten Politik zu reagieren. Dass das nicht der Fall war, zeigt die notorischen Defizite von Demokratien bei der Entwicklung einer *Grand Strategy*, der geopolitisch angeleiteten Gesamtstrategie eines Staates.[80]

Ein weiteres Problem bei der Pazifizierung Russlands mit Hilfe einer Politik der wirtschaftlichen Verflechtung bestand darin, dass nur ein Teil der westlichen Finanztransfers bei der russischen Bevölkerung ankam. Stattdessen landete viel Geld bei den Oligarchen, die die russische Ressourcenwirtschaft kontrollieren und sich ihren Mehrwert aneignen. Die Oligarchen wiederum gaben einen Großteil der ihnen infolge der für Rentierstaaten typischen Korruption[81] zugeflossenen Mittel im Westen aus, wogegen die dortigen Profiteure nichts einzuwenden hatten. Ein Durchsickern des Wohlstands in die breite Bevölkerung hinein, wesentliche Voraussetzung bei der Auflösung von Ressentiments, kam infolgedessen nicht zustande. Das begrenzte die Wirksamkeit der gewählten Pazifizierungsstrategie. Hinzu kam das Problem, dass eine Bevölkerung, die, wie die russische, an Güterknappheit gewohnt ist, auf wirtschaftliche Sanktionen mitsamt ihren Folgen für die Versorgung in viel geringerem Maße reagiert als eine Bevölkerung, für die Warenüberfluss zu den Selbstverständlichkeiten des Lebens gehört. Tatsächlich hat einzig die Blockierung von technologisch avancierten Produkten, für die Russland keine Alternativlieferanten finden kann, bei den Sanktionen eine effektive Wirkung gezeitigt. Massive Unmutsäußerungen und eine größere Abwanderung aus Russland, das, was Albert Hirschman als *exit and voice* bezeichnet hat,[82] erfolgten in Russland erst mit der Mobilisierung von Rekruten, die in den Krieg geschickt werden sollten.

Eine weitere Schwachstelle der Pazifizierung durch Wohlstandstransfer besteht darin, dass von ihr die Macht des Ressentiments zumeist unterschätzt wird, denn die zugrunde liegende Annahme, die Menschen würden materielle Vor- und Nachteile kühl gegeneinander abwägen und danach politische Entscheidungen fällen, trifft in dieser Einfachheit nicht zu. Wut und Zorn, die in «heruntergeschluckter» Form als Groll von langer Dauer sind, dürfen für das Denken und Handeln einer Bevölkerungsmehrheit eine allenfalls nachgeordnete Rolle spielen, damit das strategische Konzept einer Pazifizierung durch Wohlstand aufgeht. Die den ökonomischen Entscheidungstheorien zugrunde liegende Denkfigur des *homo oeconomicus* wird in der Politik des Ressentimentabkaufs durch Wohlstand auf die internationale Politik übertragen, ohne dass die Kollektivmentalität einer Bevölkerung zuvor entsprechend gewichtet worden ist. Diese Denkfigur ist für marktwirtschaftlich organisierte Wohlstandsgesellschaften typisch, steht in diesem Fall aber in der Gefahr, an der politischen Realität zu scheitern.

Beim Übergang von der modelltheoretischen Überlegung zu einer politischen Strategie hängt vieles davon ab, ob die fraglichen Mächte sich in einem politisch-kulturell und sozioökonomisch ähnlichen Raum befinden: Tun sie das, so hat die Annahme, man habe es bei der Bevölkerung mit rationalen Nutzenmaximierern zu tun, eine gewisse Plausibilität. Ist das nicht der Fall, so wird das Homo-oeconomicus-Modell zur Quelle für politische Fehleinschätzungen und Illusionen. Schließlich kommt noch hinzu, dass eine Politik der Pazifizierung durch Wohlstandtransfer nur dann ihre volle Wirkung entfalten kann, wenn die Bevölkerung des betreffenden Landes über politische Responsivität verfügt, also bei Wahlen und Abstimmungen eine Politik des steigenden Lebensstandards «belohnen» und Politiker, die sich dem entgegenstellen, «bestrafen» kann. Ist das nicht der Fall, so läuft diese Strategie ins Leere. Für ein Leerlaufen des Wohlstandstransfers kann freilich auch eine Politik der systematischen Desinformation und des ständigen Spiels mit Feindbildern sorgen, wie sie von Russland seit längerem systematisch betrieben worden ist. Offenbar ist das alles bei den Überlegungen zur Stabilisierung der europäischen Friedensordnung unter Einbezug Russlands nicht hinreichend bedacht worden.

Eine alternative Erklärung für den russischen Angriff auf die Ukraine

Aber hätten, so lässt sich hier einwerfen, die gewaltigen Summen, die von den Europäern jeden Monat für Erdgas- und Erdöllieferungen nach Russland überwiesen wurden, bei der dortigen Elite ankamen und ihre kleptomanische Gier befriedigten, für die gewünschte Wirkung nicht genügen müssen? Führt man sich den ausufernden Luxus der russischen Oligarchen mitsamt der in Russland allgegenwärtigen Korruption vor Augen, so kann man durchaus zu dem Ergebnis kommen, die Beschreibung des wirtschaftlichen Austauschs zwischen Russland und der EU sei normativ viel zu hoch angesiedelt, wenn man sie in den Begriffen eines langfristig angelegten Finanztransfers zwecks Vergessenmachen «postimperialer Phantomschmerzen» beschreibt. Vielmehr handele es sich um ein groß angelegtes Bestechungsgeschäft, bei dem der Westen eine kleine Clique von Mächtigen und Reichen in Russland mit Geld überschütte, damit diese Frieden halten und den Westen in Ruhe seinen Geschäften nachgehen lassen. Im Gegenzug hätten sich einige politische «Strippenzieher» in Europa auf die Payroll russischer Banken und Energieunternehmen setzen lassen, um als Einflussagenten der russischen Macht- und Geschäftselite deren Interessen im Westen publizistisch wie operativ zu vertreten. Das ist eine auf die Strukturen des Mafiösen heruntergebrochene Beschreibung dessen, was hier zuvor in einer theoretisch und normativ anspruchsvollen Terminologie entwickelt worden ist. Beide Ansätze schließen sich freilich keineswegs aus, sondern unterscheiden sich nur im jeweils eingenommenen Standpunkt der Beschreibung. Was dabei variiert, ist die Erklärung dafür, warum das, was im einen Fall als Pazifizierungsstrategie durch Wohlstandstransfer und im anderen als Bestechung einer korrupten Machtclique beschrieben wird, ab einem bestimmten Zeitpunkt nicht mehr funktionierte.[83]

Richtet man den Blick allein auf die russische Machtclique, auf die Oligarchen und die unmittelbare Entourage des Präsidenten, dann genügt die hier zunächst angeführte Erklärung für die begrenzte Wirkung der Pazifizierungsstrategie durch Wohlstandstransfer, nämlich dessen nur tröpfchenweises Ankommen bei der breiten Bevölkerung, als Erklärung für den Ukrainekrieg nicht. Die Hypothese eines mafiösen Arrangements des Westens mit der russischen Machtclique war ja von vornherein darauf gegründet, dass die Moskauer Führung ihre revisionistischen Vorstellungen so lange nicht verfolgen würde, wie die Europäer russische Energieträger und Rohstoffe zu einem Preis kauften, den andere Abnehmer, etwa die in Afrika und Asien, nicht zahlen konnten. Im Geschäft mit den Europäern strich die russische Macht- und Geschäftsclique somit «Extraprofite» ein;[84] im Gegenzug sorgte sie dafür, dass die russische Bevölkerung ruhig blieb und sich abseits der großen Städte mit einem bescheidenen Lebensstandard abfand.

Das war, so eine weitere Annahme dieses alternativen Erklärungsansatzes, die Voraussetzung für die Bereitschaft der russischen Eliten, dafür zu sorgen, dass der Preisdruck, den das Kartell der erdölproduzierenden Länder auf den Weltmarkt ausüben konnte, in Grenzen gehalten wurde. Die Energie- und Rohstoffkosten waren und sind ein zentraler Faktor der Weltwirtschaft, und das Geschäftsmodell der reichen Staaten des globalen Nordens hing daran, dass die Preise nach dem Ölpreisschock der 1970er Jahre nicht weiter in die Höhe schossen. Russland diente dabei als Macht des Ausgleichs, und die russischen Oligarchen sowie der Machtapparat im Kreml wurden für ihre Politik des «ökonomischen Augenmaßes» reichlich entlohnt. Dass die russische Bevölkerung dabei den Kürzeren zog, war in diesem Arrangement durchaus vorgesehen. – So, kurz zusammengefasst, die kapitalismuskritische Erklärung für die Verkoppelung der europäischen und russischen Wirtschaftskreisläufe, die dem hier zunächst vorgestellten Modell des Wohlstandstransfers in einigen Punkten entgegengesetzt ist.

In dieser kapitalismuskritischen Betrachtung der europäisch-russischen Wirtschaftsverflechtung lässt sich die Entscheidung der russischen Führung zum Ukrainekrieg folglich nicht mit einer ressentimentbeladenen Erinnerung an den Glanz und die Größe des einstigen Imperiums erklären. Hier spielt vielmehr die Angst vor die Korruption in Frage stellenden politischen Bewegungen in Russland eine wichtige Rolle; Bewegungen, die die bestehenden Arrangements überwinden und durch eine neue Ordnung ersetzen würden. An die Stelle des Bestrebens, wieder ein russisches Imperium zu errichten (und der Sorge, von einer weiter expandierenden NATO eingekreist zu werden), tritt in diesem Erklärungsansatz die Angst vor einem demokratischen Umsturz in Russland, vor der Forderung nach effektiver Teilhabe der Bevölkerung an den politischen Entscheidungen und nach größerem Einfluss auf die Verteilung des gesellschaftlichen Reichtums. Darauf hat dann, so dieser Ansatz weiter, die herrschende Macht- und Gesellschaftsclique reagiert, indem sie die Erinnerung an die imperiale Vergangenheit ins Spiel gebracht und nationalistische Ressentiments geweckt hat, um von den politischen Verhältnissen im Innern Russlands abzulenken und die aufgestauten politischen Energien nach außen abzuleiten. Orientiert war diese Ablenkungsstrategie am regelmäßigen Anstieg der Beliebtheitswerte Putins, wenn Russland einen (kurzen) Krieg begann, in dessen Verlauf früher zur Sowjetunion gehörende

Gebiete «zurückerobert» wurden und man «aller Welt» zeigte, dass mit Russland als militärischer Macht nach wie vor zu rechnen war.[85]

Diesem Erklärungsansatz zufolge ging und geht es im Ukrainekrieg an erster Stelle nicht um die Wiederherstellung des zarischen oder sowjetischen Imperiums, sondern um die Zerschlagung einer ansatzweise demokratischen Ukraine, von der man im Kreml befürchtet, sie könnte die russische Bevölkerung dazu bringen, ebenfalls demokratische Reformen einzufordern – nicht bloß deswegen, weil in der Ukraine die Bevölkerung in fairen Wahlen Präsidenten austauschen und Politikwechsel herbeiführen konnte, sondern weil sich dort auch ein höherer Lebensstandard als in Russland entwickelte. Es ging und geht darum, an den Grenzen des real existierenden Russland ein «alternatives Russland» zu verhindern, das eine für die Herren im Kreml gefährliche Attraktivität gewinnen könnte. Folgt man dieser Erklärung, so war mehr als ein NATO-Beitritt der Ukraine deren EU-Mitgliedschaft die für die russische Politik ausschlaggebende Herausforderung, denn mit Letzterer würde das Wohlstandsniveau der Ukraine weiter steigen und die von ihr ausgehende politische Anziehungskraft sich zusätzlich erhöhen. Dementsprechend, so die Fortführung dessen, geht es Russland in diesem Krieg nicht nur um die Zerschlagung der politischen Strukturen in der Ukraine, sondern auch um eine möglichst umfassende Zerstörung des Landes, seiner Infrastruktur, der Fabriken sowie der exportorientierten Landwirtschaft, um sicherzustellen, dass der ukrainische Lebensstandard den Russlands auf lange Zeit nicht übersteigt und von ihm keine politischen Anreize für die russische Bevölkerung ausgehen.

Was würde diese Erklärung des russischen Angriffs, so sie denn zuträfe, für die Frage nach geeigneten Strategien zur Einbindung Russlands in die europäische Friedensordnung bedeuten? Zunächst, dass revisionistische Bestrebungen und die ihnen zugrunde liegenden Ressentiments nicht die eigentliche Ursache für die russische Ablehnung der europäischen Friedensordnung waren, sondern die

Ursache im absehbaren Wohlstand der Ukraine und einer leidlich korruptionsresistenten politischen Ordnung zu suchen ist. Russland, so könnte man sagen, ist dieser Sicht zufolge nicht von der NATO und ihren Raketen eingekreist worden, sondern von der Idee der Demokratie, der Menschenrechte, des Rechtsstaats, der individuellen Freiheit und vor allem dem Wunsch nach einem besseren Leben. Das hat den Mächtigen im Kreml Angst gemacht, und deswegen suchten sie alle Entwicklungen dieser Art jenseits ihrer Grenzen zu zertreten und zertrampeln. Das begann im Sommer 2020, als die russische Führung dem belarussischen Diktator Lukaschenko politische und logistische Rückendeckung gegen eine breite Volksbewegung gewährte, die, hätte Lukaschenko nicht den Rückhalt des Kreml gehabt, ihn und sein Regime hinweggefegt hätte. Die Entwicklung in Weißrussland war für Putin ein Warnhinweis auf die eigene Gefährdung durch eine unzufriedene Bevölkerung, und deshalb hat er sich, nachdem Lukaschenkos Schergen die belarussische Demokratiebewegung zum Schweigen gebracht hatten,[86] die Ukraine als Nächstes vorgenommen. Da er hier aber nach dem Maidan-Aufstand und der überstürzten Flucht des damaligen Präsidenten Janukowitsch aus der Ukraine über keinen Erfüllungsgehilfen an der Macht mehr verfügte, musste er sein Militär Kiew angreifen lassen, um den demokratisch gewählten Präsidenten und seine Regierung zu beseitigen und dort ein Regime von seinen Gnaden und nach seinem Gusto einzusetzen. Folgt man dieser Spur, dann hat der Ukrainekrieg weniger mit dem Projekt einer Wiedererrichtung des russischen Imperiums zu tun – die Rede davon dient dann eher dazu, eine Legitimation für den Angriffskrieg Russlands bereitzuhalten –, sondern vor allem mit der Angst vor einem Überspringen des demokratischen Funkens auf die russische Bevölkerung. Daran hätte auch eine zurückhaltender auftretende NATO nichts ändern können. Der Krieg in der Ukraine wäre demzufolge ein Präventivkrieg gegen Freiheit und Demokratie und vor allem gegen den Wunsch der Menschen nach einem materiell besseren Leben.

Nun schließen sich die beiden hier gegeneinander konturierten Erklärungsansätze für den Ukrainekrieg – der einer revisionistischen Disposition zur Wiedererrichtung des russischen Großreichs und der einer angstgetriebenen Vernichtungspolitik gegen Freiheitsbewegungen und Demokratien jenseits der russischen Grenzen – keineswegs aus, im Gegenteil: Man kann sich gut vorstellen, dass erst die Vorstellung, auf diese Weise «zwei Fliegen mit einer Klappe» schlagen zu können, Putin dazu gebracht hat, die erheblichen politischen Risiken und ökonomischen Nachteile in Kauf zu nehmen, die aus einer Entkoppelung des russischen und des europäischen Wirtschaftskreislaufs resultierten, um die tödliche Bedrohung zu beseitigen, die ihm durch eine funktionierende Demokratie, eine vitale Zivilgesellschaft und einen wachsenden Lebensstandard in der Ukraine erwuchs. Gegen diese doppelte Motivation war die Strategie eines pazifizierenden Wohlstandstransfers ebenso machtlos, wie es eine Strategie des Appeasements gewesen wäre, wenn sie der russischen Führung die bündnispolitische Neutralität der Ukraine und die völkerrechtliche Anerkennung der Krim als Teil Russlands angeboten hätte. Selbst eine Strategie der Abschreckung hätte in diesem Fall nur dann gewirkt, wenn die Ukraine bereits Mitglied der NATO gewesen wäre, so dass Putin beim Angriff seiner Truppen mit einer massiven Gegenreaktion des Westens hätte rechnen müssen. Aber NATO-Mitglied hätte die Ukraine *erst werden müssen*, und dem wäre Putin aller Wahrscheinlichkeit nach mit einem Präventivschlag zuvorgekommen.

KAPITEL 2

Geopolitik und Weltordnung

Eine kleine Typologie der Großreichsbildung

Der Geograph Ernst Kapp, ein Schüler Carl Ritters,[1] der von Hegels *Vorlesungen über die Philosophie der Geschichte* stark beeinflusst war und heute eher als Technikphilosoph denn als geopolitischer Denker bekannt ist,[2] hat in seiner *Vergleichenden Allgemeinen Erdkunde* drei politisch-geographische Kulturkreise oder auch Typen der Großreichsbildung unterschieden: die potamische, thalassische und ozeanische Kultur- und Machtformation.[3] Bei den potamischen Großreichsbildungen handelt es sich um herrschaftliche Formationen, die entlang der großen Flüsse (griechisch *hoi potamoi*) entstanden sind, Flüssen, die als Transport- und Versorgungswege dienten und deren Wasser umfangreiche landwirtschaftliche Bewässerungssysteme speiste. Nur an solchen Flüssen konnten unter den technologischen Bedingungen des ersten vorchristlichen Jahrtausends große Städte entstehen, was wiederum eine Voraussetzung war für die Entstehung einer umfassenden Arbeitsteiligkeit, gesellschaftlicher Differenzierung und eines Verwaltungsapparats, ohne den ein Großreich diesen Typs sich nicht organisieren ließ.[4] Die Nahrungsmittel wurden in großen Vorratshäusern aufbewahrt und von der herrschaftlichen Zentrale verteilt, was eine bis dahin unvorstellbare Konzentration der Macht begünstigte.

Nicht nur eine die Verteilung überwachende Bürokratie musste unterhalten werden, sondern auch ein professionelles Militär, mit dem das Großreich im Innern zusammengehalten und nach außen verteidigt beziehungsweise erweitert werden konnte. Die vom Fluss gespeisten Bewässerungssysteme waren die Grundlage einer ausgedehnten und ertragsstabilen Landwirtschaft zwecks Ernährung der städtischen Handwerker, der Schreiber und Rechner in der Verwaltung und nicht zuletzt der zahlreichen Soldaten, mit denen sich diese Reiche in ihren Selbstdarstellungen brüsteten. Solche Großreiche entstanden am Nil, an Euphrat und Tigris, am Jangtse und am Gelben Fluss in Ostasien sowie an Indus und Ganges in Südasien. Die Flüsse waren auch die Grundlage für die Entwicklung von Fernhandelssystemen, die kapillarartig über die Grenzen des Großreichs hinausgriffen und für die Verfügbarkeit etwa von Eisenerz, Kupfer, Zinn und anderen im Prozess der Reichsbildung unverzichtbaren Rohstoffen sorgten. Die großen Ströme waren zugleich Herzkammer und Rückgrat dieser Handelsnetze und des politischen Machtzentrums.[5] Der deutsch-amerikanische Soziologe Karl August Wittfogel hat in seiner großen Studie *Die orientalische Despotie* diese Bewässerungssysteme und die Machtzentralisierung – Wittfogel spricht von «totaler Macht» – in einen engen Zusammenhang gestellt:[6] Beides bedingt und stützt sich gegenseitig.

Auch in Deutschland hat sich, ohne dass dies zur Grundlage einer Großreichsbildung geworden wäre, mit Beginn des Hochmittelalters am Rhein und an der Donau eine wirtschaftliche und kulturelle Dynamik entwickelt, durch die sich die Flussregionen deutlich von anderen Räumen des Reichs unterschieden und ihnen gegenüber einen zivilisatorischen Vorsprung gewannen.[7] Die großen Flüsse wurden zum Schrittmacher einer Entwicklung, die für die Vielfalt und Vielgestaltigkeit West- und Mitteleuropas sorgte.[8] Das blieb im Grundsatz so bis zur Dampfkraftnutzung und dem Bau eines leistungsfähigen Eisenbahnsystems. Der Transport von Massengütern war über viele Jahrhunderte an Flussläufe gebunden, entlang deren sich – von wenigen Ausnahmen abgesehen – die großen Handelsstädte entwickelten. Die natürlichen Wasserläufe wurden schon bald durch kunstfertig angelegte Kanäle erweitert. Auch wenn inzwischen alternative Transportsysteme hinzugekommen sind, zeigt sich die fortbestehende Bedeutung der Ströme und Flüsse als Wasserstraßen immer dann, wenn infolge längerer Perioden mit geringen Niederschlägen die Pegelstände sinken und der Lastschiffverkehr eingeschränkt oder eingestellt werden muss.

Zur Bedeutung der Flüsse als Reservoir für die landwirtschaftlichen Bewässerungssysteme kam schon früh die Nutzung der Wasserkraft zwecks Energiegewinnung in Form von Wasserrädern hinzu, später auch durch den Bau von Staudämmen zur Stromerzeugung, wobei Staudämme auch ein Mittel sind, flussab gelegenen Regionen im buchstäblichen Sinn «das Wasser abzugraben». Das betrifft den Nil, wo Äthiopien und der Sudan durch den Bau gewaltiger Stauwerke Ägypten trockenlegen können, ebenso gilt es für Euphrat und Tigris, deren Oberläufe von der Türkei kontrolliert werden, vor allem aber verschafft es heutzutage China eine ungeheure Machtposition, weil es den Mekong kontrolliert, der Myanmar, Laos, Thailand, Kambodscha und Vietnam mit Wasser versorgt, und auch Zugriff auf die Wassermengen von Indus, Ganges und Brahmaputra hat, von deren Wassermassen Indien, Bangladesch und Pakistan abhängig sind.[9] Das ist geopolitisch von großer Bedeutung, und es kommt nicht von ungefähr, wenn inzwischen von *water wars*, Kriegen um Wasser, die Rede ist, in denen künftig mit militärischer Gewalt der Zugriff auf die großen Flüsse und Ströme ausgefochten werden könnte.[10] Im Ukrainekrieg etwa spielte der Dnipro oder auch Dnjepr eine herausgehobene Rolle, weil von seinen Staudämmen die Versorgung der Landwirtschaft mit Wasser abhängt.

Die sich im Zusammenhang der Kappschen Typologie aufdrängende Frage lautet indes, warum es in Europa, den Großreichsbildungen am Nil oder an Euphrat und Tigris entsprechend, nicht zu einer ähnlichen Entwicklung gekommen ist. Dem Verlauf der europäischen Geschichte hätte das eine grundlegend andere Richtung gegeben. Aus Sicht der vergleichenden Geographie heißt die Antwort darauf, dass das von Gebirgszügen, also Wasserscheiden, durchzogene Europa zu viele Flüsse hat, als dass ein einziger von ihnen zum unbestrittenen Zentrum des west- und mitteleuropäischen Raumes hätte werden können, zumal diese Flüsse auch noch in entgegengesetzte Richtungen und damit in unterschiedliche Meere – Nordsee, Ostsee, Schwarzes Meer und Mittelmeer – münden. An ihnen ist eine Vielzahl von Reichen entstanden, die miteinander konkurrierten wie kooperierten, von denen sich aber keines als Wirtschafts- und Machtzentrum des europäischen Gesamtraums durchsetzen konnte. Das plurale Staatensystem, das sich in Europa seit dem 15./16. Jahrhundert entwickelt und dafür gesorgt hat, dass alle Anläufe zu einer imperialen Großreichsbildung auf dem Kontinent unendlich aufwendig waren und recht schnell scheiterten, hat eine seiner Grundlagen in der Geographie des Kontinents, die die Bildung eines einzigen Zentrums nicht begünstigt. Wenn es in Europa zu imperialen Reichsbildungen kam, so entwickelten sich diese eher an der Peripherie des Kontinents und stützten sich auf Binnenmeere – und nicht auf Flüsse. Die unterschiedliche Geographie Europas und Chinas kann also als Erklärung für die unterschiedliche politische Entwicklung im Westen und Osten der euroasiatischen Landmasse und die divergenten Vorstellungen von «Weltordnung» dienen.

Der Begriff der Geopolitik ist ein schillernder und in Deutschland ob seiner engen Verbindung zum Nationalsozialismus nicht gerade gut beleumundeter Begriff, ohne den eine Analyse der Weltordnungen jedoch nicht auskommt – der tatsächlichen ebenso wie der als Ideal entworfenen Weltordnungen mitsamt den realpolitischen Vorstellungen vom Möglichen und Anzustrebenden. Das heißt indes keineswegs, dass sich aus der physischen Geographie eine *Zwangsläufigkeit* der politischen Entwicklung ablesen lässt. Vielmehr kann als Faustregel gelten, dass die determinierende Kraft geographischer Gegebenheiten umso größer ist, je weniger technologisch fortgeschritten eine Reichsbildung ist, und dass die Geographie mit dem Fortschritt von Technologie und Wissenschaft an raumprägender Bedeutung verliert, dass diese Bedeutung aber nie gänzlich verschwindet. Das gilt insbesondere für das Verhältnis von Land und Meer, für die Eignung oder Nichteignung von Küsten zur Anlage sicherer Häfen, oder auch für den Umstand, dass nach wie vor die überwiegende Mehrzahl der Menschen in Küstennähe lebt, während das Innere der Kontinente sehr viel dünner besiedelt ist.

Des Weiteren spielen geoökonomische Faktoren für die Geopolitik eine wichtige Rolle, wie etwa der Zugriff auf Rohstoffe und Energieträger beziehungsweise die Kosten ihrer Förderung. Großreichsbildungen sind darauf angewiesen, Zugriff auf alle relevanten Rohstoffe und Energieträger zu haben, und demgemäß sind sie bestrebt, entsprechende Interessen- und Einflussgebiete unter ihre Kontrolle zu bringen.[11] Die wirtschaftliche Globalisierung und der Aufbau krisenresistenter globaler Handelsketten war ein Versuch, diese konfliktträchtigen Konstellationen hinter sich zu lassen oder zumindest den Einfluss von Ressourcenkonflikten auf die internationalen Beziehungen zu vermindern. Nachdem dieses Projekt in den ersten beiden Jahrzehnten des 21. Jahrhunderts gut vorangekommen ist, hat es inzwischen durch die Pandemie mitsamt den Maßnahmen zu ihrer Eindämmung sowie den Ukrainekrieg und das vom Westen errichtete Sanktionsregime gegen Russland einen herben Rückschlag erlitten. Mit dem erodierenden Vertrauen in die Verlässlichkeit globaler Handelsketten ist auch die Geopolitik in die allgemeine Vorstellungswelt zurückgekehrt, und deswegen ist ein längerer Blick auf ihre frühere Relevanz für eine Analyse der Weltordnungsbildungen unerlässlich.

Thalassische Großreichsbildungen, wie Kapp die Formationen um ein Binnenmeer genannt hat (griechisch *hē thalatta*, das Meer),[12] waren in der Antike das Römische Reich mit dem Mittelmeer als geographischem Zentrum, im Mittelalter die Seerepublik Venedig mit dem Adriatischen Meer, dazu Pisa und Genua, die das Tyrrhenische Meer beherrschten und bis ins Schwarze Meer ausgriffen, weiterhin das Osmanische Reich mit dem Schwarzen Meer und dem östlichen Mittelmeer im Zentrum und schließlich die schwedische Reichsbildung des 17. Jahrhunderts um die Ostsee herum.[13] In diesen thalassischen Reichsbildungen übernimmt das Binnenmeer einen Teil der Funktionen, die in den potamischen Reichen der Fluss innehat, in jedem Fall die Transport- und Kommunikationsfunktion, kaum hingegen die Aufgaben landwirtschaftlicher Bewässerung. Thalassische Reiche weisen meist eine größere Vielfalt der Vegetation und der Gesellschaftsstruktur auf, weil in ihnen unterschiedliche geographische Konstellationen an den Rändern des Binnenmeeres wirtschaftlich miteinander verflochten sind.

Das Meer ist der Raum eines intensiveren und stärker differenzierten Austauschs der Güter, als es Flüsse sein können; eine Folge davon ist, dass die strikte Zentralverwaltung der potamischen Reiche durch eine staatsunabhängige Klasse von Händlern und Geldverleihern komplementiert, wenn nicht verdrängt wird. Die wiederum sorgt dafür, dass die angebotenen Güter aufgekauft und die nachgefragten Güter angeboten werden. An die Stelle der herrschaftlichen Administration mit ihren umfassenden Reglementierungen des Lebens tritt damit ein sich mehr oder weniger selbst regulierender Markt. Die Durchgriffsfähigkeit des Staates ist hier geringer als in den potamischen Reichsbildungen. Die unterschiedliche Geographie der Räume und der sie integrierenden «Gewässer» haben eine unterschiedliche soziale Zusammensetzung beider Typen von Reichsbildung zur Folge, und in Verbindung damit entwickeln sich auch unterschiedliche Strukturen und Durchgriffsreichweiten der staatlichen Gewalt.

Auch thalassische Reichsbildungen sind auf einen professionellen Militärapparat angewiesen, aber daneben bedürfen sie einer Flotte von Kriegs- und Handelsschiffen, die für ihre Selbstbehauptung mitunter wichtiger ist als die Landstreitmacht. Dabei betragen die Kosten für die Flotte das Vier- bis Fünffache der Kosten für die Landstreitkräfte, und die Handelsschiffe sind häufig auf den Schutz durch Kriegsschiffe angewiesen, vor allem dann, wenn die thalassischen Reiche von Piraten bedroht werden, die keine Eroberungen machen, wie das bei von außen kommenden Feinden der Fall ist, sondern sich auf parasitäre Beteiligung an den Handelsgewinnen konzentrieren. Der römische Politiker und Schriftsteller Cicero hat Piraten als *hostes humani generis*, als Feinde der Menschheit, bezeichnet:[14] Das Einwirken von Piraten auf den Seehandel führt nämlich zu höheren Preisen für alle über das Meer transportierten Güter. Zu den reinen Transportkosten kommen Risikoprämien für den Fall von Piratenangriffen hinzu. In Reaktion auf die deswegen ansteigenden Lebenshaltungskosten können sich schnell Unzufriedenheit und Rebellion im Reich ausbreiten. Dann sind die jeweiligen Statthalter des Staates gefordert, das Meer von den Piraten zu «säubern», und infolge der anschließend sinkenden Preise können sie als «Wohltäter des Volkes» ein Charisma aufbauen, das politisch einsetzbar ist. Thalassische Reiche weisen infolgedessen starke zentrifugale Kräfte auf, die ihre Einheit immer wieder gefährden. Potamische Reichsbildungen haben dagegen, wie Wittfogel im Anschluss an Kapp herausgearbeitet hat, eine sehr viel stärkere Machtzentralisierung, einen wesentlich despotischen Charakter. Die Anfänge politischer Liberalität und die Frühformen einer Zivilgesellschaft sind jedenfalls nicht in potamischen, sondern in thalassischen Reichsbildungen zu finden. Für die hier in Frage stehenden Probleme: Das Schwarze Meer ist ein thalassischer Raum, in dem mehrere politische Akteure um die Dominanz ringen, während die Europäische Union sich in der Vergangenheit darum wenig gekümmert hat.

Bleibt abschließend noch ein Blick auf den letzten der von Kapp aufgeführten Kulturkreise zu werfen, die ozeanische Großreichsbildung;[15] sie ist von ihm durch das Epitheton «germanisch» vor allem mit England verbunden worden, womit er – aus heutiger Sicht zu Unrecht – Spanien aus der Reihe der ozeanischen Großreiche ausgeschlossen hat.[16] Tatsächlich war Spanien beides zugleich: eine Landmacht *und* eine Seemacht, und als Landmacht spielte es in Europa bis zum Ende des Dreißigjährigen Krieges eine herausragende Rolle und gehörte bis ins 18. Jahrhundert hinein zu den fünf großen Mächten, von denen die politische Ordnung des Kontinents dominiert wurde.[17] In seiner Verwaltungsstruktur ähnelte Spanien freilich eher dem Typus der potamischen Reiche, denen es von den geographischen Verhältnissen her jedoch keineswegs zugehörte. Es hatte bereits vor der atlantischen Expansion eine Verwaltung entwickelt, die den Handel mit der gegenüberliegenden afrikanischen Küste wie den im westlichen Mittelmeer reglementierte und kontrollierte, und diese Verwaltung wurde seit den Entdeckungen und Eroberungen des Kolumbus auf den Austausch mit der Neuen Welt ausgedehnt.

Wiewohl Spanien vor dem Ausgriff in die Karibik und anschließend nach Mittel- und Südamerika eine das westliche Mittelmeer dominierende thalassische Macht war – was spätestens mit dem Zusammenschluss von Aragon und Kastilien durch die Vermählung ihrer Herrscher Ferdinand und Isabella der Fall war –, war man bestrebt, die Entstehung einer selbständigen und selbstbewussten Kaufmanns- und Bankiersschicht zu unterbinden. Das hatte zum Ergebnis, dass ein durchbürokratisierter Verwaltungsstaat am Ende des 15. Jahrhunderts über den Atlantischen Ozean hinweg in die Neue Welt expandierte.[18] Mehr als die von dem Staatsrechtler Carl Schmitt ins Spiel gebrachte Konfessionalität oder die von Ernst Kapp akzentuierte Kulturkreiszugehörigkeit dürfte im Falle Spaniens die Pfadabhängigkeit der administrativen Organisation dafür gesorgt haben, dass es nicht zu einer typisch ozeanischen Macht geworden ist. Das ist zugleich ein Hinweis darauf, dass eine Typologie der Modelle von Reichsbildungen nicht allein im Hinblick auf die geographischen Konstellationen erfolgen kann und auch nicht mit der empirischen Betrachtung von Mächten verwechselt werden darf. Bei Letzterem nämlich stellt sich heraus, dass es sich ein ums andere Mal um Hybridbildungen handelt, wie sie in der reinen Typologie nicht vorgesehen sind. Gerade Spanien ist dafür ein gutes Beispiel.

Raumrevolutionen und ihre Bedeutung für die Vorstellung von «Welt»

Das ändert nichts an der Triftigkeit von Kapps These, wonach sich im 16. Jahrhundert das Schwergewicht der Großreichsbildung mitsamt den durch sie geprägten Weltordnungen vom thalassischen auf den ozeanischen Bereich verschoben hat. Oder anders gewendet, um es stärker auf die hier behandelten Fragen zu beziehen: dass es von da an zwar weiterhin zu thalassischen oder potamischen Reichsbildungen kam, diese aber keine Weltordnung mehr prägten, weil sich mit dem Beginn des ozeanischen Zeitalters der Begriff «Welt» grundlegend verändert hatte. Das Römische Reich hatte in der Wahrnehmung seiner Zeitgenossen die von ihnen imaginierte «Welt» beherrscht, weil diese mit dem mediterranen Raum und den angrenzenden Gebieten identisch war. Es gab zwar, wie man wusste, jenseits der Grenzräume des Reichs weitere Gebiete, doch die dort lebenden Völker wiesen gegenüber der griechisch-römischen Zivilisation einen derart großen politisch-kulturellen Abstand auf, dass sie für diese keine Rolle spielten und sie auch nicht – jedenfalls nicht bis zum Beginn der Völkerwanderung – in Frage stellen konnten. Man wusste, dass es weiter im Osten ein chinesisches Reich gab, aber das war schon aufgrund seiner geographischen Entfernung für Rom politisch wie kulturell irrelevant.[19] Wichtiger als das Wissen um ein weiteres Großreich im Osten war für das Selbstbewusstsein der Römer die Klassifikation der dem Imperium nicht angehörenden Völker als «Barbaren»,[20] womit eine zivilisatorische Rückständigkeit dieser Völker behauptet wurde, die erklärte, warum sie nicht der römischen Welt zugehörten, sondern so etwas wie einen äußeren Ring um sie bildeten. Man kann derlei – erstens – bei fast allen imperialen Weltordnungen beobachten und darin – zweitens – den Grund dafür finden, dass in den geopolitischen Beschreibungen und Ordnungsentwürfen die physische Geographie fast immer mit ethnographischen Beobachtungen und Klassifikationen verbunden ist.

Die Vorstellung einer solchen Einzigartigkeit war bei den thalassischen Reichsbildungen des Mittelalters, zumal denen der italienischen Seerepubliken, bereits nicht mehr möglich, da man ja in der Levante und an der Nordküste des Schwarzen Meeres, den Endpunkten der Seidenstraße, mit den großen Reichen Ost- und Südasiens Handel trieb. Auch wenn das für das politische und kulturelle Selbstverständnis von marginaler Bedeutung blieb, war die «Welt» der italienischen Seerepubliken kleiner und infolge der wechselseitigen Rivalität auch bedrohter, als es bei der thalassischen Reichsbildung der Römer nach der Niederwerfung Karthagos der Fall gewesen war.

Ähnliches gilt auch für das schwedische Reich, das sich zwischen dem im Niedergang befindlichen dänischen Reich und der aufsteigenden Macht der russischen Zaren für ein knappes Jahrhundert als um die östliche Ostsee gelagerte thalassische Macht behaupten konnte, freilich immer in dem Wissen, dass sie nur ein Teil der politischen Welt und nicht ihr Beherrscher war. Mehr als auf ihrer Flotte, wie das bei den Venezianern und Genuesen der Fall war, beruhte die schwedische Macht auf einem leistungsfähigen Militär. Dies wurde durch die Kontrolle über die Mündungsräume aller großen in die Ostsee führenden Flüsse finanziert: Auf die transportierten und gehandelten Güter wurden Abgaben erhoben, die Schweden als Schutzmacht des östlichen Ostseehandels einkassierte. Schweden war im Unterschied zu den italienischen Seerepubliken keine Handelsmacht, sondern eine, die den von anderen betriebenen Handel kontrollierte und besteuerte. Sie entsprach insofern ebenfalls nur bedingt dem Typus einer thalassischen Reichsbildung.[21] Wir haben es hier mit dem Sondertyp einer thalassisch fundierten Militärmacht zu tun.

Dagegen hat sich das Osmanische Reich auf dem Höhepunkt seiner Machtentfaltung vom späten 15. bis weit ins 16. Jahrhundert hinein als eine Weltmacht begreifen können, wenngleich inzwischen das Zeitalter der europäischen Entdeckungen und Eroberungen angebrochen war und die Vorstellung von der politischen Welt globale Ausmaße angenommen hatte.[22] Aber das Osmanische Reich an der Schnittstelle Europas, Asiens und Afrikas kontrollierte spätestens seit der Eroberung des Mamlukenreichs in Ägypten und Syrien die Handelswege zwischen Europa und Asien. Auf ihnen wurde trotz Vasco da Gamas Entdeckung des Seewegs um die Südspitze Afrikas und des allmählichen Aufbaus von portugiesischen Handelsrouten um das Kap der Guten Hoffnung herum nach wie vor der bei weitem größte Teil des europäischen Handels mit Ost- und Südasien abgewickelt. Für die Osmanen lief das auf die Beherrschung der globalen Handelsketten hinaus, jedenfalls so lange, wie das Volumen des Gewürzhandels um die afrikanische Südspitze herum begrenzt blieb. Unmittelbar kontrollierten sie nur das Schwarze Meer und das östliche Mittelmeer, aber ihre Positionen am Roten Meer und am Persischen Golf liefen auf die Kontrolle der für lange Zeit zuverlässigsten und leistungsfähigsten Verkehrsrouten zwischen dem Indischen Ozean und Europa hinaus. Auf Grundlage dieser thalassischen Positionen wurde das Osmanische Reich zum *Gate Keeper* der weltweit wichtigsten und lukrativsten Handelsströme. Die auf den Transithandel erhobenen Steuern und Zölle sorgten für große Einnahmen, aus denen das Reich seinen überaus leistungsfähigen Militärapparat finanzierte. Insofern konnte es sich, wiewohl «nur» eine thalassische Macht, bis zum Ende des 16. Jahrhunderts als Weltmacht ansehen.

Aber das Reich der osmanischen Sultane war eine Weltmacht mit absehbarem Verfallsdatum, denn mit den Entdeckungsreisen der Portugiesen und Spanier[23] setzte eine Entwicklung ein, in deren Verlauf die Fähigkeit, eine Weltordnung zu gestalten, Schritt für Schritt auf die ozeanischen Großreichsbildungen überging. Man kann diese von den europäischen Entdeckungen und Eroberungen initiierte Entwicklung als «Raumschrumpfung» begreifen: Durch die Veränderung des Wissens und eine forcierte Weiterentwicklung des Schiffbaus und der nautischen Fähigkeiten veränderte sich auch die Bedeutung von Entfernungen. Die Entfernungen wurden auf neue Weise handhabbar und dadurch für eine Reihe von Mächten kleiner, so dass der Raum für sie schrumpfte.[24]

Geopolitisch sind solche Raumrevolutionen[25] von doppelter Bedeutung: Erstens haben sie, bezogen auf den Entwurf geopolitischer Theorien, zur Folge, dass diese nicht mehr ausschließlich auf der Grundlage physischer Gegebenheiten, also der Betrachtung von Gebirgen und Ebenen, Flüssen und Binnenmeeren, entwickelt werden, sondern die physischen Gegebenheiten immer zu der je vorherrschenden Ordnung des Wissens und der technologischen Entwicklung einer Gesellschaft in Beziehung gesetzt werden müssen. Geopolitische Theorien sind darum, wenn sie gut konzipiert und durchdacht sind, dynamische Theorien, die keine feststehenden, unveränderlichen Wahrheiten kennen, sondern ihre Beobachtungen und Thesen entwickeln, indem sie den physischen Gegebenheiten eine vom jeweiligen Stand des Wissens und der Technik abhängige Wertigkeit beimessen. So konnten die Binnenmeere erst zum Zentrum thalassischer Reichsbildungen werden, nachdem die Menschen anliegender Küstenstreifen in der Lage waren, hochseetüchtige Schiffe zu bauen, und es Seeleute gab, die sich trauten, mit diesen Schiffen nicht nur entlang der Küsten zu rudern, sondern Segel zu setzen und auf die offene See hinauszufahren, und das nicht nur einmal, sondern regelmäßig. Das gilt erst recht für die Bildung ozeanischer Großreiche.

Die Raumrevolution des 16. Jahrhunderts brachte nicht nur ein neues Weltbild hervor, sondern auch eine neue Weltordnung, insofern – und das ist der zweite Punkt, der für die Geopolitik zu beachten ist – das der Raumschrumpfung zugrunde liegende Wissen mitsamt den technologischen Entwicklungen nicht auf alle Mächte gleichmäßig verteilt war, sondern von denen, die darüber verfügten,[26] nach Möglichkeit geheim gehalten wurde. Portugiesen und Spanier haben das zeitweilig getan, und andere, die sich dieses Wissen durchaus hätten aneignen und die zugehörigen technologischen

Fähigkeiten hätten entwickeln können, haben das entweder gering geschätzt oder aus politischen Gründen für dysfunktional gehalten. So hat das Osmanische Reich trotz eines vorhandenen Wissens über die Entdeckung der Neuen Welt durch die Spanier auf eigene Expeditionen in die ozeanischen Räume verzichtet,[27] und das chinesische Reich, das eine wesentlich potamische Reichsbildung war, hat die gewaltige Flotte, mit der Admiral Zheng He in der Mitte des 15. Jahrhunderts bis zur ostafrikanischen Küste vorgestoßen war, wieder abgewrackt und sich auf die Seefahrt entlang der eigenen Küste und bis in die südostasiatische Inselwelt hinein beschränkt.[28] In beiden Fällen war das, auf längere Sicht gesehen, eine geostrategische Fehlentscheidung, die zum Verlust der weltpolitischen Rolle bei Osmanen wie Chinesen führte.

Als im Zentrum der bestehenden Weltordnung befindliche Mächte neigten das Osmanische wie das chinesische Reich zu skeptischer Distanz gegenüber grundlegenden – und das hieß in ihrem Fall: grundstürzenden – Innovationen. Stattdessen setzten sie auf das Bekannte, Vertraute und Risikoarme, während Akteure, die sich eher am Rand der bestehenden Weltordnung befanden und auch eine periphere Position im vorherrschenden Weltbild einnahmen, diesen Innovationen gegenüber sehr viel offener waren und sich politisch wie mental sehr viel stärker auf Risiken einließen.

Der Historiker Ian Morris hat das am Beispiel Englands erläutert, und zwar anhand seiner Positionierung auf zwei epochentypischen Weltkarten: der um 1300 entstandenen Hereford-Weltkarte, auf der die britische Inselwelt im linken unteren Bereich ganz am Rande der abgebildeten Welt liegt – und der dem Jahr 1902 entstammenden Weltkarte des Geopolitikers Halford Mackinder, auf der sich Großbritannien im Zentrum befindet und den geopolitischen Mittelpunkt der ins Bild gesetzten Weltordnung darstellt.[29] Die Pointe von Morris' Überlegungen besteht darin, beide Karten nicht als Momentaufnahmen des zum Zeitpunkt ihrer Entstehung vorfindlichen Weltwissens und der jeweiligen Machtverhältnisse zu begreifen, sondern als Darstellung von sich über lange Zeiträume hinziehenden geopolitischen Konstellationen. So ist die Hereford-Karte, Morris zufolge, das Abbild einer weltpolitischen Bühne, die für England vom 6. vorchristlichen Jahrtausend an, als die britischen Inseln geographisch vom europäischen Kontinent getrennt wurden, bis zum Ende des 15. Jahrhunderts, dem Anfang der europäischen Entdeckungen und Eroberungen, die politischen Auftritte vorgab beziehungsweise das Verhältnis der europäischen Mächte zu den Britischen Inseln darstellte: ein peripherer Raum. Die Karte Mackinders dagegen illustriert die weltpolitische Stellung Englands und des Vereinigten Königreichs von den Anfängen der europäischen Expansion über die industrielle Revolution bis zum Britischen Weltreich.[30] Was Morris in der Gegenüberstellung der beiden Karten zeigt, ist der Übersprung von einer peripheren zu einer zentralen Position, der das Ergebnis einer im Vergleich zu anderen Ländern größeren Bereitschaft zu Innovation und Risiko war. Die Randständigkeit Englands in der bisherigen Weltordnung hat die Risikobereitschaft der Engländer deutlich befördert. Heißt: Eine Geopolitik, die diese Bezeichnung verdient, hat auch die Prägung von Mentalitäten durch die geographische Lage im Auge.

Die «heliotrope» Abfolge der Imperien mit einigen bedeutenden Ausnahmen

Dass die Bereitschaft zu riskanten Innovationen in einer weltpolitisch peripheren Lage um ein Vielfaches größer ist als bei Mächten im Zentrum der bestehenden Weltordnung, die als glückliche Besitzende (*beati possidentes*) hofiert werden, erklärt ein Phänomen, das in der Imperienforschung als «heliotrope Entwicklungsrichtung» der Imperienabfolge bezeichnet wird – der Wanderung der Reiche mit dem Gang der Sonne.[31] Sie spielt auch in der Typologie

Ernst Kapps eine Rolle, wenn dieser die potamischen, thalassischen und ozeanischen Großreichsbildungen historisch aufeinanderfolgen lässt, sie also nicht als Typen behandelt, die sich durch ihr spezifisches Zentrum voneinander unterscheiden, ansonsten aber historisch zu beliebigen Zeitpunkten auftreten können, sondern in Orientierung an Hegels Vorstellung einer Wanderung des Weltgeistes von Ost nach West in eine geschichtliche Abfolge bringt – nicht unbedingt ihrem tatsächlichen Vorkommen entsprechend, aber doch als weltpolitisch maßgebliche Akteure und bestimmende Kräfte der Weltordnung.

In diesem Sinn ist auf die babylonischen, assyrischen und persischen Großreiche in Mesopotamien und die Pharaonendynastien am Nil die athenische Thalassokratie gefolgt, die – mit der Unterbrechung durch das Makedonenreich Alexanders – dann vom Imperium Romanum abgelöst wurde. Man kann diesen ersten großen heliotropen Schritt als Raumschrumpfung im oben eingeführten Sinn begreifen, da die politische und kulturelle «Welt» der Römer sehr viel größer war als die der Babylonier und Assyrer. Das heißt aber auch, dass mit dem Zerfall des Römischen Reiches im Westen und der Entstehung der räumlich begrenzten germanischen Königreiche in diesem Teil des vormaligen Reichsgebiets eine Raumdehnung stattfand, bei der die Reichweiten der politischen Ordnungen kleiner und die Entfernungen in der Wahrnehmung der Menschen größer wurden. Das Weltwissen wurde geringer und dürftiger. *Mutatis mutandis* galt das auch für die östliche Hälfte des Römischen Reichs, wo das Byzantinische Reich bis 1453 fortbestand, aber immer kleiner und unbedeutender wurde. Diese – auf die Wahrnehmung bezogen – Raumdehnung hat sich in geopolitischer Hinsicht über das gesamte Mittelalter hinweg mit gewissen Schwankungen gehalten; erst mit den portugiesischen Entdeckungsfahrten entlang der westafrikanischen Küste, die zur Umrundung der Südspitze Afrikas führten,[32] und den spanischen Eroberungen in der Neuen Welt kam es zu einer neuerlichen Raumschrumpfung.

Zur heliotropen Entwicklungsgeschichte der Imperien gehört freilich auch, dass Großbritannien nicht der Endpunkt der imperialen Westdrift sein konnte, was für Ernst Kapp in der Mitte des 19. Jahrhunderts noch durchaus naheliegend war, sondern zu Beginn des 20. Jahrhunderts von den USA abgelöst wurde – woran sich aktuell dann die Frage anschließt, ob im 21. Jahrhundert China an die Stelle der USA tritt oder, weniger dramatisch formuliert, ob das atlantische durch ein pazifisches Zeitalter abgelöst wird, in dem die USA und China – in Kooperation oder in Konkurrenz – die maßgeblichen Mächte der neuen Weltordnung sein werden. Für Europa würde das bedeuten, dass es in den Schatten der Weltpolitik und an die Peripherie der Weltordnung geraten würde – eine Entwicklung, die der indische Historiker Dipesh Chakrabarty um die Jahrtausendwende bereits auf die Formel *Europa als Provinz* gebracht hat.[33] Geopolitische Entwicklungsmodelle laufen immer auch auf Prognosen hinaus, auf Annahmen über die machtpolitische Ordnung von Räumen in der Zukunft, und beeinflussen insofern Politik in einem präventiven oder resignativen Sinn – auch dann, wenn diese Prognosen gar nicht explizit als Geopolitik daherkommen, sondern «nur» danach fragen, ob China demnächst die USA als globaler Hegemon beerben wird.

Was bei der Konzentration auf die heliotrope Entwicklungsrichtung der Großreichsbildungen beziehungsweise auf die sequenzielle Abfolge von potamischen, thalassischen und ozeanischen Reichen als zeitweilige Zentren der Weltordnung aus dem Blick gerät, sind einige Imperien, bei denen es sich um Reiche handelt, die weder einen Fluss noch ein Binnenmeer in ihrem Zentrum haben und für die auch die Ozeane keine Rolle gespielt haben. Im weiteren Sinn gilt das für China, das hier gerade hypothetisch an die heliotrope Reichsabfolge «angeflickt» worden ist; auch betrifft es die Großreichsbildungen der Hunnen und Mongolen, die als «Steppenimperien» anderen Gesetzmäßigkeiten folgten als die fluss- und meerzentrierten Reichsbildungen;[34] vor allem aber betrifft es die russischen

Zaren und ihr Reich, das in seiner Ostexpansion im 19. Jahrhundert zwar am Pazifik anlangte und sich sogar über die Beringsee bis nach Alaska erstreckte, die Zaren damit aber nichts anzufangen wussten, weshalb Alaska schon bald an die USA verkauft wurde. Nur legitimationspolitisch lässt sich Russland als nördliche Abzweigung des Oströmischen beziehungsweise Byzantinischen Reiches ansehen (was von der russischen Politik genutzt wurde, um seine Zugehörigkeit zu Europa zu reklamieren und einen Vorherrschaftsanspruch in Osteuropa geltend zu machen).

Die Steppen- und Wüstenimperien, die von den innerasiatischen Reitervölkern und den aus der arabischen Wüste vorstoßenden islamischen Eroberern geschaffen wurden, waren kurzlebig, ihre Ausdehnung gewaltig, aber fluid. Sie verschwanden so schnell, wie sie entstanden waren. Nur die Mongolen schafften eine stabilere Großreichsbildung,[35] während die islamischen Eroberungen in Vorderasien und Nordafrika vom 6. bis zum 8. Jahrhundert keinen Eingang in die Imperiengeschichte gefunden haben.[36] Der Imperienhistoriker John Darwin schreibt über die mongolischen und turkstämmigen Eroberer, für sie sei «die riesige Steppe, die sich von der Mandschurei quer durch Eurasien bis in die Pannonische Tiefebene erstreckte, das Tor zu Reichtum und nahezu unbegrenzter Macht» gewesen, weil sie diesen geoökonomischen Raum mit ihren Heeren berittener Bogenschützen, die Mobilität und Kampfkraft in beispielloser Weise miteinander verbanden, nach Belieben beherrschten;[37] aber auch er kommt nicht an dem Umstand vorbei, dass die Steppenkrieger eher Zerstörer von Weltordnungen waren, als dass sie solche geschaffen und durchgesetzt hätten. Was ihnen fehlte, waren wirtschaftliche und kulturelle Macht;[38] beides mussten sie sich mittels unterworfener Völker aneignen, und das führte von China bis zum Gebiet des heutigen Iran zu Assimilationsprozessen, in deren Verlauf die Spezifika des Mongolischen oder Turkstämmigen von den Kulturen der Unterworfenen aufgezehrt wurden. So ist von den Reichsbildungen der Eroberer aus der Steppe und der Wüste kaum etwas geblieben, das als kulturelle oder architektonische Hinterlassenschaft heute noch an sie erinnern würde. Offensichtlich genügt militärische Gewalt, von der die Steppen- und Wüstenkrieger hinreichend besaßen, allein nicht, um als weltgestaltende Macht in die Geschichte einzugehen.

Timur Lenk, in Europa auch Tamerlan genannt, war der letzte in der langen Reihenfolge von aus der asiatischen Steppe kommenden Eroberern, der zu Beginn des 15. Jahrhunderts das aufstrebende Osmanische Reich an den Rand des Zusammenbruchs brachte.[39] Danach veränderten sich in einer waffentechnisch bedingten Raumrevolution die asiatischen Machtverhältnisse; es entstanden die «Schießpulverreiche», gegen deren kombinierten Einsatz von Musketen und Kanonen der Angriff der vormals sieggewohnten Steppenkavallerie chancenlos war.[40] Die spezifische militärische Macht der Steppen- und Wüstenkrieger, die schnelle, bewegliche Attacke der berittenen Bogenschützen, dazu die Kombination von Scheinrückzügen und Umfassungsangriffen sowie die strategische Weiträumigkeit ihrer Operationen, verloren infolge der gesteigerten Feuerkraft ihrer defensiv agierenden Gegner an Wirksamkeit. Die Reiche der Osmanen und Safaviden am südöstlichen Rand Asiens sowie das Mogulreich in Indien wurden zu Bollwerken, die sicherstellten, dass sich fortgeschrittene Zivilisationen von nun an ihrer Ausplünderung durch Steppenvölker zu erwehren wussten.

In der Folge verlor die asiatische Steppe ihre Bedeutung für den Aufstieg und Niedergang von Weltreichen und Weltordnungen. Die geopolitische Relevanz, die der Steppe als Kraftzentrum der Weltreichsbildung wie Weltreichszerstörung bis dahin zugekommen war – unter anderem war der Untergang des Römischen Reiches im Westen auf die von der asiatischen Steppe ausgehenden Wellen der Völkerwanderung zurückzuführen –, ging nun auf die Weltmeere über, wo sich die Abfolge der großen Reiche und ihr maßgeblicher Einfluss auf die Weltordnung nicht mehr allein auf der Grundlage militärischer Macht entschied, sondern wirtschaftliche Macht an

Gewicht gewann. Die Fähigkeit, Ordnungen aufzubauen und zu gestalten, rückte in den Mittelpunkt; die Fähigkeit, sie zu zerstören, verlor an Bedeutung. Die Ablösung der Steppe durch den Ozean ist als globale Raumrevolution zu begreifen, und zwar als eine der folgenreichsten in der Geschichte der Menschheit. Mit ihr wurde der Gegensatz von Land und Meer zum Angelpunkt der Geopolitik.[41]

Raumrevolutionen ziehen Normrevolutionen nach sich, wovon später noch ausführlich die Rede sein wird. Die Gewichtsverschiebung von der Steppe zu den Ozeanen lief auf einen revolutionären Sprung in der Naturbeherrschung durch den Menschen hinaus, eine Veränderung, in deren Verlauf an die Stelle der Domestizierung und Züchtung von Tieren, vor allem von schnellen und ausdauernden Pferden, die Konstruktion und der Bau von immer leistungsfähigeren Schiffen trat.[42] Das war eine Technikrevolution mit geopolitischen Folgen. Die Weltpolitik bekam mit der Ablösung der Steppe durch den Ozean nämlich nicht nur neue Zentren des Ordnungsaufbaus, sondern mit dem Bedeutungsverlust des Pferdes und dem Bedeutungsgewinn des Schiffes wurde auch eine Evolution des «Geräts» in Gang gesetzt, die in einem exponentiellen Verhältnis zu den bisher möglichen Machtsteigerungen stand.[43] Die tierischen Hilfsmittel des Menschen, für die hier exemplarisch das Pferd steht, ließen sich zwar kontinuierlich optimieren und vervielfachen – vor allem aus der Vervielfachung resultierte die militärische Überlegenheit der Steppenvölker, weil sie aufgrund der ökologischen Gegebenheiten ihres Lebensraumes sehr viel größere Pferdeherden aufziehen konnten, als dies in den überwiegend landwirtschaftlich genutzten Räumen West- und Mitteleuropas möglich war –,[44] aber die dabei erzielbaren Fortschritte waren eher klein und nahmen lange Zeiträume in Anspruch. Die technischen Hilfsmittel dagegen, hier repräsentiert durch das Schiff, ermöglichten gewaltige Entwicklungssprünge in der Naturbeherrschung und Machtsteigerung; sie wurden zum Taktgeber des Fortschritts und bestimmten die Rhythmen der Geopolitik.

War in der Geopolitik bis dahin der physischen Geographie das Hauptgewicht zugefallen, so verschob sich ihr Schwerpunkt von nun an immer weiter zu Wissenschaft und Technik, mit deren Hilfe die inerten Strukturen des Geographischen zunehmend in Bewegung gebracht wurden. Die Raumrevolution, in deren Verlauf der Ozean an die Stelle der Steppe trat, kann auch als Gewichtsverschiebung von der Geoökologie zur Geoökonomie begriffen werden. Damit verband sich eine Verschiebung der geopolitischen Gewichtsverhältnisse von Osten nach Westen: Der Westen, Europa zumal, trat in eine mehrere Jahrhunderte währende Periode des wirtschaftlichen, militärischen und politischen Aufstiegs ein,[45] und der Osten, China mitsamt den angrenzenden Gebieten des indochinesischen Raums, geriet in einen Abwärtstrend, der sich erst gegen Ende des 20. Jahrhunderts wieder umkehrte.

«Westen» und «Osten» als geopolitische Orientierungsbegriffe

Die semantische Aufladung von Himmelsrichtungen beziehungsweise geographisch geordneten Räumen findet sich tendenziell in allen Kulturen. Für die hier zu besprechenden Fragen ist eine Entwicklung relevant, die seit der Spätantike und dem frühen Mittelalter in Europa um sich griff: eine im christlichen Europa erfolgende Semantisierung des Ostens als Raum, wo dem biblischen Bericht zufolge das Paradies lag und von wo aus die Menschheit durch den Kreuzestod Jesu erlöst worden ist.[46] Man kann das auch als «sakrale Geographie» oder Geopolitik qua Sakralisierung bezeichnen.[47] Der Osten war die Himmelsrichtung, in der das Heilige Land lag, was bedeutete, dass man diesen Raum, so die politische Vorstellung im Hoch- und Spätmittelalter, von den islamischen Herrschern zurückerobern musste, um die erhoffte Wiederkehr des Messias zu ermöglichen. Der Osten wurde zum Zielpunkt der das mittelalterliche Europa prägenden Kreuzzugsidee, in der heilsgeschichtliche Erwartungen und geopolitische Projekte miteinander verschmolzen – und hatte somit doppelte Bedeutung: Er stand für die Richtung, aus der die Sonne aufging und der neue Tag anbrach (*ex oriente lux*), für den Raum, aus dem die Erlösung der gesamten Menschheit kam, aber zugleich handelte es sich dabei auch um eine Region, in der die Feinde standen, gegen die man kämpfen und einen Heiligen Krieg führen musste. Diese doppeldeutige Semantik ist im 20. Jahrhundert im Gefolge der Oktoberrevolution in Russland mit neuer Bedeutung gefüllt worden: Für Teile der politischen Linken trat an die Stelle Jerusalems nun Moskau, von woher man Erleuchtung und Erlösung erwartete. Ernst Bloch hat das in der Zitatvariation *ubi Lenin, ibi Jerusalem* prägnant zusammengefasst.[48]

Dem steht in der religiösen und politischen Semantik der Westen gegenüber, dem in der christlichen Heilsgeographie die passive, die empfangende Rolle zugewiesen wurde. Ist der Osten der Ort des Lichts und der Raum der Götter, so steht der Westen für die Finsternis, als Raum der Dämonen und Ort des Todes. Demgemäß wird der Exorzismus *contra occidentem* gesprochen, das Kreuz gegen Westen geschlagen, und auf der Westseite der Kathedralen und Dome finden sich die mächtigen Türme, die den geosteten Altarraum gegen die Angriffe dämonischer Mächte schützen sollen.[49]

Nach 1945 kam es in Europa, zumal in Deutschland, zu einer umfassenden Neusemantisierung der Himmelsrichtungen, in der sich auch die politische Teilung der europäischen Mitte spiegelte: *ex oriente lux*, aus dem Osten das Licht, galt im Sinne eines politischen Heilsversprechens nur noch in der DDR, jedenfalls in den offiziellen Verlautbarungen des Staates und den Einlassungen regimetreuer Intellektueller, während man in der Bundesrepublik seit dem Marshallplan auf das Versprechen des Wohlstands setzte: *ex occidente libertas et ops*, aus dem Westen Freiheit, Kraft und Beistand. Der Westen wurde zum Synonym für Demokratie und Wohlstand, während der Osten ein Inbegriff von autoritären Strukturen und Güterknappheit war. Im Ost-West-Konflikt wurde, zumindest aus altbundesrepublikanischer Perspektive, die Ambiguität der christlichen Semantisierung von Himmelsrichtungen aufgelöst und deren heilsgeschichtliche Bedeutungszuweisung umgekehrt. Mithin emblematisch wurde das im Titel von Heinrich August Winklers großer Darstellung der deutschen Geschichte im 19. und 20. Jahrhundert: *Der lange Weg nach Westen*.[50] Das war mehr als eine Zwischenbemerkung zur bipolaren Weltordnung nach dem Zweiten Weltkrieg und der politischen Positionierung der Bundesrepublik in ihr; es war der Ausdruck einer neuen geopolitischen Orientierung, in der das Heilsversprechen vom Osten in den Westen gewandert und dabei säkularisiert worden war. Aber ein Heilsversprechen war es nach wie vor.

In dieser geopolitischen Semantik gab es zudem keine Mitte mehr, die in den geopolitischen Ordnungsentwürfen der Europäer seit dem 18. Jahrhundert eine zentrale Rolle gespielt hatte;[51] alles lief auf eine scharfe Alternative hinaus: Entweder man gehörte zum Westen oder man gehörte zum Osten; ein «Dazwischen» oder «Unentschieden» war in der nördlichen Hemisphäre nur in Ausnahmefällen möglich, etwa in geopolitischen Randlagen oder zwecks Schaffung von Pufferzonen.[52] In der südlichen Hemisphäre dagegen war es die Regel, dass man sich «blockfrei» positionierte, weswegen es hier zu den meisten «Stellvertreterkriegen» (*proxy wars*) kam: In ihnen wurde ausgekämpft, ob man zum «Westen» oder «Osten» gehörte.

Die geopolitischen Konstellationen zwischen 1949 und 1989 waren somit in doppelter Hinsicht bipolar: erstens durch die Unterscheidung einer nördlichen und einer südlichen Hemisphäre und zweitens durch den die politische Ordnung auf der Nordhalbkugel prägenden Ost-West-Gegensatz. Die bündnispolitische Indifferenz des globalen Südens entwickelte sich erst mit dem Ende der europäischen Kolonialimperien im Verlauf der 1950er und 1960er, wobei einige der Entkolonisierungskriege bereits Stellvertreterkriege zwischen Ost und West waren.[53] Die eigentliche Ära der *proxy wars* aber begann danach. Die westlichen Kolonialmächte im globalen Süden vertraten durch ihre Herrschaft wie in ihrer Kriegführung Werte, die mit denen, die sie im globalen Norden für sich in Anspruch nahmen, kaum zu vereinbaren waren. Der «Westen» trat im globalen Norden anders auf, als die ihm zugehörigen europäischen Kolonialreiche im Süden agierten.

Zunächst ist also festzuhalten: Wenn vom «Westen» die Rede war, dann nahezu durchweg im Sinne eines selbstlegitimatorischen Narrativs, eines politischen Mythos,[54] bei dem der «Westen» für Demokratie und Rechtsstaatlichkeit, Wohlstand und Freiheit stand und sich damit in Opposition zum «Osten» befand, der im westlichen Narrativ das Gegenteil verkörperte. Als Narrativ oder Mythos handelt es sich dabei jedoch um die nachträgliche Semantisierung einer geopolitischen Konstruktion, die selbst keineswegs ausschließlich entlang von Wertfragen gesehen wurde. So entstand der Eindruck einer Doppelzüngigkeit, die dem Westen vor allem vom Süden immer wieder vorgeworfen wurde – und wird – und die auch jetzt bei der politischen Positionierung zum Krieg in der Ukraine eine erhebliche Rolle spielt. Die politischen und kulturellen Eliten des globalen Südens glauben «dem Westen» nicht, dass er es mit den von ihm proklamierten Werten wirklich ernst meint, jedenfalls nicht für sie im «Süden», und sind deswegen darauf bedacht, sich aus den geopolitischen Konflikten des Nordens herauszuhalten. Das wird vorerst so bleiben, und für die Ordnung der großen Mächte im 21. Jahrhundert ist das durchaus von Belang.

Mit Blick auf die Frage, was unter Geopolitik zu verstehen ist, lässt sich als erstes Ergebnis festhalten, dass in ihr nicht nur geographische Gegebenheiten wie Land und Meer, Gebirge und Ebene, gekerbte und glatte Räume erfasst werden,[55] sondern dass diese Gegebenheiten auch hinsichtlich des geographischen Wissens und der Entwicklung der Technik «gewichtet» werden müssen: Sie verlieren und gewinnen je nachdem an Bedeutung. Und zugleich wird die Wahrnehmung der Räume durch sakrale Vorstellungen geprägt, in denen ihnen eine heilsgeschichtliche Bedeutung zugewiesen wird, die sie aufwertet und entwertet, die auf eine Festlegung von Freund und Feind hinausläuft und Vorgaben für langfristig angelegte, wertepolitisch fundierte Allianzen enthält – oder diese verhindert. Geopolitik ist also mehr als politische Geographie, aber die Geographie ist und bleibt die Grundlage aller geopolitischen Entwürfe.

Die Geostrategie der kontrollierten Gegenküste

Die Entstehung des «Westens» als ein Westeuropa und Nordamerika umfassender geopolitischer Raum mit dem Nordatlantik als Zentrum, einem als Binnenmeer verstandenen Ozean, einer, wenn man so will, ozeanisch-thalassischen Macht, war eine Folge von um 1947/1948 getroffenen geostrategischen Entscheidungen der US-amerikanischen Politik, die darauf hinausliefen, dass sich die USA dieses Mal nicht, wie nach dem Ersten Weltkrieg und wie zunächst auch für die Zeit nach dem Zweiten Weltkrieg vorgesehen, aus Europa zurückzogen und den Nordatlantik als Sicherheitsbarriere gegenüber der euroasiatischen Landmasse und den sich dort abspielenden politischen Entwicklungen ansahen. Vielmehr folgten sie nun der bereits von den Römern – und davor schon von den Athenern – praktizierten imperialen Vorstellung, wonach man die gegenüberliegende Küste eines Meeres beherrschen müsse, um sich dauerhaft als Vormacht eines Raumes behaupten zu können.

Das war eine Modifikation der dem 19. Jahrhundert entstammenden geopolitischen Direktive, der Monroe-Doktrin, wonach sich die europäischen Mächte vom amerikanischen Doppelkontinent fernzuhalten hätten und dieser als US-amerikanisches Einflussgebiet zu behandeln sei. Im Gegenzug sollten sich die USA ihrerseits vom europäischen Kontinent sowie von den afrikanischen und asiatischen Interessengebieten der europäischen Kolonialmächte fernhalten. Carl Schmitt hat dieses amerikanisch-europäische Agreement später, als dessen machtpolitische Voraussetzungen schon nicht mehr gegeben waren, auf die Formel einer «Großraumordnung mit Interventionsverbot für raumfremde Mächte» gebracht,[56] was zu dem Zeitpunkt, als er das schrieb, auf eine Vormachtstellung des nationalsozialistischen Deutschland in Europa hinauslief.[57] Im Prinzip hatten die USA bereits 1917 mit dem Eintritt in den Ersten Weltkrieg dieses Agreement aus dem 19. Jahrhundert aufgegeben und die kontinentale Selbstbeschränkung durch einen globalen Ordnungsanspruch ersetzt. Freilich war der Kriegseintritt ein Eingreifen auf Seiten derer, mit denen die USA in der ersten Hälfte des 19. Jahrhunderts dieses Agreement getroffen hatten. Das Deutsche Reich hatte dabei, weil es ein solches zur fraglichen Zeit ja noch gar nicht gab, keine Rolle gespielt.[58]

Aber der amerikanische Kongress folgte nach Kriegsende den Vorstellungen von US-Präsident Woodrow Wilson zu einer neuen Weltordnung nicht und verweigerte den Beitritt der USA zum Genfer Völkerbund, was auf einen militärischen und politischen Rückzug der USA aus Europa hinauslief. Diesen «Fehler» wollte man nach dem Zweiten Weltkrieg, der endgültigen Niederwerfung eines imperialistisch agierenden Deutschlands, nicht noch einmal machen, wobei die große Herausforderung diesmal die weit nach Mitteleuropa, bis zur Elbe, vorgerückte Sowjetunion war. Ohne US-amerikanische Truppen würde das darniederliegende Europa, so die amerikanischen Befürchtungen, einem Vorstoß der Roten Armee bis zum Atlantik keinen effektiven Widerstand entgegensetzen können.[59] Das war die Grundlage der die zweite Hälfte des 20. Jahrhunderts prägenden geopolitischen Entscheidung, den Nordatlantik aus einem Ozean in das Binnenmeer eines Militärbündnisses zu verwandeln. Die *North Atlantic Treaty Organization* (NATO) wurde zum militärischen Herzstück dessen, was dann sehr bald «der Westen» heißen sollte.

Aus amerikanischer Perspektive lief die Gründung der NATO

darauf hinaus, dass man sich von der geostrategischen Sicht des US-Admirals Alfred Thayer Mahan verabschiedete und sich den Überlegungen des Briten Halford Mackinder annäherte.[60] Mahan, der in der geopolitischen Traditionen der *blue water school* stand,[61] war der Überzeugung, dass Weltherrschaft auf der Beherrschung der Weltmeere beruhte und dass die Herrschaft über die Weltmeere durch ein die Ozeane übergreifendes Stützpunktsystem herzustellen war. Deswegen konnte man auf eine ressourcenaufwendige Kontrolle der Gegenküsten verzichten, zumal dann, wenn es sich um ozeanische Gegenküsten handelte, die vom eigenen Festland tausend Kilometer und mehr entfernt waren.[62] Die Beherrschung der Weltmeere sicherte – gleichsam nebenbei – die Herrschaft über die Landmassen, die man durch den Ausschluss vom Seehandel politisch und militärisch auf die Knie zwingen konnte. Auf dieses geostrategische Dogma hatten die USA gesetzt, als sie sich nach dem Ende des Ersten Weltkriegs aus Europa zurückzogen. Der Kampf um die Seeherrschaft im Atlantik und Pazifik während des Zweiten Weltkriegs hatte gravierende Zweifel an der Richtigkeit dieser Vorstellung aufkommen lassen. Es sprach manches dafür, dass man sich der Seeherrschaft nur dann sicher sein konnte, wenn man auch die Gegenküste kontrollierte. Der Bau von Unterseebooten und Flugzeugträgern, eine militärtechnische Innovation also, hatte die geopolitischen Vorstellungen von Raumbeherrschung revolutioniert.

Die Heartlandtheorie des britischen Geographen Halford Mackinder, 1904 erstmals vorgestellt, ist das genaue Gegenteil zu den Auffassungen Mahans.[63] Mit dem Eisenbahnbau, so Mackinder, sei das von Kolumbus' Entdeckungen eröffnete ozeanische Zeitalter zu Ende gegangen und das Zentrum der Weltpolitik vom Meer aufs Land zurückgewandert. Auch hier hatte, so Mackinder, eine technologische Innovation den Ausschlag gegeben: die Nutzung fossiler Energie zur Bewegung von Massengütern. Mackinder sah die Hauptfolge nicht in der Dampfschifffahrt, was durchaus nahegelegen hätte, um daraus die Idee eines verdichteten interkontinentalen Austauschs zu entwickeln, sondern stellte den Bau von Eisenbahnlinien heraus, die unabhängig vom Verlauf der großen Flüsse die Kontinente erschlossen und damit die Vorherrschaft der Ströme, Binnenmeere und Ozeane als Zentren der Weltmachtbildung und der Weltordnungen ablösten. Es war die Zeit des Baus der nordamerikanischen Eisenbahnlinie von der Ost- zur Westküste, der Western Pacific, die von Salt Lake City nach Kalifornien führte, und der Transsibirischen Bahnlinie, die Moskau mit Wladiwostok verband. Das neue Zentrum der Welt befand sich Mackinder zufolge im nördlichen Zentrum der «Weltinsel», wie er die verbundene Landmasse der drei Kontinente Asien, Afrika und Europa bezeichnete, und es umfasste das östliche Osteuropa sowie Sibirien, war also im Wesentlichen mit Russland identisch. «Russia replaces the Mongol Empire», lautete eine seiner Kernthesen, was darauf hinauslief, dass die Raumrevolution des 16. Jahrhunderts rückgängig gemacht wurde und die Steppe wieder das Zentrum der Weltpolitik war.[64]

Diese *pivot area* wurde gemäß Mackinder halbkreisförmig umfasst von einem *inner crescent*, einem Halbmond, der aus den europäischen und mittelmeerischen sowie den süd- und ostasiatischen Inseln bestand, was auch Großbritannien einschloss. Dieser innere Halbmond wurde seinerseits von einem äußeren Halbmond, *outer crescent*, umfasst, der unter anderem aus dem amerikanischen Doppelkontinent und Australien bestand. Die für die Briten bedrohliche Botschaft Mackinders lautete, dass von *rimland* aus, also den Territorien, die zwischen dem *heartland* und dem *inner crescent* lagen, wie etwa dem Deutschen Reich, ein Zugriff auf den Angelpunkt der Weltherrschaft möglich sei, wenn beide, das rohstoffreiche *heartland* und das technologisch avancierte *rimland*, etwa Russland und Deutschland, miteinander kooperierten.[65] Für alle, die mit Mackinders geopolitischen Theorien einigermaßen vertraut waren und sie nicht für restlos abwegig hielten, lief das nach dem Ende des Zweiten Weltkriegs auf die nachdrückliche Ermahnung hinaus, die der amerikanischen Ostküste gegenüberliegende Küste Europas unter Kontrolle zu behalten und sie unter keinen Umständen den Sowjets beziehungsweise den Russen zu überlassen. Letzten Endes galt das auch für die pazifische Gegenküste zur amerikanischen Westküste, also für Ostasien. Schließlich hatten die USA nicht nur in Europa, sondern auch in der ostasiatisch-pazifischen Inselwelt Krieg geführt.

Man kann die US-amerikanische Entscheidung, in Westeuropa zu verbleiben, um damit die Voraussetzung für die Abwehr eines möglichen sowjetischen Vordringens bis zum Atlantik zu schaffen, auch unabhängig von den geopolitischen Theorien Halford Mackinders auf die britische Geostrategie einer Gegenwallbildung zurückführen, bei der die englischen Könige seit der Eroberung der Insel durch den Normannenherrscher William the Conqueror darauf bedacht waren, einen starken Fuß in Frankreich und den Niederlanden zu haben, um den neuerlichen Aufbau einer invasionsfähigen Macht an der gegenüberliegenden Küste bereits im Ansatz zu unterbinden.[66] Cecil Rhodes, Theoretiker wie Praktiker der britischen Großreichsbildung, hatte diese geostrategische Devise seinen Landsleuten am Ende des 19. Jahrhunderts noch einmal eingeschärft. Das britische Interesse an der Neutralität Belgiens, das im August 1914 zum Eintritt des Vereinigten Königreichs in den Ersten Weltkrieg führte, ist ein weiteres Beispiel für diese Politik der Gegenwallbildung auf den Territorien der Gegenküste.

Dieser Strategie des Gegenwalls entsprechend hatten die Briten im Ersten wie im Zweiten Weltkrieg ein Expeditionskorps in den französisch-belgischen Raum entsandt, das sicherstellen sollte, dass die Deutschen nicht bis zum Ärmelkanal vordrangen und von dort die Britischen Inseln bedrohten. Im Ersten Weltkrieg hatten die Deutschen das zunächst gar nicht vorgehabt, weil sie im Westen ganz auf Frankreich konzentriert waren und nicht mit einem Kriegseintritt Englands infolge des geopolitischen Interesses an Belgien gerechnet hatten. Nicht zuletzt an diesem Fehler, dem Übersehen der englischen Doktrin vom Gegenwall, ist der deutsche Schlieffenplan im Ersten Weltkrieg gescheitert. Die amerikanischen Strategen hatten das wohl vor Augen, als sie sich für den Verbleib in Europa entschieden, ebenso wie sie das Scheitern der Briten im Sommer 1940 berücksichtigten, als das britische Expeditionskorps fluchtartig den Kontinent hatte verlassen müssen.[67] Sie zogen ihre Schlüsse aus der Anwesenheit sowjetischer Truppen an der Elbe.

Mackinders *Heartland*-Theorie hat im Kontext neuerer geopolitischer Entwürfe aus den USA und Russland und nicht zuletzt anlässlich der Frage, ob die Ukraine nun dem europäischen «Westen» oder Russland angehöre, neue Brisanz gewonnen: Sowohl Zbigniew Brzezinski, ein polnisch-amerikanischer Geopolitiker, der unter US-Präsident Carter Sicherheitsberater war, als auch Alexander Dugin, ein russischer Geopolitiker mit einer undurchsichtigen Biographie, in der faschistische und kommunistische Präferenzen einander ablösen,[68] haben geopolitische Ordnungen mit dazugehörigen Imperativen entworfen, in denen die Frage der Weltherrschaft mit der Kontrolle über Heartland verbunden ist. Brzezinski etwa hat darauf hingewiesen, dass die euroasiatische Landmasse drei Viertel der Weltbevölkerung und drei Viertel der Weltenergiereserven umfasse und dass dort sechzig Prozent des globalen Bruttosozialprodukts erwirtschaftet würden, weswegen die USA, um die global dominante Macht zu bleiben, einen dominierenden Einfluss auf den euroasiatischen Raum haben müssten.[69] Dugin wiederum hat geltend gemacht, dass Russland weder ein Teil Europas noch ein Teil Asiens sei, sondern eine eigenständige kulturelle und ethnische Größe, weswegen es die eurasische Landmasse beherrschen müsse – und zwar als Gegenpol zur großen Seemacht USA, die durch den Expansionismus ihrer Werte Russland einzuschnüren und kleinzuhalten suche.[70] – Darauf wird später ausführlich zurückzukommen sein.

Imperiale Staffelübergabe und das Ende der europäischen Kolonialreiche

Neben den angeführten geopolitischen Erklärungen für die Entstehung des Westens als ein seit Mitte des 20. Jahrhunderts neuer Akteur auf der Bühne der internationalen Politik sollte ein genuin imperientheoretischer Aspekt nicht außer Betracht bleiben: der Umstand, dass die Ablösung des *British Empire* durch das *American Empire* im Verlauf des 20. Jahrhunderts nicht in Form eines militärisch ausgetragenen Ausscheidungskampfes, sondern nach Art einer Staffelübergabe erfolgte.[71] Zeitweilig kam es zu einem doppelpoligen Imperium mit dem einen Zentrum in London und dem anderen in Washington, wodurch der Nordatlantik, wie erwähnt, geopolitisch in ein thalassisches Meer verwandelt wurde. In zwei Weltkriegen hat sich die Kooperation zwischen London und Washington bewährt, wobei sich das Zentrum der Macht freilich immer stärker von London nach Washington verschob.[72] Gleichwohl war Churchill auch nach dem Zweiten Weltkrieg noch davon überzeugt, die neue Weltordnung werde von den USA und Großbritannien geprägt sein – mit dem Sowjetkommunismus als Widerpart und einem Vereinten Europa als Vorposten der freien Welt, das der britischen Konzeption vom landgestützten Gegenwall entsprechend auf dem Festland die Ausdehnung von Kommunismus und Sowjetherrschaft blockieren sollte.

Das war im Übrigen der geopolitische Hintergrund von Churchills Züricher Rede über das Vereinte Europa: Im für die Briten besten Fall wäre damit eine Gegenmacht zu Stalins Reich mit ihrerseits drei Schwerpunkten entstanden: dem in Washington, dem in London und einem in Westeuropa, wobei Churchill vermutlich darauf setzte, dass das Gewicht eines vereinten Europa, das definitiv nicht das Britische Empire einschließen sollte, von London zur Ausbalancierung des US-amerikanischen Übergewichts eingesetzt werden konnte.[73] – Es ist anders gekommen, denn mit dem rasanten Zerfall des Britischen Kolonialreichs verschob sich das politische Gewicht immer stärker nach Washington, das in den 1950er Jahren zum alleinigen Entscheidungszentrum der westlichen Welt avancierte.

Der Zerfall der europäischen Kolonialreiche war freilich die Voraussetzung dafür, dass sich der Westen zunehmend als Wertegemeinschaft präsentieren konnte, die für Rechtsstaatlichkeit und persönliche Freiheit stand und solches in der ideologischen Konfrontation mit dem sowjetisch dominierten Osten nicht nur behauptete.[74] US-Präsident Dwight D. Eisenhower war sich über die normative Verwundbarkeit des Westens im Klaren, schon infolge der Verstrickung zahlreicher europäischer Mächte in Kriege zur Niederschlagung von Aufständen und Rebellionen in den Kolonialgebieten. Er fürchtete, dadurch könne die gesamte «Dritte Welt» in die politische Nähe zu sozialistischen Gesellschaftsmodellen und damit letzten Endes zur Sowjetunion geraten, was dann ja auch in einem gewissen Umfang der Fall war.

Relevant wurde das für Eisenhower auf dem Höhepunkt der Sueskrise im Herbst 1956, als er gegenüber London, Paris und Tel Aviv mit Wirtschaftssanktionen drohte, wenn die drei Akteure nicht umgehend ihre Militäroperationen in der Sueskanalzone einstellen und das Militär zurückziehen würden.[75] Er hatte Sorge, eine längere Besetzung der Kanalzone durch Europäer und Israelis und die Rückgängigmachung der von dem ägyptischen Präsidenten Gamal Abdel Nasser vorgenommenen Verstaatlichung des Sueskanals würden die arabische Welt dauerhaft gegen den Westen aufbringen und auch dessen Erdölversorgung gefährden. Außerdem hatte der sowjetische Generalsekretär Nikita Chruschtschow mit dem Einsatz von Atomwaffen gegen die westlichen Interventionsmächte gedroht – kaum in der Absicht, damit einen Dritten Weltkrieg zu entfesseln, aber sehr wohl mit dem Ziel, die Sowjetunion als politisch-militärische Schutzmacht der nach Selbstbestimmung und Unabhängigkeit strebenden Völker der «Dritten Welt» ins Spiel zu bringen.[76] Das britisch-französische Suesabenteuer lenkte den Blick der Weltöffentlichkeit einmal mehr auf den fortbestehenden Kolonialismus der Europäer, wodurch das politische Image des Westens konterkariert wurde. Der auf Eisenhowers Drohung hin erfolgte Abzug der westlichen Interventionstruppen stärkte nicht nur den arabischen Nationalismus und die politische Position Nassers in der arabischen Welt, sondern machte auch Briten und Franzosen unmissverständlich klar, wer im Westen das Sagen hatte – und wer nicht. Spätestens von jetzt an stand außer Frage, dass die Weltordnung bipolar war und London sowie Paris darin nur eine nachgeordnete Rolle spielten.

Es war indes nicht nur die wirtschaftliche Macht, die den USA im Westen eine unbestrittene Vormachtstellung verschaffte; dafür sorgte auch ihre militärische Macht, vor allem die Bereitschaft und Fähigkeit, andere Staaten unter ihren nuklearen Schutzschirm zu nehmen. Dieser Schutzschirm wurde sicherheitspolitisch bedeutsam, nachdem es den Sowjets gelungen war, mit einigem zeitlichen Abstand ebenfalls in den Besitz von Atomwaffen und insbesondere den der Wasserstoffbombe zu gelangen,[77] was hieß, dass sie die Westeuropäer nicht nur konventionell bedrohen, sondern auch nuklear erpressen konnten. Die von den USA bereitgehaltenen Schutzschirme gegen eine nukleare Erpressung und das Konzept der kollektiven Sicherheit,[78] wie es im NATO-Vertrag festgehalten war, wurden zum wichtigsten Bindeglied des Westens; die NATO war dessen Kernelement – Kernelement, aber mit dem Westen nicht raumidentisch, weil davon auszugehen ist, dass der als «Westen» bezeichnete Raum größer ist als die NATO, insofern einige von ihrer politischen Verfasstheit her dem «Westen» zuzurechnende Staaten aufgrund ihrer selbst gewählten oder auch von außen auferlegten Neutralität keine NATO-Mitglieder wurden oder werden konnten.[79]

Geopolitik und Wertebindung

Andererseits gehörten eine Reihe von Staaten der NATO an, die von ihrer damaligen politischen Verfasstheit her keineswegs dem Westen als einer politischen Wertegemeinschaft zuzurechnen waren. Zu nennen sind hier insbesondere Portugal, das bis zur Nelkenrevolution vom 24. April 1974 von einem rechtskonservativen autoritären Regime beherrscht wurde, des Weiteren Griechenland in der Zeit von 1967 bis 1974, als dort eine Militärjunta die Macht ausübte, und insbesondere die Türkei, wo bis zum Ende des Kalten Krieges in regelmäßigen Abständen das Militär die Macht übernahm und auf demokratischem Weg zustande gekommene Regierungen absetzte. Mit Ausnahme von Griechenland, dessen NATO-Mitgliedschaft zeitweilig suspendiert wurde, hatte das keine Folgen für die Zugehörigkeit dieser Staaten zum westlichen Militärbündnis, wofür im Wesentlichen geopolitische Gesichtspunkte ausschlaggebend waren. Wollte man nämlich die Sowjetunion und ihre Satellitenstaaten vom Atlantik fernhalten, so musste man die europäische Atlantikküste von der nördlichen Spitze Norwegens bis zu ihrem südlichen Ende an der Straße von Gibraltar unter Kontrolle halten, und das lief auf eine Mitgliedschaft des autoritär regierten Portugals im Bündnis hinaus. Für die unmittelbaren militärischen Kräfteverhältnisse zwischen Ost und West spielte das kleine Land zwar keine Rolle, zumal seine Armee bis Mitte der 1970er Jahre durch die Kolonialkriege in Angola und Mosambik gebunden war, aber geopolitisch hätte ein Verzicht auf die hispanische Halbinsel eine bedrohliche Lücke in die Kontrolle der europäischen Atlantikküste gerissen. Alternativ hätte man das faschistische Spanien unter Franco in die NATO aufnehmen können, aber das hätte ihr normatives Selbstverständnis in noch größerem Maße in Frage gestellt.

Die eigentliche Problemzone der NATO war freilich das Mittelmeer, wo es ebenfalls darum ging, der Sowjetunion den Zugang zu verwehren und sie im Schwarzen Meer einzuschnüren; nicht nur im Hinblick auf einen maritimen Zugang zum Atlantik, den man auch in der Straße von Gibraltar hätte blockieren können, sondern wegen des potentiellen Zugriffs der Sowjets auf die Erdölvorkommen des Nahen Ostens, von denen die westliche Wirtschaft abhängig war. So hatte US-Präsident Franklin D. Roosevelt Anfang 1945 mit König Ibn Saud Vereinbarungen getroffen, denen zufolge Saudi-Arabien sich der westlichen Interessensphäre zuordnete, wofür die USA dem Land und seinem Herrscher entsprechende Sicherheitsgarantien gaben; außerdem sollte die während des Zweiten Weltkriegs erfolgte sowjetische Besetzung des nördlichen Iran rückgängig gemacht werden, um den Iran als Ganzes in die westliche Interessensphäre einzugliedern, wofür die Herrschaft von Schah Mohammad Reza Pahlavi ein zuverlässiger Garant war.[80] Die erdölreichen Räume des Nahen und Mittleren Ostens mussten aus energiepolitischen Gründen gegen einen sowjetischen Zugriff geschützt werden, womit neben geopolitischen auch geoökonomische Gründe ins Spiel kamen.

Zur Erreichung dessen war der in normativer Hinsicht heikle Einbezug der Türkei ins westliche Militärbündnis unverzichtbar. Damit wiederholte sich die Mitte des 19. Jahrhunderts getroffene britisch-französische Entscheidung, als beide Mächte zugunsten der Türkei gegen Russland intervenierten und einen für sie aufwendigen Krieg um die Krim führten, in dessen Folge Russland sein imperiales Ziel, die Kontrolle der Meerengen zwischen Bosporus und Dardanellen, aufgeben und seine Südexpansion auf den kaukasischen Raum beschränken musste.[81] Das hatten die beiden westlichen Mächte nicht aus politischer Sympathie für das Osmanische Reich getan, den «kranken Mann am Bosporus», wie man die Türkei damals nannte, sondern um es als Schutzmacht gegen die Russen am östlichen Mittelmeer zu erhalten, als einen Schild gleichsam, der die französischen Interessen in der Levante sicherte und den Sueskanal deckte. Bismarck hatte den Kanal als «Genick des britischen Weltreichs» bezeichnet, weil hier die Verbindungslinien zwischen Großbritannien und Indien am verwundbarsten waren.

Welche geopolitische Bedeutung die Kontrolle über die Meerengen hatte, mussten Briten und Franzosen im Ersten Weltkrieg erfahren, als sich das Osmanische Reich den Mittelmächten, dem Deutschen Reich und der österreichisch-ungarischen Donaumonarchie, angeschlossen hatte und Churchill, damals Erster Lord der Admiralität und damit für die Seekriegführung zuständig, mit dem Gallipoli-Unternehmen, einer kombinierten Land- und Seeoperation zur Eroberung der Meerengen, vergeblich versuchte, eine maritime Verbindung zwischen den Westmächten und dem zarischen Russland herzustellen.[82] Aus geostrategischen Gründen musste am Ende der 1940er Jahre die Türkei unbedingt in die NATO eingebunden werden, auch wenn das wertepolitisch kaum zu begründen war. Im Konfliktfall hatten die geopolitischen Direktiven den Vorrang vor allen normativen Selbstbindungen.

Das zeigte sich auch im Fall von Griechenland und Italien, bei denen man nach dem Ende des Zweiten Weltkriegs aus westlicher Sicht befürchten musste, hier könnten kommunistische Regierungen an die Macht kommen – in Griechenland im Gefolge eines Bürgerkriegs und in Italien als Ergebnis von Wahlen. In Griechenland führte das massive militärische Eingreifen der Briten dazu, dass die kommunistische Seite den Bürgerkrieg verlor, womit ein bündnispolitischer Anschluss Griechenlands an die Sowjetunion ausgeschlossen war; und in Italien bereitete man auf geheimdienstlicher Ebene alles vor, um die Bildung einer von der Kommunistischen Partei Italiens geführten Regierung mitsamt einer dann zu erwartenden bündnispolitischen Nähe zur Sowjetunion zu verhindern, und zwar für den Fall, dass die massive US-amerikanische Unterstützung der italienischen Christdemokraten für deren Wahlsieg nicht ausreichen sollte.[83] Italien und Griechenland wurden als NATO-Mitglieder zu den Säulen, zwischen denen sich

Titos Jugoslawien auch infolge amerikanischer Wirtschaftshilfe als blockfreie Macht mit entsprechendem Abstand zur Sowjetunion halten konnte, womit auch die adriatische Küste für sowjetische Marinestützpunkte ausfiel. Dadurch war die Südflanke der NATO gesichert und den Sowjets der Zugang zum Mittelmeer sowie der Zugriff auf die Erdölfelder des Nahen und Mittleren Ostens versperrt. Dafür hatte der Westen in normativer Hinsicht einen nicht unbeachtlichen Preis zu zahlen.

Um einiges höher noch fiel dieser Preis in Ostasien aus, wo die US-amerikanische Politik die pazifische Gegenküste auf ähnliche Weise wie in Europa zu sichern suchte – ein Vorhaben, das nach dem Sieg der Truppen Mao Tse-tungs über die Tschiang Kai-scheks im chinesischen Bürgerkrieg am Rande des Scheiterns stand. Die USA hatten auf Tschiang gesetzt, den sie mit Waffen- und Munitionslieferungen unterstützten, und demgemäß war auch klar, dass der von der Sowjetunion unterstützte Mao die politische Nähe zur Sowjetmacht suchen würde. Also sah man sich an der ostasiatischen Pazifikküste auf die Kontrolle über die koreanische Halbinsel angewiesen und auch auf die Verteidigung Vietnams beziehungsweise Indochinas, das die Franzosen als Teil ihres vormaligen, von den Japanern zerschlagenen Kolonialreichs gerade zurückzuerobern suchten. Weiterhin setzten die USA auf die vorgelagerten Inseln, die von Japan über Taiwan, die Philippinen und Indonesien bis nach Australien reichen und hinter Korea und Vietnam auf dem Festland einen zweiten Gegenwall an der ostasiatischen Gegenküste bilden sollten.

Das Problem dabei war, dass man mit Tschiang Kai-schek, der sich mitsamt seinen Truppen und Anhängern nach Taiwan zurückgezogen hatte, Rhee Syng-man in Südkorea, Ngo Dinh Diem in Südvietnam sowie Ferdinand Marcos auf den Philippinen auf Machthaber angewiesen war, die ein diktatorisches Regime führten und deren Herrschaftsausübung in keiner Weise mit den westlichen Werten zusammenpasste. Doch die geopolitische Lage ihrer Länder verlieh diesen Despoten ein beträchtliches Erpressungspotential gegenüber den USA, das sie auszunutzen verstanden.[84] Und da in Indonesien Präsident Sukarno einen dem Westen gegenüber unzuverlässigen Kurs steuerte, agierten die USA dort mit geheimdienstlichen Mitteln, so dass nach einem angeblich kommunistischen Putsch und einem Gegenputsch des Militärs General Ibrahim Suharto den Präsidenten Sukarno Schritt für Schritt entmachten und schließlich selbst die Macht übernehmen konnte. Im Rahmen des indonesischen Bürgerkriegs verloren mehr als eine Million angebliche Kommunisten ihr Leben. Auch hier fand also eine Entwicklung statt, die kaum mit den westlichen Werten zu vereinbaren war.

Nun war die ostasiatische Pazifikküste kein unmittelbares Problem der NATO, sondern «nur» eines der USA, aber die waren nun einmal die Zentralmacht der NATO, und insofern spielten die Militärputsche, die von der CIA und anderen US-Geheimdiensten in Südostasien inszeniert wurden, für das politische Selbstverständnis des Westens durchaus eine gefährliche Rolle. Das gilt ebenso für das amerikanische Agieren in Mittel- und Südamerika, von Guatemala bis Chile.[85] Die schwerste und folgenreichste Herausforderung für das Selbstbild des Westens war jedoch der Vietnamkrieg, in den sich die USA seit Beginn der 1960er Jahre immer tiefer verstrickten, wobei die Desavouierung westlicher Werte nicht nur durch die jahrelange militärische Unterstützung des diktatorischen Regimes in Saigon erfolgte, sondern auch durch die Art und Weise, wie das US-Militär diesen Krieg führte, vom Einsatz von Napalmbomben über die Entlaubung der Wälder mit giftigen Chemikalien bis zur Ermordung von Zivilisten.[86] In keinem Krieg, den die USA weltweit führten, ist das Image der westlichen Vormacht so schwer und so folgenreich beschädigt worden wie im Vietnamkrieg, auch und gerade in Europa, und hier vor allem in Westdeutschland, wo man die Vorstellung von der Wertegemeinschaft, die sich gegen die Bedrohung aus dem Osten behaupten musste, besonders verinnerlicht hatte. Auch die Absicherung der wirtschaftlichen Versorgung des Westens mit preisgünstigem Erdöl in den im Nahen Osten geführten Kriegen, die sich mit der Parole «Kein Blut für Öl» als imperialistisches Agieren brandmarken ließen, schadeten dem Ansehen der USA erheblich.

Die politische Auseinandersetzung um die Werteidentität des Westens wurde indes nicht permanent geführt, sondern kochte, von der weltpolitischen Lage ebenso abhängig wie von den gerade geführten Kriegen der USA, mitunter hoch, fiel dann aber auch wieder in sich zusammen. Ausgangspunkt dieser in Debatten und «antiwestlichen» Demonstrationen ausgetragener Konflikte war fast immer die Frage, wie sich das geostrategische Agieren und die normative Selbstdarstellung des Westens zueinander verhielten: Für die einen handelte es sich dabei um bedauerliche, aber unvermeidliche Verletzungen der westlichen Werte, die immer wieder vorkamen, aber den westlichen Werteanspruch nicht außer Kraft setzten; für die anderen war die geostrategisch angeleitete Machtpolitik der eigentliche Zweck des westlichen Bündnisses, und das Narrativ der Werte nur der ideologische Schleier, unter dem dieser eigentliche Zweck des Bündnissystems der US-Politik verborgen bleiben sollte. Die schärfste Konsequenz, die aus diesem Widerspruch zwischen geopolitischen Imperativen und normativer Selbstdarstellung gezogen wurde, war die Forderung nach Auflösung der NATO, womit das politische Konstrukt des «Westens» zusammengebrochen wäre.

Neben diesen geostrategischen Direktiven, die bei der Entstehung des Westens in der Gestalt, die er bis heute hat, eine zentrale Rolle spielten und die über weite Strecken dem geopolitischen Gegensatz von Land und Meer, Steppen- beziehungsweise Landimperium mit potamischer Prägung auf der einen und ozeanisch-thalassischer Großreichsbildung auf der anderen Seite folgten, gibt es aber auch eine ideenpolitisch hergeleitete *normative Identität* des Westens. In ihrer Grundstruktur ist sie in der oben im Anschluss an Ernst Kapp entwickelten Unterscheidung zwischen potamischen und thalassisch-ozeanischen Kulturkreisen bereits angelegt: die zwischen einem autoritären bis diktatorischen Regime und einer liberalen, auf bürgerschaftliche Partizipation hin angelegten Ordnung, die im Fall des Ost-West-Gegensatzes zum zentralen politischen Narrativ geworden ist.

So hat etwa Alfred Thayer Mahan den Ozean als einen Raum von *commerce* und *communication* betrachtet, was zu einer auf Frieden und Ausgleich bedachten Politik führe, wie sie auch der Soziologe Herbert Spencer den Seemächten nachgesagt hat.[87] Weiterhin hat Mahan dem Meer die Fähigkeit zu einer prinzipiellen Humanisierung des Menschen zugeschrieben, während er dem Land «kulturellen Rückschritt und politische Horizontverengung» attestierte.[88] In mancher Hinsicht lässt sich der Gegensatz zwischen Freiheit und Gleichheit auch im Sinne einer antagonistischen Zuspitzung der revolutionären Leitvorstellungen von 1789 als der ideenpolitische Kern des *weltpolitischen* Gegensatzes ausmachen: Dieser kann dann als ideologisch aufgeladener «Weltbürgerkrieg» verstanden werden.[89] Aber das hat nur so lange Plausibilität, wie man *liberté* und *egalité* als ideologische Leitvorstellungen der jeweiligen Selbstlegitimation begreift und nicht als empirisch gehaltvolle Bezeichnungen der politischen und sozioökonomischen Verhältnisse in den verschiedenen Lagern. Dann nämlich kommen die gravierenden Freiheitsbeschränkungen in den Diktaturen und autoritären Regimen des westlichen Lagers ins Spiel, und ebenso spricht dann der Lebensstil der Nomenklatura im sozialistischen Lager gegen den dort proklamierten Gleichheitsanspruch.

Es sind im Wesentlichen zwei Narrative, auf die sich die Kohäsion des Westens, zumindest die seines politischen Kernbestandes, gründet: das Narrativ einer «Atlantischen Revolution»[90] in Verbindung mit dem Anspruch, den Idealen der europäischen Aufklärung verbunden zu sein – und das Narrativ einer Trennung zwischen den Geltungsansprüchen weltlicher und geistlicher beziehungsweise politischer und ideologischer Macht, das den Westen gegen die auf das oströmisch-byzantinische Reich zurückgehende Tradition des

Cäsaropapismus abgrenzt. Cäsaropapismus steht dabei für die Einheit von politischer und geistlicher beziehungsweise im weiteren Sinn ideologischer Macht. Dieser Cäsaropapismus hat nach der langen Tradition in Russland, zurückgehend auf Zar Iwan IV., im Anspruch der kommunistischen Parteien, ihre Macht auf ein allen anderen überlegenes Wissen zu stützen, eine politisch folgenreiche Neuauflage erfahren. Dem westlichen normativen Begründungsnarrativ zufolge ist Freiheit als politische wie geistige Freiheit nur dort möglich, wo beide Geltungsansprüche strikt voneinander getrennt sind. Im Westen beziehungsweise, um genau zu sein, in der lateinischen Christenheit erfolgte das durch die Separation der päpstlichen Macht von der politischen Herrschaft;[91] im oströmisch-byzantinischen Raum dagegen blieb der Patriarch dem Kaiser unterstellt, und der traf auch in zentralen Glaubensfragen die maßgeblichen Entscheidungen. Russland ist diesem Modell gefolgt, was das Verhältnis zwischen dem Zaren und dem Moskauer Patriarchen anlangt, dem Oberhaupt der russisch-orthodoxen Kirche. Und dieser Typus von Machtagglomeration, der von einem totalitären System zu unterscheiden ist, hat im heutigen Russland im Verhältnis zwischen Präsident Putin und Patriarch Kyrill eine Neuauflage erfahren.[92]

Als der Marxismus leninistischer Provenienz in Russland an die Macht kam, geriet er sehr schnell in die Bahnen dieses Cäsaropapismus, mit der Folge, dass ideenpolitische Debatten realpolitische Relevanz hatten und umgekehrt intellektuelle Auseinandersetzungen nicht mehr frei geführt werden konnten und schließlich eine den politischen Konstellationen anverwandte Orthodoxie entstand. Dass dies nicht aus dem Marxismus als Denkschule resultierte, sondern mit den spezifisch russischen Traditionen zusammenhing, lässt sich unter anderem auch daran erkennen, dass sich jenseits der sowjetischen Machtsphäre ein «westlicher Marxismus» entwickelte,[93] der erstens sehr viel kreativer war als die sowjetische Orthodoxie und zweitens politisch nicht unterdrückt oder reglementiert wurde, wie systemkritische Denkschulen im Osten, weil hier ja intellektuelle

Schulen keinen direkten Einfluss auf die politischen Verhältnisse und schon gar nicht auf die operative Politik hatten.[94]

Wendet man die religionspolitische Vorstellung des Cäsaropapismus auf die Konstellationen des 20. und 21. Jahrhunderts an, so lässt sich damit erklären, warum es im Russland des 19. Jahrhunderts zu einer für die Kultur des Reichs verhängnisvollen Emigration der aufgeklärten politischen Intellektuellen kam, die nach der Oktoberrevolution noch einmal einen beachtlichen Schub erfuhr und sich bis zur Dissidenz in der Schlussphase der Sowjetunion und Putins Russland fortsetzte – kurz unterbrochen nur in den 1980er und 1990er Jahren. Ein ums andere Mal verliert Russland einen Teil seiner Intelligenz infolge dieser cäsaropapistischen Tradition, die es vom Westen trennt. Man kann das auch als die «geotheologische» Dimension eines sich immer wieder neu auftuenden Gegensatzes der Weltordnungen begreifen.

Dieser geotheologische Aspekt einer strikten Trennung von weltlicher und geistlicher Macht, Voraussetzung für die europäische Aufklärung, lässt sich auch im Verhältnis des Westens zur islamischen Welt beobachten, ohne dass man sich deswegen sogleich Huntingtons Theorie eines *clash of civilizations* anschließen muss.[95] Dort ist es nämlich (mit Ausnahme der kemalistischen Türkei, deren säkulare Traditionsstränge inzwischen jedoch in Frage gestellt sind) ebenfalls zu keiner klaren Trennung zwischen weltlicher und geistlicher Macht gekommen, und so war es ein Islam in dezidiert politischer Auslegung, der die muslimische Welt gegen eine durchgreifende Modernisierung nach westlichen Strukturmustern und Werten immunisiert und zum Scheitern aller diesbezüglichen Projekte geführt hat[96] – gleichgültig, ob sie aus den betreffenden Gesellschaften selbst kamen, wie etwa der «Arabische Frühling», oder ob sie in einer Kombination von Militärintervention und Wirtschaftshilfe von außen an die islamischen Gesellschaften herangetragen wurden, wie im Falle des Irak und Afghanistans. Immer wieder hat die Demokratisierung zum Aufkommen islamistischer Bewegungen geführt, die zur Abwehr der «Verwestlichung» eine politische Ordnung nach religiösen Vorgaben errichten wollen.[97]

Nun gibt es religiöse Fundamentalismen zweifellos auch im Westen, und auch hier stellen sie die Liberalität der Gesellschaften in Frage.[98] Aber nirgendwo sonst sind diese Fundamentalismen politisch so erfolgreich wie in der islamischen Welt. Bei der Separierung des Politischen vom Religiösen hat Westeuropa einen «Sonderweg» beschritten. Meilensteine dieses Wegs waren die Trennung von Papst und Kaiser im lateinischen Christentum, die Mitte des 17. Jahrhunderts durchgesetzten einschlägigen Regelungen des Westfälischen Friedens[99] und die im 18. Jahrhundert einsetzende Aufklärung mitsamt der von ihr betriebenen Religionskritik. Infolgedessen haben Normentwicklung und Normdebatte hier einen anderen Weg genommen als in Russland, der Sowjetunion und inzwischen erneut Russland sowie in der islamischen Welt.

Das zweite identitätskonstitutive Narrativ des Westens ist das einer «Atlantischen Revolution», in dem die Englische Revolution von 1688/89, die Amerikanische Revolution mitsamt der Unabhängigkeitserklärung von 1776 sowie der Verfassung von 1783 und die Französische Revolution von 1789 bis 1799 zu korrespondierenden Entwicklungen zusammengefasst und als Stiftungsereignis des «Westens» im Sinne eines politisch miteinander verbundenen Raums begriffen werden. Mitunter wird dem noch die Revolution in Haiti von 1791 bis 1804 zugerechnet, in der es um die Emanzipation der indigenen Bevölkerung und der schwarzen Sklaven ging, sowie die Unabhängigkeitskriege in Spanisch-Amerika zwischen 1810 und 1826, womit auch Süd- und Mittelamerika sowie die Karibik dem «Westen» zugeordnet werden. Nimmt man noch, was seltener der Fall ist, die Revolutionen von 1848/49 in Mitteleuropa hinzu, sind auch diese Territorien, befähigt zu revolutionärer Selbstveränderung zwecks einer auf Dauer angelegten politischen Partizipation, in den «Westen» eingeschlossen.[100] Nimmt man hier noch den

Umstand hinzu, dass das Scheitern der mitteleuropäischen Revolutionen von 1848/49 unter anderem auf den Rückhalt zurückzuführen ist, den die konservativen Kräfte im zarischen Russland gefunden haben, so zeigt sich hier einmal mehr ein Gegensatz von Westen und Osten, der tief in die europäische Geschichte eingeschrieben zu sein scheint. In den beschriebenen Erweiterungen der Zugehörigkeit zum Westen lässt sich die Idee einer «Atlantischen Revolution» als normatives Begründungsnarrativ begreifen, demzufolge der Westen mehr ist als ein maßgeblich von den USA konstituierter geopolitischer Akteur.

Bei dem, was als Westen bezeichnet wird, handelt es sich danach um einen auf weitreichende Entscheidungsspielräume des Einzelnen (sowohl in seinem Wirtschaftsverhalten als auch in seiner individuellen Lebensführung) gründenden politischen Raum, in dem diese politisch-wirtschaftliche Liberalität durch Rechtsstaatlichkeit gesichert ist. Dabei steht die Rechtsstaatlichkeit zum Geltendmachen eines auf bürgerschaftliche Partizipation gestützten politischen Willens in einem Spannungsverhältnis: Der Rechtsstaat nämlich beschränkt das voluntative Element der Demokratie, und die Demokratie fungiert als Garant des Rechtsstaats, damit dieser sich nicht als Herrschaft einer juristisch geschulten Bürokratie oder Technokratie verselbständigt, sondern an die politischen Willensäußerungen der Bürgerschaft rückgebunden bleibt. Die Folge ist eine erhebliche Schwankungsbreite bei der konkreten Ausgestaltung des demokratischen Rechtsstaats, die wiederum dazu führt, dass die politische Ordnung des Westens nicht uniform und gleichartig, sondern durchaus divergent ausfällt, sich immer wieder verändert und sich dabei auch neuen Erwartungen wie Normvorgaben anpasst. Das ist, so das Narrativ, die Grundlage der außerordentlichen Vitalität, die den Westen von den autoritären bis diktatorischen Ordnungsmodellen des Ostens und des globalen Südens unterscheidet, den autokratischen wie technokratischen, den religiös-fundamentalistischen wie theokratischen.

Das Spannungsverhältnis zwischen der Rationalität des Rechtsstaats und den voluntativen Komponenten der Demokratie kann dazu führen, dass sich die dem Westen zugerechneten Gesellschaften in ihrem Verständnis von politischer Ordnung so weit voneinander entfernen, dass der Gedanke aufkommt, ob womöglich einige von ihnen die für liberale Demokratien zulässige Schwankungsbreite überschritten haben. Etwa wenn sich unter demokratischem Deckmantel autoritäre, fremdenfeindliche und insgesamt illiberale Tendenzen durchsetzen. Das war innerhalb der EU zuletzt bei der aus Ungarn, Polen, Tschechien und der Slowakei bestehenden Visegrád-Gruppe der Fall[101] und ebenso bei den USA während der Präsidentschaft Donald J. Trumps.[102] Es machten sich Zweifel breit, ob es «den Westen» als handlungsfähigen Akteur überhaupt noch gab; ob man sich inzwischen so weit voneinander entfernt hatte, dass man nicht mehr demselben Lager angehörte; ob Normvorstellungen noch für alle Gültigkeit besaßen und man sich in sicherheitspolitischen Fragen noch aufeinander verlassen konnte.

Auch war man sich im «Westen» bei der Klassifizierung anderer als Partner, Konkurrenten oder Gegner nicht mehr durchgängig einig. Eine der Ursachen für diese Entwicklung war, dass dem Westen mit dem Zusammenbruch der Sowjetunion und ihres Bündnissystems der große Widerpart abhandengekommen war. Man hatte zwar im Systemwettbewerb mit dem Osten «gesiegt», aber dabei unterschätzt, wie sehr der Westen in seiner Geschlossenheit auf diesen Widerpart im Osten angewiesen war. Oder pointiert: Man hatte vergessen, dass es einen Nutzen von Gegner- und Feindschaft für die eigene politische Ordnung gab, und das Verschwinden des östlichen Kontrahenten als Eintritt in eine Welt ohne Feinde gefeiert. Ohne Systemkonkurrenz – beziehungsweise blind gegenüber ihrer Neuauflage durch China – dümpelte der Westen vor sich hin, und dabei nahmen die inneren Uneinigkeiten eine Bedeutung an, die ihnen nicht zugekommen wäre, wenn man weiterhin einen relevanten Kontrahenten gehabt oder als solchen angesehen hätte.[103]

Das hat sich seit dem Beginn des russischen Angriffs auf die Ukraine verändert. Die Bedrohung des Westens ist wieder da – und damit auch die Bedeutung des Zusammenhalts und der gegenseitigen Solidarität. Sicherlich lässt sich im Rückblick auf die letzten drei Jahrzehnte beklagen, dass der Westen seinen Zweck nicht in sich selbst gefunden hat, sondern dazu offensichtlich auf äußere Kontrahenten angewiesen war – und das auch weiterhin ist. Andererseits hat man in diesen drei Jahrzehnten in unterschiedlicher Weise darüber nachgedacht, wie sich die Ordnung der westlichen Welt globalisieren ließe. Die Europäer, zumal die Deutschen, haben dabei auf wirtschaftliche Verflechtung und, parallel dazu, auf eine weitreichende Juridifizierung der internationalen Politik gesetzt, gewissermaßen auf die globale Ausdehnung des Erfolgsprojekts der Europäischen Union. Die US-Amerikaner dagegen haben nach den Terroranschlägen vom 11. September 2001 stärker militärische Macht eingesetzt, um ihre Vorstellung von westlichen Werten durchzusetzen. Der den Neokonservativen nahestehende US-amerikanische Politikberater Robert Kagan hat diese unterschiedlichen Ansätze zu einer Verwestlichung der Welt auf die spöttische Formel gebracht, die Europäer kämen von der Venus, die US-Amerikaner hingegen vom Mars.[104] Nun, da beide mit ihren Vorhaben gescheitert sind, die Europäer im Wesentlichen an Putin, die US-Amerikaner an der islamischen Welt, müssen sie wieder zusammenfinden und an einer gemeinsamen Strategie arbeiten: Freilich nicht mehr, um die westliche Ordnung in globalem Maßstab durchzusetzen und westlichen – im Sinne von universalen – Werten Geltung zu verschaffen, sondern um sich in scharfer Konkurrenz mit anderen geopolitischen Akteuren selbst zu behaupten.

Wie man feststellen muss, dass die Geschlossenheit und politische Handlungsfähigkeit des Westens ohne Gegner auf Dauer offenbar nicht zu haben ist, der Westen somit einen Kontrahenten braucht, der eine existenzielle Herausforderung darstellt, so ist umgekehrt zu fragen, ob die internationale Ordnung ohne einen politischen Akteur wie den Westen auskommen kann oder ob sie, sollte es keinen «Westen» als politisch handlungsfähige Macht mehr geben, mit großer Wahrscheinlichkeit in Kriegen und tyrannischen Regimen versinkt. Der Journalist Thomas Kleine-Brockhoff hat die These aufgestellt, die Welt brauche den Westen, wenn die liberale Ordnung eine Zukunft haben solle,[105] und dabei auf den Zusammenhalt zwischen Nordamerika und Europa gesetzt.[106] Neben den Zukunftschancen des Liberalen, die im Mittelpunkt seiner Überlegungen stehen und die zweifellos die Besonderheit des Westens als Bestandteil einer globalen Ordnung ausmachen, werden die Kooperationsbereitschaft und die Kooperationsfähigkeit zwischen den USA und Europa eine zentrale Rolle spielen – wobei auf Seiten der USA die *Bereitschaft* zur Kooperation größer werden muss und bei den Europäern die *Fähigkeit* dazu. Pointiert heißt das, dass die Beziehungen zwischen den USA und ihren Bündnispartnern symmetriert und die bisherigen Ungleichgewichte überwunden werden müssen. Diese Ungleichgewichte, soll der Zusammenhalt eines Bündnisses gewährleistet bleiben, können nur durch die Existenz eines relevanten Kontrahenten ausbalanciert werden; seine schiere Übermacht bringt selbstbewusste Staaten dazu, sich in die Abhängigkeit einer anderen Macht zu begeben. Diese ist ihnen von der politischen Ordnung im Inneren her zwar eng verwandt, hat aber eine notorische Neigung, schwächere Bündnispartner als Befehlsempfänger zu behandeln.

Das waren die Konstellationen des Kalten Krieges. Danach sahen die USA in den Europäern eher eine Last als eine sie stärkende Hilfe, und gelegentlich kam auch die Vorstellung auf, die Europäische Union sei nur ein von den USA in sicherheitspolitischer Hinsicht ausgehaltener Konkurrent um Weltmarktanteile, von dem man sich am besten lösen solle, um größeren politischen Spielraum zu bekommen. Auf der anderen Seite sind jenen Europäern, die sich *nicht unmittelbar* durch ein aggressiv auftretendes Russland bedroht fühlten, die politischen Vorgaben aus Washington und die dort getroffenen Entscheidungen zunehmend lästig geworden. Das war die Entwicklung der letzten zwei Jahrzehnte, an deren Ende der Abzug der westlichen Streitkräfte aus Afghanistan stand. Ein halbes Jahr danach änderte Putins Befehl zum Angriff auf die Ukraine die Lage: Der Westen rückte zusammen. Es steht jedoch außer Frage, dass dieses Zusammenrücken nicht eines aus innerem Wollen war, sondern unter dem Eindruck äußerer Bedrohung erfolgte. Das heißt: Bei einem politisch-militärischen Kollaps Russlands, der ja nicht grundsätzlich auszuschließen ist, stünde der Westen wieder da, wo er zu Beginn der 2020er Jahre stand: vor dem Zerfall.[107]

Geopolitische Mittellage: Deutschland als Beispiel

Im Verlauf des 16. und 17. Jahrhunderts bildete sich für die Deutschen eine geopolitische Lage in der Mitte des Kontinents heraus, mit der sie sich nicht leichttaten.[108] Die oben beschriebene heliotrope Abfolge der Großreichsbildung von Mesopotamien nach Westeuropa und von hier aus über den Ozean in die Vereinigten Staaten von Amerika erklärt sich nicht zuletzt aus den Randlagenvorteilen, über die aufstrebende Mächte an der Peripherie der jeweiligen Weltordnung verfügen. Sie stehen nämlich nicht im Fokus der dominanten Macht einer Weltordnung, und bei ihrem Aufstieg geraten sie auch nicht in das Dilemma einer Herausforderung von mehreren Seiten oder gar eines Zweifrontenkriegs.[109] Diese Vorteile der Randlage sind bei einer geopolitischen Mittellage nicht gegeben, weil die aus der Mitte heraus zur Hegemonie über einen Großraum strebende Macht es auf mindestens zwei Seiten mit Konkurrenten zu tun hat, die diesen Aufstieg verhindern wollen. Eine der geopolitischen Beobachtungen besagt darum, dass Aufstiege aus einer Mittellage selten gelingen und, wenn sie doch einmal gelungen sind, stets prekär und bedroht bleiben. Deswegen, so die daraus abgeleitete geopolitische Direktive, sei es ratsam, sich in eine periphere Position zu manövrieren, wenn man als raumbeherrschender Akteur agieren wolle. Das Problem dabei ist, dass es unter den je vorherrschenden Verhältnissen nur selten möglich ist, sich in eine solche Randlage zu bringen.

Nun sind geopolitische Rand- wie Mittellagen keine unmittelbar aus der Geographie resultierende Konstellationen, sondern haben mit technologischen Entwicklungssprüngen, dem Aufstieg und Zerfall anderer Mächte, gesellschaftlichen Veränderungen und vielem anderen zu tun. Der Aufstieg Roms etwa erfolgte an der Peripherie der um das östliche Mittelmeer gelegenen Großreiche, aber als konsolidierte imperiale Macht befand sich Rom im Zentrum des mediterranen Raums, weswegen die politisch-militärische Aufmerksamkeit des Reichs sich in alle vier Himmelsrichtungen erstrecken musste – nicht immer gleichzeitig und in derselben Intensität, aber doch als latente Disposition, bei der sämtliche das Imperium umgebenden Räume im Auge zu behalten waren. Diese Absicherung nach allen Seiten ist dem Römischen Reich über mehrere Jahrhunderte gelungen.

Das unter Karl dem Großen wiedererstandene Reich war in einer ähnlichen Lage, insofern es sich gegen die immer wieder von der iberischen Halbinsel über die Pyrenäen nach Norden vordringenden Muslime behaupten und in Norditalien im Interesse des Papstes, der Legitimitätsquelle des Kaisers, für Ordnung sorgen musste, was darauf hinauslief, dass es die Alpen nicht als Barriere nutzen konnte; schließlich expandierte es nach Osten, um die dort siedelnden Völkerschaften zu christianisieren und auf diese Weise an sich zu binden und in den Reichsverband einzugliedern. Später kam noch die Aufgabe hinzu, die aus der asiatischen Steppe herandrängenden Reitervölker abzuwehren und sie an der Ausplünderung der Ostprovinzen zu hindern oder die zeitweilig eingegangene Praxis des Freikaufs von Plünderung durch Tributleistung zu beenden. Die bewegliche Grenze des Reichs lag im Osten, wo man es nicht mit konsolidierten Machtbildungen zu tun hatte, sondern mit sporadisch auftauchenden Kontrahenten.[110] Insofern hatte das Reich in der Zeit der sächsischen, salischen und staufischen Kaiser im Osten Randlagenvorteile, die auch immer wieder expansiv genutzt wurden, seit dem 13. Jahrhundert vorzugsweise von den Deutschen Ordensrittern, die ihr Betätigungsfeld aus dem Heiligen Land nach Preußen und ins Baltikum verlegt hatten. Diese Entwicklung endete mit der Bildung eines polnisch-litauischen Großreichs unter den Jagiellonen, das der Ostexpansion des Ritterordens eine Grenze setzte.[111]

Seitdem nahm das Heilige Römische Reich deutscher Nation[112] so etwas wie eine geopolitische Mittellage ein, bei der es sich bis zur Bismarckschen Reichsgründung meist in einer Position der Schwäche befand. Demgemäß wurden die Kriege um die politische Vorherrschaft in Europa häufig auf deutschem Boden ausgetragen,[113] vom Dreißigjährigen Krieg bis zu den Napoleonischen Kriegen. Das unterscheidet die deutsche von der französischen Mittellage, die zumeist, jedenfalls bis 1870/71, eine Position der Stärke war, was sich auch darin zeigt, dass es französische geopolitische Theoretiker waren, die den auf Großbritannien und Russland bezogenen Begriff der «Flügelmächte» prägten.[114] «Flügelmächte» gibt es nur dort, wo die Vorstellung eines ordnungspolitischen Schwergewichts vorherrscht, das die Mitte eines Raumes dominiert. Die französischen Theorien geopolitischer Mittellagen kreisten um die Vorstellung einer aus der Mitte resultierenden Stärke, die nicht zuletzt aus der großen Fähigkeit des französischen Staates erwuchs, seine Ressourcen zu mobilisieren. Diese Fähigkeit hatte das Reich aufgrund seiner fehlenden politisch-organisatorischen Zentralisierung nicht.

Die Schwäche in der Mittellage des Deutschen Reichs kam darin zum Ausdruck, dass es infolge fehlender Zentralität zu einem Anwachsen zentrifugaler Kräfte kam; die Territorien im Westen und Süden lehnten sich bündnispolitisch an Frankreich an, während die Territorien im Osten, namentlich Sachsen und Preußen, bündnispolitische Verbindungen mit Polen und Russland aufbauten. Man kann insofern von einem bündnispolitischen Ost-West-Gegensatz innerhalb des Alten Reichs *avant la lettre* sprechen. Während Karl Marx etwa allüberall den konservativ-reaktionären Einfluss der russischen Geheimdiplomatie witterte, der Auffassung war, selbst britische Premierminister seien der Reihe nach von Russland «gekauft» worden, und schließlich die Bismarcksche Reichseinigung als ein nur durch russische Rückendeckung ermöglichtes Projekt ansah,[115] war Carl Schmitt der Überzeugung, dass die britische Weltpolitik über die Förderung liberalen Denkens auch auf die deutsche Politik Einfluss nehme und sie zu ihren Gunsten steuere: «Weltpolitisch gesehen», schrieb er im Jahr 1941, «sind die in allen europäischen Völkern auftretenden liberalen und konstitutionellen Strömungen, bewußt oder unbewußt, Instrumente der englischen Weltpolitik.»[116] Die «Flügelmächte» nahmen beiden Sichtweisen zufolge in verdeckter Weise auf das kontinentale Europa Einfluss und manövrierten es in eine ihnen genehme Richtung, wobei im Falle Russlands im 20. Jahrhundert das Konservativ-Reaktionäre durch das Sozialistisch-Revolutionäre abgelöst wurde. Von den verschwörungstheoretischen Elementen beider Vorstellungen einmal abgesehen, sind sie Ausdruck des notorischen Schwächegefühls in der Mitte eines geopolitischen Raumes.

Fast könnte man meinen, es handele sich bei dieser latenten politischen wie kulturellen Spaltung Deutschlands zwischen Osten und Westen um ein geopolitisches «Schicksal», denn in der Weimarer Republik, einem durch die Niederlage im Ersten Weltkrieg aus einer starken in eine schwache Mitte verwandelten Deutschland, trat diese Aufspaltung in Ost- und Westorientierung sofort wieder hervor,[117] insofern die Reichswehrführung unbeschadet ihrer politisch konservativen Einstellung insgeheim mit der Sowjetunion kooperierte, während die Außenpolitiker der Republik einen Ausgleich mit den Westmächten suchten, vor allem mit Frankreich. Das Land schwankte zwischen einer Rapallo-Politik, die schließlich zum Hitler-Stalin-Pakt vom 23. August 1939 führte,[118] und einer vor allem in

West- und Süddeutschland präferierten Aussöhnung mit Frankreich mitsamt der Wiedereingliederung Deutschlands in den westlichen, den westeuropäisch-ozeanischen Wirtschaftskreislauf. Zwischen 1948/49 und 1989/90 fand diese innere Trennung dann im Ost-West-Gegensatz und in der Bildung zweier sich konträr gegenüberstehenden deutschen Staaten ihren Niederschlag, und auch drei Jahrzehnte nach der Vereinigung lässt sich in der politischen Einstellung der deutschen Bevölkerung ein deutlicher Ost-West-Unterschied beobachten. Eine latente Neigung zur Dezentrierung ist mit der geopolitischen Mittellage offenbar eng verbunden.

Es gab aber auch Zeiten eines geopolitischen Denkens und Handelns, in denen Deutschland sich in der Position einer *starken Mitte* sah und es den führenden Politikern des Landes darum ging, aus dieser Mitte heraus zu einer gestaltenden Macht der Weltpolitik aufzusteigen. Drei konzeptionelle Entwürfe sind dabei voneinander zu unterscheiden: der einer Expansion in den Nahen Osten mit einer leistungsfähigen Eisenbahnverbindung zwischen Berlin und Bagdad als Verkehrsachse, was auf eine Positionierung Deutschlands als «Schutzmacht» der arabischen Welt hinauslief; weiterhin der einer deutschen Vorherrschaft über Mitteleuropa, nachdem Deutschland mit Ausbruch des Ersten Weltkriegs durch die britische Handelsblockade vom westeuropäisch-ozeanischen Wirtschaftskreislauf ausgeschlossen worden war; und schließlich der einer langfristigen strategischen Kooperation mit Russland beziehungsweise der Sowjetunion, in der das, was Halford Mackinder zu Beginn des 20. Jahrhunderts seinen britischen Landsleuten als Schreckensszenario vorgestellt hatte, politische Wirklichkeit werden sollte: die strategische Verbindung von Deutschland und Russland mit dem Ziel, zur dominanten Kraft der die Weltinsel beherrschenden Machtagglomeration zu werden. Ersteres geht vor allem auf den schwedischen Geopolitiker Rudolf Kjellén zurück; der zweite Entwurf ist eng mit dem Liberalen Friedrich Naumann verbunden; und die Vorstellung eines deutsch-russischen Blocks, dem nach Lage der Dinge auch noch Japan angehören sollte, ist im Wesentlichen von dem konservativ-völkischen Geopolitiker Karl Haushofer entwickelt worden. Typisch für diese allesamt aus der ersten Hälfte des 20. Jahrhunderts stammenden Entwürfe ist, dass in ihnen durchweg *geoökonomische* Erfordernisse, tatsächliche oder imaginierte, zur Grundlage der *geopolitischen* Ordnungsentwürfe wurden. Die Geoökonomie leitete hier die Geostrategie an.

Für Rudolf Kjellén, der auch den Begriff «Geopolitik» geprägt hat,[119] ist der Ausbruch des Ersten Weltkriegs nicht etwa durch diplomatisches Ungeschick oder politisch schlecht angelegte Bündniskonstellationen verursacht worden – ein Unglück, das sich bei größerer politischer Umsicht hätte verhindern lassen –, sondern der Krieg stand für den Beginn eines großen weltpolitischen Konflikts, der vom Deutschen Reich ausgefochten werden musste, wenn es sich im globalen Verteilungskampf um Räume und Rohstoffe behaupten wollte.[120] Für Kjellén war der Erste Weltkrieg ein Krieg um die Ordnung der Welt. Die deutsche Ausgangslage fasste er in der Beobachtung zusammen, dass das Wilhelminische Reich in Europa von Westen wie Osten her umfasst und eingekreist sei und dass die Verbindung zu seinen überseeischen Kolonien, der ozeanische Zugang zur «Welt», durch eine britische Blockade im Kriegsfall extrem verwundbar sei. Die Folge sei, dass der Weg zu einer geopolitischen Machtentfaltung nur in Richtung Indischer Ozean, also über den Balkan, die Türkei und die arabische Welt, offenstehe. In einem Korridor zwischen dem britisch kontrollierten Sueskanal und der britischen Kronkolonie Indien seien Territorien verfügbar, die über leistungsfähige Bahnlinien mit dem Reich verbunden werden könnten und in denen sich reiche Rohstoffvorkommen für die deutsche Industrie erschließen ließen.

Das «imperialistische Programm» Deutschlands, so hatte Kjellén vor dem Ersten Weltkrieg festgehalten, sei «das levantinische um das Rückgrat der Bagdadbahn. Hier steigt das territoriale Zukunftsbild Berlin-Bagdad oder Elbe-Euphrat am Horizont auf, eine breite Zone schräg durch die alte Welt, als Puffer zwischen Westeuropa und dem russischen Reich, eine politische Brücke zwischen der Nordsee und dem Persischen Meerbusen, von 2½ Millionen qkm und vielleicht 150 Millionen Einwohnern.» Dadurch werde ein «nahezu autonomes und geschlossenes Produktions- und Konsumtionsgebiet» entstehen, «also ein Gebiet mit Autarkie, das Deutschlands Lebensbedürfnis eines gesicherten Marktes ohne hochpolitischen Charakter gerecht wird».[121] Tatsächlich haben während des Ersten Weltkriegs in diesem Raum schwere Kampfhandlungen stattgefunden, an denen zur Unterstützung der verbündeten Türkei auch deutsche Truppen (vor allem Offiziere in Kommandofunktionen) teilgenommen haben.[122] Eine kriegsentscheidende Bedeutung kam den Kämpfen aber nicht zu: Die Levante und Mesopotamien blieben für die Deutschen ein Nebenkriegsschauplatz, auf dem es den Mittelmächten infolge der schwierigen logistischen Verhältnisse nie gelang, eine groß angelegte Offensive zu starten. Die Offensiven in Richtung Sueskanal kamen nicht voran und blieben in der Sinaiwüste stecken, und ein Vorstoß über Bagdad hinaus Richtung Basra scheiterte ebenfalls an logistischen Problemen.

Die zu Beginn des Ersten Weltkriegs von Friedrich Naumann entwickelten geopolitischen Vorstellungen waren bescheidener, beschränkten sich geographisch auf Europa[123] und legten im geoökonomischen Teil den Akzent stärker auf Märkte als auf Rohstoffvorkommen. Naumann ging dabei davon aus, dass Deutschland auch nach Ende des Krieges für lange Zeit von den westeuropäisch-ozeanischen Wirtschaftskreisläufen ausgeschlossen bleiben und als exportorientiertes Industrieland auf alternative Absatzmärkte angewiesen sein werde. Ein von Deutschland politisch kontrolliertes Mitteleuropa, bei dem laut Naumanns kleiner Schrift *Mitteleuropa* der Verlauf der östlichen Grenzen offenblieb, sollte dafür Ersatz schaffen, wobei die überwiegend agrarisch genutzten Territorien im östlichen und südöstlichen Mitteleuropa unter Einschluss der Ukraine die Lebensmittel produzieren würden, die im Reich für die Versorgung der Bevölkerung gebraucht wurden. So wollte Naumann einen tendenziell geschlossenen Wirtschaftsraum schaffen, der protektionistisch gegen die Weltwirtschaft der ozeanischen Mächte abgesetzt war.[124]

Das Problem einer geopolitischen Nutzung des Mitteleuropabegriffs sind die unklaren Grenzen des mitteleuropäischen Raumes – was unter Kriegsbedingungen und in Anbetracht der ebenfalls unklaren deutschen Kriegsziele im Jahr 1915, als Naumanns Schrift erschien, freilich von Vorteil war, insofern man die Ausdehnung des fraglichen Raumes so jederzeit dem Kriegsverlauf anpassen konnte. Inzwischen werden neben Deutschland und Polen, der Schweiz und Österreich, Tschechien, der Slowakei, Ungarn und Serbien sowie Teilen Rumäniens und Teilen der Ukraine auch noch die baltischen Staaten zu Mitteleuropa gerechnet, das damit im buchstäblichen Sinn zwischen West- und Ost- sowie Nord- und Südeuropa liegt. Es handelt sich um einen Raum mit Anlehnung an zwei Binnenmeere, nämlich Ostsee und Schwarzes Meer, aber ohne freien Zugang zu den Ozeanen; insofern handelt es sich um einen im Sinne Kapps potamisch-thalassischen Raum, über den sich im Rückblick auf Friedrich Naumanns geopolitische Vorstellungen sagen lässt, dass er eher eine Notlösung bei einem Ausschluss Deutschlands vom westeuropäisch-ozeanischen Wirtschaftskreislauf als die Chance für eine die Weltordnung mitgestaltende Macht darstellte. Die Pointe des Raumzuschnitts lag im Wesentlichen in der Vorstellung wirtschaftlicher Autarkie.

«Mitteleuropa» hat in den geopolitischen Debatten nach dem Ersten Weltkrieg keine Rolle mehr gespielt und ist als politisch-kultureller Raum erst mit den Debatten polnischer und tschechoslowakischer Intellektueller in den 1980er und 1990er Jahren wiederaufgetaucht, als es für sie darum ging, Distanz gegenüber der Sowjetunion zu gewinnen, und unklar war, ob der fragliche Raum ein Bestandteil des bis dahin west- und südeuropäisch ausgelegten

Europaprojekts werden könne.[125] Jüngere Versuche einiger mittelosteuropäischer Staaten, sich als eine eigenständige Macht innerhalb der EU zu positionieren,[126] sind wegen gravierender Unterschiede in der Einstellung zu Russland nicht vorangekommen, aber auch deswegen, weil Deutschland mit Blick auf seine engen Verbindungen zu Frankreich («Achse Berlin-Paris») sich nicht als Bestandteil Mitteleuropas positioniert hat – was den Polen und Tschechen bis zum 24. Februar 2022 vermutlich auch nicht recht gewesen wäre. Das hat sich inzwischen geändert. Nach dem Ersten Weltkrieg hatte Frankreich im Übrigen die östlich des Deutschen Reichs gelegenen Staaten Mitteleuropas von Polen bis Rumänien in einer «kleinen Entente» miteinander verbunden und sie als *Cordon sanitaire* geostrategisch gegenüber Deutschland wie Sowjetrussland in Stellung gebracht.[127]

Die dritte Antwort auf die geopolitische Mittellage Deutschlands findet sich bei Karl Haushofer in der Vorstellung eines wirtschaftlich autarken Kontinentalblocks, der im Wesentlichen aus Deutschland und Russland (beziehungsweise der Sowjetunion) bestehen sollte und zu dem in Anerkennung des zwischen Hitler-Deutschland und Japan geschlossenen Antikomintern-Pakts auch Japan dazugehören konnte.[128] In gewisser Hinsicht verstand sich Haushofer als ein Antipode Ernst Kapps, der die Abfolge der potamischen, thalassischen und ozeanischen Großreichsbildungen durchweg in hegelianischer Manier als *Fortschritt* von Zivilisation und Freiheit verstand. Für Haushofer dagegen endete dieser Weg, wie er es im Anschluss an Oswald Spengler formuliert, im «Untergang des Abendlandes», wobei Haushofer «Abendland» und ozeanischen Kulturkreis gleichsetzt. Die Deutschen gehören seiner Vorstellung nach diesem Kulturkreis nicht an, weswegen er das «gesamtdeutsche Raumgefühl» auch als «kontinental und potamisch» bezeichnet. Die Deutschen seien ein «flußlebiges Volk», was bedeute, dass sie Flüsse nie als Grenzen ansehen, sondern grundsätzlich auf beiden Seiten eines Flusses siedeln würden.[129] Konkret lief das darauf hinaus, dass Haushofer den Deutschen eine antiurbane und antiindustrielle Grundeinstellung zuschrieb, die für ihn die Voraussetzung einer Abwendung vom Westen und der Hinwendung zum Osten darstellte. Auch hier lässt sich also die bereits mehrfach angesprochene Verbindung von Geopolitik und Werteorientierung ausmachen.

Mit diesem geopolitischen Ansatz knüpfte Haushofer einerseits an Mackinders Sorge über eine drohende Koalition zwischen *rimland* und *heartland* an, wobei er diese ins Positive wendete, und andererseits nahm er die Autarkie-Imperative auf, die Naumann in seiner Schrift *Mitteleuropa* ins Zentrum gerückt hatte. Nachdem Deutschland im Verlauf des Ersten Weltkriegs seine Kolonien verloren hatte und auch nach dem Waffenstillstand für längere Zeit aus den westeuropäisch-ozeanischen Wirtschaftskreisläufen ausgeschlossen blieb, bot sich eine – neben der mit Russland beziehungsweise der Sowjetunion – weitere Koalition an, nämlich die mit der antikolonialen Bewegung. Also schlug Haushofer vor, «das Deutsche Reich möge sich an die Spitze der Bewegungen kolonialer und halbkolonialer Länder stellen, die sich im Kampf um die Befreiung von der Herrschaft des ‹äußeren Rings› [gemeint sind Mackinders *inner* und *outer crescent*] befanden. Dazu sollten sich die ehemaligen Mittelmächte mit der UdSSR, der Türkei, China und Japan zu einem ‹Druck-Verband› zusammenschließen, um das angelsächsisch bestimmte System der Weltherrschaft als ‹Haupthemmung der wirklichen Selbstbestimmungsrechte der Völker› zu brechen.»[130] Mit anderen Worten: Haushofer wollte die antiimperialistische Karte spielen, um die von den ozeanischen Mächten geprägte Weltordnung zu zerstören und eine neue Weltordnung mit den politischen Zentren Berlin, Moskau und Tokio zu errichten.

Mehr noch als die Briten, gegen deren «Anakondapolitik» der ökonomischen Strangulation der autarke, das heißt: nicht strangulierbare Kontinentalblock errichtet werden sollte, hasste Haushofer die US-Amerikaner. Ihre Unterstützung der Briten machte er für die deutsche Niederlage im Ersten Weltkrieg verantwortlich, dem Trauma seiner Generation. Am 2. Juli 1918 trug er in sein Tagebuch ein: «Aber die Amerikaner sind wirklich das einzige Volk der Erde, das ich mit einem tiefen instinktiven Haß betrachte, wie ein falsches, gefräßiges, scheinheiliges, schamloses Raubtier, das mit jeder Miene heuchelt und in Wirklichkeit bloß nach Fraß für seinen unersättlichen, dollarlüsternen Bauch umherschnappt, wie ein hübscher Alligator.»[131] Anakonda und Alligator – auf diese herabsetzenden Reptilbilder wird noch zurückzukommen sein.[132]

Seine Distanz zum Meer begründet Haushofer mit der Maschinenwelt und der mentalen Orientierung am Maschinenwesen, die diesem verbunden sei; die Maschine steht bei ihm nicht mehr, wie noch bei Kapp, für den Fortschritt im Sinne einer Emanzipation von Naturwüchsigem und Naturverwachsenem, wie das in der oben beschriebenen Überlegenheit des Schiffs gegenüber dem Pferd als Vehikel der Fortschrittsbeschleunigung zum Ausdruck kommt,[133] sondern für Niedergang und Dekadenz, Vitalitätsverlust und Sittenverfall, kurzum für den «Untergang des Abendlandes», gegen den er die Rückbesinnung auf den Boden, das Agrarische und das «Volk» stellt. Insofern ist bei ihm die Orientierung nach Osten, nach Russland, nicht nur ein Ausbrechen aus der Umklammerung durch die Westmächte, die mit der «kleinen Entente» Deutschland ja auch von Ostmitteleuropa her umfasst hatten, somit nicht nur ein Projekt wirtschaftlicher Autarkie, sondern auch ein zutiefst völkisches Vorhaben, mit dem eine «Gesundung» der Deutschen vom Materialismus und von der Maschinenwelt des Westens vollzogen werden sollte.[134] Haushofer ging mit diesen Vorstellungen eine prekäre Allianz mit der nationalsozialistischen Vorstellungswelt und ihrer Eroberungspolitik ein, auch wenn er seinen geopolitischen Vorstellungen entsprechend den Angriff auf die Sowjetunion im Sommer 1941 ablehnte und stattdessen eine Fortdauer des im Hitler-Stalin-Pakt begründeten Bündnisses politisch vorgezogen hätte.

Im Hinblick auf die gegenwärtigen Konstellationen ist festzuhalten, dass die an die Befürchtungen Mackinders angelehnten und sie in ein Positivprojekt umkehrenden Überlegungen Haushofers bei den Geopolitikern Brzezinski und Dugin mit gegensätzlicher Akzentuierung wiederauftauchen. Nach Brzezinski wird, so seine im Jahr 1997 erstmals veröffentlichten Überlegungen, für die Aufrechterhaltung der US-amerikanischen Position als «einzige Weltmacht» ausschlaggebend sein, dass es zu keiner euroasiatischen Blockbildung kommt, weswegen die «Randländer» dieses Raumes, China und Indien, vor allem aber die Europäer mit Deutschland und Frankreich als den wichtigsten Akteuren, gegenüber Russland auf Distanz zu halten seien. «Dreh- und Angelpunkte» sind aus Brzezinskis Sicht Südkorea, Iran, Aserbaidschan, die Türkei und die Ukraine, allesamt Länder, die inzwischen zu Brennpunkten des Geschehens geworden sind. Sie stehen entweder auf der Seite des «Westens», wie Südkorea und die Ukraine, oder sind, wie der Iran, eine enge Bindung mit Russland eingegangen, oder sie betreiben, wie die Türkei, eine weithin eigene Mittelmachtpolitik, wenngleich sie weiterhin Mitglied der NATO sind.

Vor allem hat Brzezinski antizipiert, dass die Ukraine zum Zankapfel bei der Formierung einer neuen Weltordnung werden wird, weil sich, so seine Sicht, an ihr entscheide, ob Russland wieder ein eurasisches Reich werde oder nicht.[135] Des Weiteren hat er richtig vorhergesehen, dass das russische Vorhaben, über eine *Gemeinschaft Unabhängiger Staaten* (GUS) wieder eine der zerfallenen Sowjetunion vergleichbare imperiale Qualität zu erlangen, am Unwillen einiger Ex-Sowjetrepubliken und an der ökonomischen Schwäche Russlands scheitern werde. Längerfristig werde aber eine Koalition der USA mit China und Europa zwecks Beherrschung der Weltinsel unumgänglich sein.[136] Das werde zwar den Machtanspruch der USA einschränken, aber die Vorherrschaft der USA auf lange Dauer sichern.

Alexander Dugin hat in demselben Jahr, in dem Brzezinski seine geostrategischen Vorstellungen zur «westlichen» Beherrschung der Weltinsel publiziert hat, Vorstellungen zur Rückkehr Russlands in die Position einer Eurasien dominierenden Macht entwickelt, wobei er den Eurasismus als Gegenentwurf zur globalen Dominanz einer Seemacht und ihrer Werte – Individualismus, Demokratie und freier Handel – begreift: Die Landmacht Russland, so sein Postulat, beruhe aus geopolitischen Gründen auf konservativen Werten, die durch eine autokratische Herrschaftsform geschützt werden müssten. Die allgemeine geostrategische Direktive Russlands sei es dabei, der Globalisierung einer westlichen Werteordnung entgegenzuwirken, wobei Dugin davon ausgeht, dass vor allem diese Werte die Speerspitze des westlichen Angriffs auf Russland seien. Das erklärt seine Vorstellung, die Russen sollten sich zunächst als orthodoxe Christen und erst danach als nationale Russen sehen. Im Kampf gegen die Globalisierung der wirtschaftlichen und politischen Ordnung des Westens schlug Dugin vor, der Kreml solle eine Politik der Destabilisierung durch systematische Falschinformationen und Umstürze in vereinzelten Ländern betreiben und dabei auf den strategischen Einsatz von Erdöl und Erdgas als politische Waffe setzen.[137]

Des Weiteren brachte er den Vorschlag ins Spiel, Russland solle seine Einschnürung durch die USA, von der er als gegeben ausging, auf drei Achsen durchbrechen: einer in Richtung Tokio, einer in Richtung Teheran und einer in Richtung Berlin. Japan, so seine Überlegung, könne man durch die Erinnerung an die US-Atombombenabwürfe auf Hiroshima und Nagasaki sowie die Rückgabe der nach dem Zweiten Weltkrieg von der Sowjetunion annektierten Kurileninseln auf die eigene Seite ziehen. Um einiges leichter falle das beim Iran, wo seit der Schah-Herrschaft der Antiamerikanismus tief verwurzelt sei; über die Achse Moskau–Teheran werde Russland Zugang zum Indischen Ozean und damit zum «warmen Wasser» erlangen. Bei der Herstellung dieser Achse wies Dugin Armenien eine zentrale Rolle zu und brachte die Aufteilung Aserbaidschans als, so seine Annahme, prowestliche Macht ins Spiel. Und die Achse Moskau–Berlin sollte durch die Rückgabe der russischen Exklave Kaliningrad an Deutschland hergestellt werden, womit die Bundesrepublik zwangsläufig zum politischen Widerpart Polens und Litauens werde, was politische Handlungsunfähigkeit der Europäer zur Folge haben werde. Zusätzlich setzte Dugin auf eine Teilung der Ukraine, deren östlicher und zentraler Teil zu Russland kommen solle, während die Westukraine sich in Richtung Europa orientieren könne, was unter den Europäern zu weiteren Konflikten im Hinblick auf mögliche Einflusszonen führen werde. West- und Mitteleuropa, so das Ziel, müsse ein geopolitisch neutraler Raum mit einer russischen und einer deutschen Einflusssphäre werden.[138]

Die beiden geopolitischen Entwürfe aus dem Ende des 20. Jahrhunderts können inzwischen als gescheitert bezeichnet werden: Es gibt keine antirussische Koalition mit China, wie Brzezinski sie vorgesehen hat, und ebenso wenig ist es, wie von Dugin gefordert, zu einer gegen China gerichteten Politik Russlands gekommen – im Gegenteil: Russland und China sind heute engere Verbündete, als sie es vormals, zumal in Sowjetzeiten, waren. Aserbaidschan und die Türkei betreiben eine sehr viel eigenständigere Politik, als Brzezinski sie ihnen zugestehen wollte, und von Dugins drei Achsen ist nur die nach Teheran zustande gekommen, die sich geopolitisch tatsächlich zu einer nachhaltigen Herausforderung des Westens ausgewachsen hat. In diesem «Danebenliegen» teilen die Überlegungen Brzezinskis und Dugins das Schicksal vieler geopolitischer Vorstellungen, aber das macht die genauere Befassung mit ihnen keineswegs überflüssig. Was in ihnen sichtbar wird, sind theoretische Entwürfe und Imperative, die auf die operative Politik einwirken können und als *Grand Strategy* den Hintergrund des politischen Agierens von Regierungen bilden. Dabei ist freilich immer zu beachten, dass das, was wir als Ergebnis von politischem Handeln konstatieren, das Resultat von Handeln *und Gegenhandeln* ist, so dass es fast nie zu einer vollständigen Umsetzung der geostrategischen Entwürfe kommt. Wenn die Gegenseite diese Vorstellungen kennt oder zumindest ahnt, ist naheliegend, dass sie das zu durchkreuzen versucht.

Zurück zu den deutschen geopolitischen Entwürfen: Beide Versuche, ein Imperium mit Weltordnungsqualität aus der Mitte eines geopolitischen Raums heraus zu errichten, sind gescheitert – und nicht nur das: Nach den Kriegsniederlagen war das Land geographisch geschrumpft, politisch geschwächt und moralisch desavouiert. In seinem unmittelbar nach dem Ende des Zweiten Weltkriegs und der Zerschlagung des Naziregimes verfassten Buch *Die deutsche Katastrophe* zog der Historiker Friedrich Meinecke Bilanz: «Weltmacht werden zu wollen hat sich als falsches Ideal für uns herausgestellt. Schon unsere geopolitische und geophysische Lage verbietet es, Weltmacht zu sein.»[139] Das Land war geteilt, nicht nur zwischen Ost und West, totalitärem Regime und demokratischer Ordnung, sozialistischer Planwirtschaft und kapitalistischer Marktwirtschaft, sondern auch zwischen dem westeuropäisch-ozeanischen und dem eurasisch-terranen Wirtschaftskreislauf. Es gab keine europäische Mitte mehr; die bipolare Welt kam ohne geopolitische Mitte aus, die Verhinderung einer geopolitischen Mitte war sogar der wesentliche Zweck der Bipolarität.

Auch wenn sich der Westen und in eingeschränktem Maße ebenfalls der Osten Deutschlands wirtschaftlich wieder erholt haben, so war doch bis weit in die 1980er Jahre hinein nicht vorstellbar, dass Deutschland geopolitisch je wieder eine größere Rolle spielen könnte. Das hat sich inzwischen geändert,[140] auch wenn es keine politisch selbständige Rolle ist, die Deutschland spielen kann, sondern eine im Rahmen der Europäischen Union, und zwar sowohl im Hinblick auf ihren Zusammenhalt als auch bei ihrer globalen Positionierung. Es ist dies jedoch eine schwierige Aufgabe, die viel besonnene Zurückhaltung bei großem politischem Weitblick verlangt, mitunter entschlossene Führung, Engagement für die *common goods* der Europäischen Union sowie eine nachhaltige Unterstützung dieser Politik durch eine überwältigende Mehrheit der Bevölkerung – und vieles andere mehr. Das wird auf Dauer nur möglich sein, wenn man sich in Deutschland des Scheiterns der verschiedenen Versuche, eine eigenständige Weltmachtrolle spielen zu wollen, bewusst bleibt.

Die geopolitischen Herausforderungen Deutschlands als Macht in der Mitte, als Macht der Mitte,[141] sind in vieler Hinsicht das genaue Gegenteil dessen, was für das Projekt einer imperialen Machtbildung aus der Mitte eines geopolitischen Raumes heraus gilt: Geht es bei Letzterem darum, die anderen Akteure dieses Raumes gegeneinander auszuspielen und ihre Kooperation zu unterbinden, um sicherzustellen, dass es politisch nur bilaterale Beziehungen zwischen den semiautonomen Ländern des Raumes und der Zentralmacht gibt, so ist es die Aufgabe einer «Macht der Mitte», die vorhandenen zentrifugalen Tendenzen der Mitgliedstaaten zu bändigen und als die Kraft des Zentripetalen in dem fraglichen Raum aufzutreten – also permanent Anreize zu schaffen, aufgrund deren der Verbleib in der Europäischen Union attraktiver ist als das Ausscheiden und die Kooperation mit den anderen Mitgliedstaaten der EU größere Vorteile bietet als eine kompromisslose Blockadehaltung und ein bedingungsloses Insistieren auf vermeintlich eigenen Interessen.

Die Aufgabe einer Kraft des Zentripetalen, eben der «Macht der Mitte», besteht also darin, die kurzfristigen Eigeninteressen hintanzustellen, sie jedenfalls nicht mit Verve zu verfolgen, sondern eine an den *langfristigen* eigenen Interessen orientierte Politik zu betreiben, die mit dem politischen Zusammenhalt der EU-Mitgliedsländer und der wirtschaftlichen Selbstbehauptung Europas im globalen Rahmen zusammenfallen.[142] Das ist leichter gesagt als getan, denn für das kontinuierliche Verfolgen einer solchen Politik ist, jedenfalls in demokratischen Ordnungen, die nachhaltige Unterstützung durch die Bevölkerung vonnöten. Deren Interessen werden freilich eher von kurzfristigen als von langfristigen Faktoren bestimmt. Es kommt darum nicht von ungefähr, dass populistische Parteien und Bewegungen, und zwar unabhängig davon, ob sie sich politisch rechts oder links aufstellen, die *kurzfristigen* Interessen bespielen, wenn sie die Politik des Zusammenhalts eines Raumes, im konkreten Fall die der EU, attackieren und immer wieder mit dem Austritt aus der Europäischen Union drohen.

In den letzten Jahrzehnten waren wirtschaftliche Macht und fiskalische Spielräume die wichtigsten Ressourcen einer Politik des Zusammenhalts. Ihr Gebrauch hat zwar mitunter, wenn er nicht auf Gratifikationen, sondern auf Sanktionen hinauslief, zu gesteigerten Ressentiments gegen die Macht der Mitte geführt, wie etwa bei der Überschuldungskrise Griechenlands, aber es war dies ein vergleichsweise sanfter Druck, der auf die entsprechenden Länder ausgeübt wurde; vor allem ging es darum, die langfristigen Interessen der Bevölkerung zu verfolgen und den Populisten, die kurzfristige Interessen zwecks Empörung bespielen wollten, entgegenzuwirken. Dabei blieb die Option, aus der Währungsunion oder der EU auszutreten, immer offen. Im Falle Griechenlands ist diese Politik verschiedentlich als «Erpressung» bezeichnet worden, mit der die politische Willensäußerung der Griechen beeinflusst werden sollte. Sie wurde tatsächlich beeinflusst, aber die Freiheit der Entscheidung Griechenlands nicht eingeschränkt; es wurde nur darauf hingewiesen, dass die Entscheidenden auch bereit sein müssen, die Konsequenzen ihrer Entscheidung zu tragen. Das gilt ebenso für eine Anhebung des Wohlstandsniveaus durch Staatsverschuldung wie für die hernach zur Abtragung der aufgehäuften Schulden erforderlichen Sparmaßnahmen. Das ist der Preis freier Entscheidungen in einer nach liberalen Grundsätzen organisierten Staatenunion. Alles andere wäre eine Form von Paternalismus, die zum Einstieg in eine autoritäre Ordnung werden kann. Dennoch hat die «Macht der Mitte» Hilfestellung zu leisten, wenn es darum geht, Folgen von Entscheidungen zu bewältigen, die von einem Land kaum zu tragen sind, und dies zum Zusammenhalt des geopolitischen Raumes beiträgt.

Das lässt sich am Beispiel des griechischen Verbleibs im Währungsverbund des Euro und damit auch in der EU sowie an dem des britischen Austritts aus der EU erläutern. In beiden Fällen spielten nämlich durchweg auch geopolitische Aspekte eine Rolle: beim Brexit insofern, als die EU an wirtschaftlicher Potenz verlor; im Falle eines Ausscheidens Griechenlands aus dem Euroraum dagegen wäre das ökonomische Gewicht der EU kaum verringert worden, im Gegenteil, ihre fiskalische Validität, die wesentlich am Euro hängt, hätte sich wahrscheinlich erhöht. Es war jedoch zu befürchten, dass einem griechischen Ausscheiden aus dem Euro nach einiger Zeit auch das Ausscheiden aus der EU folgen würde, und ob Griechenland dann NATO-Mitglied geblieben wäre, war ebenfalls fraglich. In Anbetracht einer unberechenbaren Politik der Türkei[143] wäre damit die Südostflanke Europas offen gewesen, und das hätte erhebliche geopolitische Folgen für die Gesamtordnung gehabt – sowohl im Hinblick auf die wachsende Präsenz Russlands in diesem Raum als auch angesichts des wachsenden Einflusses Chinas, das hier, am Ende seines Neue-Seidenstraße-Projekts, starke wirtschaftliche Interessen hat, die es inzwischen politisch organisiert. Außerdem wäre es schwieriger geworden, im Nahen Osten europäischen Einfluss geltend zu machen. Also entschloss man sich in Berlin, Griechenland nach Möglichkeit im Euroraum zu halten und ihm bei den Restriktionen seiner Haushaltspolitik entgegenzukommen.

Ein solches Entgegenkommen, mit dem die Regierung in London offensichtlich ebenfalls gerechnet hatte, gab es während der Verhandlungen zur Brexit-Entscheidung von deutscher Seite nicht, obwohl klar war, dass der Brexit die wirtschaftlichen Interessen Deutschlands durchaus beeinträchtigen würde. Ein größeres Entgegenkommen gegenüber den Briten hätte jedoch die politische Achse Berlin-Paris geschwächt, wenn nicht grundsätzlich in Frage gestellt, was für den inneren Zusammenhalt der EU verheerende Folgen gehabt hätte. Pointiert formuliert: Man hätte die Briten in der EU gehalten, aber die Union politisch ruiniert. Also entschied man sich in Berlin – um der Handlungsfähigkeit der EU willen – *für* Paris und *gegen* London.

Retrospektiv haben sich beide Entscheidungen als geopolitisch richtig erwiesen: Ein Ausscheiden Griechenlands aus dem Euro und der EU hätte das EU-Türkei-Abkommen zur Limitierung von Migrationsbewegungen über die Balkanroute tendenziell unmöglich gemacht oder doch zu dessen Unwirksamkeit geführt. Des Weiteren wäre die Unterstützung der Ukraine nach dem russischen Angriff in vergleichbarem Umfang nicht möglich gewesen. Ein Erfolg des russischen «Enthauptungsschlages» in den ersten Tagen des Krieges hätte eine deutlich größere Erfolgswahrscheinlichkeit gehabt, da dann die amerikanische Unterstützung mit Waffen und Munition, die wesentlich über griechische Häfen und die dort endenden Eisenbahnlinien erfolgte, kaum möglich gewesen wäre. Aber auch der Versuch, die Briten – um den Preis einer Schwächung des inneren Zusammenhalts – in der Europäischen Union zu halten, hätte für die Europäer überaus negative Folgen gehabt und die inzwischen erforderliche Transformation der Union aus einem Regelgeber und Regelbewirtschafter in einen handlungsfähigen politischen Akteur blockiert; die englische Politik war nämlich grundsätzlich gegen eine größere Handlungsmacht der Union ausgerichtet und wollte keine weiteren Kompetenzen an Brüssel abtreten.[144] Als Akteur, der bei der jetzt in Gang gekommenen Umgestaltung der Weltordnung eine Rolle spielen und die spezifischen Interessen Europas vertreten kann, ist eine sich als Regelgeber verstehende EU unerheblich, während sie als politisch handlungsfähiger Akteur einen Einfluss ausüben kann, angesichts dessen die Briten ihrem Ausscheiden aus der EU noch nachtrauern werden. Resümee: Als «Macht der Mitte» haben die deutschen Regierungen der letzten zwei Jahrzehnte geopolitisch vieles richtig gemacht. Das unterscheidet sie von denen der ersten Hälfte des 20. Jahrhunderts.

Hintergrund dieser beiden Imperative, dem einer Transformation der Europäischen Union vom Regelgeber zum politischen Akteur mit globalpolitischem Anspruch und dem vor allem die Bundesrepublik Deutschland betreffenden, konsequent als Macht des Zusammenhalts der Europäischen Union zu fungieren, ist die hier vertretene Auffassung, wonach die jetzt im Entstehen begriffene Weltordnung keine einer geeinten Menschheit mit den Vereinten Nationen als politischer Vertretung sein wird, wie man sich das zumal in Deutschland zeitweilig vorgestellt hat – sondern eine Ordnung der großen Mächte, die miteinander kooperieren wie konkurrieren und dabei ihren je eigenen Interessen folgen. Will Europa in diesem Mit- und Gegeneinander eine Rolle spielen, so muss es als geschlossener Block auftreten und mit einer Stimme sprechen. Das ist die Voraussetzung dafür, dass die europäischen Staaten von den anderen großen Mächten, den USA und China sowie Russland, nicht gegeneinander ausgespielt werden können. Für diese Geschlossenheit und Durchsetzungskraft zu sorgen, ist eine Aufgabe, die nicht zuletzt den deutschen Regierungen zufällt – sinnvollerweise in möglichst enger Kooperation mit der politischen Führung Frankreichs. Dass die deutsche Politik durch kluge Zurückhaltung dabei in der Vergangenheit *fast alles* richtig gemacht hat, ist keine Versicherung dafür, dass sie das auch in Zukunft tun wird, denn die Herausforderung der politischen Zukunft Europas sind andere als die der Vergangenheit, als es genügte, wesentlich auf wirtschaftliche Macht zu setzen und die in Brüssel zustande gekommenen Kompromisse zu einem erheblichen Teil zu finanzieren. In Zukunft wird Deutschland stärker führen müssen, und zwar durch politisches Vorangehen und weniger, jedenfalls nicht nur, durch das Finden von Kompromissen. Solches Vorangehen muss die deutsche Politik aber erst noch lernen.

KAPITEL 3

Module der Weltordnung

Wie umfassend ist die «Welt» der Ordnung?

Die erste Frage bei der Analyse einer Weltordnung zielt auf die Anzahl ihrer Zentren: Ist die Ordnung unipolar, bipolar oder multipolar? Das Problem bei der Beantwortung dieser auf den ersten Blick einfachen Frage ist die Unklarheit darüber, was wir unter «Welt» verstehen und wie das, was wir damit meinen, mit anderen politischen «Welten» vernetzt und verknüpft ist. Das *Imperium Romanum* war in seiner Welt unipolar, zumindest bis zur Reichsteilung in eine West- und eine Osthälfte: Alle Wege führten im buchstäblichen Sinn nach Rom. Es gab freilich während der Jahrhunderte, in denen Rom den mediterranen Raum beherrschte, am anderen Ende der eurasischen Landmasse das chinesische Reich, das für sich ebenso in Anspruch nahm, eine «Welt» zu kontrollieren, deren Zentrum seine Hauptstadt war. Kann man deswegen die politische Welt der Antike als bipolar bezeichnen? Kaum. Man könnte es, wenn die politische Welt damals global geordnet gewesen wäre, wenn es sich somit um eine Ordnung gehandelt hätte, die als politische Ordnung den gesamten Erdball umspannt hätte. Aber eine solche Welt gab es in der Antike nicht; die politische Welt der Antike und des Mittelalters war keine «planetarische» Welt. Das ist sie erst später geworden, und zwar in Abhängigkeit von dem vorhandenen und anerkannten Wissen und der verfügbaren Technik sowie dem Ausmaß an weltumspannenden Interaktionen, durch die der Raum in seiner Globalität erfahren wurde. Bis dahin gab es in politischer Hinsicht mehrere Welten, die unipolar oder multipolar organisiert waren, für deren Binnenordnung es aber keine Rolle spielte, dass es daneben noch weitere gab und wie diese intern strukturiert waren. Man wusste davon, wie bei den Römern und Chinesen der Fall,[1] tauschte wahrscheinlich sogar in begrenztem Umfang Güter aus, aber es gab keine politischen Interaktionen, und deswegen war für die Frage nach der Weltordnung nur die Binnenstruktur der jeweiligen politischen «Welt» von Bedeutung.

Diese räumlich beschränkten Weltordnungen unterlagen einem beständigen Wandel; sie dehnten sich aus, wie uns das aus der Geschichte Roms vor allem vom 3. bis zum 1. vorchristlichen Jahrhundert geläufig ist, als zunächst Karthago, der Konkurrent im westlichen Mittelmeer, unterworfen wurde, und Rom sodann den Osten, von Griechenland und Ägypten bis nach Mesopotamien, unter seine Herrschaft brachte.[2] Das Römische Reich zählt zu den Imperien, die sich relativ lange auf dem Zenit ihrer Macht gehalten haben, und viele der Zeitgenossen dieser Ära der Stabilität mochten glauben, die römische Weltordnung sei eine für die Ewigkeit. Zu ihnen gehörte der Dichter Vergil, der Rom als *imperium sine fine*, als Reich ohne Ende bezeichnet hat.[3]

Aber schließlich geriet auch diese Ordnung in einen Prozess des Zerfalls, zuerst freilich der Umorganisation, als man mit der nach dem Tod von Kaiser Theodosius I. im Jahre 395 vollzogenen Reichsteilung auf die unterschiedlichen Herausforderungen im Osten und Westen sowie die zentrifugalen Kräfte innerhalb des Reichs reagierte und es entlang einer imaginären, politischen Erwägungen folgenden Linie zwischen dem westlichen und dem östlichen Mittelmeer in zwei Hälften mit je einem Kaiser an der Spitze geteilt wurde.[4] Konnten die innerhalb des Imperiums lebenden Zeitgenossen diese organisatorische Veränderung noch als Neuordnung oder Umstrukturierung begreifen, so stellte sich ihnen der nachfolgende Zerfall des Reichs im Westen und die Entstehung eines Pluriversums einander bekriegender germanischer Königreiche als Unordnung dar. Von diesen *regna*, die sich im politischen Gegensatz zum *imperium* sahen, verschwanden einige so schnell, wie sie entstanden waren; ihre Fortdauer hing zumeist an nicht mehr als der physischen Existenz einer Königssippe, weswegen die Feinde dieser Königreiche es vor allem auf deren Leben abgesehen hatten.

In der Retrospektive werden die Veränderungen des 5. und

6. Jahrhunderts als ein Wandel der politischen Welt Westeuropas beschrieben, der von einer unipolaren zu einer multipolaren Ordnung führte. Diese multipolare Ordnung veränderte sich schneller als zuvor das unipolare System, wies dabei jedoch strukturbildende Dynamiken und Muster auf und kann insofern durchaus als politische *Ordnung* beschrieben werden.[5] Es wäre politische Parteinahme, wenn man den Übergang von unipolaren zu multipolaren Systemen prinzipiell als Ordnungs*verlust* beschreiben würde, denn dann würde man implizit imperiale Strukturen präferieren und nur ihnen Ordnungsqualität beimessen.

Wann aber hat, um die Ausgangsfrage aufzunehmen, der Übergang von einer räumlich begrenzten zu einer planetarischen Welt stattgefunden? Man ist versucht, diesen Wandel auf die Entdeckung der Neuen Welt durch Christoph Kolumbus, auf die Umfahrung der Südspitze Afrikas durch Vasco da Gama und schließlich die Weltumsegelung Magellans zu datieren, also auf den Beginn dessen, was als «Kolumbianisches Zeitalter» bezeichnet wird. Insbesondere Geographen und Kartographen neigen dieser Sicht zu und verweisen dabei auf die Weltkarten des 16. Jahrhunderts, wie etwa die eines Martin Waldseemüller, Diogo Ribeiro und Gerhard Mercator.[6] Aber dieses Bild von der «einen» Welt ist eines des Wissens und keines der politischen Interaktionen, nicht einmal eines des globalen wirtschaftlichen Austauschs, der damals noch ganz in den Anfängen steckte und weitgehend auf räumlich begrenzte Wirtschaftskreisläufe beschränkt war. Diese Kreisläufe waren in sich noch einmal vielfach untergliedert und dabei keineswegs mit den entstehenden politischen Großraumordnungen kongruent.

Die politische Großräume kontrollierenden Reiche befanden sich entweder an den Schnittstellen der Wirtschaftskreisläufe, von deren Überlappungen sie profitierten, wie etwa das Osmanische Reich, oder sie lagen, wie Spanien, Frankreich und England, am geographischen Rand der von ihnen in Gang gesetzten Wirtschaftskreisläufe. Ihre politische Ordnungsleistung erstreckte sich weitgehend auf

Räume *innerhalb* Europas, und ihre politische Macht stützte sich dabei in hohem Maße auf militärische Fähigkeiten. Das gilt selbst für die sogenannten *seaborn empires* Portugal und Niederlande,[7] die bestrebt waren, sich auf ihre Wirtschaftskreisläufe zu konzentrieren und aus den politischen Machtkämpfen in Europa herauszuhalten. Ein Blick in die Standardwerke, die für den fraglichen Zeitraum den Begriff «Welt» im Titel führen, zeigt, dass wirtschaftlich oder politisch definierte Großräume behandelt werden, aber keine planetarische Politik.[8]

Dem Problem einer Globalität der «Welt» näher kamen da geopolitische Autoren wie Otto Maull und Alfred Hettner, als sie die von Kapp vorgeschlagene Abfolge der Großreiche oder Kulturkreise um einen weiteren ergänzten, den sie als *universell* oder *tellurisch* bezeichneten.[9] Kapp selbst hatte die Auffassung vertreten, das ozeanische Zeitalter sei gleichbedeutend mit dem Eintritt ins Universelle, aber die Geopolitiker des frühen 20. Jahrhunderts waren der Meinung, die zuletzt entstandene Weltordnung unter britisch-amerikanischer Dominanz sei von den vorangegangenen ozeanischen Regimen zu unterscheiden, weil sie erstmals wirklich global angelegt war. Die Begriffe «tellurisch» oder «planetarisch» stehen dabei für das die gesamte Erde Betreffende. Aber wer entscheidet über das alle Betreffende?[10] Diese Frage wurde politisch drängend, sobald sie nicht länger, wie etwa bei Ernst Kapp, geschichtsphilosophisch in den Zeitverlauf eingeschrieben wurde, sondern in der historischen Vorstellung ein «Ende der Geschichte» erreicht war, das die Frage nach der universell herrschenden Macht unabweisbar machte. Sobald von einer planetarischen Ordnung gesprochen wurde, ging es auch darum, wer der «Herr» und «Hüter» dieser Ordnung sei oder sein werde.

Diese Frage wurde vor allem von deutschen Autoren gestellt, weil nach der Niederlage im Ersten Weltkrieg klar war, dass die Deutschen als Herr und Hüter der planetarischen Ordnung keine Rolle mehr spielen würden. Das hatte sich bei Kapp noch anders dargestellt, der, nachdem er die Großreichsbildung in den atlantischen Raum hatte abwandern lassen, in einer theorieimmanent alles andere als zwingenden Wendung davon sprach, der Egoismus der angelsächsischen Weltherrschaft werde dazu führen, dass Deutschland, das Land der Mitte, das eine Vorstellung von Maß und Maßhalten habe, den Endpunkt der Geschichte bilden werde.[11] Diese kollektivpsychologische Tröstung durch die Geschichtsphilosophie stand nach dem Ersten Weltkrieg und dem Friedensvertrag von Versailles nicht mehr zur Verfügung. Also warf man in Deutschland die Frage auf, mit welchem Recht die Briten und US-Amerikaner die Herren der planetarischen Ordnung seien und welche Interessen sich hinter ihren universalen Normen verbargen. Die deutschen Autoren stellten also die Frage, die im Hochmittelalter Johann von Salisbury an sie gerichtet hatte, um ihren Anspruch auf kaiserliche Superiorität in Zweifel zu ziehen,[12] nunmehr an Briten und Amerikaner in ähnlicher Absicht: um ihre Position als Herr und Hüter der Ordnung der puren Selbstermächtigung zu überführen. Die beruhte auf nichts anderem als der Kontrolle des globalen Handels und Kapitalverkehrs. Man kann dieser Frage, die zugleich eine Infragestellung der Weltordnung beinhaltete, bis heute begegnen. Sie hat in der Regel einen antiamerikanischen und/oder antisemitischen Grundton.

Den deutschen Geopolitikern war klar, dass das «Reich» nach der Niederlage im Ersten Weltkrieg nur dann eine Möglichkeit haben würde, in die kleine Gruppe der Weltordnungsmächte zurückzukehren, wenn es entweder Bündnisse mit einer gegen die planetarisch-universalistische Ordnung opponierenden Macht anstrebte – was Karl Haushofer im Kontinentalbündnis mit Russland tat, wobei er den Internationalismus der Bolschewiki notorisch übersah – oder gegen die planetarisch-universalistische Weltordnung eine Ordnung *diverser* politischer Welten stellte, die den Universalismus einer globalen Welt zurückwies und stattdessen von begrenzten Räumen ausging.

Letzteres tat Carl Schmitt, als er die Vorstellung territorial begrenzter Großräume entwickelte, die ihre je eigene Ordnung hatten. Damit war eine unter Rückgriff auf universale Werte und Normen erfolgende Intervention ausgeschlossen: «Völkerrechtliche Großraumordnung mit Interventionsverbot für raumfremde Mächte» lautet der Titel von Schmitts programmatischem Entwurf für eine nichtplanetarische Ordnung und ein antiuniversalistisches Völkerrecht.[13] Die Entwicklung der Raumschrumpfung infolge technologischen Fortschritts und verdichteten Welthandels am Ende der ozeanischen Großreichsbildungen – wir sprechen heute von «Globalisierung» – sollte durch geopolitische Partikularisierung domestiziert werden, und damit wurde das, was Kapp als Fortschrittsgeschichte entworfen hatte, als Gleichzeitigkeit diverser Großräume festgeschrieben.[14]

Carl Schmitt ging dabei von der Grundidee aus, dass nur eine in Großräume unterteilte Ordnung, also ein multipolares System, befähigt sei, einen dauerhaften und verlässlichen Frieden zu sichern, während eine auf Grundlage des globalen Kapital- und Warenverkehrs hergestellte erdumspannende Herrschaft zu institutioneller Unordnung und politischen Konflikten führen werde.[15] «Das Gegenteil eines solchen vom konkreten Raum her gedachten Grundsatzes ist ein die ganze Erde und Menschheit umfassendes, universalistisches Weltprinzip. Dieses führt naturgemäß zu Einmischungen aller in alles. Während der Raumgedanke einen Abgrenzungs- und Verteilungsgesichtspunkt enthält und daher ein ordnendes Rechtsprinzip aufstellt, zerstört der universalistische Welt-Einmischungsanspruch jede vernünftige Abgrenzung und Unterscheidung.»[16] Schmitt verkehrt die Vorstellung Dantes und anderer, wonach es eine oberste Entscheidungsinstanz in einem allgemein verbindlichen Regel- und Wertesystem geben müsse, in ihr genaues Gegenteil, wenn er geltend macht, dass sich dann alle in alles einmischen würden und statt Frieden Krieg entstünde. Ein solcher Krieg werde obendrein nicht als «gehegter» Staatenkrieg geführt, sondern als «Weltbürgerkrieg», in dem es keine Regeln gebe. Dieser Krieg sei ein «enthegter» Krieg, der sich weder räumlich noch zeitlich begrenzen lasse.

Um dieser Großraumtheorie einen ideenpolitischen Anker zu verschaffen, dockte Schmitt sie an die Ende 1823 von US-Präsident James Monroe verkündete Doktrin an, wonach Amerika als geographischer Gesamtraum für politische und militärische Interventionen europäischer Mächte gesperrt sei und jeder dem zuwiderlaufende Versuch, wo auch immer auf dem Doppelkontinent er stattfinde, auf den entschlossenen Widerstand der Vereinigten Staaten stoßen werde. Monroe beanspruchte damit für den gesamten amerikanischen Kontinent die Oberhoheit der USA, was sich in der Tradition des Johann von Salisbury mit der Frage kontern ließ, wer denn die Yankees zu Oberherrn über alle den Kontinent bewohnende Völker und Stämme gemacht habe. Das war nicht nur gegenüber den Europäern legitimationsbedürftig, sondern gegenüber allen, die nicht an den Kongress- und Präsidentenwahlen in den USA teilnehmen konnten.

Für diesen rechtstheoretischen Einwand hat sich Schmitt aber nicht interessiert. Was ihn beschäftigte, war die politische Konstruktion eines Raums durch seine Schließung für äußere Mächte, die sich in Analogie zum Zusammenbruch der italienischen Gleichgewichtsordnung im Jahre 1494[17] begreifen lässt: Als Ludovico Sforza, der Herzog von Mailand, in Reaktion auf seine politische und militärische Isolation die expansionswillige Großmacht Frankreich zu Hilfe rief, entgrenzte er damit die zuvor inneritalienischen Auseinandersetzungen und machte die Halbinsel zum Austragungsort der europäischen Hegemonialkriege: Die Konkurrenten Frankreichs konnten nicht zulassen, dass Italien unter französische Kontrolle geriet, weil das in Frankreich regierende Haus Valois damit einen erheblichen Vorsprung im europäischen Machtkampf errungen hätte. Es wäre in der Situation des Jahres 1494 also darauf angekommen, den italienischen Stiefel insgesamt gegen Interventionen von außen zu schützen, gemeinsam gegen die Franzosen vorzugehen und Allianzen zwischen italienischen Teilmächten und äußeren Interventen im Ansatz zu unterbinden. Doch dazu war damals kein italienischer Teilstaat bereit und in der Lage. Solches trauten sich die USA dagegen im Jahr 1823 zu.

Monroe stellte damit zwei politische Sphären einander gegenüber, die der Neuen und die der Alten Welt, und dekretierte, dass die Alte Welt in Amerika weder Kolonisationsprojekte unternehmen noch in die dortigen politischen Konstellationen intervenieren dürfe.[18] Eine entsprechende Regelung stellte sich Schmitt in seinen völkerrechtlich-großraumpolitischen Entwürfen für den europäischen Raum vor, ohne allerdings sagen zu können, an welchen geographischen Trennlinien man sich dabei orientieren solle. Gleichzeitig warf er den US-Präsidenten Theodore Roosevelt, Woodrow Wilson und Franklin D. Roosevelt vor, unter Rekurs auf «den ideologischen Gedanken der liberalen Demokratie und der mit ihr zusammenhängenden Vorstellungen, insbesondere des ‹freien Welthandels› und des ‹freien Weltmarktes› [...], eine überstaatliche und übervölkische Weltideologie» formuliert zu haben, um sie «als ein Instrument der Herrschaft des angelsächsischen Kapitals auf dem Weltmarkt zu benutzen».[19] Schmitt positionierte seine Großraumtheorie insofern nicht nur als multipolar, sondern auch als antiliberal, antiindividualistisch und antikapitalistisch – und das ist der Grund dafür, dass sich in den letzten Jahrzehnten linke wie rechte Gruppierungen ein ums andere Mal auf das «Interventionsverbot für raumfremde Mächte» berufen haben.

Russische Geopolitik in der Nachfolge von Carl Schmitts Großraumtheorie

Schmitts Großraumtheorie wurde hier auch deswegen dargestellt, weil sich in jüngster Zeit der Neo-Eurasismus eines Alexander Dugin wie eine Neuauflage der Schmittschen Großraumideen ausnimmt[20] und sich auch sonst prorussische Autoren auf

Schmitt berufen, wenn sie die westlichen Werte und die Politik ihrer Geltendmachung kritisieren und einen russischen Großraum mit eigenem Recht und eigenen Werten proklamieren. So spricht etwa Michael Silnizki in Anknüpfung an die antikapitalistischen Thesen Schmitts von einer «monetären Geopolitik des Westens», die mit den Methoden kapitalistischer Weltbeherrschung zunehmend an die Stelle der «militärischen Option» getreten sei: «In dem Maße, wie die atomar aufgerüsteten Großmächte sich gegenseitig bedrohend neutralisieren, hat die monetäre Vormacht dramatisch an geopolitischer Bedeutung gewonnen. Sie ist typisch für die moderne Form der wertfremden Raumdomestizierung, deren wichtigstes Merkmal der Verzicht auf eine direkte militärische Invasion und Annexion des zu domestizierenden Raumes ist. Zwar bleibt dessen territoriale Integrität nach außen unantastbar, seine innere Verfasstheit wird aber dem monetären Diktat unterworfen. Die raumfremde Macht domestiziert, ohne die territoriale Integrität in Frage zu stellen.»[21] Was wohl heißt, dass Russland – das diese monetäre Macht nicht hat –, wenn es sich gegen die kapitalistische Durchdringung seiner Einfluss- und Interessengebiete zur Wehr setzen will, nichts anderes übrigbleibt, als auf die «militärische Option» zurückzugreifen. Damit wird in einer nur auf den ersten Blick überraschenden Volte der Antikapitalismus zur Legitimationsgrundlage des Militarismus. Folgt man dem, was oben über das «Comte-Spencer-Modell» gesagt wurde,[22] so haben wir es hier mit der Reaktion derer zu tun, die bei einer Pazifizierung der Welt durch Handel und Industrieproduktion den Kürzeren gezogen haben.

Silnizki hat die zitierte Passage im Jahr 2015 publiziert, also nach der Annexion der Krim durch Russland und der mit russischer Unterstützung erfolgten Errichtung von Separatistengebieten im Donbas. In dieser Darstellung liest sich der Bruch des Völkerrechts durch Russland wie eine letzte Abwehrmaßname gegen eine von europäischem und US-amerikanischem Kapital durchdrungene und beherrschte Ukraine, die infolge der monetären Dominanz des Westens aus der traditionellen Loyalitätsbeziehung zu Russland herausgebrochen und in den westlichen Wirtschaftsraum herübergezogen worden sei. Letzten Endes rechtfertigt die «monetäre Geopolitik» des Westens damit auch militärische Gewalt in großem Stil, also den russischen Angriffskrieg gegen die Ukraine mit dem Ziel, das Land und seine Menschen in die russische Einflusssphäre zurückzuzwingen. Der in Wahlen und Abstimmungen zum Ausdruck gebrachte politische Wille einer Bevölkerung spielt gegenüber den raumkonsolidierenden Maßnahmen dieser Großmachtpolitik keine Rolle, da Willensbekundungen das Ergebnis von «monetärer Dominanz» beziehungsweise «monetärer Repression» seien.[23]

Und wie steht es dabei um die universellen Werte und Normen? In Silnizkis Argumentation ist der Universalismus der westlichen Werte nichts anderes als eine «geotheologische Legitimierung» für «die Domestizierung der wertfremden Machträume».[24] Planetarische Geopolitik bedürfe zu ihrer Rechtfertigung einer universalistischen Geotheologie. Was von den geoökonomischen Interessen nahegelegt und durch die monetäre Potenz des Kapitalismus ermöglicht worden sei, werde, so Silnizki, durch die Geotheologie des Universalismus legitimiert und mithin in den Rang eines humanitären Imperativs erhoben: «Der westliche Universalismus liefert mit seinem geotheologischen Sendungsbewusstsein und dem Glauben an seine universale Wertgeltung eine willkommene Legitimationsgrundlage für die geoökonomische Expansion.»[25] Was in der Umkehrung dann heißt: Der Universalismus der westlichen Werte nutzt die monetäre Dominanz, um mit den Mitteln wirtschaftlicher Sanktionen und monetärer Diktate seinen politischen Willen in globalem Maßstab durchzusetzen – und das alles vor dem Hintergrund der «Vorstellung einer ‹raumlosen›, globalen Welt(wirtschafts)Ordnung mit ihrem ‹freien› Welthandel, ‹freien› Weltmärkten, ‹freien› Kapitalverkehr, ‹freien› Ressourcentransfer usw.» Die behauptete Freiheit sei angesichts der tatsächlichen monetären Repression nicht mehr als «eine geoökonomische Fiktion».[26]

Gegen diesen Universalismus der Werte und seine Geltendmachung mit ökonomischen und fiskalischen Mitteln beruft sich Silnizki auf den Grundsatz der Souveränität, den es zu verteidigen gelte: «Der raumübergreifende Charakter des westlichen Universalismus stellt jede staatliche Souveränität in Frage.»[27] Um das Völkerrechtsprinzip der Souveränität auszuhebeln, verstecke sich der westliche Anspruch auf globale Hegemonie hinter einer Fassade der Humanität, die immer dann ins Spiel gebracht werde, wenn es darum gehe, in wertfremde Räume einzudringen. Eine stabile Weltordnung entstehe dabei nicht: «Der westliche Universalismus taumelt in einem Schwebezustand, in dem er an die Stelle der überkommenen Völkerrechtsordnung eine geotheologisch fundierte, staatenignorierende Welt- und Menschenrechtsordnung zu inthronisieren sucht, die sich aber im globalen Raum als *geopolitische Unordnung* entpuppt.»[28] Das ist Schmitts Argumentation, angewandt auf die Konstellationen des frühen 21. Jahrhunderts, wobei die Russländische Föderation an die Stelle des nationalsozialistischen Reichs getreten ist.

Im Prinzip ist es eine bipolare Ordnung, wenn auch kein neuerlicher Ost-West-Gegensatz, den Silnizki als Strukturmuster der im ersten Jahrzehnt des 21. Jahrhunderts entstandenen Weltordnung beschreibt: auf der einen Seite der «westliche Hegemon und in dessen Schlepptau seine treuen Verbündeten», die bestrebt sind, die ihnen nach dem Zusammenbruch der Sowjetunion zugefallene «Vormachtstellung in der globalisierten Welt aufrechtzuerhalten»; und auf der Gegenseite «das Bestreben der aufstrebenden Großmächte nach einem auf die unbedingte Souveränität pochenden Multilateralismus».[29] Das läuft auf die Alternative zwischen einer auf universale Werte und Normen gestützten planetarischen Ordnung mit unvermeidlich unipolaren Tendenzen und einem politisch multipolar angelegten Pluralismus der Werte hinaus, bei dem jede Großmacht (oder jeder Großraum) über eine eigene Werteordnung verfügt, die nicht an einem allgemeinen und übergreifenden

Maßstab gemessen und von diesem her beurteilt werden kann und darf. Individuelle Menschenrechte sind dann ein Bestandteil der westlichen Werteordnung, was für Silnizkis Ansatz solange kein Problem darstellt, wie sie nicht mit einem universalen Geltungsanspruch verbunden sind, denn das würde auf eine normative Intervention raumfremder Mächte in die Wertsphäre einer anderen Großmacht hinauslaufen. Um des globalen Friedens willen hat das Anlegen des Maßstabs der Menschenrechte an die Wertordnung einer nichtwestlichen Großmacht zu unterbleiben, denn, so Silnizki, «man spricht von ‹den› westlichen Werten, meint aber stets die westlichen Machtinteressen».[30]

Das gilt dann auch für jede aus dem Westen kommende Unterstützung einer Demokratisierung Russlands (oder Chinas), die von Silnizki als Bestandteil des westlichen Hegemoniestrebens angesehen wird. Deswegen verteidigt er auch die von Putin betriebene Politik des Widerstands gegen die Ausbreitung westlicher Demokratievorstellungen in Russland, zunächst freilich vorsichtig und in defensiver Grundhaltung: «Putins Feststellung: ‹Demokratie in Russland› bedeute ‹Herrschaft des russischen Volkes mit seinen eigenen Traditionen und nicht die Erfüllung von Standards, die uns von außen aufgenötigt werden›, ist weder ‹Reideologisierung› noch ‹Abkehr› vom Westen. Im Bewusstsein seines eigenen wertlogischen Selbstverständnisses negiert Putin hier vielmehr das Vordringen der westlichen Wertlogik in die wertfremden Machträume.»[31] Putin, so Silnizki, wehre sich gegen eine Form der westlichen Demokratieförderung, «die zwar demokratische Werte predige, aber geopolitische Interessen verfolge»[32]. In diesem Zusammenhang kommt er dann auf den, wie er schreibt, «*russländischen Großraum*» zu sprechen und begründet, warum Russland für eine liberale Demokratie nach westlichem Vorbild ungeeignet beziehungsweise die liberale Demokratie für Russland eine existenzielle Bedrohung sei.

Auch in seiner Distanz gegenüber der liberalen Demokratie steht Silnizki ganz in der Nähe Carl Schmitts: «Russlands jahrhundertelange Expansion gen Osten brachte eine innere Kolonisation und die zentralistisch organisierten Machtstrukturen zur Beherrschung des Großraums mit sich. Bei einer dezentralen Machtausübung bestand immer die Gefahr des Zerfalls des beherrschten Raumes in einzelne sich vom Zentrum verselbständigende Machtzentren.»[33] Will sagen: Russland ist aufgrund seiner geopolitischen Ausdehnung von Osteuropa bis zum Pazifik nicht föderal zu organisieren und allenfalls in zentralistischer Form (Putins «gelenkter Demokratie») eingeschränkt demokratisierbar. So verstanden heißt Demokratie, dass das Volk die Entscheidungen der politischen Führung akklamiert, aber nicht in den Foren der Zivilgesellschaft deliberiert. Da der Aufbau «vom Zentrum zwar abhängiger, zugleich aber in ihren Machtsphären selbständig agierender Machtzentren» nicht zustande kam, traten an ihre Stelle «*personengebundene* Machtverhältnisse», mit der Folge, dass eine «dezentrale Machtausübung [...] eine latente Gefahr des Großraumzerfalls in sich birgt».[34] Vor die Alternative gestellt, zwischen Demokratisierung in Richtung eines liberalen Rechtsstaats und dem Fortbestand imperialer Raumbeherrschung zu wählen, sei für Russland, so Silnizki, die Entscheidung klar: Das Anlegen universalistischer Normen an die politische Ordnung des Raumes bedrohe «Russland in seinem *völkerrechtlichen*, raumgebundenen Souveränitätsverständnis».[35]

Sollte dem so sein, dann sprachen aus russischer Sicht zwei Gründe für den Angriff auf die Ukraine: das vitale Interesse an der Wiederherstellung des imperialen Raumes, auf den ein machtbewusstes Russland angewiesen zu sein glaubte; und die Unerträglichkeit eines nach den Maidan-Revolutionen zunehmend an westlichen Vorstellungen von Demokratie orientierten Staates unmittelbar an seiner Grenze. Folgt man der Argumentation Silnizkis, dann hat der Angriff auf die Ukraine nichts, aber auch gar nichts mit der Osterweiterung der NATO zu tun; umso mehr dafür mit Russlands «imperialen Phantomschmerzen» und der Angst vor einer funktionierenden Demokratie in seiner unmittelbaren Umgebung.

Polarität und Polarisierung

An Silnizkis Argumentation lässt sich gut nachvollziehen, wie Polarität durch Polarisierung erzeugt wird, wie diffuse, zumeist noch unklare Gegensätze in einem Prozess der Zuspitzung zu einer politischen Polarität werden, die dann in politische Feindschaft mündet. Nach der Maßgabe von Freundschaft oder Feindschaft beschrieben, ist die politische Welt zunächst vielfältig und keineswegs polar geordnet. Erst in einem längeren Prozess des Beschreibens von Konstellationen, des Durchspielens von Optionen und des tastenden Experimentierens der praktischen Politik mit Gemeinsamkeiten und Gegensätzen entwickeln sich polare Ordnungen, die dann gemäß der Anzahl darin enthaltener Pole als unipolar, bipolar oder multipolar bezeichnet werden. In diesem Prozess der Transformation einer im Nachhinein als *Unordnung* wahrgenommenen bloßen Vielfalt zu einer polaren Ordnung spielen *strukturelle Unterschiede und Ähnlichkeiten* eine ausschlaggebende Rolle, etwa die der Geographie, der sprachlich-kulturellen Nähe und der politischen Verfasstheit, aber auch *kontingente Faktoren*, wie Personen, die zu einer bestimmten Zeit an der Spitze eines Staates stehen und seinen Kurs bestimmen, oder Ereignisse, die einen bestimmten Verlauf nehmen, aber auch ganz anders hätten ausgehen können.

Haben sich die Ordnungen mitsamt ihrer jeweiligen Polarität erst einmal institutionell verfestigt und ist ein Geflecht der sie rechtfertigenden Narrative entstanden, dann erscheinen den Zeitgenossen die internationalen Ordnungen, in denen sie leben, als selbstverständlich und der Gedanke, dass die Bündnisse auch ganz andere sein könnten (und womöglich auch hätten sein sollen), drängt sich kaum noch auf. Das war nicht nur in den vier Jahrzehnten des Ost-West-Konflikts der Fall, sondern auch in den langen geschichtlichen Perioden feststehender Bündnisse und Allianzen. Die Vorstellung einer ganz anderen Ordnung ist, um politische Relevanz zu erlangen, auf Konstellationen angewiesen, in denen eine Weltordnung kollabiert und nicht abzusehen ist, welche Ordnung an ihre Stelle treten könnte. Das sind die Konstellationen, in denen sich das «Sollen» zu Wort meldet und Ansprüche erhebt, in denen Ideale einer globalen Ordnung, jedenfalls grundlegend andere Ordnungen, als sie aus der Geschichte vertraut sind, ins Spiel gebracht werden. So war es nach 1989/91, als eine große Entwicklungsoffenheit bestand. Doch die Zeit der Ideale und Wünschbarkeiten ist am 24. Februar 2022 definitiv beendet worden.

Bei der Entstehung einer Ordnung, die an die Stelle einer unstrukturierten Vielzahl kleinerer und größerer Akteure tritt, gibt es eine Reihe möglicher Muster, bei denen vor allem zwei voneinander zu unterscheiden sind: unipolare und multipolare Ordnungen. Bei Ersteren handelt es sich entweder um imperiale oder hegemoniale Ordnungen, bei Letzteren um Staatensysteme, die zumeist nach den Grundsätzen des Gleichgewichts funktionieren, wobei dann einer Macht die Aufgabe des Ausbalancierens zufällt. Man bezeichnet sie darum auch als «Zünglein an der Waage». Imperiale und hegemoniale Ordnungen sind vertikal-hierarchisch aufgebaut, segmentär strukturierte dagegen egalitär und horizontal, und die Gleichgewichtsmechanismen sorgen dafür, dass diese Egalität gewahrt bleibt. Sie weisen eine Tendenz zur Bildung von Koalitionen gegen den Mächtigsten im Staatensystem auf, gegen den potentiellen oder tatsächlichen Hegemon und gegen das imperiale Zentrum.

Imperiale und hegemoniale Ordnungen unterscheiden sich freilich im Grad der Zentralisierung: Ist sie im imperialen System, jedenfalls in dessen innerem Ring, so stark ausgeprägt, dass alle bedeutenden Entscheidungen im Zentrum fallen und in den Regionen von den Statthaltern des Imperiums durchgesetzt werden, so lässt eine hegemoniale Ordnung den ihr zugehörenden Staaten größere Entscheidungsspielräume; der Hegemon zieht nur bei für ihn besonders wichtigen Fragen die Entscheidung an sich oder legt ansonsten Korridore fest, innerhalb derer sich die anderen relativ selbständig bewegen können.[36] Auf Egalität gegründete Systeme dagegen haben eine größere Veränderungsbreite und folgen dem Strukturmuster wechselnder Koalitionsbildungen, zumeist von dem Imperativ angeleitet, wonach Hegemonien und protoimperiale Strukturen bereits im Ansatz zu verhindern sind. Sie haben deswegen einen geringeren Ordnungsgrad und stehen im Verdacht institutioneller Instabilität.[37] Bei all diesen Ordnungen, die ihre eigene «Welt» bilden, ohne dabei globale Reichweite entwickeln zu müssen, handelt es sich freilich um «Idealtypen» im Sinne Max Webers, um die herum die realen Ordnungen oszillieren oder sich hybride Typen ausbilden.

Bei der Entstehung von Ordnungen, die ihre jeweilige Welt politisch gestalten und sie als «Ordnung» gegen die «Unordnung» ihrer Umgebung absetzen, freilich auch bei der Bildung von Koalitionen und Allianzen, die eine Welt unter sich aufteilen und nach dem Strukturmuster von Freundschaft und Feindschaft ordnen, spielen imperativische Vorstellungen eine Rolle, die sich kompensatorisch, konkurrent oder komplementär zueinander verhalten. Es sind dies *geographische Gegebenheiten* beziehungsweise geopolitische Konstellationen; weiterhin Ähnlichkeiten oder Gegensätze in der *politischen Verfasstheit* der Mächte, etwa im Gegensatz von Autokratien und Verfassungsstaaten, Alleinherrschaften und Republiken, Oligarchien und Demokratien; zudem Fragen der *kollektiven Identität*, die ethnischer und nationaler, religiöser und säkularer Art sein können; schließlich unterschiedliche *Werte und Normen*, die für das politische Selbstverständnis einer Gesellschaft bedeutsam sind. Welche dieser vier Nähen und Distanzen, die bei der Ordnungsbildung als Polarisierungen wirken, vorrangig sind und welchen eine nachgeordnete Bedeutung zukommt, hängt von den jeweiligen Konstellationen ab und lässt sich nicht im Vorhinein und auch nicht ein für allemal festlegen. Carl Schmitt hat dem im Begriff der «Ortung» einer Ordnung Rechnung zu tragen versucht. Der Begriff der «Ortung» ist jedoch wegen seiner starken geographischen Fixierung zu eng und zu sehr an spezifische Konstellationen gebunden, um im Hinblick auf die

Vielfalt der hier in Rede stehenden Module Verwendung finden zu können.

Diese kategorial angestellten Überlegungen lassen sich am historischen Material veranschaulichen: Die Allianzbildung im Peloponnesischen Krieg des 5. vorchristlichen Jahrhunderts mit Sparta und Athen als Protagonisten beider Seiten folgte im Wesentlichen verfassungspolitischen Vorgaben, insofern die Verbündeten Athens fast alle demokratisch, die Spartas hingegen überwiegend oligarchisch verfasst waren beziehungsweise in ihnen die demokratische oder die oligarchische Partei an der Macht war. Zusätzlich kam noch der Gegensatz von Land und Meer ins Spiel, insofern der von Sparta geführte Peloponnesische Bund überwiegend aus Landmächten bestand, während der von Athen angeführte Attisch-Delische Seebund zum größten Teil die ägäischen Hafen- und Handelsstädte sowie die in der Ägäis gelegenen Inseln umfasste. Bei diesem Muster der Koalitionsbildung spielte die bereits mehrfach erwähnte Komplementarität von Meer, Handel sowie einer breit angelegten politischen Partizipation auf der einen und Land, Militärwesen sowie oligarchischer Herrschaft auf der anderen Seite eine große Rolle.[38] Aus einer Fülle von Unterschieden ist mit der Zeit eine Polarisierung erwachsen. Es handelte sich im Grunde um einen Konflikt konkurrierender Ordnungsprinzipien, der in einem langen Krieg ausgefochten wurde. Die Chance, einen Kompromiss als Grundlage eines stabilen Verhandlungsfriedens zu finden, war gering.

Ähnliches gilt auf den ersten Blick – aber eben nur auf den ersten Blick – auch für den Dreißigjährigen Krieg als einen Kampf zwischen Katholizismus und Protestantismus um die politische Hegemonie in Europa, doch die Gründe und Motive für diesen Krieg erschöpfen sich nicht in dem konfessionell-identitätspolitischen Gegensatz. Einerseits verweigerten die lutheranischen Mächte lange eine Parteinahme für die eine oder andere Seite beziehungsweise positionierten sich auf Seiten des (katholischen) Kaisers; sie begriffen den Krieg nicht als konfessionelle, sondern als verfassungspolitische Auseinandersetzung, und obendrein unterstützte Frankreich als katholische Macht die Protestanten im Reich. Richelieu, der führende Politiker Frankreichs, sah in dem Krieg einen machtpolitischen Konflikt, der die Chance bot, das Haus Habsburg nachhaltig zu schwächen und seine europäische Dominanz zu brechen.[39] Insofern war der konfessionelle Gegensatz ein Strukturmuster, das durch weitere Strukturmuster konterkariert wurde. In der Folge bildeten sich erwartbare wie unvorhergesehene Koalitionen, und es kam immer wieder zu überraschenden Koalitionswechseln. Dementsprechend schwierig war die Beendigung des Krieges, bei der mehrere Anläufe scheiterten und eine stabile Friedensordnung erst zustande kam, als sämtliche Ursachen und Gründe des Krieges bedacht und verhandelt waren.[40]

Zu Beginn des 20. Jahrhunderts hatten in Deutschland viele eine Allianz zwischen Frankreich und Russland aufgrund der verfassungs- und wertpolitischen Gegensätze der beiden für unmöglich gehalten. Schließlich war Frankreich das Mutterland der Revolution und Russland der Hüter des Konservativen, wenn nicht gar des Reaktionären. Deswegen hatte die deutsche Politik auf politische Anstrengungen verzichtet, eine solche Allianz zu verhindern, wie etwa die Erneuerung des von Bismarck zuvor geschlossenen «Rückversicherungsvertrags» mit Russland. Das galt nicht weniger für die verfassungs- und wertepolitischen Unterschiede zwischen Großbritannien und Russland, zu denen noch ein geopolitischer Gegensatz hinzukam – das von Rudyard Kipling so genannte *great game* beider Mächte, das vom Schwarzen Meer bis zum Hindukusch stattfand und bei dem die Russen bestrebt waren, Zugang zu den Ozeanen zu erlangen, während die Briten genau das verhindern wollten. Die Flottenpräsenz der Deutschen in der Nordsee und auf den Weltmeeren führte jedoch dazu, dass die Briten ihre Vorstellungen von der Hauptbedrohung ihrer Weltmachtposition änderten und den Russen entgegenkamen, um mit ihnen eine Allianz gegen Deutschland zu bilden. Der Schlüssel dazu war die Preisgabe der Meerengen zwischen

Bosporus und Dardanellen an die Russen, wo die Briten bis dahin eine proosmanische Politik betrieben hatten.[41] Die Sicherung des Sueskanals spielte keine vordringliche Rolle mehr. Die Aufteilung der Einflussgebiete in Persien kam hinzu, und so formierte sich ab 1907 eine Entente, mit der einige Jahre zuvor keiner gerechnet hatte. Die bündnispolitische Polarisierung hatte einen anderen Verlauf genommen, als man dies in Berlin erwartet hatte: Die verfassungs- und identitätspolitischen Gegensätze traten in den Hintergrund, und geopolitische Überlegungen spielten die maßgebliche Rolle.

Das britisch-französisch-russische Bündnis wiederum hatte zur Folge, dass das Osmanische Reich auf die deutsche Seite wechselte und dann auch an dessen Seite in den Ersten Weltkrieg eintrat.[42] Das war ein ähnlicher Effekt, wie ihn mehr als ein halbes Jahrhundert zuvor die Entscheidung des Wiener Kaiserhauses gehabt hatte, im Krimkrieg nicht für Russland Partei zu ergreifen und in den Krieg einzutreten, sondern neutral zu bleiben. In der Folge hatte sich die Heilige Allianz als Bollwerk des Konservatismus aufgelöst. Die Polaritäten einer Weltordnung ändern sich, und nicht selten haben die daran beteiligten Akteure keine Vorstellung davon, welche Folgen ihre in eher kurzfristiger Perspektive getroffenen Entscheidungen haben werden.

Die beschriebenen Kriegskoalitionen liefern Beispiele für die Entstehung bipolarer Konstellationen, die aus einer zuvor multipolaren Ordnung herauswachsen und das Wechselspiel des Gleichgewichts in eine feste Konfrontationskonstellation überführen. Allgemein lässt sich sagen, dass Bipolarität eher für Zeiten des Krieges als für solche des Friedens typisch ist. Friedensordnungen haben eine unübersehbare Neigung zur Multipolarität, in der die Fronten und Gegensätze des Bipolaren gedämpft, wenn nicht aufgelöst werden. Von einer wirklichen Multipolarität lässt sich nur dort sprechen, wo tendenziell jeder mit jedem koalieren kann und es keine Gegensätze gibt, die zu kontinuierlichen Allianzen führen. Eine entgegengesetzte Entwicklung, die Abschwächung des Bipolaren zugunsten von Multipolarität, lässt sich in der Spätphase des Kalten Krieges und vor allem danach beobachten. Die Erosion der Bipolarität begann mit dem von Henry Kissinger initiierten Coup, gute Beziehungen zwischen den USA und China herzustellen, wodurch die vormalige Allianz der kommunistischen Regime aufgebrochen und ein bedeutender Schritt in Richtung Multipolarität gemacht wurde. Diese Entwicklung beschleunigte sich noch einmal nach dem Ende des Kalten Krieges, der als Konservator der Bipolarität fungiert hatte. Die daran anschließende Entwicklung verband Elemente des Unipolaren mit solchen des Multipolaren, wobei unklar blieb, wer oder was nun der Träger der Unipolarität war: die Vereinten Nationen mit Sitz in New York oder die Vereinigten Staaten von Amerika mit Washington als Hauptstadt.

Die Schlüsselfrage einer jeden unipolaren Ordnung: Wer ist der «Herr» und «Hüter»?

Sehr bald stellte sich jedoch heraus, dass die Vorstellung einer globalen Ordnung mit den Vereinten Nationen an der Spitze nicht funktionierte, da die Weltorganisation über keine eigenen Ressourcen verfügt und darauf angewiesen ist, dass alles, was sie zum Tätigwerden braucht, von den Mitgliedsländern zur Verfügung gestellt wird. Diese sind dazu aber nur dann bereit, wenn das ihren eigenen Zielen und Interessen entspricht. Ist das nicht der Fall, üben sie sich in Zurückhaltung oder stellen gar die Zahlungen an die Vereinten Nationen oder ihre Unterorganisationen ein, zumindest drohen sie damit. Infolgedessen haben die bedeutenden Zahlerländer einen sehr viel größeren Einfluss auf die Politik der Vereinten Nationen als die armen Länder, die kaum etwas zum Budget der Weltorganisation beitragen.

Außerdem werden alle großen und weitreichenden Entschlüsse

vom Sicherheitsrat getroffen, in dem die mit Vetorecht ausgestatteten Ständigen Mitglieder eine Art Direktorium der Weltorganisation sind, wobei die privilegierten Fünf die Machtverhältnisse abbilden, wie sie sich nach dem Zweiten Weltkrieg darstellten, keineswegs aber die zu Beginn des 21. Jahrhunderts. Lateinamerika, Afrika, die islamische Welt und Südasien haben im Sicherheitsrat keinen ihrer Bevölkerungszahl entsprechenden Einfluss, wohingegen Europa gleich zweimal vertreten ist. Das allein stellt die Legitimität von Sicherheitsratsentscheidungen in Frage. Seit Beginn des 21. Jahrhunderts kommt hinzu, dass – nach einer kurzen Zwischenphase unmittelbar nach dem Ende des Kalten Krieges – Russland und China, aber durchaus auch die USA, wieder häufig von ihrem Vetorecht Gebrauch machen, so dass der UN-Sicherheitsrat sich seitdem in nahezu allen wichtigen Fragen selbst blockiert. Auch im Ukrainekrieg hat sich die Hilflosigkeit der Vereinten Nationen gezeigt.

De facto traten schon bald nach dem Ende des Kalten Krieges die Vereinigten Staaten von Amerika als einziger global handlungsfähiger Akteur an die Stelle der Vereinten Nationen, und das *mit* wie *ohne* Mandatierung durch die Weltorganisation. Im Fall eines mandatierten Eingreifens der USA und weiterer Mächte, die sich ihnen anschlossen, lässt sich das – meist handelte es sich um militärische Interventionen, die innergesellschaftliche Kriege oder die Okkupation eines Landes durch eine fremde Macht beenden sollten – nach dem Typ einer *Patron-Agent-Beziehung* beschreiben: Die Vereinten Nationen waren der Herr (Patron) und die USA beziehungsweise das US-amerikanische Militär dessen ausführender Arm (Agent). In diesem – eher seltenen – Fall dreht sich die Legitimitätsdebatte allein um die Ausführung des Auftrags, also darum, ob der Agent sich an das Mandat gehalten oder unter dessen Mantel eigene Zielsetzungen verfolgt hat. Und darum, ob ihm Verstöße gegen das Kriegsrecht zur Last gelegt werden. Erheblich kontroverser verlaufen die Debatten indes, wenn die US-Intervention ohne UN-Mandat erfolgt, weil eine Vetomacht dagegen gestimmt hat. Dann handeln die USA und ihre Verbündeten auf eigene Faust, agieren also selbst als Patron, so dass sich die Frage stellt, wer oder was sie dazu legitimiert hat. Einmal mehr ist es die auf Friedrich Barbarossa abzielende Frage des Johann von Salisbury,[43] wer denn die Deutschen zu Richtern über die Völker bestellt habe, mit der die Legitimität des US-amerikanischen Agierens in Zweifel gezogen wird.

Für die einen läuft die Antwort auf den Vorwurf willkürlichen Machtgebrauchs seitens der USA hinaus, eines Agierens in Fortsetzung des vormaligen Imperialismus und Kolonialismus der Europäer, während die anderen auf die aufwendige Prüfung der Interventionsgründe in den öffentlichen Debatten einer Demokratie verweisen, die meist entlang der Theorie des gerechten Krieges erfolgt und im Sinne einer Selbstprüfung an die Stelle eines UN-Mandats tritt.[44] Die Prüfung der «guten Gründe» für eine Intervention kann indes so gründlich und sorgfältig verlaufen, wie das nur möglich ist – sie findet nie die Akzeptanz aller im Sicherheitsrat vertretenen Mächte und wird von vielen als einseitige Durchsetzung westlicher Werte zurückgewiesen – ganz so, wie Johann von Salisbury einst Friedrich Barbarossa nicht als legitimen Nachfolger der römischen Kaiser, sondern als «deutschen Tyrannen» apostrophiert hat.[45]

Nahezu gleichzeitig stellt sich in den USA die Frage, warum man eigentlich die Aufgaben der Weltgemeinschaft übernehmen und die damit verbundenen Kosten tragen solle, um dann doch nur Kritik und Widerspruch dafür zu ernten, bis hin zu Terroranschlägen auf amerikanische Staatsangehörige und US-Einrichtungen in aller Welt, zuletzt auch im eigenen Land. Nach etwa drei Jahrzehnten, in denen die USA die Rolle des «Hüters» einer unipolaren Weltordnung übernommen hatten, waren sie dessen müde und begannen damit, sich aus dieser Position zurückzuziehen. Der wesentlich von der US-Administration veranlasste Rückzug der westlichen Streitkräfte aus Afghanistan, wo man sich fast zwanzig Jahre lang vergeblich um die Befriedung des Landes und die Modernisierung der Gesellschaft bemüht hatte,[46] steht für den vorläufigen Abschluss dieses Rückzugs der USA (und ihrer Verbündeten) aus der Hüterposition. Die erschütternden Szenen am Kabuler Flughafen im August 2021 sind zum Symbol für das Scheitern des humanitären Interventionismus als zentraler Bestandteil einer unipolar entworfenen Weltordnung geworden.[47]

Jenseits der Eigeninteressen diverser Mächte, die mit dem Agieren der USA in der Rolle eines Hüters nicht einverstanden sind und es als «kolonialistisch» oder «imperialistisch» kritisieren, stellt sich bei einer normativen Evaluation der US-Politik der letzten drei Jahrzehnte die Frage, ob die USA eher als «Herr» oder mehr als «Hüter» aufgetreten sind. Man kann diese Frage auch umformulieren und fragen: Was macht aus einem «Herrn» einen «Hüter»? Ersterer, so die vorläufige Antwort, orientiert sich *wesentlich* an seinen eigenen Interessen, während Letzterer *vor allem* das Gemeinwohl der Menschheit im Auge hat.[48] Der Verweis auf das Gemeinwohl, das im konkreten Fall in umfassenden Beratungen ermittelt werden muss (was bei Zeitdruck zum Problem werden kann), ist eine Reaktion auf die Unbeantwortbarkeit der Frage des Johann von Salisbury; mit dem Gemeinwohlargument verschiebt sich nämlich die Aufmerksamkeit von der Berechtigung des Handelns hin zur Betrachtung der Ergebnisse des Handelns. Die nicht vorhandene und der Sache nach auch kaum mögliche *Input*-Legitimation wird durch eine *Output*-Legitimation ersetzt, bei der zwar ebenfalls nicht zu erwarten ist, dass bei ihrer Bewertung alle übereinstimmen, aber doch so etwas wie eine Mehrheitsmeinung relevant wird. Legitimitätstheoretisch ist die Unterscheidung zwischen «Herr» und «Hüter» nicht viel mehr als eine Krücke; politiktheoretisch füllt sie indes eine Leerstelle aus, die sonst allzu deutlich auf die fehlende Legitimation einer Weltmacht verweisen würde, die sich zum De-facto-Patron der gesamten Menschheit aufgeworfen hat. Doch diese Lösung ist und bleibt eine Nothilfe, die kaum als Grundlage einer auf Dauer angelegten Weltordnung dienen kann.

Das zentrale Legitimationsproblem des unipolaren Ordnungsentwurfs der letzten drei Jahrzehnte ist freilich nicht nur dessen Unipolarität, sondern auch der globale Geltungsanspruch seiner Werte und Normen. Die dem westlichen Universalismus verpflichtete Normordnung hat, wenn man sie ernst nimmt, zur Folge, dass der Hüter der Ordnung, gleichgültig ob Vereinte Nationen oder USA, für die allüberall auftretenden politischen wie sozioökonomischen Probleme und Konflikte zuständig ist – beziehungsweise für ihre Nichtbearbeitung verantwortlich gemacht werden kann. Die Massenmorde in Ruanda, aber auch das Massaker von Srebrenica sind Beispiele dafür. Warum wurde in beiden (und vielen weiteren) Fällen nicht rechtzeitig eingegriffen? Derlei überfordert den Hüter sowohl kapazitativ als auch hinsichtlich des erforderlichen Wissens und führt zu einem wachsenden Unbehagen bei denen, die für die Kosten der Intervention aufzukommen haben: den US-amerikanischen Steuerzahlern.

Unterfinanzierung der UN und Skepsis gegenüber Interventionen bei US-Wählern waren die Folge. Donald J. Trumps Parole «America First» war die definitive Absage an die Hüter-Rolle, auch mit Verweis darauf, dass die Anzahl der «Trittbrettfahrer» überhandgenommen habe, die von den Leistungen der Amerikaner bei der Eindämmung des Terrors profitierten, sich aber finanziell nicht daran beteiligten. Das wurde zum Hebel für den von Trump durchgesetzten Rückzug der USA aus der Hüter-Rolle. Es war zugleich das Ende des Anspruchs der USA, die Zentralmacht einer unipolaren Ordnung in globalem Maßstab zu sein.

Sehr viel einfacher sind Aufbau und Aufrechterhaltung einer unipolaren Ordnung dagegen, wenn diese nicht global, sondern räumlich begrenzt ist. Dann betreffen die Kosten dieser Ordnung nicht Gemeingüter (*common goods*), sondern Clubgüter, was bedeutet, dass man sie nicht nutzen kann, ohne zuvor in ihre Verfügbarkeit investiert zu haben. Die Kosten der Ordnung verteilen sich insofern auf viele Schultern. Clubgüter unterliegen dadurch nicht dem, was man in der Wirtschaftswissenschaft als «Tragödie der Allmende» bezeichnet:[49] dass alle das frei zugängliche Gut oder Angebot nutzen, sich aber keiner findet, der für dessen Bereitstellung und Pflege zu sorgen bereit ist – oder, wenn es doch einen geben sollte, der das aus karitativen oder philanthropischen Motiven heraus tut. Das tun aber nur Hilfsorganisationen und nicht Staaten. Um in den Genuss von Clubgütern zu kommen, muss man die Eintrittsvoraussetzungen des Clubs erfüllen und einen monatlich oder jährlich anfallenden Beitrag entrichten, also zur Verfügbarkeit dessen, was der Club bereitstellt, das Seine beitragen. Auch können die Clubmitglieder den Beitritt absehbar Zahlungsunwilliger oder Zahlungsunfähiger ablehnen und säumigen Mitgliedern mit Ausschluss drohen. Das alles ist bei allgemein verfügbaren Gütern nicht der Fall, weswegen sich hier die «Trittbrettfahrer» versammeln und die Allmende übernutzen.

Das Theorem von der «Tragödie der Allmende», ursprünglich entwickelt, um die Dilemmata einer sozialistischen Gesellschaftsordnung zu erläutern, lässt sich auch auf Bündnisse und Allianzen sowie auf globale oder regional begrenzte Ordnungen anwenden. Dabei zeigt sich, dass der Hüter einer globalen Ordnung in ein Ensemble von Gütern investiert, das von allen möglichen Nutznießern in Anspruch genommen wird, die sich aber selbst um deren Erhaltung und Pflege nicht weiter scheren und darauf setzen, dass ihre Nutzung zum Gewohnheitsrecht wird. Der Hüter einer regional begrenzten Ordnung, wie die NATO oder auch die EU, die nach dem Clubmodell organisiert sind, hat es mit einer Organisation oder Union zu tun, in der die ihr Angehörenden zum Fortbestand dieser Ordnung beitragen müssen, um in den Genuss der Leistungen zu kommen. Das erklärt, warum räumlich begrenzte Ordnungen mit Hüter leidlich gut funktionieren, während globale Ordnungen den Hüter notorisch überfordern.

Daraus lässt sich schlussfolgern, dass eine globale Ordnung normativ nicht anspruchsvoll sein kann, weil sie, wenn sie funktionieren soll, auf einen Hüter angewiesen ist, der die Werte und Normen auch durchsetzt. Den gibt es jedoch nicht, weil die Hüterrolle mit dauerhaft hohen Kosten verbunden ist – oder, wenn es ihn doch gibt, ist es einer, der «Herr» statt «Hüter» sein will. Insofern muss eine globale Ordnung nach den mechanischen Gesetzen von Übergewicht oder Gleichgewicht funktionieren und kann deswegen ohne Hüter auskommen. Das ist das Dilemma einer «wertorientierten Außenpolitik»: Letzten Endes ist sie auf einen Hüter angewiesen, den es aber auf Dauer nicht gibt – oder sie muss dessen Aufgaben selbst übernehmen, womit sie aber strukturell überfordert ist. Eine normativ anspruchsvolle Ordnung planetarischen Ausmaßes bedarf eines Hüters, der sich in großem Stil und weitgehend auf eigene Kosten um sie kümmert. So, wie die Dinge liegen, ist nicht erkennbar, woher ein solcher Hüter kommen kann und warum er sich für die Wahrung eines Gemeinwohls einspannen lassen soll, das sich mit seinen Eigeninteressen nicht deckt.

Multipolare Ordnung und «Anarchie der Staatenwelt»

Die Alternative zu einem unipolaren System sind – außer bipolaren Konstellationen – multipolare Ordnungen. Bei ihnen müssen, um die Bipolarität als eigenständigen Fall aus der Behandlung von Multipolarität herauszuhalten, mindestens drei Pole vorhanden sein. Grundsätzlich kann bei multipolaren Ordnungen die Anzahl der Pole unendlich groß sein, nur wird man bei einer Anzahl von mehr als sieben Polen eher von einer «Anarchie der Staatenwelt»[50] sprechen als von einer multipolaren Ordnung. Die Vielzahl der Akteure steht einer systemischen Ordnung entgegen, und die Anzahl der denkbaren Allianzen wie Konfrontationen, dazu die Wahrscheinlichkeit von Koalitionswechseln beziehungsweise – was funktional auf dasselbe hinausläuft – die Offenheit und Unvorhersehbarkeit von Koalitionsentscheidungen machen es unmöglich, hier von einer *Ordnung* oder einem *System* zu sprechen. Die Dominanz des Kontingenten führt unter solchen Bedingungen dazu, dass die agierenden Mächte von keiner stabilen Erwartung ausgehen können oder ihre Bündnispräferenzen auf Ungewissheiten gründen müssen, womit die Mindestanforderung einer «Ordnung» nicht erfüllt ist. Vielmehr müssen die Akteure ständig auf der Hut sein, nicht zum Aggressionsobjekt einer anderen Macht zu werden und dann ohne Unterstützung dazustehen.

Als Erstes heißt das, dass auch in multipolaren Systemen keineswegs jeder politische Akteur für sich in Anspruch nehmen kann, ein «Pol» der Ordnung zu sein. Um ein solcher Pol zu werden und zu bleiben, bedarf es einer systemrelevanten Handlungsmacht, die so groß sein muss, dass die anderen systemrelevanten Akteure in der Konkurrenz um Macht und Einfluss mit ihr rechnen beziehungsweise von ihr als einer konstanten Größe ausgehen müssen. Dazu gehört, dass die fragliche Macht nicht auf den zufälligen Konstellationen von ein paar Jahren beruht. Ist hingegen systemrelevante Handlungsmacht vorhanden und das über einen Zeitraum von deutlich mehr als einem Jahrzehnt, so erwächst daraus eine gegenseitige Anerkennung der großen Akteure, die sich untereinander als die tragenden Mächte der jeweiligen Ordnung ansehen. Diese gegenseitige Anerkennung kann sich sowohl auf Freundschaft als auch auf Feindschaft gründen. Sie kann informell sein, beruht aber häufig auf Verträgen, die zwischen den großen, ordnungsgestaltenden Mächten ausgehandelt worden sind. Diese wechselseitige Anerkennung der Großen einer internationalen Ordnung hat zwangsläufig eine zahlenmäßige Begrenzung der relevanten Pole zur Voraussetzung: Es kommt nur zur Neuanerkennung eines Akteurs als polare Macht, wenn eine andere Macht, die bis dahin einen Pol besetzt hat, ausscheidet und damit einer neuen Platz macht. Diese nimmt dann die Position der ausgeschiedenen alten

Macht ein. Eine Vermehrung der Pole in einer multipolaren Ordnung findet so gut wie nicht statt.

Der Grund dafür ist das Interesse der aktuellen Positionsinhaber, die Zahl der Pole nicht weiter zu steigern, da jede Vermehrung auf eine relative Entwertung des eigenen Pols und damit der eigenen Systemrelevanz hinausläuft. Jeder zusätzliche Machtpol stellt eine Inflationierung dar, der sich die *beati possidentes*, die zu ihrem Glück oder Vorteil Besitzenden, als aktuelle Positionsinhaber entschieden widersetzen: Sie folgen der Vorstellung, dass in multipolaren Systemen ein Pol umso einflussreicher ist, je weniger Pole es insgesamt gibt. Diese Begrenztheit gilt es zu wahren.

Das erklärt auch das Interesse der *beati possidentes* daran, dass schwächelnde Mächte, die nicht länger in der Lage sind, ihren Aufgaben nachzukommen, aus dem System herausgedrängt und durch neue handlungsmächtige Akteure ersetzt werden – solche also, die in der Lage sind, einen relevanten Beitrag zum Fortbestand der Ordnung zu leisten. Das Innehaben eines Pols durch einen im Niedergang befindlichen Akteur läuft auf die Gefährdung der gesamten Ordnung hinaus, denn mit der Zeit entstehen daraus Kriege zwischen nachdrängenden Mächten, die an der Besetzung eines Pols interessiert sind. Der Niedergang des Osmanischen Reichs im 19. Jahrhundert ist ein Beispiel dafür, insofern sich in seinem Verlauf die Konflikte zwischen Zarenreich und Donaumonarchie vermehrten und die teilweise in Form von *proxy wars*, Stellvertreterkriegen, geführten Balkankriege den Weg in den Ersten Weltkrieg ebneten.

Eine multipolare Ordnung weist neben den mächtigen Inhabern von Polpositionen eine zweite und dritte Reihe auf, in der sich all diejenigen Staaten befinden, die der Ordnung angehören, aber einen deutlich geringeren Einfluss haben als die großen Mächte. Sie zählen nicht zu denen, die beim Ringen um Macht und Einfluss eine ausschlaggebende Rolle spielen. Meist gehören sie zu den Unterstützern einer der polaren Mächte, der sie in Konflikten und Kriegen Beistand leisten und von der sie im Gegenzug bei eigener

Bedrängnis Schutz und Unterstützung erwarten. Es ist nicht ausgeschlossen, dass diese Mächte der zweiten und dritten Reihe eine gewisse Freiheit bei der Wahl der polaren Macht haben, der sie sich anschließen, aber diese Wahlfreiheit ist durch die geographische Lage und das Gewicht des jeweiligen Akteurs für die Gesamtordnung eingeschränkt und kann dementsprechend größer oder kleiner sein. Jedenfalls sind in einem multipolaren System, das im Unterschied zu einer uni- oder bipolaren Ordnung eine strukturell erheblich stärkere Konkurrenz aufweist, die Mächte der zweiten und dritten Reihe durchaus umworben, und die Kämpfe zwischen den Polmächten werden zumeist als Ringen um die Botmäßigkeit von Akteuren der zweiten Reihe ausgetragen – oder sie resultieren daraus, dass bislang Zweitrangige erstrangig werden wollen.

Solche multipolaren Ordnungen können einen Hegemon haben, der sich in der Position eines «Ersten unter Gleichen» für Jahrzehnte festsetzt, die damit verbundenen Aufgaben zuverlässig wahrnimmt und die zugehörigen Vorrechte genießt. Ebenso kann es sich aber auch um eine Ordnung des machtpolitischen Gleichgewichts handeln, in der keine der großen Mächte sich dauerhaft als Hegemon zu positionieren vermag. Letzteres läuft auf eine multipolare Ordnung hinaus. Dabei ist kaum zu entscheiden, was Ursache und was Wirkung ist: die interne Dynamik des Systems oder extern verursachte Entwicklungen bei einem der Akteure. Wirtschaftliche Entwicklungen und technologische Sprünge können nämlich dazu führen, dass eine Macht, die bis dahin stets eine untergeordnete Rolle gespielt hat, sich mit einem Mal in der Reihe der großen Mächte wiederfindet, also ein polarer Akteur wird und im Ringen um die Hegemonie mitzumischen in der Lage ist. Ebenso lässt sich aber auch beobachten, dass die Dynamik des Systems zu beschleunigten Entwicklungen und Sprüngen führt, weil die unablässige Konkurrenz eine Innovationsbereitschaft fördert, wie sie in stabilen Ordnungen selten anzutreffen ist. Insofern haben multipolare Systeme im Vergleich mit unipolaren Ordnungen eine deutlich dynamischere

Entwicklungskurve und bauen in der globalen Konkurrenz einen wirtschaftlichen wie technologischen Vorsprung gegenüber anderen Räumen auf. Unter anderem damit haben Wirtschaftshistoriker die Überlegenheit der Europäer gegenüber dem «Rest der Welt» zwischen dem 17. und dem 20. Jahrhundert erklärt.[51]

Multipolare Systeme *mit* Hegemon weisen meist eine große Stabilität in ihrem Innern auf und haben eine starke Disposition zum Frieden zwischen den Staaten, während in multipolaren Systemen *ohne* Hegemon – also solchen, in denen die Hegemonialposition umstritten ist und keiner sie dauerhaft innehat – das Verhältnis zwischen den Polen immer wieder aufs Neue austariert werden muss. Dazu können auch «Wirtschaftskriege» dienen.[52] An die Stelle des Hegemons tritt hier ein bewegliches Gleichgewicht der Kräfte, das verhindern soll, dass ein Akteur dauerhaft zur Vormacht aufsteigt. Gleichgewichtssysteme weisen eine starke Tendenz zur Bildung antihegemonialer Koalitionen auf, die keine Macht so stark werden lassen, dass sie einseitig Regeln festlegen und ihre eigenen Werte durchsetzen kann. Bei einer solchen Entwicklung würden alle anderen Akteure an Macht und Einfluss verlieren, und diese Aussicht legt ihnen die Formierung antihegemonialer Koalitionen nahe.

Im Unterschied dazu haben multipolare Systeme, in denen es einer Macht gelungen ist, zum Hegemon aufzusteigen, die Tendenz, die multipolare Ordnung Schritt für Schritt in ein unipolares System umzubauen und dabei die vormalige Gleichheit der großen Mächte durch nach- und untergeordnete Positionen zu ersetzen. Der dafür paradigmatische Fall ist die im 5. vorchristlichen Jahrhundert erfolgte Verwandlung des Attisch-Delischen Seebundes in die athenische Thalassokratie, wie Thukydides das in seiner *Geschichte des Peloponnesischen Krieges* beschrieben hat.[53] Vor einigen Jahren ist die Frage diskutiert worden, ob sich womöglich der auf der Gleichberechtigung aller NATO-Mitgliedstaaten begründete in sich multipolare «Westen», in dem die USA die Position eines Hegemons einnehmen, unter der Hand in eine imperiale Ordnung verwandelt habe, in der Weißes Haus und Pentagon den Ton angeben und der Rest, die Europäer vor allem, zu folgen haben. Aus dem «wohlwollenden Hegemon» war, so die vielfach geäußerte Annahme, mit der Zeit eine ohne Rücksicht auf die Verbündeten egoistisch agierende Imperialmacht geworden.[54] Ein häufig genanntes Indiz dafür war, dass sich die USA nicht mehr auf gemeinsame Beratungen mit den NATO-Partnern einlassen wollten, wenn sie strategisch weitreichende Entscheidungen trafen, die erhebliche Folgen für die Verbündeten hatten.

Dagegen haben am inneren Gleichgewicht ausgerichtete multipolare Ordnungen allenfalls eine Macht, die sich als «Zünglein an der Waage» begreift und dafür sorgt, dass das Gleichgewicht gewahrt und kein Weg in Richtung Hegemonie eingeschlagen wird. Das «Zünglein an der Waage» ist gewissermaßen der Funktionär des Antihegemonialen, was heißt, dass diese Aufgabe in einer multipolaren Ordnung am ehesten der Macht anvertraut werden kann, die die geringste Neigung hat, sich selbst zum Hegemon aufzuschwingen, sondern deren Interessen in einem hegemoniefreien Gleichgewicht am besten aufgehoben sind. Im europäischen Gleichgewichtssystem des 19. Jahrhunderts lag diese Rolle bei Großbritannien.[55]

Was aber, so ist hier zu fragen, kann die großen Mächte einer multipolaren Ordnung, die Pol-Mächte somit, veranlassen, auf Macht und Einfluss zu verzichten? In der Analyse des Thukydides war dies das nur auf den ersten Blick freundliche und zuvorkommende Angebot der Athener, wonach die Bündner keine eigenen Kriegsschiffe stellen mussten, sondern stattdessen regelmäßige Geldzahlungen an Athen als Hauptmacht des Bundes leisteten, das dann auf der Grundlage dieser Tribute zusätzlich zum eigenen Kontingent weitere Kriegsschiffe baute, bemannte und im ägäischen Wach- und Sicherungsdienst einsetzte. Die Athener bespielten also die Freikaufmentalität der kleineren Mächte im Seebund, die sich damit auf ihre wirtschaftlichen Aktivitäten konzentrieren konnten und nicht länger in den Sommermonaten, wenn die beste Zeit für den Seehandel war, einen Teil ihrer Männer als Ruderer abstellen oder für Militäroperationen unter Waffen halten mussten. Irgendwann wunderten sie sich jedoch, dass die athenische Volksversammlung allein und nach eigenem Gutdünken über Krieg und Frieden entschied und die Bündnispartner nicht mehr gefragt wurden. Zum Hegemon in einer ursprünglich multipolaren Ordnung wird zumeist nicht, wer die anderen polaren Mächte niederringt, sondern wer einen eleganteren Weg beschreitet, indem er immer mehr Lasten der Gesamtordnung an sich zieht und diese dann Schritt für Schritt in Vorrechte und Vormachtprivilegien umwandelt.

Ein Beispiel für Multipolarität: die europäischen Pentarchien

Seit dem 15. Jahrhundert weisen die multipolaren Systeme Europas eine auffällige Neigung zu Fünfer-Konstellationen auf, und diese Tendenz zur Fünfpoligkeit zeigt sich bis heute in der Vorrangstellung der fünf Ständigen Mitglieder im Sicherheitsrat der Vereinten Nationen. Ihre herausgehobene Stellung kommt nicht nur in der Entfristung dieses Vorrangs, der «auf Ewigkeit» angelegt ist, sondern auch in dem damit verbundenen Vetorecht zum Ausdruck. Diese Fünf bilden so etwas wie das Direktorium der Weltorganisation, und wenn sie sich nicht fortgesetzt gegenseitig blockieren würden, könnte sich daraus durchaus so etwas wie eine globale Hegemonie entwickeln.

Am Anfang der europäischen Pentarchien steht der im Jahre 1454 zwischen der Republik Venedig und Francesco Sforza, dem Herzog von Mailand, geschlossene Friede von Lodi, aus dem sich in Italien eine aus fünf Mächten bestehende politische Ordnung entwickelte, von der für ein halbes Jahrhundert die politischen Verhältnisse auf der Apenninhalbinsel geregelt wurden. In den Friedensschluss der beiden norditalienischen Mächte wurde nämlich auch die Republik Florenz einbezogen, die zunächst mit Venedig und danach mit Francesco Sforza verbündet gewesen war, also der einen wie der anderen Seite ein Übergewicht verschaffen konnte, und bald darauf folgten der Papst und das Königreich von Neapel, um in den neuen Konstellationen nicht leer auszugehen.

So entstand ein fragiles Gleichgewicht zwischen den nunmehr fünf Vormächten, deren gemeinsames Interesse darin bestand, dass sich die kleineren Mächte Italiens ruhig verhielten, keine Kriege gegeneinander mit dem Ziel einer eigenen Machterweiterung führten, sondern sich in die Gefolgschaft einer der fünf dominanten Mächte einreihten. Man kann den Frieden von Lodi, in dem es zunächst um eine beiderseits respektierte Grenzziehung zwischen der venezianischen Terraferma und dem milanesischen Gebiet ging, als wechselseitige Anerkennung der größeren Mächte Italiens beschreiben. Man sprach deswegen mit Blick auf den geschlossenen Frieden auch von der *Lega di Lodi*: Die großen Mächte hatten einen exklusiven Club gegründet, in dem sie die Italien betreffenden Angelegenheiten untereinander klärten. Die im Handels- und Bankgeschäft versierten Medici – sie übten in der Republik Florenz eine informelle Vorherrschaft aus – übernahmen darin die Rolle des ausbalancierenden «Züngleins». Niccolò Machiavelli sprach später davon, Italien sei damals «in uno certo modo bilanciata» gewesen, in einer bestimmten Weise ausgewogen.[56]

Diese räumlich auf Italien begrenzte Pentarchie, das Paradigma der Fünferordnungen ohne Hegemon, zerbrach, wie eingangs kurz skizziert, im Jahre 1494, als sich Ludovico Sforza, Herzog von Mailand, einer Viererkoalition der anderen Mächte gegenübersah, womit er politisch isoliert und militärisch unterlegen war. In dieser Lage suchte er Hilfe *außerhalb Italiens* und stellte Verbindungen zum französischen König Karl VIII. her, der seinerseits Ansprüche auf die neapolitanische Königswürde erhob und, um nach Italien einmarschieren und bis nach Neapel vordringen zu können, Ludovico die gewünschte militärische Unterstützung gegen Venezianer und Florentiner zusagte. Ludovico handelte damit gegen den zentralen Imperativ des Gleichgewichts, wonach Allianzen nur innerhalb des eigenen Raumes gebildet werden durften, um diesen gegen das Eindringen äußerer Akteure abzuschotten. Kurzum: Mailand öffnete einer äußeren Macht die Tür nach Italien, die durch das Gleichgewichtssystem der fünf Mächte doch verschlossen bleiben sollte. Dass der milanesische Herzog sie öffnete, war die Reaktion auf ein Versagen des Gleichgewichtssystems, durch das Mailand isoliert worden war.

Die Hauptverantwortung fiel dabei Pietro de'Medici zu, dem neuen, politisch noch unerfahrenen Machthaber in Florenz, der offenbar die Prinzipien der Gleichgewichtspolitik nicht begriffen hatte, sonst hätte er durch ein Bündnis mit Ludovico dessen Isolation beendet und das Gleichgewicht wiederhergestellt. Zwei Entscheidungen, die des Medici in Florenz und die des Herzogs von Mailand, hatten zur Folge, dass Italien nach 1494 zum Austragungsort der Hegemonialkriege zwischen Frankreich und Spanien wurde. In deren Verlauf wurde die Halbinsel verwüstet und zuletzt zum Herrschaftsgebiet der spanischen und der österreichischen Linie des Hauses Habsburg. Darin zeigt sich die Verwundbarkeit einer auf dem Gleichgewichtsimperativ beruhenden multipolaren Ordnung: Sie bedarf einer Macht, die den Aufgaben eines ausbalancierenden «Züngleins an der Waage» gewachsen ist. Wo das nicht der Fall ist, kollabiert die Ordnung, und die in ihr und durch sie geordnete «Welt» nimmt schweren Schaden.

Das hat die Europäer nicht davon abgehalten, ein ähnliches *Equilibrio*, jetzt auf europäischer Ebene, zu errichten, wobei dieses zweite Gleichgewicht weniger das Ergebnis einer abgewogenen Entscheidung war, sondern sich aus dem Aufstieg Frankreichs und Spaniens und der machtpolitischen Schwäche des Kaisertums ergab. Im Unterschied zur italienischen Pentarchie des 15. Jahrhunderts, die aus einem Vertrag erwuchs, wurde der Weg zur europäischen Pentarchie nach und nach zurückgelegt: Keine der aufsteigenden Mächte war in der Lage, den Kontinent unter imperiale Herrschaft zu bringen, und keine war stark genug, dauerhaft an der Spitze der multipolaren Ordnung die Hegemonialposition einzunehmen. Dazu wären die Habsburger, die *Casa d'Austria*, mit ihren mitteleuropäischen Herrschaftsgebieten, mit dem flämisch-niederländischen Raum sowie vor allem mit Spanien und den zugehörigen Territorien in der Neuen Welt wohl am ehesten in der Lage gewesen. Aber der antihegemoniale Widerstand Frankreichs war zu stark, und die Unterstützer der französischen Politik waren zu zahlreich, als dass es dem Hause Habsburg dauerhaft gelungen wäre, ein europäisches Imperium zu begründen oder sich als unbestrittener Hegemon an der Spitze Europas festzusetzen.

So etablierte sich am Ende des Dreißigjährigen Krieges, der unter anderem auch ein Krieg um die europäische Hegemonie war,[57] mit dem Westfälischen Frieden eine Ordnung, die dann als Pentarchie, als Fünferherrschaft, bezeichnet worden ist. Ihr gehörten zunächst für mehr als ein halbes Jahrhundert an: das Wiener Kaiserhaus mit seinen mitteleuropäischen Herrschaftsgebieten, durch die es ein Bollwerk für die europäische Christenheit gegen die vordringenden Osmanen war; das am Ende des 15. Jahrhunderts aus den Königreichen Aragon und Kastilien zusammengefügte spanische Reich, das unter Philipp II. zu einer Macht geworden war, in der tatsächlich «die Sonne nicht unterging»; Frankreich, das als erster Staat Europas eine leistungsfähige Verwaltung aufgebaut hatte, die es in die Lage versetzte, die Ressourcen des Landes effektiver zu mobilisieren als seine Konkurrenten; England, das im Begriff stand, zur führenden See- und Handelsmacht aufzusteigen und aufgrund seiner Insellage erhebliche geopolitische Vorteile gegenüber den kontinentaleuropäischen Mächten hatte; und schließlich Schweden, die Macht um die Ostsee, die nach einer systematischen Eroberungspolitik die Flussmündungen dieses Binnenmeers kontrollierte und den dortigen Handel besteuerte. Aus diesen Einnahmen konnte Schweden ein, an der Bevölkerungszahl des Landes gemessen, überdimensioniertes Heer finanzieren.

Im Unterschied zur italienischen Pentarchie, die aber auch nur vier Jahrzehnte Bestand hatte, kam es in der europäischen Pentarchie von der Mitte des 17. bis zum Anfang des 20. Jahrhunderts zum Austausch einiger Pol-Mächte, was auf eine Ostverschiebung des europäischen Zentrums hinauslief. Als Erstes schied Schweden infolge der Niederlage Karls XII. bei Poltawa (1709) aus dem Kreis der großen Mächte aus; ihm folgte Spanien, das sich zunehmend aus der europäischen Politik zurückzog und auf seine überseeischen Territorien konzentrierte. An die Stelle von Schweden und Spanien traten Russland und Preußen: Russland nicht zuletzt infolge seiner Öffnung nach Europa im Zuge der Modernisierungspolitik Peters des Großen; Preußen hatte unter Friedrich dem Großen Schlesien erobert und sich militärisch als Macht behaupten können. In der napoleonischen Ära wurde diese europäische Pentarchie für zwei Jahrzehnte außer Kraft gesetzt, danach im Wiener Kongress aber wiederhergestellt.

Während des 19. Jahrhunderts prägte diese Pentarchie die Ordnung Europas, wobei sich Preußen zwischenzeitlich in das Deutsche Reich verwandelte, ansonsten aber die Pol-Mächte dieselben blieben. Innerhalb des Systems der großen Fünf führte ein geändertes Koalitionsverhalten zur Neuformierung der Ordnung: Bis in die Mitte des Jahrhunderts hatte man es auf der einen Seite mit einer aus Russland, Preußen und Österreich bestehenden Koalition konservativer Mächte, der «Heiligen Allianz», zu tun gehabt und den zwei liberalen Großmächten Frankreich und England auf der anderen Seite. Diese Zweiteilung löste sich nach dem Krimkrieg auf und machte Platz für andere Koalitionen, aus denen schließlich das Bündnis zwischen dem Deutschen Reich und der Doppelmonarchie Österreich-Ungarn (sowie zeitweilig Italien) hervorging, während auf der Gegenseite eine Entente zwischen Frankreich, Russland und Großbritannien entstand. Die seit Mitte des Jahrhunderts zunehmende Schwäche der Donaumonarchie beförderte die italienische Begehrlichkeit, an deren Stelle in die europäische Pentarchie einzutreten. Das war auch einer der Gründe, warum das bei Kriegsausbruch auf seiner Neutralität bestehende Italien dann auf Seiten der Entente in den Ersten Weltkrieg eingriff. An dessen Ende nahm es zwar auf der Bank der Siegermächte Platz, erlangte aber nicht die angestrebte Anerkennung als eine der europäischen Führungsmächte. In Italien sprach man deswegen von der *vittoria mutilata*, dem verstümmelten Sieg.

Auch hier stellt sich die Frage, woran die europäische Pentarchie im Sommer 1914 gescheitert ist, da der Erste Weltkrieg kein Krieg war, in dem die Machtverhältnisse innerhalb der Fünferordnung neu balanciert wurden, sondern diese Ordnung zerschlagen und ein strukturell gänzlich anderes System etabliert wurde: Das Reich der russischen Zaren ging bereits vor Kriegsende unter und versank nach 1918 in einem mehrjährigen Bürgerkrieg, die österreichisch-ungarische Doppelmonarchie löste sich bei Kriegsende in eine Reihe von Einzelstaaten auf, und das Deutsche Reich wurde mit dem Versailler Vertrag aus der Gruppe der europäischen Führungsmächte ausgeschlossen. Der Genfer Völkerbund, der an die Stelle der europäischen Pentarchie trat, war eine Organisation, deren Mitglieder nicht nur aus Europa kamen, sondern von allen Kontinenten. Andererseits wurde mehreren europäischen Mächten, etwa Deutschland und Sowjetrussland, die Mitgliedschaft im Völkerbund zunächst verwehrt, und zwar mit der Begründung, dieser sei im Unterschied zur vormaligen Pentarchie nicht machtpolitisch, sondern regel- und werteorientiert ausgerichtet, weswegen es für beide in ihm vorerst keinen Platz gebe. Der Genfer Völkerbund war also keine genuin europäische, im weiteren Sinn *raumgebundene* Ordnung, und an die Stelle des Regulationssystems *Macht* sollte das Regulationssystem *Recht* treten.[58] Es fehlte freilich ein «Hüter» des Rechts, und an diesem Fehlen ist der Völkerbund politisch gescheitert.[59]

Doch zurück zum Versagen des Gleichgewichtsmechanismus in der europäischen Pentarchie. Die Frage danach ist nicht identisch mit der nach der Schuld am Krieg,[60] denn sie zielt nicht auf die Friedensorientierung der relevanten Akteure, sondern auf das Versagen der Mechanismen, die Kriege innerhalb des Systems räumlich und zeitlich so begrenzen sollten, dass sie zu einer neuen Balance führten – und nicht zur Zerstörung des Systems. Eine der Erklärungen für das Versagen der Pentarchie lautet, das mit der Bismarckschen Reichsgründung entstandene Deutschland sei zu groß gewesen, um noch in das Gleichgewichtssystem hineinzupassen. Diese Hypothese ist jedoch nicht überzeugend, weil das Gleichgewicht von seinen Grundstrukturen her so angelegt ist, dass es auf solche Veränderungen reagieren kann – und solches in der überraschenden Allianz von Frankreich und Russland ja auch tat. Auch die häufig ins Spiel gebrachte Zusatzhypothese, wonach der im Wilhelminismus erfolgte Übergang Deutschlands zur «Weltpolitik», die Abkehr vom Bismarckschen Kurs des «saturierten Reichs», die Verhältnisse grundlegend verändert habe, kann als Erklärung nicht überzeugen, denn Frankreich, Russland und Großbritannien betrieben ebenfalls «Weltpolitik», und jede Pentarchie beruht auf der Grundannahme, dass die großen Akteure als uneingeschränkt gleichberechtigt anzusehen sind. Gegen den Verweis auf ein wirtschaftliches und militärisches Übergewicht der Deutschen, das der Grund für den Zusammenbruch des Systems gewesen sei, spricht auch, dass sich Deutschland im Bündnis mit Österreich-Ungarn befand, der fraglos schwächsten Macht in der europäischen Pentarchie.[61] Insofern lässt sich die Zwei-zu-zwei-Konstellation auf dem Kontinent als kräftemäßig ausgeglichen ansehen – vorausgesetzt, dass Großbritannien an seiner Rolle als «Zünglein an der Waage» festhielt und sich als balancierender Fünfter verstand, der keine feste Bindung mit einem der beiden Blöcke einging.

Warum aber hielt die englische Politik nicht an der Politik des Sich-Freihaltens von festen Bündnissen und des Ausbalancierens von Ungleichgewichten fest, die sie im 19. Jahrhundert mit Erfolg praktiziert hatte? Schritt für Schritt ging sie immer engere Bündnisse mit Frankreich und Russland ein, was Anfang August 1914 schließlich zum Kriegseintritt auf Seiten dieser beiden Mächte führte. In einem Teil der Forschungsliteratur wird dieser Kriegseintritt ursächlich mit dem Bruch der belgischen Neutralität durch Deutschland – einer Folge des Schlieffenplans, der die nördliche Umfassung eines Großteils des französischen Heeres vorsah, die über Belgien erfolgen sollte[62] – in Verbindung gebracht, was auf die Annahme hinausläuft, England wäre *nicht* in den Krieg eingetreten, wenn das Deutsche Reich die Neutralität Belgiens respektiert und nach einem anderen Kriegsplan operiert hätte. Unter diesen Umständen hätte ein neutrales England spätestens im November/Dezember 1914, als die Offensiven und Gegenoffensiven der Kriegsparteien zum Stillstand kamen,[63] eine politische Vermittlerrolle übernehmen und einen Waffenstillstand aushandeln können, der den Krieg räumlich und zeitlich begrenzt und die Chance zu einem Friedensschluss in Orientierung am *Status quo ante* eröffnet hätte. Die europäische Pentarchie wäre unter diesen Umständen erhalten geblieben, mit ihr wohl auch das russische Zarenreich sowie die österreichisch-ungarische Doppelmonarchie, die beide dann die Chance zu inneren Reformen gehabt hätten. Der entscheidende Faktor war danach der Schlieffenplan. Die europäische Pentarchie ist demzufolge an einem *politisch* unbedachten Operationsplan des deutschen Militärs zugrunde gegangen.

Dem steht eine andere Sichtweise gegenüber, wonach die englische Politik dem systemischen Imperativ der Bündnisfreiheit schon lange nicht mehr gefolgt sei: Mit Blick auf die globalen geopolitischen Konstellationen und die weltwirtschaftlichen Entwicklungen habe sie ihr vormaliges Interesse am europäischen Gleichgewicht verloren und Deutschland, das England seit den 1890er Jahren bei fast allen wichtigen ökonomischen Indikatoren eingeholt und bei manchen auch überholt hatte, als die eigentliche Gefahr für die eigene globale Position angesehen. Dieser Sicht zufolge ging es der englischen Politik seit Beginn des 20. Jahrhunderts darum, den weiteren Aufstieg Deutschlands zu blockieren, der bei fortdauerndem Frieden zu einer deutschen Hegemonie auf dem Kontinent und einer Gefährdung der globalen Führungsrolle Großbritanniens hätte führen können. Die europäische Pentarchie ist danach auch an dem gescheitert, was der amerikanische Historiker Graham Allison mit Blick auf das Verhältnis zwischen den USA und China als «Thukydides-Falle» bezeichnet hat:[64] der Versuchung zu militärisch präventivem Agieren gegen eine sich im Frieden vollziehende Entwicklung, die gestoppt werden sollte, und zugleich an der fatalistischen Vorstellung, dass der Krieg, wenn er denn ohnehin unvermeidlich sei, zu einem für die eigene Seite möglichst günstigen Zeitpunkt geführt werden musste.

Beide Erklärungen stellen dem System des multipolaren Gleichgewichts kein gutes Zeugnis aus: im einen Fall, weil es durch den militärischen Operationsplan einer der großen Mächte aus der Balance gebracht wurde – mit der Folge, dass die *Hegung* des Krieges im System der Pentarchie ausgehebelt und ein *Eskalationsprozess* in Gang gesetzt wurde, der die gesamte Ordnung zerstörte. Und im anderen Fall, weil die Macht des Ausgleichs und der Balance mit Blick auf ihre eigenen Interessen die ihr zukommenden Aufgaben nicht mehr erfüllte und in einen Krieg eintrat, den doch gerade sie hätte begrenzen sollen.[65] Dieser Befund mit seinen zwei Erklärungsvarianten ist von besonderem Gewicht, weil derzeit viel dafür spricht, dass die im Entstehen befindliche Weltordnung eine der Multipolarität, eine ohne globalen Hegemon und eine mit voraussichtlich fünf großen Playern sein wird: also eine Pentarchie nach italienischem und europäischem Muster und demzufolge auch mit den für Gleichgewichtssysteme typischen Verwundbarkeiten.

Die Geschichte der europäischen Pentarchien, so könnte man daraus schlussfolgern, lässt für eine Fünferordnung der großen Mächte im 21. Jahrhundert nichts Gutes erwarten. Eine solche

Pentarchie hat zwar den Vorzug, auf Veränderungen im politischen Gewicht der großen Mächte relativ flexibel reagieren zu können, und sie ist gegebenenfalls auch in der Lage, eine Macht, die ihren Aufgaben im System nicht mehr nachkommen kann, daraus zu verabschieden und sie durch eine andere, bislang in der zweiten Reihe befindliche Macht zu ersetzen, was auf eine Anpassung an veränderte Rahmenbedingungen hinausläuft. Pentarchien sind also resilient und zur Selbsterneuerung fähig, was man nicht von allen internationalen Ordnungen sagen kann, zumal nicht von bipolaren Systemen, bei denen der Kollaps eines großen Akteurs zwangsläufig zum Zusammenbruch der gesamten Ordnung führt. Dafür laborieren sie aber daran, dass alle am System Beteiligten den Leitimperativ des Ausbalancierens von Ungleichgewichten vor Augen haben müssen, um gefährliche Schieflagen zu vermeiden. Es handelt sich somit nicht um ein System, für dessen dauerhafte Funktionsfähigkeit es genügt, wenn jede der daran beteiligten Mächte konsequent ihr Eigeninteresse verfolgt, damit das Allgemeine Beste – hier eine stabile Ordnung der internationalen Politik – dabei herauskommt. Das «Zünglein an der Waage» hat zwar die Möglichkeit, Fehler und Unbedachtheiten der anderen auszugleichen, aber es muss an diesem Ausgleich auch interessiert sein und darf nicht in eine Situation hineingeraten, in der seine eigenen Interessen ihm nahelegen, sich einer der konkurrierenden Seiten anzuschließen. Das aber ist, wie der Blick in die Geschichte der Pentarchien zeigt, alles andere als selbstverständlich.

Ein Fünfersystem, so lässt sich zusammenfassen, ist von seiner Konstruktion her sehr viel besser als eine bipolare Ordnung in der Lage, Veränderungen, die sich in Friedenszeiten vollziehen, abzufedern und entsprechende Umgewichtungen vorzunehmen. Dagegen haben bipolare Strukturen eine Tendenz zur Führung von Präventivkriegen, die nicht unbedingt als Schießkriege geführt werden müssen, sondern auch als Wirtschaftskriege ausgetragen werden können. Auch das kann desaströse Folgen für alle am System Beteiligten haben. Pentarchien können die «Thukydides-Falle» umgehen, weil sie nicht auf die Konfrontation von zwei Akteuren hin angelegt sind. Dafür bürden Fünfersysteme dem Fünften, dem «Zünglein», eine ungleich größere Anforderung an den politischen Weitblick, an Umsicht und Orientierung am Gesamtsystem auf, als sie in bipolaren Ordnungen von den beiden Großen erwartet wird, weil für sie die Balancefunktion mit der Verfolgung ihrer je eigenen Sicherheitsinteressen tendenziell identisch ist.

Wenn wir nun, was im Schlusskapitel ausführlich dargelegt wird, davon ausgehen, dass die Pentarchie des 21. Jahrhunderts aus den USA und China, der Europäischen Union und Russland sowie aus Indien bestehen wird, so haben wir es – vermutlich – mit einer besonderen Konstellation der Fünferordnung zu tun, nämlich einer mit starken bipolaren Komponenten, insofern die USA mit der EU und weiteren Mächten, also der «Westen», einen demokratisch-rechtsstaatlichen Block und China mitsamt Russland und einigen anderen Staaten einen autoritär-autokratischen Block bilden dürften. Das hat zur Folge, dass zumindest eine 4:1-Konstellation nicht zu erwarten ist, womit das Anforderungsprofil des «Zügleins» im Vergleich zu offenen Pentarchien deutlich überschaubarer wird. Zugleich sind die Zweierblöcke in sich so strukturiert, dass in ihnen eine Macht in den beiden Blöcken kaum einen Präventivkrieg vom Zaun brechen kann und die andere ihr dabei bedingungslos folgen wird. So jedenfalls legen es die spieltheoretischen Überlegungen innerhalb dieses Modells nahe. Es verbindet Anpassungsfähigkeit und Resilienz mit einer reduzierten Anzahl von Koalitionsbildungen, was das Balanceerfordernis des «Zügleins» politisch handhabbar macht. – Aber das sind zunächst nur modelltheoretische Überlegungen, bei denen sich zeigen muss, ob die politische Realität diesen aus der Konstruktion heraus entwickelten Erwartungen entspricht. In jedem Fall ist eine bipolar grundierte Pentarchie bei der Vermeidung eines großen Krieges sehr viel zuverlässiger als ihre Alternative: die Anarchie der Staatenwelt.

Die notorische Schwäche der Vereinten Nationen

Noch während des Zweiten Weltkriegs unternahm US-Präsident Franklin D. Roosevelt Anstrengungen zur Schaffung einer neuen Organisation, deren hauptsächlicher Zweck die Sicherung des Friedens sein sollte. Ausgangspunkt dieses Projekts war die zwischen Roosevelt und Premierminister Winston Churchill im August 1941 auf dem britischen Kriegsschiff *Prince of Wales* erstellte Atlantik-Charta, in der die Grundzüge einer friedlichen Nachkriegsordnung skizziert wurden: Verbot von Eroberungskriegen, freier Zugang zum Welthandel und zu Rohstoffen auf Grundlage uneingeschränkter Gleichberechtigung, Freiheit der Meere, Selbstbestimmungsrecht der Völker, Ächtung tyrannischer Herrschaft sowie umfassende Abrüstung. In der *Deklaration der Vereinten Nationen* von Anfang 1942 beriefen sich sechsundzwanzig Staaten auf diese Atlantik-Charta. Im Verlauf des Jahres 1943 schlossen sich dann die Sowjetunion und China dem Vorhaben an, eine weltumspannende Organisation zur Wahrung des Friedens und der internationalen Sicherheit aufzubauen. Ihr sollten unter Achtung der staatlichen Souveränität und gemäß dem Prinzip der Staatengleichheit alle friedliebenden Mächte angehören. Auf der Konferenz von San Francisco im Frühjahr 1945 unterzeichneten fünfzig Staaten die in Jalta fertiggestellte Charta. Das wurde zum Gründungsakt der Vereinten Nationen.[66]

Eine «Weltregierung», wie das der britisch-amerikanische Historiker Paul Kennedy noch zu Beginn des 21. Jahrhunderts annoncierte, sind die Vereinten Nationen nicht geworden, und es ist nicht zu erwarten, dass sie es noch werden; dafür sind sie von Kompetenzen und Ressourcen her zu spärlich ausgestattet. Doch das ist hier nicht das Thema; vielmehr geht es um den Souveränitätsanspruch der Staaten, die Gleichheit dieser Staaten in der Generalversammlung, die *Pentarchie* der Ständigen Mitglieder des Sicherheitsrats, die faktische *Bipolarität*, bei der sich bis zum Ende des Kalten Krieges

«Osten» und «Westen» und inzwischen, nach einer kurzen Zeit der Kooperation, die im weiteren Sinn liberaldemokratischen Staaten und die autoritären Regime gegenüberstehen, und nicht zuletzt um den Anspruch der Vereinten Nationen auf *Unipolarität*, insofern sie der Ort sein sollen, an dem alle großen Menschheitsfragen verhandelt und entschieden werden. Damit sind sämtliche Ordnungsprinzipien als Strukturmuster in die Vereinten Nationen integriert: als Erstes die Gleichheit der Mitglieder in Gestalt des Souveränitätsanspruchs eines jeden Staates, der freilich nur in den Abstimmungen der Generalversammlung zum Tragen kommt. Diese Abstimmungen sind nach dem Mehrheitsprinzip organisiert, wobei die Beschlüsse der Generalversammlung völkerrechtlich nicht bindend sind, sondern allenfalls moralische Relevanz haben. Die Gleichheit der Mitgliedstaaten ist also wesentlich von symbolischer Bedeutung. Wäre das anders, käme es sehr bald zu einem Konflikt zwischen den großen, reichen und mächtigen Staaten, die letzten Endes die Weltorganisation finanzieren, und den kleinen und armen, die in der Generalversammlung die Mehrheit stellen. Diesen Konflikt würde die Weltorganisation nicht überleben.

Im Wesentlichen wird die Politik der Vereinten Nationen bestimmt durch – zweites Strukturmuster – die Pentarchie der fünf Ständigen Mitglieder des Sicherheitsrats, die mit Hilfe des Vetorechts jede Mehrheitsentscheidung des Sicherheitsrats aushebeln können. Das begrenzt zugleich den Anspruch der Vereinten Nationen auf Unipolarität – drittes Strukturmuster –, denn als Weltorganisation sind sie nur handlungsfähig, wenn keine von den Sicherheitsrat-Mächten von ihrem Vetorecht Gebrauch macht. Im Ergebnis läuft dieses Vetorecht auf die Privilegierung eines jeden Einzelnen der Fünf hinaus. Diese Pentarchie ist im Unterschied zu den herkömmlichen Fünferordnungen freilich dadurch gekennzeichnet, dass es kein «Zünglein an der Waage» gibt, das bei Stimmgleichheit den Ausschlag gibt oder auf andere Weise einer Seite das Übergewicht verschaffen kann. Das Vetorecht ist die Grundlage der prinzipiellen Egalität der fünf Mächte, die auch durch die bipolare Konfrontation zwischen Demokratien und autoritären Regimen – viertes Strukturmuster – nicht aufgehoben wird. Das Bipolarität ausbalancierende Element des Fünften bleibt aufgrund des Vetorechts ohne Bedeutung. Die Folge ist eine weitgehende Handlungsunfähigkeit der Vereinten Nationen in allen wichtigen Fragen, von denen des Friedens in der Welt bis zu denen einer nachhaltigen Begrenzung des Klimawandels, von denen der Bekämpfung des Hungers im globalen Süden bis zu denen einer effektiven Entschleunigung und Steuerung von Migrationsbewegungen.

Die Kombination sämtlicher Elemente der Polarität hat das große Projekt der Vereinten Nationen zum «zahnlosen Tiger» gemacht, und es ist nicht erkennbar, dass sich daran auf absehbare Zeit etwas ändern lässt. Eine Reform des Sicherheitsrats, die der Schlüssel zu einer grundlegenden Veränderung der Vereinten Nationen wäre, ist nicht zu erwarten. Sie hätte den freiwilligen Verzicht der *beati possidentes* auf ihre Vorrechte zur Voraussetzung, und der wird nicht erfolgen. Der Versuch, die Kriegsrisiken einer auf dem Gleichgewichtsprinzip beruhenden Ordnung durch die Verbindung von Gleichheit und Hierarchie sowie Uni- und Multipolarität in den Vereinten Nationen zu überwinden, ist nicht gelungen. Davor sollte man nicht die Augen verschließen, was die deutsche Politik freilich gern tut.

Die Abhängigkeit der Weltordnung von den inneren Verhältnissen großer und kleiner Mächte

Die bisher zu den Modulen der Weltordnung angestellten Überlegungen sind davon ausgegangen, dass die gestaltenden Mächte sich für die aus ihrer Sicht optimalen Strukturen entscheiden können. Dem ist jedoch nicht so – nicht in Demokratien, wo eine

Mehrheit der Bürger sich den von den Außenpolitikern präferierten Vorstellungen verweigern und sie blockieren kann, nicht in autokratischen Systemen, wo die Personen an der Spitze des Regimes darauf achten müssen, dass die internationalen Konstellationen zur Identifikation der Menschen mit ihrem Regime beitragen und sie nicht konterkarieren. In beiden Fällen muss die konkrete Entscheidung keineswegs mit dem politischen Optimum für den jeweiligen Staat identisch sein, sondern kann ihm auch entgegenstehen. Die innenpolitische Lage kann erheblichen Einfluss auf die weltpolitischen Präferenzen einer großen Macht haben.

So war das imperialistische Agieren von Napoleon I. und Napoleon III. nie ausschließlich davon bestimmt, die machtpolitischen Konstellationen in Europa für Frankreich unter internationalen Aspekten optimal zu gestalten, sondern hatte durchweg eine starke innenpolitische Komponente, bei der es darum ging, dass bestimmte Gruppen und Klassen im Innern, auf deren Unterstützung die Macht Napoleons I. und Napoleons III. beruhte, vom außenpolitischen Agieren des Kaisers profitierten: bei der Wahrung eines vorteilhaften Friedens ebenso wie bei der Entscheidung für einen neuerlichen Krieg, bei der Veränderung der politischen Konstellationen Europas ebenso wie bei außereuropäischem Engagement. Solange das funktionierte, stand die napoleonische Macht auf festen Füßen; als dagegen der Preis, den die Parzellenbauern und die Bourgeoisie für die imperiale Politik des Kaisers zu entrichten hatten, immer größer wurde, die Zahl der auf den Schlachtfeldern Geopferten in die Höhe schnellte und unübersehbar war, dass die Weiterführung eines Krieges mehr kosten als einbringen würde, zogen sie ihre Unterstützung für das cäsaristische Regime der Bonapartes zurück. Das brach daraufhin zusammen, bei Napoleon I. über eine längere Zeitspanne, bei Napoleon III. innerhalb weniger Tage.

Die Anstrengungen, die ein Staat oder Großreich beim Aufbau einer raumbeherrschenden Ordnung erbringen kann, hängen nicht zuletzt von der Unterstützungsbereitschaft der jeweiligen Bevölkerung ab, von den materiellen Interessen der gesellschaftlich relevanten Kreise ebenso wie von der Leidens- und Opferbereitschaft der breiten Masse. Im Prinzip war das schon immer so; einer ausführlichen Analyse unterzogen wurde der Einfluss der inneren Verhältnisse auf die außenpolitische Handlungsmacht eines Staates aber erst in den Gesellschaftstheorien des 19. Jahrhunderts, die am Beispiel der beiden französischen Kaiserreiche den Zusammenhang von Außen- und Innenpolitik genauer untersucht haben: von Auguste Comte im Hinblick auf eine Gesellschaft, die auch anders zu Wohlstand kommen kann, als dass sie sich auf militärische Abenteuer einlässt; von Karl Marx in seiner Bonapartismustheorie, der zufolge es für Napoleon I. und Napoleon III. einen Zwang zur militärischen Expansion gab, um die gegensätzlichen Dynamiken im Innern der Gesellschaft nach außen abzulenken; oder von Herbert Spencer, der den Handel als Macht der Pazifizierung im globalen Maßstab sah.[67] Die sich allmählich ausdifferenzierende Soziologie entwickelte Theorien, in denen es um die Grenzen der Möglichkeiten ging, die den Konstrukteuren von Weltordnungen beim Blick auf die inneren Verhältnisse ihrer Staaten zur Verfügung standen. Dabei ist es bis heute geblieben: Nicht alles, was spieltheoretisch denkbar und womöglich optimal ist, ist mit Blick auf die inneren Verhältnisse realisierbar oder über eine längere Zeitspanne aufrechtzuerhalten. Es ist vorzugsweise die Soziologie, von der die Grenze zwischen dem prinzipiell Möglichen und dem politisch Realisierbaren vermessen wird.

Es kommt deswegen nicht von ungefähr, dass sich mit Eckart Kehr ein soziologisch versierter Historiker unter dem Titel *Der Primat der Innenpolitik* mit dem Weg Deutschlands in den Ersten Weltkrieg beschäftigt hat. Kehr hat diesen Weg nicht mit außenpolitischen (Fehl-)Entscheidungen oder politisch unbedarften Strategieentwürfen erklärt, sondern mit den besonderen sozialhistorischen Konstellationen im Deutschen Reich: dem Bündnis von

«Roggen und Stahl», das zwischen den Schlotbaronen des Ruhrgebiets und den vom Ertrag großagrarischer Betriebe lebenden ostelbischen Junkern geschlossen wurde. Dabei ging es um materiellen Ausgleich für die von der Berliner Politik verhängten Importzölle auf russisches Getreide, mit denen die ostelbische Gutswirtschaft geschützt werden sollte. Diese Zölle hatten nämlich negative Auswirkungen auf den Export deutscher Industrieprodukte, von denen viele ins nur rudimentär industrialisierte Russland gingen, weswegen die Stahlproduzenten an Rhein und Ruhr für die Exportverluste infolge russischer «Gegenzölle» durch ein gewaltiges Aufrüstungsprogramm «entschädigt» wurden. Das verschlechterte jedoch die Beziehungen des Deutschen Reichs zu England, weil der von Kehr als Kompensation begriffene Bau der Schlachtflotte die maritime Dominanz Englands in der Nordsee in Frage stellte – und das erwies sich als ein relevanter Beitrag zur Bildung der gegen Deutschland gerichteten Entente zwischen Russland und England, zwei sonst überaus gegensätzlichen Mächten.[68] Man muss Kehr nicht in jeder Hinsicht folgen, um eine Vorstellung von der Limitierung weltpolitischer Optionen durch die inneren, im weiteren Sinn sozioökonomischen Konstellationen eines Landes zu bekommen.

Nun spricht manches dafür, dass die außenpolitischen Spielräume autoritärer Regime um einiges größer sind als die konsolidierter Demokratien, für die bei Wahlen außen- und sicherheitspolitische Fragen eine geringere Bedeutung haben als innen- und sozialpolitische. Dagegen gewinnen autoritäre Regime durch außenpolitische Erfolge, auch solche, die mit militärischer Gewalt errungen wurden, erheblich an Reputation in der eigenen Bevölkerung. Mit außenpolitischen Fragen, so die Regel in Demokratien, lassen sich keine Wahlen gewinnen, wohingegen der russische Präsident Putin immer, wenn seine Beliebtheitswerte absackten, durch kleinere Kriege und energisches Auftreten nach außen an Zustimmung gewann. In Demokratien wiederum müssen die Regierungen darauf achten, dass sie keine außenpolitischen Verpflichtungen eingehen, die dauerhaft hohe Kosten nach sich ziehen, weil die Bürger dieser Verpflichtungen schnell überdrüssig werden und ihren Überdruss bei Wahlen an den Regierenden auslassen.

Das wohl wichtigste Beispiel dafür ist die Weigerung des US-Kongresses, die von Woodrow Wilson in Paris für die USA eingegangenen weltpolitischen Verpflichtungen zu ratifizieren und Mitglied des Genfer Völkerbunds zu werden. Eine Mehrheit im Abgeordnetenhaus ging mit guten Gründen davon aus, dass ein Beitritt der USA zum Völkerbund dem Land politische Verpflichtungen auferlegen würde, die mit erheblichen Kosten und kriegerischen Verwicklungen verbunden sein würden. Dem wollten die Parteien nicht zuletzt aus innenpolitischen Gründen aus dem Wege gehen. Woodrow Wilsons Vision einer neuen Weltordnung, in der die USA der «Hüter» des Friedens und der wirtschaftlichen Entwicklung sein sollten, war damit gescheitert.[69] Umgekehrt zeigten sich jüngst aber auch bei einem autoritär-autokratischen Regime, wie dem Putins in Russland, die Grenzen der Mobilisierbarkeit einer sonst durchaus regimetreuen Bevölkerung, als aufgrund großer Verluste der Streitkräfte im Ukrainekrieg eine Teilmobilmachung angeordnet wurde, in deren Folge die zunächst proimperiale Stimmung abflaute und die immensen Kosten und Lasten eines russischen Wiederaufstiegs zur weltgestaltenden Macht für größere Teile der Bevölkerung deutlich spürbar wurden.

Die Entstehung postheroischer Gesellschaften, bei der sinkende demographische Reproduktionsraten und das Erkalten der religiösen Grundstimmung einer Gesellschaft als Motivator von Opferbereitschaft eine Rolle spielen,[70] macht auch vor autoritären Regimen nicht halt und begrenzt, unabhängig von der jeweiligen politischen Ordnung, die militärische Handlungsfähigkeit eines Staates. Das ist von besonderer Relevanz, wenn die politische Führung eine weltpolitische Rolle spielen will. In dieser Hinsicht waren (und sind) agrarische Gesellschaften, die über erhebliche Bevölkerungszuwächse verfügen und durch eine allgemeine Grundreligiosität geprägt sind, erheblich kriegsbereiter als spätindustrielle Gesellschaften, die weder demographische Zuwächse noch eine religiös motivierte Opferbereitschaft aufweisen.

Postheroische Gesellschaften müssen, wenn sie ihren weltpolitischen Gestaltungswillen mit militärischen Mitteln zur Geltung bringen wollen, die ihnen nur begrenzt verfügbare *manpower* entweder durch eine entsprechende Ausrüstung kompensieren, was reiche Gesellschaften sehr viel besser können als arme, oder sie sind gehalten, in großem Stil *manpower* zu kaufen, indem sie Zuwanderung unter der Bedingung zulassen, dass die Neuankömmlinge sich zum Militärdienst verpflichten, für den sie dann nach einiger Zeit die Staatsbürgerschaft erhalten. Das ist in den letzten Jahrzehnten von den USA praktiziert worden, während Russland, wohin kaum Zuwanderung erfolgt, zuletzt auf Strafgefangene zurückgegriffen hat. Eine Alternative dazu ist die Indienstnahme der Anbieter militärischer Dienstleistungen, wie es Blackwater in den USA war und die Söldnertruppe Wagner in Russland ist.[71] In der Folge dessen gibt der Staat jedoch einen Teil seiner Kontrolle über die Kriegführung – und damit das Gewaltmonopol – an Private ab, denen es um materiellen Gewinn oder politische Macht geht.

Im Rückblick lässt sich festhalten, dass Gesellschaften, die noch über eine breite agrarische Basis verfügen und zugleich über eine leistungsfähige Industrieproduktion, die wohl größte Bereitschaft, aber auch Fähigkeit zum Gebrauch militärischer Mittel beim Eingreifen in die Weltordnung haben. Nicht zufällig war die Ära des europäischen Hochimperialismus und der beiden Weltkriege eine Zeit, in der moderne Waffen und Massenheere zum Einsatz kamen. Nach 1945 sind Krieg und militärische Gewalt aus dem Arsenal der weltordnungspolitischen Instrumente zwar keineswegs verschwunden, aber sie spielen, auch wenn der Krieg in der Ukraine auf den ersten Blick dagegenspricht, eine sehr viel geringere Rolle. Das hat zweifellos auch mit den Atomwaffen zu tun, die eine unmittelbare militärische Konfrontation der großen Mächte in einem konventionellen Krieg unter das Risiko der nuklearen Eskalation gestellt haben. Die Entstehung postheroischer Gesellschaften, in denen der Opfergedanke für den Zusammenhalt der Gesellschaft im Unterschied zu heroischen Gesellschaften kaum eine Rolle spielt, während die Aussicht auf einen gewissen Wohlstand dominiert, hat dazu beigetragen, dass wirtschaftliche Macht bei der Entstehung und Ausgestaltung der Weltordnung in den letzten Jahrzehnten eine größere Bedeutung gehabt hat als militärische Macht. Daran haben auch der Ukrainekrieg und die neuerliche Fokussierung aufs Militärische grundsätzlich nichts geändert.

Nun gibt es im globalen Maßstab nach wie vor eine Reihe von Gesellschaften, die über die Voraussetzungen zur heroischen Mobilisierung ihrer Bevölkerung verfügen: eine demographische Reproduktionsrate, die alljährlich Bevölkerungszuwächse hervorbringt und zur Folge hat, dass es sich um sogenannte «heiße Gesellschaften» handelt, in denen der Anteil der unter Fünfundzwanzigjährigen größer ist als der Rest der Gesellschaft, und dazu eine intensive religiöse Befeuerung von Opfer- und Leidensbereitschaft. Beides führt nicht eo ipso dazu, dass solche Gesellschaften kriegerischer sind als andere, aber die Wahrscheinlichkeit, dass in ihnen gewaltaffine Gruppierungen heranwachsen, ist erheblich höher, als das in gealterten, also demographisch «kalten Gesellschaften» der Fall ist.[72] Diese «heißen Gesellschaften» mit latentem Heroisierungspotential und entsprechender Kriegsneigung sind im globalen Vergleich zumeist arme Gesellschaften, denen die materiellen Voraussetzungen fehlen, größeren Einfluss auf die Gestaltung der Weltordnung zu nehmen. Die Kriege, die sie führen, sind kleine Kriege, in denen nicht politische Landkarten verändert und Grenzen verschoben werden oder in deren Folge gar die weltpolitischen Gewichte vom globalen Norden in den globalen Süden wandern. Vielmehr handelt es sich bei diesen Kriegen um innergesellschaftliche Konflikte, in denen es um ethnische oder religiöse beziehungsweise konfessionelle Gegensätze geht,[73] mitunter auch um solche zwischen Ackerbauern und Viehzüchtern, um Kriege somit, die den internationalen Einfluss dieser Staaten eher minimieren als steigern.

Solche Kriege setzen aber Migrationsbewegungen in Gang, bei deren Bewältigung die Nachbarn der Bürgerkriegsgebiete durchweg überfordert sind. Migration trägt den Bürgerkrieg nach außen und infiziert weitere Regionen mit der Gewalt. Dadurch haben die Kriege erheblichen Einfluss auf die regionale Stabilität und, darüber vermittelt, auf die globale Ordnung – freilich nicht in einem konstruktiv-gestalterischen Sinn, sondern wesentlich destruktiv. Auch das ist für die Stabilität einer Weltordnung von Relevanz, denn die großen Mächte müssen sich darum bemühen, diese Bürgerkriege zu beenden oder sie zumindest einzudämmen. Sie tun sich mit dieser Aufgabe schwer, versprechen sich davon keine Vorteile, sondern nur die Vermeidung von Nachteilen, wofür sie hohe Risiken eingehen müssen. Also greifen sie widerwillig ein. Das erklärt das notorisch verspätete Eingreifen der Weltgemeinschaft in diese innergesellschaftlichen Kriege, von den jugoslawischen Zerfallskriegen über den Massakerkrieg in Ruanda bis zu den Kriegen um die großen Seen in Afrika, insbesondere im Ostkongo.

Pazifizierungsinterventionen in Bürgerkriege können dazu führen, dass die dabei unterlegene Seite terroristische Organisationen ausbildet, die mit Attentaten und Anschlägen auf die Niederlage in ihrem Herkunftsland reagieren und Territorien der Pazifizierungsmacht angreifen. Das läuft auf die Ausweitung eines zuvor regional begrenzten Krieges hinaus, der dann globale Ausmaße annehmen kann, wie das beim islamistischen Terror von *al-Kaida* und *Islamischem Staat* zeitweilig der Fall war. In Antizipation solcher Entwicklungen schwindet die Bereitschaft potentieller Befriedungsmächte weiter dahin, weswegen in einigen Räumen über Jahre, wenn nicht Jahrzehnte Bürgerkrieg herrscht, ohne dass die Weltgemeinschaft oder die sie prägenden Mächte sich um deren Beendigung bemühen. Somalia ist dafür ein Beispiel. Es ist die Furcht, sich durch Intervention den Terror ins eigene Land zu holen, die Staaten davon abhält, nennenswerte Anstrengungen zur Beendigung eines die Ordnung zersetzenden Bürgerkriegs zu unternehmen. Dadurch sind innergesellschaftliche Kriege zu einem festen Bestandteil der Weltordnung geworden.

Es sind nicht nur die bei der Beendigung eines Bürgerkriegs und beim Wiederaufbau eines verwüsteten Landes anfallenden Kosten, die den führenden Mächten Zurückhaltung bei Pazifizierungsinterventionen nahelegen; dazu trägt auch die Ratlosigkeit über den zu beschreitenden Weg und die einzusetzenden Mittel bei, zumal dann, wenn sich die Ursachen und Antriebsdynamiken des innergesellschaftlichen Krieges nicht verlässlich gewichten lassen. Man weiß nicht, womit man anfangen soll und was aufeinander zu folgen hat. Das ist vor allem dort der Fall, wo sich ethnische, religiöse und sozioökonomische Motive bei den Parteien eines Bürgerkrieges überlappen. Bei einer Intervention mit eigenem Militär laufen die Mächte Gefahr, selbst Partei zu werden und die Position des neutralen Vermittlers und Schlichters zu verlieren. Dieses Risiko lässt sich vermindern, wenn sie nicht *militärisch* intervenieren, sondern sich auf *politische* Vermittlung beschränken und den Konfliktparteien wirtschaftliche Hilfe für den Fall in Aussicht stellen, dass diese die Waffen niederlegen und sich zu einem Waffenstillstand verpflichten. Aber das läuft zumeist auf einen längeren Prozess hinaus, der Geduld und politisches Geschick und vor allem den Einsatz erheblicher Finanzmittel erfordert, was in der Bevölkerung des eingreifenden Landes nach einiger Zeit zu diffusem Missmut und schließlich zur politischen Ablehnung dieses Engagements führt.

Die Fähigkeit der großen Mächte, im Rahmen der Weltordnung eine gestaltende Rolle zu spielen, erweist sich beim genaueren Blick auf ihre inneren Verhältnisse, die politische Verfassung und die sozialen Strukturen somit als durchweg begrenzt. Die Vordenker und Konstrukteure von Weltordnungen müssen das im Auge behalten, sofern sie nicht politische Luftschlösser bauen wollen. Vor allem müssen sie die Bereitschaft der Bürger, die mit der weltpolitischen Rolle ihres Staates verbundenen Kosten und Lasten zu tragen, in ihre Überlegungen einbeziehen. Im Ergebnis läuft das auf eine strukturelle Deckelung normativ anspruchsvoller Ordnungen hinaus, weil sich in den Reihen der liberaldemokratischen Mächte keine findet, die auf Dauer bereit ist, die Rolle eines «Hüters» dieser Ordnung zu spielen. An ihrer Stelle eine autoritäre Macht, bei der es keine Einspruchsmöglichkeiten der Bevölkerung gibt, mit dieser Aufgabe zu betrauen, dürfte darauf hinauslaufen, «den Bock zum Gärtner zu machen»: Ein solches Regime verfolgt überwiegend seine eigenen machtpolitischen und geoökonomischen Interessen und nutzt das Interventionsgebiet als Trittstein für seine Machterweiterung. Kurzfristig mag die Bereitschaft zur Kosten- und Lastenübernahme in liberaldemokratischen Ordnungen im Übrigen durchweg vorhanden sein, weil sich Teile der Bürgerschaft bei entsprechenden Appellen und Bildern von Krieg, Flucht und Elend für die Beendigung eines Bürgerkrieges mobilisieren lassen. Das läuft jedoch fast immer auf ein Engagement hinaus, das nach einiger Zeit endet, weil die Aufmerksamkeit der entsprechenden Gesellschaftskreise durch die Geringfügigkeit der Erfolge erschöpft ist und man sich neuen Problemen zuwendet.

Das ist der Preis, der für eine von Nichtregierungsorganisationen und karitativen Initiativen gelenkte, normativ aufgeladene Aufmerksamkeitsbewirtschaftung bei den weltpolitischen Herausforderungen zu entrichten ist. Die Virtuosen des humanitären Engagements mögen den Konjunkturen einer medial gesteuerten Aufmerksamkeit trotzen und ein größeres Durchhaltevermögen besitzen, aber die Mehrheit der Gesellschaft, die dauerhaft für die Übernahme bestimmter Aufgaben gewonnen werden muss, wird dessen nach einiger Zeit überdrüssig und gibt mit entsprechenden Äußerungen zu verstehen, dass es «jetzt genug» sei. Das ist in autoritären Regimen anders, wo die Regierung vorgibt und festlegt, in welchen Bereichen und auf welche Weise sie sich geopolitisch engagiert und eine politisch einflusslose Bevölkerung diesen Vorgaben folgt. Das Engagement für oder gegen eine Weltordnung kann bei autoritär verfassten Mächten also durchaus langfristig angelegt sein und unterliegt nur dann entsprechenden Revisionen, wenn sich die Interessen des Staates ändern oder die intervenierende Macht in ernstliche Schwierigkeiten gerät, wie das bei der Sowjetunion in Afghanistan der Fall war. Zusammenfassend lässt sich festhalten: Autoritäre Regime verfolgen in der Regel längerfristige Zielsetzungen als liberaldemokratische Ordnungen, sind dafür aber überwiegend an ihren eigenen Interessen orientiert und nicht an den Erfordernissen einer auf humanitäre Werte verpflichteten Weltordnung. Auch liberaldemokratische Mächte haben ihre eigenen Interessen, werden aber von Nichtregierungsorganisationen immer wieder auf ihre humanitären Verpflichtungen hingewiesen.

Bei dieser Gegenüberstellung des weltpolitischen Engagements von liberaldemokratischen Ordnungen und autoritären Regimen sowie dem unterschiedlichen Einfluss innerer Faktoren darauf ist bisher die Rolle von Ideologien oder «imperialen Missionen» nicht thematisiert worden. Zunächst ging es nur um die Bedeutung von Emotionen und Interessen, Mitempfinden und Distanz, Kurz- und Langfristigkeit des Engagements sowie dessen Relevanz für die Stabilität oder Labilität einer Weltordnung. Ideologien und «imperiale Missionen» dagegen sind so etwas wie Wertschätzungen oder Ablehnungen einer Weltordnung nach Maßgabe bestimmter Zukunftsentwürfe und -vorstellungen.[74] In ihnen kommt die Unterstützung oder Ablehnung einer bestehenden Ordnung zum Ausdruck, das Ausmaß des Veränderungs- oder Verbesserungsbedarfs aus Sicht des jeweiligen Akteurs, der jeweilige Grad an Zustimmung zu oder Zurückweisung von dieser Ordnung, womöglich mitsamt der Forderung, eine grundlegend andere zu errichten. Ideologien und imperiale Missionen sowie politisch-historische Narrative sind Instrumente, mit denen die Bevölkerung eines Landes für die Politik der Regierung gewonnen werden soll und, wenn die Kosten und Lasten dieser Politik überhandnehmen, politisch «bei der Stange zu halten» ist.

Die Ordnung des Binären

Eines der größten Probleme internationaler Ordnungen ist die Herstellung von Eindeutigkeit bei der Identifikation und Bezeichnung des Zustandes, in dem sich ein Staat oder System gerade befindet. Das ist vor allem dann relevant, wenn es um die Beziehung einer Macht zu anderen politischen Akteuren geht. Das wichtigste Beispiel dafür ist die Frage, ob ein Staat sich im Krieg oder im Frieden mit anderen Staaten befindet. Das ist ein alles andere als triviales Problem, wenn man an die Epochenbezeichnung «Kalter Krieg» denkt oder an den in jüngerer Zeit aufgekommenen Begriff des «hybriden Krieges»; beide Begriffe stehen für einen Zustand der Uneindeutigkeit. Die eindeutige Antwort auf die Frage, ob man sich im Krieg oder im Frieden befindet, fällt umso schwerer, wenn es keine von allen anerkannte Instanz gibt, die bei Unklarheit oder Uneindeutigkeit verbindlich definiert, was Krieg und was Frieden heißen soll. Der Unterschied zwischen Krieg und Frieden ist von der bloßen Begrifflichkeit her nämlich keineswegs zwingend evident.

Zuletzt ist diese Frage als Herausforderung nach größeren Terroranschlägen aufgetaucht, als es darum ging, ob der angegriffene Staat darauf nach dem *war paradigm* oder dem *crime paradigm* reagieren solle. Ersteres heißt, dass mit militärischen Mitteln reagiert wird, Letzteres dagegen, dass die Terrorattacken wesentlich mit polizeilichen Mitteln beantwortet werden. Bekanntlich haben die Staaten auf solche Terroranschläge in der Vergangenheit sehr unterschiedlich reagiert – auch die westlichen Staaten, von denen die USA nach dem 11. September 2001 einen *war on terror* erklärt haben, oder die französische Regierung, die nach den Anschlägen auf das Stade de France in Paris und den Musikclub Bataclan am 13. November 2015 von einem Krieg sprach, in dem man sich befinde. Andere Regierungen haben den Begriff des Krieges vermieden und auf die Aufspürung und Verhaftung der Terroristen mit polizeilichen Mitteln gesetzt. Das *war paradigm*, wenn die Regierung ihm operativ folgte und sich nicht bloß einer Rhetorik des Krieges bediente, brachte die demokratischen Verfassungsstaaten zumeist in größere Probleme als die Terrorattacke selbst. Anders war und ist dies bei autoritären Regimen, die den Begriff des Terrorismus ein ums andere Mal nutzen, um verdeckte Kriege gegen benachbarte Staaten zu führen und die Begrenzungen des Regierungshandelns durch die Verfassung des Landes mit Hilfe des Ausnahmezustands außer Kraft zu setzen.[75] Das lässt sich vor allem bei Ordnungen im Übergangszustand zwischen autoritärer Herrschaft und einer lädierten Verfassungsordnung beobachten. Hier ist die «Bekämpfung des Terrorismus» zur Legitimationsformel einer sich ausbreitenden autoritären Herrschaft geworden.

Seit den 1970er Jahren, als Terroranschläge in großem Stil zu einer Strategie im Kampf gegen die internationale Ordnung geworden sind – Terroranschläge somit, die nicht Bestandteil eines antikolonialen Partisanenkriegs waren, sondern mit denen politisch weitreichende Ziele verfolgt wurden –,[76] ist es weder der Politik noch der Wissenschaft gelungen, eine international anerkannte und verbindliche *Definition* von Terror und Terrorismus zu finden. In der Folge ist der Begriff zu einem Instrument geworden, mit dem sich eine Reihe von Regierungen von der Unterscheidung zwischen Krieg und Frieden und von dem Verbot des Angriffskrieges in der Charta der Vereinten Nationen gelöst haben. So konnten sie nach eigenem Gutdünken und bei entsprechender Gelegenheit Kriege führen, bei denen sie das Territorium anderer Staaten angriffen und diesen Angriff als Verteidigung gegen den Terrorismus ausgaben. Wie nicht anders zu erwarten, ist dabei den Geheimdiensten die Rolle des Taktgebers zugefallen. Einige Regime inszenierten zu diesem Zweck sogar Terroranschläge gegen die eigene Gesellschaft,[77] während andere die politische Opposition im eigenen Land als «terroristische Vereinigung» einstuften, um eine pseudojuristische Handhabe bei ihrer Zerschlagung zu haben. Terrorismus als

Strategie der Gewalt und als Legitimation des Gegenhandelns hat die auf der Binarität von Begriffen und Konstellationen begründete Ordnung erheblich destabilisiert. Diese Destabilisierung ist nicht nur durch die Terrorattacken selbst, sondern auch durch staatliches Gegenhandeln verursacht worden.

Nun hat es in der Geschichte immer internationale Ordnungen gegeben, die nicht auf eine durch binäre Definitionen hergestellte Eindeutigkeit angewiesen waren und trotz einer vielschichtigen Begrifflichkeit politisch stabil blieben. Dabei handelt es sich zumeist um Ordnungen mit einem «Hüter» an der Spitze.[78] Dieser beansprucht, in unklaren Fällen und bei sich ausbreitendem Zweifel zu klären, woran man ist: im Krieg *oder* im Frieden. Er verfügt über eine letztinstanzliche Definitionskompetenz und klärt auf dieser Grundlage, was der Fall ist und was nicht. Es handelt sich somit um eine hierarchische Ordnung, in der Eindeutigkeit durch letztinstanzliche Festlegungen von oben hergestellt wird. Eine solche Ordnung bestand, wie beschrieben,[79] in West- und Mitteleuropa, bis sie – spätestens – mit der Reformation endete.

Danach entstand eine egalitär-segmentäre Ordnung ohne Hüter, und man war mit der zwingenden Erfordernis konfrontiert, durch die Vereindeutigung der Begriffe und Bezeichnungen die Voraussetzung einer *für alle* zustimmungsfähigen Identifizierung der Konstellationen zu schaffen. Für einige Jahrzehnte löste man dieses Problem in Gestalt von dilatorischen Kompromissen, die auf den Reichstagen ausgehandelt wurden und aufgrund einer zeitlichen Begrenzung ihrer Geltung zustimmungsfähig waren. Dabei mehrten sich freilich die Missverständnisse und Unklarheiten, und die Provokateure in den Reihen der konfessionellen Kontrahenten nutzten das aus, um die Konflikte zu verschärfen und weitere Kompromisse unmöglich zu machen. In der Folge kam es zu einem Krieg, der sich über drei Jahrzehnte hinzog und den man auch deswegen nicht zu beenden vermochte, weil man über keine verlässlichen Begriffe für die Verständigung und gegenseitige Vertrauensbildung verfügte. So redete man fortgesetzt aneinander vorbei und verstrickte sich in immer weitere Missverständnisse.

Erst im Verlauf der sich über mehrere Jahre hinziehenden Verhandlungen in Münster und Osnabrück gelang es, ein Begriffsinstrumentarium zu entwickeln, das eine Verständigung über die Lage ermöglichte, ohne dass die Staaten auf eine ihnen übergeordnete Definitionsmacht angewiesen waren. Die Eindeutigkeit der Begriffe trat an die Stelle der fehlenden Definitionsmacht. Sie resultierte aus der Binarität völkerrechtlicher Leitbegriffe, die es ermöglichte, politische Zustände nach den Vorgaben des Entweder-Oder einander gegenüberzustellen und die Übergänge in dieser Ordnung des ausgeschlossenen Dritten eindeutig zu markieren. Die Binarität wurde zur konzeptionellen Grundlage der Westfälischen Ordnung, die ohne Herrn und Hüter auszukommen vermochte, weil die Eindeutigkeit der Begriffe an die Stelle des letztinstanzlichen Entscheiders trat.[80]

Der Gedanke, die Konstellationen zwischen den politischen Akteuren nach dem Grundsatz des Entweder-Oder und des ausgeschlossenen Dritten zu ordnen, war im 17. Jahrhundert nicht unbedingt neu. Er findet sich bereits bei dem römischen Politiker und Juristen Marcus Tullius Cicero in der Formel *inter pacem et bellum nihil medium intersit*,[81] was heißt, dass es zwischen Krieg und Frieden kein Mittleres geben *dürfe*. Der Konjunktiv in der Formel steht dafür, dass es sich für Cicero um keine Seins-, sondern eine Sollensformulierung handelte, da die Eindeutigkeit eines Entweder-Oder, eines Friedens- oder Kriegszustands, in der soziopolitischen Welt nicht vorgefunden wird, sondern *hergestellt* werden muss.

Thomas Hobbes hat die noch nicht nach den Vorgaben des Binären geordneten Verhältnisse als «Naturzustand» bezeichnet, bei dem man nicht wisse, ob man es beim Anderen mit «Freund» oder «Feind» zu tun habe. Deswegen sei es angezeigt, sich so zu verhalten, *als ob* jeder Andere ein Feind wäre. Daraus erwächst eine ständige Kampfbereitschaft. Präventive und präemptive Gewalt sind unter diesen Umständen an der Tagesordnung. Es ist die Ungewissheit eines nicht binär geordneten Zustands, die Sorglosigkeit verbietet und zu generalisiertem Misstrauen als Überlebensvoraussetzung zwingt. Dieser «Naturzustand» muss überwunden werden, was bei Hobbes durch die Einsetzung eines Oberherrn erfolgt, der als Souverän zum Hüter des «Gesellschaftszustands» wird. Über den Souveränen, die für Hobbes mit Blick auf Europa immer im Plural vorhanden sind, gibt es jedoch keinen Herrn, so dass zwischen ihnen der «Naturzustand» fortbesteht. Die Akzeptanz der Binaritätsregeln durch die Souveräne, so lässt sich über Hobbes hinausgehend festhalten, ist keine Kompensation für den fehlenden Oberherrn, denn sie schafft keinen verlässlichen Frieden, aber sie begrenzt immerhin die Folgen dieses Fehlens durch das Entweder-Oder zwischen Krieg und Frieden: Wenn es nur zwei Aggregatzustände der zwischenstaatlichen Beziehungen gibt, weil sich die Souveräne auf dieses Entweder-Oder geeinigt haben, nämlich Krieg *oder* Frieden, dann schafft das eine Ordnung, in der man sich orientieren kann. Die Binarität ist der Ersatz für den fehlenden Hüter beziehungsweise ermöglicht Orientierung in einer Ordnung ohne Hüter.

In der politischen Realität läuft das darauf hinaus, dass eine binäre Ordnung *gestiftet* werden muss, was bedeutet, dass die relevanten Akteure sich in Abkommen und Verträgen auf eine solche Ordnung verständigen und danach bereit und willens sein müssen, diese gegen Feinde und Störer durchzusetzen. Solche Feinde und Störer zeichnen sich dadurch aus, dass sie ein «Dazwischen», ein «Mittleres» oder auch «Weiteres» auszunutzen suchen und von hier aus gegen die Ordnung des Binären agieren. Eine Ordnung des Binären muss also, wie sich anhand der europäischen Geschichte seit dem 17. Jahrhundert zeigen lässt, immer wieder verteidigt und aufs Neue zur Geltung gebracht werden. Das funktioniert im Großen und Ganzen so lange, wie sich die als souverän anerkannten politischen Akteure vom Fortbestand dieser Ordnung Vorteile versprechen und somit bereit sind, sich für sie einzusetzen.

Die Ordnung des Binären ist nicht auf die Kontrastierung von Krieg und Frieden beschränkt, sondern macht das ausgeschlossene Dritte zum durchgängigen Ordnungsprinzip: in der Entgegensetzung von Innen und Außen mit den entsprechenden Kompetenzzuweisungen an die Staatsorgane, in der Unterscheidung zwischen Polizei und Militär etwa oder zwischen Inlands- und Auslandsgeheimdienst, weiterhin in der zwischen Staatenkrieg und Bürgerkrieg oder auch – im Kriege selbst – zwischen Kombattanten und Nonkombattanten. Auf letztgenannter Unterscheidung beruht das Recht im Krieg, das *ius in bello*, weil nur bei Beachtung dieses Unterschieds eine Kapitulation als verbindlicher Rechtsakt möglich ist. Kapitulation als Rechtsakt verbietet die Massakrierung der Wehrlosen und macht Gewaltakte gegen Nonkombattanten zum Kriegsverbrechen, wie ja die Unterscheidung von Kombattanten und Nonkombattanten generell diejenigen, die sich an den Kampfhandlungen nicht beteiligen, unter den Schutz der obsiegenden Seite stellt. Ein Drittes gibt es nicht – erst das *tertium non datur* der Binarität schafft die Voraussetzungen dafür, dass für den Übergang von dem Einen zum Anderen, vom Krieg zum Frieden oder auch umgekehrt, Rechtsregeln aufgestellt und verbindlich gemacht werden können, in denen sich die Ordnung als solche erweist: als Kriegserklärung oder Friedensschluss, als Mobilmachung[82] oder Kapitulation, als Waffenstillstand oder Wiederaufnahme der Kampfhandlungen. Es lief also auf eine normative Durchlöcherung der binären Ordnung hinaus, als Michael Walzer in seiner Beschäftigung mit dem alliierten Bombenkrieg von 1943 bis 1945 und den Luftangriffen auf die Wohnquartiere von Arbeitern der Rüstungsindustrie von diesen als «Semi-Kombattanten» sprach, um die Bombenangriffe zu rechtfertigen.[83] Damit war ein «Dazwischen» im Spiel, das die Ordnung des Binären aufsprengte.

Symmetrie

Die binäre Ordnung ist zugleich eine Ordnung der wechselseitigen Anerkennung von großen Mächten, in der nicht nur ein Mittleres oder Drittes ausgeschlossen ist, sondern auch alle, die dieser Ordnung nicht angehören beziehungsweise sie nicht anerkennen. Das schließt den Kreis der Zugehörigen und motiviert sie, diese Ordnung zu verteidigen. Sie ist damit eine Ordnung der Symmetrie, die auf der Spiegelung eigener Fähigkeiten und Ansprüche in denen der Anderen beruht. In diesem Sinne gehören Binarität und Symmetrie zusammen; sie verstärken und bestätigen sich gegenseitig. Diese Ordnung hat einen durchweg konservativen Grundzug und nimmt Voraussetzungen in Anspruch, die sich nur schwer globalisieren lassen. Im Wesentlichen ist sie auf Europa beschränkt geblieben, wenngleich die Anfänge der Vereinten Nationen, als immer mehr Kolonien sich als souveräne Staaten konstituierten, als ein Versuch zu ihrer Universalisierung verstanden werden kann. Mit der Aufnahme von Staaten, die den Erwartungen an die Durchsetzung der binären Ordnung in ihrem Innern nicht genügten, sowie unter dem Eindruck einer Kriegführung, in der Gewalt in großem Stil zur Erzwingung von Loyalität bei den Nonkombattanten eingesetzt wurde,[84] vor allem aber durch die nukleare Geiselnahme von Nonkombattanten in der Ära des Kalten Krieges, wurde diese Ordnung zunehmend in Frage gestellt. Die Evidenz des Binären verlor an Bindekraft. Sie wurde nicht abgeschafft oder für obsolet erklärt, aber sie büßte zunehmend an Klarheit und Eindeutigkeit ein. Parallel dazu erodierten auch die symmetrischen Konstellationen innerhalb der Staatenordnung, und es entstanden in wachsendem Maße asymmetrische Strukturen.

In Europa hatten die Erfahrungen des Dreißigjährigen Krieges beziehungsweise der feste Vorsatz, die Wiederholung eines solchen Krieges zu verhindern, den Ausgangspunkt dafür gebildet, eine Ordnung des Binären zu entwickeln und durchzusetzen. Die Hüterinstanzen sind vor Kriegsbeginn über den Zeitraum von etwa einem Jahrhundert erodiert, und das Ergebnis des Krieges bestand darin, dass sie nicht wiederhergestellt werden konnten – nicht was den Kaiser anbetraf und schon gar nicht hinsichtlich des Papsttums in Rom. Im Ergebnis hat der Krieg von 1618 bis 1648 zu einer machtpolitischen Dezentrierung Europas geführt, und dieses Ergebnis wurde im Westfälischen Frieden festgeschrieben. Die Herausforderung einer politischen Neuordnung Europas bestand darin, dass im Kriegsverlauf unterschiedliche Formen der Kriegführung zusammengeflossen waren und die diversen Motive zum Kriegseinritt sich zu einem politisch unbeherrschbaren Gewaltexzess verbunden hatten.[85] Es ging bei den Verhandlungen in Münster und Osnabrück also nicht nur darum, den Krieg als Krieg zu beenden, sondern auch darum, wie erwähnt, eine neue Ordnung herzustellen, die einen solchen Krieg künftig verhinderte. Der Dreißigjährige Krieg, der ein Konfessionskrieg und ein Krieg um die innere Verfassung der Staaten war, ein Krieg entstehender Staatlichkeit und zugleich ein europäischer Hegemonialkrieg, hatte die vormaligen Ordnungsvorstellungen definitiv desavouiert, so dass es zwingend war, ein gänzlich neues Modell zu entwickeln und eine dem entsprechende Ordnung aufzubauen, anstatt sich weiterhin mit Formelkompromissen durchzulavieren. Die neue Ordnung war nicht mehr hierarchisch, sondern segmentär, und die Segmentarität passte aufs Beste mit den Ordnungsprinzipien von Binarität und Symmetrie zusammen.[86]

Die «Unordnung» des Dreißigjährigen Krieges lässt sich aus der Perspektive der neu geschaffenen Ordnung am besten beschreiben: Es war dies ein Krieg, in dem Elemente des Staatenkrieges und des Bürgerkrieges ineinanderflossen, was zu einer sich steigernden Grausamkeit der Kriegführung, zu notorischer Gewaltanwendung gegen die Zivilbevölkerung und zu einem ständigen Wechsel der Allianzen führte – mit der Folge, dass man oft nicht wusste, wer gerade Freund und wer Feind war. Vor allem die ländliche Bevölkerung, der weitaus größte Teil der Gesamtbevölkerung, unterschied in der zweiten Hälfte des Krieges die Bewaffneten nicht mehr in «ihr» Militär und das der Gegenseite, sondern sah in der Soldateska prinzipiell Feinde, vor denen man sich verbergen und gegen die man sich schützen musste. Weiterhin war dies ein Krieg, der ohne vorangegangene Kriegserklärung geführt wurde, denn die einen nahmen für sich in Anspruch, legitimen Widerstand gegen eine ungerechte Obrigkeit zu leisten, und die anderen behaupteten, die rechtmäßige Ordnung wiederherzustellen. Sie verweigerten sich die gegenseitige Anerkennung als Kriegspartei und ließen sich auch nicht auf die Vorstellung ein, dass Staatenkrieg und Bürgerkrieg voneinander zu trennen sind. Es waren vielfach asymmetrische Vorstellungen, die das Geschehen prägten. Solange das so war, ließ sich der Krieg nicht beenden.

Die erste Anforderung an die neue Ordnung bestand somit darin, Krieg und Frieden als zwei separate «Aggregatzustände des Politischen» gegeneinander zu konturieren und dabei jedes «Dazwischen» oder «Daneben» auszuschließen. Je präziser das erfolgte, desto leichter ließ sich der Wechsel von einem in den anderen Zustand juridifizieren. Mit der Formalisierung von Kriegserklärung und Friedensschluss gewann die Politik die Kontrolle über Krieg und Frieden zurück. Das hatte freilich zur Voraussetzung, dass aus diffusen Herrschaftsgebieten tendenziell geschlossene und vereinheitlichte Staaten wurden, die sich gemäß der Unterscheidung von Innen und Außen organisieren ließen, womit auch hier ein Drittes ausgeschlossen war. Diese Separierung von Innen und Außen wurde jedoch erst dadurch möglich, dass man den Streit über das religiöse Bekenntnis, mit dem innerstaatliche Feindschaften und staatenübergreifende Solidaritäten verbunden waren, beilegte und die Konfessionen politisch neutralisierte. Die Motive für einen religiös motivierten Aufstand, Widerstand oder politische Abspaltung wurden damit entscheidend geschwächt. Und schließlich konnte auf der Grundlage der Binarität auch der Krieg selbst in Form eines *ius in bello* verrechtlicht werden. Die Rückkehr von staatenübergreifenden Solidaritäten, seien sie nun, wie im sozialistischen Internationalismus, klassenbezogener Art oder, wie im Islamismus, religiös begründet oder auch klassisch ethnischer Art, hat sich inzwischen als eine neuerliche Infragestellung der auf Staatensouveränität gegründeten binären Ordnung bemerkbar gemacht. Die Ordnung des Westfälischen Systems ist zerfallen, und es ist kaum vorstellbar, dass sie wiederhergestellt werden kann.

Die im 17. Jahrhundert entwickelte neue Ordnung des Binären und Symmetrischen kam freilich nicht sogleich und in vollem Umfang zum Tragen, sondern bildete sich erst Schritt für Schritt heraus. Dabei war ausschlaggebend, dass die veränderten Ordnungsprinzipien mehr und mehr die Kalküle der Regierungen beherrschten, die strategischen Planungen des Militärs bestimmten und dass dabei das Verhalten der Soldaten einem strengen Disziplinarregime unterworfen wurde.[87] Es war also keineswegs so, dass das Jahr 1648 eine scharfe Zäsur dargestellt hätte und sich von nun an alle an die neue Ordnung gehalten hätten. Aber die Binarität wurde im Verlauf des 17. und insbesondere des 18. Jahrhunderts mehr und mehr zum ordnungsgenerierenden Prinzip, an dem sich die diversen Akteure orientierten und den Kontrahenten als symmetrisches Gegenüber akzeptierten.

Das Modell dieser neuen Ordnung hatte der Niederländer Hugo Grotius in seinem 1625 erschienenen Werk *De iure belli ac pacis libri tres* entworfen, weswegen er als geistiger Vater der Westfälischen Ordnung gilt.[88] Die Verknüpfung von Binarität und Verrechtlichung wird bereits im Titel als *Recht des Krieges und des Friedens* erkennbar: Ein Drittes zwischen Krieg und Frieden gibt es nicht, und beide Aggregatzustände des Politischen sind unter Rechtsgesichtspunkten zu symmetrieren.

Souveränität

Eine unerlässliche Voraussetzung für die Geltung einer solchen Ordnung war die Monopolisierung der Kriegsgewalt beim Staat beziehungsweise beim Souverän. Ohne sie konnte der Grundsatz des *tertium non datur* nicht politische Realität werden, sondern blieb eine bloße Sollensforderung. Während Grotius bei der Neuordnung des Kriegsrechts weithin auf antike Autoren zurückgreifen konnte, mit denen er seiner Argumentation Autorität verschaffte,[89] war *Souveränität* ein gänzlich neuer Begriff, den der französische Politiktheoretiker Jean Bodin im Anschluss an frühere Debatten über inappellable Letztinstanzlichkeit[90] entwickelt hatte.[91] Der Begriff der Souveränität veränderte die politischen Konstellationen Europas, indem er einerseits den Raum in eine Vielzahl politischer Räume segmentierte und damit die hierarchischen Strukturen des Dante-Modells endgültig verabschiedete, und indem er andererseits jene Räume, die den *Ort* der Souveränität nicht eindeutig zu benennen vermochten, als rückständig und im Niedergang befindlich kennzeichnete. Das Heilige Römische Reich ist ein Beispiel dafür, wo sowohl der Kaiser als auch die Kurfürsten, die den Kaiser wählten, ihm insofern vorgeordnet waren, in der Publizistik in Konkurrenz zueinander als souverän angesehen wurden.[92] Samuel Pufendorf hat das Reich darum als «Monster» im Sinne eines mehrköpfigen Tieres (*monstro simile*) bezeichnet.[93] Das galt in ähnlicher Weise auch für die Adelsrepublik Polen, wo das *Liberum veto*, das Einspruchsrecht der zahllosen Adligen, die Entstehung von Souveränität verhinderte und dazu führte, dass Polen im 18. Jahrhundert zur Beute dreier Großmächte wurde.

Eine weitere Voraussetzung für die Einbindung des politischen Handelns in die Ordnung von Souveränität, Symmetrie und Binarität war die Verstaatlichung des Kriegswesens, konkret: die Überführung der von Kriegsunternehmern (*Condottieri*) organisierten Söldnerheere in dem Souverän dauerhaft unterstellte Truppen, die, gleichgültig ob Krieg oder Frieden herrschte, vom Staat unterhalten und besoldet wurden. Damit wurde der souveräne Staat zum Herrn über Krieg und Frieden und konnte über den Wechsel vom einen in den anderen Aggregatzustand des Politischen entscheiden. Krieg und Frieden wurden von nun an dem Souverän und seinen Entscheidungen zugerechnet, weil bei ihm rechtliche Kompetenz und tatsächliche Fähigkeit zusammenfielen. Das war vorher nicht so, denn die Kriegsunternehmer und ihre Söldner hatten ein vitales Interesse am Krieg, weil sie im Frieden abgedankt wurden und sich einen neuen Auftraggeber suchen mussten – oder ohne Ein- und Auskommen dastanden.[94] Die Sorge um ihren Lebensunterhalt machte die angeheuerten Truppen zu einem Störfaktor der politischen Entscheidungen. Solange eine Kriegsökonomie vorherrschte, von der es hieß, der Krieg müsse den Krieg ernähren (*bellum se ipse alet*), war die Politik nicht der Herr des Geschehens. Das änderte sich in dem Maße, wie die Westfälische Ordnung Wirkung entfaltete.

Sieht man von der vorübergehenden Auflösung der europäischen Ordnung in der Zeit der napoleonischen Kriege ab, als vom gegenrevolutionären Aufstand in der Vendée bis zum Kleinen Krieg (*guerilla*) der Spanier «das Volk» unter Anführung von Priestern und Intellektuellen, also *potestates indirectae*, in das politische Geschehen eingriff,[95] so ist die Ordnung der Binarität, Symmetrie und Souveränität weniger in Europa als in den von europäischen Mächten errichteten Kolonialreichen außer Kraft gesetzt worden. In den Kolonialgebieten hat sie nie wirklich gegolten, schon gar nicht im Hinblick auf die Souveränitätsansprüche der Kolonisierten, aber auch nicht in Form einer Binarität von Krieg und Frieden, Innen und Außen, Kombattanten und Nonkombattanten. Mit exzessiver Gewalt geführte Unterwerfungsfeldzüge und von Gewaltexzessen begleitete Aufstände wechselten hier einander ab,[96] bis um die Mitte des 20. Jahrhunderts der antikoloniale Partisanenkrieg immer erfolgreicher wurde, weil er sich logistisch die Strukturen des Ost-West-Konflikts zunutze machen und gleichzeitig die Kosten der

Kolonialmächte für die Aufrechterhaltung ihrer Herrschaft so weit steigern konnte, dass sich der Besitz von Kolonien nicht mehr rentierte. In der Folge gaben die Europäer der Reihe nach ihre Kolonien auf. In den Partisanenkriegen entwickelte sich eine Asymmetrie des Kämpfens, mit der die Unterscheidung von Krieg und Frieden, Innen und Außen, Kombattanten und Nonkombattanten ihre Bindekraft verlor. Das ließ sich nach dem Ende der Imperialkriege nicht mehr rückgängig machen – auch deswegen nicht, weil es zu viele gab, die kein Interesse am Vergessen oder Vergessenmachen der Asymmetrie hatten.[97] Die meisten Kriege, die nach 1945 geführt wurden, waren keine nach den Vorgaben von Binarität und Symmetrie geführten Staatenkriege.

Einer globalen Erweiterung der Westfälischen Ordnung im Zuge der Entkolonialisierung stand zunächst auch der Umstand entgegen, dass es neben den egalitär-segmentären Strukturen, die im Wesentlichen auf Europa beschränkt blieben, *imperiale Strukturen* gab, die von Europa aus nach Afrika sowie Süd-, Südost- und Ostasien ausgriffen. Die imperiale Ordnung ist durch ein Zentrum-Peripherie-Verhältnis bestimmt, bei dem es eine Reihe von Abstufungen gibt, was Binarität, Symmetrie und Souveränität ausschließt.[98] Auch nach der Entlassung der Kolonien in die politische Selbständigkeit blieb eine Reihe von strukturellen Abhängigkeiten zurück, die bezweifeln ließen, dass sich zwischen globalem Norden und globalem Süden symmetrische Konstellationen entwickeln könnten, wobei sich die Asymmetrie nunmehr auf wirtschaftliche Potenz und wissenschaftlich-technologische Dynamik bezog. Aber auch die militärischen Fähigkeiten spielen in der fortbestehenden Asymmetrie eine Rolle, insofern viele der neuen Staaten aus asymmetrisch geführten Kriegen gegen die Kolonialmächte hervorgegangen sind und diese Asymmetrieerfahrung ihre Fähigkeiten und ihr Selbstbewusstsein weithin prägte – bis dahin, dass sie, inzwischen selbst durch asymmetrische Konflikte herausgefordert, auf Ausbildungsmissionen der USA oder der Europäer angewiesen sind.

Durch die völkerrechtliche Anerkennung und die Aufnahme in die Vereinten Nationen jedenfalls war die Westfälische Ordnung nicht zu globalisieren.

Zuvor bereits ist es in Europa zu einer Entwicklung gekommen, die den Regulationsimperativen des Binären zuwiderlief. Sie kulminierte in der Vorstellung eines «totalen Krieges»,[99] bei dem nicht nur die Superiorität der Politik gegenüber dem Militär in Frage gestellt, sondern auch die Binarität der Westfälischen Ordnung ausgehebelt wurde, indem man Elemente des Bürgerkriegs für die Führung des Staatenkriegs nutzte, um die Souveränität des Gegners zu unterminieren.[100] Weiterhin stellte das Projekt des «totalen Krieges» die Unterscheidung zwischen Kombattanten und Nonkombattanten in Frage, was dann bestimmten Strategien des Luftkriegs zugutekam. Das begann bereits im Verlauf des Ersten Weltkriegs, als der Krieg entgegen den Planungen der großen Mächte nicht in einer Abfolge von Entscheidungsschlachten nach wenigen Monaten beendet wurde, sondern sich zu einem Erschöpfungskrieg entwickelte.[101] Als absehbar war, dass darin die Mittelmächte – Deutschland und Österreich-Ungarn – unterliegen würden, weil sie infolge ihrer Aussperrung vom Welthandel keinen ungehinderten Zugriff auf die globalen Ressourcen hatten, wie das bei Frankreich und Großbritannien der Fall war, wurde dies für den deutschen Generalstab zu einer Art Aufforderung, die von der binären Ordnung auferlegten Grenzen zu sprengen und den Krieg über diese Grenzen hinaus zu eskalieren.[102]

So hat etwa die deutsche Oberste Heeresleitung in drei Anläufen versucht, die Trennung von Staaten- und Bürgerkrieg zu unterlaufen, indem sie Bürgerkriegselemente, vom religiösen Bekenntnis über die nationale Unabhängigkeit bis zum sozialrevolutionären Umsturz, in die Führung des Staatenkriegs einzumischen suchte. Das begann mit der auf deutschen Wunsch hin erfolgten Ausrufung des Heiligen Krieges durch das türkische Staatsoberhaupt Sultan

Mohammed V., womit Befehlsverweigerungen und Aufstände in den britischen und französischen Kolonialeinheiten ausgelöst werden sollten (wozu es jedoch nicht in größerem Umfang kam), setzte sich fort in der Unterstützung nationalistischer Separationsbewegungen in Irland, Finnland, der Ukraine und im Baltikum (was einigen Erfolg hatte) und fand seinen Höhepunkt in der Durchreisegenehmigung und den finanziellen Hilfen, die man dem Sozialrevolutionär Lenin zuteilwerden ließ, damit er die bürgerliche Revolution in Russland zu einer sozialistischen Revolution weitertrieb und dabei mit den Mittelmächten Frieden schloss.[103]

Doch auch die US-amerikanische Anwendung des Selbstbestimmungsrechts der Völker auf Österreich-Ungarn war ein politisches Strategem, das die Trennung von Innen und Außen destruierte. In der Pariser Friedensordnung von 1919 ist es demgemäß nicht gelungen, die binären und symmetrischen Prinzipien und Regeln der Westfälischen Ordnung wiederherzustellen, und vieles spricht dafür, dass man das auch nicht beabsichtigte. Zumindest US-Präsident Wilson strebte eine grundsätzlich andere Weltordnung an, in der er seinem Land die Rolle des «Hüters» zugedacht hatte. Der prospektive Hüter USA sollte an die Stelle der qua Binarität gesicherten Hüter-Unabhängigkeit treten. Dazu ist es bekanntlich nicht gekommen, weil der US-Kongress sich Wilsons Projekt verweigerte. Man kann gegen die Pariser Friedensordnung aber auch geltend machen, Wilson habe die seinem Vorhaben zugrunde liegenden Prinzipien selbst nicht ernst genommen, sie jedenfalls nicht konsequent vertreten, sondern eine Ordnung im Sinn gehabt, in der die Dominanz der Weißen über die Farbigen in Formen indirekter Herrschaft fortgeführt wurde.[104]

Gibt es Gründe dafür, dass Wilson die Westfälische Ordnung in Europa nicht wiederherstellen, sondern sie durch eine Weltordnung ersetzen wollte, die auf grundlegend anderen Regeln und Werten beruhte? Zumindest seinen eigenen Erklärungen nach hatte sich Wilson nach langem Zögern zum Kriegseintritt der USA entschlossen, um diesen Krieg zu einem «war to end all wars» zu machen. Die Westfälische Ordnung war aber auf den Krieg als Mittel zur Neutarierung der Machtverhältnisse und als Mechanismus des Ausgleichs angewiesen. Es sollten freilich kurze und politisch beherrschbare Kriege sein, wie das im Europa des 19. Jahrhunderts nach den napoleonischen Kriegen tatsächlich der Fall war,[105] doch diese «mechanische» Funktion der Neubalancierung hatte der Krieg im Verlauf des Ersten Weltkriegs eingebüßt. Er hatte sich, weil er nicht nach kurzer Zeit beendet wurde, zu einem Krieg entwickelt, bei dem, ähnlich wie beim Dreißigjährigen Krieg, die Wiederherstellung der vormaligen Ordnung unmöglich war. Ein Neuentwurf war somit vonnöten.

Was bedeutet das für die Verwendbarkeit des Binaritätsprinzips beim Entwurf einer Weltordnung für das 21. Jahrhundert? Immerhin ist davon auszugehen, dass es eine Ordnung ohne Hüter sein wird, weil es keine Macht gibt, die von allen relevanten Akteuren als Hüter anerkannt wird, und weil keine Macht, die diese Rolle tendenziell spielen könnte, angesichts der damit verbundenen Aufgaben und Lasten dazu bereit wäre. Es wird also mit großer Wahrscheinlichkeit eine Ordnung sein, die ohne Hüter auskommen muss, die infolgedessen qua Selbststeuerung funktioniert und sich nicht auf die Intentionalität eines Ausgleichers und Schiedsrichters verlassen kann. Für eine Ordnung ohne Hüter aber sind, wie hier an historischen Beispielen gezeigt, präzise Begriffe zwecks Identifikation von Konstellationen und Situationen vonnöten, und dafür hat die symmetrisch-antithetische Struktur einer binären Ordnung große Vorzüge. Diese Binarität wiederum hängt, wie ebenfalls gezeigt, von Voraussetzungen und Rahmenbedingungen ab, die alles andere als selbstverständlich sind. Es spricht außerdem vieles dafür, dass die Kombination von Binarität, Symmetrie und Souveränität nur ordnungsstiftende und -erhaltende Wirkung entfalten kann, wenn sie auf eine überschaubare Anzahl von Akteuren beschränkt bleibt, die sich gegenseitig als tendenziell Gleiche anerkennen und so etwas wie ein Direktorium von Ordnungswahrern bilden. In einer «Anarchie der Staatenwelt» ist eine Ordnung von Binarität, Symmetrie und Souveränität kaum aufrechtzuerhalten. Bei den dominierenden Akteuren dieser globalen Ordnung muss jeder auf der Grundlage seiner Ressourcen und seines Engagements weltpolitisches Gewicht haben. Alle anderen bilden dann eine zweite, dritte und vierte Reihe, die in abgestufter Weise weder die gleichen Vorrangpositionen einnehmen können noch die gleichen Lasten tragen müssen. Darauf ist im Schlusskapitel zurückzukommen.

Das Gleichgewicht der großen Mächte

Imperiale Ordnungen sind grundsätzlich solche des Übergewichts eines Zentrums gegenüber der Peripherie. Dieses Übergewicht bezieht sich in der Regel auf alle vier von dem englischen Soziologen Michael Mann aufgeführten Machtsorten: auf politische und wirtschaftliche, militärische und kulturelle Macht.[106] Je deutlicher bei allen dieser vier Machtsorten das Übergewicht des Zentrums gegenüber der Peripherie ist, desto fester gefügt ist die imperiale Ordnung. Ist das bei einer Machtsorte bereits nicht der Fall, wächst der Druck auf die anderen, dieses Defizit zu kompensieren. Infolgedessen geraten die Konstellationen von Über- und Unterordnung, die festgefügten Hierarchien innerhalb einer imperialen Ordnung, in Bewegung, und die daraus resultierende Abflachung des Machtgefälles kann schnell mit einer Auflösung der imperialen Strukturen enden, wie das bei der Entkolonisierung in der Mitte des 20. Jahrhunderts der Fall war. Damals führten nicht zuletzt die Strategien der asymmetrischen Konfrontation dazu, dass das Zentrum die zunächst überschaubare Zahl von Aufständischen an der Peripherie nicht in einem Entscheidungsschlag niederwerfen konnte, sondern sich auf einen Ermattungskrieg einlassen musste, in dem die Nachteile beim Zentrum lagen.[107] In einem solchen Ermattungskrieg steigen nämlich nicht nur die Kosten des imperialen Zentrums, sondern die Aufständischen der Peripherie schöpfen mit Grund auch Hoffnung, den Krieg *auf lange Sicht* gewinnen zu können. Die militärische Macht des Zentrums ist nicht mehr hinreichend, um den Widerstand der Peripherie niederzuschlagen, und die lange Dauer des Widerstands wird zu einer strategischen Ressource der Aufständischen.

Dennoch wird daraus kein Gleichgewicht, denn dazu wären zwischen dem vormaligen Zentrum und der einstigen Peripherie tendenziell symmetrische Konstellationen bei *allen vier* Machtsorten vonnöten. Das Zentrum-Peripherie-Verhältnis besteht somit in veränderter Form fort, wobei es freilich nur noch auf einige der vier möglichen Machtsorten gegründet ist. Vor allem wirtschaftliche und kulturelle Macht spielen nun die Hauptrolle und stellen die Ressourcen bereit, auf denen die fortwährende Dominanz der einstigen Kolonialmacht über ihre früheren Kolonien beruht. Das zeigt sich in den postkolonialen Konstellationen, die in den letzten Jahrzehnten entstanden sind: Die Kolonialimperien gibt es nicht mehr, aber die Abhängigkeit der ehemaligen Kolonien vom reichen Norden ist geblieben, selbst dort, wo deutlich gestiegene Rohstoffpreise zu postkolonialem Wohlstand geführt haben, der neben Armut und Elend wie eine Insel des am wohlhabenden Norden orientierten Lebens entstanden ist.

Diese Beobachtungen zeigen, dass eine Ordnung des Gleichgewichts mehr ist als nur das Fehlen von großen Ungleichgewichten zwischen den politischen Akteuren. Im strengen Sinn kann ein Gleichgewicht, wie gesagt, erst bei tendenzieller Symmetrie *in allen vier* Machtsorten entstehen. Sind die Symmetrien schwächer ausgeprägt oder nur bei zwei oder drei Machtsorten vorhanden, so ist von einem «unvollständigen Gleichgewicht» zu sprechen, sofern es sich dabei nicht mehr – oder noch nicht – um ein schwach ausgeprägtes Zentrum-Peripherie-Verhältnis handelt. Was heißt das? Zwischen der Ordnung des Gleichgewichts und einer Zentrum-Peripherie-Konstellation gibt es keine Binarität und damit auch kein ausgeschlossenes Drittes. Vielmehr dominiert ein «Dazwischen», nach dem die tatsächlichen Strukturen zu beschreiben sind. Eine empirische Untersuchung der tatsächlichen Macht- und Einflussverhältnisse zeigt, dass die meisten vorhandenen Ordnungen «irgendwo» zwischen einem System des vollständigen Gleichgewichts und einer ausgeprägten Zentrum-Peripherie-Struktur angesiedelt sind. Bei dem System des vollständigen Gleichgewichts und einer ausgeprägten Zentrum-Peripherie-Struktur handelt es sich also um antithetische *Idealtypen*, zu denen die tatsächlich anzutreffenden Konstellationen ins Verhältnis zu setzen sind, um eine Vorstellung von deren prospektiver Stabilität zu bekommen.

Der deutsch-amerikanische Historiker Alfred Vagts hat mit Blick auf die notorische Differenz zwischen Idealtypus und tatsächlichen Konstellationen von einer «Chimäre des europäischen Gleichgewichts» gesprochen, um damit dessen politische Konstruiertheit zu erklären, die Unwahrscheinlichkeit des naturwüchsigen Vorhandenseins und das mit dem Gleichgewicht imperativisch verbundene Erfordernis, bestimmte Machtsorten zu steigern; auch wollte er auf die daraus resultierende permanente Unruhe hinweisen, mitsamt der systemischen Tendenz zur Entstehung von Ungleichgewichten.[108] In Vagts' Analyse, der als deutscher Infanterieoffizier am Ersten Weltkrieg teilgenommen hatte und 1933 in die USA emigrierte, ist die Enttäuschung darüber zu spüren, dass das europäische Gleichgewicht vor Ausbruch des Großen Krieges, wie Franzosen und Briten den Ersten Weltkrieg bis heute nennen, nicht hielt, was man sich in der Theorie von ihm versprochen hatte: die Vermeidung, in jedem Fall aber die räumliche und zeitliche Begrenzung des Krieges. Für Vagts sind der Erste Weltkrieg und seine Folgen ein Argument gegen das Gleichgewicht als Modell einer stabilen Friedensordnung.

Vagts geht davon aus, dass ein Gleichgewichtssystem nur funktioniert, wenn es in ihm eine Macht gibt, die – aus welchen Gründen auch immer – die Aufgabe des Balancierens zu übernehmen bereit ist. Diese Rolle kann freilich nur funktionieren, so Vagts, wenn diese Macht der Gleichgewichtsordnung angehört und sich *gleichzeitig* auch außerhalb ihrer befindet. Das ist seiner Vorstellung nach die Voraussetzung dafür, dass sie die ihr zufallenden Aufgaben bewältigen kann. Wo das Gleichgewicht dagegen sich selbst überlassen ist beziehungsweise sich infolge der auf Gleichgewichtssicherung abzielenden Bemühungen der dem System Angehörenden immer wieder neu herausbilden muss, wird es nicht von langer Dauer sein. Es zerfällt, weil einige zu geringe Anstrengungen für seine Aufrechterhaltung unternehmen, so dass andere Mächte ohne große Mühe das Übergewicht erlangen, oder aber weil zumindest eine Macht große und nachhaltige Anstrengungen unternimmt, so dass unkontrollierte Rüstungsspiralen entstehen, bei denen einige nicht mithalten können.[109] In beiden Fällen entwickelt sich das anfängliche Gleichgewicht infolge innerer Dynamik immer mehr in Richtung Ungleichgewicht. Gleichgewichtssysteme funktionieren dagegen dann zuverlässig, wenn es eine Macht gibt, die die Aufgabe des Balancierens übernimmt – und sie erfüllt. Die Seemacht Großbritannien ist seit Ende des 17., Anfang des 18. Jahrhunderts dieser Aufgabe lange Zeit im europäischen Gleichgewicht nachgekommen, im eigenen machtpolitischen Interesse.[110]

Seit Ende des 19. Jahrhunderts jedoch vernachlässigte die britische Politik zunehmend das nötige Balancieren innerhalb der europäischen Mächtekonstellation, weil sie sich als globale Macht, die sie ja war, vom Deutschen Reich herausgefordert fühlte und sich mehr auf Gegengewichte zu Deutschland konzentrierte. Mehr noch: Mit Blick auf die Eindämmung Deutschlands setzte die britische Politik auf die Schaffung machtpolitischer Ungleichgewichte zum Nachteil des Deutschen Reichs. Von daher lässt sich das Versagen des europäischen Gleichgewichtssystems einerseits auf die gegen Deutschland gerichteten Eindämmungsbestrebungen der Briten zurückführen, andererseits aber auch auf den Übergang Deutschlands von einer «saturierten» Macht, wie Bismarck das Reich nach 1871 definiert hatte, zu einem Weltmachtaspiranten. Das war für die Briten umso bedrohlicher, als – hier kommen die globalen Rahmenkonstellationen ins Spiel – ihre ehemaligen Kolonien in Nordamerika, die Vereinigten Staaten, im Begriff standen, sie bei allen wichtigen wirtschaftlichen Indikatoren zu überholen und sich vor Großbritannien zu positionieren.

Gleichgewichtssysteme, heißt das, funktionieren nur dann, wenn die balancierende Macht keiner starken Herausforderung von außen ausgesetzt ist, welche Aufmerksamkeit und Ressourceneinsatz abzieht, aber auch nicht mit einem großen Akteur im Innern des Systems konfrontiert ist, der sie in ihrer globalen Position außerhalb des räumlich begrenzten Gleichgewichts herausfordert. Das sind Bedingungen, die mit gleichgewichtsinternen Mitteln kaum aufrechtzuerhalten sind. Dementsprechend zurückhaltend beurteilt Vagts die Vorstellung, die Weiterreichung der Aufgaben einer Balancemacht von Großbritannien an die USA hätte das europäische Gleichgewicht retten oder nach dem Krieg von 1914 bis 1918 wiederherstellen können.[111] Er hat darum großes Verständnis für die Entscheidung von US-Präsident Woodrow Wilson, auf einen Wechsel des Ordnungsmodells zu setzen, sowohl für Europa als auch im globalen Maßstab, und eben nicht dem Vorschlag des früheren Präsidenten Theodore Roosevelt zu folgen, wonach die USA die Aufgaben des Balancierens einer über Europa hinausgehenden Gleichgewichtsordnung an sich ziehen sollten.[112]

Carl Schmitt hat sich mit den Fragen des Gleichgewichts etwa zu derselben Zeit beschäftigt wie Alfred Vagts und ist dabei zu dem Ergebnis gelangt, England hätte, um für die Mächtebalance in Europa zu sorgen, auch «Herr des Gleichgewichts von Land und Meer» sein müssen.[113] Das Balancieren *beider* Gleichgewichte ist in Schmitts Sicht die Lösung für das Erfordernis, dass die Macht der

Balance dem System sowohl angehören als auch sich außerhalb desselben befinden muss. Nur so sei es möglich, die Voraussetzungen für die Geltung des europäischen Völkerrechts aufrechtzuerhalten: «Aber der entscheidende Raumgesichtspunkt ist das von England, d.h. vom *Meere* aus gesehene Gleichgewicht der als souveräne Personen repräsentierten europäischen Flächenstaaten. Ohne sie gibt es kein europäisches Völkerrecht mehr.»[114] Schmitt verschiebt damit die Herausforderung der Balance von einer bloßen Macht- zu einer Raumfrage, weil Balance nur möglich sei, wenn der Balancierende nicht vollständig demselben Raum angehöre wie die Balancierten. Schmitt verweist aber auch auf die Ventilfunktionen des Außenrahmens, wenn er schreibt, im Europa des ausgehenden 19. Jahrhunderts sei «jede Macht an jeder wichtigen Gebietsänderung in Europa interessiert [gewesen], während riesige Gebietserwerbungen außerhalb Europas, wie die Eroberung Sibiriens durch Rußland, fast unbemerkt vor sich gingen».[115] Die Expansionschancen der europäischen Mächte in außereuropäische Räume waren danach eine weitere Bestandsvoraussetzung des Gleichgewichts, weil dadurch systemsprengende Kräfte aus dem Binnenraum der Gleichgewichtsordnung nach außen abgeleitet werden konnten.

Schmitt bringt damit ein weiteres «Außen» des Gleichgewichtssystems ins Spiel, hebt aber, anders als Vagts, nicht wesentlich auf die machtpolitische Konkurrenz um die außerhalb des Gleichgewichtssystems gelegenen geopolitischen Räume ab; vielmehr stellt er neben der mechanischen Wirkung der Kräfteableitung die *politische Neutralisierung* der territorialen Erweiterungen von Mächten des Gleichgewichts heraus, weil sich die Aufmerksamkeit auf den Binnenraum des Systems konzentriere. Diese Neutralisierung, die nicht nur für Russland, sondern auch für die kolonialen Erwerbungen der anderen europäischen Großmächte in Anschlag zu bringen ist, verliert jedoch an Bedeutung, sobald ein «Außerhalb» auf das «Innerhalb» des Systems einwirkt. Hier lässt sich auf die russisch-britische Konkurrenz um Zentralasien verweisen, das *Great Game*, wie auf den *Scramble for Africa*, den Wettlauf der europäischen Großmächte um die Inbesitznahme von Kolonien in Afrika.[116] Die dabei entstehenden Konflikte mussten außerhalb des europäischen Gleichgewichts verbleiben und durften auf dessen Zusammenspiel keine Wirkung haben, was im Fall der europäischen Konkurrenz um Kolonien jedoch nicht der Fall war. Die Räume des Außen mussten gewissermaßen einer anderen «Welt» angehören. Aber ließ sich die dazu erforderliche Trennung der Räume noch aufrechterhalten, wenn «Raumrevolutionen» die Vorstellung von dem, was politisch als «Welt» angesehen wurde, radikal veränderten?[117]

Was die Aussicht einer Globalisierung des europäischen Gleichgewichts anbetrifft, ist Schmitt skeptisch, weil es seit dem späten 19. Jahrhundert kein geopolitisches «Außen» mehr gab, von dem aus die Balancemacht hätte agieren und wohin die überschießenden Energien der Gleichgewichtsmächte hätten abgeleitet werden können. Woher soll die Balancemacht die Kraft nehmen, das Gleichgewicht ohne Rückgriff auf ein «Außen» zu stabilisieren? Und wie soll sie bei fehlender Kräfteableitung in ein «Außen» auf die Konflikte im Systeminneren einwirken können? «Das System des europäischen Gleichgewichts, in dem die Ordnung des 18. und 19. Jahrhunderts einen Ausdruck fand, ließ sich nicht einfach auf ein Welt-Gleichgewicht des Erdballs übertragen. Einen Augenblick allerdings hatte *England* den Anspruch angemeldet, die Mitte der Welt zu sein und aus dem Handhaber des bisherigen europäischen Gleichgewichts der Träger eines neuen, die Großräume balancierenden *globalen Welt-Gleichgewichts* zu werden.»[118] Das wurde, so Schmitt, in den 1820er Jahren in London erwogen, von der britischen Politik aber nicht weiterverfolgt, weil man fürchtete, mit dieser Aufgabe überfordert zu sein. «Ihr Ziel eines Welt-Gleichgewichts hat sich aber von der Insel England aus nicht verwirklichen lassen. England wurde die traditionelle Macht des Mittelmeeres und des Weges nach Indien. […] Für die große globale Kraftleistung war die kleine europäische Insel anscheinend doch zu schwach.»[119]

Die Balancemacht des Gleichgewichts muss, heißt das, in einem angemessenen Verhältnis zu dem von ihr zu ordnenden Raum stehen, und wenn dieser Raum zu groß ist, geraten die Machtverhältnisse schnell aus der Ordnung. Die Kräfteableitung in ein «Außen» ist dabei *eine* Möglichkeit, die Einwirkungschancen des Balancierens zu vergrößern. Nun hätte Ende der 1940er Jahre, als Schmitt seine Überlegungen zur Publikation vorbereitete, die Frage nahegelegen, ob bei der Herstellung einer neuen Weltordnung womöglich die USA die von den Briten zuvor gespielte Rolle übernehmen könnten. Schmitt hat diesen Gedanken nicht weiterverfolgt und es bei der Beobachtung einer Überforderung Englands belassen. Wahrscheinlich hat das für Schmitt unerlässliche Erfordernis eines «Außen» dagegengesprochen, dass die USA über einen längeren Zeitraum die Aufgabe der balancierenden Macht aussichtsreich hätten übernehmen können. Und vermutlich war auch Schmitts Aversion gegen den von den USA verkörperten Liberalismus zu groß, als dass er ihnen diese Aufgabe hätte zuweisen wollen.

Es ist bezeichnend, dass die der Denkschule des Neorealismus zuzurechnenden neueren Studien zum Gleichgewicht im Wesentlichen *ohne* einen ausgleichenden und balancierenden Akteur auszukommen suchen, was zur Folge hat, dass sie von der Annahme einer «Anarchie der Staatenwelt» ausgehen.[120] Der Ausgleich von Machtungleichgewichten hat danach durch die dem System angehörenden Mächte selbst zu erfolgen, was heißt, dass ihre Zahl klein sein muss, um verbindliche Absprachen treffen zu können. Deswegen verhält sich die Chance, tatsächlich zu einem Gleichgewicht zu gelangen, umgekehrt proportional zu der Anzahl der am System beteiligten großen Mächte. Der amerikanische Politikwissenschaftler Kenneth Waltz kommt deswegen in seiner *Balance-of-Power*-Theorie zu dem Ergebnis, Bipolarität sei das Beste, was unter den gegebenen Umständen zu haben sei, jedenfalls habe sie die größten Chancen, als Friedensordnung zu funktionieren.[121]

Doch das bipolare Gleichgewicht, das durch die Reziprozität von nur zwei Akteuren eine vergleichsweise gute Übersichtlichkeit aufweist – sie schlug sich in der Zeit des Kalten Krieges unter anderem darin nieder, dass bilaterale Abkommen über die Beschränkung von Rüstungen getroffen werden konnten –, ist seit 1989/91 Geschichte. Und es ist vorerst nicht damit zu rechnen, dass derlei als politische Rahmenbedingung wiederkehren wird – genauso wenig, wie eine balancierende Macht vorstellbar ist, die als Beteiligter und zugleich Außenstehender des Systems in der Lage wäre, ein sich ständig veränderndes Gleichgewicht verlässlich auszutarieren. Das ist das Dilemma, vor dem jede künftige Weltordnung steht: dass sie eine ohne Hüter sein wird, was für die Installierung einer Gleichgewichtsordnung spricht. Gleichzeitig sind jedoch die Möglichkeiten zur Errichtung eines solchen Gleichgewichts dadurch begrenzt, dass eine Reihe von dies begünstigenden Voraussetzungen, wie etwa die Bipolarität, fehlen. Dieses Dilemma wird von den Anhängern einer multipolaren Ordnung zumeist übersehen oder unterschätzt. Oder um es vereinfacht zusammenzufassen: Multipolarität verlangt nach einer Balancemacht, die aber notorisch überfordert wäre; Bipolarität ist eine Alternative beim Stabilisieren des Gleichgewichts, hat dafür aber eine Reihe systemischer Risiken – und vor allem die Folge, dass dann zwei Lager unter der politischen Vormundschaft eines Hegemons stehen.

KAPITEL 4

Erzählungen und Bilder der Weltordnung

Narrative und Symbole

Bei der Entstehung politischer Identitäten sowie der Markierung von Positionen und Räumen, die dem Eigenen als zugehörig reklamiert werden, spielen Narrative und Symbole eine herausgehobene Rolle. Insofern sind sie ein weiteres Modul bei der Entstehung und Ausgestaltung von Weltordnungen, gleichgültig, ob es sich dabei nun um eine regional begrenzte oder die globale Welt handelt. Lange hat man das, was hier als Narrativ und Symbol thematisiert wird, unter dem Begriff «Ideologie» zusammengefasst. Aber «Ideologie» ist in den politischen Auseinandersetzungen der letzten Jahrzehnte zum Catch-all-Begriff verkommen, mit dem alles bezeichnet wird, was dem, der ihn verwendet, suspekt ist. «Ideologie» ist inzwischen eine Denunziationsvokabel, die für die Diskreditierung anderer Sichtweisen benutzt wird. Das hat den im 19. Jahrhundert entstandenen Ideologie-Begriff, der zunächst den Einfluss von Ideen und Ideenbewirtschaftern («Ideologen») auf die Wahrnehmung und Beschreibung des Tatsächlichen bezeichnete, so diffus werden lassen, dass er in politikwissenschaftlichen Analysen zunehmend außer Gebrauch gekommen ist.[1]

Deswegen ist hier anstatt von Ideologie von Narrativen und Symbolen die Rede: von Erzählmustern, in denen es um die Herkunft und Zukunft eines Sozialverbandes oder politischen Akteurs geht, und von ikonischen Verdichtungen bildlicher Vorstellungen, in denen komprimiert zum Ausdruck gebracht wird, was in der uns umgebenden Bilderflut als symbolische Botschaft wahrgenommen werden soll.[2] Dabei sind Narrative nicht mit den ihnen verbundenen Erzählungen identisch, sondern bezeichnen die Muster, die den Erzählungen zugrunde liegen, so dass diese als Variationen über ein Thema angesehen werden können. In ganz ähnlichem Sinn sind auch Symbole nicht mit den uns umspielenden Bildern identisch, sondern in ihnen sind die Muster komprimiert, zu denen die Bilder spezifische Ausdeutungen darstellen. Narrative und Symbole sorgen dafür, dass wir in einer bestimmten Gruppe von Erzählungen und Bildern dieselbe Idee erkennen, so dass diese uns «vertraut» erscheint und ein Signum des Eigenen oder des Fremden ist.

Der vergleichende Blick auf die Geschichte politischer Identitätsbildung zeigt, dass solche Narrative und Symbole je nach politischem Kontext sehr unterschiedliche Bedeutung und Wirkung haben können: Sie können die Entstehung von Staaten und Nationen begleiten, indem sie sozialen und politischen Entwicklungen, die mit einiger Sicherheit auch ohne sie stattgefunden hätten, eine ideelle Kontur verleihen; aber sie können auch als ins Spiel gebrachte Richtungsanzeigen wirken, als in den Gang der Geschichte tief eingreifende Faktoren dessen, was *werden soll*. Es handelt sich bei ihnen dann um bevorzugte Interventionsinstrumente von Intellektuellen und Künstlern. Sie können dabei politisch konfliktverschärfend wie konfliktdämpfend wirken. Sie können auf regional begrenzte Räume bezogen sein und vor allem das Eigene gegenüber dem Anderen der Nachbarn akzentuieren, also Identität durch die Betonung von Alterität hervorbringen, aber ebenso kann es sich bei ihnen um die Präsentation des Eigenen im Kontext eines Umfassenden handeln, etwa durch ihren Bezug auf die gesamte Menschheit oder eine globale Ordnung. Sie können die Selbstverortung eines Gemeinwesens oder einer politischen Großmacht in breite geschichtliche Entwicklungstrends einbetten, wie etwa in die Aufklärung oder in den Prozess der Demokratisierung, und dabei das identitär Besondere als Bestandteil des Allgemeinen darstellen.

Diese Verbindung von nationaler Eigenart und allgemein vorherrschender Entwicklung kann, zumal wenn Letzteres als gewollt und gesollt unterstellt wird, zum nationalen Identitätsmarker werden, wie bei den Franzosen etwa der Rationalismus und die Aufklärung oder bei den Briten die Präferenz fürs Pragmatische. Das erfolgt dann zumeist unaufgeregt und im Gestus des Selbstverständlichen.

Narrative und Symbole können aber auch die eigene Identität als Entgegensetzung zur allgemeinen Entwicklung konturieren, wie es der Fall ist, wenn die vorherrschende Entwicklung als eine des Niedergangs oder der Dekadenz beschrieben wird, der das als Eigenes Markierte Einhalt zu gebieten sucht. Alle diese Narrative und Symbole können für den Entwurf von «Welt»-Ordnungen relevant werden, und sie werden das umso mehr, je stärker sie dem je Eigenen für die Entwicklung der Menschheit und die soziopolitische Ordnung großer Räume Bedeutung beimessen. Zurzeit sind es die Narrative und Symbole der USA ebenso wie die Chinas und Russlands, die dem je Eigenen eine ausschlaggebende Relevanz fürs Globale zusprechen. Bei europäischen Narrativen und Symbolen, auch denen der EU, ist das deutlich seltener der Fall.

Die Geschichte des Nationalen, der Eigenheiten einer Nation in Abgrenzung gegen andere Nationen, aber auch die Herausstellung der Zusammengehörigkeit von ethnischen Gruppen und sprachlichen Dialekten zu einem einzigen Verband, eben einer Nation oder einem Imperium, sind das klassische Feld, auf dem Historiker sowie Kultur- und Sozialwissenschaftler die Wirkung von Narrativen und Symbolen untersucht haben.[3] Die Konstruktion des Deutschen und die Entstehung der deutschen Nation sind dabei ein besonders interessanter Fall, weil hier in einer eigenen Weise das Inklusive und das Exklusive des Deutschen erzählt und verbildlicht worden ist. Dabei ging es darum, die Imagination des Nationalen und die Realität der Staatlichkeit mitsamt ihren territorialen Grenzen zur Deckung zu bringen: die nationale Zusammengehörigkeit gegen das Sonderbewusstsein der diversen Königreiche und Großherzogtümer in Deutschland; die groß- und die kleindeutsche Lösung als politische Alternativen; die geschichtlich und sprachlich begründete Zugehörigkeit bestimmter Territorien zu Deutschland; oder auch das Projekt, die nationale Eigenart herauszustellen, um das im Adel verbreitete Vorbild des Französischen durch ein Eigenbild des Deutschen zu ersetzen. Dabei haben Intellektuelle und

Künstler als Bewirtschafter der Narrative und Symbole eine sehr viel größere Rolle gespielt, als dies bei den meisten Natiogenesen der europäischen Nachbarn der Fall gewesen ist, und, um sich Gehör zu verschaffen, immer wieder die globale, die menschheitsgeschichtliche Bedeutung der eigenen Nation herausgestellt – am bekanntesten vielleicht in den Schlussversen von Emanuel Geibels Gedicht *Der deutsche Beruf*: «Und es mag am deutschen Wesen / Einmal noch die Welt genesen.»[4] – Wobei Geibels «mag» später häufig zu «soll» verschärft worden ist.

Im Gegensatz zu den Nationsvorstellungen mitsamt zugehörigen Nationalismen, die wesentlich partikular angelegt sind und die Weltordnung als eine Komposition aus Nationen, also im buchstäblichen Sinn als *Stückwerk* begreifen, zielen die Narrative und Symbole der imperialen Mission[5] stets auf die Gesamtordnung der Welt. Diese wird als *aus einem Guss* gesehen, weil es ja eine Führungsmacht gibt, die sie geschaffen hat oder noch schaffen wird und dabei eine Leitidee verfolgt, die Grundlage und Legitimation ihres Vorherrschaftsanspruchs ist. Eine solche Mission kann in der «Entbarbarisierung» eines größeren Raums bestehen, wie das beim *Imperium Romanum* der Fall war, woran in gewisser Hinsicht das *American Empire* angeknüpft hat;[6] sie kann sich aber auch auf die Rolle des *Katechon* im Sinn eines Aufhalters des Weltendes berufen, wie es in der Legitimation des Heiligen Römischen Reichs im 12. und 13. Jahrhundert zu finden ist;[7] sie kann in einer Ausbreitung des Christentums qua Missionierung bestehen, wie im Fall des spanischen Imperiums, wobei die Verbreitung des katholischen Glaubens sich mit der «Entbarbarisierung» und «Zivilisierung» der neu entdeckten Welt verband; sie kann aber auch in einem ganz profanen Sinn die Ausweitung des Welthandels zum Ziel haben, wie das beim *British Empire* der Fall war, wobei sich die Globalisierung des Handels und der Export von Gütern und Kapital aus dem imperialen Zentrum in alle Welt mit der Vorstellung eines zivilisierenden Effekts vermischten. Bei imperialen Missionen werden Vorhaben formuliert, die Welt zu verbessern oder neu zu konstituieren, und insofern sind sie ein Leitfaden für die Herstellung einer Weltordnung. Narrative und Symbole nehmen bei der Ausgestaltung von Weltordnungen also eine Doppelrolle ein: Sie sind Rechtfertigungen des eigenen Führungsanspruchs und zugleich Bauanleitungen für die Errichtung einer globalen Ordnung.

In jedem Fall geht es darum, die Sonderstellung der eigenen Macht beziehungsweise ihren Gestaltungsanspruch bei der Ordnung der Welt zu legitimieren, es also nicht beim Verweis auf die Überlegenheit der eigenen Ressourcen, die größere politische Macht, über die man verfügt, oder schlichtweg die höhere Gewaltkompetenz zu belassen. Diese Legitimation ist sowohl an die Konkurrenten um die Führungsposition in einem bestimmten Raum adressiert als auch an jene, die als Objekt der Mission ausersehen sind, die «Wilden» und «Barbaren», die «Rückständigen» und «Abgehängten», die «Abergläubischen» und «Irregeleiteten», denen nahegelegt wird, sich dem Vorhaben nicht zu verweigern, damit es nicht mit Gewalt durchgesetzt werden muss. Es ist ein bestimmtes Erzählmuster, ein Narrativ vom Zustand der Welt mitsamt dem Entwurf, was sein kann und sein soll, das hier als Bindeglied zwischen einer die Vorherrschaft beanspruchenden Macht und der Ordnung der Welt fungiert.

Während die Nationsnarrative vorwiegend an den Unterschieden zu anderen Nationen ausgerichtet sind, so dass sich die damit verbundene Ordnung der Welt aus dem Zusammenspiel der beteiligten Mächte ergibt, geht es in den imperialen Missionen unmittelbar um die angestrebte Weltordnung: Die sich im beschriebenen Sinn darstellende Macht – und nur sie –, so der durchlaufende Subtext des Narrativs, ist willens und in der Lage, eine sinnvolle Ordnung der Welt herzustellen und dauerhaft zu sichern. Während die Nationsnarrative rückwärtsgewandt sind und tief in die Historie eines bestimmten Raumes greifen, um aus ihr die wesentlichen Bestandteile der Herkunfts- und Identitätserzählungen zu gewinnen, haben die Missionsnarrative einen starken Zukunftsbezug und beschäftigen sich mehr mit dem, was sein soll und sein kann, als mit dem, was einst war und wiederherzustellen ist.

Eine Mittelstellung nehmen dabei die antikolonialen beziehungsweise antiimperialen Narrative ein, die einerseits Elemente nationaler Erzählungen enthalten, andererseits aber auch um das Leitnarrativ einer Negation der imperialen Mission, welchen Typs und welcher Provenienz auch immer, gestrickt sind. Es sind dies Gegenerzählungen und Desymbolisierungen der von einem Imperium geschaffenen Weltordnung. Sie entwickeln eine unhintergehbar eigene Identität der Beherrschten, die sich dem Prägestempel des Imperialen entzieht und politisch auf eine Ordnung des *Stückwerks* hinausläuft. Das Ringen um die Weltordnung findet insofern immer auch als ein Kampf der Narrative und Symbole statt.

Das ukrainische Narrativ

Diese allgemeinen Überlegungen lassen sich am Beispiel des Krieges zwischen Russland und der Ukraine sowie anhand der in den jeweiligen Kriegszielen zum Ausdruck kommenden Selbstvorstellungen beider Seiten (mitsamt der Unterstützer) konkretisieren. Dabei zeigt sich, dass die jeweiligen Narrative und Symbole nicht nur Legitimationen für die operative Politik bereitstellen, sondern dass sie auch die Mentalität der Bevölkerung prägen. Das wiederum hat zur Folge, dass die operative Politik mit Erwartungen überzogen wird, denen sie mehr oder weniger genügen muss. Narrative und Symbole sind also keineswegs ein leicht zu handhabendes Instrument der Politik, das diese nach Belieben und jeweiligem Erfordernis einsetzen und dann wieder in der Asservatenkammer verschwinden lassen kann. Sie bilden vielmehr so etwas wie die Leitplanken eines politikbezogenen «Erwartungshorizonts» (Koselleck), dem die amtierenden Politiker zu genügen haben, auch dann, wenn gar nicht sie selber, sondern frühere Politikergenerationen diese Narrative und Symbole im kollektiven Gedächtnis verankert haben. Genügen sie dem nicht, müssen sie damit rechnen, in einer Unzufriedenheitsrevolte gestürzt und aus dem Amt gejagt zu werden.

Dabei ist das ukrainische Narrativ mitsamt der ihm zugehörenden Symbole relativ überschaubar: Der 1991 aus dem Zerfall der Sowjetunion hervorgegangene Staat Ukraine, der sich bei dem Unabhängigkeitsreferendum vom 1. Dezember 1991 hinsichtlich seines Territoriums an den in Sowjetzeiten festgelegten Grenzen der Ukrainischen Sozialistischen Sowjetrepublik orientierte,[8] bedurfte eines Narrativs, das diesen Gründungsakt nicht als kontingentes Ereignis beim Auseinanderbrechen der Sowjetunion erscheinen ließ. Dieses Narrativ sollte die konkreten Grenzen des neuen Staates auch nicht auf die machtpolitischen Konstellationen der Jahre 1918 bis 1922 zurückführen, sie also nicht mit dem Bürgerkrieg zwischen den «Weißen» und den «Roten» nach dem Ende des Zarenreichs verbinden, sondern den neuen Staat Ukraine als das Ergebnis einer jahrhundertelangen, nun zu ihrem glücklichen Abschluss gelangten Entwicklung darstellen. Es ging demzufolge um das Wegerzählen von Kontingenz, die zum Anlass für eine Neuverhandlung und Veränderung von Grenzen hätte werden können, um ein Narrativ somit, das gegenüber Russland eine *eigene*, in die Tiefe der Geschichte zurückreichende Traditionslinie präsentierte.

Das war alles andere als einfach, denn das fragliche Territorium hatte über Jahrhunderte im Überlappungs- und Konfliktraum dreier Großreiche gelegen, dem Österreichs beziehungsweise Österreich-Ungarns, welchem seit den Teilungen Polens die Westukraine bis 1918 zugehört hatte; dem des Osmanischen Reichs, das bis ins 19. Jahrhundert hinein große Teile der Südukraine sowie die Halbinsel Krim beherrschte; schließlich dem des russischen Zarenreichs, das im Verlauf des 17. und 18. Jahrhunderts die Nordost- und Ostukraine unter seine Kontrolle gebracht hatte. Es ging also um eine mit Hilfe von Narrativen und Symbolen betriebene Geschichtspolitik,[9] die Vorläufer des gerade erst entstandenen Staates ausfindig machen und politisch-kulturelle Kontinuitäten herstellen sollte, Kontinuitäten, die möglichst tief in die Geschichte des betreffenden Raumes zurückreichten. So wurde für die Vorgeschichte der Ukraine eine Linie gezeichnet, die mit dem Großreich der Kiewer Rus begann, sich im Kosakenstaat des 17. Jahrhunderts fortsetzte und bis zur Ukrainischen Volksrepublik von 1918 bis 1920 führte, der ersten «Wiederauferstehung» als ukrainischer Staat.[10] Es ist dies ein Narrativ, das einerseits den von russischer Seite aufgebauten und politisch bedeutsam gemachten Gegensatz zwischen den russischsprachigen und den ukrainischsprachigen Teilen der Bevölkerung relativieren und andererseits die seit langem bestehende kulturelle Eigenständigkeit der Ukraine bekräftigen sollte.

Kerngehalt dieses Narrativs ist, dass die Ukraine als politisch-kultureller Raum seit jeher stärker mit dem Westen, mit Europa, verbunden gewesen sei, als das bei Russland der Fall war, wo eine Westorientierung nur in «von oben» durchgesetzten Modernisierungsschüben erfolgt sei. Jedoch sei diese traditionelle Europabindung der Ukraine dann vom zarischen Imperium überformt und zurückgedrängt worden.[11] Widerstand und Kampf gegen das russische Imperium, das von Sankt Petersburg und Moskau aus die Ukraine nach Art eines kolonialen Eroberers unterworfen und unterdrückt habe, führten dann dazu, dass auch Personen und Gruppierungen, die mit den Deutschen kooperierten, sowohl 1917 und 1918 als auch nach deren Angriff auf die Sowjetunion im Sommer 1941, in die ukrainische Heldengalerie Einzug hielten. Der nationalistische ukrainische Politiker Stepan Bandera, der zeitweilig mit den deutschen Eroberern kollaboriert hatte, nach der Ausrufung eines eigenen ukrainischen Staates am 30. Juni 1941 aber verhaftet und im Konzentrationslager Sachsenhausen inhaftiert worden war – er wurde im Oktober 1959 in München von KGB-Agenten ermordet –, wurde dabei von vielen Ukrainern heroisiert, während er von denen skandalisiert wurde, die dem ukrainischen Staat und seinem demokratischen Selbstverständnis misstrauten. Für die russische Propaganda wurden Bandera und andere zum Beleg dafür, dass der Kampf gegen die bestehende Ukraine ein Kampf «gegen Faschisten und Nazis» sei und insofern in der Kontinuität des *Großen Vaterländischen Krieges* von 1941 bis 1945 stehe. Diese Narrative und Symbole waren von Anfang an Bestandteil des politischen Kampfes der Ukraine um politische Eigenständigkeit und wurden von russischer Seite demgemäß mit Gegennarrativen bekämpft. Wie gesagt: Vor und neben dem Kampf der Waffen findet ein Kampf der Narrative und Symbole statt.

Das russische Narrativ

Die Selbstversicherung Russlands war von Anfang an komplexer und zugleich ausgesprochen ambivalent, ging es bei der Konstruktion einer russischen Identität doch sowohl um Abgrenzung zu als auch Verbindung mit Europa und damit um die Position, die Russland im Hinblick auf die Ordnung Europas und der Welt für sich beanspruchte. Schon früh spielte dabei die Vorstellung einer politischen wie kulturellen Rückständigkeit Russlands gegenüber Westeuropa eine Rolle, aus der dann zwei Identitätsnarrative erwuchsen: einerseits das eines Aufholens durch Nacheifern, bei dem «der Westen», zunächst Westeuropa, später dann auch die USA, das einzuholende Vorbild war,[12] und andererseits das trotzig-stolze Insistieren auf der eigenen Identität, die es nicht nötig habe, sich an westlichen Mustern zu orientieren.[13] Letzteres verband sich meist mit der Vorstellung einer westlichen Dekadenz; als Begleiter der wirtschaftlichen und technologischen Überlegenheit Europas und seiner urbanen Kultur wurde nämlich moralischer Verfall ausgemacht. Gegen dieses Europa stellte das slawophile Narrativ das

Bild des russischen Bauern in seiner ursprünglichen Sittlichkeit und das der Dorfgemeinde als einer solidarischen Gemeinschaft. Die moralisch-sittliche Dekadenz war danach der Preis, den der Westen für seine ökonomische Überlegenheit und kulturelle Fortschrittlichkeit zu zahlen hatte. Das Dekadenznarrativ wiederum drehte sich um die Vorstellung, dass mit diesem Preis auch der westliche Anspruch, die Ordnung der Welt zu bestimmen, verloren gegangen sei. Der Westen konnte und durfte nicht die ordnungsstiftende und -garantierende Macht der Welt sein. Das würde zwangsläufig in den Abgrund führen.

Russland wurde damit zum Retter der Welt und ihrer Ordnung, zum *Katechon*, der den Untergang aufzuhalten, wenn nicht zu verhindern hatte. Der innerrussische Kampf zweier Narrative – das der Vorbildhaftigkeit des Westens und das seiner sittlichen Verkommenheit – um das verbindliche Selbstverständnis wurde vor allem in Situationen des politisch-sozialen Umbruchs zu einer im buchstäblichen Sinn offenen Frage, deren Beantwortung die russische Gesellschaft ein ums andere Mal zerrissen hat. Das war auch nach 1989/91 so, nach der Auflösung des äußeren Imperiums und dem Zerfall der Sowjetunion, als das Projekt des sozioökonomischen Umbaus der Sowjetgesellschaft, bereits in der Gorbatschow-Ära, vor allem dann unter Jelzin, zunehmend an westlichen Wirtschaftsmodellen ausgerichtet wurde, um nach dem Amtsantritt Putins dann wieder auf die Eigenständigkeit Russlands gegenüber dem Westen umgestellt zu werden.

Endpunkt dieser letztlich deprimierenden Identitätssuche sind die seit dem Ukrainekrieg ständig ausgesprochenen Vernichtungsdrohungen russischer Politiker und Publizisten, die sich, psychologisch gewendet, des Problems «Europa» entledigen wollen, indem sie es als Vorbild oder als Herausforderung für das eigene Selbstverständnis auszulöschen suchen. Man werde, so die hemmungslose Erklärung, Europa erobern oder vernichten und ein Reich von der Irischen See bis zum Pazifik errichten. Das ist nicht zuletzt eine

Reaktion auf den permanenten Brain-Drain nach Westen, dem Russland inzwischen erneut ausgesetzt ist, insofern Spitzenwissenschaftler und Menschen mit guter Ausbildung und großen Fähigkeiten das Land verlassen und in den Westen, in die USA oder nach Westeuropa, übersiedeln. Dazu gehört ebenfalls der Umstand, dass die Reichen und Vermögenden der russischen Gesellschaft, keineswegs nur die Oligarchen, diese freilich in besonderem Maße, sich repräsentative Anwesen (oder Yachten) im Westen kaufen und dort viel Geld ausgeben, was dazu führt, dass zum Brain-Drain noch ein Money-Drain hinzukommt. Russland verliert ständig intellektuelle wie monetäre Ressourcen an den Westen.

Als Reaktion auf den europäischen Vorbildcharakter infolge notorischer Unterlegenheitserfahrungen, Erfahrungen, die nicht ohne Folgen für den Anspruch auf Beteiligung an der Neuordnung der Welt bleiben konnten, standen den russischen Intellektuellen, die ihren Staat und seine Kultur herausheben wollten, grundsätzlich zwei Optionen zur Verfügung: zum einen der Verweis auf einen Legitimationstransfer, der von Rom über Konstantinopel nach Moskau als «Drittes Rom» stattgefunden habe, womit die Teilung des Römischen Reiches in eine West- und eine Osthälfte auf das Europa der Neuzeit übertragen und Russland in Kontrastierung mit dem Westen als Macht im Osten eine gleichberechtigte, wenn nicht vorrangige Position in Europa attestiert werden konnte; zum anderen das Geltendmachen einer eigenen slawischen oder mongolischen Identität, die der europäischen Kultur entgegengestellt wurde, um daraus konkurrierende Ansprüche auf die Gestaltung der Weltordnung abzuleiten.

Die erste «Antwort» geht auf den Mönch Filofei von Pskow zurück, der im 16. Jahrhundert die Formel von Moskau als «Drittes Rom» geprägt hat,[14] ein Narrativ, das sich heute wieder, etwa bei dem ultranationalistischen Denker Alexander Dugin,[15] als Begründung für den russischen Anspruch findet, eine Weltordnungsmacht zu sein. Die zweite «Antwort» wurde im 19. Jahrhundert in den

Kontroversen zwischen «Westlern» und «Slawophilen» ausformuliert.[16] Europa wurde von den Slawophilen als Raum der Müdigkeit und Erschöpfung begriffen, der auf das Wilde Russlands, das Primitive und Exotische, zum Zweck seiner Erneuerung angewiesen war.[17] Russland präsentierte sich damit als Verjüngungs- und Revitalisierungskur, deren der europäische Westen bedurfte, wenn er eine Zukunft haben wollte. Man kann das als Relativierung der wirtschaftlichen und technologischen Überlegenheit des Westens deuten, der das bäuerliche Russland mit seinen Atavismen, dem primitiven Leben und der tiefen Gläubigkeit entgegengestellt wurde. Das war eine frühe Variante des Dekadenzdiskurses, der seit einigen Jahren erneut den offiziellen russischen Blick auf Europa prägt; so schreiben russische Autoren dem Osten und insbesondere der Spiritualität Russlands die Rolle zu, die Welt vor dem westlichen Materialismus zu retten.[18]

Beide «Antworten» auf die Rückständigkeitserfahrung gehören zum Imperial- und nicht etwa zum Nationaldiskurs; die erste ist eine Legitimitätsbehauptung durch Sakralitätstransfer,[19] die zweite eine imperiale Mission, bei der nicht die Verbesserung der Welt, sondern ihre *Rettung* im Zentrum steht. Es sind dies Antworten auf die Frage nach der globalpolitischen Rolle Russlands, die eine Fülle neuer Fragen nach sich ziehen: etwa die, ob Russland mit dieser Fixierung seiner politischen Identität auf eine imperiale Aufgabe nicht überfordert sei und dabei seine Natiogenese, den Weg zur Ausbildung eines in sich ruhenden nationalen Selbstbewusstseins, verpasst oder verspielt habe und dies jetzt erneut tue.[20] Auch ließe sich geltend machen, dass neben den Theorien Johann Gottfried Herders, der den slawischen neben den romanischen und germanischen Völkern einen politischen, vor allem aber einen kulturellen Platz in der europäischen Völkerfamilie zugewiesen und damit maßgeblich zur Aufnahme der Slawen in die europäische Völkerfamilie beigetragen hatte,[21] die in Russland zurzeit vorherrschende Geschichtsphilosophie vom Wechselspiel zwischen Dekadenz und Revitalisierung bloß eine Übernahme der Zyklentheorie Oswald Spenglers sei,[22] das russische Selbstbewusstsein sich also in beiden Fällen den Schriften westlicher Denker verdanke. Der russisch-deutsche Philosoph Boris Groys hat diesen Gedanken dahingehend zugespitzt, dass Russland sich immer wieder neu erfinde, indem es «oppositionelle, alternative Strömungen der westlichen Kultur [...] übernimmt, aneignet, transformiert – und dann gegen den Westen richtet»[23].

Das Dilemma der zwischen National- und Imperialnarrativ hin und her wechselnden russischen Erzählungen zeigt sich in der von Putin selbst verbreiteten Geschichtsklitterung über das Verhältnis Russlands zur Ukraine beziehungsweise die Zugehörigkeit der abwertend so bezeichneten «Kleinrussen» zu Großrussland. Bei der Annexion der Krim und der militärischen Unterstützung für die Separatistengebiete in den Oblasten von Donezk und Luhansk hatte Putin sich auf das Selbstbestimmungsrecht der Völker und die auf Russland lastende Verpflichtung berufen, russische Minderheiten in der Ukraine zu schützen.[24] Die Behauptung, russische Minderheiten zu schützen, widersprach jedoch dem, was Putin selbst im September 2013, also ein halbes Jahr zuvor, in einer Rede vor dem internationalen Valdej-Forum über die Zugehörigkeit der Ukraine zur «russischen Welt» erklärt hatte, als er Russen und Ukrainer als *ein* Volk bezeichnete: «Wir haben gemeinsame Traditionen, eine gemeinsame Mentalität, eine gemeinsame Geschichte und Kultur. Wir haben sehr ähnliche Sprachen. In dieser Hinsicht, ich wiederhole es, sind wir ein Volk. Natürlich haben das ukrainische Volk, die ukrainische Kultur und die ukrainische Sprache wundervolle Eigenschaften, die die Identität der ukrainischen Nation ausmachen. Und wir respektieren sie nicht nur, sondern, was mich betrifft, ich liebe sie. Die Ukraine ist ein Teil unserer großen russischen oder russisch-ukrainischen Welt.»[25]

Wäre das ernst gemeint und eine für die russische Politik verbindliche Stellungnahme gewesen, dann hätte es ein paar Monate später keiner Militärintervention zum Minderheitenschutz für die

Russen in der Ostukraine bedurft. Was dazwischenlag war der Euromaidan, die massiven Proteste in Kiew und anderen Großstädten des Landes gegen die EU-feindliche Politik des damaligen ukrainischen Präsidenten Janukowytsch, und dessen überstürzte Flucht nach Russland, nachdem klar war, dass eine deutliche Mehrheit der ukrainischen Bevölkerung eine Annäherung an die Europäische Union und den Westen insgesamt einer engen Bindung an Russland vorzog. In den Maidan-Protesten, die ausbrachen, nachdem Janukowytsch die angekündigte Unterzeichnung des Rahmenabkommens mit der EU abgelehnt hatte, zeigte sich, dass die Identitätserzählung von der Zugehörigkeit der Ukraine zu Europa eine stärkere Wirkung entfaltet hatte als die ihrer Zugehörigkeit zur «russischen Welt». Putins Rückgriff auf das nationale Narrativ, wonach Groß- und Kleinrussen *ein* Volk seien, wurde damit zur Legitimation, dass der Kreml die Ukraine als sein Einflussgebiet betrachtete und ihr keine selbständige Politik zugestehen wollte. Das Narrativ war keine politische Selbstverpflichtung gegenüber der Ukraine, sondern pure Ideologie. Das wollte man im Kreml indes nicht wahrhaben und behauptete, bei der Maidan-Revolte gegen Janukowytsch habe es sich um einen vom Westen inszenierten Putsch gehandelt.

Wenn Putin als Rechtfertigung für die Annexion der Krim und die Unterstützung der Separatistengebiete im Donbas von den Russen als «einem der größten, wenn nicht dem größten geteilten Volk der Welt» sprach, bediente er sich des Nationalnarrativs. Dabei setzte er die Annexion der Krim mit der deutschen Wiedervereinigung gleich und warb damit für Verständnis im Westen, insbesondere bei den Deutschen, die in der Annexion der Krim keine Verletzung des Völkerrechts durch Russland sehen sollten.[26] Gleichzeitig erhob er, indem er mehrfach den auf Katharina II. zurückgehenden Begriff «Neurussland» verwandte, implizit – über den Donbas hinaus – Anspruch auf die gesamte Südukraine mitsamt Odessa, die in den Besitz Russlands übergehen solle. Wer genau hinhörte, konnte wissen, dass unter diesen Umständen von der Ukraine allenfalls ihr

Westen als selbständiger Staat übrigbleiben würde. Gleichzeitig versicherte Putin aber auch: «Wir sind nicht nur Nachbarn, sondern faktisch, das habe ich schon mehrfach betont, ein Volk, [...] und wir können nicht ohne den anderen leben.»[27] Damit hatte er das Nationalnarrativ ins Imperialnarrativ eingeschrieben: Die Behauptung, Russen und Ukrainer seien ein Volk, wurde zur Rechtfertigung eines Angriffskriegs, der alles Lügen strafte, was Putin zuvor über die kulturellen Verbindungen und gemeinsamen Traditionen beider Völker gesagt hatte – von der Zerstörung ukrainischer Kulturgüter im Krieg seit Ende Februar 2022 bis zur enthemmten (auch sexuellen) Gewalt gegen die ukrainische Bevölkerung in den von russischem Militär besetzten ukrainischen Gebieten.

Der Krieg gegen die Ukraine, der Krieg in der Ukraine ist für Russland (nicht nur für Putin und sein Regime) zum Desaster der mühsamen und widerspruchsvollen Suche nach einem neuen Identitätsnarrativ geworden – und das mitsamt dem darauf begründeten Anspruch auf eine weltpolitische Rolle, hat er damit doch alles, was nach dem Zerfall der Sowjetunion als «russische Idee» aus den in Emigrantenkreisen während der 1920er Jahre geführten Debatten rekonstruiert worden ist, zur Makulatur gemacht und die zeitweilig in den Mittelpunkt gestellten Wertfragen auf bloße Macht- oder Gewaltfragen reduziert. Die «russische Idee» ist von dem Religions- und Geschichtsphilosophen Nikolai Berdjajew im Berliner und Pariser Exil als Alternative zum Zukunftsentwurf des Kommunismus und zur bolschewistischen Praxis seiner Verwirklichung entwickelt worden, wobei Berdjajew die marxistische Grundierung der bolschewistischen Zukunftsvorstellungen als forcierte Fortsetzung der Orientierung Russlands am westlichen Vorbild angesehen hat. Im Anschluss an die Debatten russischer Intellektueller im 19. Jahrhundert, zumal denen zwischen Westlern und Slawophilen, legte Berdjajew sich die Frage vor: «Mich interessiert im folgenden weniger, was Rußland empirisch gewesen ist, als vielmehr die Frage danach, was der Schöpfer mit Rußland beabsichtigt hat, die nur dem

Geist zugängliche Gestalt des russischen Volkes, seine Idee.»[28] Die «russische Idee» wurde in den 1990er Jahren zur Antwort auf die Frage nach der politischen Identität und imperialen Mission Russlands.

Berdjajews Entwurf der «russischen Idee» läuft auf eine große Synthese hinaus, in der Ost und West, das Universale und das Besondere miteinander verbunden sind, was für ihn auch die Frage beantwortete, welche Absicht «der Schöpfer» mit Russland und den Russen gehabt habe. In der «russischen Idee», so Berdjajews Vorstellung, seien all die Gegensätze und Einseitigkeiten des Westens im Sinne Hegels «aufgehoben» und zu einem Ganzen verbunden. Das aber werde erst vom Ende der Geschichte her sichtbar, weswegen man Russland nicht mit dem Verstand erfassen könne, sondern an es glauben müsse. Dostojewski und Solowjew sind Berdjajew in dieser Hinsicht am nächsten, und so schreibt er unter Berufung auf die beiden: «Rußland ist der ‹Große Ost-Westen›, es ist eine ganze riesige Welt, und im russischen Volk schlummern gewaltige Energien. Rußland ist das Volk der Zukunft. Es wird die Frage lösen, die der Westen zu lösen nicht mehr die Kraft hat, die er nicht einmal in ihrer ganzen Tiefe stellt. Aber dieses Bewußtsein wird immer von einem pessimistischen Gefühl für die russischen Sünden und die russische Finsternis begleitet, bisweilen von dem Bewußtsein, daß Rußland einem Abgrund zueilt.»[29] Als Berdjajew dies schrieb, war es das verzweifelte Ankämpfen eines Emigranten gegen die politische Realität der Sowjetunion und gleichzeitig Ausdruck für die Weigerung des Emigranten, Bürger des westlichen Europas zu werden. Es sollte eine Vorstellung werden, die im Russland der 1990er Jahre aufgenommen und als Rettung aus der «Sinnlosigkeit» der postsowjetischen Welt begriffen wurde.

Mit der Perestroika war die sowjetische Variante des Marxismus, die von einer uneingeschränkten Dominanz der materiellen Verhältnisse über ihre ideellen Widerspiegelungen ausging, in eine tiefe Krise geraten. Und mit dem Zerbröseln der sozialistischen

Gesellschaftsordnung und der Orientierung an westlichen Wirtschaftsmodellen wurde das Empfinden einer strukturellen Rückständigkeit Russlands erneut zur Herausforderung für das politische Selbstbewusstsein vieler Russen. Nach der Verabschiedung der marxistischen Gesellschaftsperiodisierung, in der die sozialistische Gesellschaftsformation allemal *vor* der kapitalistischen Gesellschaft rangierte und die Zukunft verkörperte, stand erneut der Entwicklungsrückstand Russlands gegenüber dem Westen auf der Tagesordnung. Darauf musste dringend eine Antwort gefunden werden, wenn man denn einen Anspruch Russlands auf die Mitgestaltung der Weltordnung geltend machen wollte – jedenfalls dann, wenn dieser Anspruch über den Hinweis auf die Atomwaffen und Trägersysteme in russischer Hand hinausgehen sollte. Es geht also um die Frage, ob Russland eine Mission für seine imperiale Forderung herleiten kann oder ob es sich damit begnügen muss, dafür die Geschichte der Sowjetunion und des zarischen Russlands ins Feld zu führen. Unübersehbar wurde die Symbolik der Zaren wiederaufgenommen, vom Doppeladler, der in Filiation zum Byzantinischen Reich von dessen Herrscherfamilie der Palaiologen übernommen wurde, bis zu den Uniformen der zarischen Armee, die von den im Kreml diensttuenden Soldaten bei protokollarischen und zeremoniellen Anlässen getragen werden. Die Symbolik der Vergangenheit ist zum Stellvertreter für den Anspruch auf eine weltpolitische Gestaltungsrolle geworden.

Um eine Antwort auf diese Herausforderung zu finden, wurden die in den 1920er Jahren entstandenen Theorien des Eurasismus und die Konstruktionen einer eigenen russischen Kultur zwischen Ost und West rezipiert und, wie die Russlandhistorikerin Jutta Scherrer meint, in einer philosophisch wie literarisch wenig anspruchsvollen Weise recycelt.[30] Während im Neo-Eurasismus schlichtweg geopolitische Feststellungen zu politisch-kulturellen Argumenten geadelt werden, also aus der schieren Ausdehnung Russlands der Anspruch auf eine weltpolitisch führende Rolle abgeleitet wird, geht es in den kulturellen Theorien – in Russland hat sich dafür der Sammelbegriff «Kulturologie» eingebürgert – vor allem um eine russische Vermittlerrolle zwischen Ost und West und die politische Inklusionsposition, die dem Land dadurch zufällt. Russland, so die Vorstellung, gehöre weder zum Westen noch zum Osten, verstanden als tatarische Steppe, sondern sei eine eigenständige Zivilisation, die aufgrund ihrer assimilatorischen Kraft und durch die Integration der Gegensätze eine herausgehobene Bedeutung für die zukünftige Weltordnung habe. Das ließ sich zur eurasischen Mission Russlands stilisieren, die dem angeblichen oder tatsächlichen Weltherrschaftsanspruch der USA entgegengesetzt wurde.[31]

Neo-Eurasismus und Kulturologie miteinander verbindend, wird so eine Rechtfertigung für ein wiedererstandenes russisches Imperium formuliert, das «weder einem engen Nationalismus noch [einem] aggressiven Imperialismus» verbunden sei, so Scherrer zusammenfasssend, und sich darin von den bisherigen Großreichsbildungen, die der USA eingeschlossen, fundamental unterscheide. «Ein derartiges Imperium verkörpere politisch die nationale Vielfalt Eurasiens und international die ‹Postmoderne›, deren konservative, religiöse und asketische Werte den Fortschrittsidealen des Westens überlegen seien.»[32] Durch die Verbindung von Eschatologie und Geopolitik wird Russland zu einem sakralen Akteur, der die Welt zu einer anderen Bestimmung führen kann als die der materialistischen Wohlstandsmehrung, wie sie der Westen, so die Deutung, als Einziges zu bieten habe.

Der Antimaterialismus und eine spezifisch russische Spiritualität, die in der orthodoxen Kirche ihr institutionelles Gehäuse hat, sind Vorstellungen, die in der russischen Geistesgeschichte weit zurückreichen und bereits in Dostojewskis politischen Essays zu finden sind, durchaus in Verbindung mit einem imperialen Vorherrschaftsanspruch, den Dostojewski gegenüber Europa geltend macht. In dem kurzen Essay «Etwas zu politischen Fragen» prognostiziert er, «dass in Europa alle großen Mächte vernichtet werden, aus einem ganz einfachen Grund: Sie werden alle durch die unzufriedenen demokratischen Bestrebungen eines gewaltigen Teils ihrer unteren Schichten, ihrer Proletarier und Armen geschwächt und unterspült werden. In Russland aber kann das überhaupt nicht passieren: Unser Volk ist zufrieden [...]. Und deshalb wird nur ein einziger Koloss auf dem Kontinent Europa bleiben – Russland. [...] Die Zukunft Europas gehört Russland.»[33]

Der erste Schritt in diese Richtung, so prognostiziert Dostojewski, werde «in der Vereinigung aller Slawen bestehen, gleichsam unter den Fittichen Russlands», und der zweite Schritt werde die Einbeziehung Konstantinopels ins russische Reich sein: «Selbstverständlich muss Konstantinopel zu diesem Zweck früher oder später uns gehören.»[34] Beide Ziele sollen jedoch nicht mit militärischer Gewalt und kriegerischer Eroberung verfolgt werden, sondern beides werde Russland durch den Niedergang Europas und den Zerfall des Osmanischen Reichs gleichsam von selbst zufallen. Russland müsse nur Geduld haben; schon bald werde es der Universalerbe eines an seinen inneren Konflikten gescheiterten Europas sein. Die Vorstellung einer russischen Vorherrschaft in und über Europa ist also keineswegs neu, sondern reicht bis ins 19. Jahrhundert zurück, bei Dostojewski wie heute auch grundiert durch ein aus dem Ressentiment gespeistes Empfinden des Zurückgesetztseins. Die imperiale Mission, die Dostojewski den Russen zuschreibt, ist die eines Dieners der gesamten Menschheit. Worin dieser Dienst besteht, sagt er nicht.

Bekanntlich ist es ganz anders gekommen, als es Dostojewski erwartet hat: Nirgendwo sonst in Europa war der revolutionäre Umsturz so radikal und derart gewaltsam wie in Russland, und auch die enge Bindung zwischen dem Volk und dem Zaren, die Dostojewski immer wieder beschworen hat, hat sich am Ende des Ersten Weltkriegs als überaus brüchig erwiesen. Aus der Perspektive der 1990er Jahre ließ sich im Anschluss an Dostojewski das Ende des Zarenreichs und die Ära des Bolschewismus in Russland als ein Ausder-Spur-Kommen ansehen, das von dem «Westler Lenin» und seiner Anhängerschaft zu verantworten sei. Nun aber trete man das Vermächtnis des alten Russland an, um es zur Erfüllung zu bringen.

In gewisser Hinsicht ist Alexander Solschenizyn in dem Essay «Die russische Frage am Ende des 20. Jahrhunderts» diesen Vorgaben gefolgt, als er in einer Generalabrechnung mit der Geschichte Russlands im 18. und 19. Jahrhundert die Politik der Einmischung in die europäischen Angelegenheiten, die russische Verstrickung in die innereuropäischen Händel beklagt und zu einem Rückzug auf sich selbst sowie zu einer machtpolitischen Selbstbescheidung aufgerufen hat. Die Selbstfindung Russlands soll nach Jahrhunderten der Überforderung jenseits von Imperialität und in Distanz zur Politik stattfinden. Der Zerfall der bis weit nach Mitteleuropa expandierten Sowjetunion war dieser Sichtweise zufolge kein Verlust, sondern bot die Chance für eine lange Zeit der Selbstbesinnung, in der die Russen wieder mit sich selbst eins wurden, nachdem die imperiale Geschichte zu einem Ausbluten des (russischen) Zentrums zugunsten der (nichtrussischen) Peripherie geführt habe.[35] Nur in einer Frage hat Solschenizyn die russische Expansion als notwendig und gerechtfertigt angesehen: in der einer Herrschaft über das Schwarze Meer, die für Russland «lebensnotwendig» gewesen sei.[36] Vom Grundtenor seiner Überlegungen her ist jedoch davon auszugehen, dass Solschenizyn eine gewaltsame Eroberung dieses Raumes, wie sie von Putin ab 2014 begonnen wurde, abgelehnt hätte. Die Frage, wie denn sonst eine nach Westen, nach Europa strebende Ukraine nach Russland zurückkehren werde, bleibt bei ihm offen.

Aus diesen Überlegungen hätte bei politisch ungestörter Entwicklung eine durchaus ansprechende Mission für ein erneuertes russisches Imperium werden können. Immerhin hätte die Multiethnizität der «russländischen Föderation»[37] eine Lösung für die Ordnungsprobleme von Räumen geboten, in denen es die Siedlungsweise nicht zulässt, dass es zu einer Kongruenz von Ethnie beziehungsweise Nation und Staatlichkeit kommt oder die Ethnien wiederum zu klein und zu schwach sind, um eine eigene Staatlichkeit auszubilden. In den beiden Tschetschenienkriegen, vor allem im zweiten, in dem das nunmehr von Wladimir Putin regierte Russland jeden Widerstand, der sich auf eine eigene traditionell-religiöse Identität berief, brutal niederschlagen ließ,[38] wurde diese Vorstellung von Russland als Macht der Integration und des friedlichen Zusammenlebens jedoch bereits in Frage gestellt, und die Kriegshandlungen gegen die Ukraine im Jahr 2014 sowie der Vernichtungskrieg Russlands gegen seinen südwestlichen Nachbarn seit dem 24. Februar 2022 wurden für die neoimperiale Mission Russlands in ihrer eurasischen wie kulturologischen Variante zum politischen Desaster. Auch das brutale Agieren des russischen Militärs beim Eingreifen in den syrischen Bürgerkrieg spricht kaum dafür, dass die russische Regierung sich an der Idee einer friedlichen Integration des Unterschiedlichen und Gegensätzlichen zu orientieren gedenkt. Putin hat die Mission des von ihm angestrebten Imperiums bei dem Versuch, es wiederzuerrichten, buchstäblich zerschießen lassen. In der Folge steht er nur noch mit einem expansionistischen Imperialnarrativ und einer brutalen Unterwerfungspraxis da.

Das US-amerikanische Narrativ

Aber, so ein immer wieder zu hörender Einwand, stehen denn die USA nach dem Scheitern ihrer Militärinterventionen in Afghanistan und im Irak sowie den beiden großen moralischen Schandflecken ihrer Terrorismusbekämpfung, dem Gefangenenlager von Guantanamo auf Kuba und dem Folterzentrum Abu Ghraib im Irak, besser da? Auch hier ist es zum Dementi der imperialen Mission durch die praktische Politik gekommen. Ursprünglich stellte die weltweite Verbreitung von demokratischer Partizipation, individueller Freiheit und materiellem Wohlstand das zentrale Narrativ der US-amerikanischen Imperialmission dar, und die Ausbreitung dieser drei Versprechen sollte nicht mit *hard power*, massivem politischem Druck, womöglich gar militärischer Gewalt erfolgen, sondern mit *soft power*, also kultureller oder ideologischer Macht, die durch die Filme Hollywoods und die Anziehungskraft des *American Way of Life* gestützt wurde. Der Gebrauch militärischer Macht sollte konsequent auf jene Fälle beschränkt bleiben, in denen die USA oder einer ihrer Verbündeten angegriffen wurden, wie das im Zweiten Weltkrieg beim japanischen Angriff auf Pearl Harbor der Fall war; in Vietnam, als das von den USA ausgehaltene Regime des Diktators Diem aus dem Norden des geteilten Landes attackiert wurde; oder bei den Anschlägen vom 11. September 2001, als das amerikanische Festland ins Visier von islamistischen Angreifern geriet. Aber dann haben die USA von der Panama- über die Afghanistan- bis zur Irakintervention den Verteidigungsbegriff derart überdehnt, dass er zur beliebigen Rechtfertigung für militärisches Intervenieren in aller Welt wurde. Auch das operative Agieren der USA stand also in der Zeit von George W. Bush als US-Präsident im Widerspruch zu ihrer imperialen Mission.

Es war und ist die Angst vor dem Abstieg, vor dem wirtschaftlichen und politischen Niedergang, die im Narrativ von der weltpolitischen Rolle der Vereinigten Staaten dominiert: die Suche nach einer Antwort auf die Frage, wie man sich an der Spitze der Mächte mit globalem Einfluss halten kann. Das ist eine strukturell andere Herausforderung als im Fall Russlands, wo es darum geht, wie sich der Befürchtung, «ewig» rückständig und zweitklassig zu sein, begegnen lässt. Die neokonservative Position in den USA lief darauf hinaus, dass vor allem politisch ruhige Verhältnisse und ein lange währender Frieden die größte Bedrohung für die globale Führungsrolle der USA darstellten.[39] In solchen Zeiten gewöhne man sich nämlich daran, sich vor den Herausforderungen, denen eine Weltmacht sich nun einmal stellen müsse, wegzuducken, sie an andere zu überweisen und sich überhaupt mehr um die inneren

Verhältnisse als die weltpolitischen Konstellationen zu kümmern. Dadurch entstehe eine Verweichlichung im Innern, bei der man den Frieden grundsätzlich dem Krieg vorziehe, was nach einiger Zeit zum politischen Prägestempel für die mentale Verfassung der eigenen Bevölkerung werde. Sie gewöhne sich daran, um die Herausforderungen der Weltordnung einen großen Bogen zu machen, weil sie ein ruhiges und selbstbezogenes Leben führen wolle. Gleichzeitig blieben die globalen Probleme unbearbeitet, die Feinde witterten Morgenluft, während die Freunde und Verbündeten den Eindruck gewönnen, die USA seien ihrer globalen Führungsrolle nicht mehr gewachsen oder würden sie wegen der damit verbundenen Kosten und Lasten nicht mehr wahrnehmen. Die Vorstellung vom *American decline*, so die These der Neocons, resultiere nicht aus der Beobachtung realer Entwicklungen, sondern stelle eine *self-fulfilling prophecy* dar, eine Vorhersage, die sich, sobald man ihr glaube, selbst erfülle, weil die USA dann nicht mehr um die Vorherrschaft kämpften, sondern stillschweigend in deren allmählichen Verlust einwilligten.

Aus Sicht der Neocons hat sich die Vorstellung vom amerikanischen Niedergang in der Schlussphase des Vietnamkriegs entwickelt, als immer mehr US-Bürger am militärischen Sieg ihres Landes zu zweifeln begannen und sich in den USA eine Antikriegsstimmung ausbreitete, die für die Rivalen und Gegner der USA ein Zeichen der Erschöpfung war. Sie verstanden das, so die Neocons, als Einladung, Aufgaben der großen Weltordnungsmacht an sich zu ziehen, was den Eindruck vom allmählichen Niedergang der USA wiederum verstärkte. Es kommt bei den Neocons eine Lektüreerfahrung hinzu, die sich um einen Vergleich zwischen dem *Imperium Romanum* und dem *American Empire* dreht. Imperien haben infolge des Anspruchs, keinen Gleichen neben sich zu haben, nicht die Möglichkeit zum Vergleich mit anderen Mächten, wie das bei den Nationalstaaten im Staatensystem der Fall ist, sondern müssen zu ungleichzeitigen Vergleichen greifen und landen durchweg bei einer Parallele zu Rom. Dabei wirkt die lange Dauer des Römischen

Reichs einerseits beruhigend, aber andererseits taucht die Frage nach den Ursachen auf, warum das Römische Reich schließlich doch untergegangen sei.[40] Dabei stießen die Neocons im Hauptwerk des britischen Historikers Edward Gibbon, *Verfall und Untergang des römischen Imperiums*, auf die Annahme, die lange Friedenszeit Roms in der Zeit der antoninischen Kaiser habe den Anfang des Niedergangs gebildet und sei der Kipppunkt gewesen, nach dem das Imperium die Bahn zum Untergang nicht mehr habe verlassen können.[41]

Um die USA vor einem solchen Niedergang durch lange Friedenszeiten zu bewahren, empfahlen die Neocons die Suche nach Feinden und politischen Monstern, die zur Strecke gebracht werden müssten. Sie setzten dabei auf das Führen von Kriegen, in denen das Land sich vor dem moralischen Erschlaffen in einer langen Phase des Friedens schützen sollte. Die Kriegsorientierung, der die USA während der Präsidentschaft von George W. Bush frönten, war eine von den Neocons angeratene Versicherung gegen den drohenden Niedergang. Tatsächlich verstrickten sich die USA dabei in eine Fülle von Problemen, etwa den fortdauernden Widerstand der afghanischen Taliban gegen eine westlich inspirierte Regierungsform und Lebensweise oder den Ausbruch eines Bürgerkriegs nach der Zerschlagung des Saddam-Regimes im Irak, für die sie keine Lösung fanden. So haben die USA in diesen Kriegen die Narrative und Symbole ihres Anspruchs auf die globale Dominanz mehr und mehr desavouiert.

An der neokonservativen Empfehlung, neue Kriege zu führen, um die USA in der Position der global dominanten Macht zu halten, ist das darin enthaltene Misstrauen gegenüber dem amerikanischen Leitnarrativ eines religiös begründeten Exzeptionalismus bemerkenswert, der Vorstellung von der *city upon the hill* und dem *chosen people*, also der Idee, wonach Gott die USA auserwählt und berufen habe, die Welt ihrer heilsgeschichtlichen Bestimmung zuzuführen und sie dabei in einen großen Garten der Freiheit, der demokratischen Partizipation und des materiellen Wohlstands zu verwandeln. Gegen dieses Selbstbild haben die Neocons, angelehnt an Gibbons Darstellung des römischen Niedergangs, eine Betrachtung der Imperialgeschichte ins Feld geführt, wonach die für ein Imperium gefährlichste Konstellation sich dann einstellt, wenn das Großreich den Höhepunkt seiner Machtentfaltung erreicht hat und dazu tendiert, sich dort leidlich bequem und sorglos einzurichten. Man kann das auch als Versuchung der politischen Statik bezeichnen: das pure Bewahrenwollen, das sich nach einer langen Phase der Dynamik, des imperialen Aufstiegs eben, auszubreiten droht.

Hinter dieser Befürchtung steht die antike Vorstellung von der kreisförmigen oder elliptischen Bewegung der Staaten: Demnach folgt auf eine längere Periode des Aufstiegs der kurze Augenblick der *akme*, der Höhepunkt der Machtentfaltung, auf dem sich jedoch kein Staat über längere Zeit halten kann, weswegen schon bald mit naturgesetzlicher Notwendigkeit der Abstieg einsetzt. Seit dem griechisch-römischen Historiker Polybios haben die Politischen Theoretiker nach Hilfsmitteln gegen die angenommene Unvermeidlichkeit des Niedergangs gesucht,[42] und dabei hat immer wieder der Krieg als politische Revitalisierungsressource eine Rolle gespielt. Gegen das geschichtsphilosophische Narrativ vom unaufhaltsamen Kreislauf der großen Mächte hat bereits der republikanische Diskurs in Rom das Narrativ vom Krieg als politischem Jungbrunnen gesetzt, der, auf das Bild des naturgesetzlichen Kreislaufs bezogen, dafür sorge, dass der mächtige Akteur dauerhaft etwas *unterhalb* des Höhepunkts der Machtentfaltung verbleibe und dadurch nicht dem Gesetz des Niedergangs verfalle.[43]

Die Neocons haben auf die heilsame Wirkung permanenter Kriege gesetzt, die seitens der USA aus einer Position der Überlegenheit geführt werden und darum die Kräfte und Ressourcen der Supermacht nicht bis zum Äußersten anspannen, sondern eigentlich nur dafür sorgen, dass sie erhalten bleiben. Sie haben mit ihren Empfehlungen dazu beigetragen, dass die USA nach den Terroranschlägen vom 11. September 2001 in eine neue Periode der Kriege eingetreten sind, in diesem Fall bevorzugt gegen Staaten und Bewegungen aus und in der islamischen Welt. Diese Kriege und Militärinterventionen sind für die USA freilich nicht besonders erfolgreich verlaufen; weder in Afghanistan noch im Irak oder in Libyen haben sie zu den angestrebten Zielen geführt. Die Erreichung dieser Ziele war jedoch, folgt man der neokonservativen Vorstellung, nicht so wichtig; wichtiger waren die ins Innenleben der globalen Führungsmacht wirkenden Effekte der Anstrengung und des Kampfes, die verhindern sollten, dass die amerikanische Politik und Bevölkerung sich in einem Zustand des Friedens und Wohlstands einrichteten, wie man das in Europa glaubte beobachten zu können.

In seinem Buch *On Paradise and Power*, das sich mit der Rolle der USA und Europas in der neuen Weltordnung beschäftigt, hat der neokonservativen Zirkeln zuzurechnende Publizist und Politikberater Robert Kagan diesen Gedanken wie folgt formuliert: «Wenn das Ende des Kalten Krieges eine Epoche eingeleitet hätte, in der wirtschaftliche Macht eine größere Rolle gespielt hätte als militärische Macht, wie es viele in Europa und den Vereinigten Staaten erwartet hatten, dann hätte die Europäische Union tatsächlich genauso viel Einfluss auf die Weltordnung genommen wie die USA. Aber das Ende des Kalten Krieges hat die Bedeutung militärischer Macht nicht verringert, und die Europäer mussten feststellen, dass wirtschaftliche Macht nicht unbedingt gleichbedeutend war mit strategischer und geopolitischer Macht. Die Vereinigten Staaten, die sowohl ein wirtschaftlicher als auch ein militärischer Riese blieben, waren Europa in totaler Macht auf internationaler Bühne weit überlegen.»[44]

Man könnte daraus schlussfolgern, der verstärkte Gebrauch militärischer Gewalt seitens der USA nach dem Ende des Kalten Krieges und eine den Westen zusammenhaltende Bipolarität habe – neben der Erneuerung der politischen Kraft in den USA – den Zweck, die Europäische Union als den neuen Konkurrenten bei der Ausgestaltung der Weltordnung auf Distanz zu halten. Denn die Häufung von Kriegen, so Kagans Argument, habe dazu geführt, dass die Europäer nicht das politische Gewicht erlangten, das ihnen zugefallen wäre, wenn wirtschaftliche Macht in der Weltpolitik die Hauptrolle gespielt hätte. So aber sei eine Lage entstanden, in der, wie Kagan von einigen Europäern gehört haben will, «die USA ‹das Essen zubereiten› und die Europäer ‹das Geschirr abwaschen›»[45].

Aber Kagans Überlegungen zielen nicht nur auf die Abstandswahrung der USA zur EU, sondern auch auf die Bereitschaft zum Beutemachen nach dem Zerfall der UdSSR: «Statt den Zusammenbruch der Sowjetunion als eine Chance zu begreifen, ihre strategische Einflusssphäre zu erweitern, sahen die Europäer darin eine Gelegenheit, eine beträchtliche Friedensdividende einzustreichen. Für Europa bedeutete der Untergang der Sowjetunion nicht nur, dass ein strategischer Gegner wegfiel; in gewissem Sinn erledigte sich damit Geopolitik schlechthin.»[46] Die Europäer, so vermutet Kagan, hätten die Erzählung vom «Ende der Geschichte» wirklich geglaubt.

Ganz anders die USA: «Unterdessen», fährt er fort, «führte die bloße Tatsache des Zusammenbruchs des Sowjetimperiums dazu, dass die Stärke Amerikas in Relation zur übrigen Welt enorm zunahm. Das beträchtliche militärische Arsenal der USA, das einst kaum ausgereicht hatte, um die sowjetischen Streitkräfte in Schach zu halten, wurde nunmehr in einer Welt ohne ernst zu nehmenden Gegner eingesetzt. Dieses ‹unipolare Moment› hatte eine ganz natürliche und vorhersehbare Konsequenz: Es erhöhte die Bereitschaft der USA, im Ausland militärische Macht einzusetzen. Nachdem das Gegengewicht der Sowjetmacht weggefallen war, konnten die USA praktisch an jedem Ort und zu jedem Zeitpunkt ihrer Wahl eingreifen – eine Tatsache, die sich in der starken Zunahme militärischer Interventionen widerspiegelte [...]. Amerika intervenierte häufiger als während des größten Teils des Kalten Krieges. Dank neuer Technologien konnten die USA militärische Gewalt durch

Luft- und Raketenangriffe auch in begrenzter Form einsetzen, und sie taten dies immer häufiger. Das Ende des Kalten Krieges verbreiterte somit eine sowieso schon große Kluft zwischen der Macht Europas und der Macht Amerikas.»[47]

Es ist anders gekommen, als Robert Kagan sich das im Jahr 2003 vorgestellt hat: Die USA haben das ihnen zugefallene «unipolare Moment» nicht zu ihrem Vorteil nutzen können, sondern sie haben sich geostrategisch in der islamischen Welt verzettelt, bis sie schließlich China als die große neue Herausforderung ihrer Weltordnungsdominanz identifiziert haben. Weil der Konflikt mit China jedoch eine Auseinandersetzung ist, die wesentlich mit wirtschaftlicher Macht geführt wird, sind die USA dabei auf die Europäische Union als Verbündete angewiesen. Andererseits, und das ist das Bittere am Verlauf der jüngsten Geschichte, hat Kagan damit recht behalten, dass das europäische Vertrauen allein auf wirtschaftliche Macht nicht aufgegangen ist, weil es immer wieder Akteure gibt, deren politisches Kalkül vor allem durch militärische Macht bestimmt wird.

In dieser Hinsicht hat das Russland Putins die europäischen Vorstellungen von einem auf zunehmend weniger Waffen beruhenden Frieden durchkreuzt. Immerhin hat Kagan bereits 2008 in *The Return of History and the End of Dreams* vor einem wiedererstarkten Russland gewarnt und von einer Rückkehr der klassischen Großmächterivalität gesprochen: «Die Vereinigten Staaten sind die einzige Supermacht geblieben. Der internationale Wettbewerb zwischen den Großmächten ist indes zurückgekehrt; Russland, China, Europa, Japan, Indien, Iran, die USA und andere konkurrieren um die Vorherrschaft in ihrer Region.»[48] Kagan spricht von «geplatzten Träumen», womit er vor allem auf die Europäer zielt und auf die Teile der amerikanischen Eliten, die den europäischen Vorstellungen von einer friedlichen Weltordnung gefolgt sind. Er spricht jedoch nicht über seine eigenen Träume vom «unipolaren Element» der USA. Fast unter der Hand kehrt bei ihm die Vorstellung von einer Koalition der Demokratien in einer feindseligen Welt zurück, womit Kagan nolens volens eingesteht, dass die USA auf eine tragfähige Allianz mit Europa angewiesen sind, sobald wirtschaftliche Macht die ausschlaggebende Rolle spielt.

Um diesen Wechsel vom US-amerikanischen Triumphalismus zu einer Kooperation der liberalen Demokratien im Ringen mit den autoritären Regimen und der Herausforderung durch den Islamismus vornehmen zu können, tauscht Kagan das Narrativ des «unipolaren Moments» gegen das einer neohobbesschen Welt, in der jeder relevante Akteur nach Erweiterung und Vergrößerung seiner Macht strebt. Er argumentiert mit einer «Anarchie der Staatenwelt».[49] «Experten für internationale Beziehungen reden von ‹Status-quo›-Mächten, doch Nationen sind nie vollständig befriedigt. Wurde ein Horizont überschritten, winkt dahinter immer schon der nächste. Was einst unvorstellbar war, wird erst vorstellbar, dann erstrebenswert. Aus einem Wunsch wird ein Ziel, aus einem Ziel ein Interesse. Mächtigere Nationen sind nicht unbedingt zufriedenere Nationen – tatsächlich ist oft das Gegenteil der Fall.»[50]

In diesen Konstellationen der unaufhebbaren Rivalität habe Russland nur getan, was von einem Akteur mit Großmachtanspruch zu erwarten sei, weshalb es eher für die EU als für die USA ein Problem darstelle: Es sei «zum Großmachtnationalismus zurückgekehrt».[51] Wer damit gerechnet hatte, den konnte das nicht überraschen. Die USA hätten damit gerechnet, die Europäer dagegen seien konsterniert, nachdem sie eine russlandfreundliche, auf Entgegenkommen ausgerichtete Politik betrieben hätten, die auch nicht davor zurückgeschreckt sei, sich in eine energiepolitische Abhängigkeit von Russland zu begeben.[52] Die Europäer seien dabei davon ausgegangen, dass die Abhängigkeiten wechselseitiger Art seien; «in der Praxis» jedoch seien die Russen der Auffassung, «am Steuer zu sitzen».[53] Dieses neue Machtgefühl kompensiere aber nicht das Empfinden, Russland sei am Ende der 1980er und zu Beginn der 1990er Jahre in eine Weltordnung hineingeraten, die ihm «in einem Augenblick der

Schwäche von den Vereinigten Staaten und Europa aufgezwungen» worden sei.[54] Sie «sehnen sich nach einer Zeit zurück, als Russland [Kagan meint die Sowjetunion] von anderen respektiert wurde und in der Lage war, Einfluss auf die Welt zu nehmen und die Interessen der Nation zu schützen».[55] Konkret heißt das: «Die heutigen russischen Machthaber trachten danach, die globale Macht und den Einfluss, den sie mit dem Ende des Kalten Krieges verloren, zurückzugewinnen. Ihr großer Ehrgeiz ist es, die nach dem Kalten Krieg herbeigeführte Ordnung zu annullieren und Russland erneut als dominante Macht in Eurasien sowie als eine der zwei oder drei weltweiten Großmächte zu etablieren.»[56]

Kagan schrieb das im Jahr 2008. Im Unterschied zu europäischen Politikern, die Ähnliches nach dem 24. Februar 2022, also vierzehn Jahre später, äußerten, enthielt seine Prognose keinen wie auch immer gearteten moralischen Vorwurf gegen Russland; er konstatierte nur, was seiner Auffassung nach von einem Großmachtakteur oder Großmachtaspiranten zu erwarten ist. Für Kagan war es eine Feststellung, eine Klärung dessen, was der Fall ist und wovon man unbedingt ausgehen muss. Es ist dies die Sichtweise derer, die mit den unveränderlichen Gesetzmäßigkeiten der Machtpolitik rechnen und nicht dem Glauben anhängen, dass es zu größeren Veränderungen in der Grammatik des politischen Handelns kommt, jedenfalls nicht zu solchen, bei denen die Regeln der Machtpolitik außer Kraft gesetzt werden. Man kann das als das realistische Machtstaatsnarrativ in den USA bezeichnen, das einen kühlen Blick auf Russland wirft und einen zwischen Besorgnis und Verachtung changierenden auf die Europäer.

Das chinesische Narrativ

Fehlt noch, nachdem das russische und das US-amerikanische Narrativ der Weltmachtgeltung sowie das europäische Narrativ einer die Gesetze des Machtkampfs verändernden Umstellung auf wirtschaftliche Macht bei paralleler Juridifizierung der Politik beleuchtet wurden: das chinesische Narrativ. Das Problem beim Aufspüren dieses Narrativs ist, dass die offizielle chinesische Politik und demgemäß die in ihrem Gefolge daherkommenden Intellektuellen beim Geltendmachen chinesischer Weltordnungsansprüche eher zurückhaltend sind.[57] Stattdessen konzentrieren sie sich auf die Kritik der bestehenden Konstellationen und nehmen dabei eine in Grundzügen antiimperialistische Position ein. Als Kontrahenten werden die USA und Europa ausgemacht, insofern sie für die derzeit bestehende Weltordnung verantwortlich zeichnen. Man kann das als «negatorische Mission» bezeichnen, wobei im chinesischen Narrativ vor allem aufgezeigt wird, warum diese «westliche» Ordnung – normativ betrachtet – ungerecht ist und auf die Ausbeutung des globalen Südens hinausläuft beziehungsweise warum sie – das ist das marxistische Erbe – an ihren Widersprüchen zugrunde gehen wird.

Die politische Funktion dieses Narrativs besteht darin, Verbündete zu sammeln, die sich in eine gegen den Westen gerichtete «antihegemoniale Front» einreihen lassen, eine Front, die unter chinesischer Führung stehen wird und in der China die Art und Weise des gegen die westliche Hegemonie geführten Kampfes vorgibt, in der es somit der Hegemon des Antiimperialismus ist. Dieser chinesische Führungsanspruch gilt auch dann, wenn Russland zum Bestandteil dieser Front geworden und in sie eingereiht ist. Russland steht im antiimperialistischen Narrativ *hinter* China im zweiten Glied, und das umso mehr, je stärker Russland als imperialer Akteur hervortritt oder als Quasi-Kolonialmacht nach dem Ende des Kolonialismus agiert. Die unterschiedlichen Interessen und Erwartungen der dieser antiimperialistischen «Einheitsfront» Angehörenden dürften eine Erklärung dafür sein, warum die chinesischen Vorstellungen einer künftigen Weltordnung weitgehend im Dunkeln bleiben oder so allgemein gehalten sind, dass alle, die mit der westlichen Weltordnung nicht einverstanden sind, sich irgendwie darin finden können.

Dieses chinesische Narrativ soll hier anhand der Schriften von Zhao Tingyang beschrieben werden: erstens, weil sich Zhao mit dem Konzept des *Tianxia* am nächsten an den Entwurf einer neuen Weltordnung im chinesischen Sinn herangewagt hat;[58] zweitens, weil er als Mitglied der Pekinger Akademie der Sozialwissenschaften Positionen vertritt, die eine gewisse Nähe zur Politik der chinesischen Führung vermuten lassen; und drittens, weil er seine Überlegungen mit denen klassischer chinesischer Denker verbindet, mit Konfuzius, Laozi und anderen,[59] und sie dadurch als einen spezifisch chinesischen Beitrag zur Weltordnung kenntlich macht. Zhao beginnt seine Überlegungen mit der Feststellung, dass die Welt, von deren Ordnung jetzt so viel die Rede sei, noch nicht Subjekt des politischen Denkens, geschweige denn der praktischen Politik sei, sondern ein Produkt der großen Mächte, die ihre je besonderen Interessen verfolgen und davon ausgehen, dass dabei eine Ordnung herauskomme, die eine der ganzen Welt sei. Dem stellt Zhao das Tianxia-Konzept entgegen, das er als «eine Idee für die Zukunft der Welt» annonciert, weil in ihm die globale Ordnung von vornherein als solche entworfen und durchdacht worden sei: Hier wird eine globale Ordnung intendiert, die nicht das Ergebnis der Interessenverfolgung großer Mächte ist, wie man das in liberaler Manier beschreiben kann. Als historisches Vorbild stellt Zhao die Zeit der Zhou-Dynastie vor etwa dreitausend Jahren heraus, in der das Konzept des Tianxia im Sinne einer Orientierung am Gemeinwohl entwickelt wurde. Es sei damals zwar nur ein regional begrenztes Experiment gewesen, eigne sich aber im Unterschied zu den westlichen Ordnungsvorstellungen dazu, die politische Welt ohne ein Außen, also omniinklusiv, zu denken.[60]

Dagegen sei, so Zhao weiter, das in Europa entwickelte Ordnungsmodell der griechischen Polis und des souveränen Territorialstaats eines, das auf dem Gegensatz von Eigen und Fremd oder Freund und Feind begründet sei und damit die Exklusion der anderen zum Ordnungsprinzip erhebe. Das habe zur Folge, dass Interessenkonflikte zwischen den Poleis und den Staaten das Strukturmuster der internationalen Politik bilden, die Starken politisch das Sagen haben und die Schwachen gehorchen müssen. «Das saturierte System souveräner Staaten», so Zhaos zusammenfassendes Urteil, «ist kein Weltsystem, das den gemeinsamen Weltinteressen dient, sondern ein imperialistisches System hegemonialer Staaten.»[61] Daran habe auch die nachträgliche Einführung rechtlicher Regeln für den Umgang der Staaten untereinander nichts geändert. Deswegen verwirft Zhao Kants Überlegungen zum «ewigen Frieden» ebenso wie Rawls' Vorschläge zur Gerechtigkeit auf internationaler Ebene oder Habermas' Theorie des Diskurses – als Bearbeitungsform von Konflikten seien sie für die Ordnung der Welt unzureichend.[62]

Zhao ist mit den westlichen Theorien gut vertraut, und dementsprechend nimmt er auch das Theorem von der «Tragödie der Allmende» auf, das entwickelt worden ist, um das Scheitern von Gemeingutvorstellungen und das Erfordernis einer marktförmig konkurrentiellen Bereitstellung von Gütern nachzuweisen.[63] Für Zhao ist die Allmende, solange sie nicht von einer Weltregierung oder in Form globaler Governance organisiert wird, die Verfügbarkeit von Beute für die Starken, von denen die Räume der Allmende nach Lust und Laune ausgeraubt und verheert werden. Die Anarchie des Weltzustands infolge feindseliger Staatenkonkurrenz habe erst die wirkliche, die «größte denkbare ‹Tragödie der Allmende›» hervorgebracht, nämlich ihre Ausplünderung durch die Hegemonialstaaten, womit Zhao die Europäer und Nordamerikaner meint.[64] «Insbesondere im Bewusstsein der Hegemonialstaaten werden sämtliche Gebiete und die offenen Meere außerhalb des eigenen Staatsgebietes zur verfüg- und verteilbaren Allmende. Das ist das Wesen der internationalen Politik, auch wenn es nie offen ausgesprochen wird.»[65]

Damit hat Zhao die Schlussfolgerungen, die von westlichen Wissenschaftlern aus der «Tragödie der Allmende» gezogen worden sind, in ihr Gegenteil verkehrt: Nicht deren privatwirtschaftliche Aufteilung ist die Lösung des Problems der Übernutzung, sondern es geht darum, für den Fortbestand der Allmende zu sorgen, der aber erst gesichert ist, wenn es eine Weltregierung gibt, die für ihren Erhalt sorgt. Es geht also nicht um die Auflösung des traditionellen Kommunismus der Gemeingüter, sondern um die globale Ausweitung des allen Gemeinsamen, das von dazu Ausgewählten treuhänderisch für die gesamte Menschheit gepflegt wird. Auf diese Weise würden die Hegemonialmächte gehindert, weiterhin die Allmende auszuplündern und die dabei angerichteten Verwüstungen dem globalen Süden als «Erbe» zu überlassen. Vor allem die Hegemonialmächte, so Zhao, halten am anarchischen Allmendeprinzip fest, weil es ihnen den Vorteil eines beliebigen Zugriffs auf die Ressourcen der Menschheit bei gleichzeitiger Freistellung von den Kosten dieses Zugriffs ermöglicht.

Gegen dieses System stellt Zhao das Tianxia-Modell, in dem die Staaten und alle weiteren partikularen Akteure ihre Macht einbüßen und die unterschiedlichen Zivilisationen – von Samuel Huntington als die strukturgebenden Akteure der entstehenden Weltordnung herausgestellt, was auf eine andere Form der Konkurrenz und Rivalität hinauslaufen würde – in kooperativer Form miteinander verbunden sind. Tianxia sei darum «eine Ordnung des größtmöglichen Reichtums an Vielfalt der Existenz». Von der in ihr betriebenen Politik sagt Zhao: «Die Politik bedient sich zwar der Macht, aber Macht ist nicht ihr Ziel; ihr Ziel ist die Schaffung einer kompatiblen Daseinsordnung, die die Schöpfung wachsen und gedeihen lässt. Die Politik muss dem Himmel entsprechen, nicht einem Gott.»[66] Und: «Der monotheistischen Weltanschauung spiritueller Vereinheitlichung [also dem, was bei Huntington den Kern der Zivilisationen darstellt] genau entgegengesetzt, ist die Weltanschauung der Tianxia fähig, sämtliche spirituellen Welten in sich aufzunehmen und jeder einen Ort der Geborgenheit und der gegenseitigen Nicht-Schädigung zu geben.»[67]

Wie aber soll dieses Tianxia-Modell politisch organisiert werden? Wer hat Einfluss auf die wichtigsten Entscheidungen? Und wer verbleibt in der Position eines Schutzbefohlenen, der weder eine politische Stimme hat noch das Recht, sich kritisch und öffentlich zu äußern? Zhao bleibt bei der Beantwortung dieser Fragen im Ungefähren: «Da niemand die Zukunft vorhersagen kann, gibt es keine Antwort auf die Frage, wem das Tianxia der Zukunft gehören wird.»[68] – Könnte es sein, dass es auf eine chinesische Hegemonie, eine *Pax Sinica* hinausläuft? Zhao stellt diese Frage infolge westlicher Kritik an seinen Überlegungen, gibt aber keine klare Antwort. Es sei jedenfalls nicht das heutige China, das die Ordnung des Tianxia steuern und kontrollieren werde, denn gegenwärtig sei China ja ein Staat, den es in einem globalen Tianxia-System nicht mehr geben werde.

Das ist folgerichtig, aber die gesamte Argumentation legt nahe, dass es chinesische Eliten sein werden, die das Tianxia-System installieren und überwachen werden: erstens, weil es von seiner Entstehung her ein wesentlich chinesisches Modell ist; zweitens, weil es in vielen Aspekten der technokratischen Organisation des «chinesischen Kommunismus» ähnlich ist; und drittens, weil die chinesischen Eliten in der Handhabung eines solchen Systems die größte Erfahrung haben. Tianxia würde jedenfalls keine demokratische Ordnung sein, weil diese nun einmal aufgrund ihrer Teilhaberegeln und Funktionsmechanismen auf Konkurrenz und Rivalität gründet. Es würde des Weiteren keine auf Menschenrechten gründende Ordnung sein, weil in der Idee der Menschenrechte eine den westlichen Politikvorstellungen eng verbundene Partikularität zum Ausdruck kommt, während der Leitgedanke von Tianxia ja das Gemeinsame ist. Vor allem wäre es eine Ordnung, die von einer autoritär-technokratischen Elite gesteuert würde, deren Rekrutierung nach den Grundsätzen einer dem Leistungsprinzip verpflichteten Beamtenschaft, also nach den Regeln der Kooptation erfolgt. Mit den Vorstellungen des liberaldemokratischen Rechtsstaats hat das nichts zu tun. Es würde, wenn man nach Ähnlichem in der westlichen Politikgeschichte Ausschau hält, dem bürokratischen Verwaltungsstaat des 18. Jahrhunderts nahestehen.

Die kritische Dimension der imperialen Narrative

Die Narrative aller drei großen Akteure mit Weltordnungsanspruch – USA, Russland und China – verbinden die Vergangenheit mit der Zukunft und entwickeln darüber Direktiven für die Politik der Gegenwart. Dabei geraten sie jedoch in das Dilemma, dass die aktuellen Anforderungen an die operative Politik mit den in den Narrativen entwickelten Sollensvorstellungen beziehungsweise «imperialen Missionen» nicht durchgängig zur Deckung zu bringen sind. In der Folge können die Narrative nicht nur als Legitimationen des jeweiligen Anspruchs auf (Mit-)Gestaltung der Weltordnung, sondern auch als Kritik an der tatsächlich betriebenen Politik verstanden werden. Das betrifft den rücksichtslosen Gebrauch kriegerischer Gewalt von Seiten Russlands gegen ethnisch und kulturell verwandte Völker ebenso wie die brutalen Repressions- und Umerziehungsmaßnahmen der chinesischen Politik gegen die im Reich der Mitte lebenden Uiguren. Im Unterschied dazu haben die Neocons in den USA ein eigenes Narrativ entwickelt, um die Fülle der US-Militärinterventionen in aller Welt mit den Aufgaben und dem Selbsterhaltungserfordernis einer imperialen Vormacht zu verbinden, die sich eigentlich als Friedensstifter und Beender der Kriege versteht.

Die imperialen Zukunftsvisionen der Intellektuellen stehen der operativen Politik immer wieder im Wege. Andererseits kommen Mächte mit weltpolitischem Ordnungsanspruch ohne solche Narrative nicht aus und können nicht auf sie verzichten. Selbst die Europäer, bei denen der Anspruch, eine gestaltende Macht der Weltordnung zu sein, am schwächsten ausgeprägt ist, haben ein Narrativ, das eine Ordnung der wirtschaftlichen Macht mit stark juridifiziertem Gebrauch dieser Macht zum Ziel hat. Dass die Europäische Union in einer solchen Ordnung, wenn sie denn zustande käme, keine herausgehobene Rolle spielen würde, spricht für eine leidlich realistische Einschätzung ihrer Ressourcen und Fähigkeiten. Über militärische Macht verfügt sie bekanntlich nur in sehr begrenztem Maße, und vor ihrem Gebrauch schreckt sie im Vergleich zu ihren Konkurrenten und Rivalen am meisten zurück. Dementsprechend hat im Falle der EU nicht das eigene Auftreten, sondern der russische Griff zur Gewalt das Narrativ vom eigenen Beitrag zur Weltordnung durcheinandergebracht, insofern der von Russland geführte Krieg in der Ukraine die Europäer gezwungen hat, sehr viel stärker zu den Instrumenten militärischer Macht zu greifen, als sie wollten und es ihnen lieb sein kann.[69]

Mythische Tiere und apokalyptische Szenarien

Die Erzählungen von der Mission einer imperialen Macht sind von dieser Macht mehr oder weniger eng verbundenen Intellektuellen und Schriftstellern verfasst worden. Auch wenn das nicht in deren ursprünglicher Absicht gelegen haben mag, sind sie doch passförmig gemacht worden für eine Rechtfertigung imperialen Auftretens in der politischen Welt. Dennoch haben sie, wie bei allen hier dargestellten Beispielen zu konstatieren ist, eine gewisse Sperrigkeit gegenüber der operativen Politik des jeweiligen Imperiums behalten, und in einigen Fällen ist diese Sperrigkeit unter der Hand zum Widerspruch gegen die reale Politik des Imperiums geworden. Sehr viel mehr ist das bei den antiimperialen Symbolen und Narrativen der Fall, die vor allem dort Bedeutung erhielten, wo ein Land und seine Menschen ein ums andere Mal zum Spielball im Konflikt der großen Mächte geworden sind und darauf mit Erzählungen vom Widerstand gegen die großen Mächte und ihren unausweichlichen Untergang reagiert haben. Auch dabei handelt es sich um Bilder und Erzählungen, die von der Weltordnung handeln, nur dass diese Ordnung von vornherein als eine des Ungenügens und Versagens dargestellt wird: Was Ordnung zu sein behauptet, ist, folgt man den Narrativen, nichts als Unordnung und Chaos, deren die Menschen nicht ohne Gottes Hilfe Herr werden. Und schließlich entbrennt ein Kampf zwischen den kosmischen Mächten, in dem sich das weitere Schicksal der Weltordnung entscheidet. Darum soll es nachfolgend gehen.

Dabei werden exemplarisch das *Buch Hiob* und die *Johannesoffenbarung* mitsamt ihrer Rezeption und den diversen Weitererzählungen herangezogen. Dazu hätte auch die germanische beziehungsweise nordische Mythologie mit Fenriswolf und Midgardschlange genutzt werden können oder die griechischen Erzählungen von den aufeinanderfolgenden Göttergeschlechtern mit ihren Kämpfen, die sie gegeneinander austragen, und den Aufständen der von ihnen entmachteten Titanen gegen die neue Ordnung. Vermutlich hätten sich auch in der indischen und chinesischen Mythenwelt Erzählungen finden lassen, in denen es um den Zusammenstoß von Gottheiten und kosmischen Mächten im Kampf um die Ordnung der Welt geht, wobei nicht die Sicht einer herrschaftlichen Ordnung, sondern die ihrer Ablehnung und Bekämpfung dominiert.

Solche mythischen Erzählungen prägen die je vorherrschenden Vorstellungen von Ordnung und Chaos und geben Leitideen für politische Entwürfe wie politisches Handeln ab. Da es hier um eine exemplarische Darstellung geht, die im europäischen Kulturraum, aber auch in globaler Perspektive eine zentrale Rolle für die Imaginationen von der Bedrohung einer Ordnung und schließlich dem Untergang nicht nur einer (Welt-)Ordnung, sondern der Welt als Ganzes gespielt hat und weiterhin spielt, war es naheliegend, zwei biblische Texte, die Geschichte von Leviathan und Behemoth im *Buch Hiob* und den Kampf der Engel mit Satan und seinen Anhängern in der *Johannesoffenbarung*, herauszugreifen, zumal beide Erzählungen viele Anschlüsse und Bezüge gefunden haben, die den Verlauf der politischen Geschichte in aller Welt beeinflusst haben.

Leviathan und Behemoth bedrohen die Weltordnung

Leviathan und Behemoth, die beiden gewaltigen Ungeheuer, von denen im *Buch Hiob* des Alten Testaments berichtet wird, tauchen in der Geschichte des politisch-theologischen Denkens immer wieder als Symbole für die Bedrohung einer jeden Ordnung auf, der kosmischen wie der politischen. Die Ordnung muss sich unter Aufbietung aller Kräfte gegen das von Leviathan und Behemoth verkörperte Chaos behaupten. Das Chaos wird dabei keineswegs nur als Verlust der Ordnung verstanden, sondern die Mythen erzählen von eigenständigen Mächten, die als Gegenkraft zur Ordnung auftreten und deren Wollen einer jeden Ordnung entgegengesetzt ist. Ordnung herzustellen, heißt darum zuallererst, das Chaos zu bezwingen, es zumindest in Grenzen zu halten.

Die Vorstellung von dem großen Kampf zwischen Kosmos und Chaos – Kosmos verstanden als Schaffung und Aufrechterhaltung von für die Menschen verlässlichen Verhältnissen und Chaos als Macht des absolut Ungeordneten, des Unvorhersehbaren und Menschenfeindlichen – findet sich in den Ursprungserzählungen nahezu aller Kulturkreise. Der auf das Alte Testament spezialisierte Theologe Jürgen Ebach hat in seinen Marginalien zu den biblischen

Ungeheuern Leviathan und Behemoth darauf hingewiesen, dass sich im *Buch Hiob* Spuren vorisraelitischer Narrative entdecken lassen, die bis in die ägyptische und babylonische Mythologie zurückreichen.[70] Demgemäß ist es nicht damit getan, den Behemoth als Nilpferd und den Leviathan als Krokodil zu identifizieren, womit der Lebensraum *beider* Ungeheuer das Wasser, jedenfalls die Nähe zum Wasser, wäre.[71] Vielmehr handelt es sich bei ihnen um Symbole der Chaosmächte, die jederzeit die bestehende Ordnung angreifen und zerstören können. Leviathan und Behemoth stehen für die permanente Bedrohung jeglicher Ordnung in der Welt.

Dementsprechend habe der Kampf gegen diese Ungeheuer zu den Hauptaufgaben des sakralen Königtums gehört, bei dem kosmische und politische Ordnung noch nicht voneinander getrennt waren. Dieser Aufgabe liegt die Vorstellung zugrunde, dass gewöhnliche Menschen, selbst wenn sie sich zu einem Kampf- und Jagdverband organisieren, nicht in der Lage sind, diese monströsen Tiere zu erlegen, sondern dass es dazu eines Kämpfers bedarf, der mit übermenschlichen Kräften und Fähigkeiten ausgestattet ist: des sakralen Königs.[72] In der Bezwingung solcher Ungeheuer erweist sich der König als ein Gott. Ebach notiert: «Von der 1. Dynastie an sind aus Ägypten Darstellungen einer Nilpferdjagd überliefert, die mehr ist als Jagdsport. Vielmehr ist die Tötung des Nilpferds, genauer: des einzeln lebenden männlichen ‹roten› Nilpferds durch den König ein ritueller Akt der Sicherung der Weltordnung gegen die andrängenden Chaosmächte, ein welterhaltender Vorgang, dessen religiöse Bedeutung in der ägyptischen Spätzeit so anwächst, daß es in Darstellungen der Nilpferdjagd nur mehr der Gott Horus selbst ist, der das Chaostier erlegt.»[73]

Im Vergleich zu dem als Nilpferd identifizierten Behemoth ist die Gestalt des Leviathan weniger eindeutig; er wird als Schlange beschrieben, als Krokodil, aber auch als Meeresungeheuer, weswegen Luther in seiner Bibelübersetzung ihn auch als «Walfisch» bezeichnen kann. Im *Buch Hiob* freilich handelt es sich eindeutig um ein Krokodil, und er wird auch als solches bezeichnet. Ebach fasst zusammen: «Der Leviathan ist ein bedrohliches Untier, seine Entstehung hängt mit der Weltschöpfung selbst zusammen, seine endgültige Vernichtung steht noch aus. Darüber hinaus erscheint der Leviathan als Gottesfeind.»[74] Der Leviathan ist danach eine Variante des Chaosdrachens, der mit dem Meer als Raum des politisch Ungeordneten und Unbeherrschbaren identifiziert wird.[75] Damit wird das im Nil beheimatete Lebewesen, das Ungeheuer, das an einen bestimmten Lebensraum gebunden ist, zu einer potentiell weltbeherrschenden beziehungsweise weltzerstörenden Macht, zur unmittelbaren Gegenmacht Gottes als dem Schöpfer und Hüter der Ordnung.

Die Apokalypse des Johannes: das Narrativ vom Untergang der falschen Ordnung

Die biblischen Erzählungen von einem sich immer wieder erneuernden Kampf zwischen dem um die Ordnung der Welt besorgten Jahwe und den gegen ihn aufstehenden Chaosmächten finden ihren Abschluss in den Visionen, die einem gewissen Johannes auf der Ägäisinsel Patmos zuteilwurden. Johannes hat darin das Schicksal der kosmischen und der politischen Welt wie in einem Zeitraffer an sich vorbeiziehen sehen: Erneut erhebt sich der Chaosdrache wider die Ordnung, und nunmehr kommt es zum Endkampf zwischen ihm und den Mächten des Göttlichen, wobei der Chaosdrache mit dem Satan identifiziert wird. «Ein anderes Zeichen erschien am Himmel: ein Drache, groß und feuerrot, mit sieben Köpfen und zehn Hörnern und mit sieben Diademen auf seinen Köpfen. Sein Schwanz fegte ein Drittel der Sterne vom Himmel und warf sie auf die Erde herab. [...] Da entbrannte im Himmel ein Kampf; Michael und seine Engel erhoben sich, um mit dem Drachen zu kämpfen. Der Drache und seine Engel kämpften, aber sie konnten sich nicht halten, und sie verloren ihren Platz im Himmel. Er wurde gestürzt, der große Drache, die alte Schlange, die Teufel oder Satan heißt und die ganze Welt verführt; der Drache wurde auf die Erde gestürzt, und mit ihm wurden seine Engel hinabgeworfen.»[76]

Was hier beschrieben wird, ist ein nicht auf die Erde begrenzter, sondern ein den gesamten Weltraum erfassender Kampf, ein Kampf zwischen dem Weltenschöpfer und -ordner und seinem großen Widersacher. Mit dem Satanssturz, so könnte man erwarten, sei der Kampf, von dem der Visionär Johannes berichtet, endgültig entschieden, doch es ist nur die himmlische beziehungsweise kosmische Ordnung, die durch den Sturz des Satansdrachens wiederhergestellt und gesichert ist. Auf Erden geht der politische Kampf weiter. Zwei gewaltige Tiere steigen aus dem Meer und aus der Erde herauf, um den Kampf zu erneuern und fortzusetzen – Tiere, die dem Leviathan und Behemoth sehr ähnlich sind. Ihnen hat der gestürzte Drache seine Macht übertragen, damit sie die Menschheit weiterhin knechten und täuschen.

«Und ich sah: Ein Tier stieg aus dem Meer, mit zehn Hörnern und sieben Köpfen. Auf seinen Hörnern trug es zehn Diademe und auf seinen Köpfen Namen, die eine Gotteslästerung waren. Das Tier, das ich sah, glich einem Panther, seine Füße waren wie die Tatzen eines Bären und sein Maul wie das Maul eines Löwen. Und der Drache hatte ihm seine Gewalt übergeben, seinen Thron und seine große Macht. [...] Die Menschen warfen sich vor dem Drachen nieder, weil er seine Macht dem Tier gegeben hatte; und sie beteten das Tier an und sagten: ‹Wer ist dem Tier gleich, und wer kann den Kampf mit ihm aufnehmen?›»[77]

Die Unvergleichlichkeit der Macht des Tieres kann als Rückverweis auf den Leviathan und seine Kennzeichnung im *Buch Hiob* gelesen werden, wo es über das Ungeheuer heißt: «Auf Erden gibt es seinesgleichen nicht, dazu geschaffen, sich nicht zu fürchten.

Alles Hohe blickt es an; König ist es über alle stolzen Tiere.»[78] Von dem zweiten Tier, das nunmehr als Nachfolger des gestürzten kosmischen Drachen aus der Erde hervorkommt, heißt es in der *Johannesapokalypse*: «Und ich sah: Ein anderes Tier stieg aus der Erde herauf. Es hatte zwei Hörner wie ein Lamm, aber es redete wie ein Drache. Die ganze Macht des ersten Tieres übte er vor dessen Augen aus. Es brachte die Erde und ihre Bewohner dazu, das erste Tier anzubeten [...]. Es verwirrte die Bewohner der Erde durch die Wunderzeichen, die es im Auftrag des Tieres tat; es befahl den Bewohnern der Erde, ein Standbild zu errichten zu Ehren des Tieres, das mit dem Schwert erschlagen worden war und doch wieder zum Leben kam.[79] Es wurde ihm Macht gegeben, dem Standbild des Tieres Lebensgeist zu verleihen, so daß es auch sprechen konnte und bewirkte, daß alle getötet wurden, die das Standbild des Tieres nicht anbeteten.»[80]

Die Macht auf Erden ist damit den Widersachern Gottes zugefallen, die eine trügerische Ordnung errichten, eine, die nur dem äußeren Anschein nach eine Ordnung ist und unter der sich Anarchie und Tyrannei verbergen.[81] Es ist der Inbegriff des Chaos, dass das in der guten Ordnung einander Entgegengesetzte, Anarchie und Tyrannei, in dieser Pseudo-Ordnung zusammenfällt und eins wird. Die große Mehrheit der Kommentare zur *Offenbarung* stimmt darin überein, dass es sich bei dem ersten Tier, dem mit den zehn Hörnern und den sieben Köpfen, um den Antichrist handelt, der in der Vision des Mannes auf Patmos mit dem Römischen Reich identisch ist, und dass mit dem zweiten Tier die der weltlichen Macht verbundenen falschen Propheten gemeint sind, von denen die Menschen dazu verführt werden, die Macht und den Reichtum der irdischen Welt anzubeten.

Die Visionen des Johannes sind, so ist hier festzuhalten, von einem zutiefst antiimperialen, um nicht zu sagen: antipolitischen Affekt geprägt, einem Affekt, der darin gipfelt, dass alle Versuche, mit politischen Mitteln eine Ordnung auf Erden zu errichten, für

Johannes als dürftig verkleidete Herrschaft des Chaos erscheinen.[82] Eine Ordnung im eigentlichen Sinn entsteht demgemäß erst, wenn die irdischen Machthaber allesamt verschwunden sind. Dieser antiimperial-antipolitische Affekt des Johannes wird durch eine antiurbane Grundeinstellung ergänzt, die sich gegen die großen Städte sowie die dort vorherrschende Lebensweise, den Prunk und den Luxus, richtet. Inbegriff des Urbanen und der mit ihm verbundenen Lebensweise ist die Stadt Babylon,[83] und so entspricht es der Logik des Narrativs, dass sich die *große Stadt* als Symbol des Reichtums mit dem *großen Tier* als Symbol der irdischen Macht verbindet. «Der Geist ergriff mich, und der Engel entrückte mich in die Wüste. Dort sah ich eine Frau auf einem scharlachroten Tier sitzen, das über und über mit gotteslästerlichen Namen beschrieben war und zehn Hörner hatte.[84] Die Frau war in Purpur und Scharlach gekleidet und mit Gold, Edelsteinen und Perlen geschmückt. Sie hielt einen goldenen Becher in der Hand, der mit dem abscheulichen Schmutz ihrer Hurerei gefüllt war. Auf ihrer Stirn stand ein Name, ein geheimnisvoller Name: Babylon die Große, die Mutter der Huren und aller Abscheulichkeiten der Erde. Und ich sah, daß die Frau betrunken war vom Blut der Heiligen und vom Blut der Zeugen Jesu.»[85]

Die bestehende weltliche Ordnung wird von Johannes als Ganzes verworfen. Sie ist verkehrt nicht nur im Hinblick auf das die mittelmeerische Welt beherrschende Römische Reich, sondern auch in Anbetracht der Lebensweise, die sich im imperialen Raum und seinen Metropolen breitgemacht hat: Luxus und Prunk bestimmen das Leben der Oberschicht, die obendrein einer lasziven Sexualität frönt, deren Leben also im Gegensatz steht zu den asketischen Idealen, die schon in der alttestamentlichen Prophetie gegen das Leben in Jerusalem ins Feld geführt worden sind. An diese Ideale hat die Anhängerschaft Jesu in Jerusalem angeknüpft. Das Leben der Herrschenden und Reichen dagegen ist gänzlich aufs Diesseits bezogen und läuft damit auf Transzendenzverweigerung hinaus. Die Anbetung der Standbilder, die von dem zweiten Tier auf Erden durchgesetzt worden ist, ist nur ein Schein des Religiösen, weil sie ganz im Diesseits verbleibt. Johannes' Anathema über die bestehende Ordnung beruht darauf, dass in dieser Pseudo-Ordnung Transzendenz nur als Imagination des Diesseits vorkommt und das Diesseits nicht unter die ihm vorgängige Transzendenz des Göttlichen gestellt wird. Eine solche Ordnung ist das Gegenteil der wahren, der göttlichen Ordnung und muss darum untergehen.

Auf die Vision von der auf dem großen Tier daherkommenden Frau folgt die Verkündigung des Falls von Rom-Babylon, bei dem kein Stein auf dem anderen bleiben wird. Das freilich, so die Vision des Johannes, wird bei all denen, die von Rom ihre Macht bezogen haben, die im Handel mit Rom reich geworden sind oder auch nur ihren Lebensunterhalt aus der Belieferung der großen Stadt bezogen haben, zu Wehklagen führen. Ihre Macht und ihr Reichtum sind mit dem Sturz von Rom-Babylon dahin.[86] Dabei handelt es sich zunächst um im Futur formulierte Ankündigungen: Es *wird* eintreten, es *wird* sein. Die große Entscheidung steht noch aus, und sie erfolgt bei Armageddon, wo das Heer der Parteigänger Gottes auf die Heere des großen Tieres und der Könige der Erde trifft. Bei Armageddon findet eine Vernichtungsschlacht statt, nach der von den Unterlegenen nichts mehr übrigbleibt. Das geht aus der Aufforderung eines Engels an alle Vögel am Himmel hervor: «Kommt her! Versammelt euch zum großen Mahl Gottes. Freßt Fleisch von Königen, von Heerführern und von Helden, Fleisch von Pferden und ihren Reitern, Fleisch von allen, von Freien und Sklaven, von Großen und Kleinen!»[87] Alle Spuren der alten, der falschen Ordnung werden getilgt. Die Ankündigung wird in der anschließenden Vision des Johannes Wirklichkeit: «Dann sah ich das Tier und die Könige der Erde und ihre Heere versammelt, um mit dem Reiter und seinem Heer Krieg zu führen. Aber das Tier wurde gepackt und mit ihm der falsche Prophet; [...]. Bei lebendigem Leib wurden beide in den See von brennendem Schwefel geworfen. Die übrigen wurden getötet mit dem Schwert, das aus dem Mund des Reiters kam;[88] und alle Vögel fraßen sich satt an ihrem Fleisch.»[89]

Der Blick auf das *Buch Hiob* und die *Johannesapokalypse* ist für die Frage nach dem Wandel der Weltordnung deshalb so wichtig, weil die Vorstellung von der Bedrohung der Ordnung durch das hereinbrechende Chaos, der Verwerflichkeit einer jeden weltlichen Macht und schließlich eines großen Endkampfes, eines neuen Armageddon, bis heute – und in jüngster Zeit unüberhörbar wieder verstärkt – die Gedankenwelt vieler Menschen bestimmt und sogar bis in die Entscheidungsparameter der politischen Eliten hineinragt. Der Begriff Armageddon taucht auch als Charakterisierung des russischen Generals Sergej Surowikin auf, der Mitte Oktober 2022 zum Oberbefehlshaber der in der Ukraine operierenden russischen Streitkräfte ernannt wurde und umgehend einen Strategiewechsel zu massiven Angriffen auf die ukrainische Infrastruktur vollzog. Diese Angriffe sollen die Zivilbevölkerung demoralisieren und große Teile der Ukraine tendenziell unbewohnbar machen. Surowikin hat eine solche Strategie bereits bei der russischen Intervention in den syrischen Bürgerkrieg praktiziert und seither den Beinamen «General Armageddon». Er hat dabei sämtliche Bestimmungen des Kriegsvölkerrechts, hier des *ius in bello*, als Bestandteil der Weltordnung verletzt. Die von ihm befohlene Eskalation der Gewalt richtet sich gezielt gegen die ukrainischen Nonkombattanten, deren Selbstbehauptungswille durch Angst und Schrecken gebrochen werden soll. Nach den Vorgaben der Haager Landkriegsordnung und der Genfer Konventionen ist Surowikin ein Kriegsverbrecher großen Stils, einer, der für *crimes against humanity* verantwortlich ist.

Auch die Vorstellung von der Herrschaft des Antichristen und dem Auftritt falscher Propheten spielt in der den Krieg gegen die Ukraine flankierenden russischen Propaganda eine Rolle, etwa dann, wenn der ukrainische Präsident Wolodymyr Selenskyj als Antichrist bezeichnet wird, gegen den bedingungslos ein uneingeschränkter

Krieg zu führen sei. Das geht noch einen Schritt über die sonst in den russischen Sprachregelungen übliche Bezeichnung der ukrainischen Regierung als «Faschisten und Nazis» hinaus, insofern in Selenskyjs Denunziation als Antichrist dem Ende einer politisch selbständigen Ukraine eine religiöse, eine geotheologische Komponente verliehen wird. So erklärte Wladimir Schirinowski bereits 1996: «Mögen wir Zeugen sein, wie die Dämonen verschwinden und dorthin zurückkehren, woher sie gekommen sind, nämlich in die finstere und einzige Verzweiflung. Sie werden sich festkrallen, sie werden brüllen und fluchen, ganz wie vom Exorzisten in die Enge getriebene Dämonen. Doch mit vereinten Kräften können wir sie loswerden.»[90]

Damit bekommt der russische Angriffskrieg gegen die Ukraine eine eschatologische, eine heilsgeschichtliche Dimension. Er wird auf diese Weise zum «heiligen Krieg» stilisiert,[91] was die Missachtung aller gewaltbegrenzenden Regeln der Kriegführung rechtfertigen und der offensichtlich begrenzten Kampfbereitschaft der russischen Soldaten aufhelfen soll. Wo eschatologische Vorstellungen ins Spiel kommen, es also um die Weltordnung im religiös-propagandistischen Sinn geht, spielen die menschengemachten Regeln zur Begrenzung des Krieges keine Rolle mehr. Im «heiligen Krieg» wird die göttliche Ordnung aufgerufen, um die menschliche Ordnung außer Kraft zu setzen. Das war zuletzt vor allem in den dschihadistischen Rechtfertigungen von Terroranschlägen gegen die westliche Welt der Fall. In Russland ist diese Vorstellung eines Heiligen Krieges in modifizierter Form wieder aufgetaucht: «Es ist ein Heiliger Krieg», erklärte ein Vertrauter Kadyrows im Sommer 2022 zum Angriff auf die Ukraine. «Ich bete zum Allmächtigen, dass dieses Land von Putin regiert wird, denn dieser Mann lehnt die europäischen Werte ab. In Wirklichkeit sind das satanische Werte, die der ganzen Welt aufgezwungen werden. Ja, wir kämpfen gegen eine Armee des Teufels oder des Antichrists, wie auch immer wir ihn nennen wollen.»[92]

Im Allgemeinen sind jedoch vor allem die USA wegen ihres religiös grundierten Selbstverständnisses und ihrer theologisch aufgeladenen imperialen Mission, in der sie als «Erlösernation» (*redeemer nation*) dargestellt werden – damit ist unter anderem das amerikanische Eingreifen in die beiden Weltkriege der ersten Hälfte des 20. Jahrhunderts begründet worden –, für eine an die *Johannesapokalypse* geknüpfte Deutung aktueller Konstellationen anfällig. So hat auch US-Präsident Joe Biden von dem «Armageddon-Moment» des Krieges gesprochen, was einerseits auf die Gefahr einer nuklearen Eskalation und andererseits auf den Augenblick der großen Entscheidung bezogen werden kann. Die amerikanische Religionswissenschaftlerin Elaine Pagels hat darauf hingewiesen, dass vor allem in den evangelikalen Kreisen Nordamerikas die Vorstellung kursiert, es sei die den USA zugefallene historische Aufgabe, ihre politische Mission, das Tausendjährige Reich zu errichten, von dem in der *Offenbarung* des Johannes die Rede ist,[93] während andere US-Amerikaner dieser heilsgeschichtlichen Ausrichtung der USA dezidiert widersprechen und «das aktuelle militärische und wirtschaftliche System Amerikas als die Verkörperung Babylons und damit als Inbegriff des Bösen sehen».[94] In Anbetracht der Selbstidentifikation der USA mit dem *Imperium Romanum*[95] und der entschieden antirömischen Ausrichtung der von Johannes geschilderten Visionen hat Letzteres – jedenfalls auf den Text der *Offenbarung* bezogen – eine größere Dignität als die Selbstaffirmation der USA als Reich Gottes auf Erden.

Was sich in diesen diversen Bezugnahmen auf die *Johannesapokalypse* für die Debatte über die Weltordnung beobachten lässt, ist einerseits die Sakralisierung des je eigenen weltpolitischen Agierens, das damit den Regeln und Bindungen der bestehenden Ordnung entzogen wird, und andererseits die autoritative Beendigung der Debatte: Gegen die Identifikation der eigenen Weltordnungsvorstellungen mit der göttlichen Weltordnung ist mit Argumenten nicht anzukommen. Es handelt sich um die Immunisierung des eigenen Entwurfs einer Weltordnung gegen jeden Zweifel: Wer für die richtige Ordnung kämpft, kann nicht im Unrecht sein, selbst wenn er gegen menschengemachte Regeln verstößt. Die angeeignete Transzendenz wird hier ganz ähnlich, wie das zuvor an diversen Varianten des Islamismus zu beobachten war, zum legitimatorischen Schirm für politische Projekte, die anders nicht zu rechtfertigen sind. Vor allem handelt es sich um eine Herabstufung aller anderen Weltordnungsvorstellungen als bestenfalls vorläufig, im Grunde aber verwerflich, weil sie die Möglichkeit des Heils durch die Art ihrer Herrschaft blockieren. Also müssen sie verschwinden.

Wer sind Behemoth und Leviathan? Eine unendliche Debatte über die Weltordnung

Zurück zu den beiden monströsen Tieren des *Buchs Hiob*: In mehreren Reden erklärt Gott «seinem Knecht» Hiob, dass er, Hiob, zu schwach sei, um den Mächten dieser Welt zu widerstehen und sie unter seine Herrschaft zu bringen. Deshalb sei es pure Anmaßung, wenn er mit Gott angesichts des ihm, dem Gerechten, widerfahrenen Leids ein Streitgespräch über Gerechtigkeit führen wolle. Nur Gott selbst sei den gewaltigen Ungeheuern Behemoth und Leviathan gewachsen, die in dem Disput zwischen Hiob und Gott das Übermächtige verkörpern. Hiob allein vermöge sie nicht zu bezwingen oder zu besänftigen.

Dass es *Mächte des Bösen* sind, die den Menschen bedrohen, geht aus der Schilderung der beiden Tiere im *Buch Hiob* indes nicht zwingend hervor. Worauf die Darstellung von Leviathan und Behemoth vielmehr abhebt, ist deren Unbeherrschbarkeit durch die Menschen, ihre Übermacht, also der Verweis auf die Grenzen der menschlichen Fähigkeit, sich «die Erde untertan» zu machen. Behemoth und Leviathan entziehen sich den menschlichen Ordnungsvorstellungen, weil sie mächtiger sind als die Menschen. Die Vorstellung einer «Humanisierung der Natur» (Marx) stößt in der Konfrontation mit ihnen an unüberwindliche Grenzen. Dass Behemoth und Leviathan die von den Menschen geschaffene Ordnung bedrohen, dass sie gar Mächte des Bösen sind, lässt sich im Text des *Buchs Hiob* nicht erkennen,[96] sehr wohl aber, dass sie von den Menschen nicht unter Kontrolle zu bringen sind. Zu Verkörperungen des Satanischen, des Widergöttlichen werden sie erst in der *Johannesoffenbarung*.

Dementsprechend beschreibt Gott den Behemoth: «Sieh doch die Kraft in seinen Lenden und die Stärke in den Muskeln seines Leibs! Wie eine Zeder läßt es hängen seinen Schwanz; straff sind verflochten seiner Schenkel Sehnen. Seine Knochen sind Röhren von Erz, wie Eisenstangen sein Gebein. [...] Schwillt auch der Fluß, es [das Monstrum] zittert nicht, bleibt ruhig, wenn auch die Flut ihm ins Maul dringt. Kann man an den Augen es fassen, mit Haken ihm die Nase durchbohren?»[97] Nein, der Mensch kann das nicht; der Behemoth ist ein Lebewesen, das von ihm nicht gezähmt oder gefangen werden kann.

Erst recht gilt das für den Leviathan: «Kannst du das Krokodil am Angelhaken ziehen, mit der Leine seine Zunge niederdrücken? Legst du ein Binsenseil ihm in die Nase, durchbohrst du mit einem Haken seine Backe? Fleht es dich groß um Gnade an? Richtet es zärtliche Worte an dich? Schließt es einen Pakt mit dir, so daß du es dauernd nehmen kannst zum Knecht? Kannst du mit ihm wie mit einem Vogel spielen, bindest du es für deine Mädchen an? Feilschen darum die Jagdgenossen, verteilen sie es stückweise unter die Händler? Kannst du seine Haut mit Spießen spicken, mit einer Fischharpune seinen Kopf? Leg nur einmal deine Hand daran! Denk an den Kampf! Du tust es nie mehr.»[98] Auf diese rhetorischen Fragen, in denen es um die Unmöglichkeit geht, das gewaltige Tier zu jagen oder zu domestizieren, folgt eine Beschreibung des Leviathan, die keinen Zweifel daran lässt, dass ihm mit den Waffen und Mitteln der Menschen nicht beizukommen ist.

Diese Beschreibung der unbezwingbaren Stärke, bei der Leviathan den Behemoth noch einmal deutlich übertrifft, dürfte der Grund gewesen sein, warum Thomas Hobbes dem aus einem Vertrag aller mit allen hervorgegangenen Wächter und Hüter der stabilen Ordnung eines friedlichen Zusammenlebens, dem souveränen Staat beziehungsweise dessen Oberhaupt, das niemandem Rechenschaft schuldig ist, den Namen *Leviathan* gegeben hat. Hobbes bezeichnet ihn auch als «künstlichen Menschen», eine «große Maschine» und als «sterblichen Gott». Für den Titel seines Buches, das die Entstehung und Wirkweise des mächtigen Staates beschreibt, hat er ebenfalls den Namen des Ungeheuers gewählt: *Leviathan.* Er begründet das damit, dass dessen Beschreibung im *Buch Hiob* genau jene Kräfte und Stärken herausstellt, die vonnöten sind, um die Macht des Staates nicht am Stolz und an der Leidenschaft der Menschen zuschanden gehen zu lassen.[99]

Für Hobbes hatte der Leviathan also nichts Dämonisches oder gar Satanisches an sich, wie das in Jean Bodins *Demonomanie des Sorciers* der Fall ist, wo es über Behemoth und Leviathan heißt: «Ferner wird daselbst im Job [im *Buch Hiob*] von dem Thier Behemoth gesagt, das man im die Naß leichtlich durchboren kann / anzuzeygen / daß man den Sathan nicht förchten dörffe.[100] Und vom Leviathan wird gemeld / das er sich nicht am Leib begnüge / sondern auch den Seelen nachstelle. Und darauff folgt wiltu einen Vertrag mit jhm machen / jhm stähts zudienen? Diß dient für die / welche vermeinen / sie haben die Geheymen Geyster oder *Familiares Spiritus* wie Sclaven inn jhrer gewalt.»[101] Die Gleichsetzung von Leviathan und Satan findet sich, so Carl Schmitt in seinem Buch über den Leviathan als politisches Symbol, häufiger in der jüdisch-kabbalistischen Tradition. Der Einfluss dieser Tradition, so Schmitt weiter, sei – neben der verfehlten Positionierung von Leviathan und Behemoth beim Blick auf Land und Meer – dafür verantwortlich, dass der Leviathan als Symbol des starken Staates zum symbolpolitischen Fehlschlag geworden sei: «Die überkommene jüdische Deutung schlug auf den

Leviathan zurück. Alle untereinander sonst so feindlichen indirekten Gewalten waren sich plötzlich einig und verbündeten sich zum ‹Fang des großen Wals›. Sie haben ihn erlegt und ausgeweidet.»[102]

Stellt man die antisemitische Grundierung dieser Formulierungen zunächst einmal hintan,[103] so macht Schmitt hier zwei Frontlinien auf, anhand derer er den Kampf um die Ordnung der Welt und die dabei relevanten Mächte nachzeichnet: zunächst mit Blick auf die Frage, ob eine stabile und verlässliche Ordnung nur auf eine *potestas directa*, die unmittelbare Staatsgewalt, gegründet werden könne, wie das bei Hobbes in der Symbolisierung des Staates als Leviathan der Fall ist, oder ob in einer solchen Ordnung auch den *potestates indirectae* mitsamt ihrer reflektierenden und räsonierenden Einflussnahme ein wichtiger Platz zugewiesen werden könne. Das läuft auf die Entgegensetzung von autoritärer und liberaler Ordnung hinaus, wobei Schmitt davon ausgeht, dass die Ordnung der Welt durch den permanenten Kampf zwischen autoritären und liberalen Staaten, den Institutionen der Dezision und der Deliberation, gekennzeichnet sei. Schmitt selbst hat sich dabei auf die Seite der autoritären Dezision gestellt, für die er den *Leviathan* des Thomas Hobbes in Anspruch genommen hat. Und des Weiteren geht es hier um die Frage, ob die Ordnung der Welt vom Land oder von der See her entworfen wird und welche Folgen der Gegensatz von Land und Meer, wenn die jeweiligen Ordnungsentwürfe miteinander konkurrieren, für die globale Ordnung haben wird.[104]

Für Schmitt waren die im 19. Jahrhundert aufgekommenen Ordnungsvorstellungen des Liberalismus – die parlamentarische Debatte, in der die Entscheidungen der staatlichen Bürokratie überprüft und Gesetze mit Mehrheit verabschiedet werden, die freie Presse, die das staatliche Handeln mit kritischem Blick beobachtet, dazu die Parteien und ihr Kampf um Macht und Einfluss im Staat, schließlich die persönlichen Freiheitsrechte, die der Staat zu respektieren und zu verteidigen hat – nichts anderes als ein politisch organisiertes Chaos. Er bevorzugte die eherne Macht des Leviathan gemäß Hobbes' Entwurf. Der Staat, der wesentlich auf die Tat und weniger auf Rede und Beratung abgestellt ist, muss dem Chaos des Naturzustands, in dem ein jeder eines jeden Wolf ist, ebenso aber auch der, wie Schmitt meint, Pseudo-Ordnung des Liberalen eine immer wieder aufs Neue zu verteidigende Ordnung entgegensetzen. Um dazu fähig zu sein, dürfen die Kompetenzen des Staates nicht beschnitten und seine Möglichkeiten nicht eingeschränkt werden. «Der staatliche Absolutismus ist demnach der Unterdrücker eines im Kern, nämlich in den Individuen, ununterdrückbaren Chaos.»[105] In dieser Hinsicht ist das zurzeit in Russland vorherrschende Modell staatlicher Ordnung aufs Engste an die Vorstellungen Schmitts angelehnt. Schmitt interpretiert Hobbes, aber indem er Hobbes interpretiert, entwickelt er seine eigene, im Wesentlichen etatistische Vorstellung von politischer Ordnung: Nur die uneingeschränkte Herrschaft des Staates vermag das verheißene Heil zu verschaffen, und zu dieser Herrschaft gehört das jedem Bürger abverlangte Bekenntnis, dass der historische Jesus der verheißene Messias sei: «that Jesus is the Christ». Durch diesen Bekenntniszwang ist sichergestellt, dass sich die Suche nach dem Heil nicht gegenüber der ordnungsschaffenden Herrschaft verselbständigt und dabei zur Ursache des Ordnungsverfalls wird.

Das herrschaftskritische Insistieren auf einer Heilsvorstellung, die von den Menschen als Verwirklichung der «eigentlichen» Ordnung wahrgenommen werden kann, läuft dagegen auf eine Infragestellung der staatlichen Ordnung hinaus, die dem Chaos Tür und Tor öffnet und zwangsläufig im Bürgerkrieg endet. Das Chaos besteht für Schmitt, auch darin nah bei Hobbes, in revolutionären Bestrebungen, aus denen jederzeit ein Bürgerkrieg erwachsen kann. Beides, Revolution und Bürgerkrieg, belegt Hobbes mit dem Namen Behemoth, womit die im *Buch Hiob* wie in der *Johannesapokalypse* funktional gleichgestellten Monstren zu politisch-mythischen Gegenspielern werden. Leviathan und Behemoth kämpfen seit dem von Hobbes vorgenommenen Revirement gegeneinander; sie stehen nicht mehr *gemeinsam* gegen die Ordnung der Menschen, sondern der Leviathan ist ihr Garant und der Behemoth ihre Bedrohung. Thomas Hobbes hat diese Antiposition von Leviathan und Behemoth deutlich herausgestellt, indem er seiner posthum veröffentlichten Analyse des englischen Bürgerkriegs den Titel *Behemoth* gegeben hat.[106] Die Bücher *Leviathan* und *Behemoth* bilden ein Diptychon, ein Doppelbild, das, an die Tradition der spätmittelalterlichen Darstellungen von guter und schlechter Regierung anknüpfend,[107] für den Gegensatz von Ordnung und Chaos, Frieden und Bürgerkrieg steht.

Schmitt hält das fest: «Wie verhalten sich nun bei Hobbes die beiden Ungetüme ‹Leviathan› und ‹Behemoth› zueinander? Daß der Leviathan den Staat und der Behemoth die Revolution bedeutet», erkläre sich bei Hobbes natürlich nicht aus mythischen Spekulationen über die biblische Bedeutung beider Monstren, sondern habe mit den zeitgenössischen Erfahrungen zu tun. «Immerhin ist es nicht zufällig, daß dem Engländer des 17. Jahrhunderts das Seetier zum Symbol friedensstiftender Ordnung wird, denn der Leviathan, ‹der große Wal›, lag der Phantasie des englischen Volkes nahe. Im Wesen aber stehen beide, die den Frieden erzwingende Ordnung des Staates und die revolutionäre anarchische Kraft des Naturzustandes, an elementarer Gewalt einander gleich. Der Staat ist nach Hobbes nur der mit großer Macht fortwährend verhinderte Bürgerkrieg. [...] Der staatliche Absolutismus ist demnach der Unterdrücker eines im Kern, nämlich in den Individuen, ununterdrückbaren Chaos.»[108]

Eine wichtige Pointe der Hobbesschen Konstruktion des Leviathan und der daran anschließenden Überlegungen Schmitts besteht darin, dass der mächtige Leviathan als Verkörperung der staatlichen Ordnung den Behemoth als Inbegriff von Revolution und Bürgerkrieg nicht ein für allemal besiegt hat, sondern die Bedrohung fortbesteht und eine Revolution jederzeit den Staat zerstören und zu einem Bürgerkrieg führen kann. Das ist der ordnungspolitische Gegenentwurf der autoritären Etatisten Hobbes und Schmitt zur liberalen Fortschrittserzählung, wonach eine schrittweise Reduzierung der anfänglichen Allmacht des Staates den Gang der Geschichte kennzeichnet; eingeschlossen die ultraliberale Vorstellung, der Staat werde irgendwann in einer Ordnung des Administrativen aufgehen. Diese Entwicklung einer fortschreitenden Reduzierung staatlicher Macht oder ihrer Unterstellung unter die Kontrolle der Gesellschaft wird vom Liberalismus als Fortschritt begriffen. Der Leviathan, so Schmitts Gegenargument, kann und darf jedoch nicht verschwinden, ja, er darf nicht einmal geschwächt werden, weil es den Behemoth weiterhin gibt und dieser die mühsam hergestellte Ordnung bedroht. Beide Monstren bleiben aufeinander bezogen: Solange es den Behemoth gibt, ist es unmöglich, auf den Leviathan als dessen Bändiger und Unterdrücker zu verzichten. Die Fortexistenz des Behemoth wird damit zur Legitimation für die Herrschaft des Leviathan und das Erfordernis seiner ständigen Pflege.[109]

Diese Sichtweise dürfte sich bei Hobbes und Schmitt den unmittelbaren politischen Erfahrungen der beiden verdanken: Thomas Hobbes war Zeitgenosse des Dreißigjährigen Krieges in Mitteleuropa und der blutigen Revolution in England von 1640 bis 1660; Carl Schmitt war Zeitgenosse der europäischen Revolutionen in der Endphase des Ersten Weltkriegs mitsamt den sich daran anschließenden Bürgerkriegen in Russland und zahlreichen mitteleuropäischen Ländern. Eine die Sicherheit der Menschen verbürgende Ordnung war ihrer Auffassung nach nur von der Macht des Leviathans zu erwarten. Eine Weltordnung, wie Hobbes und Schmitt sie sich vorstellten, ist eine der Leviathane, die, um im Innern für Ordnung zu sorgen, nebeneinander bestehen und dabei immer wieder miteinander in Konflikt geraten. Der Frieden im Innern geht mit dem immer wieder ausbrechenden Krieg im Äußeren einher. Die aus dem Innern der Staaten vertriebene Anarchie besteht im Verhältnis der Staaten zueinander fort.

Aber war der Staat, zumal der «totale Staat», dem Schmitt sich in den 1930er Jahren nicht nur begrifflich, sondern auch in seiner politischen Parteinahme immer stärker annäherte,[110] tatsächlich ein Garant der Ordnung und in Verbindung damit der persönlichen Sicherheit der Bürger? Franz Neumann, ein 1933 in die USA emigrierter Sozialdemokrat, der sich in Deutschland noch intensiv mit Schmitts Überlegungen befasst hatte, hat im amerikanischen Exil die von Hobbes und Schmitt beschriebenen Konstellationen mit Blick auf die NS-Herrschaft umgedreht und das NS-Regime nicht als Leviathan, sondern als Behemoth bezeichnet: als das an die Macht gekommene institutionalisierte Chaos. Neumann beschreibt das NS-Regime als «eine durch Führerbefehle keineswegs vereinheitliche Anarchie. Nicht *Leviathan*, der zwar die Gesellschaft politisch entmachtet, aber noch ein auf Vertrag und Gesetz gegründeter Staat ist, – sondern *Behemoth*, der Unstaat: nicht durch Gesetz und bürokratischen Verwaltungsstab geregelte Konkurrenz, sondern formell regelloser Pluralismus divergierender und mit je eigenen Machtmitteln ausgestatteter Apparate, führte dieser totalitäre Pluralismus lediglich zu einer personal und okkasionell vollzogenen, nicht aber zu einer normativ institutionalisierten Übereinkunft der Machtträger. Ihre Abmachungen und Kompromisse wurden nicht mehr in der durch Recht und Staat verkörperten Annahme eines allgemeinen gesellschaftlichen Interesses gesatzt und publiziert, sondern, dem Kampf aller gegen alle gemäß, nach Maßgabe der je stärkeren Gewichte von Fall zu Fall ausgehandelt und exekutiert. Nicht zuletzt dieser nicht stabilisierten Herrschaftsstruktur entsprach die Permanenz des Terrors und spezifisch faschistische Herrschaftstechnik.»[111] Auch in dieser Sicht erweist sich die Dualität der beiden mythischen Monster und die spezifische Antiposition, in die Hobbes sie gebracht hatte, als ausgesprochen produktiv, wenngleich in entgegengesetzter Bedeutung und mit umgekehrter politischer Aussage.

Die Ordnung, die Hobbes entworfen hat, beruhte auf der Dominanz der direkten über die indirekten Gewalten sowie einer Verstaatlichung der Gesellschaft anstelle der Vergesellschaftung des

Staates. Diese Quintessenz der Hobbesschen Lehre ist lange Zeit missverstanden oder mit anderen Verfassernamen verbunden worden. Das sei, so Schmitt, eine weitere Dichotomie, die er im Ordnungsdenken des Thomas Hobbes ausmache und die er neben die von Staat und Revolution beziehungsweise von Ordnung und Chaos stelle: die zwischen *potestas directa* und *potestates indirectae*, was für Schmitt auf die Entgegensetzung von autoritärem und liberalem Staat hinausläuft. Schmitt über Hobbes: «Er stellte mit der Geradheit eines mutigen Intellekts die alten und ewigen Zusammenhänge von Schutz und Gehorsam, Befehl und Gefahrübernahme, Macht und Verantwortung wieder her, gegen die Distinktionen und Pseudobegriffe einer *potestas indirecta*, die Gehorsam verlangt, ohne schützen zu können, befehlen will, ohne die Gefahr des Politischen auf sich zu nehmen, und Macht auf dem Weg über andere Instanzen ausübt, denen sie die Verantwortung überläßt.»[112] In diesem Sinn ist Hobbes für Schmitt der «große Lehrer im Kampf gegen alle Arten der indirekten Gewalt».[113] Und die Herrschaft der indirekten Gewalt ist der Liberalismus.

Was haben die Überlegungen von Hobbes und Schmitt zu Behemoth und Leviathan als politischen Symbolen nun mit der Frage nach der sich abzeichnenden neuen Weltordnung und den Konstellationen der großen Mächte im 21. Jahrhundert zu tun? Und was hat Schmitt eigentlich gemeint, wenn er die nach 1945 entstandene Weltordnung als «Weltbürgerkrieg» bezeichnet hat? Auf den ersten Blick ist es naheliegend, diesen Weltbürgerkrieg unmittelbar auf den Ost-West-Gegensatz zu beziehen und die Bipolarität seit dem Ende der 1940er Jahre so zu bezeichnen. Aber die Bipolarität war ein Gegensatz der großen Mächte, das Zentrum einer gut überschaubaren Ordnung, was bei Bürgerkriegen per definitionem nicht der Fall ist. Gab es hier Elemente eines Bürgerkriegs, so nicht im Zentrum der Weltordnung, sondern an ihrer Peripherie, also in der Dritten Welt, wo die verschiedenen Parteien darum kämpften, ob ein Land sich dem Westen oder dem Osten anschloss – politisch, wirtschaftlich und militärisch. Dabei kam es immer wieder zu Umstürzen und Putschen, die in einem Bürgerkrieg endeten. Vor allem im Prozess der Entkolonisierung war das der Fall. Aber gerade das beschäftigte Schmitt nicht wirklich, und eigentlich interessierte er sich dafür nicht – sieht man einmal von seiner zeitweiligen Beschäftigung mit dem Partisanen als letztem Vertreter des Politischen ab. Die innergesellschaftlichen Kriege an der Peripherie konnten nicht der Prägestempel einer Weltordnung sein, deren Zentrum durch eine ultrastabile Bipolarität bestimmt war.

Es war vielmehr die «westliche Welt», die maßgeblich von den USA geschaffene liberale Ordnung der einen Hälfte der bipolaren Welt, die Schmitt mit dem Begriff «Weltbürgerkrieg» belegt, weil es in ihr keine klare Überordnung des Politischen gegenüber dem Ökonomischen, keine Herrschaft des Staates über die Gesellschaft, keinen Vorrang der *potestas directa* über die sich unausgesetzt vermehrenden *potestates indirectae* gab. Hier war die staatliche Macht durch das Recht gefesselt. Weil der Leviathan ziemlich verkümmert und nicht mehr mächtig war, hatte sein ewiger Widerpart, der Behemoth, an Macht und Einfluss gewonnen. Hier hatten alle das Sagen, und der Staat hatte nicht mehr das letzte Wort. Das ist für Schmitt ein latenter Bürgerkrieg, der jederzeit akut werden kann, und das nicht nur in den territorial begrenzten Räumen eines bestimmten Staates, sondern infolge der gesellschaftlichen und wirtschaftlichen Verflechtungen im suprastaatlichen Raum. Die Ordnung der liberalen westlichen Welthälfte war für Schmitt keine Ordnung, sondern auf Dauer gestellte Ordnungslosigkeit.

Wenn man, wie später noch ausführlicher darzulegen sein wird, davon ausgeht, dass die Ordnung der großen Mächte im 21. Jahrhundert nicht nur eine der dominanten Fünf sein wird, sondern auch eine, in der sich Liberalität, Demokratie und Rechtsstaatlichkeit auf der einen Seite und Autoritarismus, eine willfährige Bürgerschaft und Willkürlichkeit der Herrschenden auf der anderen Seite gegenüberstehen, so dürfte Schmitt auf der Grundlage seiner Schriften heute die liberale Weltordnung zum Scheitern und zum Untergang verurteilt ansehen. In der Herrschaft der indirekten Gewalten nämlich gebe es keine Reziprozität von Schutz und Gehorsam, auf der jede wirkliche Ordnung aufgebaut sei. Indirekte Gewalten könnten weder Gehorsam erzwingen noch Schutz gewähren. Es kommt darum nicht von ungefähr, dass die den jeweiligen Machtzentren verbundenen Intellektuellen in Russland, aber auch in China[114] Carl Schmitt als Vordenker und Gewährsmann für sich entdeckt haben, wobei sie ihn nicht nur zitieren, sondern in der Struktur ihrer Argumentation seinen Vorstellungen folgen.

Ein antikapitalistischer Blick auf Seemacht und Welthandel

Der Leviathan ist, wie Schmitt festhält, nicht zum Symbol der politischen Entwicklung Englands geworden, eines Königreichs, das sich spätestens nach der Revolution von 1688/89 zu einem frühparlamentarischen Staat mit liberalen Freiheitsrechten entwickelte und keineswegs zu jener absolutistischen Macht, der Hobbes' Präferenzen galten. Der absolutistische Staat hat sich vielmehr auf dem europäischen Kontinent entwickelt, vor allem in Frankreich und danach in zahllosen kleineren Staaten, die sich am französischen Vorbild orientierten. Für sie war die mythisch-symbolische Figuration des Seeungeheuers Leviathan freilich ungeeignet, da es sich um Landmächte handelte, die sich auf stehende Landheere und eine staatliche Bürokratie stützten, weswegen sie sich im Mythos des großen Fischs nicht wiederfanden. Der Fehlschlag des politischen Symbols erfolgte, so Schmitt, weil Hobbes die direkte Ordnung des Staates besser mit dem Landtier Behemoth hätte verbinden sollen und den zwischenzeitlich vom Krokodil zum Wal gewordenen

Leviathan sinnvollerweise mit den Seehandel treibenden Teilen der englischen Gesellschaft identifiziert hätte.[115]

Im strengen Sinn ist es jedoch nicht die falsche Zuordnung der Mythen und Symbole bei Hobbes, die Schmitt umtreibt, sondern es geht ihm hier um die unterschiedlichen Arten der Kriegführung, die er im Anschluss an Hobbes mit dem Leviathan und dem Behemoth verbindet. Für Schmitt war das am Vorabend des Zweiten Weltkriegs, als er sein Hobbes-Buch schrieb, in Erinnerung an den Ersten Weltkrieg eine Herausforderung, die er im Hinblick auf die gegenwärtige wie zukünftige Weltordnung reflektierte.[116] Schmitt stellt dabei eine Verbindung zwischen dem Typus des Staates und der Art der Kriegführung her: «Im besonderen kämpft der Leviathan, das sind die Seemächte, gegen die Landmächte, den Behemoth. Dieser sucht den Leviathan mit den Hörnern zu zerreißen, während der Leviathan mit seinen Fischflossen dem Behemoth Mund und Nasenlöcher zuhält und ihn auf diese Weise tötet, was übrigens ein schönes Bild der Bezwingung eines Landes durch eine Blockade ist.»[117] Damit hat Schmitt den bei Hobbes zentralen Bezug auf das *Buch Hiob* entscheidend verändert, wo der Leviathan als Krokodil bezeichnet worden ist, was heißt, dass er im Potamischen und nicht im Thalassischen oder gar Ozeanischen beheimatet ist. Das Krokodil ist kein Tier, das symbolisch für eine Seemacht oder die Kriegführung von Seemächten steht. Dafür musste es zum Wal werden. Das ursprünglich amphibische Ungeheuer wird so zu einem Lebewesen der Weltmeere, das vom Süden bis zum Norden den Ozean durchquert und der König der Ozeane ist.

Der Weltbezug des Krokodil-Leviathans war im *Buch Hiob* durch seine Opposition zum menschlichen Anspruch gegeben, der Beherrscher der Erde zu sein. Dem Herrschaftsanspruch des Menschen stand in den Reden Gottes zu Hiob der mächtige Leviathan (wie auch der Behemoth) entgegen. Der Leviathan Schmitts jedoch wird zum Symbol eines neuen Typs von Weltherrschaft, die sich der Dominanz des Terranen entgegenstellt und die Beherrschung der

Meere, die Dominanz des Maritimen als Kernelement des Liberalen, zum Schlüssel der globalen Macht werden lässt. Der Mythenbildner oder Mythenumgestalter Schmitt erhebt den Leviathan zum Symbol der britischen Seeherrschaft und markiert darüber einen die Weltordnung seit dem 17. Jahrhundert kennzeichnenden Dualismus, nämlich den von Land und Meer, was, wie oben beschrieben,[118] auf eine Revolutionierung der Weltordnung hinausläuft.

Diesem Dualismus von Land und Meer schreibt Schmitt einen damals spezifisch deutschen, dem Ersten Weltkrieg und dessen ideologischen Aufladungen geschuldeten Antikapitalismus ein,[119] der bei Schmitt stark antisemitisch gefärbt ist. Das Bindeglied zwischen beidem, Antikapitalismus und Antisemitismus, ist für ihn die jüdisch-kabbalistische Tradition des Weitererzählens der Geschichte vom Leviathan, die Schmitt in unmittelbarem Anschluss an die zitierte Passage über den Kampf zwischen Leviathan und Behemoth folgendermaßen resümiert: «Die Juden aber stehen daneben [neben dem Kampf der beiden Ungeheuer] und sehen zu, wie die Völker der Erde sich gegenseitig töten; für sie ist dieses gegenseitige ‹Schächten und Schlachten› gesetzmäßig und ‹koscher›. Daher essen sie das Fleisch der getöteten Völker und leben davon. Nach anderen derartigen Lehren spielt Gott täglich einige Stunden mit dem Leviathan. Andere wieder sagen, Gott habe, um die Welt vor der Wildheit dieses Tieres zu schützen, den männlichen Leviathan verschnitten und das Fleisch des weiblichen Leviathan eingesalzen, zur Mahlzeit für die Gerechten im Paradiese. [...] Jedenfalls werden Leviathan und Behemoth in dieser Deutung zu jüdischen Kampfmythen größten Stils. Sie sind die mit jüdischen Augen gesehenen Bilder heidnischer Lebenskraft und Fruchtbarkeit, der ‹große Pan›, den jüdischer Haß und jüdisches Überlegenheitsgefühl zum Untier entstellt haben.»[120]

Das narrative Spiel mit Mythos und Symbol wird hier zum Kern einer Verschwörungstheorie, die Schmitt befeuert, indem er das, was bei den Kabbalisten, die er hier referiert, Phantasien eines in alle Welt verstreuten Volkes sind, das im politischen Geschehen keine Rolle spielt und Objekt des Geschehens ist – das somit dabeisteht, zuschaut und sich ausmalt, was geschehen würde, wenn Gott endlich eingriffe – in einen Plan zur Übermächtigung seiner Beherrscher verwandelt, der auf deren Vernichtung abzielt. Das ist in der einen Hinsicht ein Bestandteil der Geistesgeschichte der politischen Rechten in Deutschland, in anderer Hinsicht aber ein zuletzt wieder an politischer Virulenz gewinnendes Amalgam aus Antisemitismus, Antikapitalismus und Ablehnung einer Ordnung, in der die Macht des Staates durch die Relevanz von Wirtschaft und Gesellschaft beschnitten ist.

Vor allem geht es Schmitt bei seiner Beschäftigung mit Behemoth und Leviathan um die Frage, nach welchen Prinzipien die Weltordnung rechtlich zu gestalten sei: nach denen des Terranen, des Landes, oder nach denen des Maritimen, des Meeres? Schmitt entwirft einen weltpolitischen Dualismus, der ihn über lange Zeit beschäftigt und in der Publikation seiner Bücher *Land und Meer* sowie *Der Nomos der Erde* gipfelt. Im Kontext des Leviathan-Buchs spielt in diese Entgegensetzung der die Weltordnung gestaltenden Prinzipien auch der Konflikt zwischen einer *potestas directa* und den *potestates indirectae* herein: Sind die Kriege, die geführt werden, reine Staatenkriege, beziehungsweise dürfen nur Staatenkriege als legitim angesehen werden? Oder gilt diese Legitimitätsvermutung auch für Kriege, in denen substaatliche Organisationen, wie Handelskompanien oder staatlich lizenzierte Piraten («Korsaren»), Krieg führen und dabei die Machtkonkurrenz der Staaten mit wirtschaftlichen Interessen substaatlicher Gruppen verknüpfen und sich den Staat für ihre Interessendurchsetzung dienstbar machen?

Für die kontinentale Staatsentwicklung in Europa erhebt Schmitt den spanisch-französischen Typ zum normgebenden Modell: einen Typus von Staatlichkeit, in der es kein Widerstandsrecht der feudalen oder ständischen Gewalten mehr gibt und der Staat im Hobbesschen Sinn alle Kompetenzen und Fähigkeiten an sich gezogen hat. Die Vorstellung vom Leviathan als Symbol unwiderstehlicher Macht taucht demgemäß auch hier wieder auf: «Dieser Staat ist entweder als Staat wirklich vorhanden, dann funktioniert er als das unwiderstehliche Instrument der Ruhe, Sicherheit und Ordnung, und dann hat er alles objektive und subjektive Recht auf seiner Seite, da er als alleiniger und höchster Gesetzgeber alles Recht selber macht; oder er ist nicht wirklich vorhanden und erfüllt seine Funktion der Friedenssicherung nicht, dann herrscht wieder der Naturzustand und es ist überhaupt kein Staat mehr da.»[121] Ein Drittes zwischen dem unwiderstehlichen Staat und dem Naturzustand gibt es nicht. Schmitt denkt den Staat und seine Ordnung nach dem Binaritätscode.

Eine Ordnung der Staaten, in der diese – in kontinentaleuropäischer Sicht – als Monopolisten des Krieges auftreten, ist folgenreich für die Art der Kriegführung und das Recht des Krieges. Der Krieg kann, so Schmitt, wenn es sich um einen Staatenkrieg handelt, nämlich nicht gemäß irgendwelcher Gerechtigkeitsvorstellungen beurteilt werden, weil die Staaten über sich keinen anerkennen, der als «Hüter der Gerechtigkeit» auftritt. Das ist, was die großen Mächte anbetrifft, trotz Vereinten Nationen und Sicherheitsrat bis heute so. Jede Macht, die groß genug ist, stellt die Kriege, die sie führt, als «gerecht» dar. Die Ordnung *zwischen den Staaten*, gewissermaßen die Weltordnung, ist eine, in der Hobbes' Naturzustand fortbesteht und Kriege nach der Art eines Duells geführt werden. Es gibt für die Staaten beziehungsweise die Herrscher an ihrer Spitze somit starke Anreize, sich auf eine Ordnung der Symmetrie einzulassen, was heißt, auf die strukturelle Gleichheit der Kombattanten Wert zu legen. Da jeder Staat das in seinem eigenen Interesse tut, besteht auch nicht das Erfordernis eines Hüters oder Wächters dieser Ordnung, der das Kriegsgeschehen gemäß normativen Vorgaben überwacht. So hat Schmitt die «Westfälische Ordnung» nach dem Ende des Dreißigjährigen Krieges beschrieben. «Der Krieg eines zwischen-staatlichen Systems kann zum Unterschied von

Religions-, Bürger- und Parteienkriegen nicht mit Wahrheits- und Gerechtigkeitsmaßstäben gemessen werden. Der Staatenkrieg ist weder gerecht noch ungerecht, sondern eine Staatenangelegenheit. Also braucht er nicht gerecht zu sein. [...] Der Staatenkrieg hat seine Würde, seine Ehre und damit auch sein Recht wesentlich darin, daß es Staaten sind, die ihn miteinander führen und daß als Feinde nur Staaten einander gegenüberstehen.»[122] Was Schmitt hier beschreibt, stellt für ihn die kontinentale Seite der sich seit dem 17. Jahrhundert entwickelnden Weltordnung dar. Die Ordnung der Symmetrie tritt an die Stelle einer Ordnung der Gerechtigkeit, die am Fehlen eines Hüters gescheitert ist.

Als Seemacht ist England einen eigenen Weg gegangen und hat sich den Vorstellungen des kontinentalen Kriegsvölkerrechts nicht angeschlossen. «Es hat vom Seekrieg her seinen eigenen totalen Feind- und Kriegsbegriff entwickelt. Unlösbare Mißverständnisse und Gegensätze der rechtlichen Überzeugung haben sich daraus ergeben [...].»[123] Mit der Vorstellung vom «gerechten Krieg» habe sich England, so Schmitt weiter, der Idee eines «totalen Krieges» angenähert und das, was auf dem Kontinent bei allen Eskalationsdynamiken durch die Mobilisierung des gesamten Volkes für den Krieg dennoch als Staatenkrieg «gehegt» geblieben sei, «in einen internationalen Bürgerkrieg» verwandelt.[124] Von daher unterscheidet Schmitt zwei Typen des totalen Krieges: einen, der dem Landkrieg verbunden ist und von der «Levée en masse» oder dem «Volk in Waffen» ausgeht, also auf die vollständige und rücksichtslose Mobilisierung der eigenen Ressourcen hinausläuft; und einen, der dem Seekrieg zugehörig ist, von dem Schmitt meint, er sei «immer in besonderem Maße ein Krieg gegen Handel und Wirtschaft des Gegners», daher ein Krieg gegen Nichtkombattanten, ein Wirtschaftskrieg, «der durch sein Prisen-, Konterbande- und Blockaderecht auch den neutralen Handel in den Krieg einbezog».[125]

Die Totalisierungstendenz des Seekrieges ziele also nicht auf die Mobilisierung der *eigenen* Bevölkerung und ihrer Ressourcen, sondern auf die Bevölkerung des Gegners, die ausgehungert und demoralisiert werden soll. Es sei darum falsch, «den englischen Seekrieg der letzten dreihundert Jahre [...] als einen wesentlich nichttotalen, bloßen Handels- und Wirtschaftskrieg anzusehen und die ihm eigentümliche, sehr ausgeprägte Art von Totalität zu verkennen».[126] Was Schmitt im Jahre 1937 noch als zwei unterschiedliche Typen des totalen Krieges beschrieben hat, wird er bald darauf als prinzipiell gegensätzliche Art der Kriegführung begreifen – und als einen Kampf antagonistischer Vorstellungen von der Ordnung der Welt präsentieren.

Schmitts Beschäftigung mit den mythischen Ungeheuern Leviathan und Behemoth und ihrer Nutzung als Symbol für die spezifische Art der Land- und Seekriegführung mitsamt den je zugehörigen Rechtsauffassungen wurde hier nicht ohne Grund dargestellt: Sie ist ein Schlüssel, um die russische Perspektive auf die «westlichen» Vorstellungen von Krieg und Frieden und den Einsatz von Wirtschaftssanktionen als Reaktion auf den Angriffskrieg gegen die Ukraine zu begreifen. Was bis 1945 eine vor allem in Deutschland beheimatete und nicht zuletzt von Carl Schmitt vorgetragene Sicht auf die Weltlage und einen entweder im Terranen oder im Maritimen verorteten *Nomos der Erde* war, ist im 21. Jahrhundert zu einer wesentlich russischen Sicht auf die Weltordnung geworden: Der Westen redet von Frieden und ächtet den Krieg, nutzt aber permanent seine wirtschaftliche Macht, um politische Ziele durchzusetzen und dabei die wirtschaftlich Schwächeren in die Enge zu treiben. Und wenn sich ein solcherart in die Enge getriebenes Russland gegen die westliche Einflussnahme in Gestalt der *potestates indirectae*, der indirekten Gewalten, wehrt und zu militärischer Gewalt greift, bleibt der Westen offiziell bei seiner Friedensrhetorik, setzt aber, wie der zum Walfisch gewordene Leviathan, seine Flossen ein, um dem Behemoth Nase und Maul zuzuhalten und ihn durch Ersticken zu töten. In diesem Sinn sind die Äußerungen des russischen Außenministers

Lawrow zu verstehen, der auf dem Höhepunkt der russischen Raketenangriffe auf die ukrainische Infrastruktur, also einer wesentlich gegen die Zivilbevölkerung der Ukraine gerichteten Kriegführung, allen Ernstes erklärte, der Westen wolle «Russland vernichten».

Das zumeist übersehene Problem einer Beendigung des Kriegs in der Ukraine besteht – nicht nur, aber doch in erheblichem Maße – darin, dass die gegeneinanderstehenden Seiten eine radikal unterschiedliche Sicht auf den Krieg und seinen Verlauf haben, wobei die russische Perspektive nicht nur als politische Propaganda zurückgewiesen werden kann. Was aus dem Kreml verlautbart wird, ist zu einem erheblichen Teil Propaganda, aber nicht durchweg, sondern mitunter kommt darin auch eine Sicht auf den Krieg zum Ausdruck, wie sie hier in Auseinandersetzung mit Carl Schmitt rekonstruiert worden ist. Zwar hat die russische Führung darauf verzichtet, den Angriff auf die Ukraine als Krieg zu bezeichnen, sondern hat von einer «Spezialoperation» gesprochen (was sie auch nach wie vor tut), aber ganz offensichtlich ist ihr Handeln von der Vorstellung geleitet, dass die Ukraine einem russischen Großraum zugehöre, in dem die West- und Mitteleuropäer sowie die USA nichts zu suchen haben. Insbesondere für die USA soll das gelten, was Schmitt als «Interventionsverbot für raumfremde Mächte» bezeichnet hat. Wie sehr diese Vorstellung die politischen Zwecksetzungen des Kremls bestimmt, zeigt sich auch in den Äußerungen zu einer möglichen Friedensregelung, wonach ein Großteil der Ukraine Russland zugeschlagen werden solle und nur die Westukraine politisch eigene Wege gehen könne. Das ist klassisches Großraumdenken in der Tradition Carl Schmitts.

Im Gegensatz dazu hebt die westliche Beurteilung des Krieges auf die Souveränität des ukrainischen Staates und die Geltung der UN-Charta ab, die einen Angriffskrieg, wie ihn Russland führt, strikt untersagt, was auch dadurch nicht aufgehoben wird, dass die USA eine Reihe von Kriegen geführt haben, die als völkerrechtswidrige Angriffskriege angesehen werden können. Das ist die zweite

Seite des russischen Angriffs auf die Ukraine: der Anspruch, mit den USA auf ein und derselben Stufe zu stehen, was heißt, sich dieselben Verstöße gegen die für die «Anderen» geltenden völkerrechtlichen Regeln herausnehmen zu können wie die USA. In diesem Sinne ist der russische Angriffskrieg gegen die Ukraine ein bewaffneter Widerspruch gegen die De-facto-Akzeptanz einer US-amerikanischen Sonderrolle, die sich auf den oben dargestellten Anspruch eines «Hüters» der globalen Ordnung stützen könnte. Über den Rückzug der USA aus dieser Rolle hinaus wollte die Kremlführung deutlich machen, dass sie eine solche Positionierung der USA und auch eine solche Weltordnung nicht akzeptierte. Sie bestand auf Gleichrangigkeit und Symmetrie.

Das tut freilich auch die ukrainische Führung, seitdem sie entgegen den Erwartungen ihrer westlichen Unterstützermächte russisches Territorium angreift, um so, zumindest symbolisch, die auf Symmetrie gegründete Reziprozität souveräner Staaten zur Geltung zu bringen und zu bestreiten, dass Russland die Ukraine angreifen könne, ohne mit ukrainischen Gegenangriffen auf russisches Staatsgebiet rechnen zu müssen. Dagegen hatte der Westen die russische Vorstellung von einer Semipermeabilität der russisch-ukrainischen Grenze akzeptiert, also die Vorstellung, dass die Russen auf ukrainisches Territorium vordringen können, ohne dass die Ukrainer russisches Gebiet angreifen dürfen, als er die Lieferung von Waffen an die Ukraine unter den Vorbehalt stellte, dass sie nur auf ukrainischem Gebiet eingesetzt werden dürften, aber mit ihnen kein russisches Gebiet attackiert werden dürfe. Man fürchtete eine weitere Eskalation des Krieges, die man nicht zuletzt mit Blick auf die russischen Atomwaffen unter allen Umständen verhindern wollte. De facto billigte man Russland damit eine Sonderstellung in der internationalen Staatengemeinschaft zu: einen Großraum mit Vorrechten. – Was also konnte Sergei Lawrow gemeint haben, als er dem Westen vorwarf, er wolle «Russland vernichten»?

Es waren offenbar die westlichen Wirtschaftssanktionen und

die Entkoppelung Russlands vom europäisch-atlantischen Wirtschaftskreislauf, die Lawrow als Vernichtungskrieg gegen Russland ansah, als eine Form des Erstickens Russlands durch das Blockieren seines wirtschaftlichen Austauschs nicht nur mit dem Westen, sondern auch mit der übrigen Welt. Zwar ist es nicht gelungen, diesen Handelsboykott gegen Russland weltweit durchzusetzen, weil ihm China und Indien nicht beigetreten sind und auch viele Länder des globalen Südens sich dem Boykott nicht angeschlossen haben, aber ganz zweifellos zielte die westliche Politik darauf ab, Russland mit wirtschaftlichen Mitteln zum politischen Nachgeben, zum Rückzug seines Militärs aus der Ukraine zu zwingen. Man kann das, mit Schmitt, als ein politisches Agieren gemäß der Symbolik eines als Walfisch verstandenen Leviathan begreifen. Das Problem dabei ist: Würde Russland auf diese Weise zum Rückzug seiner Truppen gezwungen, so wäre das nicht nur ein Ende des Anspruchs, mit den USA weltpolitisch auf einer Stufe zu stehen, sondern würde auch auf eine weitere Erosion seines Großmachtanspruchs hinauslaufen. Damit wäre Russland zwar nicht vernichtet, sehr wohl aber sein Vorhaben, in die Reihe der global führenden Mächte zurückzukehren.

Das spricht dafür, dass der Krieg in der Ukraine noch einige Zeit fortdauern wird, weil Verhandlungen zu seiner Beendigung, so sie denn überhaupt zustande kommen, sehr viel komplizierter sind, als die es sich vorstellen, die den Krieg als ein bilaterales Problem zwischen Russland und der Ukraine ansehen, das mit einigem guten Willen zu lösen sein sollte. Es ist im Kern die Auseinandersetzung zwischen einer terran ausgerichteten Ordnung und einer maritim angelegten Ordnung mit einem je korrespondierenden Verständnis von Krieg und Frieden. Um derlei zu erkennen, hilft die Beschäftigung mit den einschlägigen Arbeiten Carl Schmitts. Wie fast immer führt die Lektüre Schmitts nicht zu Lösungen, aber durchaus zu einer anspruchsvollen und umfassenden Problembeschreibung.

Land und Meer: Carl Schmitt und die Ortung der Ordnung

Land und Meer sind ein geopolitisches Konkurrenz- und Kooperationspaar, vom geostrategischen Gegensatz unterschiedlicher Formen der Kriegführung bis hin zu jenen geoökonomischen Räumen, in denen das Terrane und das Maritime in wechselseitiger Ergänzung eine wirtschaftliche Blüte hervorbringen; so haben es einige Küstenregionen durch Handel und Produktion, geschützte Häfen mitsamt flussgestützten Verbindungslinien ins Hinterland oder attraktiven Stränden für Touristen zu großer Prosperität gebracht. Im Mittelpunkt der nachfolgenden Überlegungen stehen jedoch nicht die physischen Gegebenheiten von Land und Meer, wenngleich auch von ihnen die Rede sein wird, sondern das politische Narrativ von Land und Meer als eine spezifische Ausdeutung geopolitischer Konstellationen.[127] Es geht dabei um die Vorgaben dieses Narrativs für die Wahrnehmung von Konstellationen, für die Gestaltung der Weltordnung und für die durch das Zusammenspiel beider Räume eröffneten Optionen. Als Wegführer bei der Betrachtung dieses Narrativs soll ein weiteres Mal Carl Schmitt dienen, wobei vor allem seine in der Zeit des Zweiten Weltkriegs verfassten Schriften herangezogen werden.[128]

«Die Weltgeschichte», so Schmitt zu Beginn des 1942 veröffentlichten, eher populär gehaltenen kleinen Buches *Land und Meer* mit dem Untertitel *Eine weltgeschichtliche Betrachtung*, «ist eine Geschichte des Kampfes von Seemächten gegen Landmächte und von Landmächten gegen Seemächte.»[129] Das ist eine, wie sich im Fortgang des Buches zeigt, tautologische Behauptung, da Schmitt die *Welt*geschichte erst beginnen lässt, nachdem Seemächte entstanden sind, die den ozeanischen Raum unter ihre Kontrolle gebracht haben. Die Beherrschung von Binnenmeeren, wie der Ostsee oder des Schwarzen Meers, selbst des Mittelmeers, hatte keine Seemächte im Schmittschen Sinn hervorgebracht; was man hier antraf, waren Landmächte, die *auch* zur See fuhren, deren Wesenselement und spezifischer Herrschaftsraum aber nicht das Meer war. Die Heldenerzählungen der europäischen Kulturen drehen sich im Wesentlichen um Kämpfe und Kriege zu Lande, wenngleich sich im griechischen Kulturkreis mit der Fahrt der Argonauten ins Schwarze Meer und der langen Rückkehr des Odysseus aus dem Krieg um Troja ebenso wie in der skandinavischen Literatur mit ihrem starken Bezug auf die Wikinger sehr wohl Erzählungen von Seefahrten finden lassen. Es sind dies aber keine Erzählungen vom Seekrieg. Die Seefahrt ist vielmehr eine Hin- und Rückreise, um Landkrieg zu führen. Das gilt für die Fahrt der Argonauten zum Goldenen Vlies ebenso wie für die Rückreise des Odysseus von Troja.

In diesem spezifischen Sinn war England die erste wirkliche Seemacht – und solches waren nicht etwa Portugal und Spanien, wiewohl diese die eigentlichen Protagonisten im Zeitalter der Entdeckungen und Eroberungen waren. Bei ihnen blieb jedoch der Landbezug zentral, was bei den Waljägern und Korsaren sowie den Seehandel treibenden Abenteurern Englands nicht der Fall war. Schmitt verweist auf eine Bemerkung, die er Edmund Burke zuschreibt, aber wohl von Herman Melville stammt: Spanien sei «ein am Gestade Europas gestrandeter Walfisch».[130] Deswegen spielen in Schmitts Erzählungen von der Entstehung der Seemacht Francis Drake und John Hawkins, Walter Raleigh und Henry Morgan die Hauptrolle – und nicht Vasco da Gama und Fernão de Magalhães (Magellan), Christoph Kolumbus oder ein anderer der spanischen Konquistadoren. Schmitt resümiert: «Eine kleine Insel am nordwestlichen Rande Europas war zum Mittelpunkt eines Weltreiches geworden, indem sie sich vom festen Land abwandte und für die See entschied. In einer rein maritimen Existenz fand sie die Mittel einer über die ganze Erde verstreuten Weltherrschaft.»[131]

Dass es Engländer und Holländer waren, die in Schmitts Darstellung die Ära der maritimen Seeherrschaft eröffnen – und eben nicht Portugiesen und Spanier –, sorgt für eine spezifische Ausgestaltung seines Narrativs von Land und Meer, nämlich die Verbindung der Seeherrschaft mit dem Protestantismus und der Landherrschaft mit dem Katholizismus. Dementsprechend bezeichnet Schmitt das 16. und 17. Jahrhundert als eine Zeit «des Kampfes protestantischer Mächte gegen die katholische Weltmacht Spanien».[132] Die buchstäblich auf dem offenen Meer beheimateten Korsaren – bei ihnen handelte es sich um mit Kaperbriefen ausgestattete Piraten – wurden dabei zur Speerspitze der protestantischen Mächte in einem Kampf, der sich nicht nur um Machtfragen, also Geopolitik, drehte, sondern vor allem auch um Glaubensfragen, wodurch der Kampf um die Weltherrschaft erst seine Schärfe erhielt. Dieser religiöse Weltgegensatz ist für Schmitt wichtiger als die juristische Frage, ob die Freibeuter der Meere nun als Korsaren oder Piraten – also Beutemacher auf eigene Faust und ohne den Auftrag eines Herrschers – agierten. Schmitt notiert, sie hätten einen «politischen Feind» gehabt, «nämlich die katholische Weltmacht Spanien. Sie kapern, solange sie etwas auf sich halten, grundsätzlich nur katholische Schiffe und sehen das mit gutem Gewissen als ein gottwohlgefälliges, von Gott gesegnetes Werk an. Sie stehen also in einer großen, weltgeschichtlichen Front, in der Front des damaligen Weltprotestantismus gegen den damaligen Weltkatholizismus.»[133]

Eine weitere Komponente kommt hinzu, und zwar die Verknüpfung des Gegensatzes von Land und Meer mit der Frage, wie die terrane oder maritime Macht die politischen und sozialen, mentalen und kognitiven Konstellationen eines Raumes beeinflusst: Beschleunigt sie deren Veränderung, treibt sie voran? Oder wirkt sie als ein Aufhalter, als *Katechon*, auf die Entwicklung ein? Schmitt vertritt die Auffassung, Landmächte seien dazu berufen, als Mächte der Entschleunigung, als Kräfte des Aufhaltens zu wirken, während Seemächte strukturell in der Rolle eines Beschleunigers agierten. Der Kampf zwischen See- und Landmächten ist danach mehr als ein Konflikt um die Dominanz eines bestimmten Elements – Land oder Meer – und einer bestimmten Großmacht: Hier geht es zugleich um das Tempo und die Rhythmik der Zukunft. Der Gegensatz von Land und Meer ist für Schmitt insofern nicht nur einer des Raumes, sondern auch einer der Zeit, und in beiden Fällen führt der jeweilige «Standort» zu einer durch ihn geprägten Wahrnehmung der politischen und ökonomischen Ordnung.

In der Konkurrenz von See- und Landmacht, sei es das Aufeinandertreffen zweier Heere oder die Blockade eines Hafens durch eine Flotte, wird danach nicht nur über eine kurzfristige Struktur der politischen Machtverhältnisse entschieden – es geht dabei immer auch um die Ordnung der Welt im Ganzen und den Gang der Geschichte in eine bestimmte Richtung. Insofern ist das Verhältnis von Land und Meer für Schmitt die strukturbildende Grundlage der Völkerrechtsordnung: «Die Ordnung des festen Landes besteht darin, daß es in Staatsgebiete eingeteilt ist; die hohe See dagegen ist frei, d.h. staatsfrei und keiner staatlichen Gebietshoheit unterworfen. Das sind die raumhaften Grundtatsachen, aus denen sich das christlich-europäische Völkerrecht der letzten dreihundert Jahre entwickelt hat. Das war das Grundgesetz, der Nomos der Erde in dieser Epoche.»[134]

In diesem *Nomos* steckt, was Schmitt als die unauflösliche Verbindung von Ordnung und Ortung begreift, also die Verbindung einer Ordnung mit einem bestimmten Raum und seinen physischen Gegebenheiten. Die zutiefst pessimistische Dimension, die Schmitts Denken in der zweiten Hälfte des 20. Jahrhunderts angenommen hat, erwächst daraus, dass es mit der von den Seemächten vorangetriebenen Beschleunigung der Geschichte zu einer Entortung des Nomos gekommen ist, die sich als irreversibel erwiesen hat. Es ist unmöglich, einen neuen Nomos der Weltordnung zu finden, der an die Stelle des alten treten könnte, weil dieser Nomos nicht mehr zu «verorten» ist. Er bleibt ortlos und darum dem schnellen ungeordneten Wandel unterworfen. Was hier bereits mehrfach als «Thukydides-Falle» beschrieben worden ist, resultiert aus den unterschiedlichen Geschwindigkeiten des Wandels, bei dem Seemächte *in der Regel* ein Tempo vorgeben, dem die Landmächte nicht folgen können.

Typisch für diese Diagnose eines fortschreitenden Ordnungsverlusts ist Schmitts Tagebucheintrag vom 15. Februar 1956: «Die Weltgeschichte der Menschheit entwickelt sich: von der Landnahme über die Seenahme zur Industrie-Nahme, darüb. zur Raum-Nahme.»[135] Der Raum im Sinne von Luftraum und Weltraum wird zum Inbegriff der Entortung und steht für die Entropie des Politischen: den Ordnungsverlust und seine Unumkehrbarkeit. Die Folge dieser geschichtsphilosophischen Grunddisposition, wonach mit der von Liberalen wie Sozialisten als Fortschritt apostrophierten Entwicklung ein irreversibler Verlust an Ordnung und an Möglichkeiten des Ordnungschaffens einhergeht, begründet Schmitts prinzipiell konservative Haltung seit den 1950er Jahren.[136] Es ist dies ein Konservatismus ohne Zuversicht, insofern es keine Macht mehr gibt, die die Rolle des Katechon übernehmen und die Entwicklung zum Untergang aufhalten kann.[137] Aus dem vormaligen Gegenrevolutionär Schmitt in der Tradition von de Maistre, de Bonald und Donoso Cortés wird ein zwischen sentimentaler Nostalgie und zynischer Verbitterung schwankender Beobachter des Zeitgeschehens.

Schmitt interessiert sich, an die Hobbessche Entgegensetzung von Leviathan und Behemoth anknüpfend, vor allem für die Folgen, die der Land-Meer-Gegensatz für den Krieg und seine völkerrechtliche Hegung hat – man könnte auch sagen: für seine Wirkung auf die «Ordnung» des Krieges. «Landkrieg und Seekrieg sind wohl immer strategisch und taktisch verschiedene Dinge gewesen. Jetzt aber [mit dem Aufstieg Englands zur reinen Seemacht] wird ihr Gegensatz ein Ausdruck verschiedener Welten und entgegengesetzter Überzeugungen.»[138] Dieser Gegensatz ist für Schmitt *das* strukturgebende Element der europäischen Ordnung vom 16. Jahrhundert bis zum Anfang des 20. Jahrhunderts, und dabei ist es keineswegs, wie man vermuten könnte, ein Gegensatz von Ordnung und Unordnung, in dem das Land die Ordnung und das Meer die

Unordnung verkörpern würde. In Schmitts Darstellung beider Arten von Kriegführung ist freilich nicht zu übersehen, dass er dem Landkrieg eine höhere Ordnungsqualität beimisst als dem Seekrieg. Das dürfte damit zusammenhängen, dass die Erde, der feste Boden, für die Menschheit über die längste Zeit der allein maßgebliche Raum der *Verortung von Ordnung* gewesen ist[139] und das Meer, das zunächst Fremde und Bedrohliche, erst sehr viel später als ein Raum der Ordnung in die Weltwahrnehmung eingetreten ist – einer Ordnung freilich, die ihrem Wesen nach fluide bleibt und über keine dem Land vergleichbare Unterscheidungen und Trennungen verfügt. Die Fluidität des Meeres lässt es nicht zu, dass in sie bleibende Markierungen eingeschrieben werden. An diesen Gedanken Schmitts haben Deleuze und Guattari mit ihrer Unterscheidung zwischen dem «Glatten» und dem «Gekerbten» angeschlossen.[140]

«Für den Landkrieg haben die Staaten des europäischen Festlandes seit dem 16. Jahrhundert bestimmte Formen herausgebildet, denen der Gedanke zugrunde liegt, daß der Krieg eine Beziehung von Staat zu Staat ist. Auf beiden Seiten steht die staatlich organisierte, militärische Macht, und die Armeen tragen in offener Feldschlacht den Kampf untereinander aus. Als Feinde stehen sich nur die kämpfenden Heere gegenüber, während die nichtkämpfende Zivilbevölkerung außerhalb der Feindseligkeiten bleibt. Sie ist nicht Feind und wird nicht als Feind behandelt, solange sie sich nicht am Kampf beteiligt.»[141] Die in Schmitts Sicht an das Land gebundene Verortung des Krieges ist danach die Voraussetzung für eine im europäischen Völkerrecht ordnungskonstitutive Unterscheidung: die zwischen Kombattanten und Nonkombattanten.

Dementsprechend befassen sich die ersten Artikel der *Haager Landkriegsordnung* (1907) mit der möglichst präzisen Abgrenzung von Kombattanten und Nonkombattanten, um daran anschließend die sie jeweils betreffenden Verpflichtungen zu klären. Darauf bauen die Hegungen des Krieges in der Landkriegsordnung auf: «Die Kriegführenden haben kein unbeschränktes Recht in der Wahl der Mittel zur Schädigung des Feindes» (Art. 22). «Es ist untersagt, unverteidigte Städte, Dörfer, Wohnstätten oder Gebäude, mit welchen Mitteln es auch sei, anzugreifen oder zu beschießen» (Art. 25). «Es ist untersagt, Städte oder Ansiedlungen, selbst wenn sie im Sturme genommen sind, der Plünderung preiszugeben» (Art. 28). Und schließlich: «Das Eigentum der Gemeinden und der dem Gottesdienste, der Wohltätigkeit, dem Unterricht, der Kunst und der Wissenschaft gewidmeten Anstalten, auch wenn diese dem Staate gehören, ist als Privateigentum zu behandeln. Jede Beschlagnahme, jede absichtliche Zerstörung oder Beschädigung von solchen Anlagen, von geschichtlichen Denkmälern oder von Werken der Kunst und Wissenschaft ist untersagt und soll geahndet werden» (Art. 56).[142]

Im Seekrieg dagegen sind derart präzise Festlegungen nicht zu treffen, und es sind auch keine Vereinbarungen in Entsprechung zur Haager Landkriegsordnung zustande gekommen, obwohl man sich mehrfach darum bemüht hat. Schmitt beschreibt die Regeln und Gebräuche der Seekriegführung wie folgt: «Dem Seekrieg [...] liegt der Gedanke zugrunde, daß Handel und Wirtschaft des Feindes getroffen werden sollen. Feind ist in einem solchen Krieg nicht nur der kämpfende Gegner, sondern jeder feindliche Staatsangehörige und schließlich auch der Neutrale, der mit dem Feinde Handel treibt und zu ihm in wirtschaftlichen Beziehungen steht. Der Landkrieg hat die Tendenz zur entscheidenden offenen Feldschlacht. Im Seekrieg kann es natürlich auch zur Seeschlacht kommen, aber seine typischen Mittel und Methoden sind Beschießung und Blockade feindlicher Küsten und Wegnahme feindlicher und neutraler Handelsschiffe nach Prisenrecht. Im Wesen dieser typischen Seekriegsmittel liegt es begründet, daß sie sich gegen Kämpfende wie Nichtkämpfende richten. Eine Hungerblockade insbesondere trifft unterschiedslos die Bevölkerung des ganzen blockierten Gebietes, Militär und Zivilbevölkerung, Männer und Frauen, Greise und Kinder.»[143]

Die von Schmitt angesprochenen undifferenzierten Folgen

von Wirtschaftsblockaden sind ein rechtliches wie moralisches Problem von Wirtschaftssanktionen, wie es sich auch bei den nach dem Zweiten Golfkrieg gegen den Irak verhängten Sanktionen zeigte.[144] Die sanktionierenden Mächte, «der Westen», haben auf das Dilemma, mit Sanktionen vor allem die Schwächsten einer Gesellschaft zu treffen, die am wenigsten als potentielle Kombattanten angesehen werden können, mit der Entscheidung reagiert, dass sie Sanktionen auf bestimmte Personen und Personengruppen beschränkten, was freilich zur Folge hatte, dass die Sanktionen einen erheblichen Teil ihrer Wirkung verloren und zu eher symbolischen Akten wurden.

Bei Schmitts antithetischer Gegenüberstellung von Land- und Seekrieg handelt es sich, wenn man die Geschichte des Krieges historisch betrachtet, um eine Stilisierung, denn über die längste Zeit seiner Geschichte ist der Landkrieg keineswegs nach den Regeln der Haager Landkriegsordnung oder überhaupt als «gehegter Krieg» geführt worden, und Gewalt gegen die Zivilbevölkerung sowie eine wahllose Vernichtung von Kulturgütern gehörte durchaus zur Praxis. Beschreibt man etwa den Verlauf des Dreißigjährigen Krieges, so ist er in einer Art und Weise geführt worden, wie Schmitt dies als für den Seekrieg typisch ansieht.[145] Streng genommen ist erst in der Westfälischen Ordnung die von Schmitt als zentral hervorgehobene «Verstaatlichung» des Krieges erfolgt. Sie ist also keineswegs eo ipso mit dem Landkrieg zu identifizieren, sondern auf den Umstand zurückzuführen, dass die politischen Akteure, nachdem sie im Verlauf des Dreißigjährigen Krieges die Kontrolle über das Gewaltgeschehen verloren hatten, so dass man von einer «Verselbständigung des Krieges» gegenüber den politischen Direktiven sprechen kann,[146] ihn in der neu geschaffenen Ordnung wieder unter Kontrolle bringen wollten. Das ist ihnen mit einigen Ausnahmen bis zum Beginn der Französischen Revolution gelungen, und nach den napoleonischen Kriegen ist im Wiener Kongress die Westfälische Ordnung dann wiederhergestellt worden.

Nun geht es Schmitt in *Land und Meer* und im *Nomos der Erde* nicht wesentlich um eine Darstellung der Völkerrechtsgeschichte und ihrer spezifisch raumbezogenen Voraussetzungen, sondern – immer auch und mitunter vor allem – um eine Erkundung der Möglichkeiten, wie die Kriegsgewalt eingehegt werden kann beziehungsweise, weniger freundlich formuliert, wie es ermöglicht werden kann, den Krieg weiterhin als Instrument zur Austragung von Interessengegensätzen und zur Neutarierung von Machtungleichgewichten zu nutzen. Letzterem liegt die Annahme Schmitts zugrunde, es sei ausgeschlossen, den Krieg zum Verschwinden zu bringen und das Zusammenleben der Menschen und Völker unter verlässlichen Friedensbedingungen zu organisieren.

Darin ist Schmitt einmal mehr der intellektuelle Widerpart der liberalen wie sozialistischen Fortschrittstheoretiker, denen zufolge es sich beim Krieg um eine historisch antiquierte, sozial wie ökonomisch dysfunktionale Form der Austragung von Interessengegensätzen handelt. Der Liberalismus setzt auf die Ablösung militärischer durch wirtschaftliche Macht und der Sozialismus auf eine mit dem Verschwinden der Klassengegensätze nach dem Sieg der Unterdrückten über die Unterdrücker eingetretene Einigkeit der Gesellschaft im Innern wie nach außen, die keine Kriege mehr zulässt.[147] Schmitt misstraut diesen Fortschrittsbeschreibungen.[148] Ebenso misstraut er dem Begriff der Menschheit als politische Referenzgröße, weswegen er im *Begriff des Politischen* auch dekretiert: «Wer Menschheit sagt, will betrügen.»[149] Vielmehr geht er davon aus, dass das Vertrauen in einen vernunftgesteuerten Fortschritt zu einer neuerlichen Entfesselung des Krieges führen werde, sei es nun als globaler Bürgerkrieg oder als Kriminalisierung des Feindes unter den Vorgaben eines diskriminierenden Kriegsbegriffs, der auf einer Vorstellung des *bellum iustum* unter Ausschluss von dessen Gegenbegriff beruht: dem *iustus hostis* im Sinne des rechtlich anerkannten und dadurch geschützten Feindes.[150]

Im Jahre 1942, bei Niederschrift von *Land und Meer*, war Schmitt noch relativ optimistisch, dass auf die Erosion des die «Weltordnung» strukturierenden Gegensatzes von Land und Meer, der im Ersten Weltkrieg seine Ordnungsqualität eingebüßt hatte, durch das Hinzukommen des Flugzeugs als einer neuen «Raumwaffe» eine Entwicklung folgte, die zu einem neuen Nomos der Erde führen werde. Mit der Luftwaffe werde «die Teilung von Meer und Land, auf der sich die bisherige Verbindung von See- und Weltherrschaft errichten ließ», an Bedeutung verlieren. «Es entfällt die Grundlage der britischen Seenahme und damit der bisherige Nomos der Erde.»[151] Das hieß für Schmitt damals nicht, dass es keine nomosbegründete Weltordnung mehr geben werde. «Der alte Nomos entfällt und mit ihm ein ganzes System überkommener Maße, Normen und Verhältnisse. Aber das Kommende ist darum doch noch nicht nur Maßlosigkeit oder ein nomosfeindliches Nichts. Auch in dem erbitterten Ringen alter und neuer Kräfte entstehen gerechte Maße und bilden sich sinnvolle Proportionen.»[152]

Vermutlich hatte Schmitt bei diesem zuversichtlichen Blick auf das sich ausbildende Neue an seine Schrift *Völkerrechtliche Großraumordnung* von 1939 gedacht, in der er in einer scharfen Wendung gegen den Universalismus, den er mit dem britischen, seezentrierten Völkerrechtsdenken verband, eine neue Ortung des Nomos, nämlich die in Großräumen, ins Spiel brachte.[153] In dieser Schrift verabschiedete er auch die landgestützte Ordnung der Staaten, deren Vorhandensein und Fortbestand er in Abhängigkeit von «genügend starken neutralen Mächten» sah, wobei er zugleich festhielt, dass es «während des letzten Weltkrieges 1917/18 keine starken Neutralen» mehr gegeben habe, weswegen die bis dahin geltende Völkerrechtsordnung zusammengebrochen sei.[154] Schmitt führt den Kollaps des europäischen Völkerrechts auf den britischen und US-amerikanischen Universalismus zurück, was heißt, dass es das von ihm für das 19. Jahrhundert beschriebene Zusammenspiel von Land und Meer als Ortung der Ordnung nicht mehr gab; die Sicht vom Meer aufs Land setzte sich gegen die vom Land aufs Meer durch. Die See hatte das Land mit seinen Prinzipien verschlungen.

An die Stelle des bisherigen Völkerrechts-Nomos, des Gegensatzes von Land und Meer, setzt Schmitt in dem Text von 1939 die Idee des *Reichs* als Träger einer Großraumordnung, in die «raumfremde Mächte» nicht intervenieren dürfen. Schmitt fasst das so zusammen: «Sobald [...] völkerrechtliche Großräume mit Interventionsverbot für raumfremde Mächte anerkannt sind und die Sonne des Reichsbegriffs aufgeht, wird ein abgrenzbares Nebeneinander auf einer sinnvoll eingeteilten Erde denkbar und kann der Gegensatz der Nichtintervention seine ordnende Wirkung in einem neuen Völkerrecht entfalten.»[155] Schmitt geht jedoch davon aus, dass der Reichsgedanke im Kampf steht und sich gegen den liberalen wie kommunistischen Universalismus behaupten müsse. Dabei denkt er die konkreten politischen Konstellationen von der geopolitischen Mittellage Deutschlands her,[156] wenn er schreibt, «das Deutsche Reich, in der Mitte Europas, zwischen dem Universalismus der Mächte des liberaldemokratischen, völkerassimilierenden Westens und dem Universalismus des bolschewistisch-weltrevolutionären Ostens» gelegen, habe «nach beiden Fronten die Heiligkeit einer nichtuniversalistischen, volkhaften, völkerachtenden Lebensordnung zu verteidigen».[157] Man kann das als die von Schmitt ausgegebene «imperiale Mission» des Deutschen Reichs ansehen. Dass der nationalsozialistische Eroberungskrieg und die Ermordung der europäischen Juden Schmitt mit seiner Beschreibung des Reichs und dessen angeblicher «Mission» Lügen strafte, muss hier nicht weiter ausgeführt werden. Es handelt sich ein weiteres Mal um ein besonders eindrückliches Unterkapitel dessen, was oben als ein Dementi «imperialer Missionen» durch die operative Politik beschrieben worden ist.[158]

Im Jahr 1950, als Schmitt sein Buch *Der Nomos der Erde* veröffentlichte, war «das Reich» in Trümmern versunken und eine europäische Mitteposition gegen die Universalismen der liberaldemokratischen wie der kommunistischen Welt politisch nicht mehr vorstellbar. Damit war auch die Suche nach neuen Verortungen der Ordnung obsolet geworden. Selbst für die Idee einer katechontischen Macht, die Schmitt durchgängig mit der Reichsidee verbunden hatte, ließ sich kein politischer Träger mehr finden. Schmitt kommt im *Nomos der Erde* noch einmal auf diese katechontische Macht zu sprechen, freilich nur noch im historischen Rückblick auf Formationen der Antike und des Mittelalters.[159] Die Erwartungen, die er einmal mit dem Katechon verbunden hatte, sind ihm keiner Erwähnung wert.

Auch vom gehegten Krieg als Ergebnis einer umfassenden Verstaatlichung des Krieges ist nur noch in der Retrospektive die Rede. Freilich stellt Schmitt bei der Behandlung der Staatenkriege die ordnungsstabilisierende Wirkung heraus, die solche Kriege seiner Auffassung nach einmal hatten. Mit ihnen ist ein weiterer Faktor des Stabilisierenden, des Umbruch und Untergang Aufhaltenden verschwunden. «Das Wesen des europäischen Völkerrechts war die Hegung des Krieges. Das Wesen solcher Kriege war ein geordnetes, in einem gehegten Raum vor Zeugen[160] sich abspielendes Messen der Kräfte. Solche Kriege sind das Gegenteil von Unordnung. In ihnen liegt die höchste Form der Ordnung, deren menschliche Kraft fähig ist. [...] Die Beseitigung oder Vermeidung des Vernichtungskrieges ist nur dadurch möglich, daß eine Form für das Messen der Kräfte gefunden wird. Dieses wiederum ist nur dadurch möglich, daß der Gegner als Feind auf gleicher Ebene, als justus hostis anerkannt wird.»[161]

Der Schlüssel zur Anerkennung als «Feind auf gleicher Ebene» war die Anerkennung eines staatlichen Akteurs als Großmacht, und diese Anerkennung erfolgt durch andere Großmächte.[162] Großmächte aber konnte es nach Schmitts Auffassung in einer von Universalismen beherrschten Welt nicht mehr geben, beziehungsweise reale Großmächte wurden als solche nicht mehr anerkannt. Das lässt sich auf die gegenwärtigen Konstellationen übertragen: Russland fühlt sich als Großmacht nicht anerkannt, und das kriegerische Agieren Putins lässt sich – auch – als ein verzweifelter «Kampf um Anerkennung» deuten.[163]

An diesem Punkt wendet Schmitt seine Darstellung ins abgründig Pessimistische und erklärt gleichzeitig, warum viele Völkerrechtler das, was aus seiner Sicht ein Weg in die Ordnungslosigkeit, die «Anarchie der Staatenwelt» ist, als *den* großen Fortschritt bei der Errichtung einer globalen Ordnung angesehen haben: So habe «die europäische Völkerrechtslehre gegen Ende des 19. Jahrhunderts das Bewußtsein der Raumstruktur ihrer bisherigen Ordnung verloren».[164] Sie habe die Universalisierung ihrer auf Europa bezogenen und hier verorteten Regeln nämlich für einen Aufstieg zu deren globaler Geltung gehalten. «Die Enthebung Europas aus der völkerrechtlichen Mitte der Erde hielt sie für eine Erhebung Europas in diesen Mittelpunkt.»[165] Die europäische Raumordnung verschwand, ohne dass es dafür einen Ersatz gab. Über die Konstellationen nach dem Ersten Weltkrieg, die Pariser Friedensordnung zumal, heißt es bei Schmitt: «Was an deren Stelle trat, war kein ‹System› von Staaten, sondern ein raum- und systemloses Durch- und Nebeneinander faktischer Beziehungen, ein ungeordnetes, räumlich und geistig zusammenhangloses Durch- und Nebeneinander von über fünfzig heterogenen, angeblich gleichberechtigten, gleich-souveränen Staaten und ihren verstreuten Besitzungen, ein strukturloses Chaos, das keiner gemeinsamen Hegung des Krieges mehr fähig war und für das schließlich nicht einmal mehr der Begriff ‹Zivilisation› als Substanz einer gewissen Homogenität gelten konnte.»[166] Das war der konservative Bannfluch über eine nicht länger europazentrierte Welt.

Die Entortung der Ordnung unter der Ägide des Universalismus führte dazu, so Schmitt weiter, dass an die Stelle *politischer* Ordnungsvorstellungen solche der Wirtschaft traten, «nämlich ein freier Welthandel und Weltmarkt mit Freizügigkeit des Goldes, des Kapitals und der Arbeit». Schutzzollsysteme wurden eingerissen, sämtliche Formen von Wirtschaftsprotektionismus verächtlich behandelt und auf diese Weise dem Staat zunehmend die Fähigkeit zum Selbstschutz genommen. Was Schmitt hier im Grundton der Verachtung beschreibt, ähnelt bis ins Detail der von den Europäern in den letzten zwei bis drei Jahrzehnten als Weltordnung propagierten Vorstellung einer wirtschaftlichen Verflechtung, mit der ein zunächst europäischer und perspektivisch globaler Friedenszustand geschaffen werden sollte.[167] Für Schmitt handelt es sich bei einer solchen Ordnung freilich um nichts anderes als die definitive Durchsetzung der dem Meer entstammenden Ordnungsvorstellungen gegen die des Landes. «In der beherrschenden Stellung Englands und in dem englischen Interesse am freien Welthandel und freien Seeverkehr lag eine starke Garantie für ein derartiges Weltbild.»[168]

Die Normen des Universalismus und die beherrschende Stellung Englands in der Welt haben sich danach gegenseitig bestärkt, und zur Benachteiligung der Landmächte in wirtschaftlicher Hinsicht kam schließlich noch hinzu, dass sie, wenn sie ihre eigenen Interessen ins Spiel brachten, durch den Universalismus der Werte und Normen ins Unrecht gesetzt wurden. Das hatte, wie Schmitt meint, weitreichende Folgen für die Kriegführung, weil der Seekrieg «in weit höherem Grade» als der Landkrieg Elemente des «reinen Vernichtungskrieges» enthält.[169] Nunmehr muss Schmitt auch feststellen, dass der Luftkrieg keineswegs, wie ein gutes Jahrzehnt zuvor von ihm noch erwartet, eine neue großraumorientierte Völkerrechtsordnung mit sich bringen wird, sondern auf eine globalisierte Seekriegführung hinausläuft: «Der selbständige Luftkrieg hebt den Zusammenhang von gewaltanwendender Macht und gewaltbetroffener Bevölkerung in einem noch weit höheren Grade auf, als das bei der Blockade des Seekrieges der Fall ist.»[170]

Nur der Landkrieg, so lassen sich Schmitts Überlegungen zusammenfassen, ist zu einer klaren Unterscheidung von Krieg und Frieden fähig, während der Seekrieg mit dem für ihn zentralen Instrument der Handelsblockade diese Unterscheidung unterläuft. Das gilt dann im weiteren Sinn auch für Wirtschaftssanktionen, wenn sie zum Zwecke politischer Verhaltenssteuerung eingesetzt werden. In dieser Hinsicht sind wirtschaftliche Sanktionen, sofern sie nicht einen mit militärischer Gewalt ausgetragenen Krieg begleiten, eine Variante dessen, was inzwischen als *hybrider Krieg* bezeichnet wird, eine Form der politischen Willensdurchsetzung, die nicht, wie beim klassischen Krieg der Fall, mit kinetischer Energie auf die Gegenseite einwirkt, sondern andere Mittel nutzt, die demselben Zweck dienen wie die herkömmliche Kriegsgewalt: der Durchsetzung des eigenen Willens, mit dem politisch elementaren Unterschied freilich, dass sie sich nicht als Krieg zu erkennen gibt. Üblicherweise werden Angriffe auf die Kommunikations- und Steuerungssysteme eines Staates als hybrider Krieg angesehen. Mit einem gewissen Recht kann man auch gegen die Wirtschaft eines Landes gerichtete Sanktionen dazu zählen. Aus «westlicher» Sicht handelt es sich dabei um Maßnahmen *unterhalb* der Schwelle des Krieges; aus Sicht der Sanktionierten ist dies Krieg, auch wenn er nicht mit Bombenflugzeugen und Panzern geführt wird. Das ist der Hintergrund für die Feststellung Lawrows, der Westen wolle Russland mit Hilfe von Wirtschaftssanktionen «vernichten».

Schmitts Überlegungen sind nicht nur für die russische Wahrnehmung der den Krieg in der Ukraine begleitenden Konflikte von Bedeutung, sondern auch für das Problem der Unterscheidbarkeit von Krieg und Frieden generell. Der Politikwissenschaftler Philip Manow hat in seiner Beschäftigung mit den Theorien Schmitts darauf hingewiesen, dass die westlichen Siegermächte nach dem Ende des Ersten Weltkriegs nicht «zu einer Besetzung des Landes [Deutschland] bereit und willens» gewesen seien, weil sie dann gemäß den Festlegungen der Haager Landkriegsordnung für die Versorgung der dort lebenden Bevölkerung verantwortlich gewesen wären – ein Aspekt des Kriegsvölkerrechts, der in Schmitts Darstellung des Landkrieges eine zentrale Rolle spielt.[171] Stattdessen setzten sie «die Blockade auch nach Kriegsende fort, als Druckmittel während der Versailler Verhandlungen, so dass auch Krieg und Frieden nicht mehr als klar voneinander getrennte Phänomene erschienen, sondern der Frieden eher wie eine auf Dauer gestellte Polizeiaktion, beide zunehmend unterschiedslos unkonturiert, ein ins andere übergingen und sich überblendeten».[172]

Verlängert man den kritischen Blick Schmitts auf die Entwicklung des politischen Geschehens und seine normative Begleitung, so kann man zu dem Ergebnis kommen, einerseits sei die Vorstellung von dem, was als Frieden zu bezeichnen ist, im Gefolge der Arbeiten des Friedens- und Konfliktforschers Johan Galtung immer anspruchsvoller geworden, weil sie immer stärker mit Gerechtigkeitsimperativen durchsetzt wurde. Gleichzeitig sei die Definition von Krieg immer schwammiger und löchriger geworden, bis schließlich Verhältnisse entstanden seien, in denen der Westen notorisch in der Rolle der Friedensmacht agierte – auch dann, wenn er zwecks Erzwingung des Friedens in einer Region Krieg führte –, während die nichtwestlichen Akteure als solche dastanden, die immer wieder zu den Mitteln militärischer Gewalt griffen, um ihre Zwecke und Ziele zur Geltung zu bringen. Tatsächlich ist dabei eine Ordnung entstanden, bei der die eine Seite ihre Absichten mit Hilfe wirtschaftlicher Macht verfolgt, wozu sie aufgrund ihres Reichtums und ihrer Kontrolle über den Welthandel in der Lage ist, während die weniger reichen Staaten, die dabei nicht mithalten können, immer sogleich zu Gewalt greifen müssen, wenn sie den «westlichen» Vorhaben und Vorgaben Widerstand leisten wollen: Die ganz Schwachen greifen zu diversen Formen des Terrorismus, die nicht so Schwachen, die über viel militärische Macht, aber wenig wirtschaftliche Macht verfügen, zu den Mitteln des Krieges, mit dem sie die bestehende Ordnung erschüttern. – So könnte ein politisch nach links gewendeter Carl Schmitt oder ein linker Schmittianer heute argumentieren und darin seine grundsätzliche Ablehnung der kapitalistischen Weltherrschaft als Grundlage der Weltordnung zum Ausdruck bringen.[173]

Ein globaler Antikapitalismus, der die politische Ordnung in Abhängigkeit von der ökonomischen Weltordnung ins Zentrum stellt, gibt nicht viel auf die westliche Friedensordnung mit ihren Regeln, Werten und Normen und sieht in ihr, Clausewitz variierend, nur eine Fortsetzung des Krieges mit den Mitteln des Friedens. Carl Schmitts Antikapitalismus ist etatistisch grundiert, will also die Ordnung der Großräume gegen die globale Herrschaft der Handelsströme wiederherstellen, während der linke Antikapitalismus, der die Dominanz des Nordens gegenüber dem Süden beziehungsweise der Güterproduzenten gegenüber den Rohstofflieferanten herausstellt, die bestehenden Konstellationen als eine zutiefst ungerechte und darum zu bekämpfende Weltordnung ansieht.[174]

KAPITEL 5

Analytiker des großen Umbruchs: Thukydides, Machiavelli, Clausewitz

Drei Politiktheoretiker im Vergleich

Es gibt Veränderungen der politischen Ordnung, der innerstaatlichen wie der zwischenstaatlichen, die sich so langsam und unauffällig vollziehen, dass sie von den Zeitgenossen weithin unbemerkt bleiben. Erst im Nachhinein wird festgestellt, dass sich im Verlauf der zurückliegenden Jahre oder Jahrzehnte etwas Grundlegendes verändert hat. Es ist dann Sache der Historiker, das «Wie» und «Wann» der Veränderung mitsamt Ursachen und Folgen herauszufinden. Die Beschäftigung mit den Veränderungen ist in diesem Fall eine retrospektive Angelegenheit, die in großer Ruhe und Gelassenheit erfolgt, somit nichts, was die Zeitgenossen in Unruhe und Aufregung versetzen würde; und auch die Nachgeborenen nehmen mit Interesse zur Kenntnis, wie sich die Welt zwischenzeitlich doch gewandelt hat.

Daneben gibt es aber auch disruptive Prozesse und tiefgreifende Umbrüche, denen die Zeitgenossen ratlos und erschüttert gegenüberstehen. Solche Veränderungen werden von ihnen als Zusammenbruch und radikaler Ordnungsverlust wahrgenommen, als das Ende einer Welt, mit der sie vertraut waren und zu der sie Vertrauen hatten. Derartige Umbrüche führen zu Orientierungslosigkeit bei den einen, während andere darin den Anbruch einer neuen Zeit mit neuen Werten, Normen und Machtverhältnissen sehen, etwas, das von ihnen begrüßt, wenn nicht gar gefeiert wird. Das lässt sich am Zerfall imperialer Systeme beobachten, beispielsweise am Ende des Ersten Weltkriegs, als die einen darangingen, die ihnen zugefallene politische Selbständigkeit zu festigen und auszubauen, während andere darüber nachdachten, wie sie die zerstörte Ordnung restaurieren könnten und welche Anstrengungen dafür erforderlich seien. Solche entgegengesetzten Deutungen eines Umbruchs mitsamt der daraus erwachsenden Formierung politischer Gruppierungen sind häufig der Auftakt zu ineinander verschränkten und kaum voneinander zu trennenden Bürger- und Staatenkriegen, wie das im Gefolge der Französischen Revolution der Fall war, aber auch nach dem Ersten Weltkrieg in Mittel- und Osteuropa. Die kontroverse Deutung des Umbruchs und die mit ihm verbundenen gegensätzlichen Interessen münden dann in einen politischen Konflikt, der mit entfesselter Gewalt ausgetragen wird.

Es gibt freilich auch Umbrüche, bei denen das Neue nicht sogleich erkennbar ist und sich demgemäß auch keine politische Partei bildet, die es gezielt unterstützt. Gleichzeitig besteht aber auch wenig Aussicht, die gerade zusammengebrochene Ordnung wiederherzustellen, so dass sich auch keine Unterstützergruppen der Restauration formieren – sei es, weil die Veränderung noch nicht nach der Vorgabe von «alt» und «neu» gedeutet worden ist, sei es, weil die Wiederherstellung der vormaligen Ordnung als aussichtslos erscheint. Das sind dann Konstellationen, in denen die Deutung des Geschehens durch Intellektuelle und Politiktheoretiker an die Stelle der Richtungskämpfe und Kriege tritt. In der Bevölkerung herrschen währenddessen Unsicherheit und Ratlosigkeit vor, so dass der Deutungsarbeit der Intellektuellen die Aufgabe zufällt, durch die verstehende Beschreibung des Umbruchs etwas Klarheit in das Ungewisse zu bringen. – Solche Theoretiker sind im Hinblick auf die gegenwärtigen Konstellationen von Interesse, haben sie sich doch mit Anforderungen befasst, wie sie auch nach dem Ende der bipolaren Weltordnung und der Erosion der anschließenden Eine-Welt-Vorstellung die politischen Konstellationen bestimmen. Man kann das an der Fülle der Publikationen sehen, die im Titel den Verlust der Weltordnung annoncieren, ohne sagen zu können, wie und wo sich Neues entwickelt.[1] Was wir bei den besagten Theoretikern antreffen, ist das ideengeschichtliche Arsenal, das von der politischen Theorie genutzt werden kann, um in Auseinandersetzung mit früheren Bearbeitungen ähnlicher Probleme Antworten auf die gegenwärtigen Herausforderungen zu suchen – und zu finden.

Drei Autoren werden dazu herangezogen: der antike Historiker Thukydides, der die zahlreichen Kriege seiner Zeit und den am Ende erfolgten Zusammenbruch des athenischen Seereichs zu einem einzigen großen Krieg, dem Krieg zwischen den Athenern und den Lakedämoniern, «zusammengeschrieben» hat;[2] der Politiker und Politikberater Niccolò Machiavelli, der die *Römische Geschichte* des Titus Livius als Reflexionsfolie für das Verständnis seiner eigenen Zeit genutzt hat, als der große Kampf zwischen Spanien und Frankreich um die europäische Hegemonie auf italienischem Boden ausgetragen wurde. Aus der Zusammenschau von antiker Geschichte und den Entwicklungen zu Beginn des 16. Jahrhunderts entwickelte er eine Reihe von Vorschlägen, wie man der politisch-militärischen Herausforderung seiner Epoche Herr werden könne;[3] und schließlich der preußische General und Militärtheoretiker Carl von Clausewitz, der in seinem Werk *Vom Kriege* die politischen wie militärischen Umbrüche im Gefolge der Französischen Revolution, von den napoleonischen Kriegen bis zu den Befreiungskriegen, analysiert und daraus Hinweise für die Kriegführung der Zukunft mitsamt ihren politischen Rahmenbedingungen zu gewinnen versucht hat.[4]

Alle drei verbindet der Umstand, dass ihre Arbeiten durch Kriege veranlasst wurden, in denen eine «Weltordnung» zusammenbrach, auf die man sich verlassen zu können geglaubt hatte. Alle drei analysierten diese Entwicklungen freilich nicht nur «vom Schreibtisch aus», sondern waren als politisch-militärische Akteure unmittelbar in sie verwickelt: Thukydides als athenischer Stratege, der ein amphibisches Unternehmen zum Entsatz des belagerten Amphipolis kommandierte, jedoch zu spät kam, um die Kapitulation der Stadt vor dem spartanischen Kriegshelden Brasidas zu verhindern und deswegen durch Beschluss der athenischen Volksversammlung aus seiner Heimatstadt verbannt und in der Folge zum Historiker des Krieges wurde;[5] Machiavelli, der als Sekretär der Zweiten Kanzlei von Florenz eine im florentinischen Herrschaftsgebiet rekrutierte Miliz aufstellte, in der er eine Alternative zur sonst üblichen Anwerbung von Söldnertruppen sah – diese Miliz versagte jedoch im Jahre 1512 bei der Verteidigung der Stadt Prato, was zum Zusammenbruch der Florentiner Republik und damit zur Entfernung Machiavellis aus allen politischen Ämtern führte.[6] Und Clausewitz, der die verheerende Niederlage der preußischen Armee bei Jena und Auerstedt als Soldat miterlebte, danach sich im Büro Scharnhorsts mit der Reorganisation des preußischen Militärs befasste, 1812 wegen des von König Friedrich Wilhelm III. eingegangenen Bündnisses mit Napoleon in russische Dienste überwechselte und nach seiner Rückkehr in die Dienste Preußens vom Hof mit Misstrauen beobachtet wurde, was seiner weiteren Karriere abträglich war.[7]

Es ist nicht nur ihr Wirken, das die drei miteinander verbindet, sondern auch die intellektuelle Unerbittlichkeit bei der Suche nach dem richtigen Verständnis der Lage. So hat Thukydides seine Darstellung des Krieges nach dem Zusammenbruch der athenischen Thalassokratie noch einmal überarbeitet und dabei eine grundlegend andere Sicht auf die Ereignisse entwickelt, als er sie zuvor vertreten hatte. Diese Revision konnte er jedoch nicht bis zu seinem Tod abschließen, weshalb im *Peloponnesischen Krieg* zwei Sichtweisen auf den Krieg nebeneinanderstehen, die von der Forschung erkannt und gegeneinander konturiert worden sind:[8] In der ursprünglichen Fassung ging Thukydides nämlich davon aus, der Krieg Athens gegen Sparta sei nach zehn Jahren mit dem Nikiasfrieden zu Ende gegangen; in seiner späteren Version sah er diesen Frieden nur als zeitweilige Unterbrechung eines sich über siebenundzwanzig Jahre hinziehenden großen Krieges an und verband drei Kriege – den Archidamischen und den Dekeleischen Krieg mitsamt der Sizilischen Expedition beziehungsweise dem Ionischen Krieg – zu einem einzigen.[9] Das Ineinssetzen erschwert das Verständnis des thukydideischen Werkes. Es steht paradigmatisch für die Probleme, die der Analytiker eines noch im Fluss befindlichen Geschehens hat; erst im analysierenden Schreiben wird erkennbar, worin das Ergebnis besteht und wohin es geführt hat. Immerhin ist Thukydides'

«Zusammenschreibung» zum Vorbild für spätere Kriegsanalysen geworden, wie etwa die Zusammenfassung von mehreren Kriegen mit unterschiedlichen Schauplätzen und verschiedenen Akteuren zum Dreißigjährigen Krieg von 1618 bis 1648 oder auch bei dem nicht unbedingt erfolgreichen Versuch, den Ersten und den Zweiten Weltkrieg zu einem weiteren dreißigjährigen Krieg zu verbinden.[10]

Dieses Überarbeiten und Revidieren findet sich in ähnlicher Weise auch in Clausewitz' Buch *Vom Kriege*, einem Werk, an dem Clausewitz mehr als ein Jahrzehnt arbeitete, das er nicht selbst veröffentlichte, sondern von dem er wollte, dass seine Frau dies nach seinem Tod tun solle.[11] Marie von Clausewitz verweist auf ein dem Konvolut beigefügtes Schreiben ihres Mannes, in dem dieser festhält, welche Teile der Ausarbeitung seiner Sicht zufolge fertiggestellt sind und welche noch der Bearbeitung bedürfen. Aus dieser «Nachricht» geht hervor, dass Clausewitz eigentlich nur den ersten Teil des 1. Buches als vollendet angesehen hat.[12] Davon ausgehend hat der französische Soziologe und Ideenhistoriker Raymond Aron Clausewitz' Überlegungen rekonstruiert und eine neue Etappe im Clausewitz-Verständnis eingeleitet.[13] Damit ist – vorerst jedenfalls – eine Reihe von Kontroversen über die Clausewitzsche Theorie zum Abschluss gelangt.

Machiavelli wiederum, der Dritte in dieser Reihe, hat seine für die hier verfolgte Fragestellung einschlägigen Texte zwar alle abgeschlossen (wenngleich sie erst nach seinem Tod gedruckt wurden), aber die Umbrüche der politischen Verhältnisse in Italien und die Veränderungen in den europäischen Macht- und Einflusskonstellationen waren bei Machiavellis Tod keineswegs an ihr Ende gekommen. Deswegen musste manches offenbleiben, und von einem späteren Zeitpunkt aus ist festzuhalten, dass einige von Machiavellis Ratschlägen fehlgingen beziehungsweise nicht zu dem erhofften Ergebnis führten. Auch ist manches von dem, was er meinte vorhersagen zu können, so nicht eingetreten. Das ändert indes nichts daran, dass es sich bei den Arbeiten der drei Autoren um Werke handelt, die in der Geschichte des politischen Denkens immer wieder aufgegriffen wurden, um die je zeitgenössischen Entwicklungen im Lichte ihrer Analysen zu begreifen und mit Blick auf die in ihnen formulierten Anforderungen handlungsfähig zu sein.[14] Allesamt sind es Analysen zum disruptiven Wandel einer «Weltordnung».

Gemeinsam ist den dreien weiterhin, dass sie ihre Deutungen der Umbrüche in einem politisch kontroversen Umfeld entwickelten: der aus der Verbannung nach Athen zurückgekehrte Thukydides etwa in scharfer Absetzung gegen all jene, die nach dem verlorenen Krieg und dem Zusammenbruch der attischen Thalassokratie der Auffassung waren, der von Perikles verfolgte Kriegskurs sei grundsätzlich falsch gewesen und man hätte besser daran getan, den Forderungen der Lakedämonier rechtzeitig nachzukommen und dabei auch die strikte Kontrolle über die Bündnerstädte und die ägäische Inselwelt aufzugeben, anstatt in einen Entscheidungskampf der beiden Hegemonialsysteme einzutreten.[15] Damit eng verbunden war die Frage, ob die Entwicklung der radikalen Demokratie, wie sie in Athen erfolgt ist, der richtige politische Weg war, oder ob man nicht besser daran getan hätte, oligarchische Elemente in die eigene politische Ordnung aufzunehmen, um den verfassungspolitischen Gegensatz zu Sparta abzumildern und die Vermischung von Hegemonial- und Bürgerkrieg in Griechenland zu vermeiden.

Diese Position wurde nach 404 v. Chr. von den «Lakonisten» in Athen vertreten, wie man jene nannte, die eine prospartanische Sicht vertraten. Gegen sie ist die Rede auf die Gefallenen des ersten Kriegsjahres gerichtet, die Thukydides dem von ihm bewunderten Perikles, dem für die Kriegspolitik der Stadt Verantwortlichen, in den Mund gelegt hat.[16] Thukydides' Darstellung des Krieges ist eine Apologie der Politik des Perikles, nicht nur im Hinblick auf die von diesem vertretene Politik der strategischen Defensive, in der eine umfassende Offensivoperation wie die Sizilische Expedition nicht vorgesehen war – der Angriff auf Sizilien stellt bei Thukydides den eigentlichen Umschlagpunkt des Krieges dar –, sondern auch im

Hinblick auf den nur in der athenischen Demokratie möglichen Typus von Individualität, gegen den die Vertreter Spartas sich in der thukydideischen Darstellung als standesgebundene Traditionalisten und Männer von geringer Kreativität und Entschlusskraft ausnehmen.[17]

Auch Machiavelli hat seine Sicht der Lage von Florenz und Italien kontrovers zum damals dominierenden humanistischen Diskurs vertreten, wobei der sich in zwei Strängen entwickelt hatte: erstens gemäß der Vorstellung, dass die *vita contemplativa*, ein der Betrachtung der Welt und des eigenen Lebens gewidmetes Denken, bei dem das Engagement für die Stadt keine herausgehobene Rolle spielte, der *vita activa* vorzuziehen sei, wie die Neoplatoniker der Florentiner Akademie behaupteten; und zweitens in der Idee, dass Florenz in Anbetracht seiner kulturellen Blüte ein «neues Rom» sei, das sich durchaus mit dem alten Rom messen könne. Letzteres war der Strang des Florentiner Bürgerhumanismus in seiner stolzen und selbstzufriedenen Form.[18]

Dagegen machte Machiavelli eine gleichermaßen politikzentrierte wie imperativ-aktivistische Perspektive stark: Die Beschäftigung mit Kultur und Geschichte durfte sich nicht in der bloßen Kontemplation erschöpfen, sondern hatte wesentlich den Zweck, sich mit den Herausforderungen des bürgerschaftlichen Lebens und der Politik zu befassen, und das war umso mehr erforderlich, als die politische Entwicklung von Florenz keineswegs dem römischen Vorbild gefolgt war, wo die Konflikte zwischen den verschiedenen sozialen Gruppen die innere Stabilität der Stadt und ihre Expansionsfähigkeit nach außen gefördert hatten, wie Machiavelli meint. In Florenz hätten diese Auseinandersetzungen hingegen zu ständigen Verfassungswechseln und politischen Spaltungen geführt, was die Stadt geschwächt und ihre Machtposition in Italien untergraben habe.[19] Machiavellis Schriften sind ein fortgesetzter Angriff auf die Saturiertheit des Florentiner Bürgertums und die Politikdistanz seiner humanistischen Intellektuellen, denen er die Bedrohtheit der politischen Ordnung ihrer Stadt und die Gefährdungen des friedlichen Lebens vor Augen hält.[20]

Schließlich Clausewitz: Als er sich im Frühjahr 1812 dazu entschloss, den Dienst in der preußischen Armee zu quittieren, weil er nicht auf Seiten Napoleons in den Krieg gegen Russland ziehen wollte, und stattdessen in russische Dienste überwechselte, um gegen Napoleon zu kämpfen, stand er damit weithin allein. Zwar empfanden viele seiner Offizierskameraden wohl ähnlich, aber nur wenige waren so konsequent wie er. «Das Unglück des Vaterlandes», schrieb Clausewitz am 26. April 1812 an seine Frau, «hat seinen Gipfel erreicht; denn seine Fürsten sind Sklaven, welche auf Geheiß ihres Herrn [Napoleon] das Schwert gegen sich selbst führen; die wenigen Formen scheinbarer Selbständigkeit sind für einen vernünftigen Mann nichts wert.»[21]

Zwei Monate vorher hatte er eine «Bekenntnisdenkschrift» verfasst, in der er seinen Entschluss zum Kampf gegen Napoleon ausführlich begründete. Sie beginnt mit einem Bekenntnis zum bedingungslosen Kampf und ventiliert dann ausführlich die Möglichkeiten militärischen Gegenhandelns. Clausewitz erklärt sich zum Opponenten der in Berlin vorherrschenden Stimmung, wonach Widerstand gegen Napoleon unmöglich sei, weswegen man sich in die von ihm durchgesetzte politische Ordnung Europas fügen müsse: «Die Meinung, daß man Frankreich widerstehen könne, ist unter uns fast gänzlich verschwunden. Man glaubt also an die Nothwendigkeit einer *Alliance* ohne Bedingungen, einer Unterwerfung auf Gnade und Ungnade, endlich einer Entsagung auf den Vorzug eines eigenen Fürstenhauses. Man giebt diese Gradationen der Uebel mit Achselzucken zu und – erröthet höchstens, indem man die Augen zu Boden schlägt. [...] Dies ist die öffentliche *Meinung* mit wenig Ausnahmen. Die Art sie zu bekennen, ihr nachzuleben, unterscheidet die verschiedenen Stände, und in den Ständen die Individuen. Die vornehmen Stände sind die Verderbten, Hof- und Staatsbeamte die Verderbtesten.»[22] Auch wenn Clausewitz diesen

Text nie veröffentlicht und wohl nur an enge Freunde und Vertraute weitergereicht hat, war über ihn als politisch-militärischen Reformer doch genug bekannt, um ihn nach der endgültigen Niederringung Napoleons zusammen mit Gneisenau einer insgeheimen Sympathie für die politischen Ergebnisse der Französischen Revolution zu verdächtigen. Im Berlin der mit den Karlsbader Beschlüssen einsetzenden Restauration bezeichnete man die, die entschieden an den Reformen festhielten und eine vom König in Aussicht gestellte Verfassung forderten, als «Jakobiner».[23]

In einem Brief an Prinzessin Luise Radziwill, eine Nichte Friedrichs des Großen, hat Gneisenau die politischen Vorstellungen, die er mit Clausewitz teilte, näher erläutert: Es gebe, schrieb er, in Berlin drei Parteien: die «heftigen Liberalen», denen auch «die eigentlichen Jakobiner und Revolutionäre beizuzählen» seien, aber das seien nicht viele, und sie hätten auch keinen Einfluss. Des Weiteren die «heftigen Verfolger», deren Vorstellungen noch über die Karlsbader Beschlüsse hinausgingen und die mit Hilfe der Geheimpolizei – also «nicht in redlicher Weise» – Informationen sammelten und, wenn man sie nur ließe, «bald in eine spanische Inquisition sich ausbilden» würden. Sodann gebe es die Partei der Besonnenen, «treue Anhänger des Königtums, die sich zur konstitutionellen Gestaltung des Staates neigen» und befürchten, Preußen folge zu sehr den Vorgaben aus Wien. «Noch könnte ich Ew. Königliche Hoheit eine vierte Partei nennen; sie ist aber gar zu schwach; denn sie besteht nur aus dem General von Clausewitz und mir. Wir meinen nämlich, daß alle drei Parteien in vielen Dingen mehr oder weniger Unrecht haben, daß die Ungezogenheit der ersteren gezüchtigt zu werden verdient, daß die Verfolgungssucht der anderen verabscheuungswürdig sei und daß die Besorgnisse der dritten übertrieben und diejenigen unter ihnen, die ihre Antagonie und ihre Ehrsucht zum Maßstab ihrer politischen Grundsätze machen, [...] nicht achtungswürdig sind.»[24]

Alle drei Theoretiker sind somit den je dominierenden Vorstellungen ihrer Zeit nicht gefolgt, sondern entwickelten politische Sichtweisen, die man als Mindermeinungen mit zum Teil oppositionellen Zügen bezeichnen kann. Sie arbeiteten diese Vorstellungen im engeren Freundeskreis aus, hielten sie also nicht geheim, aber trugen sie auch nicht zu Markte oder warben öffentlich dafür – sieht man einmal von ihren Schriften ab, die jedoch erst nach ihrem Tode veröffentlicht wurden. Bei Clausewitz fand diese Kommunikation mit Gneisenau, mit seiner Frau sowie in einigen Berliner Salons statt; bei Machiavelli waren es der Briefwechsel mit Francesco Vettori und die Orti Oricellari, wo er sich mit jüngeren Angehörigen der Florentiner Gesellschaft traf und sie mit seinen Ideen vertraut machte; bei Thukydides ist über das kommunikative Umfeld nichts bekannt, aber man wird davon ausgehen können, dass er sich nach seiner Rückkehr aus dem Exil mit Anhängern der perikleischen Politik ausgetauscht hat.[25]

Der Blick auf die Veränderung der «Weltordnung» und die Frage nach den Ursachen dafür ist bei allen dreien also durch eine eigene Deutung der Vorgänge gewonnen worden; sie haben sich nicht einfach schnell an die Umstände angepasst. Vor allem das macht die Texte der drei als Reflexionsrahmen für die hier erörterten Fragen so ergiebig. Ihr unausgesetztes Bemühen, die großen Umbrüche ihrer Gegenwart besser zu verstehen, sind eine Herausforderung für die gegenwärtig offenen Fragen. Für alle drei gilt, was Thukydides als Zweck seinem Buch vorangestellt hat: «Zum bloßen Anhören wird vielleicht durch das Fehlen des erzählerischen Elements meine Darstellung weniger erfreulich erscheinen. Wer aber klare Erkenntnis des Vergangenen erstrebt und damit auch des Künftigen, das wieder einmal nach der menschlichen Natur so oder ähnlich eintreten wird, der wird mein Werk für nützlich halten, und das soll mir genügen. Als Besitz für immer, nicht als Glanzstück für einmaliges Hören ist es aufgeschrieben.»[26] Das gilt als Leitidee des Denkens und Schreibens auch für Machiavelli und Clausewitz.

Thukydides' palimpsestförmige Kriegsanalysen

Es sind unterschiedliche Betrachtungen des Kriegsverlaufs, die Thukydides in seinem *Peloponnesischen Krieg* ins Gespräch gebracht und die er wie ein Palimpsest in seiner Darstellung übereinandergelegt hat. Erst wenn man diese diversen Betrachtungen als ein zusammengehöriges Ganzes erfasst, kann man erkennen, welche Ereignisse und Entwicklungen er als für den Verlauf des Krieges ausschlaggebend angesehen hat. Da ist auf einer *ersten Ebene* der Beschluss der athenischen Volksversammlung, demzufolge die im Nikiasfrieden festgelegte, für Athen überaus günstige Beendigung des Krieges gegen den Lakedämonischen Bund genutzt werden soll, um einen anderen Krieg zu beginnen, der die Errichtung einer Vorherrschaft über Sizilien zum Ziel hat. Die expansive Politik, die Athen in den zurückliegenden Jahrzehnten in der Ägäis betrieben und die zum athenischen Seereich geführt hat, sollte damit in westliche Richtung, ins Ionische Meer hinein fortgesetzt werden: Was die Väter und Großväter in der ägäischen Inselwelt geschaffen hatten, sollten die Söhne und Enkel nun mit Blick auf die große Insel Sizilien vollenden.

Für die Verfechter dieses Projekts stand dahinter die strategische Idee, dass man, wenn erst Sizilien unter athenische Kontrolle gebracht war, die Frage der gesamthellenischen Hegemonie, die nach dem abgebrochenen, zehn Jahre andauernden Krieg mit Sparta offengeblieben war, definitiv zugunsten Athens entschieden hatte. Dabei setzte die athenische Kriegspartei darauf, dass man durch den Kriegszug gegen Syrakus nicht in einen «Zweifrontenkrieg» mit Sparta und den Peloponnesiern auf der einen und Syrakus und den Sizilianern auf der anderen Seite geraten würde, weil man durch den Nikiasfrieden ja gegen Sparta und seine Verbündeten abgesichert und bei den Spartanern nicht damit zu rechnen sei, dass sie die Sizilische Expedition unter Bruch der Friedensvereinbarung zu ihrem Vorteil ausnutzen würden. Dass sie in den zurückliegenden zehn

Jahren eine eher zögerliche und vorsichtige Kriegführung betrieben hatten, sah auch Thukydides so.[27] Ob er, zu dieser Zeit bereits aus Athen verbannt, deswegen auf Seiten der dortigen Kriegspartei stand, muss offenbleiben. Immerhin verweist er darauf, dass die meisten von denen, die in der Volksversammlung über das Vorhaben abstimmten, «völlig im Unklaren über die Größe der Insel und die Zahl der dort wohnenden Hellenen und Barbaren» gewesen seien, als sie «darangingen, einen nicht viel geringeren Krieg anzufangen als den gegen die Peloponnesier».[28] Sie wussten nicht, worauf sie sich einließen. Das gilt wohl prinzipiell, wenn man sich zur Führung eines Angriffskrieges entschließt, aber die Unwissenheit über Sizilien, die Thukydides hier betont, stellt nicht nur das Unwissen über die Zukunft, sondern auch die Unwissenheit über den Kriegsraum heraus. Die «Unknowns» dominierten den Kriegsbeschluss. Das ist durchaus als Einwand gegen die Kriegsentscheidung der athenischen Demokratie zu verstehen.

Das Pro und Contra eines Kriegszuges nach Sizilien hat Thukydides dargestellt in Form eines Rededuells zwischen Nikias, dem Anführer der Friedenspartei, der einige Jahre zuvor gemeinsam mit dem Strategen Laches den nach ihm benannten Frieden ausgehandelt hatte, und Alkibiades, dem Kopf der Kriegspartei, der den Friedensvertrag für falsch hielt und seit längerem schon gegen ihn auftrat.[29] Nikias eröffnet seine Rede mit der Feststellung, es sei ihm wohl bewusst, dass man bei den Athenern nichts erreiche, wenn man ihnen rate, «das Bestehende zu bewahren und nicht das Vorhandene für Ungewisses und Künftiges aufs Spiel zu setzen».[30] Er weiß, dass er es mit einer Bevölkerung zu tun hat, die ständig auf der Suche nach neuen Herausforderungen ist. Deswegen konzentriert er sich auf die Frage nach der Nachhaltigkeit eines Sieges, deren Möglichkeit er im Falle einer Eroberung von Syrakus in Zweifel zieht. «Unsinnig ist es, solche Gegner anzugreifen, die man nach einem Sieg nicht niederhalten, nach einem Misserfolg aber nicht unter gleichen Bedingungen wie vorher (erneut) angreifen kann.»[31] Auch solle man sich durch das Missgeschick seiner Feinde – gemeint sind die Spartaner – nicht zu Übermut hinreißen lassen. Obendrein dürfe man nicht vergessen, dass man sich von den Einbußen und Verlusten des zurückliegenden Krieges noch nicht erholt habe. Man solle immer im Auge behalten, «dass durch leidenschaftliche Gier das wenigste gelingt, durch kluge Vorsicht das meiste».[32] Thukydides sieht Nikias im Nachteil, weil er keine großen Ziele vorzugeben vermag, sondern nur den Status quo beibehalten will. Nikias spricht die Alten an, redet aber an den Jüngeren vorbei. Er steckt im Vergangenen fest und hat zum Zukünftigen wenig zu sagen.

Alkibiades beginnt seine Antwort auf Nikias mit der Behauptung, wer meine, er könne in Frieden leben, wenn er sich zurückhalte, bescheiden sei und keine großen Ansprüche stelle, der irre sich, zumal dann, wenn es um die Verteidigung einer Vormachtstellung gehe: «Wir können es uns nicht einteilen, wie weit wir herrschen wollen, sondern sind gezwungen, da wir nun einmal auf diesem Stand angelangt sind, gegen die einen Anschläge zu sinnen, die anderen nicht hochkommen zu lassen, da uns droht, von anderen beherrscht zu werden, wenn wir nicht selbst über andere herrschen.»[33] Große Mächte, so Alkibiades' Argument, müssten das Heft des Handelns in der Hand behalten, und das sei durch Zuwarten und notorische Vorsicht nicht möglich. Wer eine bedeutende Position habe, heißt das, könne diese nur durch immer wieder zu führende Präventivkriege behaupten.[34] Alkibiades hält Nikias vor, zur Tatenlosigkeit zu raten, und warnt: «Unsere Stadt wird, wenn sie untätig verharrt, sich selbst aufreiben [...] und das Können auf allen Gebieten wird dabei verkümmern.»[35]

Nikias reagiert darauf noch einmal, indem er beschreibt, welch ungeheure Ressourcen man aufwenden müsse, um den Feldzug nach Sizilien erfolgreich führen zu können. Aber er vermag das Blatt nicht mehr zu wenden. Der Krieg wird beschlossen, und umgehend wird in Athen mit der Rüstung begonnen.

Das Rededuell hat Alkibiades für sich entschieden; er hat die in Athen vorherrschende Grundstimmung sehr viel besser getroffen als Nikias. Aber hat er mit seiner Beurteilung der Lage auch recht gehabt? Die Katastrophe, in der die Sizilische Expedition endet, spricht gegen ihn. Doch Alkibiades hatte vor Syrakus nicht das Kommando, sondern sein Kontrahent Nikias hatte dort geführt, und das hatte er ganz so getan, wie er auch geredet hatte: redlich und umsichtig, aber ohne Elan und Kreativität. Immer wieder hatte er gezögert und gezaudert und dadurch das Momentum des Geschehens nicht genutzt und die Gunst des Augenblicks verpasst. Das stellt Thukydides mit großem Nachdruck heraus. Ergreift er damit für Alkibiades Partei? Wäre der Krieg um Syrakus anders verlaufen, wenn Alkibiades die Athener geführt hätte? Aus dem Text selbst heraus lässt sich kaum entscheiden, wem Thukydides im Hinblick auf die vorgebrachten Argumente recht gibt, wie er sich in dieser Kontroverse positioniert. Er stellt heraus, dass die Reden der beiden Kontrahenten in Athen nicht nur die einander entgegenstehenden Parteien repräsentierten, sondern auch an unterschiedliche Generationen und Mentalitäten adressiert waren.

Nikias vertritt eine Sicht, die bei den Älteren vorherrschte, bei denen, die auf Traditionen und deren Bindekraft setzten und darüber die Fragen des Machtgebrauchs hintanstellten; die möglicherweise nicht begriffen, dass die expansive Politik Athens, an der sie selbst und die vorangegangene Generation maßgeblich beteiligt waren, Verhältnisse geschaffen hatte, in denen die Werte, auf die sie nach wie vor setzten, keine Bindekraft mehr besaßen, dass an die Stelle der Werte eine «Grammatik der Macht» getreten war, der man sich nicht entziehen konnte, wenn man nicht alles verlieren wollte. Diese Grammatik der Machtpolitik kommt nirgendwo stärker zum Ausdruck als in dem berühmten Dialog, den die Athener mit den auf ihrer Neutralität beharrenden Meliern führen – übrigens in zeitlicher Nähe zum athenischen Kriegsbeschluss gegen Syrakus.[36]

In diesem Dialog legen sie dar, dass auch dem Übermächtigen

politische Optionen nicht beliebig zur Verfügung stehen, sondern er darauf achten muss, welche Schlussfolgerungen ein bestimmtes Handeln bei den seiner Herrschaft Unterworfenen zur Folge hat. Man kann das in Parallele zur Sizilischen Expedition lesen und die athenische Brutalität gegenüber den Meliern zur Katastrophe des athenischen Heeres in Sizilien in Beziehung setzen, also den Untergang der athenischen Streitmacht in Sizilien als Strafe für die Vernichtung der Stadt Melos lesen. Man kann mit gleichem Recht aber auch davon ausgehen, dass die Athener auf Melos die Bedingungen beschreiben, unter denen sie nun einmal agieren und die auf Sizilien dann gegen sie zur Anwendung kommen. Wer diese Bedingungen nicht hinnehmen will, so die implizite Botschaft, soll sich von der Machtpolitik fernhalten. Er spielt dann aber auch politisch keine Rolle. – Das würde heißen, dass Thukydides die athenische Machtpolitik nicht moralisch verurteilt, sondern herausstellt, dass man wissen muss, worauf man sich einlässt, wenn man zur Großmacht aufsteigt: Politik findet dann nach anderen Regeln statt. Nikias' Argumente und die Einstellung der Älteren in Athen sind so nichts als ein großes Missverstehen der Lage.

Die Beschäftigung mit dieser Frage führt zu einer *zweiten Schicht* in Thukydides' Darstellung der Ereignisse: zur notorischen Wankelmütigkeit des athenischen Demos. Thukydides spricht von einer «Sucht nach diesem Unternehmen», womit er die materiellen wie emotionalen Anreize der Sizilischen Expedition meint: Den Älteren sei es darum gegangen, Sizilien zu unterwerfen und damit die athenische Machtstellung zu festigen, wobei sie sich damit beruhigten, dass «eine so große Streitmacht keinesfalls zugrunde gehen» werde; «die in ihren besseren Jahren Stehenden aus Sehnsucht, die Ferne zu sehen und kennenzulernen, voll Vertrauen, heil davonzukommen, und die große Masse der Soldaten in der Hoffnung, fürs Erste Geld zu verdienen und dann eine Macht zu gewinnen, durch die ihnen dauernde Soldzahlung gewährleistet werde».[37] Es ist eine unheilvolle Mischung aus Unbedarftheit, Neugier auf Fernes und Fremdes und dem Wunsch nach einer dauerhaften materiellen Absicherung der städtischen Armen, die das Unternehmen trägt, und man ahnt, dass dieses Sammelsurium aus Leichtfertigkeiten schnell ins Gegenteil umschlagen kann. Der Wille des Demos ist schwankend und unzuverlässig. Das Volk braucht eine politische Führung, die den einmal zum Ausdruck gebrachten Willen «härtet», so wie dies unter Perikles der Fall war. Der fehlt jetzt.

Das Schwanken des Volkswillens zeigte sich bereits bei der Verabschiedung der nach Sizilien aufbrechenden Seeleute und Soldaten; der Abschied fand statt «unter Hoffen und zugleich unter Klagen, was sie [Freunde, Verwandte und Söhne] alles erobern, andererseits aber, ob sie [die Zurückbleibenden] sie jemals wiedersehen würden».[38] Aber dann wurden die zum Hafen gekommenen Zuschauer beim Auslaufen der Flotte zu Augenzeugen von etwas, das «mehr einer Zurschaustellung der eigenen Macht und Wohlhabenheit vor den anderen Hellenen [glich] als einer Rüstung gegen Feinde».[39] Der Stolz auf das, was man hier an glanzvoller Machtentfaltung sah, beruhigte die Gemüter, und es machte sich Zuversicht breit, dass das Unternehmen von Erfolg gekrönt sein werde. Alles das, was Clausewitz später als «Friktion» bezeichnet hat, das Unvorhergesehene und Widrige, das durch keine noch so sorgfältige Planung zu beseitigen war,[40] geriet damit in den Hintergrund, und eine naive Sorglosigkeit breitete sich aus. Lange Zeit schienen sich diese Erwartungen auch zu bestätigen: «Die Syrakusaner glaubten nicht mehr, den Krieg siegreich zu beenden, zumal ihnen auch aus dem Peloponnes nicht die geringste Unterstützung zuteilwurde.»[41]

Doch dann wendete sich das Blatt, denn aus Korinth und Sparta trafen doch noch Verstärkungen für Syrakus ein, und auf athenischer Seite hatte man das vorherige «Zeitfenster» nicht genutzt. Jetzt wurden die Nahrungsmittel knapp. In einem Brief, den Nikias schrieb, um in Athen um Hilfe nachzusuchen, offenbar aber auch in der Hoffnung, die Volksversammlung werde den Abbruch des Feldzugs und den Rückzug von Heer und Flotte anordnen, lässt

Thukydides ihn das Umschlagen der Stimmung beschreiben, die nun das Gegenteil der Erwartungen spiegelt, wie es sie noch beim Kriegsbeschluss gegeben hatte: «Die Seeleute werden beim Holzsammeln, Beutemachen und Wasserholen [...] von den Reitern [der Syrakuser] niedergehauen; die Ruderknechte laufen über, seit der Kampf unentschieden steht; die Söldner, die gezwungen an Bord gegangen sind, verflüchtigen sich sogleich in die umliegenden Ortschaften, und die, die sich zunächst unter dem Eindruck des hohen Soldes beteiligten und mehr auf Gelderwerb als zum Kampf auszuziehen gedachten, jetzt aber wider Erwarten eine Flotte und auch sonst Widerstand bei den Feinden vorfinden, verlassen uns zum Teil unter einem Vorwand oder überhaupt, wie es sich jedem gerade bietet.»[42] Nikias' Resümee ist düster; er erklärt, wenn nicht bald Nachschub und Verstärkung aus Athen einträfen, werde man den Krieg verlieren. Für ihn selbst ist das die Bestätigung dessen, wovor er gewarnt hatte.

Die Verstärkung wird in Athen bewilligt, was von der Leistungsfähigkeit der Stadt und dem Siegeswillen einer Mehrheit ihrer Bürger zeugt, und eine zweite Flotte mitsamt eines zweiten Heeres wird nach Syrakus entsandt.[43] Aber auch mit ihnen schaffen es die Athener nicht, Syrakus in die Knie zu zwingen. Die Lage der athenischen Einheiten wird immer schwieriger, zumal es den Feinden auch noch gelingt, mit Hilfe peloponnesischer Schiffe die athenische Flotte im Hafen von Syrakus zu blockieren; deren zu spät unternommener Ausbruchsversuch scheitert. Eine Rückfahrt des Heeres auf den Schiffen ist jetzt nicht mehr möglich; als die Fußtruppen auf dem Landweg aus der unhaltbaren Position vor Syrakus zu entkommen versuchen, werden sie verfolgt und in aufeinanderfolgenden Gefechten dezimiert. Der Rest kapituliert und wird von den Siegern versklavt. Die beiden Oberkommandierenden, Nikias und Demosthenes, finden bei der Gefangennahme den Tod. Für die Katastrophe der athenischen Fußtruppen war letzten Endes der zu spät erteilte Abzugsbefehl verantwortlich: Demosthenes hatte auf einen schnellen Abzug gedrängt, doch Nikias hatte aus Furcht vor den zu erwarteten Anschuldigungen, seitens der Soldaten und seitens der Athener Volksversammlung, damit allzu lange gezögert. Thukydides stellt das Zögern des Nikias deutlich heraus; für ihn, der sich auf seine eigene militärische Expertise einiges zugutehält, ist es der falsche Mann am falschen Platz gewesen. «Nur wenige von so vielen», so endet Thukydides' Bericht über die Sizilische Expedition, «kehrten nach Hause zurück.»[44]

Es gibt im Werk des Thukydides freilich noch eine *dritte Ebene*, auf der er sich nicht mit den Entwicklungen innerhalb Athens beschäftigt – weder mit der Strategiedebatte noch mit den Stimmungsschwankungen in der Bürgerschaft, dem emotionalen Spiegel der Strategiedebatte[45] –, sondern auf der er beides in Relation zu den tatsächlichen Ereignissen und Entwicklungen analysiert: Was passierte, als das bislang so mächtige Athen infolge der sizilischen Katastrophe geschwächt war? Wie reagierten die Kontrahenten im Kampf um die hellenische Hegemonie? Wie die Bündnispartner, von denen sich viele aus Angst vor der Macht Athens und in der Hoffnung auf seinen Beistand dem attischen Seebund angeschlossen hatten? Und vor allem: Wie verhielten sich die Neutralen, die bis dahin gleich weit entfernt zu Athen und Sparta gestanden hatten?

Thukydides geht die drei Gruppen der Reihe nach durch: «Die Neutralen meinten, auch wenn sie niemand um ihren Einsatz bitte, sich nicht mehr vom Krieg fernhalten zu dürfen, sondern aus eigenem Entschluss gegen die Athener auftreten zu müssen – [die Athener] wären auch auf sie der Reihe nach losgegangen, wenn sie in Sizilien Erfolg gehabt hätten –, und zugleich werde der restliche Krieg kurz sein, und daran teilgenommen zu haben, bringe ihnen Ruhm ein.»[46] Ähnliche Entwicklungen hatte Thukydides bereits in Sizilien beobachtet: Als sich dort das Blatt gewendet hatte und es so aussah, dass Syrakus den Krieg gewinnen werde, hatten sich all die Städte Siziliens, die sich zuvor für neutral erklärt oder das athenische Heer mit Nahrungsmitteln versorgt hatten, auf die Seite von Syrakus geschlagen. Wer im Anschein der Stärke stand, hatte auch die Vielen auf seiner Seite: Es gab offenbar so etwas wie einen Punkt, an dem die Machtverhältnisse kippten, und dieser Punkt hatte vor allem mit dem äußeren Anschein und den daraus erwachsenden Vermutungen Außenstehender zu tun.

Das lässt sich als Bestätigung der athenischen Argumente gegenüber den Meliern verstehen: Es waren zwar nicht die Götter, die es, wie die Athener behaupteten, mit den stärkeren Bataillonen hielten,[47] aber doch die Neutralen, die dem Anschein von Überlegenheit und Stärke folgten. Diese Sicht wurde durch die dem attischen Seebund angehörenden Städte bestärkt: «Die größte Bereitschaft bewiesen die Untertanen der Athener, von denen abzufallen, auch mit Überschätzung ihrer eigenen Kräfte, weil sie die Lage voller Leidenschaft beurteilten und keinen vernünftigen Grund hatten, den kommenden Sommer [auf Seiten Athens] durchhalten zu können.»[48] – Unter diesen Umständen kamen dann auch die Spartaner zu dem Ergebnis, es sei an der Zeit, den Krieg gegen Athen wiederaufzunehmen: «Wenn sie Athen niedergerungen hätten, würden sie selbst endlich ungestört die Hegemonie über ganz Hellas ausüben.»[49] Das spricht gegen die Position des Nikias, der für Stillhalten und Ausruhen unter Beachtung des ausgehandelten Friedens plädiert hatte. Es stärkt vielmehr die Position des Alkibiades, der davon ausgegangen ist, es werde in Griechenland keinen verlässlichen Frieden geben, solange der zwischen Athen und Sparta ausgetragene Hegemonialkonflikt nicht entschieden sei. Das ist eine Variante dessen, was Allison die «Thukydides-Falle» genannt hat. Alkibiades' Vorschlag, Sizilien anzugreifen, um dessen Ressourcen der athenischen Macht verfügbar zu machen, ist somit eine Strategie, den Hegemonialkonflikt ohne Entscheidungsschlacht mit den Lakedämoniern zu entscheiden – denn einem Athen, das die Ressourcen der Ägäis *und* Siziliens bei sich gebündelt hatte, hätte Sparta keinen längeren Widerstand entgegensetzen können.

Thukydides lässt durchblicken, dass er der Wertefrage, die der Peloponnesische Bund als Kriegsziel lanciert hatte, als man die Parole ausgab, für die Freiheit der von Athen unterjochten Städte zu kämpfen, keine große Bedeutung beimisst: Nirgendwo erwähnt er, es sei das Freiheitsstreben der Bündner gewesen, das sie zum Abfall von Athen veranlasst habe. Vielmehr verweist er, wenn er auf die Motive der Abtrünnigen zu sprechen kommt, auf ihr Bestreben, keine Tribute mehr an Athen zahlen zu müssen. Diese Tribute hatten die ursprüngliche Verpflichtung zur Bereitstellung von Kriegsschiffen abgelöst, Schiffen, die unter athenischem Oberkommando in der Ägäis patrouillierten, um die See von Piraten und Feinden freizuhalten. Viele Bündner waren diesem Anerbieten Athens gefolgt, weil sie sich so ungestört ihren Geschäften widmen konnten. Tribute anstelle von Schiffen lagen freilich auch im athenischen Interesse, weil die Verfügbarkeit einer größeren Anzahl eigener, aus den Beiträgen der Bündner finanzierter Schiffe die Operations- und Gefechtstüchtigkeit der eigenen Flotte erhöhte und man dann zusätzlich Personen aus den unteren Schichten Athens als Ruderer besolden konnte. Die athenische Thalassokratie hatte eine sozialimperialistische Komponente.

Inzwischen waren die regelmäßig anfallenden Tribute den Bündnern jedoch lästig geworden, und sie glaubten, auch ohne den Schutz Athens eine gute Entwicklung nehmen zu können. Obendrein hatten die Athener durchweg ein Auge darauf, dass in den Bündnerstädten demokratische Ordnungen nach athenischem Muster errichtet wurden, wohingegen die Vermögenden dieser Städte ihren Einfluss in oligarchischen Verfassungen stärken wollten. Das war jedoch unmöglich, solange die Athener die Ägäis beherrschten. Was in der Kriegspropaganda der Spartaner die Freiheit Griechenlands hieß, war in der politischen Realität der Bündnerstädte: Tributbefreiung und ein Umsturz von der Demokratie zur Oligarchie – also eine Machtfrage, weswegen der Krieg zwischen Athen und Sparta aus Thukydides' Sicht ein Machtkrieg und kein Wertekrieg war. Das ist sein durchgängig «ideologiekritischer» Blick auf das Kriegsgeschehen.

Was aber war zwischenzeitlich aus Alkibiades geworden,[50] der zunächst das Kommando über die gegen Sizilien entsandte Streitmacht innegehabt hatte? – Kurz vor Ausfahrt der Flotte hatte es in Athen einen Anschlag auf die in der Stadt zahlreich aufgestellten Hermessäulen gegeben; sie waren nächtens umgestürzt und ihre Gesichter verstümmelt worden.[51] Über die Täter des Hermenfrevels wurde viel spekuliert, Denunziationen waren an der Tagesordnung, und dabei fiel auch der Name des Alkibiades. Wegen seines extravaganten Lebensstils – er trat bei panhellenischen Wettkämpfen mit seinen Rennpferden auf – und seiner verächtlichen Distanz zu den Traditionen der Stadt trauten viele ihm solches offenbar zu. Gleichzeitig war von einem Anschlag auf die demokratische Ordnung die Rede, denn eine der wenigen unversehrt gebliebenen Hermessäulen stand ausgerechnet vor dem Haus eines stadtbekannten Gegners der Demokratie. Das wiederum sprach gegen die Beteiligung des Alkibiades an dem Frevel, war er doch gerade erst als Anführer der Kriegspartei aufgetreten, die in den Kreisen der Radikaldemokraten besonders viele Anhänger hatte. Bei den gemäßigten Demokraten und den Anhängern einer stärker oligarchischen Verfassung befürchtete man freilich, die Partei der radikalen Demokraten wolle ihren Anführer zum Tyrannen erheben, und das lenkte den Verdacht erneut auf Alkibiades und seine Anhängerschaft. Man beließ Alkibiades jedoch zunächst bei der Flotte, um das Unternehmen nicht zu gefährden, schickte aber nach ihrer Ausfahrt das Staatsschiff *Salaminia* hinterher, um Alkibiades seines Kommandos zu entheben und nach Athen zurückzubringen. Alkibiades bestieg die *Salaminia*, verschwand in Thurioi aber von Bord und war danach unauffindbar. Ihm dürfte klar gewesen sein, was in Athen auf ihn wartete. Er begab sich nach Sparta und gab dort Ratschläge für die weitere Kriegführung der Lakedämonier.

Zu diesen Ratschlägen gehörte eine ausführliche Darstellung der sizilischen Pläne Athens, verbunden mit dem Hinweis, die Lakedämonier sollten Syrakus im Kampf gegen die athenische Streitmacht unterstützen und Schiffe sowie Soldaten nach Sizilien schicken. Ihrer Gewohnheit gemäß folgten die Spartaner dem nicht sogleich, aber als auch die Verbündeten, vor allem die Korinther, mit ähnlichen Erwartungen an sie herantraten, entschlossen sie sich dann doch, ein aus Schiffen und Fußsoldaten bestehendes Kontingent zu entsenden. Dessen Eintreffen trug wesentlich zur Wende des Kriegsgeschehens auf Sizilien bei. Es war also nicht zuletzt Alkibiades, der zum Scheitern des von ihm selbst in Gang gebrachten athenischen Kriegszugs beigetragen hat.

Obendrein empfahl er den Spartanern, von ihrer vormaligen Strategie abzulassen, im Sommer nach Attika einzufallen und es zu verwüsten, um danach wieder über den Isthmus abzuziehen, und stattdessen das in Attika gelegene Städtchen Dekeleia zu befestigen und dort über das gesamte Jahr eine Streitmacht zu unterhalten. Die sollte immer wieder Streifzüge gegen außerhalb der Stadtmauern anzutreffende Athener unternehmen. Auch diesem Rat folgten die Spartaner nach einiger Zeit, was die Lage Athens erheblich verschlechterte. Alkibiades wusste um die Verwundbarkeit seiner Vaterstadt. Er war ein strategisches Genie, und offenbar war es ihm egal, wem er seine Ratschläge gab. Die traditionelle Bindung an die Vaterstadt hatte bei ihm einer ungehemmten Skrupellosigkeit Platz gemacht.

Das führt zu der Frage, welchen Einfluss Thukydides einzelnen Personen auf den Gang der Ereignisse beigemessen hat. Auch das gehört zur dritten Ebene seiner Analyse des Krieges. Bislang war überwiegend vom Agieren der Kollektive die Rede: den Athenern und Spartanern sowie den von ihnen errichteten Hegemonien; des Weiteren vom Gegensatz einer Landmacht in Konfrontation mit einer Seemacht, also dem Gegensatz von Land und Meer mitsamt den zugehörigen Mentalitäten;[52] außerdem der Frage, ob sich das oligarchische Regime der Spartaner oder die demokratische Ordnung der Athener durchsetzen werde. Aber welche Rolle spielten dabei Einzelne? Wurden sie durch das Kollektiv konsumiert und verschwanden in ihm? Oder ragten sie daraus hervor, prägten die Geschichte ihrer Stadt und wurden zu Einflussfaktoren, die den Gang der Geschichte bestimmten? Wie sieht Thukydides das und stellt es dar?

Generell ging er davon aus, dass die vielgerühmte Disziplin der Spartaner, die strikte Einsozialisierung der Heranwachsenden in ein Korsett von Werten und Regeln dafür sorgte, dass auch die militärischen Anführer in die spartanische Disziplin eingebunden blieben und sich den damit verbundenen Werten unterwarfen. Ein Musterbeispiel dafür war König Archidamos, der die spartanische Kriegführung in den ersten Jahren des Krieges prägte und dabei weder durch taktische Raffinesse noch strategische Kreativität auffiel. Der spartanische Heerführer Brasidas dagegen, dessen Feldzug in Thrakien gegen die Halbinsel Chalkidike Athen in große Bedrängnis brachte, besaß strategische Kreativität, und man kann sich gut vorstellen, dass er, wenn er nicht im Kampf den Tod gefunden hätte, mit dem spartanischen Regel- und Wertesystem in Konflikt geraten wäre. Thukydides hat Brasidas, beim Ringen um Amphipolis sein direkter Kontrahent, bewundert, und auch Platon lässt in seinem *Symposion* Alkibiades auftreten, der Brasidas mit Achill vergleicht (einem überaus eigenwilligen Helden, der alles andere als ein Vorbild an Disziplin war). Dass Brasidas in der Schlacht beim Angriff auf die athenische Hoplitenphalanx tödlich verwundet wurde, war eine Bestätigung seiner Verwurzelung im spartanischen Ehrenkodex. In diesem Sinn war er eben kein aus der Ordnung herausragendes Individuum, sondern ein herausragendes Beispiel für das, was Sparta ausmachte. So jedenfalls hat Thukydides ihn dargestellt. Der Krieg legte die Schwächen und Verwundbarkeiten der spartanischen Ordnung offen, aber er brachte sie nicht zu Fall.

Das war in Athen anders. Die ständigen Veränderungen und Innovationen der letzten Jahrzehnte hatten hier einen Typus von Individualität hervorgebracht, der sich immer wieder im Widerspruch zur bestehenden Ordnung sah und für den das Ausleben dieses Widerspruchs zum Selbstverständnis gehörte. An der attischen Tragödie und ihren Themen lässt sich ablesen, in welchem Ausmaß dieser Typ von Individualität inzwischen vorherrschte. Gleichzeitig hielt sich in der Stadt aber eine Frömmigkeit, die dieser Individualität Grenzen setzte, und so kam es immer wieder zu Konflikten zwischen selbstbewussten Einzelnen und den Konformitätserwartungen einer Mehrheit der Bürger, die auch nicht zögerte, bei Gerichtsverfahren Todesurteile gegen solche Nonkonformisten zu verhängen. Sokrates' Tod ist dafür das berühmteste Beispiel. Dass Sokrates den Vollzug dieses Urteils auf sich nahm und nicht entfloh, zeigt ihn wiederum als getreuen Bürger seiner Stadt, als der er sich auch als Soldat im athenischen Hoplitenaufgebot in mehreren Schlachten des Krieges bewährt hat.[53] Sokrates bestand auf seiner Individualität, brachte sie aber nicht gegen seine Vaterstadt in Stellung.

Nicht so Alkibiades. Wäre er ein Sokrates gewesen – er war immerhin einer seiner Schüler und gehörte zum Kreis der an philosophischen Fragen Interessierten, die sich um Sokrates geschart hatten –, so hätte er in Thurioi das athenische Schiff nicht verlassen, wäre an Bord geblieben und hätte sich der Gerichtsverhandlung in Athen gestellt. Notfalls hätte er auch ein Todesurteil hingenommen, wie dies sein Lehrer getan hat. Alkibiades war aber nicht wie Sokrates, und das hat wesentlich dazu beigetragen, dass Athen den Krieg am Ende verlor. Thukydides hat Alkibiades einen überragenden Einfluss auf das Kriegsgeschehen beigemessen, eine Bedeutung, die er sonst keinem Einzelakteur zugebilligt hat – nicht nur im Hinblick auf die Sizilische Expedition und ihrem Scheitern infolge von Alkibiades' Überlaufen zum Feind, sondern noch einmal in einer späteren Phase des Krieges, als Alkibiades unter Ausnutzung seiner «persischen Beziehungen» und seines Einflusses auf die athenische Flotte entscheidend dazu beitrug, dass die zwischenzeitlich in Athen errichtete Herrschaft der Oligarchen kollabierte und die demokratische Ordnung wiederhergestellt wurde.[54] Alkibiades ist der Einzige, der in Thukydides' Analyse des Kriegsgeschehens die Rolle eines *Game Changers* spielt. Es ist die Schwäche Athens, dass es diesen Mann nicht einzubinden und für seine Ziele und Zwecke zu nutzen vermochte. Oder zugespitzt: Weil Athen und Alkibiades nicht zusammenstimmten, verlor Athen den Krieg, und Alkibiades stand zuletzt als Gescheiterter da.

Auf dieser dritten Ebene stellt Thukydides also Athen und Sparta nicht nur als Kontrahenten um die Hegemonie, sondern auch als Alternative der politisch-kulturellen Entwicklung Griechenlands dar. Das Feinsinnige dieser Darstellung besteht darin, dass hier das athenische Modell, in machtpolitischer Hinsicht der Verlierer des Krieges, den erfolgreicheren Weg verkörpert, denn die weitere Entwicklung Griechenlands wurde durch die Vorgaben Athens und nicht die Spartas bestimmt. Nicht der disziplingestählten Traditionsverteidigung der Spartaner gehörte die Zukunft, sondern dem in Athen gepflegten Individualismus und der demokratischen Ordnung, die sich dort bis zum Beginn der Makedonenherrschaft immer wieder erneuerte. Der Sieg im Kampf um die politische Macht, heißt das, ist nicht identisch mit der erfolgreichen Durchsetzung einer bestimmten Lebensweise. Thukydides hat, da er wenige Jahre nach dem Ende des Krieges und dem Zusammenbruch der athenischen Seeherrschaft starb, diese weitere Entwicklung nicht mehr dargestellt, aber in seiner Behandlung des Verhältnisses von Einzelnem und Gemeinschaft, Individuum und Kollektiv hat er Beobachtungen festgehalten, die sich wie Antizipationen ausnehmen.

Der «letzte und wahre Grund» des Krieges

Offenbar hat Thukydides relativ lange den Plan verfolgt, den «Archidamischen Krieg» und die «sizilische Expedition» als voneinander separate Kriege darzustellen. Je stärker sich der «Dekeleische Krieg» jedoch zur Wiederaufnahme des «Archidamischen Krieges» entwickelte, desto mehr festigte sich bei ihm die Überzeugung, dass alle drei Kriege in Wahrheit ein einziger Krieg seien und der «Nikiasfrieden», der sie voneinander trennte, bloß ein längerer Waffenstillstand, aber kein Friedensschluss, mit dem der Konflikt zwischen Athen und Sparta, Seemacht und Landmacht, Demokratie und Oligarchie definitiv beendet worden wäre. Vermutlich ist Thukydides auf diese Idee nicht erst nach 404 v. Chr. gekommen, als Athen kapituliert hatte und das Seereich zusammengebrochen war, sondern bereits in den letzten Jahren des Krieges, dessen Zentrum sich inzwischen an die kleinasiatische Küste und in den Hellespont verlagert hatte. Mit der Umsetzung dieser neuen Vorstellung begann er jedoch erst nach dem Ende des Krieges, und dabei legte er diejenigen Teile seiner Darstellung, die er gemäß der ursprünglichen Konzeption geschrieben hatte, seiner Um- und Überarbeitung zugrunde. Das hatte zur Folge, dass die ursprüngliche Darstellung weiterhin durchscheint und man bei genauerem Studium erkennen kann, wo und wie die Überarbeitung darübergelegt worden ist. Hier ist jedoch nicht das Auseinandertüfteln beider Konzeptionen wichtig, sondern die Beantwortung der Frage, was Thukydides zu dieser Revision seiner ursprünglichen Konzeption veranlasste und welche Folgen das für seine Sicht auf den Krieg hatte.

In Thukydides' ursprünglicher Konzeption handelte es sich um Kriege, die Athen führte, um seine Seeherrschaft im Ägäischen Meer zu behaupten und aufs Ionische Meer auszudehnen: die attische Thalassokratie im Modus von Verteidigung und Expansion. Da Thukydides zunächst davon überzeugt war, dass Athen daraus als Sieger hervorgehen werde, hätte die gemeinsame Überschrift dieser diversen Kriege lauten können: «Vom Wachstum einer See- und Handelsmacht». Es wäre eine große Erzählung vom friedlichen wie kriegerischen Wandel der hellenischen Welt gewesen, in der sich der Geist des Handels und Wandels und die Rolle des Geldes als bestimmendes Element der Macht Schritt für Schritt durchgesetzt hätten. Elemente davon kann man noch in der großen Rede finden, in der Perikles die Siegchancen der Athener im Krieg mit Sparta abgewogen hat: «Von ihrer eigenen Hände Arbeit leben die Peloponnesier, weder persönlich noch im Staat verfügen sie über Geldmittel, sodann sind sie in länger andauernden und überseeischen Kriegen unerfahren, weil sie wegen ihrer Armut nur kurze Zeit gegeneinander Krieg führen können.»[55] Und: «Mit ihren Leibern kämpfen Leute, die von ihrer eigenen Hände Arbeit leben, bereitwilliger als mit Geld, denn bei jenen sind sie zuversichtlich, sie aus Gefahren retten zu können, bei diesem sind sie nicht sicher, ob sie es nicht vorher aufbrauchen, zumal wenn wider Erwarten, was doch wahrscheinlich ist, sich ihnen der Krieg in die Länge zieht.»[56]

Das hätte gut in eine Fortschrittserzählung gepasst, zwar keine, in der der Handel den Krieg vollständig ersetzt, wie sich dies Immanuel Kant und die Soziologen des 19. Jahrhunderts vorgestellt haben,[57] aber doch eine, in der wirtschaftliche Macht zunehmend militärische Macht überlagert und deren Bedeutung für den Ausgang von Konflikten einschränkt. Die Kriege wären in Fortsetzung dessen, was Perikles über den anstehenden Krieg sagte, mit der Zeit zu Wirtschaftskriegen geworden.[58] Es wäre dies eine Rede gewesen, wie sie ein westlicher Politiker, ein expansiv ausgerichteter jedenfalls, auch nach 1989/91 hätte halten können.

Nach dem Scheitern der Sizilischen Expedition, erst recht nach der Kapitulation Athens im Jahre 404 v. Chr., war klar, dass Perikles' Pläne nicht aufgegangen waren. Thukydides musste seine Vorstellung vom Krieg und dessen Ergebnis revidieren. Der heutige Leser, der den Fortgang der Geschichte kennt, liest die Rede des Perikles als Selbsttäuschung. Eine kleine Variante dieser Selbsttäuschung besteht darin, dass Athen den Krieg nur verloren hat, weil es Perikles' Vorgabe der strategischen Defensive nicht gefolgt ist und in der Sizilischen Expedition seine Kräfte «überdehnt» hat;[59] die große Variante läuft darauf hinaus, dass es sich bei dem Projekt einer Ablösung militärischer Macht durch wirtschaftliche Macht, der kriegerischen Gewalt durch den sanften Zwang des Handels, um eine prinzipielle Illusion handelt, die, sobald sie auftaucht, regelmäßig widerlegt wird – wie auch jetzt wieder durch den russischen Angriffskrieg gegen die Ukraine. Das westliche Projekt einer Friedensordnung, die auf der Annahme beruht, mit wirtschaftlichen Mitteln Verhalten beeinflussen zu können, wurde durch ihn zerstört. In Perikles' Rede stoßen wir auf den Ursprung dieser Vorstellung, und Thukydides' «Zusammenschreibung» ist die Absage des Historikers an dieses Vorhaben.

Die «Zusammenschreibung» der mindestens drei Kriege Athens zwischen den Jahren 431 und 404 v. Chr. lässt den Zukunftsentwurf des Perikles zur Illusion werden. Die Umstellung der politischen Welt auf die Vorgaben einer Seemacht gelingt nicht. Die kriegerischen Fähigkeiten der Landmacht bleiben im Spiel. Aber nicht nur das: Letzten Endes wechselt in Thukydides' Darstelllung auch das Subjekt des Krieges, und an die Stelle Athens tritt Sparta als der verursachende Akteur. Das zeigt sich in der berühmten Sentenz, mit der Thukydides seine Bemerkungen über «Art und Ziel der Darstellung» beendet hat: «Den letzten und wahren Grund, von dem man freilich am wenigsten sprach, sehe ich im Machtzuwachs der Athener, der den Lakedaimoniern Furcht einflößte und sie zum Krieg zwang; aber die öffentlich von beiden Seiten vorgebrachten Anschuldigungen, derentwegen sie den Vertrag lösten und den Krieg begannen, waren Folgende:»[60] Dann folgt das, was man im Anschluss an Thukydides seitdem als «Anlass» bezeichnet, der von dem «letzten und wahren Grund» eines Krieges zu unterscheiden ist. Es ist Sparta, das den Krieg führen will und führen muss, weil es, wenn das wirtschaftliche Wachstum Athens so weitergeht wie bisher, immer weiter in Rückstand geraten wird und keine Chance mehr hat, das Gleichgewicht der Mächte im hellenischen Raum sicherzustellen. Die dem «Dreißigjährigen Frieden» zwischen Athen und Sparta, wie Thukydides die Verständigung beider Mächte über eine «friedliche Koexistenz» bezeichnet, zugrunde liegenden Vorstellungen waren also ebenso eine Illusion wie die einer Ablösung des Krieges durch den Handel, weil sie die unterschiedliche Dynamik beider Seiten in Friedenszeiten ausblendete. Was auch immer die Entscheidung Spartas veranlasst haben mag, den Friedensvertrag als gebrochen anzusehen und den Krieg zu beginnen – der eigentliche Grund für die Kriegsentscheidung der Spartaner war das Erfordernis eines Präventivkrieges, wenn sie nicht irreversibel ins Hintertreffen geraten wollten.

Thukydides führt damit eine weitere Analyseebene ein, die nicht auf Dokumente und Erklärungen der Kriegsparteien gestützt ist, sondern allein auf einer «Grammatik der Macht» beruht, die sich «hinter dem Rücken» der handelnden Mächte durchsetzt. Sie müssen nicht unbedingt wissen, was sie tun; es genügt, dass sie irgendwie registrieren, dass, wie im Falle der Spartaner, die Entwicklung im Frieden gegen sie läuft und dass sie dem entgegenhandeln müssen. Sie «spüren» das, auch wenn sie es nicht begreifen. Das ist die Stelle, an der der Historiker zum Theoretiker wird, der aus bestimmten Annahmen das Handeln der Akteure zu erklären versucht.

Unter Berufung auf Karl Poppers *Logik der Forschung* könnte man hier einwenden, Thukydides habe damit das Feld der wissenschaftlichen Aussagen verlassen, weil die Annahmen über die wahre, aber von allen beschwiegene Ursache des Krieges infolge dieses Beschweigens nicht falsifizierbar sind. Aber man kann ebenso geltend machen, Thukydides habe sich zu solchen Annahmen genötigt gesehen, weil ein Krieg von dieser Dauer und Intensität schwerlich aus den vergleichsweise kleinen Konflikten um Megara und Platää zu erklären ist, zumal diese nur beim Archidamischen und nicht beim Dekeleischen Krieg eine Rolle spielten. Es muss also etwas gegeben haben, was die sonst eher vorsichtigen und zögerlichen Spartaner dazu veranlasst hat, sich auf die unüberschaubaren Risiken eines großen und langen Krieges mit Athen einzulassen, obendrein nicht nur einmal, sondern nach dem Nikiasfrieden zum zweiten Mal. Dieser Grund konnte kaum die Legitimationsparole vom Kampf um die Freiheit der attischen Bündner sein, denn warum sollte Sparta für deren Vorteil seine Kraft vergeuden? Was es vom Abfall der Bündner tatsächlich hatte, war die nachhaltige Schwächung Athens, und genau das war für Thukydides der «letzte und wahre Grund» des Krieges.

Die ursprüngliche Ätiologie des Krieges, die sich um die von Athen verhängte Handelsblockade gegen die Stadt Megara drehte, trat damit in den Hintergrund, wenngleich Thukydides sie in seiner Kriegsdarstellung beließ – freilich nur, um am Ausbleiben einer schiedlich-friedlichen Regelung dieser Angelegenheit zu zeigen, dass es auf spartanischer Seite stärkere Antriebsgründe zum Kriegseintritt gab als den peripheren Streit um Megara. Und dass Athen fürchtete, wenn es hier nachgab, würden die Spartaner ihnen gegenüber sehr bald mit neuen Forderungen aufkommen.[61] Es waren die Probleme der Aufrechterhaltung eines Gleichgewichts zwischen zwei hegemonialen Akteuren, die zum Krieg führten, eines Gleichgewichts freilich, das auf sozioökonomisch sehr unterschiedlichen Ausgangsbedingungen beruhte. Ein Ausbalancieren des Gleichgewichts war offenkundig ohne das Instrument Krieg nicht möglich, und in diesem Sinn haben sich beide Seiten anfänglich den Krieg wohl auch vorgestellt.[62]

Aber dann geriet der Krieg außer Kontrolle, was auch damit zu tun hatte, dass beide Seiten mit unterschiedlichen strategischen Leitvorstellungen in ihn hineingegangen waren: die Spartaner gemäß den Vorgaben der *Niederwerfungsstrategie*, auf deren Grundlage Archidamos die Athener Jahr für Jahr im Sommer zur Entscheidungsschlacht provozieren wollte, worauf die Athener sich jedoch nicht einließen. Und die Athener nach den Direktiven einer *Ermattungsstrategie*, die mit einer Reihe von begrenzten Landungsoperationen auf dem Peloponnes, der Verwüstung des Landes und anschließendem Rückzug, den Verbündeten der Spartaner vor Augen führen sollte, dass ihr Hegemon sie nicht schützen konnte, und bei der gleichzeitig die Ressourcenbasis Spartas immer kleiner und fragiler wurde.[63] Die Ermattungsstrategie richtet sich nicht wesentlich gegen die Heeresmacht des Kontrahenten, sondern gegen seine Ressourcen, um ihn durch Auszehrung zum Aufgeben zu nötigen. So zog sich der Krieg hin, und die mit ihm verbundenen Schäden wuchsen und wuchsen.[64] Für Thukydides gewann anstelle der Ätiologie, die den Ursprung des Krieges nicht zu fassen vermochte, die Pathologie des Krieges an Bedeutung, mit der sich immerhin erklären ließ, warum die Gewaltexzesse zunahmen und wie Staatenkrieg und Bürgerkrieg sich miteinander vermischten.

Thukydides' «Pathologie des Krieges» schließt unmittelbar an die Darstellung der Ereignisse in Kerkyra an, wo die Partei der Demokraten gegen die der Oligarchen in einen Bürgerkrieg verwickelt war, der seine Intensität und Härte nicht zuletzt daraus bezog, dass beide Seiten auf auswärtige Verbündete zurückgreifen konnten, die ihnen zu Hilfe kamen und sie mit eigenen Schiffen und Soldaten unterstützten. Die Demokraten riefen die Athener um Hilfe an, die Oligarchen taten gleiches bei den Korinthern. Der Bürgerkrieg in Kerkyra ist für Thukydides das Paradigma aller Bürgerkriege, die in den großen Krieg zwischen Athen und Sparta eingelagert sind. «Bei solcher Zwietracht», so sein Resümee, «brach viel Schweres über die Städte herein, wie es nun einmal ist und immer sein wird, solange das Wesen der Menschen gleich bleibt [...]; denn in Frieden und Wohlstand leben Städte und Menschen nach besseren Grundsätzen, weil sie nicht in ausweglose Not geraten. Der Krieg aber, der die Annehmlichkeiten des täglichen Lebens raubt, ist ein harter Lehrmeister und gleicht die Leidenschaften der Menschen den Gegebenheiten des Augenblicks an.»[65]

Heißt: Nicht im Frieden, sondern im Krieg zeigt sich, wozu Menschen fähig sind und welche Zügellosigkeit in ihnen schlummert. Deswegen liegt jeder falsch, der allgemeine Aussagen über das Wesen der Menschen treffen will und sich dabei nur an ihrem Verhalten unter Friedensbedingungen orientiert. Er hat nicht im Blick, was im Krieg zum Durchbruch kommt. Thukydides nimmt für sich in Anspruch, als Historiker eines großen Krieges, des größten, wie er meint, den es bis dahin gegeben habe,[66] sehr viel genauere Aussagen über menschliches Verhalten und über das Wesen des Menschen machen zu können als alle, die sich bei ihren Beobachtungen nur auf Friedenszeiten stützen. Der Krieg, nicht der Frieden, so Thukydides, ist der eigentliche Lehrmeister der Politik.

Der Krieg löst die Konventionen auf, die dazu da sind, das Zusammenleben angenehmer zu machen und ein friedliches Auskommen miteinander zu ermöglichen. Zu diesen Konventionen gehört auch die Sprache, vor allem die Semantik, auf deren Eindeutigkeit jede Verständigung beruht. Der Krieg zerstört, wie Thukydides am Beispiel von Kerkyra beschreibt, die semantischen Voraussetzungen einer Verständigung, und es entwickeln sich Parteisprachen, die eine verlässliche Kommunikation über Parteigrenzen hinweg unmöglich machen: «Unüberlegte Tollkühnheit galt als aufopfernde Tätigkeit, vorausdenkendes Zaudern als aufgeputzte Feigheit, Besonnenheit als Deckmantel der Ängstlichkeit, alles bedenkende Klugheit als alles lähmende Trägheit.»[67] So breiteten sich Herrschsucht, Habsucht und Gier nach Ehre ungehemmt aus, «und gegenseitiges Vertrauen beruhte bei ihnen weniger auf dem göttlichen Recht als auf gemeinsam verübtem Unrecht».[68]

Der Umbruch eines solchen Krieges atomisiert die Gesellschaft, gibt auf diese Weise aber auch den Blick frei auf das, was vonnöten ist, um sie wieder zusammenzusetzen, um zu einer gemeinsamen Semantik zu gelangen und auch wieder gemeinsam verbindliche Sitten auszubilden. Wie das nach Ende dieses Krieges stattfand, hat Thukydides nicht mehr beschrieben.[69] Er hat sich darauf beschränkt, den Krieg als einen großen Dekompositeur der gesellschaftlichen Ordnung zu analysieren, und diese Dekomposition ist zu einem Topos der Kriegs- und Gesellschaftsanalyse geworden, durch den sich Thukydides von seinem Vorgänger Herodot unterscheidet, der den Krieg zwischen Griechen und Persern als einen unterschiedlischer Kulturen und Werte beschrieben hat. Bei Thukydides geht es dagegen mehr um Machtkalküle, weitsichtige wie unbedachte, und die Folgen, die daraus resultieren.

Machiavellis Dilemma

Immer wieder aufs Neue hat Machiavelli geschwankt, was er als die eigentliche, die alles bestimmende Krise ansehen sollte: die Krise von Florenz, die Instabilität seiner republikanischen Verfassung und den die Stadtgeschichte seit dem 14. Jahrhundert prägenden politischen Konflikt zwischen den Reichen und den breiten Schichten der Stadt – oder den Zerfall der politischen Ordnung Italiens, die nach dem Zusammenbruch der staufischen Herrschaft in der zweiten Hälfte des 13. Jahrhunderts auf einem konfliktreichen Zusammenspiel von fünf Mächten beruht hatte: dem Königreich Neapel, dem nach dem Ende des «avignonesischen Exils» wiedererrichteten Kirchenstaat, der Republik Florenz, der Seerepublik Venedig und dem Herzogtum Mailand. Machiavelli war ein überzeugter Republikaner, ein Anhänger des *governo largo* zumal, bei dem nicht die städtische Aristokratie, sondern die mittleren Schichten der Stadt politisch das Sagen hatten. Er war sich darüber im Klaren, dass eine solche Ordnung nur im städtischen Rahmen, also auf die Stadt Florenz beschränkt, zu verwirklichen war, nicht jedoch im gesamtitalienischen Raum, wo ihr neben dem Papsttum auch die alteingesessenen Herrschaftsfamilien entgegenstanden und wo keine gemeinsamen Versammlungen und Beratungen, ja nicht einmal gemeinsame Wahlen möglich waren. Die republikanische Ordnung in Florenz war auf ein ihr entgegenkommendes Umfeld in Italien angewiesen, wie es im 15. Jahrhundert das Gleichgewicht der fünf Mächte darstellte.[70] Das aber war durch die französische Invasion im Jahre 1494 in seinen Fundamenten erschüttert.

War das Hauptproblem bei Machiavellis Krisenbeobachtung die Frage nach der politischen Handlungsfähigkeit Italiens, die ein stabiles Bündnis der italienischen Mächte zur Voraussetzung hatte, so war die Stabilisierung und Reformierung der republikanischen Ordnung von Florenz ein untergeordnetes Problem, und alles lief auf die Frage zu, wie Italien zu einigen war und sich zu gemeinsamem Widerstand gegen die ausländischen Invasoren ertüchtigen ließ. Das würde, da ein Bündnis der italienischen Mächte unwahrscheinlich war, zunächst auf die Errichtung einer Diktatur hinauslaufen, einer Diktatur, die Machiavelli sich wahrscheinlich gemäß altrömischem Vorbild vorstellte. Sollte eine solche Einigung von Erfolg gekrönt sein, so würde sie freilich nicht, wie im Falle des Verfassunginstituts der römischen Republik, in eine durch das diktatorische Eingreifen wiederhergestellte republikanische Ordnung münden, weil es diese für ganz Italien ja nicht gab und auch nicht geben konnte, sondern in einer Alleinherrschaft, die den Charakter einer Monarchie oder einer Tyrannis annehmen konnte. Beides war nicht nach Machiavellis politischen Präferenzen.[71] Ob diese Präferenzen eine Rolle spielen durften, hing davon ab, welche von beiden Herausforderungen die vordringliche war: die der Florentiner Republik oder die einer Selbstbehauptung Italiens gegenüber den europäischen Großmächten Spanien und Frankreich.

Machiavelli schwankte, worin er die größere politische Herausforderung sehen sollte. Dieses Schwanken hatte nicht nur mit seinen politischen Präferenzen zu tun, sondern war auch eine Folge seiner Beobachtung der politischen Verhältnisse in Florenz und in Italien: Seit 1498 war er Beamter der Florentiner Republik, die vier Jahre zuvor nach dem Sturz der Medici wiedererrichtet worden war. In seiner Funktion als Sekretär der Zweiten Kanzlei war er mit der Reform und Erneuerung der republikanischen Ordnung befasst, von der prekären Finanzlage der Stadt bis zur Reorganisation ihres Militärwesens, von der Festigung des republikanischen Geistes in der Stadt bis zur Pflege einer Kultur politischer Führung, die Entscheidungen nicht vor sich herschob, sondern sie nach gründlicher Beratung traf und durchsetzte. Aber welche Bedeutung konnte dem noch zukommen, wenn unterdessen die für das Überleben einer Republik in Italien erforderlichen Rahmenbedingungen zerfielen, so dass der Fortbestand eines *governo largo* in Florenz unmöglich war?

Diese Frage wurde für Machiavelli drängend, seitdem er als Vertrauter des Gonfaloniere Piero Soderini, des Oberhaupts der Florentiner Republik, zu diplomatischen Missionen losgeschickt wurde, die ihn zur römischen Kurie und zum Condottiere Cesare Borgia führten, also «inneritalienischen» Charakter hatten, aber auch an den Hof des französischen Königs Ludwig XII. oder zu Kaiser Maximilian, die beide immer wieder in das italienische Machtgefüge eingriffen und, ebenso wie das spanische Königspaar Ferdinand und Isabella,[72] Truppen in Italien stehen hatten, deren Präsenz erheblichen Einfluss auf die politischen Konstellationen der Halbinsel ausübte.[73] Dann rückten die inneren Verhältnisse von Florenz für Machiavelli ins zweite Glied, und die «internationale Politik» nahm seine ganze Aufmerksamkeit in Anspruch.

Das blieb auch nach Machiavellis Entfernung aus allen politischen Ämtern im Herbst 1512 so, als er, nach zeitweiliger Einkerkerung und Folterung im Bargello, dem Stadtgefängnis von Florenz, zum politischen Schriftsteller wurde, der über den Aufstieg und Niedergang der großen Mächte nachdachte und sich mit seinen Schriften als politischer Ratgeber empfahl. In den *Discorsi* befasste er sich mit den Voraussetzungen, unter denen sich eine Republik zu behaupten vermochte und äußeren wie inneren Bedrohungen standhalten konnte, während er sich im *Principe* der Gründung und Stabilisierung einer Alleinherrschaft zuwandte und sich als «Fuchs» dem löwenhaft daherkommenden Fürsten anempfahl. Der Fuchs war das politische Emblem für den, der die Fallen und Gruben zu finden verstand, in die ein Herrscher leicht geraten konnte, weil er als Löwe den Kopf notorisch hoch trug.[74] Hierbei dachte Machiavelli weniger an Florenz und seine politische Verfasstheit, sondern an die

Verhältnisse in ganz Italien. So gab er dem letzten Kapitel des *Principe* die Überschrift: «Aufruf, in Italien die Macht zu ergreifen und es von den Barbaren zu befreien.»[75] Dieses Kapitel liest sich wie eine Rücknahme all dessen, was Machiavelli zuvor über die Republik und ihre Selbstbehauptung geschrieben hatte. Verschiedentlich sind diese Passagen auch als Anbiederung eines einkommenslosen Politiktheoretikers an entschlusskräftige Machtpolitiker gelesen worden. Tatsächlich hat Machiavelli hier aber nur die Gesamtlage Italiens ins Auge gefasst und die spezifischen Verhältnisse von Florenz in den Hintergrund gestellt, also einen Umbruch der italienischen Verhältnisse konstatiert, womit die Republikfrage zur *cura posterior* wurde, zu einem nachgeordneten Problem.

Der weite Blick: Machiavelli auf Gesandtschaftsreisen

Cesare Borgia, ein unehelicher Sohn Papst Alexanders VI., wurde am Beginn des 16. Jahrhunderts zu einer Herausforderung für Florenz, als er damit begann, sich in der Romagna ein eigenes Herzogtum zu erobern. Dabei konnte er auf die Unterstützung seines Vaters und des französischen Königs bauen. Das war für Florenz auch deswegen ein Problem, weil der Kirchenstaat und das neu entstehende Herrschaftsgebiet Cesares in unmittelbarer Nachbarschaft zu Florenz lagen, dabei Florenz und sein *contado* in die Zange zu nehmen drohten; außerdem war Frankreich der wichtigste Verbündete von Florenz, und nun stand die Frage im Raum, ob es dabei bleiben oder Cesare an die Stelle von Florenz treten würde. Machiavelli, den die Signoria zu Cesare entsandte, musste also ventilieren, ob dessen Herzogtum Florentiner Gebiet besetzen und womöglich als «französisches Standbein» in Italien an die Stelle der Arnorepublik treten wollte. Beides waren für Florenz überaus bedrohliche Entwicklungen. Es ging um eine Veränderung der italienischen Machtkonstellationen durch das Einwirken außeritalienischer Mächte.

Etwas überschaubarer waren die Probleme bei Machiavellis zwei Gesandtschaften an die Kurie, als Papst Julius II., der indirekte Nachfolger Alexanders VI. (Papst Pius III., der unmittelbare Nachfolger, starb nach nur sechsundzwanzig Tagen im Amt), an die von Cesare Borgia betriebene Eroberungspolitik anknüpfte und persönlich an Feldzügen teilnahm, die eine territoriale Konsolidierung und Erweiterung des Kirchenstaates zum Ziel hatten. Dadurch war Florenz und das von der Stadt beherrschte Umland erneut in Gefahr. Julius II. war mehr ein kriegerischer Territorialfürst als ein Hüter der christlichen Seelen,[76] und Machiavelli sollte auf beiden Gesandtschaften herausbekommen, worauf die Pläne des Papstes abzielten. Es ging also, wie bei Cesare, um einen Akteur, der das Machtgefüge Italiens von innen heraus in Frage stellte und dabei auch die Republik Florenz bedrohte. Letzteres stand im Mittelpunkt von Machiavellis Auftrag, aber die Folgen der expansiven Politik von Cesare Borgia und Papst Julius für das italienische Machtgefüge beschäftigten ihn mindestens ebenso.[77] Wie seine Briefe und Berichte zeigen, befasste er sich nicht nur mit den kurzfristigen Problemen, die Florenz betrafen, sondern dachte auch über die längerfristigen Folgen für Italien nach. Dazu trugen offenbar auch die antiken Texte bei, mit denen er sich bereits in seiner politisch aktiven Zeit und keineswegs erst nach seiner Absetzung beschäftigte.[78]

Um die von außen auf die italienischen Verhältnisse einwirkenden Mächte ging es hingegen in den vier Gesandtschaften zum französischen Königshof und bei der Mission zu Kaiser Maximilian.[79] Was Maximilian anlangt, konnte Machiavelli die Florentiner Gremien beruhigen: Der Kaiser habe zwar große und weitreichende Pläne, verfüge aber nicht über die finanziellen Mittel, um auch nur einen Bruchteil dessen in die Tat umzusetzen. Außerdem sorge die Verfassung Deutschlands dafür, dass ihm von den Städten wie Fürsten Soldaten nur in geringer Zahl und für begrenzte Zeit zur Verfügung gestellt würden. Von Maximilian habe Italien – auch Mailand und Venedig, die in den politischen Fokus des Kaisers geraten waren – nichts Schlimmes zu erwarten.

Anders stellte sich dies im Fall der französischen Politik dar, auch darum, weil die Florentiner Republik von der französischen Militärpräsenz in Italien abhängig war. Sie stand unter dem Schutz Frankreichs, und wenn dieser, aus welchen Gründen auch immer, nicht mehr in ausreichendem Maße gegeben war, würde es ihr schwerfallen, sich gegen ihre zahlreichen Kontrahenten zu behaupten: gegen die Medici, die Florenz wieder unter ihre Kontrolle bringen wollten, gegen den mit ihnen verbündeten spanischen König, der seinem französischen Kontrahenten schaden wollte, und gegen Papst Julius, der Teile des Florentiner Gebiets gern dem Kirchenstaat einverleibt hätte.

In dem kurzen Text «Über den Kaiser Maximilian», den Machiavelli zwecks Vorbereitung eines späteren Gesandten verfasste, erfährt man, was seiner Auffassung nach bei einer solchen Gesandtschaft in Erfahrung zu bringen war: «Ihr werdet an einem Ort seyn, wo man zwei Dinge betreiben wird, Krieg und Unterhandlungen. Um Euern Dienst wohl zu thun, habt ihr zu schreiben, welche Meinung man über beides hat. Der Krieg ist zu messen an den Truppen, dem Gelde, an der Führung und am Glück; wer mehr von diesen Dingen hat, von dem läßt sich glauben, daß er siegen wird. Habt Ihr hiernach erwogen, wer siegen könne, so ist es nöthig, daß man es hier [in Florenz] erfahre, damit Ihr und die Stadt zweckmäßiger beschließen und handeln könnt.»[80] Was Machiavelli dem neuen Gesandten auf den Weg gibt, zeigt, was er zuvor als seine eigene Aufgabe angesehen hat. Und es bringt zum Ausdruck, dass der Gesandte eines italienischen Teilstaats bei den außeritalienischen Mächten ein kleines Licht war, das vor allem zu beobachten, aber selbst wenig zu melden hatte.

Von politisch größerer Brisanz als die Gesandtschaft zum Kaiser waren Machiavellis Gesandtschaften nach Frankreich, an den Hof

König Ludwigs XII.[81] In Florenz war man davon überzeugt, dass die französische Wertschätzung der Florentiner und das Wissen um ihre politische Zuverlässigkeit von großer Bedeutung für die Politik des Königs und dessen Engagement in Italien waren. Damit überschätzte man das Gewicht, die den Florentinern am französischen Hof beigemessen wurde. Es musste bei der Signoria größte Besorgnis hervorrufen, als Machiavelli meldete, man sei am französischen Hof mit der Florentiner Politik unzufrieden, weil sie Frankreichs Interessen in Italien nicht hinreichend unterstütze oder nicht klar genug für Frankreich Partei ergreife – und das berichtete Machiavelli in seinen Briefen häufig. Demgemäß musste er nicht nur herausbekommen, was die Franzosen in Italien vorhatten, sondern diese auch davon überzeugen, dass das republikanische Florenz ihr bester und zuverlässigster Verbündeter sei und der König sich voll auf es verlassen könne. Letzteres fiel Machiavelli nicht immer leicht, weil man in Florenz vorsichtig agierte und sich, soweit dies möglich war, nach allen Seiten absicherte. Machiavellis Aufgabe bestand also darin, die militärische Stärke und die politische Zuverlässigkeit der Republik Florenz größer darzustellen, als sie tatsächlich waren. Darauf verstand er sich, aber er litt darunter, ständig die Kraftlosigkeit seiner Heimatstadt verbergen zu müssen.

In der Summe fiel Machiavellis Urteil über die Franzosen und darüber, was von ihnen an Unterstützung zu erwarten sei, wenig vorteilhaft aus: «Um einen Dienst angesprochen, bedenken sie eher, was er ihnen eintragen kann, als ob sie dienen können.» – «Sie sind veränderlich und leichtfertig. Sie haben die Treue des Siegers.» – Oder: «Von Italienern hat nur der gut Wetter bei Hofe, der nichts mehr zu verlieren hat und als Verlorner segelt.»[82] Das waren keine guten Aussichten für die Florentiner Republik, und tatsächlich war sie im Herbst 1512 auf sich allein gestellt, als spanische Truppen, die für die Rückkehr der Medici sorgen sollten, an Florenz heranrückten. Nach diesem Umsturz, mit dem die Medici die Herrschaft in Florenz wiedererlangten, verfolgte die Stadt eine eher an Spanien angelehnte Politik, und die Franzosen konzentrierten ihre machtpolitischen Interessen stärker auf die Lombardei als auf das toskanische Gebiet. Von nun an dachte Machiavelli stärker als zuvor über eine Einigung Italiens als Voraussetzung für die Vertreibung der Invasionsmächte nach, unter ihnen auch Frankreich, das nur dann neuerlich von ihm Kredit erhielt, wenn es wieder einmal vordringlich um Florenz und nicht um Italien ging. Ging es um ganz Italien, so verfolgte Machiavelli zwei Optionen: die Expansion einer republikanischen Ordnung, deren Geschichte er am Beispiel Roms in seinen *Discorsi* nachzeichnete, und die Machtergreifung eines militärisch wie politisch begabten Mannes, der Italien einigen und die Invasoren vertreiben sollte, wie er dies am Schluss des *Principe* als Programm formulierte.

Lageanalyse und Antizipationen der politischen Entwicklung

Im Jahre 1513, unmittelbar nach dem Sturz der Florentiner Republik und der vorangegangenen Umwälzung der italienischen Konstellationen durch die Schlacht von Ravenna – sie wurde zwar von den Franzosen gewonnen, aber dann zerstreute sich ihr Heer, und aus dem Sieg wurde eine De-facto-Niederlage –, ging Machiavelli davon aus, dass sich erneut ein machtpolitisches Gleichgewicht in Italien entwickeln werde. Allerdings nicht mehr eines von fünf, sondern eines von zwei Mächten, und keines, das von italienischen Akteuren getragen wurde, sondern eines, bei dem sich die europäischen Großmächte Frankreich und Spanien die Herrschaft über Italien teilten. Im Briefwechsel mit Franceso Vettori, damals Florentiner Botschafter in Rom,[83] hat Machiavelli die diversen Optionen Spaniens und Frankreichs theoretisch durchgespielt. Dabei ging er davon aus, dass es sich bei dem französischen und dem spanischen

Herrscher um hochrationale Akteure handelte, die stets ihre eigenen Interessen im Auge hätten, frei von Ressentiments und Illusionen, und dass sie Kosten wie Nutzen ihrer Entscheidungen sauber gegeneinander abwägen würden.[84] Er folgte also Annahmen, die wir heute der Homo-oeconomicus-Hypothese zurechnen würden.

«Jetzt bedenkend, wie die Sachen stehen, würde mich ein neuer Frieden ebenso besorgt machen wie ein neuer Krieg», schrieb er an Vettori. «Wenn man nicht aufmerkt, dürfte dieser Friede einem unverhofft auf den Nacken kommen, wie der Waffenstillstand zwischen ihnen [Frankreich und Spanien] kam.» Was zu einem solchen Frieden führen könne, seien die Erfolge, die zwischenzeitlich von den Schweizern auf italienischem Boden errungen wurden, weswegen diese im Begriff stünden, sich als dritte von außen kommende Macht in Italien zu etablieren, zumal dann, wenn sie mit dem Papst ein dauerhaftes Bündnis eingingen. Daraus schlussfolgert Machiavelli: «Sicherer kann er [der spanische König Ferdinand] dem [weiteren Einflussgewinn der Schweizer] nicht vorbeugen, als durch Frieden mit Frankreich, wodurch er leicht Navarra gewinnen würde, Frankreich einen wegen der Nachbarschaft der Schweizer schwer zu behauptenden Staat [Mailand] geben, den Schweizern den leichten Eingang nach Italien und dem Papst die Bequemlichkeit, sich ihrer zu bedienen, nehmen würde. Der Friede aber dürfte von Frankreich, bei dessen gegenwärtiger Lage, nicht nur nicht zurückgewiesen, sondern gesucht werden.»[85]

Machiavelli dachte hier über einen Frieden nach, der alles andere als im italienischen Interesse lag, sondern vor allem Frankreich und Spanien zugutekam. Ein solcher Friedensschluss würde sich nur durch die Hereinnahme eines Dritten ins Spiel der großen Mächte verhindern lassen, und das war in seinen Augen eine Koalition von Papst und Schweizern, doch das lief darauf hinaus, dass die Kriege in Italien weitergingen und das Land noch mehr verwüstet würde. Krieg und Frieden stellen sich somit als eine Entscheidung zwischen Skylla und Charybdis dar.

Zwei Monate später diskutierten Machiavelli und Vettori dann zwei unterschiedliche Friedensschlüsse, und dabei bezweifelte Machiavelli Vettoris Annahme, ein geeintes Italien könne im Spiel der großen Mächte eine größere Bedeutung haben und seinen Willen gegen den der Spanier und Franzosen zur Geltung bringen: «Denn was die Einigkeit der übrigen Italiener betrifft», schreibt er, «so macht Ihr mich lachen. Denn erstens wird's hier niemals Einigkeit geben zu einem guten Zwecke; und wenn auch die Häupter einig wären, so würden sie nicht hinreichen, weil es hier keine Waffen gibt, die einen Pfennig taugen, die spanischen ausgenommen, die ihrer geringen Zahl wegen nicht genügen. Zweitens sind die Schweife nicht mit den Häuptern einig.»[86] Mit Letzterem spielte Machiavelli darauf an, dass die großen Familien eines Herrschaftsgebiets häufig eine andere politische Linie verfolgten als der regierende Fürst und dementsprechend Intrigen spannen.

Machiavelli, dem kaltgestellten Politiker, hat das intellektuelle Durchspielen potentieller politischer Entwicklungen in Italien und das Abwägen ihrer Wahrscheinlichkeit sichtlich Freude gemacht. Dabei gab es zwei Punkte, die für ihn unverbrüchlich feststanden: dass eine politische Einigung Italiens auf der Grundlage von Übereinkommen der regierenden Fürstenhäuser und der großen Familien nicht zu erwarten sei. Und dass ein Friedensschluss zwischen Frankeich und Spanien, der beider Vorherrschaft über das Land für lange Zeit festschreiben würde, so wenig wünschenswert sei wie eine Wiederaufnahme der Kriegshandlungen zwischen ihnen, deren Leidtragende zwangsläufig die Italiener waren. Die Unwahrscheinlichkeit des Ersten und die Unerwünschtheit des Zweiten brachten Machiavelli zu der bereits erwähnten Konsequenz im sechsundzwanzigsten Kapitel des *Principe*,[87] in der er alle republikanischen Optionen hintanstellt und auf einen *uomo virtuoso* setzt, der die Initiative ergreift, die Italiener hinter sich schart und die fremden Mächte aus dem Land vertreibt. Wenn das gelungen und Italien befreit war, konnte man noch einmal darüber nachdenken, welche Aussichten bestanden, die aus der Not heraus errichtete Diktatur zu republikanisieren, was wohl auf die Einrichtung einer aus monarchischen, aristokratischen und demokratischen Elementen bestehenden Verfassung hinauslief. Aber das war für Machiavelli bei der Niederschrift des *Principe*-Kapitels eine nachrangige Frage.

Die alte Ordnung Italiens, das Gleichgewicht der fünf Mächte, war zusammengebrochen, auf die französische Invasion und die spanische Gegenintervention folgte ein Hin und Her bei der Vergrößerung der französisch oder spanisch dominierten Gebiete – Machiavellis Idee war nun, diese dynamische Lage für eine vollständige Neuordnung des Raumes zu nutzen, und das mit dem unausgesprochen gebliebenen Ziel, Italien als dritte Großmacht bei der politischen Neuordnung Europas zu etablieren. Das war dann zugleich ein Anknüpfungspunkt an das antike Rom, dessen Aufstieg Machiavelli in den *Discorsi* eingehend analysiert hatte, wobei es freilich weniger um die republikanische Verfassung Roms ging als um seinen Aufstieg zur beherrschenden Macht des mediterranen Raumes. Machiavelli wollte das sich seit 1494 ausbreitende Chaos nutzen, um eine Ordnung zu errichten, wie es sie seit den spätantiken Einbrüchen germanischer Wandervölker in Italien nicht mehr gegeben hatte. Demgemäß beginnt er seine Überlegungen im sechsundzwanzigsten Kapitel des *Principe*: «Wenn ich alles, was ich bisher gesagt habe, betrachte und mir Gedanken darüber mache, ob gegenwärtig in Italien die Zeiten einem neuen Herrscher günstig sind und ob ein kluger und tüchtiger Mann Gelegenheit hat, den derzeitigen Zuständen Form zu geben zum eigenen Ruhm und zum Wohl des ganzen italienischen Volkes, scheint mir so vieles zugunsten eines neuen Herrschers zu sprechen, daß ich keine Zeit wüßte, die für ihn geeigneter wäre.»[88]

Die günstige Gelegenheit, die *occasione*, die für Machiavelli ein zentrales Element politischen Handelns ist, ergibt sich dabei aus dem vollständigen Ordnungsverlust und dem Schwinden einer jeden Hoffnung auf Wiederherstellung der früheren Zustände. Unter diesen Umständen hatten es auch, so fährt er fort, das Volk Israel in der Zeit des Moses, die Perser unter Kyros und die Athener unter Theseus geschafft, ihre Knechtung durch andere Mächte zu beenden und zu machtvollen Akteuren aufzusteigen. Ähnliches gelte jetzt für Italien: «Es mußte versklavter werden als die Juden, geknechteter als die Perser, zerrissener als die Athener, ohne Oberhaupt, ohne Ordnung musste es geschlagen, geplündert, zerrissen, vom Feind überrannt werden und jede Art von Niedergang erduldet haben.»[89] Der vollständige Ordnungsverlust war die Voraussetzung für die Schaffung einer neuen Ordnung. Die Bereitschaft, sich auf ein solches radikales Projekt zur Veränderung der politischen Verhältnisse einzulassen, sei infolge der verzweifelten Lage gegeben: «So ist Italien in einem Zustand, als ob es ohne Leben wäre; es steht in Erwartung dessen, der seine Wunden heilen, den Plünderungen der Lombardei, den Leiden des Königreichs Neapel und der Toscana ein Ende bereiten und es von seinen seit langem schwärenden Plagen befreien könnte. [...] Wir sehen auch, daß es durchaus bereit und willens ist, einem Banner zu folgen, wenn nur ein Mann da ist, der es ergreift.»[90]

Machiavelli, von seiner politischen Grundeinstellung her eigentlich ein Gegner der Medici, die ein paar Jahre zuvor dafür gesorgt hatten, dass er seine politischen Ämter in Florenz verlor und sich auf sein Landgut nahe San Casciano zurückziehen musste, machte nun einen aus der Medici-Familie zum politischen Hoffnungsträger Italiens. Zwei Faktoren dürften dabei ausschlaggebend gewesen sein: Lorenzos militärischer Habitus und der Umstand, dass ihm sein Onkel Giuliano als Papst Leo X. politischen wie finanziellen Rückhalt zu geben vermochte. Das war neben der Verwüstung und Unterdrückung Italiens der zweite Umstand, der Machiavellis großem Plan zugutekam. «Die Umstände sind ungewöhnlich günstig», schrieb er, «und wenn die Umstände günstig sind, kann die Schwierigkeit nicht groß sein, wenn sich euer Haus [die Familie Medici] nur nach den Maßnahmen derer richtet, die ich als Vorbilder [Moses, Kyros, Theseus] genannt habe.»[91]

Dann kommt Machiavelli auf sein Lieblingsthema zu sprechen, die Reorganisation des Kriegswesens: Es habe nur den Anschein, «als ob es bei uns mit aller Tüchtigkeit im Waffenhandwerk für immer vorbei wäre». Auch hier setzt er darauf, dass der Niedergang des Alten auf die Möglichkeit hinausläuft, Neues zu formen. Das Problem sei, «daß die alte Organisation des Kriegswesens nichts taugte, und sich keiner fand, der es verstanden hätte, eine neue zu schaffen».[92] Dass die Italiener im Verlauf der zurückliegenden zwei Jahrzehnte in allen Kriegen, in denen sie auf sich allein gestellt waren, versagt hatten, rechnet Machiavelli dem Fehlen eines befähigten Anführers zu, der ein Vorbild an «Tüchtigkeit und Glück», *virtù* und *fortuna*, hätte sein müssen.[93] Der adressierte Lorenzo de'Medici aber könne ein solcher Führer sein.

Anschließend macht Machiavelli eine Reihe von Vorschlägen, wie bei der Aufstellung eines italienischen Heeres die Waffengattungen der Infanterie und der Kavallerie miteinander zu kombinieren seien (von der Artillerie, deren Bedeutung Machiavelli unterschätzte, spricht er nicht), um Franzosen und Spaniern, Schweizer Reisläufern und deutschen Landsknechten gewachsen zu sein, und schließt mit einer längeren Passage, in der er begründet, warum «ganz Italien» dem Mann, der sich an die Spitze der Einigungsbewegung zum Zwecke der Vertreibung ausländischer Truppen stelle, uneingeschränkt folgen werde: «Ich vermag nicht auszudrücken, mit welcher Liebe er in allen Gebieten empfangen würde, die unter dem Einfall der Fremden gelitten haben, mit welcher Rachgier, mit welch unerschütterlicher Treue, mit welcher Hingabe und mit welchen Tränen! Welche Türe würde sich ihm verschließen, wer würde ihm den Gehorsam verweigern? Wer würde ihm mit Neid begegnen? Welcher Italiener würde ihm die Huldigung versagen? Jeden ekelt die Herrschaft der Barbaren an.»[94]

Aus Machiavellis Projekt ist nichts geworden, auch deswegen, weil Lorenzo de'Medici mit anderem beschäftigt war als mit der Lektüre ihm gewidmeter Schriften. Er hat den *Principe* nicht gelesen; ohnehin starb er 1519, vielleicht an den Folgen einer Verwundung, die er beim Kampf um Urbino erlitten hatte, womöglich aber auch an den Folgen seines ausschweifenden Lebens. Machiavelli hat seine *virtù*, aber auch die ihn begünstigende *fortuna* überschätzt. Doch es tat sich eine Alternative auf. Unter dem Eindruck eines neuen Krieges in und um Italien und nach der Schlacht von Pavia im Jahr 1525 glaubte Machiavelli nämlich, einen anderen geeigneten Medici gefunden zu haben: Giovanni de'Medici, einen Sohn der überaus kriegerischen Caterina Sforza, den man wegen der schwarzen Banner, die seine Truppen führten, allgemein Giovanni delle Bande Nere nannte. Aber Machiavellis Vorschlag, ihn heimlich mit finanziellen Mitteln auszustatten, damit er eine schlagkräftige Truppe aufbauen könne, wurden nicht umgesetzt. Papst Clemens VII., ebenfalls ein Medici, hätte sich dann eindeutig gegen Kaiser Karl V. positionieren müssen, wovor er jedoch zurückschreckte. Als Giovanni sich den Landsknechten des Georg von Frundsberg Ende Oktober 1526 nahe Mantua an einem Flussübergang entgegenstellte, wurde er schwer verwundet und erlag bald darauf seinen Verletzungen.[95] Das Kriegsglück war Machiavellis Projekten nicht hold.

Unterdessen hatte Machiavelli den Briefwechsel mit Vettori (und auch mit Francesco Guicciardini) wiederaufgenommen und – in einem Brief vom 15. Mai 1525 – einmal mehr die Frage ventiliert, ob Krieg oder Frieden für Italien das Bessere sei. «Ich schätze», schrieb er, «daß, wie auch immer die Dinge gehen, es Krieg in Italien geben müsse, und zwar bald. Deshalb ist es nothwendig, daß die Italiener sehen, Frankreich auf ihre Seite zu bekommen, und wenn sie ihn [den französischen König Franz I.] nicht bekommen können, daß sie überlegen, wie sie sich benehmen wollen.» Wieder einmal entwickelt Machiavelli die gegenwärtige Lage in Form der von ihm bevorzugten Antithesen. Er beschreibt zwei Optionen, bevor er sie anschließend evaluiert und Präferenzen setzt: «Mir scheint es in diesem Fall [wenn man Frankreich *nicht* als Unterstützungsmacht gewinnen kann] zwei Wege zu geben, entweder sich der Gnade des Angreifenden anheimzustellen, ihm mit Geld entgegenzukommen und sich loszukaufen, oder aber sich zu bewaffnen und sich mit den Waffen so gut zu helfen, als man kann. Ich meinen Theils glaube nicht, daß das Loskaufen und das Geld hinreichte. Wenn es hinreichte, würde ich sagen, bleiben wir dabei und denken wir an nichts anderes. Aber es wird nicht hinreichen, denn entweder bin ich völlig blind, oder er [der Angreifer, bei dem es sich um die deutschen und spanischen Truppen Kaiser Karls V. handelt] wird Euch zuerst das Geld und dann das Leben nehmen: eine Art Rache wäre es daher, zu machen, daß er uns arm und ausgesaugt fände, wenn es nicht gelänge, sich zu vertheidigen.»[96] Machiavelli hatte sich nach der Schlacht von Pavia auf die Seite der Kriegspartei geschlagen, und das hieß, zu siegen oder sich zu unterwerfen, aber wenn man sich schon unterwerfen musste, dann nicht als reiches Land, wo es für den Sieger etwas zu holen gab, sondern als ein armer und elender Raum, der jedem, der ihn besetzt hielt, mehr Probleme machte, als dass er seiner Stärkung zugutekam.

Wirklich sicher, dass man mit Krieg Erfolg haben werde, war sich Machiavelli allerdings nicht, und die zahllosen Niederlagen, die der Papst mitsamt den in der Heiligen Liga von Cognac verbündeten Franzosen, Milanesen, Venezianern und Florentinern erlitten hatte, ließen bei ihm Zweifel aufkommen, ob man wirklich den richtigen Weg zur Rettung Italiens beschritten habe. Am 16. April 1527, wenige Tage vor dem Sacco di Roma, der Erstürmung und Plünderung Roms durch deutsche Landsknechte und spanische Infanterie, sprach Machiavelli in einem Brief an Vettori von den schwierigsten Verhältnissen, in denen sich Italien seit langem befunden habe. Er charakterisierte sie dadurch, dass «der Frieden nothwendig ist, aber vom Krieg nicht abgelassen werden kann, und wo man mit einem

Fürsten [dem Kaiser] zu thun hat, der kaum weder zum Frieden allein, noch zum Krieg allein ausreichen kann»[97].

Wenige Wochen danach ist Machiavelli, vermutlich an einem Magenleiden, gestorben. Er hat den Zusammenbruch der politischen Ordnung Italiens beobachtet, diverse Möglichkeiten zur Errichtung einer neuen Ordnung im Briefwechsel mit Vettori und Guicciardini, beide aktive Politiker, durchgespielt, aber keine Lösung gefunden, die ihn zufriedenstellte und zugleich praktikabel war. Man könnte auch sagen: Er ist an der Größe der selbstgestellten Aufgabe zerbrochen. Was geblieben ist, sind die Bruchstücke seines Nachdenkens und seiner Lösungsvorschläge für die Krisen von Florenz und Italien: der *Principe*, die *Discorsi* und der Briefwechsel mit Vettori und Guicciardini.

Für die hier interessierende Frage nach der Rolle, die die Europäer in der künftigen Weltordnung spielen können, könnte Machiavellis Changieren zwischen seinen auf Florenz bezogenen republikanischen Präferenzen und seinen Vorschlägen zur Lösung der gesamtitalienischen Frage paradigmatisch sein: Sofern er für die Florentiner Republik eine Chance der Selbstbehauptung sah, dachte er über die Optimierung ihrer Institutionen und die Verbesserung ihrer Fähigkeiten zur Verteidigung nach. Eine leistungsfähige Miliz, eine zur Verteidigung der republikanischen Institutionen bereite Bürgerschaft sowie konsolidierte Staatsfinanzen, so sein Vorschlag, würden die Republik auf eigene Füße stellen, ihre strategische Koalitionsfähigkeit erhöhen und ihr die Möglichkeit verschaffen, in den unsicheren Verhältnissen Italiens zu Beginn des 16. Jahrhunderts zu überleben. Aber wenn es diese Chance nicht mehr gab, musste man über die «Rettung Italiens» und die Rückgewinnung seiner Selbständigkeit gegenüber den auswärtigen Interventen und ihren beständigen Drohungen nachdenken, was mit der Aufrechterhaltung einer republikanischen Ordnung unvereinbar war.

Machiavelli war politischer Realist genug, um das mit allen Konsequenzen zu erkennen. Und er glaubte auch nicht, dass die Unabhängigkeit Italiens durch ein Bündnis der größeren Mächte auf der Halbinsel zurückzugewinnen war. Dafür waren die Eigeninteressen der Herrscherhäuser zu groß, und aus ihnen erwuchsen umgehend Kräfte, die ein solches Bündnis zerstörten. Also schlug er vor, einen kriegstüchtigen Condottiere zum «Retter Italiens» zu machen, bei dem die politische und militärische Macht versammelt sein sollte, um Zentrifugaltendenzen im Innern zu unterbinden und sämtliche Ressourcen gegen die Herausforderungen von außen einsetzen zu können.

Sicherlich sind Machiavellis Ratschläge nicht eins zu eins auf die Europäische Union zu übertragen. Sie braucht gewiss keinen Diktator, aber sie muss das Einstimmigkeitsprinzip aufgeben, das jedem noch so kleinen Akteur die Option einer Vetomacht eröffnet und ihm die Chance zur politischen Erpressung der anderen EU-Mitglieder verschafft. Machiavelli dachte in scharfen Gegensätzen und spitzte politische Optionen zu antagonistischen Alternativen zu. Kompromisse, so seine Überzeugung, würden nicht mehr helfen, sondern erst recht in die Katastrophe führen. Das in der EU übliche Verfahren ist aber eine gigantische Kompromissmaschine, von der die Union zusammengehalten wird. Mit dieser Kompromissmaschine wird die Transformation der EU aus einem Regelgeber und Regelbewirtschafter in eine handlungsfähige politische Macht nicht möglich sein. Und die lange Zeit, die man in der Union üblicherweise braucht, um eine institutionelle Veränderung ins Werk zu setzen, steht ebenfalls nicht mehr zur Verfügung, seitdem Russland mit militärischen Drohungen auftritt, China ökonomischen Druck aufbaut und die USA im Begriff sind, sich von Europa ab- und dem indopazifischen Raum zuzuwenden. Die Angelegenheiten haben sich zu einem schroffen Entweder-Oder entwickelt, bei dem es kein Dazwischen, kein Drittes, keinen Mittelweg gibt: entweder ein handlungsfähiger Akteur oder ein Platz in der zweiten Reihe, auf dem die Europäer hinnehmen müssen, was andere entschieden haben.

Nun hatte es freilich gute Gründe, warum die Europäer auf den Modus des notorischen Kompromisses gesetzt und den kleinen Mitgliedern eine relativ große Macht gegeben haben: Sie wollten nicht den Eindruck aufkommen lassen, dass die Kleinen von den Großen «untergebuttert» werden und dass in dem «Europa der Einladung» sich Verhältnisse der Dominanz, also der Beherrschung, entwickeln. Das war nicht nur ein Akt der politischen Klugheit, sondern auch eine Direktive normativer Art: Man wollte eine Ordnung der Freiheit und des auf Zustimmung beruhenden Zusammenwirkens aufbauen. Aber das hing an Rahmenbedingungen, die inzwischen nicht mehr gegeben beziehungsweise durch die Dynamik der weltpolitischen Veränderungen verschwunden sind. Man kann dem nachtrauern, kann an den vormaligen Regelungen als unveränderlichem normativen Ideal festhalten, man kann auch resignativ zu dem Ergebnis kommen, dass die Transformation der EU in einen handlungsfähigen Akteur unmöglich sei, weswegen man den Versuch dazu besser unterlassen sollte, weil man dabei die EU in ihrer bestehenden Form zerstören könnte, ohne eine neue, andere dafür zu bekommen – aber man muss sich darüber im Klaren sein, was das heißt und welche Folgen das hat. Bei der Klärung dessen gibt es wohl keinen besseren Gesprächspartner als Machiavelli, der die Alternativen scharf markiert hat und nicht davor zurückgeschreckt ist, eine eigene Entscheidung zu treffen.

Die Revolution des Kriegswesens in der Clausewitzschen Analyse

Die Etablierung der Westfälischen Ordnung, von der oben bereits die Rede war,[98] beruhte nicht zuletzt auf einer Um- und Neuorganisation des Kriegswesens, das privaten Kriegsunternehmern aus der Hand genommen und unter eine ebenso dauerhafte wie strikte Kontrolle des Staates gebracht wurde. An die Stelle des Anwerbens und Abdankens der Soldaten je nach politischem Erfordernis trat der Aufbau und Unterhalt eines stehenden Heeres. Dieses setzte sich zum Teil aus Landeskindern zusammen, die man in «des Königs Rock» gesteckt hatte, zum Teil aber auch aus Angeworbenen, deren man in angrenzenden Territorien habhaft geworden war und die – freiwillig oder unter Zwang – langjährige Dienstverträge unterschrieben hatten. Beide Gruppen waren also keineswegs von dem Geist des erst später aufkommenden Nationalismus beseelt, sondern einem strikten Disziplinarregime unterworfen, mit dem die mangelnde Motivation zu kämpfen kompensiert wurde.

Das schloss Vorkehrungen ein, die sicherstellen sollten, dass die Soldaten bei einem Feldzug nicht sich bietende Gelegenheiten nutzten, um zurückzubleiben und zu desertieren. Diese Truppen konnte man sich deshalb nicht aus dem Land versorgen lassen, sondern musste sie aus Festungen und Magazinen verpflegen, wenn man nicht riskieren wollte, dass sie sich auch ohne Feindeinwirkung auflösten. Das führte dazu, dass die Zivilbevölkerung seltener vom Militär ausgeplündert wurde, und zwang die Heerführer zu einer spezifischen Vorgehensweise: Sie ließen die Truppen nicht zu weit von den eigenen Versorgungslinien entfernt operieren, um die Soldaten aus den Magazinen versorgen zu können, wodurch man sie unter Kontrolle hielt, und versuchten gleichzeitig, den Gegner seinerseits von dessen Versorgungsbasen abzuschneiden, um ihn im günstigsten Fall ohne Schlacht zur Kapitulation zu zwingen. Das Manövrieren war in dieser Epoche der Kriegsgeschichte neben der Entscheidungsschlacht die zweite strategische Direktive, und es gab Virtuosen der Manöverstrategie, deren Kriegskunst im Vermeiden von Schlachten und im Ausmanövrieren des Gegners bestand.[99]

In Clausewitz' Darstellung der Kriegsgeschichte[100] hatte der Kabinettskrieg vor allem finanztechnische Voraussetzungen, die den Entschluss eines Herrschers zum Krieg an die finanziellen Möglichkeiten seines Staates banden: Der Krieg wurde «ein Instrument des Kabinetts», und «dessen Hauptbasis […] war der Schatz oder das Geldeinkommen der Regierung».[101] In der Folge strebten «die Kriegseinrichtungen dahin, immer unabhängiger von Volk und Land zu werden».[102] Das wiederum führte zu einer Beschränkung des Krieges, die ihn zu einem fest in der Hand der Politik befindlichen Instrument machte, denn «auf diese Weise» wurde der Krieg «zwar regelmäßiger, zusammenhängender, dem kriegerischen d.h. dem politischen Zweck untergeordneter […], aber zugleich auch in seinen Bewegungen viel beschränkter und zwangvoller und in seiner Energie unendlich geschwächt. Denn nun war man an Magazine gebunden, auf die Wirkungskreise des Fuhrwesens beschränkt, und es war nichts natürlicher, als daß das Ganze die Richtung nahm, den Unterhalt des Heeres so sparsam als möglich einzurichten.»[103] Das führte nicht nur dazu, dass das Militär knappgehalten wurde, sondern dass es auch als ein wertvoller, tendenziell unersetzbarer Besitz des Königs galt, den man nicht leichtfertig aufs Spiel setzen durfte. Krieg und Kriegswesen hatten sich, so fasst Clausewitz seine Darstellung der vorrevolutionären Verhältnisse zusammen, vom Volk getrennt und waren «ein bloßes Geschäft der Regierungen [geworden], welches sie vermittelst der Taler in ihrem Koffer und der müßigen Herumtreiber in ihren und den benachbarten Provinzen zustande brachten.»[104]

Da diese Entwicklung nicht auf einen Staat oder einige wenige Staaten in Europa beschränkt blieb, sondern sämtliche relevanten Akteure erfasste, entstand ein System der Berechenbarkeit, bei dem jede Seite über die Fähigkeiten der anderen recht genau Bescheid wusste, in der also nicht mit endlos sich drehenden Rüstungsspiralen zu rechnen war und Europa sich ausnahm wie ein politisches Schachbrett, bei dem man wusste, dass der Gegenseite nur die gleichen Spielsteine zur Verfügung standen wie einem selbst. Man bedurfte zu dieser Limitierung des Militärischen keiner internationalen Rüstungsbegrenzungsvereinbarungen, denn die Abhängigkeit vom Schatz und Geldeinkommen des Staates wirkte als inneres

Funktionsäquivalent solcher zwischenstaatlicher Abkommen und sorgte dafür, dass kein Staat durch forcierte Aufrüstung das System des Gleichgewichts zu sprengen imstande war. Dem Krieg war die Möglichkeit einer Eskalation zum Äußersten genommen. Clausewitz: «Man kannte ungefähr die Geldmittel, den Schatz, den Kredit seines Gegners; man kannte die Größe seines Heeres. Bedeutende Vermehrungen im Augenblick des Krieges waren nicht tunlich. Indem man so die Grenzen der feindlichen Kräfte übersah, wußte man sich vor einem gänzlichen Untergange ziemlich sicher, und indem man die Beschränkung der eigenen fühlte, sah man sich auf ein mäßiges Ziel zurückgewiesen. Vor dem Äußersten geschützt, brauchte man nicht mehr das Äußerste zu wagen.»[105]

Clausewitz' Beschreibung der vorrevolutionären Konstellationen Europas nimmt sich aus wie die europäische Friedensordnung nach den Vorstellungen und Vorgaben der KSZE beziehungsweise OSZE, der in den 1970er Jahren gegründeten «Konferenz für Sicherheit und Zusammenarbeit in Europa», nur dass das leitende Ordnungsprinzip nicht die Verhinderung des Krieges, sondern seine strukturelle Begrenzung war. «Das ursprüngliche Motiv des Aggressors erstarb in Vorsicht und Bedenklichkeit. So wurde der Krieg seinem Wesen nach ein wirkliches Spiel, wobei Zeit und Zufall die Karten mischten, seiner Bedeutung nach war er aber nur eine verstärkte Diplomatie, eine kräftigere Art zu unterhandeln, in der Schlachten und Belagerungen die Hauptnoten waren. Sich in einen mäßigen Vorteil zu setzen, um beim Friedensschluß davon Gebrauch zu machen, war das Ziel auch des Ehrgeizigsten.»[106]

Diese Konstellationen, merkt Clausewitz an, wurden in Europa jedoch nicht als einer besonderen politischen Struktur geschuldet angesehen, sondern als eine Folge der Aufklärung, von der man annahm, sie sei irreversibel. «Ganz Europa freute sich dieser Richtung und hielt sie für eine notwendige Folge des fortschreitenden Geistes.»[107] Das sollte sich unter dem Eindruck der Französischen Revolution und ihren kriegerischen Folgen als gravierender Irrtum erweisen. Mit einem Mal war das Geld keine Begrenzung der kriegerischen Handlungsfähigkeit mehr, weil das Vaterland (*la patrie*) und seine politischen Errungenschaften in Gefahr waren und der Enthusiasmus der Massen an die Stelle der mechanischen Disziplin trat, die vorher den Geist des Militärs geprägt hatte. Es ist frappierend, wie sehr sich die Konstellationen vor der Revolution in ihren politischen Folgen als ein Déjà-vu zu den Konstellationen zwischen 1992 und 2022 ausnehmen – von den Begrenzungen der gegenseitigen Bedrohung durch die Limitierung der fürs Militär eingesetzten Mittel bis zur Vorhersehbarkeit dessen, was die Gegenseite zu unternehmen imstande war.

Mit der Französischen Revolution, so bricht Clausewitz seine Erzählung von der Ära der Kabinettskriege ab, habe sich die Lage grundlegend verändert: Österreich und Preußen hätten es ihren Gepflogenheiten gemäß noch einmal «mit ihrer diplomatischen Kriegskunst» versucht, damit aber keinen Erfolg gehabt, denn spätestens 1793 sei mit der *Levée en masse* der Krieg für Frankreich «urplötzlich wieder eine Sache des Volkes geworden, und zwar eines Volkes von 30 Millionen, die sich alle als Staatsbürger betrachteten. [...] Mit dieser Teilnahme des Volkes an dem Kriege trat statt eines Kabinetts und eines Heeres das ganze Volk mit seinem natürlichen Gewicht in die Waagschale. Nun hatten die Mittel, welche angewandt, die Anstrengungen, welche aufgeboten werden konnten, keine bestimmte Grenze mehr; die Energie, mit welcher der Krieg selbst geführt werden konnte, hatte kein Gegengewicht mehr, und folglich war die Gefahr für den Gegner die äußerste.»[108] Von nun an ging es im Krieg nicht mehr um gewisse Verschiebungen von Grenzen und eingeschränkte Veränderungen der Machtgewichte, sondern um Sein oder Nichtsein.

Für Clausewitz steht die politische Revolution am Anfang, und die militärische Revolutionierung folgt ihr; es sind nicht Sprünge der Waffentechnik und zunächst auch keine grundlegenden strategischen Veränderungen, die den Heeren der Revolution die Überlegenheit gegenüber den Heeren der absolutistischen Regime verschafften – ausschlaggebend war das Eingreifen des Volkes in den Krieg, der zuvor eine Angelegenheit der Kabinette war. Damit bekam die Ordnung Europas eine Schlagseite, und das Gleichgewicht, das dafür gesorgt hatte, dass die Kriege nicht eskalierten und die Existenz der im politischen System zusammengefügten Staaten nicht in Frage stellten,[109] war mit militärischen Mitteln nicht mehr aufrechtzuerhalten. In der Vergangenheit hatten sich die «politischen Interessen, Anziehungen und Abstoßungen [...] zu einem sehr verfeinerten System ausgebildet, so daß kein Kanonenschuß in Europa geschehen konnte, ohne daß alle Kabinette ihren Teil daran hatten».[110] Das war nun anders, der Krieg arbeitete gegen das Gleichgewicht. «Die Tendenz des Gleichgewichts», so Clausewitz, «ist die Erhaltung des vorhandenen Zustandes»,[111] und genau dafür reichten die Beharrungskräfte des Systems seit der Revolutionierung des Krieges nicht mehr aus.

Die Revolution stürzte nicht nur die inneren Verhältnisse Frankreichs um, sondern auch die zwischenstaatliche Ordnung Europas und nötigte damit die anderen Staaten, in ihrem Innern Veränderungen vorzunehmen, die eine der französischen ähnliche Kraftentfaltung möglich machten. Das heißt: Sie mussten ihr Kriegswesen so reformieren, dass es zur Führung von Volkskriegen befähigt war. Dabei lassen sich vom Prinzip her zwei Wege unterscheiden: der *preußische*, bei dem bestimmte Veränderungen, die in Frankreich revolutionär durchgesetzt worden waren, durch zielstrebige Reformen erfolgten, wobei diese von oben nach unten organisiert wurden und Staat und Gesellschaft gezielt veränderten – ein Projekt, an dem Clausewitz als Kanzleichef von Scharnhorst, dem Kopf der Militärreformer, beteiligt war; und der *spanische* Weg, der über eine Verselbständigung des Kleinen Krieges (*guerilla*), der in der Westfälischen Ordnung nur ein untergeordneter Begleiter des Großen Krieges war, in Gang gesetzt wurde und auf diese Weise das Gewicht und die Kraft des Volkes in die Waagschale des Krieges warf. Auf diesen beiden Wegen wurde das Übergewicht, das die Franzosen mit der Entfesselung der Volkskraft durch die *Levée en masse* für knapp zwei Jahrzehnte erlangt hatten, wieder ausgeglichen, und es wurde eine Ordnung hergestellt, die erneut auf einem Gleichgewicht beruhte, freilich einem mit einer sehr viel größeren militärischen Eskalationsdynamik, als sie das alte Gleichgewicht der Kabinette gehabt hatte.

Clausewitz resümiert: «In Spanien ist der Krieg von selbst zur Volkssache geworden. In Österreich hat die Regierung im Jahre 1809 zuerst ungewöhnliche Anstrengungen mit Reserven und Landwehren gemacht, die sich dem Ziele näherten und alles überstiegen, was dieser Staat früher als tunlich geglaubt hatte. In Rußland hat man 1812 das Beispiel von Spanien und Österreich zum Muster genommen; die ungeheuren Dimensionen dieses Reiches erlaubten die verspäteten Anstalten, noch in Wirksamkeit zu treten und vergrößerten diese Wirksamkeit von der anderen Seite. Der Erfolg war glänzend. In Deutschland raffte sich Preußen zuerst auf, machte den Krieg zur Volkssache und trat mit Kräften auf, die, bei halb so viel Einwohnern, gar keinem Gelde und Kredit doppelt so groß waren als die von 1806.[112] Das übrige Deutschland folgte früher oder später dem Beispiele Preußens, und Österreich, obgleich weniger sich anstrengend als im Jahr 1809, trat doch auch mit ungewöhnlicher Kraft auf. So geschah es, daß Deutschland und Rußland in den Jahren 1813 und 1814, alles mitgerechnet, was in Tätigkeit war und was in diesen beiden Feldzügen verbraucht wurde, mit etwa einer Million Menschen gegen Frankreich auftraten.»[113]

Das System des Gleichgewichts wurde nach den Siegen über Napoleon auf dem Wiener Kongress wiederhergestellt und damit auch die Westfälische Ordnung mitsamt ihren Prinzipien und Regeln; was sich jedoch verändert hatte, war die Intensität der Kriege, ihre möglichen Ergebnisse und der Umfang der ihnen vorausgehenden Kriegsvorbereitungen, die erforderlich waren, um das System des Gleichgewichts in der Balance zu halten. Immerhin hatte

Napoleon Bonaparte die politische Landkarte Europas grundlegend umgestaltet: Er hatte die Batavische und die Helvetische Republik als politisch-militärisches Glacis Frankreichs geschaffen, das Reich in der Mitte Europas aufgelöst und an dessen Stelle die Rheinbundstaaten gesetzt, Österreich und Preußen weit nach Osten zurückgedrängt und das geopolitische Zentrum des Kontinents in den Westen verlegt. Im Wiener Kongress hatte man einiges davon rückgängig gemacht, aber es blieb die Erinnerung, wie schnell und wie leicht sich die politische Ordnung Europas verändern ließ. «Seit Bonaparte also», resümiert Clausewitz, «hat der Krieg, indem er zuerst auf der einen Seite, dann auch auf der anderen wieder Sache des ganzen Volkes wurde, eine ganz andere Natur angenommen, oder vielmehr, er hat sich seiner wahren Natur, seiner absoluten Vollkommenheit sehr genähert.»[114]

Clausewitz' Theorie des «absoluten» und des «wirklichen» Krieges

Die Intention, mit der Clausewitz *Vom Kriege* geschrieben hat, war indes nicht die Beschreibung und Analyse der napoleonischen Kriege mitsamt der Befreiungskriege von 1813 und 1814, sondern die Entwicklung einer Theorie des Krieges, die so angelegt war, dass sie auf unterschiedliche politische Konstellationen angewandt werden konnte. Es ging ihm also um die Abstraktion von dem, was er in den zurückliegenden zwei Jahrzehnten nahezu ununterbrochener Kriege miterlebt hatte – seine ersten Erfahrungen mit dem Krieg hatte Clausewitz im Jahr 1793 bei der Einschließung und Belagerung des von den Franzosen besetzten Mainz gemacht, also als Zwölf- beziehungsweise Dreizehnjähriger[115] –, somit um die Verallgemeinerung des Erlebten zu einer Theorie, mit der sich die gesamte Kriegsgeschichte erfassen ließ.

Den Anstoß zu dieser Anstrengung hat der Zusammenbruch des Kriegswesens gegeben, in das Clausewitz als Jugendlicher einsozialisiert wurde und in dem er bis zum Jahre 1806 zum Offizier aufstieg, sowie seine aktive Teilnahme an den Militärreformen, aus denen in Preußen ein grundlegend anderes, ein neues Heer hervorging. Der radikale Umbruch in Kriegführung und Militärorganisation hat ihn dazu gebracht, eine Theorie von großer Reichweite zu entwickeln, in der auch Hinweise und Ratschläge für erfolgreiche Kriegführung enthalten sind. Letzteres muss uns hier nicht beschäftigen, umso mehr dafür die Theorie, deren Abstraktionshöhe geeignet ist, die Erschütterung des Umbruchs und den Verlust des für gewiss und unveränderlich Gehaltenen zu relativieren und es als ein von Zeit zu Zeit immer wieder neu zu Begreifendes anzusehen: Theoriebildung unter dem Eindruck gewaltiger Umbrüche und mit dem Ziel einer Relativierung dieser Umbrüche – so lässt sich Clausewitz' Vorhaben beschreiben. Als Militärreformer im Umfeld Scharnhorsts steht Clausewitz in der Nähe Machiavellis, mit dessen politischen Interventionen er sich im Übrigen in einem Brief an den Philosophen Fichte auseinandergesetzt hat.[116] Als Theoretiker, der den Umbruch einer politischen Ordnung zu deuten und zu verstehen versucht, steht er hingegen in Nähe zu Thukydides, mit dessen Werk sich Clausewitz indes, soweit erkennbar, nicht weiter beschäftigt hat.

Clausewitz unterscheidet in seiner Theorie, deren Grundzüge er im Ersten Kapitel des Ersten Buches unter der Überschrift «Was ist der Krieg» darlegt, zwischen drei eskalierenden und drei moderierenden Wechselwirkungen.[117] Betrachtet man nur die eskalierenden Wechselwirkungen, so gelangt man zu dem, was Clausewitz den «absoluten Krieg» nennt, womit er meint, was der Krieg seinem Begriff nach sein kann, aber eigentlich nie ist, weil stets die moderierenden Wechselwirkungen hinzutreten. Sie müssen berücksichtigt werden, um zum «wirklichen Krieg» zu gelangen, dem Krieg, wie er tatsächlich geführt wird und der sich unterhalb des Niveaus bewegt, das den absoluten Krieg kennzeichnet.

Die Unterscheidung zwischen absolutem und wirklichem Krieg dient Clausewitz dazu, seine Überlegungen von der im Kontext der Aufklärung entstandenen Vorstellung abzusetzen, wonach die größere Bildung der Menschen und die Verfeinerung der Sitten zur Folge haben, dass die Kriege schrittweise an Gewaltsamkeit verlören und zunehmend zivilisiert würden, jedenfalls dann, wenn sie von zivilisierten Gesellschaften geführt werden. Wenn der Krieg zu definieren ist als «ein Akt der Gewalt, um den Gegner zur Erfüllung unseres Willens zu zwingen»,[118] so «könnten menschenfreundliche Seelen sich leicht denken, es gebe ein künstliches Entwaffnen oder Niederwerfen des Gegners, ohne zuviel Wunden zu verursachen, und das sei die wahre Tendenz der Kriegskunst».[119] Dass diese Vorstellung falsch sei, wollte Clausewitz nicht nur durch den Verweis auf die jüngste Geschichte belegen, sondern ihm ging es auch darum, diese Fortschrittserzählung durch eine die Geschichte in ihrer Gesamtheit umfassende Theorie zu ersetzen.

Clausewitz nennt die Idee eines Entwaffnens ohne großen Krieg einen «Irrtum aus Gutmütigkeit», und vermutlich hätte er in unseren Tagen die nach dem Ende des Kalten Krieges in Teilen Europas vorherrschende Vorstellung, es müsse möglich sein, Frieden zu schaffen mit immer weniger Waffen,[120] ebenfalls diesen «Irrtümern aus Gutmütigkeit» zugerechnet. Er bestreitet nämlich, dass der Gebrauch physischer Gewalt bei der Durchsetzung eines Willens und die Ausweitung der Intelligenz zueinander im Gegensatz stünden und die Intelligenz mit der Zeit an die Stelle der Gewalt treten werde, wie sich das Kant und die frühen Soziologen gedacht hatten:[121] «Da der Gebrauch der physischen Gewalt in ihrem ganzen Umfange die Mitwirkung der Intelligenz auf keine Weise ausschließt, so muß der, welcher sich dieser Gewalt rücksichtslos, ohne Schonung des Blutes bedient, ein Übergewicht bekommen, wenn der Gegner es nicht tut. Dadurch gibt er dem anderen das Gesetz, und so steigern sich beide bis zum äußersten, ohne daß es andere Schranken gäbe als die der innewohnenden Gegengewichte.»[122] Das bezeichnet er als die *erste eskalierende Wechselwirkung*, die in Richtung «absoluter Krieg» führt.

Des Weiteren sei der Krieg ein Akt, in dem es darum gehe, den Gegner wehrlos zu machen, um ihm den eigenen Willen aufzuzwingen. Um das zu erreichen, «müssen wir ihn in eine Lage versetzen, die nachteiliger ist als das Opfer, welches wir von ihm fordern».[123] Diese Nachteile, so Clausewitz, dürfen nicht zeitlich begrenzt sein, sondern müssen, zumindest dem Anschein nach, dauerhaft sein, damit der Gegner resigniert und seine Kriegsziele aufgibt, um die im Kriegsverlauf entstandenen Nachteile gegen ein politisches Nachgeben eintauschen zu können. Das Ziel der Kriegführung ist also «die Entwaffnung oder das Niederwerfen des Feindes» als Voraussetzung der Willensdurchsetzung.[124] «Nun ist der Krieg nicht das Wirken einer lebendigen Kraft auf eine tote Masse, sondern [...] immer der Stoß zweier lebendiger Kräfte gegeneinander.» Das aber heißt: «Solange ich den Gegner nicht niedergeworfen habe, muß ich fürchten, daß er mich niederwirft, ich bin also nicht mehr der Herr meiner, sondern er gibt mir das Gesetz, wie ich es ihm gebe.»[125] Das führt Clausewitz als die *zweite eskalierende Wechselwirkung* ein.

Um einen Gegner niederwerfen zu können, müssen wir eine Vorstellung von seiner Widerstandskraft haben. Sie ist das Produkt zweier Faktoren, die sich nicht trennen lassen: der «Größe der vorhandenen Mittel» und der «Stärke der Willenskraft». Gewinnt man eine ungefähre Vorstellung vom Willen des Gegners, so kann man daran die erforderlichen Anstrengungen abmessen, um der Gegenseite überlegen zu sein. «Aber dasselbe tut der Gegner; also neue gegenseitige Steigerung, die in der bloßen Vorstellung wieder das Bestreben zum Äußersten haben muß.»[126] Das ist für Clausewitz die *dritte eskalierende Wechselwirkung*.

Diesen drei eskalierenden stehen freilich drei moderierende Wechselwirkungen gegenüber, die dafür sorgen, dass nicht jeder Krieg sich sogleich dem Äußersten annähert, sondern hinsichtlich Größe und Intensität der Gewaltanwendung deutlich unterhalb des in der Theorie möglichen Eskalationsniveaus bleibt. Der erste hier in Betracht kommende Faktor ist der Umstand, dass beide Seiten sich seit längerem kennen und insofern einschätzen können, welche Anstrengungen die jeweils andere Seite für welchen Zweck zu unternehmen bereit ist. «Der Krieg entsteht nicht urplötzlich; seine Verbreitung ist nicht das Werk eines Augenblicks, es kann also jeder der beiden Gegner den anderen großenteils schon aus dem beurteilen, was er ist, was er tut, nicht nach dem, was er, strenge genommen, sei und tun müßte.»[127] Das ist, generell betrachtet, eine Wirkweise der «Ermäßigung». Konkret wird dies bei der Führung eines Krieges dadurch, dass die relevanten Entscheidungen nicht auf einmal erfolgen, sondern sich in sukzessive Akte auffächern, weswegen – in Clausewitz' Formulierung – «der Natur des Krieges eine *vollkommene Vereinigung der Kräfte in der Zeit* entgegen ist».[128] «Was jeder der beiden Gegner aus Schwäche unterläßt, wird für den anderen ein wahrer *objektiver* Grund der Ermäßigung.»[129] Das ist die *erste moderierende Wechselwirkung*.

Hinzu kommt, dass das Nachgeben gegenüber dem gegnerischen Willen von der politischen Führung mitunter als «ein vorübergehendes Übel» angesehen wird, «für welches in den politischen Verhältnissen späterer Zeiten noch eine Abhilfe gewonnen werden kann», was «die Gewaltsamkeit der Spannung und die Heftigkeit der Kraftanstrengung mäßigen muß».[130] Wenn das Äußerste weder gefürchtet noch gesucht wird, ist es dem Urteil der politischen Führung anheimgestellt, welche Anstrengungen sie unternehmen will und welches Wissen über die Gegenseite sie ihrer Beurteilung zugrunde legen will. An die Stelle der unbedingten Steigerung zum Äußersten treten Wahrscheinlichkeitskalküle, und von diesen geht die *zweite moderierende Wechselwirkung* aus. Sie wird dadurch ergänzt, dass der politische Zweck, der den Zielsetzungen des Krieges zugrunde liegt, häufig keineswegs darin besteht, den Gegner niederzuwerfen und ihn wehrlos zu machen, sondern dass eine der beiden Seiten davon ausgeht, schon bei einer geringeren Anstrengung den Zweck des

Krieges erreichen zu können. Clausewitz fasst diesen Aspekt folgendermaßen zusammen: «Je kleiner das Opfer ist, welches wir von unserem Gegner fordern, um so geringer dürfen wir erwarten, daß seine Anstrengungen sein werden, es uns zu versagen. Je geringer aber diese sind, um so kleiner dürfen auch die unsrigen bleiben.»[131] Das ist dann die *dritte moderierende Wechselwirkung*. Alle drei sorgen bei einer empiriegesättigten Betrachtung des Krieges dafür, dass Kriege sich nur ganz selten dem «absoluten Krieg» annähern.

Nimmt man die zweimal drei Wechselwirkungen zusammen, so ist festzuhalten, dass Krieg eben nicht gleich Krieg ist, sondern dass sich unter dem Begriff ein Einwirken auf den gegnerischen Willen verbirgt, das vom «Vernichtungskrieg hinab bis zur bloßen bewaffneten Beobachtung» reicht.[132] Auf Grundlage dieser Überlegung betrachtet Clausewitz anschließend das Kriegsgeschehen der jüngsten Vergangenheit und kommt zu dem Ergebnis, dass der Eintritt des Volkes in den Krieg und die schwindende Direktionsmacht der Politik – der «Kabinette» – bei der Festlegung der Zwecke und Ziele eines Krieges den wirklichen Krieg dem absoluten Krieg angenähert haben – auch deswegen, weil mit der gewachsenen Bedeutung des Volkes das «feindselige Gefühl» gegenüber der «feindseligen Absicht» erheblich an Gewicht zugelegt hat.[133] Das feindselige Gefühl aber ist ein Faktor, der sich nicht in der politischen Rationalität der Zweck- und Zielsetzung auflösen lässt, wie das die Kriegsbetrachtung der Aufklärung nahegelegt hatte, als man «den Krieg der Gebildeten auf einen bloßen Verstandsakt der Regierungen zurückführen und ihn sich immer mehr als von aller Leidenschaft loslassend denken wollte».[134] Auch im Krieg der Gebildeten, so Clausewitz' Einwand gegen die Erwartung der Aufklärung,[135] spielen feindselige Gefühle eine Rolle, aber noch viel mehr ist das der Fall, wenn das ganze Volk zum Träger des Krieges geworden ist.

Am Schluss des Kapitels über «die Natur des Krieges» fasst Clausewitz die von ihm aufgeführten Faktoren und Wechselwirkungen dahingehend zusammen, dass er den Krieg als «ein wahres Chamäleon» bezeichnet. Diese Metapher erläutert er mit einer weiteren Metapher, wenn er von der «wunderlichen Dreifaltigkeit» spricht, die zusammengesetzt sei «aus der ursprünglichen Gewaltsamkeit seines Elements, dem Haß und der Feindschaft, die wie ein *blinder Naturtrieb* anzusehen sind, aus dem Spiel der Wahrscheinlichkeiten und des Zufalls, die ihn [den Krieg] zu einer *freien Seelentätigkeit* machen, und aus der untergeordneten Natur eines politischen Werkzeuges, wodurch er *dem bloßen Verstande* anheimfällt.»[136]

Mit Naturtrieb, Seelentätigkeit und Verstand beziehungsweise Brutalität, Kreativität und Rationalität stellt Clausewitz die Faktoren heraus, die in das Urteil über Eskalation oder Moderation des Krieges eingehen und festlegen, welchen Verlauf ein Krieg in concreto nehmen wird: «Die erste dieser drei Seiten ist mehr dem Volke, die zweite mehr dem Feldherrn und seinem Heer, die dritte mehr der Regierung zugewendet. Die Leidenschaften, welche im Kriege entbrennen sollen, müssen schon in den Völkern vorhanden sein; der Umfang, welchen das Spiel des Mutes und Talents im Reiche der Wahrscheinlichkeiten [und] des Zufalls bekommen wird, hängt von der Eigentümlichkeit des Feldherrn und des Heeres ab, die politischen Zwecke aber gehören der Regierung allein an.»[137]

Für Clausewitz war der Zusammenbruch der alten Ordnung, vom europäischen Gleichgewicht bis zum spezifischen Militärwesen des absolutistischen Regimes, ein doppelter Anstoß: einer in Richtung politischer Praxis, der ihn vom Truppenoffizier zum Militärreformer werden ließ, und einer in Richtung der Theorie, der er die Aufgabe zumaß, das, was er als die «Irrtümer aus Gutmütigkeit» bei den Aufklärern ansah, zu korrigieren und durch eine Konzeption zu ersetzen, mit der begrenzte Kriege («bewaffnete Beobachtung») von eskalierten Kriegen («Vernichtungskrieg») unterscheidbar waren, und zwar so, dass sich daraus Prognosen für die Gegenwart ableiten ließen. Clausewitz ist dabei vorsichtig und zurückhaltend: «Ob es nun immer so bleiben wird, ob alle künftigen

Kriege in Europa immer mit dem ganzen Gewicht der Staaten und folglich nur um große, den Völkern naheliegende Interessen geführt sein werden, oder ob nach und nach wieder eine Absonderung der Regierung von dem Volke eintreten wird, dürfte schwer zu entscheiden sein, und am wenigsten wollen wir uns eine solche Entscheidung anmaßen.»[138]

Diese Zurückhaltung ist auch beim Blick auf *unsere* Gegenwart und die Rolle von Kriegen in der vor uns liegenden Zukunft angebracht, nachdem mit dem russischen Angriff auf die Ukraine sich nicht nur die Erwartung einer Ablösung militärischer durch wirtschaftliche Macht in Rauch aufgelöst hat, sondern auch die Prognose, dass der klassische Staatenkrieg ein historisches Auslaufmodell sei, in dieser Schärfe revidiert werden muss. Doch ob der Krieg als Staatenkrieg in relevanter Häufigkeit wieder vorkommen oder ein Ausnahmefall bleiben wird, lässt sich kaum mit Sicherheit vorhersagen, zumal ihn die russische Führung nicht als Staatenkrieg von langer Dauer geplant hat, sondern er dazu erst durch den entschlossenen und effektiven Widerstand der Ukrainer geworden ist.[139] Hier wird viel vom Ausgang des Krieges und der Erreichung der Kriegsziele auf beiden Seiten abhängen: Sollten die Russen in der Ukraine scheitern, dürfte das gegen eine Renaissance des Staatenkriegs sprechen; sollten sie Erfolg haben und ihre Ziele erreichen, könnte das Gegenteil der Fall sein. Dabei ist freilich in Rechnung zu stellen, dass die russische Führung die Ukraine mit begrenzten Kräften, also ohne Mobilisierung des eigenen Volkes, niederwerfen wollte. Sie wollte, in der Begrifflichkeit von Clausewitz, einen umfassenden Sieg mit den Mitteln eines «Kabinettskriegs» erringen und ist daran gescheitert, dass sie auf den Widerstand eines ganzen Volkes gestoßen ist. Die «feindselige Absicht» hatte das «feindselige Gefühl» unterschätzt, das durch ihr offenes Hervortreten geweckt wurde.

Welches Ergebnis eintreten wird, ist womöglich erst in ferner Zukunft abzusehen, jedenfalls dann, wenn die Beendigung des Krieges in der Ukraine auf einen Waffenstillstand hinausläuft und der Krieg ständig von Neuem ausbrechen kann, dann nämlich, wenn eine der beiden Seiten gute Chancen sieht, ihre zeitweilig zurückgestellten Ziele doch noch mit militärischen Mitteln erreichen zu können. Die Ungewissheit des weiteren Verlaufs lässt sich mit Hilfe des hier dargestellten Teils der Clausewitzschen Theorie relativ gut auffächern, um denkbare Szenarien zu entwickeln. Die überlegenen Ressourcen sind auf eine überlegene Kampfkraft gestoßen, und in der Folge hat sich ein *Erschöpfungskrieg* entwickelt, zu dessen Wesensmerkmalen die lange Dauer gehört. Aber Clausewitz weist im Anschluss an die zuletzt zitierte Passage auch darauf hin, «daß Schranken, die gewissermaßen nur in der Bewußtlosigkeit dessen, was möglich sei, lagen, wenn sie einmal eingerissen sind, sich nicht leicht wieder aufbauen lassen».[140]

KAPITEL 6

Die Weltordnung der großen Fünf

Warum fünf? Und nicht drei oder sieben?

Der Weg in die Zukunft ist mit Zufälligem und Unvorhersehbarem gepflastert. Gravierende Fehler der politischen Führung eines Landes können Entwicklungen blockieren, die sonst mit großer Wahrscheinlichkeit stattgefunden hätten. Paradigmatisch dafür ist die Auskunft des Orakels von Delphi gegenüber dem lydischen König Krösus, als der sich mit dem Plan trug, das östlich seines Herrschaftsgebiets liegende Persische Reich anzugreifen. Vor dieser überaus riskanten Entscheidung wollte er sich bei der um die Zukunft wissenden Pythia in Delphi Gewissheit verschaffen, ob sein Feldzug auch von Erfolg gekrönt sein werde. Krösus, bekannt wegen seines sagenhaften Reichtums, war sich unsicher. Das delphische Orakel wiederum war für die Verrätselung seiner Antworten bekannt, so dass sich daraus selten eine klare und eindeutige Auskunft für die Zukunft entnehmen ließ. Die Doppeldeutigkeit und Hintersinnigkeit der Orakelsprüche stellten sicher, dass sie, wenn die Zukunft zur Gegenwart geworden war, durchweg als zutreffend angesehen werden konnten. So war es auch im Fall des Krösus, denn die delphische Auskunft, er werde, wenn er den Halys, den Grenzfluss zwischen dem Lydischen und dem Persischen Reich, überschreite, ein großes Reich zerstören, ließ offen, welches der beiden Reiche in dem Krieg untergehen werde. Der fragende Krösus verstand die Antwort so, als werde er der Sieger sein und das Persische Reich zerstören. Aber das war eine Fehldeutung: Nicht das Persische Reich, sondern Krösus' eigenes Lydisches Reich fand in dem von ihm begonnenen Krieg den Untergang. Offenbar war der König von seinem Vorhaben derart besessen, dass er den Hintersinn der delphischen Antwort nicht erkannte und eine für ihn verhängnisvolle Fehlentscheidung traf.

Fehleinschätzungen von Konstellationen und daraus resultierende Fehlentscheidungen (beide erweisen sich freilich zumeist erst im Nachhinein als solche) können schwerwiegende Folgen haben. So wird sich, analog zur antiken Episode vom eitlen König Krösus, noch herausstellen müssen, ob die Entscheidung des russischen Präsidenten Putin, die Ukraine anzugreifen, um sie zu einem abhängigen Vasallenstaat oder Bestandteil der Russländischen Föderation zu machen, zu einer Festigung des russischen Weltmachtanspruchs geführt hat oder der Anfang vom Ende Russlands war – zumindest der Anfang vom Ende des Putinschen Herrschaftssystems. Der Ausgang riskanter Entscheidungen lässt sich nicht antizipieren. Insofern ist die Offenheit der Zukunft in der Doppeldeutigkeit der delphischen Antwort auf die Anfrage des Krösus auf den Punkt gebracht. Die nachfolgenden Überlegungen zur zukünftigen Ordnung der großen Mächte, zur Weltordnung des 21. Jahrhunderts, stehen darum unter dem Vorbehalt, dass die politischen Eliten der fraglichen Mächte keine *gravierenden* Fehlentscheidungen treffen und obendrein die erforderlichen Schritte machen, um den ihnen *möglichen*, aber keineswegs sicheren Platz in einem System der globalen Vormächte einzunehmen.

Letzteres ist vor allem ein Problem der Europäer, denen es gelingen muss, die Europäische Union aus einem umtriebigen Regelgeber und Regelbewirtschafter in einen machtpolitisch handlungsfähigen Akteur zu verwandeln.[1] Ob das gelingen wird, ist durchaus ungewiss. Fest steht nur, dass die Imperative der gegenwärtig entstehenden Mächteordnung, wie auch immer sie im Einzelnen aussehen mag, unerbittlich sind und dass diejenigen, die ihnen nicht genügen, auch nicht zu den großen, den ausschlaggebenden Akteuren dieser Ordnung gehören werden. Insofern geht es auf dem Weg in diese Ordnung nicht nur darum, Fehleinschätzungen und Fehlentscheidungen zu vermeiden, sondern auch darum, die richtigen Entscheidungen zu treffen und, was vermutlich noch schwieriger ist, sie auch politisch umzusetzen. Das heißt indes nicht, dass das Strukturmodell einer Fünferordnung der großen Mächte durch die

Ungewissheiten der Zukunft in Frage gestellt wird und von Unvorhersehbarem und Kontingentem abhängt, sondern nur, dass die Aussagen über die daran beteiligten großen Mächte einen geringeren Gewissheitsgrad aufweisen als die über die Struktur der entstehenden Weltordnung.

Es sind keineswegs nur das hier angesprochene Russland und die Europäische Union, bei denen der Vorbehalt des Ungewissen im Hinblick auf ihren Platz unter den global führenden Mächten in Anschlag gebracht werden kann (und der wissenschaftlichen Redlichkeit halber in Anschlag gebracht werden muss), sondern solche Vorbehalte sind auch beim Blick auf die USA, China und Indien geltend zu machen: Im Fall der USA ist es, neben dem Schwinden des relativen Machtvorsprungs gegenüber den anderen Mächten, die tiefe politische Spaltung des Landes, wie sie in den letzten zwei, drei Jahrzehnten entstanden ist, die zu einer Paralyse der Handlungsfähigkeit oder zumindest zu einer beschränkten politischen Entschlusskraft des Präsidenten und seiner Regierung führen kann; die USA hätten dadurch weltpolitisch eine so schwache Performanz, dass ihre Führungsfähigkeit von den anderen Großen in Zweifel gezogen würde.[2] Das Problem wäre in diesem Fall also nicht das Fehlen der Ressourcen, die für das Geltendmachen eines Weltmachtanspruchs vonnöten sind, sondern die politische Selbstlähmung infolge einer politischen und kulturellen Spaltung im Innern – in reduzierter Form also ein ähnliches Problem wie das, an dem auch die Europäische Union laboriert.

Eine solche Selbstlähmung durch Spaltung ist auch für China in Betracht zu ziehen, wobei es in diesem Fall soziale und ethnische Spaltungen sind, aus denen eine Bedrohung für die politische Stabilität des «Reichs der Mitte» erwachsen kann. Tim Marshall spricht von China als dem Land der «Spaltungen und Bruchlinien».[3] Auch wenn die historische Erinnerung an die Zeit der Bürgerkriege zu den Warnnarrativen der chinesischen Gesellschaft gehört und eine gut nutzbare Legitimationsressource für die Alleinherrschaft der Kommunistischen Partei Chinas darstellt, ist doch nicht auszuschließen, dass die in China weltweit höchste Einkommensungleichheit und das in miserablen Verhältnissen lebende Subproletariat der ländlichen Arbeitsmigranten eine politische Sprengkraft entwickeln, die das nach außen hin so unerschütterlich erscheinende Regime Xi Jinpings zum Wanken bringt. Die abrupte Änderung der Anti-Covid-Politik Ende 2022 zeigt, dass die politische Führung Chinas Angst vor Rebellionen hat, die sich schnell zu einer Welle der Verweigerung auswachsen können.

Ähnliches gilt durchaus auch für Indien, wo neben den sozialen Spaltungslinien, die durch das Kastensystem zementiert sind, noch der Gegensatz zwischen Hindus und Muslimen hinzukommt. Während die lange regierende Kongresspartei diesen Gegensatz politisch zu marginalisieren suchte, wird er von der hindu-nationalistischen Partei des derzeitigen Regierungschefs Narendra Modi politisch instrumentalisiert und ist so zu einer tiefen Trennlinie geworden. Des Weiteren ist zu den Verwundbarkeiten des Subkontinents zu rechnen, dass eine Reihe der an den Küsten gelegenen Mammutstädte bei steigendem Meeresspiegel unterzugehen droht,[4] was die Regierung dazu zwingen würde, ihre gesamte Kraft und Aufmerksamkeit den damit verbundenen inneren Problemen Indiens zuzuwenden und die weltpolitischen Ambitionen zu verabschieden.

Wenn hier dennoch davon ausgegangen wird, dass China, Russland, Indien, die USA und die Europäische Union die Weltordnungsmächte des 21. Jahrhunderts sein werden, so steht das unter dem Vorbehalt, dass Einzelne von ihnen durch andere, zunächst der Zweiten Reihe[5] angehörende Mächte ersetzt werden können, das System der fünf Vormächte, die Pentarchie des 21. Jahrhunderts, insgesamt aber Bestand haben dürfte.

Damit sind zwei Fragen verbunden: erstens die nach dem Erfordernis und Nutzen einer Hierarchie der Mächte, auf die eine Pentarchie, eine Vorherrschaft von Fünfen, gegenüber dem Rest der Welt ja hinausläuft; und zum andern die, warum es ausgerechnet *fünf* sein sollen, die das Direktorium der Weltordnung bilden werden, und nicht etwa drei oder sieben – oder wie viele auch immer. Alternativ zu Hierarchien, um die erste Frage anzugehen, könnten es durchaus auch Netzwerke sein, denen die Koordination des Politischen anvertraut wird. In seinem Buch *Türme und Plätze* stellt der britisch-amerikanische Historiker Niall Ferguson Hierarchien und Netzwerke als zwei in der Geschichte alternative Modelle der politischen Ordnung großer Räume dar. Er fügt hinzu, dass Hierarchien für Stabilität und Ordnung sorgen und als Kräfte des Konservativen wirken, während Netzwerke die Beförderer von Innovation und Veränderung sind, mitunter auch als Ermöglicher von Revolutionen wirken, wobei diese Revolutionen, wenn sie gesiegt haben, jedoch schon bald in einen Prozess der Hierarchisierung eintreten.[6] Netzwerke, so Ferguson, haben Vorteile bei der Optimierung der Kommunikation und bei der flexiblen Organisation ökonomischer Prozesse, während Hierarchien bessere Leistungen aufweisen, wenn es um das Funktionieren genuin politischer Ordnungen geht.

Es stellt sich also die Frage, ob ein zuverlässiges, auf Dauer gestelltes System vorstellbar ist, das ohne eine politische Ordnung beziehungsweise ohne eine ihm über- und vorgeordnete Staatlichkeit als Träger der Hierarchie auszukommen vermag. In seinen extremen Varianten hat sich der Neoliberalismus etwa solchen Vorstellungen angenähert, und während des Booms der Governance-Theorien ist die Idee einer Enthierarchisierung der Politik verfolgt worden, wobei allerdings die Frage offenblieb, ob nichthierarchische Administrationen zu einer funktionierenden Selbstkoordination fähig sind oder doch auf zumindest flache Hierarchien angewiesen bleiben.[7] Letzteres würde auch für die internationale beziehungsweise globale Ordnung gelten, die in der Zeit des Globalisierungsbooms ebenfalls als eine Ordnung der Netzwerke beschrieben worden ist.[8] An die Stelle der herkömmlichen Akteure, der Nationalstaaten und Großreiche, würden danach transnationale Konzerne und internationale Netzwerkorganisationen treten, die das fluide System managen und steuern. Andererseits sind auch Netzwerke keineswegs egalitär, sondern weisen Knotenpunkte auf, von denen einige systemrelevant sind: Wer diese Knotenpunkte kontrolliert, ist im Besitz der politischen Macht, und wenn es um globale Knoten geht, dann eben der Weltherrschaft; wer diese Knoten angreift und zerstört, vernichtet auch die gegnerische Macht oder fügt ihr einen nachhaltigen Schaden zu. Keiner weiß das besser als die Strategen des *Cyberwar*.[9] Der Unterschied zwischen Machthierarchien und Netzwerkknoten besteht darin, dass Letztere weniger sichtbar sind, dass sie auf Funktionalität ohne Visibilität ausgelegt sind, womit sich die Frage stellt, ob das für eine globale politische Ordnung genügt. Vermutlich neigen Ökonomen dazu, es bei der Funktionalität des Koordinierens zu belassen, während Politikwissenschaftler in der Regel geltend machen, dass die Visibilität von Handlungsmacht ein unerlässliches Element der politischen Ordnung ist.

Es ist unter diesen Umständen naheliegend, über mögliche Kombinationen von Netzwerken und Hierarchien nachzudenken, um auf diese Weise die Resilienz einer Ordnung zu erhöhen, also Innovationsfähigkeit und Beharrungskräfte einander komplementär zuzuordnen. Niall Ferguson exemplifiziert das am Verlauf der Finanzkrise von 2008: Offenbar hatte die Fed, die US-Zentralbank, die Bedeutung der Lehman-Bank als Knoten der Finanzstruktur der USA unterschätzt und deswegen deren Zusammenbruch hingenommen, jedenfalls intervenierte sie nicht, um ihn zu verhindern, woraufhin eine Kettenreaktion zunächst im amerikanischen und dann im globalen Finanzsystem einsetzte: Der Kollaps ganzer Volkswirtschaften drohte. Das Finanzsystem konnte sich in dieser Situation nicht selbst stabilisieren, sondern war auf Hilfe von außen, auf Rettung durch den Staat angewiesen. Bei den staatlichen Interventionen, die dann tatsächlich den Kollaps verhinderten, handelte es sich im Wesentlichen um Aussagen von Politikern und Staatsbankern; diese versicherten, dass man alles, aber wirklich auch alles tun werde («whatever it takes», so Mario Draghi), um einen Zusammenbruch des globalen Finanzsystems beziehungsweise der nationalen Finanzsysteme zu vermeiden. Das war vor allem ein Akt politischer Visibilität, und er verhinderte einen Run auf die Guthaben, der mit großer Wahrscheinlichkeit zum Zusammenbruch vieler Banken und damit zu einer schweren Weltwirtschaftskrise geführt hätte – die Erinnerung an 1929 war so wach wie lange nicht mehr.[10]

Visibilität und Performanz stoppten also die Krise. Es waren in diesem Sinn Staatseingriffe, mit denen die Kette der Insolvenzen zum Stillstand gebracht wurde.[11] Ferguson erklärt die Dynamik der Finanzkrise so, dass Netzwerke komplexe Systeme sind, was heißt, dass der Verlauf von Veränderungen und deren Folgen nicht vorhersehbar sind. Deswegen sind sie in *cases of emergency* auf die Intervention einer hierarchisch strukturierten Macht angewiesen, bei der die Folgen von Interventionen zwar nicht bis ins Detail zu antizipieren sind, aber immerhin doch bis zu einem gewissen Grad.[12] Was das für die Ordnung der großen Mächte und die Hierarchie der politischen Strukturen heißt[13] und wie man sich eine Kombination von globalem Netzwerk und raumbezogenen Hierarchien vorstellen muss, wird noch zu erörtern sein.

Hier soll es zunächst um die Frage gehen, warum eine Fünferherrschaft wahrscheinlicher ist als jede andere Dominanzstruktur jenseits von Uni- und Bipolarität und warum gerade sie unter den multipolaren Ordnungen den Anforderungen von Stabilität und Flexibilität am meisten genügt. Da gibt es natürlich als Erstes das historische Argument, wonach es in der Staatenordnung Europas, in der Uni- und Bipolarität nie wirklich eine große Rolle spielten,[14] durchweg eine starke Tendenz zur Pentarchie gab[15] und, wenn keine Pentarchie zustande kam, wie nach dem Ersten Weltkrieg, der Kontinent von kleineren und größeren Kriegen heimgesucht und schließlich in einen weiteren Weltkrieg gestürzt wurde, der die bis dahin globale Vormachtstellung Europas beendete. Offenbar haben Fünferkonstellationen starke stabilisierende und pazifizierende Effekte, weil sie die Veränderungsoptionen nach Vormacht strebender oder auch revisionistischer Mächte einschränken und gleichzeitig eine Flexibilität aufweisen, die eine Anpassung des politischen Einflusses an die sozioökonomischen Veränderungen, wie sie in Friedenszeiten entstehen, möglich machen. Die Fünferordnung ist also flexibel genug, um nicht in die oben mehrfach angesprochene «Thukydides-Falle» zu geraten.[16] Das Führen eines Krieges als Modus der Anpassung oder Prävention ist infolgedessen nicht erforderlich, aber Kriege sind auch nicht prinzipiell ausgeschlossen. Letzteres ist freilich bei keiner Ordnung der Fall, auch nicht bei uni- oder bipolaren Ordnungen.

In uni- oder bipolaren Ordnungen werden Kriege allerdings vor allem an der Peripherie und nicht unbedingt im Zentrum geführt. Das ist bei multipolaren Ordnungen anders, wo die Wahrscheinlichkeit von Kriegen oder zumindest doch die Drohung mit bewaffneter Eskalation in die Zentren der Ordnung zurückkehrt. Der Krieg in der Ukraine könnte der Auftakt zu einer solchen Entwicklung sein. Von seinem Ausgang, von seinen Ergebnissen dürfte abhängen, ob das Drohen mit militärischer Gewalt und schließlich deren Gebrauch in der entstehenden Weltordnung aussichtsreich oder voraussehbar dysfunktional ist. Es wird aber, das ist nach den oben angestellten Überlegungen zum Hüter-Problem festzuhalten,[17] im Weltmaßstab vorerst zu keiner unipolaren Ordnung kommen: weil dem erstens die Mächtekonkurrenz entgegensteht, insbesondere die zwischen den USA und China,[18] und weil es zweitens keinen Akteur gibt, der nach den Erfahrungen, die die USA damit gemacht haben, bereit ist, die Kosten und Lasten einer Hüter-Position zu übernehmen. Auch mit einer rein bipolaren Konstellation, wie sie in der Zeit des Kalten Krieges vorherrschte, ist vorerst nicht zu rechnen. Dabei ist jedoch nicht auszuschließen, dass sich im Hintergrund der Pentarchie eine bipolare Konstellation auf Grundlage des Gegensatzes von demokratischen Rechtsstaaten und autoritären Regimen entwickelt. Daraus dürfte aber keine wirkliche Bipolarität der Weltordnung entstehen, und solches wäre auch nicht im Interesse der Europäer und ebenso nicht in dem der Russen, die im Fall einer bipolaren Ordnung die Juniorpartner der USA beziehungsweise Chinas wären. Beide werden darauf achten, dass sie einen gewissen Spielraum gegenüber den USA beziehungsweise gegenüber China behalten. Dieser Spielraum ist jedoch begrenzt, solange die Europäer sicherheitspolitisch von den USA abhängig sind und Russland an seinen Grenzen Eroberungskriege führt, durch die es von China abhängig wird.

Kurzum: Wenn die Herausbildung uni- und bipolarer Ordnungen aufgrund der bestehenden wie der sich entwickelnden Machtkonstellationen unwahrscheinlich ist, dann wird es – vorausgesetzt, es kommt nicht zum Absturz in eine wirkliche «Anarchie der Staatenwelt», was keineswegs auszuschließen ist und die Wahrscheinlichkeit von großen Kriegen, die auch mit Nuklearwaffen ausgetragen werden, exponentiell steigen lässt – auf eine multipolare Ordnung hinauslaufen. Sie ist, alles in allem, das Optimum, was unter den sich abzeichnenden Konstellationen der ersten Hälfte des 21. Jahrhunderts möglich ist. Es ist indes kein Optimum, das im Gestus des Utopischen von außen an die tatsächlichen Verhältnisse herangetragen wird, sondern eines, das im Zentrum des realpolitisch Möglichen liegt und von den darin dominierenden Mächten den Willen und die Fähigkeit erfordert, globale Aufgaben zu übernehmen.

Zunächst ist nicht grundsätzlich auszuschließen, dass multipolare Systeme auch auf einer geraden Anzahl der dominierenden Mächte beruhen, es also zur Ausbildung von Vierer- oder Sechserordnungen kommt. Es fällt jedoch auf, dass sich in der Geschichte kaum solche Systeme finden lassen und dass sie, wenn sie doch einmal identifizierbar sind, nur für kurze Zeit Bestand hatten und eher Konstellationen des Übergangs waren. Das könnte freilich auch das Ergebnis von Zufällen sein. Aber es spricht doch manches dafür, dass Systemen der starren Blockbildung, wie sie für eine gerade Anzahl großer Mächte typisch ist, ein Faktor der Balance und des Ausgleichs fehlt und sie deswegen eine starke Neigung haben, in Ordnungen mit einer ungeraden Anzahl von dominierenden Mächten überzugehen. Das heißt dann aber auch, dass Konstellationen mit einer ungeraden Anzahl von Großmächten eine genuine Ordnungsqualität zukommt. Von großer Relevanz ist dabei der «Blockfreie», dem die größte Verantwortung für den Fortbestand des Systems zufällt. Die in den vorangegangenen Kapiteln angestellten historischen Betrachtungen haben gezeigt, dass der Zusammenbruch einer Ordnung zumeist auf Fehleinschätzungen und Fehlentscheidungen ebendieser Balancemacht zurückzuführen ist: Sie hat es nicht geschafft, einen großen Krieg zwischen den Polmächten zu verhindern, und dieser Krieg hat dann die ressourcenbezogenen Grundlagen dieser Ordnung beziehungsweise der Mächte, die die Ordnung garantierten, aufgezehrt und obendrein das erforderliche gegenseitige Vertrauen der zuvor dominanten Akteure für lange Zeit ausgelöscht.

Ein weiterer, schwerlich zu überschätzender Faktor für das Übergewicht von Systemen der ungeraden über solche der geraden Zahlen hat mit der Zugehörigkeit zum «Direktorium» der Ordnung und mit der gegenseitigen Anerkennung der großen Mächte zu tun. Diese Zugehörigkeit kann nicht beliebig ausgeweitet werden, weil das auf einen relativen Einflussverlust der aktuellen Dominanzmächte hinauslaufen würde. Der bei einer Erweiterung zu erwartende Einflussverlust führt bei ihnen zu einem starken Interesse, den Kreis der Vormächte zu schließen: Sie wollen unter sich bleiben und dabei einen exklusiven Clubcharakter entwickeln. Die Exklusivität der Clubzugehörigkeit verstärkt die gegenseitige Anerkennung: Man sondert sich von den anderen ab und weiß diese Besonderheit als Vorrecht zu schätzen. Das sorgt dann dafür, dass sich Systeme, die aus den zuvor beschriebenen Gründen heraus als Fünferordnungen entstanden sind, nicht unter der Hand in Sechser-, Siebener- und Achtersysteme verwandeln, sondern eine Tendenz haben, den Eintritt eines neuen Dominanzakteurs durch das Ausscheiden einer bisherigen Macht auszugleichen.

Damit ist noch einmal auf das zurückzukommen, was oben unter dem Rubrum einer «Tragödie der Allmende» verhandelt worden ist:[19] Auch da ging es um Zutrittsbegrenzungen, die ursprünglich aber die Funktion hatten, Trittbrettfahrer vom Zugang zu Gemeingütern auszuschließen beziehungsweise sicherzustellen, dass zu diesen nur Zugang hat, wer auch in fairer Weise zu ihrer Erzeugung beiträgt. Wo es um die Nutzung von Gemeingütern geht – und das unterscheidet den Club der Vormächte von dem der Gemeingüterbewirtschafter –, gibt es freilich ein im System begründetes Interesse daran, *möglichst viele* in den Kreis der Beitragenden einzuschließen, um die auf jedes Clubmitglied entfallenden Kosten der Bereitstellung von Gemeingütern zu begrenzen. Das lässt sich gegenwärtig an der Gruppe der Staaten beobachten, die eine ökologische Wende der Wirtschaft vorantreiben wollen: Je mehr dem Club der ökologisch Engagierten fernbleiben und sich nicht, um die zentrale Herausforderung der Ökologie herauszugreifen, an dem Gemeingut einer Begrenzung der Erderhitzung beteiligen, desto teurer wird die Verfolgung dieses Ziels für diejenigen, die es anstreben und an seiner Erreichung arbeiten – oder andersherum: Je weniger sich an der Verfolgung dieses Ziels beteiligen, desto schwieriger wird der Weg der Zielerreichung.

Die Konferenzen zur Begrenzung der Erderwärmung sind also, wie die meisten globalen Ökologiekonferenzen, darauf angelegt, möglichst viele, am besten alle Länder in die Verfolgung der einschlägigen Ziele einzubinden und ihnen in den entsprechenden Vereinbarungen einen der Zielerreichung dienenden Beitrag abzuverlangen. Der muss jedoch, um ein Trittbrettfahrertum der Profiteure der Gemeingutnutzung zu unterbinden, so angelegt sein, dass er auch für arme und schwache Länder tragbar ist und als fairer Beitrag zur Begrenzung des Klimawandels akzeptiert werden kann. Auch hier spielt also die wechselseitige Anerkennung der Beteiligten eine Rolle, und wo sie fehlt oder ausbleibt, wächst bei einigen die Neigung, sich von bereits eingegangenen Verpflichtungen loszusagen und sie heimlich oder offen zu unterlaufen. Das Projekt beruht also letztlich auf dem Vertrauen, dass die Verpflichtungen dauerhaft eingehalten werden, und dabei beobachten die Clubmitglieder einander mit Argusaugen: Keiner soll sich Vorteile verschaffen, durch die er den anderen gegenüber einen wirtschaftlichen Vorsprung bekommt. Im Unterschied zum Dominanzsystem der Fünf, in dem die gegenseitige Beobachtung dem Ziel dient, eine unerwünschte Vermehrung zu verhindern, ist die Beobachtung im Club der ökologisch Engagierten darauf aus, eine stillschweigende Verminderung zu unterbinden.

Derlei ist in einem kleinen Club sehr viel leichter herzustellen als in einem Club mit vielen Mitgliedern, zumal solchen, die in unterschiedlichem Ausmaß zur Erderwärmung beitragen. Aber in ökologischen Fragen ist es zwingend, möglichst viele, tendenziell alle an dem Projekt der Naturerhaltung zu beteiligen. Dabei ist die Einhaltung einmal gemachter Zusagen und eingegangener Verpflichtungen mit Vertrauen und gegenseitiger Anerkennung allein kaum sicherzustellen. Ein komplexes System von Sanktionen und Gratifikationen muss darum dafür Sorge tragen, dass diese Ordnung funktioniert. Sie lässt sich als eine «umgekehrte Hierarchie» bezeichnen: Die reichsten und mächtigsten Länder haben den größten Beitrag zu leisten, die armen und schwachen, die bei einem weiteren Temperaturanstieg die verwundbarsten sind, den geringsten, und nicht selten werden sie für den ihnen abverlangten Verzicht auf künftige Naturzerstörung entsprechend alimentiert. Ihnen wird gewissermaßen die Orientierung am Entwicklungsweg der Reichen und Starken «abgekauft».

Bei der Zugehörigkeit zum «Direktorium der globalen Ordnung», wie man den Club der fünf dominanten Mächte auch bezeichnen kann, nimmt sich das in einigen Punkten ähnlich, in einigen anderen jedoch ganz anders aus. Auch hier geht es zunächst um Clubbildung, aber die ist exklusiv angelegt und strebt nicht, wie die mit den ökologischen Herausforderungen befasste, nach einer Omniinklusivität der Weltgemeinschaft. Im Gegenteil: Was die Verteilung von Macht und Einfluss anbetrifft, so sind die als Ordnungsparameter in Frage Kommenden an einer möglichst geringen Zahl der Clubmitglieder interessiert, da jeder weitere Beteiligte die Macht und den Einfluss der anderen vermindern würde. Andererseits gibt es aber, wie sich sowohl in der historischen Betrachtung von multipolaren Ordnungen als auch auf der Grundlage von diesbezüglichen Kalkulationsmodellen festhalten lässt, ein Interesse daran, möglichst *potente Akteure* mit den Aufgaben des Direktoriums zu betrauen, um sie zu Erbringern der erforderlichen Leistungen zu machen und sie nicht in der Position eines bloßen Nutznießers von Gemeingütern verharren zu lassen. Das gilt besonders bei den Mächten, die sich durch den Verzicht auf globalpolitischen Einfluss wirtschaftliche Vorteile erkauft haben oder erkaufen können, wie das der Ökonom und Politologe Richard Rosecrance mit Blick auf die 1970er und 1980er Jahre für Japan und Deutschland angenommen hat.[20] Das heißt: Auf Dauer hält ein solches Arrangement der Weltordnungsmächte nur, wenn keiner der potentiellen Akteure sich den Verzicht auf globalen Einfluss mit relevanten Vorteilen im wirtschaftlichen Bereich «versüßt», indem er die Einflussreichen zu Lastenträgern der auch ihm zugutekommenden weltordnungspolitischen Vorteile macht. Das ist eine Sorge, wie sie insbesondere die USA beim Blick auf die Europäer haben. Und diese Sorge wächst, je kleiner der US-amerikanische Vorsprung gegenüber den globalpolitischen Konkurrenten wird.

Dem Interesse an einer zahlenmäßigen Begrenzung der Weltordnungsmächte steht also ein Interesse an der Einbindung potentieller wirtschaftlicher Konkurrenten in die Aufgaben der Weltordnung gegenüber; es soll verhindert werden, dass diese mit leichter Hand politische Macht und Einfluss drangeben, wie eben, Rosecrance zufolge, es Japan und Deutschland getan haben, um sich ganz ihren wirtschaftlichen Aktivitäten und der Steigerung eines ausschließlich ihnen zukommenden Wohlstands widmen zu können. Heißt:

Auch hemmungslose Egoisten der politischen Macht haben ein Interesse daran, dass ökonomisch potente Akteure in die Lastenverteilung des Direktoriums der Weltordnung eingespannt werden. Dazu nötigt sie die Befürchtung, sie könnten durch die Steigerung ihres politischen Einflusses, die aus einer zahlenmäßigen Verringerung der Dominanzmächte resultiert, ihre eigenen Ressourcen aufs Spiel setzen, die wiederum die Voraussetzung für eine auf Dauer angelegte globale Einflussnahme sind. Sie könnten damit in die Falle einer Überdehnung ihrer Macht geraten, und das heißt, dass sie, je mächtiger sie politisch sind, umso ärmer im wirtschaftlichen Bereich werden. So jedenfalls legt es das an kalkülrationalen Akteuren orientierte Modell nahe.

Das schließt freilich nicht aus, dass es Regierungen gibt, die Reichtumseinbußen in Kauf nehmen, um die Macht ihres Landes zu vergrößern. Es ist anzunehmen, dass es sich dabei eher um autoritäre Regime als um demokratische Ordnungen handelt, weil autoritäre Regime in deutlich geringerem Maß dem Rückkoppelungsmechanismus unterliegen, mit dem sich die Bevölkerung eines Landes gegen die Mehrung globaler Macht im Tausch gegen Wohlstandsverzicht zu wehren vermag. Das Modell gibt Hinweise darauf, was *eigentlich* zu erwarten ist, aber es kann nicht vorhersagen, ob das auch *tatsächlich* eintreten wird. Es gibt danach ein Interesse der Vormächte an einer möglichst kleinen Anzahl der am «Weltordnungsdirektorium» Beteiligten, aber zugleich den Imperativ, streng darauf zu achten, dass ein Akteur, der von seinen Fähigkeiten her ein nennenswerter wirtschaftlicher Konkurrent sein könnte, in den Kreis der weltpolitisch Einflussreichen einbezogen wird und an den Kosten und Lasten der Ordnungswahrung beteiligt ist. Zugleich werden die Weltordnungsmächte im Auge behalten, ob es in ihrem Kreis Akteure gibt, die auf einen Tausch von Reichtum gegen Macht aus sind: Es sind solche Akteure, die aus Machtgier heraus die Stabilität der Ordnung gefährden. Gegenwärtig ist das Russland des Putin-Regimes dafür ein Beispiel, und es ist im Wesentlichen die

Aufgabe Chinas, dafür Sorge zu tragen, dass sich ein potentieller Machtgewinn durch Selbstverarmung bei Russland in Grenzen hält.

Neben dem Blick auf die Geschichte der Pentarchien macht das antagonistisch angelegte Doppelinteresse der führenden Mächte – einerseits die am Weltordnungsdirektorium Beteiligten zahlenmäßig zu begrenzen, andererseits all die einzubeziehen, die aus der Nicht-Einbeziehung wirtschaftliche Vorteile erlangen könnten – nachvollziehbar, warum nicht Dreier- oder Siebenersysteme das Feld der multipolaren Ordnungen dominieren, sondern es zumeist auf Fünferkonstellationen hinausläuft: Fünf als Mitte zwischen zu Vielen und zu Wenigen. Für die kollektive Hegemonie von Fünfen spricht weiterhin, dass bei Dreien zwangsläufig Zwei-zu-Eins-Konstellationen entstehen, was eine bedrohliche Instabilität der Ordnung zur Folge hat, weil der im Nachteil Befindliche als Ausgleich Akteure, die dem Direktorium nicht angehören, in die Gruppe der Dominierenden hereinzuholen versucht und der Beweglichste im Dreiersystem permanent seine Unterstützung an einen der beiden anderen «versteigern» kann: Er unterstützt den, der ihm dafür am meisten bietet. Das befördert einen Wettlauf um die Position des Beweglichsten, was ebenfalls zu notorischer Instabilität führt. Bei einem System der Sieben dagegen ist der Einfluss auf so viele Schultern verteilt, dass die Teilhabe am Direktorium der Weltordnung womöglich unattraktiv wird und einige *von sich aus* darauf verzichten. Das kann zu einem «Run aus der Verantwortung» führen. Die Attraktivität der Macht ist dann womöglich so gering, dass die damit verbundenen Kosten und Lasten in keinem Verhältnis mehr zu den Vorteilen von Macht und Einfluss stehen. Diese auf rationale Kalkulationen gestützten Überlegungen lassen die Entstehung von Pentarchien zwar nicht als *zwangsläufig* erscheinen, aber sie machen sie doch von allen vorstellbaren Ordnungen zu der *wahrscheinlichsten*.

Einflusszonen und konkurrierende Wertesysteme

Wenn hier von der Bewältigung einer drohenden Staatenanarchie durch die Bildung von «Clubs» die Rede war, so sind dabei zwei Typen von Clubs zu unterscheiden: der Club der fünf Weltordnungsmächte von all jenen Clubs, die jede dieser Vormächte um sich herum aufbaut, um ihre Ressourcenbasis zu verbreitern und gegenüber wirtschaftlichen Restriktionen und Sanktionen seitens der anderen möglichst unverwundbar zu sein. Keine dieser Mächte kann nämlich auf sich allein gestellt das Ringen um die Weltordnung durchhalten, sondern muss durch die Sicherung von Einflussgebieten und Gefolgschaftsverhältnissen dafür Sorge tragen, dass die Lasten der Direktoriumsposition auf möglichst viele in ihrem engeren wie weiteren Einflussbereich verteilt werden beziehungsweise dieser Einflussbereich möglichst groß ist, um bei Herausforderungen und Konflikten entsprechende Durchhaltefähigkeit zu besitzen. Thukydides' Analyse der athenischen Thalassokratie und des Peloponnesischen Bundes kann als paradigmatisch für diese Politik der Ressourcenabsicherung gelten, eingeschlossen das Risiko, dass die Vormächte, die Organisatoren dieser Großräume, was durchaus im Sinne Carl Schmitts zu verstehen ist, dabei miteinander in Konflikte geraten, die sich zu (begrenzten) Kriegen auswachsen können.

Während der Club der Weltordnungsmächte tendenziell egalitär angelegt ist, wobei sicherlich gewisse Positionsunterschiede auftreten können, sind die Clubs, die von den großen Mächten zur Verbreiterung ihrer Ressourcenbasis gebildet werden (oder bereits vorhanden sind), mehr oder weniger hierarchisch angelegt: Da ist die Macht im Zentrum, um die ein innerer Ring von Unterstützern und Verbündeten gelegt ist, und sodann ist da zumeist noch ein äußerer Ring von Ländern, die im weiteren Sinn als politische und wirtschaftliche Einflussgebiete angesehen werden. Was für die USA Mittelamerika und die Karibik sind, sind für Russland die kaukasischen und zentralasiatischen Republiken, und für China sind es die Staaten entlang der «neuen Seidenstraße».

De facto läuft das auf imperiale Strukturen hinaus, die freilich einen sehr unterschiedlichen Charakter haben können: Im einen Fall ist eher wirtschaftliche Macht der ausschlaggebende Faktor der Beziehung zwischen Zentrum und Peripherie, im anderen Fall kann es kulturelle Macht sein, in wieder anderen Fällen politische Macht, und in manchen Fällen ist es militärische Macht, mit der ein Zentrum seine Peripherie unter Kontrolle hält. Der Versuch der russischen Führung, die Ukraine mit Kriegsgewalt zu erobern und sie unter ihre Kontrolle zu bringen, war die letzte Option, die die Kremlführung von den ihr verfügbaren Machtsorten her hatte, um die seit den Maidan-Revolutionen immer stärkere Entfernung der Ukraine von Russland rückgängig zu machen. Die kulturelle oder zivilisatorische Attraktivität Russlands hatte sich zuvor als nicht groß genug erwiesen, um die Mehrheit der Ukrainerinnen und Ukrainer an Russland zu binden, und auch die wirtschaftliche Macht Russlands, die im Wesentlichen aus verbilligten Energielieferungen an die Staaten des Einflussgebiets besteht, reichte dafür nicht aus. Trotz gravierender Mängel im politischen und sozioökonomischen System der Ukraine, etwa der grassierenden Korruption, war diese Ordnung mit der Aussicht auf eine Annäherung an die EU und ihr Wertesystem den Menschen in der Ukraine sehr viel lieber als die Unterordnung unter die Direktiven des Kreml und die Übernahme von Strukturen, wie sie in Russland seit dem Amtsantritt Putins entstanden sind. Russland konnte bei dem Projekt einer Erweiterung seiner Ressourcenbasis zuletzt nur noch auf militärische Macht setzen, was zumeist auf ein entgegengesetztes Ergebnis hinausläuft, weil ein Krieg mehr Ressourcen verzehrt als neue oder zusätzliche beibringt. Der Einsatz militärischer Macht ist in der Regel kontraproduktiv.

Etwas anderes ist es, wenn militärische Macht dazu dient, die Sicherheit der Länder eines potentiellen Einflussgebiets zu gewährleisten, wie das bei der Vergabe von Schutzschirmen, konventionellen wie nuklearen, zu beobachten ist. In diesem Fall wird militärische Macht nicht *gegen* ein Land und seine Bevölkerung zum Einsatz gebracht, sondern sie wird in dessen vermeintlichem oder tatsächlichem Interesse und mit Zustimmung seiner Bevölkerung verwendet. Das ist, wenn es gut läuft, für beide Seiten eine Win-win-Konstellation, weil der Bereitsteller von Schutzschirmen dabei den Ertrag seiner militärischen Fähigkeiten einstreichen kann, ohne die militärische Macht «verbrauchen» zu müssen, und der Nutznießer der Schutzschirme, der Beschützte, eine Sicherheit erhält, die selbst aufzubauen er nicht in der Lage oder nicht willens ist. In diesem Fall ist militärische Macht als eine Variante von *smart power* anzusehen.[21] Dieser Mechanismus ist freilich davon abhängig, dass es ein Erfordernis von Schutzschirmen gibt, dass also eine Bedrohungskonstellation besteht, was in einer «Welt von Freunden» nicht der Fall ist. Aber diese Welt von Freunden, auf die viele in den zurückliegenden drei Jahrzehnten gebaut haben, ist aus vielerlei Ursachen, vor allem infolge der russischen Angriffskriege, für die nächsten Jahrzehnte außer Reichweite geraten.

Der russische Griff zur Gewalt spielte sich in einem Rahmen ab, in dem die Anziehungskraft «des Westens», insbesondere die der Europäischen Union, sehr viel stärker war als die Russlands, und die Ukrainer mussten sich entscheiden, welcher Einflusssphäre sie angehören wollten. Als sie mit den beiden Maidan-Aufständen für Europa und gegen Russland votierten,[22] reagierte der Kreml mit militärischer Gewalt, von der im Jahr 2014 erfolgten Annexion der Krim und der Schaffung von Separatistengebieten im Donbas bis zum großen Angriffskrieg seit dem Februar 2022, der auf die Eroberung der gesamten Ukraine abzielte. Spätestens am 24. Februar 2022 stieß Putin auf den erbitterten Widerstand der Ukrainerinnen und Ukrainer, die politische Freiheit und wirtschaftliches Wohlergehen, wie sie der Westen versprach, höher schätzten als die von Putin eingeforderte Zugehörigkeit zur «russischen Welt». Die Imperialität

Russlands ist an einem Imperialismus in seiner brutalsten Gestalt orientiert. Es handelt sich bei Russland um ein Imperium der Gewalt und Unterdrückung, nach außen wie im Innern, und man muss wohl davon ausgehen, dass eine Rücknahme der Gewalt mit dem definitiven Zerfall der Russländischen Föderation *enden kann*. Das wiederum lässt erwarten, dass mit einer grundlegenden Transformation Russlands, wie sie einige mit einer Niederlage Russlands im Ukrainekrieg verbinden, auf absehbare Zeit nicht zu rechnen ist.

Das Gegenmodell dazu ist das, was man zeitweise mit Blick auf die USA als *empire by invitation* bezeichnet hat:[23] ein politischer Großraum, dem angrenzende Gebiete gerne angehören möchten, weil es vielen außerhalb des Zentrums lebenden Menschen erheblich besser ginge, wenn sie diesem Raum angehören und in ihm leben würden – sei es als Einzelne auf dem Weg der Immigration, sei es durch kollektiven Beitritt ihres Landes zu diesem Großraum, wie das im Fall diverser EU-Erweiterungsrunden der Fall war und wohl auch weiterhin sein wird, oder sei es schließlich durch ein Assoziierungsabkommen, bei dem die Bewohner des assoziierten Gebiets nur einen Teil der Rechte und Ansprüche der Bürger des Zentralraums erlangen und auf die Politik des Zentrums auch weiterhin keinen Einfluss haben, wiewohl ihr Leben durch die dort getroffenen Entscheidungen erheblich beeinflusst ist. Es ist dies eine Ordnung, bei deren Zustandekommen die Pull-Effekte dominieren; die Kräfte der Anziehung überwiegen die der Abstoßung, die es freilich ebenfalls gibt.

Auch hier lässt sich eine Strukturierung des Raums nach der Unterscheidung zwischen Zentrum und Peripherie (oder auch *Peripherien*, insofern es sich dabei um Räume mit unterschiedlichem Rechtsstatus handelt) beobachten, wobei die Bewohner der Peripherie bereit sind, sich den Vorgaben und Erwartungen des Zentrums zu fügen, um einen begrenzten Zutritt zu dessen Vergünstigungen zu erlangen. Auch die EU-Beitrittskandidaten müssen, damit der Beitrittsprozess in Gang kommt, die Vorgaben der Union und ihre Regeln und Werte übernehmen. Sind sie erst einmal beigetreten, haben sie jedoch einen vergleichsweise großen Einfluss auf die Fort- und Weiterentwicklung der Gemeinschaft. Sie können dann als Vetospieler auftreten, die eine erhebliche Blockademacht besitzen, wie das bei Orbáns Ungarn der Fall ist. Man kann darum auch die EU als einen imperialen Raum begreifen, wenn man in Rechnung stellt, dass das Gefälle zwischen Zentrum und Peripherie in diesem Fall nur gering ist und sich mehr im wirtschaftlichen als im politischen Bereich finden lässt.[24] Ob eine solche Ordnung sich im System der Fünf wird halten können, muss sich noch zeigen.

Eine andere Form der Herstellung eines Zentrum-Peripherie-Gefälles ist das chinesische «Seidenstraßenprojekt» (*One Belt, One Road Initiative*), das aus beachtlichen Infrastrukturinvestitionen der Chinesen in Zentralasien, Süd- und Südostasien sowie Afrika besteht und auf die Schaffung eines in seiner räumlichen Ausdehnung gewaltigen Einflussraumes hinausläuft. «Mit insgesamt 4,4 Milliarden Menschen leben entlang der neuen Seidenstraßen zwischen China und dem östlichen Mittelmeerraum mehr als 63 Prozent der gesamten Weltbevölkerung, mit einem kollektiven Bruttoinlandsprodukt von 21 Billionen US-Dollar – oder 29 Prozent des globalen BIP.»[25] Die Zahlen verweisen freilich nicht nur auf die Größe, sondern auch auf die spezifische Ausrichtung des Projekts: Es umfasst eher arme Staaten, die zumeist noch nicht den Schwellenländern zuzurechnen sind, sondern unterhalb deren Entwicklungsniveau verharren: 63 Prozent der Weltbevölkerung, aber nur 29 Prozent des Bruttoinlandsprodukts.

Man könnte in der Seidenstraßeninitiative somit eine chinesische Investition in den Aufholprozess der ärmeren Länder sehen – und unter dieser Flagge ist das Projekt ja auch lange gesegelt. Schaut man jedoch genauer hin, geht es dabei nicht um einen spezifischen Typus der «Entwicklungshilfe», sondern um ein geostrategisches Vorhaben, mit dem die chinesische Führung der potentiellen US-amerikanischen Umklammerung entkommen will. Sie eröffnet sich mit ihm Verbindungslinien, die nicht durch die Straße von Malakka führen, einen der großen Engpässe des Welthandels, und vor allem schafft sie Abhängigkeitsverhältnisse in politisch umkämpften Räumen. Diese erwachsen aus den von China vergebenen langfristigen Krediten und müssen mit politischem Wohlverhalten der Kreditnehmer beglichen werden. Gegen ein wohlwollendes Investment in den Aufholprozess der Armen spricht auch, dass so gut wie kein Transfer von Know-how stattfindet, da die Arbeiten am Ausbau der Infrastruktur im Wesentlichen von chinesischen Arbeitskräften ausgeführt werden. In der Folge bleiben die Länder entlang der neuen Seidenstraße von China abhängig.

China bereitet sich auf den großen Konflikt mit den USA vor, indem es Wirtschaftsräume in seine Einflusszone integriert, die es gegen Handelssanktionen immun machen sollen, und dazu setzt es auf von ihm abhängige Ökonomien.[26] Auch wenn Xi Jinping das entschieden bestreitet – es geht auch im Fall der Seidenstraßenstrategie um die Bildung eines «Clubs», in dem China das Sagen hat und der durch entsprechende Verträge gegen die materiellen Verlockungen des Westens geschützt wird.[27] Es ist aber auch unübersehbar, dass sich dabei in Zentralasien eine Konfliktzone zwischen Russland und China entwickelt, die zu erheblichen Verwerfungen zwischen den beiden autoritären Mächten der Weltordnung führen kann. Jedenfalls stellt die chinesische Position in Zentralasien die geopolitischen Vorstellungen eines russisch dominierten Eurasien in Frage, wie sie von Dugin und anderen entworfen wurden.

Das vom Westen, zumal von den USA und zuvor von den Briten, über Jahrzehnte hinweg favorisierte Projekt eines offenen Weltmarkts, der an die Stelle von durch Zölle und Handelsbegrenzungen abgesonderten und geschlossenen Einflussgebieten treten und damit einen relevanten Beitrag zum globalen Frieden leisten sollte, muss vorerst als gescheitert angesehen werden. Das Weltordnungsmodell des freien Marktes ist inzwischen zur wirtschaftspolitischen

Binnenordnung des Westens geworden, besitzt also alles andere als globale Dimensionen. Es handelt sich dabei um das Wirtschaftsmodell der reichen Länder, und es könnte in seiner großräumlichen Begrenzung inzwischen vor allem dazu dienen, den technologischen Vorsprung des Westens, zumal gegenüber China, aufrechtzuerhalten, indem es den Wettbewerb im Innern stimuliert, aber einen Innovationstransfer nach außen unterbindet. Das wird auf Dauer freilich nur möglich sein, wenn sich der Westen seinerseits von anderen Wirtschaftsräumen abgrenzt und die Transfers spezifischer Technologien blockiert.

Es sind also nicht nur China und andere, die mit entsprechenden Reglementierungen in die freie Zirkulation von Gütern und Kapital eingreifen, sondern das tun seit längerem bereits die USA, und auch die EU wird schwerlich darum herumkommen, zu ähnlichen Maßnahmen zu greifen. Diese werden gegen China eher selektiv erfolgen, aber im Verhältnis zu Russland wird es, solange der Krieg in der Ukraine andauert, durch die weitgehende Entkoppelung der russischen von den europäisch-atlantischen Wirtschaftskreisläufen zu einer auf lange Dauer angelegten Blockierung des Austauschs kommen. Es ist nicht zuletzt eine Politik westlicher Interessenwahrung und Wertedurchsetzung gegenüber Russland wie China, die das zunächst favorisierte Projekt einer auf den Weltmarkt gestützten Weltordnung beendet hat.

Mit dem System der Fünf wird sich anstelle der zeitweilig erwarteten und auch erhofften global integrierten Wirtschaft ein Nebeneinander von mehreren ökonomisch hochgradig integrierten Großräumen entwickeln, die untereinander zwar Verbindungen haben, aber diese werden, verglichen mit der Integration im Innern dieser Räume, eher schwach und dünn sein. Jede Seite wird darauf achten, dass sie den Export von Hochtechnologie wie strategisch relevanten Rohstoffen, etwa Seltenen Erden, unter Kontrolle behält und gleichzeitig in beiden Bereichen strategische Autonomie aufbaut.

Letzteres wird nicht ohne größere Einflussgebiete möglich sein, auf deren Wirtschaft die Handelsvorgaben der Zentralmacht ausgeweitet werden. Der Austausch zwischen dem amerikanischen und dem europäischen Wirtschaftsraum wird dabei eine Sonderstellung einnehmen, aber wie weit diese tatsächlich gehen kann und ob die Europäer auch in Zukunft einen größeren Wirtschaftsaustausch mit China pflegen werden, ist von politischen Entwicklungen abhängig, die sich nicht zuverlässig vorhersagen lassen. Es spricht jedoch vieles dafür, dass sich ein beträchtlicher Teil des europäischen Chinageschäfts in absehbarer Zeit auf Indien verschieben wird, und zwar weniger aus genuin wirtschaftlichen, sondern wesentlich aus geostrategischen Gründen: Es geht einerseits um die Möglichkeit ökonomischer Einflussnahme auf das «Zünglein an der Waage», dazu eine schrittweise Umstellung Indiens von Militärgerät russischer Herkunft auf eines, das aus dem Westen, den USA, aber auch Europa, stammt, und andererseits um eine Begrenzung der wirtschaftlichen Dynamik Chinas. Man kann das auch als einen Versuch ansehen, die «Thukydides-Falle» zu umgehen.[28]

Unübersehbar ist die marktliberale Wirtschaftsordnung des Westens in höherem Maße der Freiheit und Selbstbestimmung der Menschen verpflichtet als die Wirtschaftssysteme Russlands und Chinas. Außerdem hat sie eine höhere Korruptionsresistenz als diese, wobei sich in der Frage der Korruption die russische und die chinesische Ordnung noch einmal voneinander unterscheiden. Obendrein weist die marktliberale Ordnung im Vergleich zu den beiden Typen autoritärer Regime eine geringere Spreizung der Einkommen auf – was in Anbetracht eines über Jahrzehnte die westliche Entwicklung beherrschenden Neoliberalismus und der Selbstdarstellung des sich nach wie vor als «kommunistisch» bezeichnenden Chinas durchaus überraschen mag. Aber das ist hier nicht das Thema; es geht vielmehr um die Folgen, die aus der jeweiligen Wirtschaftsordnung für die Art der Einflussnahme auf die jeweilige Peripherie der Machtzentren erwachsen. Diese Einflussnahme setzt im Fall der marktliberalen Ordnung allenfalls marginal auf militärische Gewalt (wenn man die amerikanischen Militärinterventionen einmal herausnimmt, bei denen indes umstritten ist, ob sie wesentlich ökonomischen oder geostrategischen Imperativen folgten). Sie setzt auch nicht auf fiskalische Erpressung, wenngleich sie sich der Mittel des finanziellen Drucks durchaus bedient, ist dabei aber, im Unterschied zu China, in großem Stil zu einer Politik des Schuldenerlasses bereit, wenn der wirtschaftliche Zusammenbruch eines Landes droht.

Das alles heißt nicht, dass der westliche Einfluss auf die jeweilige Peripherie sanft und an den Interessen und Bedürfnissen der Schwachen orientiert ist, wie dies in den Selbstdarstellungen der westlichen Länder häufig vorkommt. Man kann die politisch-ökonomische Ordnung des Westens durchaus als ein an den eigenen Interessen ausgerichtetes Herrschaftssystem ansehen, wie dies etwa Carl Schmitt in seiner Kritik am globalen Liberalismus getan hat,[29] sollte dabei aber beachten, dass Schmitt die wirtschaftsliberale Ordnung an ihren eigenen Idealen und Parolen gemessen und keinen Vergleich mit alternativen Ordnungen vorgenommen hat. Das ändert nichts daran, dass auch die marktliberale Wirtschaftsordnung ein Herrschaftssystem ist, in dem es ein Zentrum – oder auch mehrere Zentren – und eine Peripherie beziehungsweise mehrere Peripherien gibt, die durch ein Gefälle von Macht und Einfluss voneinander unterschieden sind. Man kann das mit normativ guten Gründen kritisieren, sollte dabei aber nicht übersehen, dass es Ordnungen gibt, die durch die ihnen eigenen Regeln, Werte und Normen die Grundlagen dieser Kritik selbst bereitstellen, und solche, die das nicht tun, weil sie bei der Regulation des Binnenraumes auf regelbasierte Selbstbindungen des Zentrums weitgehend verzichten. Sie ordnen den Binnenraum ihres Einflussgebiets eher nach Wohlwollen und Gunsterweisen, die bei «Undankbarkeit» jederzeit kassiert werden können.

Die fünf Pole beziehungsweise Zentren der Weltordnung bilden also nicht nur gegeneinander abgegrenzte, jedenfalls abgrenzbare Wirtschaftsräume aus, die auf die Möglichkeit einer gewissen Autarkie hin ausgelegt sind, sondern entwickeln für diese Räume auch je eigene Ordnungen von Regeln und Werten, nach denen sie die Binnenstrukturen ihres Raumes organisieren. Diese Regelsysteme und Werteordnungen unterscheiden sich allesamt voneinander – aber sie tun es in unterschiedlichem Maße. Das führt zu der bereits mehrfach angesprochenen Zweiergruppierung innerhalb des Fünfersystems, bei dem sich nicht nur demokratische und autoritäre, sondern auch *individualistische* und *gemeinschaftsbezogene* Ordnungen einander gegenüberstehen. In Ersteren stellen Individualrechte die Grundlage der Ordnung dar, die als Menschen- und Bürgerrechte ausgestaltet sind und für deren Begrenzung und Einschränkung es hohe Hürden gibt, was politisch eine liberaldemokratische Ordnung voraussetzt; in Letzteren steht die Vorstellung der Gemeinschaft (nicht der Gesellschaft, die als Aggregation von Individuen konzipiert ist)[30] im Zentrum, und gemessen an ihren Erfordernissen wird über Rechte und Pflichten der Menschen entschieden, was auf eine autoritäre Ordnung hinausläuft. Aus dieser normativ unterschiedlichen Grundlegung der sozialen und politischen Ordnung erwachsen dann unterschiedliche Herrschaftssysteme mit unterschiedlichen Eingriffsreichweiten und Steuerungsoptionen der Regierungen.

Damit verbunden ist eine unterschiedliche Verwundbarkeit der Systeme durch Enttäuschungen, aus denen Kritik oder auch offener Widerstand erwachsen können, ebenso aber auch eine unterschiedliche Resilienz gegenüber solchen Enttäuschungen. Als Faustregel gilt: Weil in autoritären Systemen die Regierung sehr viel größere Eingriffsmöglichkeiten hat, steht sie grundsätzlich unter einem höheren Erwartungsdruck wie Legitimationsbedarf, als das in liberaldemokratischen Ordnungen, *jedenfalls vom Grundsatz her*, der Fall ist. Dafür verfügt sie aber auch über erheblich größere Repressionsmöglichkeiten gegenüber einer ihre Unzufriedenheit artikulierenden Bevölkerung als Regierungen, die an eine verfassungsmäßig geregelte Responsivität der Bürger gebunden und auch darauf eingestellt sind. Das ist der Gegensatz, der das System der Fünf auf unabsehbare Zeit strukturieren wird. Dabei sollte jedoch nicht übersehen werden, dass die liberaldemokratischen wie die autoritären Ordnungen Variationen aufweisen, so dass eine starre Wertekonfrontation der Blöcke eher unwahrscheinlich ist und partielle Kooperationen über die Blockbildung hinweg nicht auszuschließen sind.

Die sich gegenwärtig herausbildende Weltordnung ist keine der universalen Werte und Normen, wie dies die Erwartung nach dem Ende des Ost-West-Konflikts war, die in Francis Fukuyamas Bestseller *Das Ende der Geschichte* ihren Ausdruck gefunden hat. Aber es ist auch nicht die Ordnung, die Samuel Huntington in *The Clash of Civilizations* antizipiert hat, als er überwiegend Kulturkreise zur Grundlage der weltpolitischen Strukturen erhob und dabei Traditionen und Religionen eine ausschlaggebende Bedeutung für die politische Ordnung der Welt beimaß. Er hat dabei genuin machtpolitische Fragen, also all das, was hier unter dem Rubrum der Geopolitik verhandelt worden ist, eher gering veranschlagt.[31] Die sich zurzeit entwickelnde Weltordnung, die hier in modelltheoretischer Sicht analysiert wird – das heißt: *als ob* sie schon vollendet wäre –, ist stärker durch macht- und geopolitische Imperative als durch religiöse und kulturelle Prägungen gekennzeichnet.

Man kann die Unwahrscheinlichkeit einer globalen Werteordnung aber auch sehr viel undramatischer beschreiben, wie das der Bonner Völkerrechtler Matthias Herdegen getan hat, als er darauf hinwies, dass das russische und chinesische Insistieren auf Souveränität einem Universalismus der Werte entgegenstehe und der westliche Anspruch auf globale Durchsetzung universaler Werte in einen *normative overstretch* geführt habe.[32] Auch Herdegen geht also von diversen Polen der Weltordnung aus, bei denen Fragen der Macht und nationale Interessen im Mittelpunkt stehen. Die Aufgabe des Völkerrechts besteht demnach darin, Regeln für die Konkurrenz wie für die Kooperation dieser Akteure aufzustellen. Herdegen hat seine Überlegungen vor dem russischen Angriff auf die Ukraine entwickelt, mit dem die Geltungsreichweite und Durchsetzbarkeit des Völkerrechts noch weiter relativiert worden ist. Es werden darum vorerst eher «dünne» Regelwerke sein, auf die sich die Polmächte der Weltordnung im Umgang miteinander verlassen können. Die Ära eines «westlichen Werteimperialismus», wie der Normuniversalismus des Westens in denunziatorischer Absicht bezeichnet worden ist, ist jedenfalls vorbei, und die Rekurse auf das Völkerrecht stehen unter dem Vorbehalt, dass es mächtiger Akteure bedarf, die es durchsetzen. Man wird davon ausgehen müssen, dass die Polmächte mit ihren je eigenen Werteordnungen auch eine unterschiedliche Auslegung des Völkerrechts pflegen. Das gilt vor allem für das Agieren innerhalb ihrer Einflusssphären.

Andererseits ist die Einwirkung der von dem Philosophen Vittorio Hösle beschriebenen Fliehkräfte auf die Weltordnung begrenzt geblieben, und sowohl die «Korrosion der Europäischen Union» als auch die «zunehmende Unregierbarkeit der USA» haben nicht in dem von Hösle vorausgesagten Ausmaß stattgefunden.[33] Was von Hösle unterschätzt wurde, waren die den Zentrifugalkräften entgegengesetzten zentripetalen Effekte der Feindbilder und Bedrohungserfahrungen, die dazu geführt haben, dass es ein nachhaltiges Interesse der Staaten gibt, auch aus sicherheitspolitischen Gründen, bestimmten Schutz- und Einflussräumen zuzugehören; diese werden von den Polmächten in ihrem eigenen Interesse aufgebaut oder erweitert. Neutralität hat infolgedessen viel von ihrer vormaligen Attraktivität verloren. Das lässt sich in der Peripherie Russlands gut beobachten, wo eine Reihe von Staaten bemüht sind, in die westliche Einfluss- und Sicherheitszone eintreten zu dürfen. Die hier bereits apostrophierte «Produktivität der Feindschaft» konkretisiert sich damit als Kraft des Zentripetalen, die verhindert, dass sich die weltpolitische Ordnung in Richtung einer «Anarchie der Staatenwelt» entwickelt. Die dabei entstehende Weltordnung rangiert in normativer Hinsicht somit weit unterhalb dessen, was nach dem Ende des Ost-West-Gegensatzes erhofft und erwartet wurde, aber deutlich oberhalb dessen, womit man als *worst case* rechnen musste und weiterhin rechnen muss.

Was heißt unter diesen Umständen «zweite Reihe»?

Angesichts der im Weltmaßstab wirkenden Zentripetalkräfte und der Vereinnahmungsinteressen von Polmächten stellt sich die Frage, ob es überhaupt noch eine «zweite Reihe» geben kann, also globalpolitisch relevante Akteure, die nicht den großen Fünf selbst angehören und auch nicht ihr Einflussgebiet oder ihre politische Gefolgschaft bilden. Ja, es spricht vieles dafür, dass es eine solche «zweite Reihe» gibt und auch in Zukunft geben wird – und dass sie keine Restgröße der Weltordnung ist, sondern für deren Funktionieren eine erhebliche Bedeutung hat. Das legt der Blick auf die geopolitische Karte nahe, wo einige relevante Akteure zu finden sind, die sich weder den USA und der EU anschließen wollen noch der Interessensphäre Chinas oder Russlands zuzurechnen sind und die auch nicht ins politische Umfeld Indiens einrücken werden. Zu nennen sind hier die lateinamerikanischen Staaten, insbesondere Brasilien, einige afrikanische Staaten, Äthiopien und Südafrika etwa, die auf Äquidistanz zu den zwei Bänken der großen Fünf Wert legen, sowie Teile Südostasiens, namentlich Indonesien, und dazu außerdem noch größere Teile der arabischen Welt. Indien als Balancemacht wird bestrebt sein, diese Mächte der zweiten Reihe als Gewichte hinter sich zu bringen, muss aber darauf achten, daraus keinen Bund der Blockfreien werden zu lassen, der Indiens Fähigkeit zum Balancieren gravierend einschränken würde.

Tatsächlich liegt hier ein Risiko, insofern Staaten, die dem Club der Weltordnungsmächte nicht angehören, aber Ambitionen haben, die Macht der Balance, also Indien, nutzen könnten, um im Huckepack Indiens Zugang zum System der Fünf zu erhalten und sich anschließend darin festzusetzen. So würde aus einer Ordnung der Fünf eine der Sechs, Sieben oder mehr werden. Das würde zu einer konfliktträchtigen Entwicklung führen, in deren Folge die gesamte Ordnung ins Wanken geraten kann. Tatsächlich beruht der Club der Fünf ja «nur» auf der gegenseitigen Anerkennung der Beteiligten als Polmächte, und der einzige Ausschlussmechanismus oder Riegel der Zugehörigkeit ist die Nichtanerkennung als polare Macht. Eine weitergehende Formalisierung des Zugangs ist nicht in Sicht und wohl auch nicht erstrebenswert.

Was nun die je zwei demokratischen und autoritären Polmächte anbetrifft, so werden sie gemäß den systemischen Mechanismen ihre Bank nicht durch die Hinzunahme eines Dritten «verstärken» wollen, weil das dann – vermutlich – auch die Gegenseite tun würde, um das Gleichgewicht wiederherzustellen, so dass im Ergebnis die bisherigen zwei Mächte Macht und Einfluss mit einem Dritten teilen müssten, den sie anschließend nicht mehr loswerden, weil die Gegenseite dann daraus Vorteile ziehen könnte.

Die Mechanismen der Fünferordnung sind im Hinblick auf die Bank der Demokraten und die der Autoritären also derart beschaffen, dass die Hinzunahme weiterer Akteure unattraktiv ist, weil das für die antagonistischen Mächte des Systems keine dauerhaften Vorteile bringt. Das ist beim Fünften, der Balancemacht, anders, weil sie kein direktes Gegenüber hat und mit den Aufgaben des Balancierens stark gefordert sein dürfte. Sie könnte darum unter bestimmten Umständen Interesse an einer Unterstützungsmacht (oder auch mehreren) haben. Mit einer 2:2:2-Konstellation wäre jedoch eine von ihren Mechanismen her andere Ordnung entstanden, in der die Position der Balancemacht wegfällt und es drei tendenziell gleich stark besetzte Bänke gibt, die je nach Frage und Lage miteinander konkurrieren oder kooperieren. Damit ist immer das Risiko destabilisierender Übergewichte verbunden.

Andererseits ist nicht auszuschließen, dass eine dem Club der Fünf angehörende Macht derart schwächelt, dass sie ihre Aufgaben nicht mehr hinreichend erfüllen kann und damit eine der beiden Bänke bedrohlich schwächt. Das dadurch entstehende Ungleichgewicht lässt sich nur beheben, wenn der schwächelnde Akteur gegen eine andere Macht ausgetauscht wird, von der die ihr obliegenden Aufgaben erfüllt werden können. Dabei kann dann auf die «zweite Reihe» zurückgegriffen werden, wo sich entsprechende Anwärter für die demokratische wie die autoritäre Bank finden.

Was nun diese zweite Reihe anlangt, so ist zwischen jenen Mächten zu unterscheiden, die eine der Dominanzmächte zu ersetzen bereit sind, weil sie nach größerem Einfluss streben, und solchen, die sich in der zweiten Reihe wohl fühlen und den Verbleib dort bevorzugen, weil sie dies als eine politisch komfortable Position ansehen: Sie müssen keine weltpolitische Verantwortung übernehmen und weder die damit verbundenen Kosten und Lasten noch die daraus erwachsenden Risiken tragen, sondern werden als Macht der zweiten Reihe womöglich gar von den Fünfen an der Spitze hofiert und umworben. Sie können es sich somit aussuchen, wann und wo sie sich engagieren und wann und wo nicht, und haben die Option, als lockerer Verbündeter der demokratischen oder autoritären Seite im Direktorium der Weltordnung aufzutreten oder aber sich von Fall zu Fall neu festzulegen, also die Rolle eines «unsicheren Kantonisten» zu spielen, wenn sich das für sie lohnt. Mitunter ist das die komfortabelste Position, eröffnet sich doch die Möglichkeit, in einigen Fällen entsprechend den eigenen Interessen Einflussnahme anzustreben und in anderen, zumal dann, wenn keine eigenen Interessen berührt sind, die Position eines bloßen Beobachters einzunehmen. Die Akteure der zweiten Reihe – und unter ihnen vor allem diejenigen, die sich nicht an die Bank der Demokraten oder der Autokraten gebunden haben – haben darüber hinaus die Aufgabe, durch politischen Beifall oder Missfallensbekundungen die dominierenden Mächte zur Einhaltung der Völkerrechtsregeln anzuhalten.

Diese «Komfortzone der Weltpolitik» resultiert daraus, dass die Weltordnungsmächte der ersten Reihe, also das hier der Einfachheit halber so bezeichnete «Direktorium», auf möglichst starke und einflussreiche Verbündete angewiesen sind, die sie jedoch nicht in ihre politische Peripherie einzugliedern vermögen oder wollen. Sie sind in der Konkurrenz mit der opponierenden Bank auf Unterstützer aus der zweiten Reihe angewiesen, um die von ihnen präferierte Politik durchzusetzen. Diese Unterstützung kann auch darin bestehen, dass eine Macht der zweiten Reihe nicht für die Gegenseite im Club der Fünf Partei ergreift, was als Höhepunkt des Komfortablen angesehen werden kann: Sie kann dann Gratifikationen welcher Art auch immer fürs Nichtstun beziehen. Es ist also ohne weiteres nachvollziehbar, warum es Mächte gibt, die einen Platz in der zweiten Reihe bevorzugen und keineswegs anstreben, in die Gruppe der dominierenden Mächte aufzusteigen, wo sie dem Dauerstress der Verantwortung für die globale Ordnung ausgesetzt sind und wo es die Option, sich für neutral zu erklären, nicht gibt. Die zweite Reihe ist komfortabel, weil die ihr Angehörenden die globalen Entwicklungen zwar im Auge behalten, aber nicht zwingend eingreifen müssen, wenn sie nicht in die gewünschte Richtung gehen. Stattdessen können sie sich auf ihre Umgebung konzentrieren und dort ihre jeweiligen Interessen und Präferenzen zur Geltung bringen.

Entgegen einer zunächst naheliegenden Erwartung ist also keineswegs mit machtpolitischem Gedränge um die Zugehörigkeit zum Club der Fünf zu rechnen, sondern eher mit einem Sicheinrichten in der politischen Komfortzone der zweiten Reihe. Nur die, deren Interessen tatsächlich globaler Art sind, die es also infolgedessen nicht zulassen können oder aufgrund ihrer politischen Präferenzen nicht zulassen wollen, dass globale Entwicklungen Platz greifen, auf die sie keinen Einfluss haben, müssen die Last der ersten Reihe auf sich nehmen. Nach dem gegenwärtigen Stand der weltpolitischen Entwicklung sind dies nur die USA und China sowie Russland, die Europäische Union und Indien. Alle anderen haben größere Vorteile, wenn sie in der zweiten Reihe Platz nehmen, um sich dort hofieren zu lassen. Ob sie das den Vorgaben dieses Modells entsprechend auch wirklich tun, lässt sich nicht mit Sicherheit vorhersagen. Wie im Vorangegangenen beim Blick in die Geschichte mehrfach festgestellt, gibt es auch Fälle, in denen die Rationalität der Kosten-Nutzen-Abwägung von politischen Ressentiments, historischen Erinnerungen mit traumatischem Charakter und schlichten Fehleinschätzungen konterkariert wurde. Die Folge ist, dass wegen eines nicht genauer zu bestimmenden politischen Prestiges ein Platz angestrebt oder eingenommen wird, der keineswegs den Interessen des jeweiligen Landes entspricht und seine Ressourcen auf Dauer überfordert. Das Agieren Russlands in den letzten zwei Jahrzehnten könnte sich im Rückblick als ein Beispiel dafür herausstellen.

Ebenso kann die Übernahme von Aufgaben der ersten Reihe aber auch dazu führen, dass im politischen Binnenraum der entsprechenden Macht Dissens darüber entsteht, in welche Richtung sie sich bei den diversen Herausforderungen, die auftreten, engagieren soll; die in ihrem Inneren vorhandenen gegensätzlichen Präferenzen werden dadurch noch weiter verstärkt. Der Platz in der ersten Reihe wirkt durch den auf ihm lastenden Entscheidungszwang wie ein Verstärker des im Innenraum dieser Macht bestehenden Dissenses. Das kann zu Entscheidungs- und Handlungsunfähigkeit führen, die auf eine nachhaltige Schwächung dieser Macht hinausläuft. In diesem Fall ist es jedoch unwahrscheinlich, dass die Staatsführung – eine Ausnahme ist hier die EU, die keine Staatsführung im Singular hat – die naheliegende Entscheidung trifft, den Platz in der ersten Reihe aufzugeben und sich in die zweite Reihe zurückzuziehen, weil ein solcher Platzwechsel als Niedergang, womöglich Untergang wahrgenommen werden kann. In der Folge greift dann eine Irrationalisierung der Politik um sich, die von der Parole «Jetzt erst recht» angetrieben wird. Unter den fünf hier genannten Kandidaten für das «Direktorium» der Weltordnung läuft die Europäische Union sicherlich das größte Risiko, dass sie sich bei anstehenden Richtungsentscheidungen nicht festzulegen vermag oder dass infolge von Entscheidungen die zentrifugalen Tendenzen die Oberhand gewinnen und man wegen notorischer Schwäche aus dem Club der Fünf ausscheiden muss.

Es gibt in dieser Weltordnung aber nicht nur eine zweite, sondern auch eine dritte und eine vierte Reihe, und wenn in der zweiten Reihe jene Mächte Platz nehmen, auf deren Hilfe die Fünf der ersten Reihe angewiesen sind, so ist die dritte Reihe von jenen Staaten besetzt, die man gelegentlich als Unterstützer brauchen kann, auf die man jedoch nicht wirklich angewiesen ist. Das heißt: Die Unterstützung durch Mächte der zweiten Reihe macht weltpolitisch einen Unterschied, jedenfalls dann, wenn sie nicht unsicher und sporadisch ist, während die Gewinnung von Akteuren der dritten Reihe wünschenswert ist, aber die weltpolitische Gewichtsverteilung nicht nennenswert verändert. In der vierten Reihe befinden sich dann all jene, die weltpolitisch keine Rolle spielen, weil sie von ihrem ökonomischen Gewicht her marginal sind oder sich in geopolitisch irrelevanten Räumen befinden. Die grobe Regel für die Identifikation derer in der vierten Reihe lautet, dass zu ihnen all jene Länder gehören, in denen Naturkatastrophen und Bürgerkriege sowie Hunger und Elend die Weltordnungsmächte nicht zu sofortigem Eingreifen nötigen, weswegen sie auf das Engagement von Nichtregierungsorganisationen angewiesen sind.

Die Zugehörigkeit zu einer dieser Reihen steht jedoch keineswegs ein für alle Mal fest: Wie die Akteure der ersten Reihe wechseln können, wobei die einen aus der ersten Reihe absteigen und andere aus der zweiten Reihe aufsteigen, so gibt es auch Ab- und Aufstiege zwischen der zweiten und dritten oder der dritten und vierten Reihe. Als Ursache solcher Auf- und Abstiege kommen nicht nur Veränderungen im inneren Gefüge der fraglichen Länder in Betracht, wie etwa die Konsolidierung der politischen Verhältnisse oder dynamische ökonomische Entwicklungen. Es können auch äußere Einwirkungen zu solchen Veränderungen führen, wie ein Wandel der geopolitischen oder geoökonomischen Konstellationen, etwa durch das Abschmelzen der Polkappen, das eine Neuordnung der großen Seefahrtswege zur Folge haben wird, oder auch technologische Innovationen, in deren Folge zuvor wenig nachgefragte Rohstoffe einen Boom erfahren und dabei Knappheitskonstellationen entstehen, die in Preisexplosionen münden. So können Länder in die Gruppe der Rentierstaaten oder in geostrategische Schlüssellagen aufrücken, für die sich zuvor keiner der großen Akteure interessiert hat.

Es gibt aber auch die umgekehrte Entwicklungsrichtung eines geoökonomischen oder geostrategischen Abstiegs, etwa aufgrund einer Dekarbonisierung der Weltwirtschaft mit entsprechenden Folgen für die erdölproduzierenden Länder. Ein solcher Abstieg ist vermutlich die weltpolitisch größere Herausforderung als ein Aufstieg, weil das Versiegen von Kapitalströmen, die bislang ins Land geflossen sind und für ein hohes Wohlstandsniveau der Rentierstaaten[34] gesorgt haben, zu Staatszerfall, Bürgerkrieg und Migrationsbewegungen führen kann, was dann in der Destabilisierung ganzer Regionen endet. Die Folgen für die Weltordnung zeigen sich keineswegs erst dann, wenn ein solcher Abstieg erfolgt ist, sondern entfalten bereits durch dessen Antizipation Wirkung.

Man muss sich davor hüten, das hier entwickelte theoretische Modell einer Weltordnung, an deren Spitze ein Club der fünf großen Mächte steht und die restlichen Länder in hintereinander aufgestellten Reihen gegliedert sind, mit einer starren und unveränderlichen Ordnung zu verwechseln. Von der Spitze bis zum unteren Ende kann sich die Besetzung der Plätze ständig ändern, was die Ordnung jedoch selbst nicht in Frage stellt, sondern nur die Platzierung der größeren wie kleineren Akteure verändert. Bedrohlich für die Weltordnung werden diese Platzwechsel erst dann, wenn dabei, um im Bild zu bleiben, Bänke und Stühle umgeworfen werden und es statt der geordneten Reihen eine chaotische Ansammlung von Erregten gibt, die nicht wissen, wo ihr Platz ist, und die darum unter Dauerstress stehen. Dann zerfällt die Ordnung, und es entsteht eine

«Anarchie der Staatenwelt», in der womöglich auch die Klassifikation der Staatlichkeit als Ordnungskategorie keine Rolle mehr spielt und nichtterritoriale Akteure in die erste Reihe des Geschehens drängen. Dann geht es buchstäblich «drunter und drüber».

Überlappungszonen und Bruchlinien der Weltordnung

Alle Ordnungen sind endlich, zerfallen irgendwann, entweder weil sie den Anforderungen, die sie bewältigen müssen, strukturell nicht mehr genügen, oder weil sich die zentralen Akteure diesen Anforderungen fortgesetzt als nicht gewachsen erwiesen haben. Die Zeit einer Ordnung, auch die einer Weltordnung, ist dann abgelaufen, wenn sich alle Versuche, sie an veränderte Rahmenbedingungen und neue Herausforderungen anzupassen, als vergeblich erwiesen haben. Ein Beispiel dafür, von dem bereits ausführlich die Rede war,[35] ist das Ende der Eine-Welt-Vorstellung mit einem dichten Regelwerk und starker Wertebindung, das mit dem Fehlen oder Ungenügen des zwingend erforderlichen Hüters eingetreten ist: Erst haben sich die Vereinten Nationen als zu schwach und zu zerstritten erwiesen, um diese Aufgabe wahrzunehmen; dann haben sich die USA strategisch überfordert und nach einer Reihe von Fehlschlägen auch politisch unwillig gezeigt, diese Rolle auf Dauer zu spielen; und schließlich hat sich keiner mehr gefunden, der dazu bereit und befähigt gewesen wäre.

Die Europäer beschränkten sich auf den bloßen *Gestus* des Hüters, also auf Mahnungen und Appelle, und die Chinesen, von denen viele erwarteten, dass sie diese Rolle übernehmen würden,[36] ließen sich darauf nicht ein, sondern hielten am Vorhaben eines in ihrer Botmäßigkeit stehenden Großraums fest. Vermutlich wären sie mit der Hüterrolle ebenfalls überfordert gewesen. Damit waren alle Möglichkeiten, an diesem Typus von Weltordnung festzuhalten, erschöpft, und das Projekt war am Ende – was freilich nicht alle Beobachter der Entwicklung sogleich begriffen haben. Es gibt nach wie vor eine große Anzahl nostalgischer Voluntaristen, die so tun, als handele es sich dabei weiterhin um eine politische Option, die man nur entschlossen genug *wollen* müsse, um sie Wirklichkeit werden zu lassen. Sie werden damit scheitern oder, was das Schlimmere ist, auf die Herausforderungen, die sie bewältigen müssen, nicht vorbereitet sein und sie nicht bestehen. – Auch die hier skizzierte Weltordnung der dominierenden Fünf und der Einflussstruktur von mehreren hintereinander geordneten Reihen wird irgendwann einmal zu Ende gehen, sei es, weil sie den an sie herangetragenen Anforderungen nicht mehr genügt, sei es, weil sie durch eine normativ anspruchsvollere und problembezogen effektivere Ordnung ersetzt werden kann. Vorerst ist sie zwar nicht alternativlos, aber wohl das Beste, was zurzeit als Weltordnung funktionieren kann.

Das heißt aber nicht, dass die Weltordnung der Fünf dem Risiko enthoben wäre, an internen Herausforderungen zu scheitern: an Herausforderungen, die von Anfang an erkennbar und beschreibbar sind, wie etwa die *Menschheitsaufgaben*, auf die hin die Eine-Welt-Ordnung mitsamt Hüter gedacht war und die nicht darum verschwunden sind, weil diese Ordnung nicht wirklich zustande gekommen ist; oder an Herausforderungen, die bei einer segmentären Ordnung von Großräumen und Einflussgebieten strukturell in Kauf genommen und daher auch bearbeitet werden müssen. Dabei handelt es sich bei Letzterem vor allem um die *Überlappungszonen und Bruchlinien*, die sich zwischen den von den Polmächten beanspruchten Räumen befinden und die von zwei Seiten miteinander konkurrierend jeweils für sich reklamiert werden. Sie können entweder zwischen zwei großen Mächten umstritten sein, oder in ihnen wehrt sich ein erheblicher Teil der Bevölkerung, womöglich auch, wie im Fall der Ukraine, tendenziell die gesamte Bevölkerung, gegen die Einbeziehung in die Einflusszone des interessierten Akteurs.

Bei den Menschheitsaufgaben, etwa der Begrenzung des Klimawandels, der Reduzierung von Hunger und Elend im globalen Süden und der Entschleunigung von Migrationsbewegungen, ist nicht mit einem *abrupten* Scheitern der Weltordnung zu rechnen, sondern dieses Scheitern findet, wenn es denn ein Scheitern ist, in Form einer unzulänglichen Bewältigung dieser Aufgaben statt. Das Feststellen des Scheiterns steht dabei unter dem Vorbehalt einer nicht bloß denkbaren, sondern auch *praktikablen* Alternative, die eine bessere Aufgabenbewältigung verspricht. Man kann davon ausgehen, dass die Evaluierung der Aufgabenbewältigung politisch umstritten sein wird, weil der Wandel mit Einflussverlusten für einige Mächte einhergeht, die sich dagegen sperren werden – und weil stets Zweifel an der tatsächlichen Leistungsfähigkeit der vorgestellten Alternative geltend gemacht werden können. Es spricht vieles dafür, dass es bei einer Blockierung des Ordnungswandels zu einem Aufstand der zweiten, dritten und vierten Reihe gegen den Club der Fünf kommt, dem vorgeworfen wird, die angesprochenen Menschheitsaufgaben nicht oder nur unzureichend bewältigt zu haben, was vor allem zu Lasten derer in den hinteren Reihen gehe. Das wird dann eine längere Kontroverse sein, an deren Ende die bestehende Weltordnung zerstört sein könnte, ohne dass eine andere an ihre Stelle tritt.

Überlappungszonen und Bruchlinien sind nun einmal das zentrale Problem einer nicht hierarchisch aufgebauten, sondern auf partikulare Großräume setzenden Weltordnung. Man kann die damit verbundene Gefahr von Kriegen sicherlich dadurch verringern, dass man in einem Akt von extremem Paternalismus, also machtbewusstem Herrschaftswillen, Grenzen zieht und die fraglichen Räume den Interessensphären der einen oder der anderen Macht zuweist, ohne danach zu fragen, ob das den davon betroffenen Bevölkerungen zusagt oder nicht und ob sie womöglich andere Vorstellungen haben. Man agiert dann wie die «Großen Drei» – Stalin, Roosevelt und Churchill – auf den Konferenzen in Teheran und Jalta, die die Welt in Interessen- und Einflusssphären aufgeteilt haben, woraus anschließend die Ordnung der Bipolarität entstanden ist, in der die einmal gezogenen Grenzen unveränderlich blieben.[37] Daran haben in der östlichen Hälfte der bipolaren Welt weder Volksaufstände noch Reformen noch Wahlen etwas zu verändern vermocht. In einer anderen Form gilt das auch für die Pariser Friedensordnung von 1919: Obwohl US-Präsident Woodrow Wilson das «Selbstbestimmungsrecht der Völker» beschwor, wurde in den konkreten Regelungen vielfach dagegen verstoßen, weil sich die macht- und sicherheitspolitischen Forderungen der Siegermächte vor- und vorbeidrängten.[38] Im Fall der Pariser Friedensordnung hat die von oben festgelegte Ordnung nicht einmal zwei Jahrzehnte gehalten. Als Hitler im Frühjahr 1938 durch den Anschluss Österreichs ans Deutsche Reich mit ihrer Revision begann, konnte er sich dabei zunächst auf die überwiegende Zustimmung der unmittelbar Betroffenen stützen.

Eine paternalistische Bändigung von Überlappungszonen und Bruchlinien ist entweder extrem fragil, wie etwa die Pariser Friedensordnung, oder extrem starr, wie die Ordnung des Ost-West-Konflikts. Obendrein entspricht ein solcher Ultrapaternalismus, auch ein pazifistisch motivierter, in keiner Form dem Selbstverständnis der liberaldemokratischen Rechtsstaaten.[39] Im Prinzip nämlich folgen sie der Vorstellung, dass die in den fraglichen Räumen lebenden Menschen selbst darüber entscheiden, welcher Gesellschafts- und Werteordnung sie angehören wollen. Autoritäre Regime tun sich damit leichter, wie der von den Außenministern Molotow und Ribbentrop ausgehandelte Hitler-Stalin-Pakt vom 23. August 1939 zeigt, in dem die Einflusszonen zwischen dem Großdeutschen Reich und der Sowjetunion abgesteckt wurden, um anschließend bei Vertreibung und Umsiedlung freie Hand zu haben.[40] Kein demokratischer Rechtsstaat, der seine normativen Grundlagen ernst nimmt, kann sich darauf einlassen.

Eine Alternative zum Paternalismus von Grenzziehungen über die Köpfe der Betroffenen hinweg ist die Errichtung von Pufferstaaten, die weder dem einen noch dem anderen Einflussgebiet zugehören und politische wie wirtschaftliche Beziehungen sowohl in die eine als auch in die andere Richtung pflegen können. Man kann das als Herstellung einer neutralen Zone zwischen zwei großen Mächten ansehen, bei der nicht damit gerechnet werden muss, dass sich die Bevölkerung mehrheitlich dem einen oder anderen Raum zuwendet; sie kann die wirtschaftlichen Vorteile des für sie jeweils attraktiveren Bereichs in Anspruch nehmen, ohne sich dabei von dem anderen politisch abwenden zu müssen. Obendrein kann sie noch von einer «Neutralitätsdividende» profitieren, die im Wesentlichen in der Freistellung von Militärbündnissen besteht. Eine solche Pufferzone der Neutralität hat es in der Zeit des Ost-West-Konflikts in Skandinavien (Finnland und Schweden) und im Donauraum (Österreich und Jugoslawien) gegeben.[41] Man muss freilich hinzufügen, dass sowohl der skandinavische als auch der balkanische Raum für militärische Operationen in großem Stil von nachrangiger Relevanz waren, so dass beide Seiten, die NATO wie der Warschauer Pakt, ohne Inkaufnahme größerer Nachteile die Neutralisierung dieser Räume hinnehmen konnten. Die Neutralität der genannten vier Länder ist in den Jahrzehnten der Ost-West-Konfrontation weder von der Regierung noch von der Bevölkerung in Frage gestellt worden.

Warum ist eine ähnliche Entwicklung in Belarus und der Ukraine im zurückliegenden Jahrzehnt, bevor sich die Beziehungen zwischen den West- sowie Mitteleuropäern auf der einen und Russland auf der anderen Seite schrittweise verschlechterten, nicht möglich gewesen? Tatsächlich haben die Regierungen beider Länder – in Belarus der Dauerherrscher Lukaschenko und in der Ukraine wechselnde Präsidenten – über längere Zeit eine «Schaukelpolitik» zwischen Russland und der Europäischen Union betrieben, um die Vorteile beider Verbindungen für sich zu nutzen. Recht bald wurde jedoch klar, dass die Kremlführung – etwa von da an, als Putin den Zerfall der Sowjetunion als «die größte geopolitische Katastrophe des 20. Jahrhunderts» bezeichnet hat – eine stärkere Annäherung an die EU nicht zulassen würde, weil das die Wiederherstellung eines an der Sowjetunion oder dem Zarenreich orientierten imperialen Raumes verhindert und die Zugehörigkeit beider Staaten zur Gemeinschaft Unabhängiger Staaten (GUS), die den Raum der einstigen Sowjetunion politisch zusammenhalten sollte, in Frage gestellt hätte. Nachdem in der Ukraine regelrechte Aufstände eine engere Bindung an Russland blockiert hatten und auf dem Höhepunkt des Euro-Maidan der damalige ukrainische Präsident Wiktor Janukowytsch bei Nacht aus dem Land hatte fliehen müssen[42] – womit Russland seinen Einfluss auf die ukrainische Politik verlor und seine Vertrauensleute in der Ukraine desavouiert waren –, war klar, dass die russische Führung eine ähnliche Entwicklung in Belarus mit allen Mitteln verhindern und den autoritär agierenden Präsidenten Lukaschenko mit allen Mitteln im Amt halten würde.

Als es dann zu Protesten gegen die von Lukaschenko gefälschten Wahlen kam und diese nicht auf die Hauptstadt Minsk beschränkt blieben, sondern auf die größeren Städte und auch aufs Land übergriffen, schaltete sich Putin demonstrativ ein. Hätte er das nicht getan, wäre der weißrussische Sicherheitsapparat, wie zuvor der in der Ukraine, zerfallen oder in großen Teilen zur Opposition übergelaufen. Das musste Putin verhindern, und das ist ihm gelungen. Zwar sprach zunächst nichts dafür, dass ein Machtwechsel in Minsk, der auf Grundlage freier und fairer, jedenfalls nicht manipulierter Wahlen stattgefunden hätte, zu einer eindeutigen Westorientierung der weißrussischen Politik geführt hätte, aber Putin glaubte, sich nur noch auf ein diktatorisches Regime in Minsk verlassen zu können – zu einem Abwandern des Landes aus der russischen Einflusszone durfte es auf keinen Fall kommen. Es waren die politische wie soziale Unattraktivität Russlands und die repressive russische Politik, die der Entwicklung einer neutralen Pufferzone mit Bindungen an beide Seiten im Wege standen. Wo sich eine lebendige Zivilgesellschaft entwickelte, die gegen die oligarchische Kleptokratie opponierte, war auch der Verbleib in der russischen Interessensphäre fraglich.

Der entscheidende Punkt für das Scheitern des Pufferkonzepts war also, dass man im Kreml kein Vertrauen in die Stabilität von Pufferzonen hatte, weil man demokratischen Entscheidungen grundsätzlich misstraute. Deswegen hatte die Kremlspitze im eigenen Land ein System der «gelenkten Demokratie» installiert und alle Ansätze zu einer wirklichen Demokratie unterbunden.[43] Das ließ viele in den als Puffer in Frage kommenden Ländern immer mehr auf Distanz zu Russland gehen. Obendrein war man im Kreml davon überzeugt, dass Russland ohne eine verlässliche Kontrolle über Belarus und die Ukraine weltpolitisch nur noch eine untergeordnete Rolle spielen würde. Das Akzeptieren neutraler Pufferstaaten zwischen Russland und der EU war für Putin also schon deshalb keine Option: Sie hätten die russischen Ambitionen auf die Position einer Weltmacht in Frage gestellt – zumal dann, wenn sich dort ein größerer Wohlstand entwickelt hätte als in Russland selbst. Wie auch immer: Die Errichtung stabiler Puffer war infolge der russischen Schwäche und des daraus erwachsenen Misstrauens der Kremlführung nicht möglich, so dass Überlappungszonen zu Bruchlinien wurden.

Die nach 2014, nach der Krimannexion und der Installierung von Separatistengebieten im Donbas, von Deutschland und Frankreich betriebene Politik, die zu den zwei Minsker Abkommen führte, kann als ein letzter Versuch angesehen werden, für die Ukraine doch noch einen Pufferstatus zu etablieren. Das hat der Kremlführung nicht gereicht. Inzwischen sind die Bruchlinien durch den russischen Angriffskrieg in der Ukraine und die Brutalität, mit der er geführt wird, noch weiter vertieft worden. Die russische Gegenerzählung, es habe sich bei den Protesten in Kiew sowie auch denen in Minsk nach den von Lukaschenko gefälschten Wahlen um von US-amerikanischen Geheimdiensten inszenierte Aufstände gehandelt, die von einigen Rädelsführern organisiert worden seien, ist spätestens durch den entschlossenen Widerstand der Ukrainer und Ukrainerinnen gegen die russischen Angreifer widerlegt worden: Ein derart erbitterter Widerstand ist nicht das Ergebnis einer Handvoll Dollars oder Euros und einer Reihe falscher Versprechen, sondern tief im Streben der Menschen nach Freiheit und politischer Selbständigkeit verwurzelt. Oder anders formuliert: Russland war unter Putin politisch wie ökonomisch so unattraktiv geworden, dass eine Bevölkerung, die politische Entscheidungsfreiheit hatte, nicht in dessen Schlagschatten verbleiben wollte.

Lässt sich aus der Entwicklung in Ostmitteleuropa etwas für das Management der sich jetzt bildenden neuen Weltordnung lernen? Oder handelt es sich bei der Dynamik einer Vertiefung von Bruchlinien um Vorgänge, die sich andernorts zwangsläufig in ähnlicher Weise wiederholen werden? Etwa in der chinesischen Peripherie, im Umgang Pekings mit Taiwan oder auch mit Vietnam und den anderen Staaten Indochinas? – Die Konstellationen weisen durchaus Ähnlichkeiten auf, sind aber keineswegs identisch. Viel wird davon abhängen, welche Schlüsse die chinesische Führung aus den Problemen zieht, in die Russland infolge seines aggressiven Agierens in Ostmitteleuropa geraten ist, und wie eng die USA den Sicherheitsgürtel, den sie zurzeit gegenüber China konstruieren, schnüren werden. Des Weiteren wird einiges davon abhängen, wie die Interaktionen zwischen beiden Seiten verlaufen und wie sie von Dritten wahrgenommen und interpretiert werden. Dabei kann das Zeigen von Stärke wie von Schwäche Reaktionen auslösen, die eine Eigendynamik entwickeln und dann irreversibel sind. Die Unklarheit darüber, ob Nachgiebigkeit und Flexibilität oder ein entschlossenes Auftreten der Stabilisierung von Puffern zuträglich sind, macht alle Entscheidungen, die Chinas und die des Westens, zum Vabanquespiel. Was man indes sagen kann: Ein Modus Vivendi, der eine stabile Zone von Pufferstaaten zwischen den Einflusszonen umfasst, dürfte dem Funktionieren einer Weltordnung der segmentierten Großräume am dienlichsten sein. Eine positive Entwicklung in Ostasien und Indochina wäre auch darum wichtig, weil es global Überlappungszonen und Bruchlinien gibt, für deren Management die großen Fünf auf Vorbilder angewiesen sind.

Die geopolitisch größte Herausforderung für die Europäer sind Nordafrika und die Sahelzone. Die Sahelzone ist von dem britischen Journalisten Tim Marshall als das «unruhigste, ärmste und ökologisch zerstörteste Gebiet auf dem Planeten» und als «der hoffnungsloseste Brennpunkt brutaler Gewaltanwendung» bezeichnet worden.[44] Das erfordert ein kluges, konfliktbegrenzendes Agieren in diesem langgestreckten Raum. Es handelt sich dabei um einen «6000 Kilometer langen Korridor quer durch Afrika vom Roten Meer bis zum Atlantik»,[45] in dem unterschiedliche ökonomisch-ökologische Lebensweisen, etwa die der Nomaden und die der Ackerbauern, aber auch gegensätzliche kulturell-religiöse Prägungen aufeinanderstoßen, namentlich Islam und Christentum. Hier befinden sich zudem die weltweit ärmsten Länder, die von ihren wirtschaftlichen und finanziellen Möglichkeiten her keine Chance haben, diese Gegensätze aus eigener Kraft abzuschwächen und in Gestalt von Infrastrukturprojekten leistungsfähige Verbindungen zwischen Norden und Süden aufzubauen.

Zeitweilig sah es so aus, als könnte die Europäische Union hier entwicklungs- und sicherheitspolitisch eine maßgebliche Rolle spielen, doch dann tauchten in Mali und Burkina Faso die Söldner der russischen «Gruppe Wagner» auf, und die Europäer zogen sich zurück, nachdem sie von in Putschen an die Macht gekommenen Militärjuntas «ausgeladen» worden waren. Ähnliches könnte sich jetzt im Niger wiederholen. Bei diesen Ausladungen spielte eine Rolle, dass die EU die Legitimität der Putschregierungen in Zweifel gezogen und die Verletzung von Menschen- und Bürgerrechten kritisiert hat. Die Sicherung dieses Raumes als Interessen- und Einflusszone der im Sahel engagierten EU-Länder wurde politisch immer komplizierter und finanziell immer aufwendiger, so dass die

Europäer den einfachen Weg des Rückzugs wählten. Das könnte zur Folge haben, dass, wie von Tim Marshall prognostiziert, entweder Terroristen oder Russland und China diese Gebiete übernehmen.[46] Dabei wird sich noch herausstellen, welche der beiden Möglichkeiten für Europa gefährlicher und bedrohlicher ist. Viel wird hier davon abhängen, ob und wie der Kreml sich der Wagner-Söldner nach deren fehlgeschlagenem Putschversuch gegen die russische Militärführung in Zukunft bedient. Dass Aufbau und Einsatz von Söldnertruppen eine riskante Angelegenheit sind, hat man jetzt festgestellt. Folgt daraus, dass man künftig darauf verzichtet? Oder entscheidet man sich dafür, diese Verbände nur noch weit vom eigenen Land entfernt einzusetzen, so dass sie keine Möglichkeit haben, sich in dessen innere Angelegenheiten einzumischen? Es spricht vieles dafür, dass es auf Letzteres hinauslaufen wird.

Manches hängt davon ab, wie sich das Afrika südlich der Sahelzone entwickelt, wo die Chinesen, die keine Probleme im Umgang mit autoritären und korrupten Regierungen haben, zurzeit gegenüber den USA und der EU in der Vorhand sind. Autoritäre Regime kooperieren nun einmal mit jedem, der kooperationsbereit ist, während liberaldemokratische Ordnungen wertebasierte Vorbehalte haben müssen – legen sie diese ab, geraten sie in Probleme mit dem eigenen Selbstverständnis. Ihre Möglichkeit, Staaten der zweiten bis vierten Reihe zu hofieren, ist für Demokratien insofern begrenzt.

Doch in Afrika entwickeln sich Zivilgesellschaften und daraus hervorgehende politische Kräfte, die eher dem demokratischen Westen zugeneigt sind. Tatsächlich könnten hier Konstellationen entstehen, die den von Thukydides geschilderten vor dem Peloponnesischen Krieg ähnlich sind, wo die politische Ordnung im Innern und die bündnispolitische Präferenz eines Staates in unmittelbarem Zusammenhang miteinander standen.[47] Folgt man der Darstellung des Thukydides, so könnte sich bei den Vormächten ein Interesse daran entwickeln, mit dem Instrument des Staatsstreichs die geopolitischen Konstellationen eines Großraums zu beeinflussen, was zur Folge hätte, dass hier Räume notorischer Instabilität entstünden. Solche Räume sind durch die Inversion von Bürger- und Staatenkrieg gekennzeichnet, also den Verlust der Grundlagen einer jeden politischen Ordnung, wie dies oben anhand des Dreißigjährigen Krieges und des Westfälischen Systems dargestellt worden ist.[48] Die Auswirkungen für Europa würden in jedem Fall gravierender sein als die für China oder Russland. Europa ist in dieser Frage um ein Vielfaches verwundbarer als die autoritären Regime, weil es den fraglichen Territorien näher liegt und weil die Migrationsströme, die aus Regimewechseln und Bürgerkriegen resultieren, in Richtung Europa gehen – und nicht nach Russland oder China.

Die Rückwirkungen der entstehenden Weltordnung auf den Innenraum der fünf großen Mächte

Oben ist eingehender erörtert worden, inwiefern die geostrategische Handlungsfähigkeit der großen Mächte durch ihre inneren Verhältnisse, die politischen Gegensätze, die sozioökonomischen Interessen, die Demographie und anderes mehr beeinflusst wird.[49] Aber inwiefern sind umgekehrt die globalen Konstellationen und die darin eingelagerten Herausforderungen für die inneren Verhältnisse der die Weltordnung tragenden Mächte relevant? In welchem Maße stoßen solche globalen Herausforderungen Veränderungen im Innern an? Hier wird die Vorstellung verfolgt, dass es eine dynamische Wechselbeziehung zwischen der politischen Ordnung im Innern eines großen Akteurs und den im engeren oder weiteren Sinn weltpolitischen Konstellationen gibt. Diese weltpolitischen Konstellationen können anziehend wie abstoßend wirken, das heißt: Sie können zu einem Umbau der politischen Ordnung im Innern motivieren, der vonnöten ist, um weiter die Aufgaben einer Weltordnungsmacht zu bewältigen – oder aber dazu führen, dass man lieber in der zweiten Reihe der Weltpolitik Platz nimmt und sich in der politischen Komfortzone einzurichten versucht. Vermutlich würden sich viele, vor diese Entscheidung gestellt, für den Platz in der Komfortzone entscheiden, wenn sie sich denn sicher sein könnten, dass es sich dabei auch tatsächlich um eine komfortable Position handelt und nicht um eine, in der man nachvollziehen muss, was andere vorgegeben haben, und man obendrein noch mit einer Fülle von Problemen befasst ist, die daraus resultieren, dass die großen Mächte sich um sie nicht kümmern, sondern nur das bearbeiten, was in ihrem eigenen Interesse liegt. Was zunächst als komfortabel erscheint, entpuppt sich dann als falsche Entscheidung mit langfristigen Folgen. Das ist ziemlich genau das Problem, vor dem zurzeit die Europäer stehen: Eigentlich würden sie, jedenfalls die Deutschen, weniger wohl die Franzosen, in der zweiten Reihe Platz nehmen und diese als weltpolitische Komfortzone ausgestalten, aber sie müssen befürchten, dass dann die Großen alle unliebsamen Folgen ihres Agierens in Europa abladen oder zumindest dafür sorgen, dass sie wesentlich die Europäer betreffen.

Die Wechselwirkung zwischen Innen und Außen dürfte für die USA und China am wenigsten ein Problem darstellen. Ihre auf eine starke Exekutive hin angelegten Systeme sind für das Aufgabenfeld einer Weltordnungsmacht gut geeignet, in China stärker im Hinblick auf die Durchsetzungsfähigkeit der politischen Spitze, in den USA mehr im Hinblick auf die «Mitnahme» der Bürger infolge ihrer größeren Responsivität gegenüber der Regierung, was eine verlässliche und nachhaltige Politik ermöglicht. Das ist auch der Grund dafür, dass beide Mächte im Club der Fünf die Spitzenposition einnehmen, die USA auf der Bank der Demokraten, China auf der Bank der Autoritären. Die USA verfügen im Portfolio der Machtsorten über große ideologische Macht, vom *American Dream* in seiner allgemeinsten Form bis zu dessen Ausfabulierung in Hollywood-Filmen oder im globalen Klang amerikanischer Musik.[50] China hat nichts Vergleichbares zu bieten und verzichtet weitgehend auf den

Export von Ideologie: China exportiert Güter, ohne zu erwarten, dass die Handelspartner sich dafür zuvor an chinesischen Werten haben messen lassen oder hinfort daran orientieren. Es geht allein um die «Wiederherstellung» von Chinas Weltmachtposition, und dazu ist Xi Jinpings Nationalismus sehr viel besser geeignet als die vormals von Mao Tse-tung gepflegte Variante des Marxismus.[51]

Andererseits hat China große Furcht vor ideologischer Einflussnahme von außen, weswegen die Führung die *Great Firewall* hat errichten lassen, die nicht nur für Cybersicherheit, sondern auch für eine strikte Kontrolle des Informationsflusses von außen sorgen soll.[52] Das wiederum ist in den USA ganz anders, wo man deutlich weniger besorgt ist, dass von außen ins Land kommende Informationen, selbst Falschinformationen, eine substanzielle Gefahr für das Land darstellen. Das muss hier nicht weiter erörtert werden, auch wenn solche Unbesorgtheit auf eine bedrohliche Verwundbarkeit der Demokratie hinausläuft, wie das vor allem die Aktivität russischer Hacker und Lancierer von Falschinformationen gezeigt hat. Für die Position in der Weltordnung ist hier aber relevant, dass eine entgegengesetzte Aufstellung funktional dieselben Effekte haben kann: im Fall der USA die Pflege von Attraktivität durch exzessiven Export von Ideologie und Lebensgefühl und im Falle Chinas der gänzliche Verzicht darauf, um uneingeschränkt Güter zu exportieren, was für die Chinesen den Umgang mit den lokalen Eliten der potentiellen Märkte und Unterstützermächte sehr erleichtert. Beides sind unterschiedliche Mittel zur Erreichung desselben Zwecks: die politische Unterstützung durch die zweite bis vierte Reihe der Weltordnung für sich zu gewinnen und auf Dauer zu stellen.

Im Vergleich mit den Machtportfolios der USA und Chinas steht Russland deutlich schlechter da, denn eigentlich hat es außer dem Export von Rohstoffen einschließlich Energieträgern nicht viel zu bieten, nachdem der Verkauf von Waffen infolge des beschleunigten Verbrauchs auf dem Territorium von Nachbarstaaten, zuletzt dem der Ukraine, weithin zum Erliegen gekommen ist. Obendrein hat sich die Leistungsfähigkeit dieser Waffen auch noch als begrenzt herausgestellt. Die Stützen des russischen Weltmachtanspruchs sind insofern die Atomwaffen und der Einsatz des Militärs außerhalb des eigenen Staatsgebiets, wobei es sich dabei oft nicht um reguläres Militär, sondern um Söldner in russischem Auftrag handelt.[53] Diese Söldnerarmeen – es handelt sich bei ihnen ja nicht nur um die Wagner-Gruppe – sind inzwischen zu einem Machtfaktor geworden, der auch für die innere Entwicklung Russlands von Bedeutung ist; es ist damit zu rechnen, dass sie sich bei Kämpfen um die Nachfolge Putins oder einem Bürgerkrieg im Innern des Riesenreichs als eine unberechenbare Größe erweisen werden. Ein solches Machtportfolio ist für eine Macht, die in der Weltordnung eine dominante Rolle spielen will, sehr wenig, in mancher Hinsicht zu wenig. Russland muss, wenn es durchhaltefähig sein will, sein Machtportfolio vergrößern und eine andere Grundlage dafür schaffen. Das wird jedoch kaum möglich sein, solange der Krieg in der Ukraine tobt und das Land infolge seiner repressiven Politik im Innern einen permanenten Brain-Drain in alle Welt erleidet. Russland muss sich von Grund auf reformieren, sonst wird es aus dem Kreis der Weltordnungsmächte über kurz oder lang herausfallen. Es würde dann denselben Weg gehen, wie vor ihm bereits das Sowjetimperium, das zerfiel, weil Gorbatschows Reformen zu spät kamen oder zu schnell und zu überhastet erfolgten oder weil es tatsächlich unreformierbar war.[54] Ein bloßer Austausch des Führungspersonals wird für eine Erneuerung Russlands nicht genügen; es wird eine Erneuerung von Grund auf sein müssen.[55] Aber das kann, wie gesagt, auch auf die Selbstauflösung Russlands hinauslaufen.

Es könnte sein, dass der Krieg in der Ukraine – oder präziser: die Niederlage Russlands in diesem Krieg – die Voraussetzung einer solchen Erneuerung ist, so dass die Überschrift eines Essays von André Markowicz – «Könnte die Ukraine Russland befreien?» – die russische Zukunft im Modus des Paradoxen antizipiert.[56] Wahrscheinlicher als eine solche Erneuerung ist im Fall einer Niederlage in der Ukraine jedoch der Zerfall Russlands. Zunächst ist freilich davon auszugehen, dass Russlands Atomwaffen genügen werden, um ihm einen Platz unter den großen Fünf zu sichern, *hinter China*, das über ein sehr viel breiteres Portfolio der Machtsorten verfügt, und insofern von diesem abhängig. Auf Augenhöhe mit den USA wird sich Russland auf absehbare Zeit nicht bewegen, und vermutlich wird es diese im Kalten Krieg eingenommene Position auch nie mehr einnehmen.

Auf die Ausgangsfrage nach der Wechselbeziehung zwischen Innen und Außen bezogen heißt das, dass die russische Führung auf die Vorstellung, wieder eine der Sowjetunion ähnliche weltpolitische Rolle spielen zu können, hektisch, um nicht zu sagen: hysterisch reagiert hat – sie hat das, was sie im Sinne Machiavellis als *occasione* angesehen hat, unvorbereitet zu ergreifen versucht. Dabei hat sie mehr verspielt, als sie im besten Fall hätte gewinnen können. Hier fiel dem Kontingenzfaktor politischer Entscheidungen beziehungsweise Fehlentscheidungen, also dem Einfluss von Menschen auf strukturelle Entwicklungen, ein entscheidendes Gewicht zu.

Die Europäische Union ist von ihrer inneren Ordnung her das genaue Gegenteil zu Russland, beim Blick auf die äußeren Konstellationen jedoch in einer recht ähnlichen Lage, nämlich der designierte Zweite, in diesem Fall auf der Bank der liberalen Demokratien, *hinter* den USA. Auch für die Europäer gilt, dass der gegenwärtige Zustand der EU, von der Ressourcenbasis bis zu den außen- und sicherheitspolitischen Kompetenzen der Brüsseler Kommission, kaum dafür geeignet ist, dass Europa eine weltpolitisch tragende Rolle spielt. Von daher wäre es eigentlich angezeigt, dass sich die EU in der Komfortzone der zweiten Reihe niederlässt. Dabei hat sie jedoch das Problem, dass dort auch der Platz einer Reihe von Staaten wäre, die in der Europäischen Union zusammengefügt sind; Frankreich und Deutschland etwa und womöglich auch weitere Mitgliedstaaten der Union würden hier auch für sich allein platziert. Es gibt von daher einen strukturellen Zwang für die EU, sich um einen Platz in der ersten Reihe zu bemühen und dabei das Risiko einzugehen, dass infolgedessen die im Innern ohnehin vorhandenen Zentrifugalkräfte noch stärker werden.

Von der inneren Verfasstheit der Union her würde somit eigentlich vieles dafür sprechen, dass sich die Europäer mit einem Platz in der zweiten Reihe begnügen sollten, doch dann bliebe der zweite Platz auf der Bank der demokratischen Mächte unbesetzt oder unterbesetzt, was ein bedrohliches Untergewicht für die Demokratien in der ersten Reihe der Weltordnung zur Folge hätte. Vermutlich würden die Europäer notgedrungen, also unvorbereitet und eher widerstrebend, dann doch diesen Platz einzunehmen bereit sein, womöglich von den USA dorthin komplimentiert, was für sie und die weltpolitische Position der Demokratien deutlich nachteiliger wäre, als wenn sie unter dem Druck der globalen Veränderung sich jetzt auf diese Rolle vorbereiten und den Umbau der Union vom Regelgeber und Regelbewirtschafter zum Machtfaktor umgehend beginnen würden. Die Prämie, die ihnen zuteilwürde, wenn sie leidlich darauf vorbereitet von sich aus diesen Platz einnehmen und nicht von den US-Amerikanern darauf platziert werden, dürfte in einer größeren strategischen Autonomie gegenüber den USA bestehen und der Möglichkeit, eine eigene europäische Agenda in die globale Politik einzubringen – anstatt bloß die von den USA gesetzten Präferenzen als Unterstützungsmacht abzuarbeiten.[57]

Das wird jedoch kaum möglich sein im Verbund der siebenundzwanzig Länder, die zurzeit der EU angehören und von denen alle formal gleiches Stimmgewicht bei Entscheidungen der Union haben, zu dem obendrein noch das Veto eines jeden einzelnen Mitgliedstaates hinzukommt, durch das der Entscheidungsprozess zumindest aufgehalten werden kann. In dieser Verfasstheit wird Europa keine weltpolitische Rolle spielen, und der Versuch, es trotzdem zu tun, würde die Union der siebenundzwanzig zerreißen – schon deswegen, weil die größeren Staaten, von denen die Kosten und

Lasten des Engagements getragen werden müssen, sich kaum von den kleinen, die zur globalen Rolle nicht oder nur minimal beitragen, Vorgaben machen oder auch nur hereinreden lassen.

Der komplexe Aufbau des Europaprojekts weist freilich einen Weg zur Lösung des Problems: Die politische Ordnung Europas besteht nämlich aus einem Kreis von Kreisen, die nur teilweise miteinander deckungsgleich sind – EU-Mitgliedschaft, Zugehörigkeit zum Schengenraum, Zugehörigkeit zum Euroraum –, denen man einen weiteren Kreis hinzufügen kann: den der Mächte, die im Wesentlichen die Lasten der globalen Politik zu tragen haben. Das könnte ebenfalls auf eine Fünfergruppe hinauslaufen, zu der dann Deutschland und Frankreich, Italien und Spanien sowie Polen gehören würden, womit Süd- und Westeuropa sowie Mittel- und Ostmitteleuropa repräsentiert wären. Ob das Stimmengewicht in diesem Kreis egalitär oder nach Leistungsumfang gewichtet ist, kann zunächst ebenso dahingestellt bleiben wie die Frage unbeantwortet bleiben kann, ob es um diesen inneren Zirkel der für die Außen- und Sicherheitspolitik verantwortlichen Mächte einen weiteren Kreis der mittleren und kleineren Mächte geben wird, der mit Beratungsfunktion und Beitragsverpflichtungen ausgestattet ist, wobei Rechte und Pflichten so kombiniert sind, dass Einfluss und Beitrag einander die Waage halten. Ziel der konkreten Ausgestaltung muss es jedenfalls sein, einerseits den Beitritt von Trittbrettfahrern zu verhindern und andererseits möglichst viele, jedoch nur beitragsfähige Staaten für diesen Club der Bewirtschafter des Gemeinguts «europäische Sicherheit und globaler Einfluss» zu interessieren.

Auf dieser Grundlage könnten die Europäer einen relevanten Beitrag zur globalen Sicherheit und zum weltweiten Frieden leisten und eine entsprechende Rolle in der entstehenden Weltordnung spielen. Schaffen sie das nicht, werden sie zu einer weithin von der US-Politik abhängigen Größe, die sich durch weitreichende Folgebereitschaft ein ums andere Mal die wohlwollende Hilfe der USA erkaufen muss. Zwar sind auch die USA weltpolitisch auf Verbündete angewiesen, und die Europäer sind vorerst die wichtigsten unter den möglichen Bündnispartnern. Aber das Problem der Europäer ist, dass sie infolge der revisionistischen Politik Russlands stärker auf die USA angewiesen sind als die Amerikaner auf die Europäer. Das kann sich bei einer grundlegenden Veränderung der Verhältnisse in Russland durchaus ändern, weil dann der politische Spielraum der Europäer wieder deutlich größer würde, aber diese Veränderung ist vorerst nicht in Sicht und dürfte, wenn sie erfolgen sollte, mit erheblichen Turbulenzen an der Ostflanke Europas verbunden sein. Diese durchzustehen, wird der EU nur im Verbund mit den USA, also gestützt auf die NATO, möglich sein.

Es gibt einen weiteren Grund, warum die Europäer keine gute Chance auf einen ruhigen Platz in der weltpolitischen Komfortzone der zweiten Reihe haben, und dieser liegt darin, dass Russland und China, aber auch die USA, jedenfalls wenn dort ein bestimmter Strang der Republikanischen Partei das Sagen hat, kein Interesse an einem handlungsmächtigen Europa haben, weswegen sie bereits in der Vergangenheit einige Diversionsversuche zur Schwächung des europäischen Zusammenhalts unternommen haben: Putin hat in den zurückliegenden Jahren permanent versucht, die Europäer gegeneinander in Stellung zu bringen, und dabei hat er sich vor allem Deutschland als Hebel seiner Destruktionspolitik ausgesucht.[58] Die chinesische Politik dagegen hat vor allem in Ostmittel- und Südeuropa angesetzt und mit Kreditgewährung einen Einfluss auf die Politik der Union aufzubauen versucht, durch den die politischen Optionen der EU gegenüber China eingeschränkt wurden. Und die USA wiederum haben mehrfach zwischen einem «guten» und einem «schlechten» Europa unterschieden, wobei «gut» die waren, die den Washingtoner Erwartungen folgten, und «schlecht» diejenigen, die das nicht umstandslos taten. Je uneiniger und zerstrittener Europa ist, so die strategische Devise dieser Diversionspolitik, desto einfacher können andere, also Russland, China oder die USA, durchaus in Konkurrenz zueinander, auf es Einfluss nehmen.

Das würde sich noch verstärken, wenn die Europäer in die zweite Reihe der Weltpolitik gerieten; sie sind zu attraktiv, als dass man sie dort in Ruhe lassen würde. Russland würde sein Eurasien-Konzept, das zurzeit noch weitgehend ein publizistisches Phantasma ist,[59] aber durchaus zu einem Projekt der operativen Politik werden kann, auf Mittel- und Westeuropa ausdehnen. Für Russland ist ein zerstrittenes Europa das geopolitische Ziel. China hingegen will Europa als Markt seiner Waren und Kapitalien und als willigen Technologielieferanten, der sich in wirtschaftliche Abhängigkeit begibt und über die politischen Folgen nicht weiter nachdenkt – ein handlungsunfähiges und in sich zerstrittenes Europa liegt durchweg in Chinas geoökonomischem Interesse.[60] Und ein Teil der Republikaner in den USA will die Europäer als Gefolgschaft, aber nicht als Verbündeten mit eigenen Interessen und Zielen und setzt deswegen auf ein schwaches, in sich uneiniges Europa, bei dem sich die einzelnen Staaten gegeneinander ausspielen lassen.[61] Die Beschäftigung mit den Zielen der anderen sollte eigentlich dafür genügen, dass die Europäer ihre nationalen Eitelkeiten zurückstellen und sich zu einer gemeinsamen und geschlossenen Politik befähigen.

Und Indien? Der südasiatische Subkontinent ist die große Unbekannte im Club der fünf Mächte, die die Weltordnung prägen und kontrollieren. Eine Demokratie nach britischem Vorbild, freilich eine fragile, die nicht auf der Bank der Demokraten im Fünferclub Platz nehmen möchte, aber auch eine Macht, die seit der Zeit des Kalten Krieges recht enge, vor allem wirtschaftliche Beziehungen zu Moskau hat, die sie weiterhin pflegt. Indien ist insofern für die Rolle des «Dritten» prädestiniert. Weltpolitisch hat sich die indische Politik bislang eher große Zurückhaltung auferlegt, und es wird sich zeigen, ob das aufgrund der fehlenden Festlegungen von Vorteil oder wegen fehlender Erfahrung von Nachteil ist.

Das größte Problem Indiens bei der Wahrnehmung der Aufgabe eines «Züngleins an der Waage» wird indes sein, dass das Land zwar gewaltige Entwicklungspotentiale hat, diese aber eher in der

Zukunft liegen und (noch) nicht in politisch verfügbare Machtressourcen überführt worden sind. Man kann darauf verweisen, dass die Übernahme der Position des Fünften Indien dabei helfen wird, seine Entwicklungspotentiale zu dynamisieren und so an politischem und ökonomischem Gewicht zu gewinnen. Das Problem ist jedoch, dass Indien bei der Übernahme dieser Aufgabe sofort auf diese Machtressourcen zurückgreifen können muss und ihm durch den Verweis, dass es künftig große Macht haben werde, nicht geholfen ist. Das Hauptproblem Indiens ist also ein *time gap*, eine zeitliche Lücke, die es nicht zu schließen vermag, so dass durch die offene Stelle eine Fülle von Problemen ins Innere des Großreichs eindringen können, die seine globalpolitischen Ambitionen zu zerstören in der Lage sind, bevor sie zum Tragen kommen.

Eine weitere Verwundbarkeit ist die geographische Nähe Indiens zu China, mit dem es in den zurückliegenden Jahrzehnten auch einige Grenzkriege ausgetragen hat. Obendrein kann China, wie oben beschrieben,[62] durch die Umlenkung von Flussläufen im Himalayagebiet erheblichen Druck auf Indien ausüben. Das kann dazu führen, dass die indische Politik die Nähe zu Russland als engem Verbündeten Chinas sucht, damit die Russen den chinesischen Druck verringern. Ebenso kann es aber auch sein, dass es eine strategische Nähe zum Westen sucht, um Gegendruck auf China ausüben zu können. Welche Option auch immer gewählt wird – sie wird dazu führen, dass die indische Fähigkeit, als «Zünglein an der Waage» aufzutreten, erheblich eingeschränkt ist. Indien hat jedenfalls eine sehr viel schwächere Position, als sie Großbritannien als Balancemacht des europäischen Gleichgewichts im 19. Jahrhundert besaß.

Es sind, so das Resümee, nicht nur einzelne Mächte, die in oder an der neuen Weltordnung scheitern können, sondern scheitern kann diese globale Ordnung auch als Ganzes. Die Folgen wären freilich furchtbar.

Anmerkungen

Kapitel 1 – Das jüngste Ringen um die politische Ordnung Europas – und der Welt

1 Die Gestimmtheit dieser Wochen und Monate ist nachvollziehbar anhand der Gespräche, die Michael Gehler und Oliver Dürkop mit am Geschehen beteiligten Zeitzeugen geführt haben; vgl. Gehler/Dürkop (Hgg.), *Deutsche Einigung*; als Gesamtdarstellung dieser Zeit: Spohr, *Wendezeit*, insbes. S. 175ff. und 255ff.

2 Vgl. dazu die Textauszüge in Llanque/Münkler (Hgg.), *Politische Theorie und Ideengeschichte*, S. 95–125.

3 Vgl. Spohr, *Wendezeit*, S. 205ff.

4 Ausnahmen stellten und stellen weiterhin Griechenland und die Türkei dar, was im türkischen Fall mit dem latenten Bürgerkrieg gegen die Kurden zu tun hat und im Fall der Griechen mit einer Bedrohung durch die Türkei, dem die Rivalität beider Mächte im ägäischen Raum zugrunde liegt; dazu Schaller, *Streit im östlichen Mittelmeer*, insbes. S. 7–14.

5 Die Erklärungen für den Zusammenbruch der UdSSR sind vielfältiger Art: Neben dem Rüstungswettlauf sind auch die sowjetische Intervention in Afghanistan oder die systemische Erstarrung der Wirtschaft in der Breschnew-Ära zu nennen.

6 Der INF-Vertrag betraf die Mittelstreckenraketen (INF = *Intermediate-range nuclear forces*).

7 Vgl. das Kapitel «Nukleare Abschreckung in den russisch-amerikanischen Beziehungen» in: Rudolf, *Welt im Alarmzustand*, S. 12–30; weiterhin Eisenbart (Hg.), *Die Singuläre Waffe. Was bleibt vom Atomzeitalter?*

8 Dazu Münkler, *Die neuen Kriege*, passim, sowie ders., «Was ist eigentlich neu an den Neuen Kriegen?», S. 208–228.

9 Dazu Gaddis, *Der Kalte Krieg*, insbes. S. 73ff., sowie Stöver, *Der Kalte Krieg*, S. 356–363.

10 Das Problem dieses Modells besteht freilich darin, dass sich die drei großen Mächte verabreden, um einen schwächeren Vierten unter sich aufzuteilen, wie das bei den polnischen Teilungen am Ende des 18. Jahrhunderts der Fall war. In gewisser Hinsicht ist auch der Hitler-Stalin-Pakt diesem Muster gefolgt, wenngleich es sich hierbei «nur» um eine Allianz von zwei Mächten gehandelt hat.

11 Publius Flavius Vegetius Renatus verfasste das Werk *Epitoma rei militaris* (auch unter dem Titel *De rei militari* überliefert) im späten 4. Jahrhundert als Summe der antiken Kriegskunst. In der Vorrede bezeichnet er sich selbst als Christ. Die Zielsetzungen, die Vegetius nennt, sind solche begrenzter

Kriege. Er ist insofern als Vertreter eines instrumentellen, nicht jedoch eines existenziellen Krieges anzusehen.

12 Vorüberlegungen hierzu und zum Folgenden finden sich in meinem Essay «Von Vegetius zu Kant und wieder zurück».

13 Dazu Münkler, *Der Große Krieg*, S. 82–106.

14 Vgl. Allison, *Destined for War. Can Amcerica and China Escape Thucydides' Trap?*

15 Dazu ausführlich unten, S. 359ff.

16 Thukydides, *Der Peloponnesische Krieg*, I, 88 (1), S. 69.

17 Zur kontroversen Sicht der Zeitgenossen auf die Ursachen des Krieges vgl. Münkler, «Gegensätzliche Kriegsursachenanalyse», S. 19ff.

18 Der US-amerikanische Politikwissenschaftler Morris Janowitz hat in seinem Buch *The Professional Soldier* den Begriff der Konstabularisierung geprägt; er bezeichnet die Verpolizeilichung des Militärs und steht für die Ablösung klassischer Außenpolitik durch eine «Weltinnenpolitik».

19 Dazu Münkler, *Imperien*, S. 35ff.; in diesem Sinn wird nachfolgend zwischen imperialen und imperialistischen Mächten an der Spitze einer Ordnung unterschieden.

20 Zur «Ordnung mit Hüter» ausführlich unten, S. 184ff.

21 Diese von der Friedensbewegung in der DDR popularisierte Formel geht auf mehrere Propheten des Alten Testaments zurück, unter anderem auf Micha und Jesaja, die damit den Anbeginn der Friedensherrschaft Gottes verbunden haben. Vgl. dazu die in Anm. 2 erwähnten Texte, insbes. S. 108.

22 Bei der hier entwickelten Logik einer «Ordnung mit Hüter» wird zumeist unterstellt, dass sich diese Ordnung nicht gegen mächtige äußere Feinde verteidigen muss, sondern Krieg eine innersystemische Angelegenheit ist, die durch den Hüter mit Hilfe des konstabularisierten Militärs geklärt wird.

23 Was die Abtretung aller Rechte und Ansprüche der Beteiligten an einen Einzigen an der Spitze anbetrifft, könnte auch von einem Hobbes-Modell die Rede sein, benannt nach dem englischen Politiktheoretiker Thomas Hobbes, der im 17. Jahrhundert unter dem Eindruck des englischen Bürgerkriegs einen an der Sicherheit der Bürger, also am Frieden, orientierten Staat entworfen hat. Hobbes tat das freilich nur im Hinblick auf die *innerstaatliche* Ordnung, während er von den *zwischenstaatlichen* Verhältnissen ausdrücklich annahm, dass sie im Zustand der Anarchie verblieben und verbleiben mussten. Auf die staatenübergreifende Ordnung bezogen ist Hobbes also ein Widerpart zu Dante. Als Erster hat freilich Niccolò Machiavelli seinem Florentiner Landsmann Dante widersprochen, als er für Italien einen eigenen Staat präferierte, der sich gegen andere Mächte in Europa behaupten konnte; vgl. unten, S. 374ff. Dazu weiterhin das Kapitel «Imperium und Staatensystem» in Münkler/Straßenberger, *Politische Theorie und Ideengeschichte*, S. 372f.

24 Dante, *Monarchie*, insbes. 1. Buch; zu Dantes Friedenskonzeption vgl. Seidl-

mayer, «Dantes Reichs- und Staatsidee», sowie Kelsen, *Die Staatslehre des Dante Alighieri*, und Dempf, *Sacrum Imperium*, S. 472–481.

25 Kissinger, *Weltordnung*, S. 23f.

26 Dante, *Monarchie*, I, 12, S. 105–109.

27 Dazu Valeri, *L'Italia nell' Età dei Principati*, S. 141–186.

28 Der Dritte Kreuzzug, den Barbarossa anführte, war eine Reaktion auf den Zusammenbruch des von einer normannisch-französischen Ritterschaft getragenen Königreichs Jerusalem in der Schlacht von Hattin im Jahre 1187.

29 Die Bezeichnung changierte: Häufig war auch vom *Sacrum Romanum Imperium* die Rede; der Zusatz *nationis Germaniae* kam erst im 15. Jahrhundert auf; vgl. Herbers/Neuhaus: *Das Heilige Römische Reich*.

30 Vgl. Koch, *Das Buch Daniel*, S. 182ff.

31 Dazu Trilling, *Der zweite Brief an die Thessalonicher*; die Idee des *Katechon* wird in der späteren Behandlung des russischen Selbstverständnisses und der Legitimation russischer Vormachtansprüche in der Gegenwart eine größere Rolle spielen (unten, S. 256ff.), insofern sich die Russisch-Orthodoxe Kirche als Katechon gegenüber der sündhaft antichristlichen Entwicklung des Westens versteht. Die Hinwendung der Ukraine nach Westen läuft danach auf ihre Verbindung mit dem Antichrist hinaus, die mit allen Mitteln bekämpft werden müsse. Vgl. Zwahlen, «Krieg, Frieden und die Russische Kirche», S. 5–8. Die Bezeichnung des Kriegs in der Ukraine als «Kampf gegen den Satanismus» hat hier ihre Wurzeln. So erklärte der Kommandeur des tschetschenischen Achmat-Bataillons am 17. Juli 2022 im russischen Fernsehen: «Es ist ein Heiliger Krieg», denn die europäischen Werte seien «satanische Werte». «Ja, wir kämpfen gegen die Armee des Teufels oder des Antichrists.» Zit. nach Thom, «Die Auslöschung der Völker», S. 324f.

32 Dazu Fella, *«Preventing Preemptive Superpower Suicide»*, passim.

33 Vgl. unten, S. 258.

34 Das Stück ist in lateinisch-deutscher Fassung (*Das Spiel vom Deutschen Kaiser und vom Antichrist – Ludus de Antichristo*) in Langosch (Hg.), *Geistliche Spiele*, S. 179ff., abgedruckt; dazu Dempf, *Sacrum Imperium*, S. 256ff.

35 Da die Kaiser des *Sacrum Imperium* Deutsche waren beziehungsweise als solche rubriziert wurden, erhob sich schon bald Widerspruch gegen ihren Weltherrschaftsanspruch. So hat Johannes von Salisbury nach der Synode von Pavia in einem Brief an Rudolf von Sarre die Frage aufgeworfen: «Wer hat die Deutschen zu Richtern der Nationen bestellt? Wer hat diesen plumpen und wilden Menschen das Recht gegeben, nach Willkür einen Herrn über die Häupter der Menschenkinder zu setzen?» (zit. nach Fuhrmann, *Deutsche Geschichte im hohen Mittelalter*, S. 173f.). Das war und ist das Problem einer jeden auf einen «Hüter» angewiesenen Friedensordnung: dass dieser Hüter unvermeidlich einer bestimmten Gruppe der in der Ordnung Vereinigten angehört oder ihr zuzurechnen ist.

36 Auf diesem Gedanken Kants fußt die Theorie des demokratischen Friedens, derzufolge demokratische Staaten keine Kriege gegeneinander führen, was

freilich nicht heißt, dass sie überhaupt keine Kriege führen. Ob das tatsächlich an ihrer politischen Verfasstheit liegt oder an dem Umstand, dass sie als Demokratien häufig demselben Bündnissystem angehören, ist umstritten; vgl. Rauch, *Die Theorie des Demokratischen Friedens*, und Geis/Müller/Wagner, *Schattenseiten des Demokratischen Friedens*.

37 Kant, «Zum Ewigen Frieden. Ein philosophischer Entwurf», S. 226. Kant fährt an der zitierten Stelle fort: «Weil nämlich unter allen, der Staatsmacht untergeordneten, Mächten (Mitteln) die Geldmacht wohl die zuverlässigste sein möchte, so sehen sich Staaten (freilich wohl nicht eben Triebfedern der Moralität) gedrungen, den edlen Frieden zu befördern, und, wo auch immer in der Welt Krieg auszubrechen droht, ihn durch Vermittlungen abzuwehren, gleich als ob sie deshalb im beständigen Bündnisse ständen; [...].»

38 Die einschlägigen Überlegungen Comtes finden sich in seinem Werk *Die Soziologie*, S. 384–388, sowie in seiner *Rede über den Geist des Positivismus*, S. 5–41.

39 Vgl. Spencer, *Die Principien der Soziologie*, Bd. 2, S. 165–177.

40 Werner Sombarts 1915 erschienene Kriegsschrift, die England und seinen Geist als den Hauptfeind des Deutschen Reichs im Weltkrieg identifizierte, trägt bezeichnenderweise den Titel *Händler und Helden*.

41 Dazu Duncan, *Life and Letters of Herbert Spencer*.

42 Zu den Sanktionen vgl. von Fritsch, *Zeitenwende*, S. 127ff.

43 Dazu Patel, *Projekt Europa*, S. 65ff. und 108ff.

44 Vgl. hierzu und zum Folgenden Münkler, «Die europäische Nachkriegsordnung – ein Nachruf», S. 4–9.

45 Vgl. unten, S. 86f.

46 Vgl. die einschlägigen Passagen in dem Buch der Memorial-Aktivistin Swetlana Gannuschkina, *Auch wir sind Russland*, insbes. S. 21–32.

47 Dazu ausführlich Gehler, *Europa*, S. 292ff. und 473ff.

48 Vgl. ebd., S. 493ff.

49 Dazu die Zusammenstellung der in der Zwischenkriegszeit geführten Kriege bei Barth, *Europa nach dem großen Krieg*, S. 37–62.

50 Vgl. Mappes-Niediek, *Krieg in Europa*, S. 68ff., 87ff., 158ff., 207ff. und 316ff.

51 Vgl. Spohr, *Wendezeit*, S. 247f.

52 Vgl. Küsters, «Helmut Kohl, die CDU und die Wiederherstellung der deutschen Einheit», S. 27–42.

53 Dazu ebd., S. 255ff.

54 Die Sowjetunion gehörte zu jenen Imperien, die nur in begrenztem Maße Ressourcen aus ihrer Peripherie herauszogen; vielmehr war die UdSSR so strukturiert, dass sie diese Peripherie durch billige Rohstoff- und Energielieferungen bei der Stange hielt.

55 Andreas Hilger nennt die Sowjetunion deshalb in dieser Phase eine «getriebene Großmacht».

56 Um der erstarrten russischen Wirtschaft neuen Schwung zu verleihen, hatte Gorbatschow einige Jahre zuvor die Politik von *Perestroika* und *Glasnost* in

Gang gesetzt. Die von ihm verfolgte neue Außenpolitik gegenüber dem Westen, vor allem die umfassenden Abrüstungsinitiativen, die er seit 1988 gestartet hatte, dienten dazu, den überdimensionierten russischen Militäretat, der bald ein Viertel des Bruttoinlandsprodukts der UdSSR verschlang, deutlich reduzieren zu können; dazu Spohr, *Wendezeit*, S. 23–92. Dass die militärische Überdehnung der Sowjetunion eine Folge ihrer ausgreifenden Hegemonialpolitik war und dementsprechend die Reduzierung des Militärs mit einem Verzicht auf Hegemonie einhergehen musste, ist die These bei Wjatscheslaw Daschitschew, *Moskaus Griff nach der Weltmacht*.

57 Dazu Spohr, *Wendezeit*, S. 289 und 311.

58 Für eine kurze Darstellung der Ereignisse nach dem 21. August 1991 in Russland ebd., S. 505–601, sowie aus der Perspektive von Betroffenen Gessen, *Die Zukunft ist Geschichte*, S. 117–122.

59 So etwa die Sichtweise der Beiträge in Demandt (Hg.), *Das Ende der Weltreiche*, weiterhin Altrichter/Neuhaus (Hgg.), *Das Ende von Großreichen*, und Lorenz (Hg.), *Das Verdämmern der Macht*.

60 Zu Russland vgl. Simon, *Verfall und Untergang des sowjetischen Imperiums*, sowie Kernig, *Lenins Reich in Trümmern*, und Altrichter, *Russland 1989*.

61 Die Ambiguität der russischen Geschichte zwischen Nationalstaat und Imperiumsbildung ist herausgearbeitet bei Hosking, *Russland. Nation und Imperium*; dass das Imperium eine Bremse der russischen Entwicklung zur Demokratie (gewesen) sei, ist auch die Leitthese von Martin Schulze Wessel in *Der Fluch des Imperiums*. Für eine abwägende Beurteilung der Kolonialismusthese vgl. Andreas Kappeler, *Ungleiche Brüder*, S. 128f.

62 Wenngleich mit einer anderen Perspektive ist diese Entwicklung eindrucksvoll beschrieben in der Putin-Biographie von Masha Gessen, *Der Mann ohne Gesicht*, S. 222–338.

63 Michael Thumann, langjähriger Russlandkorrespondent der «Zeit», zeigt die Entwicklung zum autoritären Regime in Russland klar auf; freilich in seinem später verfassten Werk *Revanche*, aber mit dem durchgängigen Tenor, dass er diese Entwicklung in seinen Artikeln in der «Zeit» immer beschrieben habe. Ähnlich Olaf Kühl, Russlandbeauftragter des Berliner Senats, in seinem Buch *Z*, in dem es um Russland in den letzten dreißig Jahren geht.

64 Zur unipolaren Struktur der US-Weltordnungsvorstellungen, die vor dem Ende des Kalten Krieges und dem Zerfall der Sowjetunion freilich nicht offen kommuniziert wurden, vgl. Spohr, *Wendezeit*, S. 423–504. Zur Debatte über eine unipolare Welt und die Chancen einer globalen US-amerikanischen Herrschaft vgl. die Beiträge in Speck/Sznaider (Hgg.), *Empire America*.

65 Vgl. Rudolf, *Welt im Alarmzustand*, S. 12ff.

66 Dazu ausführlich Krumeich, *Die unbewältigte Niederlage*, S. 211ff.

67 Die Aufhebung der im Friedensvertrag von Brest-Litowsk festgelegten Grenzen war für die Sowjetführung kein Ausgleich, weil die Entstehung neuer Staaten im Baltikum und in Ostmitteleuropa das Sowjetterritorium im Vergleich zu dem des Zarenreichs nach Osten zurückdrängte.

68 Zum Pariser Frieden, den langwierigen Verhandlungen dort, den erheblichen Meinungsverschiedenheiten zwischen den Siegermächten, insbesondere zwischen den USA und Frankreich, gibt es mehrere aufschlussreiche neuere Untersuchungen, die ob der Komplexität der darzustellenden Materie allesamt voluminös ausgefallen sind; vor allem sind zu nennen MacMillan, *Peacemakers*, sowie Leonhard, *Der überforderte Frieden*; für eine Abwägung der Chancen, in Paris eine stabile Friedensordnung zu institutionalisieren, vgl. Kreß (Hg.), *Paris 1919–1920*.

69 Vgl. Spohr, *Wendezeit*, S. 295.

70 Ich folge hier Überlegungen, die ich erstmals in dem Essay «Der Traum von einstiger Macht und Größe», in: Die Zeit, Nr. 28, 27. Juli 2022, S. 55, entwickelt habe.

71 Clausewitz, *Vom Kriege*, S. 193; dazu auch unten, S. 391ff.

72 Gegen die EU-Aufnahme Russlands sprach dessen schiere Größe, seine Ausdehnung von der Ostsee bis zum Pazifik, die dazu geführt hätte, dass die Europäische Union zu einer Eurasischen Union geworden wäre, mitsamt der daran anschließenden Aufnahmeerwartung asiatischer Staaten. Das hätte den Charakter der EU und die politischen Einflussverhältnisse in ihr grundlegend verändert. Einem solchen Vorhaben, das im Übrigen nie ernsthaft erwogen wurde, hätten die meisten EU-Mitgliedsländer nicht zugestimmt: die kleinen nicht, weil sich dann die Machtverhältnisse endgültig zugunsten der großen verschoben hätten, und die großen nicht, weil sie dann nicht mehr die großen gewesen wären. Alle Widerstände, die es um die Jahrhundertwende gegen einen EU-Beitritt der Türkei gab, wären hier um ein Vielfaches stärker aufgetreten.

73 Dabei ist freilich festzuhalten, dass auch Polen vierzig Prozent seines Erdgases von Russland bezog und die USA als weltgrößter Produzent von LNG-Flüssiggas ein wirtschaftlicher Konkurrent Russlands waren.

74 Tatsächlich ist Chamberlains Appeasementpolitik nicht im Herbst 1938 beim Abschluss des Münchner Abkommens gescheitert, sondern erst im März 1939, als Hitler, entgegen den Münchner Vereinbarungen, die sogenannte «Resttschechei» besetzen ließ und damit seine Revisionspolitik fortsetzte. Infolgedessen war Chamberlains die Münchner Zugeständnisse rechtfertigende Formel widerlegt, er habe den Frieden «für unsere Zeit» gerettet.

75 Im Budapester Memorandum von 1994, das als erstes Element einer Appeasementpolitik gegenüber Russland angesehen werden kann, garantierten Russland, die USA und Großbritannien die Unverletzlichkeit der ukrainischen Grenzen im Gegenzug dafür, dass die Ukraine ihre Atomwaffen mitsamt Trägersystemen an Russland abgab.

76 Die Unterscheidung zwischen Niederwerfungs- und Ermattungsstrategie geht auf den Historiker Hans Delbrück zurück; vgl. das Kapitel «Über den Gegensatz der Ermattungs- und Niederwerfungsstrategie» in seinem Werk *Geschichte der Kriegskunst*, Bd. 4, S. 582–589.

77 Vgl. oben, S. 44f.

78 Der Vorwurf des Revisionismus ist seitens der sowjetischen Politik vielmehr gegen die alte Bundesrepublik erhoben worden, weil diese die Teilung in zwei deutsche Staaten in der Präambel des Grundgesetzes wie in der praktischen Politik in Frage stellte.

79 Als Rentierstaaten werden ökonomische Systeme bezeichnet, deren Staatseinnahmen überwiegend auf externen Renten beruhen, wie dies bei Energie- und Rohstoffexporteuren der Fall ist. Nicht zufällig ist der Begriff mit Blick auf die Staaten des Nahen Ostens geprägt worden. Er wird inzwischen mit gewissen Einschränkungen auch für Russland verwendet; vgl. Götz, *Russlands Energiestrategie und die Energieversorgung Europas*, sowie ders., *Russlands Ressourcen*.

80 Dazu Gaddis, *On Grand Strategy*, insbes. S. 295–313.

81 Dazu Stykow, «Der Fall Russland», die von «parochialer Korruption» spricht (S. 253ff.); generell dazu Holm, *Das korrupte Imperium*.

82 Hirschman, *Exit, Voice, and Loyalty*.

83 Die Annahme, der russische Angriff auf die Ukraine sei eine präventive Militäroperation gegen die Einkreisung Russlands durch die NATO gewesen und eine Reaktion auf die Missachtung der am Ende des Kalten Krieges gemachten Zusagen des Westens, wonach die NATO-Strukturen nicht auf das Gebiet der früheren Mitgliedstaaten des Warschauer Pakts und schon gar nicht auf Territorien der ehemaligen Sowjetunion ausgedehnt werden sollten, spielt in dem hier erörterten Zusammenhang keine Rolle. Auf diese alternative Erklärung des russischen Angriffs wird an anderer Stelle eingegangen.

84 Der Begriff «Extraprofit» nimmt in Lenins Imperialismusanalyse eine zentrale Position ein und dient als Erklärung dafür, warum die Kapitalisten der imperialistischen Länder in der Lage seien, Teile der Arbeiterklasse durch hohe Löhne zu bestechen, auf diese Weise eine «Arbeiteraristokratie» zu schaffen und so dafür zu sorgen, dass die Revolution entgegen Marx' Annahmen nicht in den ökonomisch avanciertesten Ländern ausbricht.

85 Die Annexion der Krim hat offenbar Putins zuvor auf etwa sechzig Prozent abgesunkenen Beliebtheitswerte auf neunzig Prozent hochschnellen lassen; vgl. Kappeler, *Ungleiche Brüder*, S. 228.

86 Ob die Niederschlagung der belarussischen Freiheitsbewegung endgültig ist oder ob diese nur die Art ihres Widerstands verändert und eine *Revolution der Geduld* in Gang gesetzt hat, wie der Slawist und Kulturwissenschaftler Heinrich Kirschbaum annimmt, kann hier dahingestellt bleiben.

Kapitel 2 – Geopolitik und Weltordnung

1 Der durch Kant, Herder sowie Alexander von Humboldt beeinflusste Carl Ritter gilt als Begründer der wissenschaftlichen Geographie in Deutschland;

zu Ritters Leben und Werk vgl. Schmutterer, *Carl Ritter und seine «Erdkunde von Asien»*, S. 25–63.

2 Zu Leben und Werk Kapps vgl. Korte, *Kulturphilosophie und Anthropologie. Zum geistesgeschichtlichen Hintergrund Ernst Kapps*; als geopolitischer Denker ist Kapp heute allenfalls durch seine Erwähnung in Carl Schmitts kleiner Schrift *Land und Meer* (S. 23f.) noch präsent; zu Kapps Geopolitik vgl. Sprengel, *Kritik der Geopolitik*, S. 87–99 sowie 107–111.

3 Zu den potamischen Reichsbildungen bei Kapp vgl. *Philosophische und vergleichende Erdkunde*, Bd. 1, S. 96–162. Präzise zitiert spricht Kapp von «potamisch-orientalischen», «thalassisch-klassischen» und «oceanisch-germanischen» Kulturkreisen (*Philosophische und vergleichende Erdkunde*, Bd. 1, S. 85–331), wobei die Zusätze «orientalisch», «klassisch» und «germanisch» hier weitgehend außer Betracht bleiben.

4 Bereits Carl Ritter hatte sich in seiner *Erdkunde von Asien* eingehend mit Flusssystemen, wie dem Nil und dem Indus, beschäftigt.

5 Die jüngere Forschung hat die politisch-ökonomische Rückgratfunktion der großen Ströme bestätigt; vgl. Smith, *Weltgeschichte der Flüsse*, S. 19–61.

6 Wittfogel, *Die orientalische Despotie*, S. 80ff.

7 Das ist der geopolitischen Theorie nicht entgangen; vgl. Vogel, «Rhein und Donau als Staatenbildner», S. 63–73 und 135–147.

8 Gleiches wie für Rhein und Donau lässt sich auch über Seine, Loire und Rhone in Frankreich oder das Mündungsdelta der Maas sagen.

9 Zu Nil sowie Euphrat und Tigris vgl. Marshall, Die *Macht der Geographie im 21. Jahrhundert*, S. 289ff. und 239f.; zu Mekong, Indus und Ganges vgl. Smith, *Weltgeschichte der Flüsse*, S. 80ff. sowie 91–98.

10 Dazu Münkler, «Krieg in 100 Jahren», in: Grandits (Hg.), *2112. Die Welt in hundert Jahren*, S. 159.

11 Dazu grundsätzlich Schroer, *Geosoziologie*, S. 417–461; zum Kampf um knappe Rohstoffe vgl. Eich/Leonhard, *Umkämpfte Rohstoffe*.

12 Zu den thalassischen Reichen Kapp, *Philosophische und vergleichende Erdkunde*, Bd. 1, S. 163–249.

13 Zu Venedig vgl. Feldbauer/Liedl/Morrisey, *Venedig 800–1600. Die Serenissima als Weltmacht*, sowie Menzel, *Die Ordnung der Welt*, S. 237–283; zu Pisa vgl. Mittenauer/Morrisey, *Pisa. Seemacht und Kulturmetropole*; zu Genua vgl. Pittioni, *Genua. Die versteckte Weltmacht*, und Menzel, *Ordnung*, S. 149–191; für das Osmanische Reich vgl. Imber, *The Ottoman Empire*, und Menzel, *Ordnung*, S. 357–428; zu Schweden von Beyme, «Schwedisches Imperium im Deutschen Reich», S. 71–88; sowie Zernack, «Schweden als europäische Großmacht», S. 327–357.

14 Dazu Heller-Roazen, *Der Feind aller*, passim; allgemein Obenaus/Pfister/Tremml (Hgg.), *Schrecken der Händler und Herrscher*, sowie Kempe, *Fluch der Weltmeere*, S. 33–74.

15 Vgl. Kapp, *Philosophische und vergleichende Erdkunde*, Bd. 1, S. 250–331 und Bd. 2, S. 1–361.

16 Dieser Ausschluss bezieht sich auch auf die portugiesische Reichsbildung, was man ebenfalls nicht gelten lassen kann. Carl Schmitt ist Ernst Kapp in der Exklusion Spaniens und Portugals aus dem Kreis der ozeanischen Mächte übrigens gefolgt, was durch seine religionspolitische Fixierung der großen Seemächte auf den Protestantismus – den Kampf zwischen «Weltkatholizismus» und «Weltprotestantismus» – bestimmt war. Was England anbetrifft, verbleibt die Insel bei Kapp im Bann des Egoismus, der zu Maßlosigkeit tendiert; dagegen verbinden sich «Maß und Mitte» mit Deutschland, das von Kapp in Analogie zu Hegels Geschichtsphilosophie als Ziel und Endpunkt der Entwicklung angesehen wird; dazu Sprengel, *Kritik der Geopolitik*, S. 108.

17 Dazu Malettke, *Hegemonie – multipolares System – Gleichgewicht*, der Spanien bis 1713/14 unter die «Hauptakteure» der internationalen Ordnung Europas rechnet (S. 134–145); in dem zeitlich anschließenden Band von Heinz Duchhardt unter dem Titel *Balance of Power und Pentarchie* wird Spanien dann unter den «Absteigern» aufgeführt (S. 166–172). Zur spanischen Weltmachtrolle aufgrund seiner ozeanischen Expansion vgl. Bernecker, *Spanische Geschichte*, insbes. S. 7–81; zum Zusammenhang von Weltreichsbildung und Herrschaft über die Weltmeere vgl. Reinhard (Hg.), «Weltreiche, Weltmeere und der Rest der Welt», S. 10–52.

18 Dazu Crailsheim, «Aufbau und Verwaltung der iberischen Kolonialreiche», S. 209–227.

19 Für einen Vergleich beider Großreichsbildungen vgl. Mutschler/Mittag (Hgg.), *Conceiving the Empire. China and Rome Compared*; zu den Kontakten und Kenntnissen der Römer über China vgl. McLaughlin, *Rome and the Distant East*.

20 Vgl. Nippel, *Griechen, Barbaren und «Wilde»*, insbes. S. 56–78.

21 Vgl. Zernack, «Schweden als europäische Großmacht der frühen Neuzeit», S. 327–357.

22 Vgl. als knappen Überblick Faroqhi, «Das Osmanische Reich und die islamische Welt», S. 278–281, Matuz, *Das Osmanische Reich*, insbes. S. 15–164, sowie Howard, *Das Osmanische Reich*, S. 113–170; besonders Inalcik, *The Ottoman Empire*, S. 121–162; zu Steuersystem, Armee und Flotte vgl. Imber, *The Ottoman Empire*, S. 239–318, sowie für die Glanzzeit des Reichs insgesamt Casale, *The Ottoman Age of Exploration*; hier speziell zur Frage einer möglichen Expansion in den Indischen Ozean hinein S. 84–116.

23 Dazu mit einer Phasengliederung der Expansion Obenaus, «Genuesen, Katalanen, Portugiesen. Die Anfänge der europäischen Atlantikexpansion», S. 93–112.

24 Ich schließe hier an Überlegungen an, die ich erstmals in dem Aufsatz «‹Raum› im 21. Jahrhundert», insbes. S. 301–312, entwickelt habe; dazu auch Schroer, *Geosoziologie*, S. 487ff. und 494.

25 Der Begriff der Raumrevolution geht auf Carl Schmitt zurück; vgl. Schmitt, «Die Raumrevolution» [1940], S. 388–391.

26 Dazu Tepel, «Schiffstypen, Navigation und Weltsicht», S. 20–47.

27 Im Falle der Osmanen dürften bei diesem Verzicht die geographischen Gegebenheiten ihrer Reichsbildung die ausschlaggebende Rolle gespielt haben: Der Weg in den Atlantik hätte für sie durch das westliche Mittelmeer und die Straße von Gibraltar geführt, den sie zunächst einmal gegen Spanier und Genuesen hätten freikämpfen müssen, und danach wären sie in eine ihnen unvertraute Wasserwelt gekommen, für die ihre Schiffe nicht geeignet waren. Sehr viel naheliegender wären hingegen Expeditionen in die Weite des Indischen Ozeans gewesen, aber die drängten sich für die Osmanen darum nicht auf, weil man an die begehrten Güter aus Indien und die dort gehandelten Gewürze der südostasiatischen Inseln auch per Küstenschifffahrt herankam und sich nicht auf riskante Fahrten quer über den Ozean einlassen musste. Es waren somit geographische Opportunitäten, die die Osmanen dazu brachten, den bekannten risikogeringen Weg einem unbekannten risikoreichen Projekt vorzuziehen.

28 Über die Ursachen der chinesischen Entscheidung, Zheng Hes gewaltige Flotte abzuwracken – sie übertraf die navalen Kapazitäten der Europäer am Anfang des 16. Jahrhunderts erheblich (vgl. Menzel, *Die Ordnung der Welt*, S. 202f.) –, ist viel spekuliert worden. Aus geopolitischer Sicht ist als Erklärung naheliegend, dass der «Sprung» von einer potamischen zu einer ozeanischen Reichsbildung zu groß war, weil er die soziale Ordnung des Reichs zerrissen hätte: Die führende Beamtenschicht hätte dann an Macht und Einfluss verloren und beides mit Kaufleuten und Bankiers teilen müssen. Was im Fall des Osmanenreichs Opportunitätsgesichtspunkte waren, war beim Chinesischen Reich ein Übergewicht des Konservativen gegenüber einer Innovation, von der man ahnte, dass sie zu weitreichenden Veränderungen der Macht- und Einflussverhältnisse im Reich führen würde.

29 Morris, *Geographie ist Schicksal*, S. 15–21; zu den beiden Karten ausführlich Brotton, *Die Geschichte der Welt in zwölf Karten*, S. 125–172 sowie 505–552.

30 Dass Mackinder, als er diese Karte entwarf, vor allem auf die Gefährdung der britischen Weltmachtstellung und der von London kontrollierten Weltordnung hinweisen wollte, bleibt bei Morris außer Betracht und spielt auch im hiesigen Zusammenhang zunächst keine Rolle. Auf Mackinder als Geopolitiker, der das Ende des ozeanischen Zeitalters ins Auge fasste, wird später zurückzukommen sein.

31 Vgl. Münkler, *Imperien*, S. 59–67.

32 Dazu Halbartschlager, «Der Weg um Afrika», S. 138–165.

33 Chakrabarty, *Europa als Provinz*, insbes. S. 41–65.

34 Außer an Steppenimperien ist hier auch an Wüstenimperien zu denken.

35 In diesem Sinne Menzel, *Die Ordnung der Welt*, S. 107–148.

36 Das gilt selbst für eine an ökologischen Großräumen, wie dem Mittelmeer oder der asiatischen Steppe, orientierte Imperiengeschichte, wie sie von Burbank und Cooper, *Imperien der Weltgeschichte*, verfasst worden ist; ebenso gilt es für Hans-Heinrich Noltes *Kurze Geschichte der Imperien*.

37 Darwin, *Der imperiale Traum*, S. 46.
38 Ich folge hier der von Michael Mann entworfenen Typologie der Machtsorten; vgl. Mann, *Geschichte der Macht*, Bd. 1, S. 46ff.
39 Dazu Nagel, *Timur der Eroberer*, S. 344ff.
40 Vgl. Streusand, *Islamic Gunpowder Empires*, insbes. S. 11–28.
41 Vgl. Sprengel, *Kritik der Geopolitik*, S. 87–111.
42 Dazu Tepel, «Schiffstypen, Navigation und Weltsicht», insbes. S. 25–35; weiterhin Marboe, «Schiffsbau und Nautik im vorneuzeitlichen Europa», insbes. S. 12–19.
43 Halford Mackinder hat dem in der Gegenüberstellung von *seaman* und *horseman* Rechnung zu tragen versucht. Zur Gegenüberstellung von Pferd und Schiff als Mobilitätsfaktoren vgl. auch Deleuze/Guattari, *Tausend Plateaus*, S. 499ff. und 522ff.
44 Vgl. Menzel, *Die Ordnung der Welt*, S. 116f.
45 Dazu Fergusons Buch über das Schicksal von Zivilisationen mit dem Untertitel *The West and the Rest*.
46 Vgl. Fischer, *Oriens – Occidens – Europa*, passim.
47 Der Begriff «sakrale Geographie» findet sich bei Elisabeth Heidenreich, die ihn im Zusammenhang mit ihrer Studie über den Dschihad und seine Räume verwendet.
48 Ernst Bloch setzt sich an dieser Stelle seines *Prinzip Hoffnung* (Bd. 2: *Grundrisse einer besseren Welt*, S. 711) mit dem Zionismus und dem Projekt eines jüdischen Staates in Palästina auseinander, um dann zu dekretieren: «Ein Ende des Tunnels ist in Sicht, gewiß nicht von Palästina her, aber von Moskau; – *ubi Lenin, ibi Jerusalem*.»
49 Vgl. Fischer, *Oriens – Occidens – Europa*, S. 59ff.
50 Winkler, *Der lange Weg nach Westen*, 2 Bde.
51 Vgl. Gollwitzer, *Geschichte des weltpolitischen Denkens*, Bd. 1, S. 390ff.; die Vorstellung von einer geopolitischen Mittellage Europas wurde vor allem von französischen Geopolitikern in dem Bild von den «Flügelmächten» entwickelt: ein französisch kontrolliertes Europa gegen die große Seemacht England und die große Landmacht Russland etwa bei dem Abbé de Pradt.
52 Das gilt in Europa für die infolge der Gebirgslandschaft militärstrategisch unattraktiven Territorien Jugoslawiens, Österreichs und der Schweiz, die ebenso wie Finnland und Schweden neutralisierte Pufferzonen zwischen Ost und West bildeten.
53 Vgl. dazu einige Beiträge in Bührer/Stachelbeck/Walter (Hgg.), *Imperialkriege von 1500 bis heute*.
54 Ich folge hier einem Verständnis des Mythos, wie ich es in dem Buch *Die Deutschen und ihre Mythen* (S. 9–30) dargelegt habe.
55 Die Unterscheidung zwischen «Glattem» und «Gekerbtem» geht auf Deleuze/Guattari (*Tausend Plateaus*) zurück, bezieht sich aber nicht nur auf geographische Gegebenheiten, sondern schließt auch menschliche Eingriffe ein.

56 Schmitt, «Völkerrechtliche Großraumordnung mit Interventionsverbot für raumfremde Mächte», S. 269ff.

57 Dazu Blindow, *Carl Schmitts Reichsordnung*, S. 76ff.; weiterhin Schmoeckel, *Die Großraumtheorie*, insbes. S. 23–81, sowie allgemein Voigt (Hg.), *Großraum-Denken*; vgl. auch unten, S. 315ff.

58 Vgl. Krüger, «Der Erste Weltkrieg als Epochenschwelle», S. 76ff., sowie meine eigenen Überlegungen zu historischen Zäsuren in *Kriegssplitter*, S. 21ff. und 29ff.

59 Zu den diesbezüglichen Sorgen, die Churchill und Truman bereits unmittelbar nach Kriegsende äußerten, vgl. Stöver, *Der Kalte Krieg*, S. 48–57; zu George F. Kennans «langem Telegramm», das als Analyse einer Teilung der Welt in Ost und West angesehen werden kann, vgl. Gaddis, *Der Kalte Krieg*, S. 43ff.

60 Zu den geostrategisch gegensätzlichen Doktrinen der beiden geopolitischen Vordenker vgl. Kennedy, «Mahan versus Mackinder. The Interpretations of British Sea Power», S. 39–66.

61 Dazu ausführlich Heuser, *Den Krieg denken*, S. 251ff.

62 Mahan entwickelte diese Vorstellung auf Grundlage seiner historischen Seekriegsstudien über das 17. und 18. Jahrhundert: *The Influence of Sea Power upon History, 1660–1785* [1887] sowie *The Influence of Sea Power upon the French Revolution and Empire, 1793–1812* [1892]; beide Arbeiten sind in der deutschen Ausgabe *Der Einfluss der Seemacht auf die Geschichte* zusammengefasst; dazu Sprengel, *Kritik der Geopolitik*, S. 72ff.

63 Mackinder, «The geographical pivot of history»; eine deutsche Übersetzung ist unter dem Titel «Der geographische Drehpunkt der Geschichte» in der Zeitschrift *Lettre international*, Nr. 120, 2018, S. 124–129 erschienen; dazu Sprengel, *Kritik der Geopolitik*, S. 80ff.

64 Mackinder, «The geographical pivot», S. 436.

65 Ein solches Projekt verfolgte der nationalsozialistische deutsche Geopolitiker Karl Haushofer, der den Vorstellungen eines «kontinentalen Blocks» anhing, in dem der Hitler-Stalin-Pakt auf Dauer gestellt worden wäre (vgl. Diner, «‹Das Grundbuch des Planeten›. Zur Geopolitik Karl Haushofers», S. 152–163). Ähnliche Vorstellungen lassen sich auch bei dem rechtsradikalen russischen Ideologen Alexander Dugin finden (vgl. Umland, «Der Neoeurasismus des Alexandr Dugin», S. 141–157, und Barbashin/Thobrum, «Putin's Brain»). Dugin propagiert ein großrussisches Reich, das von Dublin bis Wladiwostok reichen soll, was über die Vorstellungen Mackinders von einer Kombination von *heartland* und *rimland* hinausgeht.

66 Dazu Morris, *Geographie ist Schicksal*, S. 67–123, 231, 388 und öfter. Die geostrategische Devise des Gegenwalls galt im Übrigen auch in umgekehrter Richtung, wie Morris (S. 123) am Beispiel von Cäsars Invasion in England zwecks Absicherung seiner gallischen Eroberungen zeigt.

67 Herbert Kremp, ein Laienhistoriker, hat die Quellen zur Entstehung und Anfangsphase des Zweiten Weltkriegs noch einmal durchgearbeitet und

dabei die These vertreten, dass Deutschland nach dem Verzicht auf die Zerschlagung des britischen Expeditionskorps bei Dünkirchen den Krieg bereits verloren hatte. Vgl. Kremp, *Morgengrauen*, S. 62–93.

68 In Masha Gessens Buch *Die Zukunft ist Geschichte* ist Dugin einer der Akteure, an deren Agieren in den letzten zwanzig Jahren das Scheitern der russischen Freiheitsvorstellungen beschrieben wird.

69 Brzezinski, *Die einzige Weltmacht*, S. 54–65.

70 Dugin, *The Foundations of Geopolitics*, passim.

71 Vgl. Wende, *Das Britische Empire*, S. 241–292.

72 Dazu auch Münkler, «Der Zweite Weltkrieg. Ein Krieg um die Ordnung der Welt», S. 112–140.

73 Zu Churchills Auftreten in der Nachkriegszeit vgl. von Krockow, *Churchill*, S. 290–299; zur Züricher Rede Kielinger, *Winston Churchill*, S. 346ff.

74 Die in den Kolonialkriegen seitens der Europäer eingesetzte Gewalt, insbesondere die exzessiven Folterpraxen, mit denen aus den Aufständischen Informationen herausgepresst werden sollten, waren ein notorisches Dementi der Selbstdarstellung des Westens als Vertreter von Recht und Gerechtigkeit, Freiheit und Sicherheit; dazu Walter, *Organisierte Gewalt in der europäischen Expansion*, S. 150–192.

75 Hierzu und zum Folgenden vgl. Gaddis, *Der Kalte Krieg*, S. 161–163, sowie Stöver, *Der Kalte Krieg*, S. 127–129.

76 Chruschtschow suchte damit das schlechte politische Bild zu übertünchen, das er durch den Einsatz von Panzern bei der Niederschlagung des ungarischen Aufstands abgegeben hatte.

77 Zur Geschichte der nuklearen Rüstungswettläufe in den 1950er und 1960er Jahren ausführlich und detailliert Stöver, *Der Kalte Krieg*, S. 145–165.

78 Ebd., S. 84ff. Diese Schutzschirme waren aufs Engste mit den US-Atomwaffen verbunden, da sie eine größere Reichweite hatten als die konventionellen militärischen Fähigkeiten der USA.

79 In Europa sind hier vor allem Finnland und Schweden sowie die Schweiz und Österreich zu nennen.

80 Stöver, *Der Kalte Krieg*, S. 54f.; vgl. auch Diner, *Der andere Krieg*, ein Buch, in dem viel über westliche Geopolitik zu erfahren ist. Die feste Einbindung des Iran in die westliche Interessensphäre war schließlich nur durch einen Staatsstreich möglich, bei dem der iranische Premierminister Mohammed Mossadegh gestürzt wurde. Der US-amerikanische und der britische Geheimdienst hatten dabei ihre Hände im Spiel.

81 Dazu Figes, *Krimkrieg. Der letzte Kreuzzug*, passim.

82 Dazu Münkler, *Der Große Krieg*, S. 333–342.

83 Vgl. Stöver, *Der Kalte Krieg*, S. 166.

84 Dazu Gaddis, *Der Kalte Krieg*, S. 163–169.

85 Dazu in anklagendem Tonfall Greiner, *Made in Washington*, S. 53ff. und 79ff.

86 Vgl. Steininger, *Der Vietnamkrieg*, und Greiner, *Krieg ohne Fronten*.

87 Dazu oben, S. 59f.

88 So Sprengel, *Kritik der Geopolitik*, S. 74f.

89 Die Charakterisierung des Ost-West-Gegensatzes als «Weltbürgerkrieg» findet sich vor allem bei Carl Schmitt und seiner Schule; Schmitt hat den Begriff des «Welt-Bürgerkriegs» in Auseinandersetzung mit den US-Vorstellungen einer liberalen Weltordnung entwickelt; Schmitt, «Die letzte globale Linie», in: ders., *Staat, Großraum, Nomos*, S. 446f.; vgl. Missfelder, «Die Gegenkraft und ihre Geschichte», sowie Potsch, «Die Moderne als Weltbürgerkrieg».

90 Eine frühe Verwendung des Begriffs findet sich bei Werner Conze, *Das deutsch-sowjetische Verhältnis*.

91 Man kann im Anschluss an Carl Schmitt auch von der Separation einer *potestas directa* gegenüber einer *potestas indirecta* sprechen. Die Bezeichnung der Kirche als *potestas indirecta* geht auf Kardinal Bellarmin zurück.

92 Dazu Arjakowsky, «Die orthodoxe Religion als politische Waffe», S. 407–424.

93 Vgl. unter anderem Anderson, *Über den westlichen Marxismus*, passim.

94 Auch das von Antonio Gramsci entwickelte Konzept der kulturellen Hegemonie als Grundlage politischer Konstellationen, ihrer Stabilisierung wie ihrer Aufrechterhaltung, postuliert nur einen *indirekten* Einfluss der Intellektuellen aufs Politische; vgl. Gramsci, *Philosophie der Praxis*, S. 405–432.

95 Huntington hat in seinem 1996 erschienen Buch *The Clash of Civilizations* Russland mitsamt «nahem Ausland», «Groß-China und seine Sphäre des gemeinsamen Wohlstands» sowie «die islamische Welt» gegen den Westen abgegrenzt; Huntington, *Der Kampf der Kulturen*, S. 246–288.

96 Vgl. Diner, *Versiegelte Zeit. Über den Stillstand der islamischen Welt*.

97 Vgl. dazu mit Blick auch auf geopolitische Fragen Huhnholz, *Dschihadistische Raumpraxis*, S. 9ff. und 33ff.

98 Dazu Marty/Appleby, *Herausforderung Fundamentalismus*, insbes. S. 15–47.

99 Vgl. unten, S. 199f.

100 Vgl. hierzu Albertone/De Francesco (Hgg.), *Rethinking the Atlantic World*, weiterhin Kloosters, *Revolutions in the Atlantic World*, sowie Polasky, *Revolutions without Borders*.

101 Vgl. Leggewie/Karolewski, *Die Visegrád-Connection*, S. 29–78; weiterhin Müller, *Wo Europa endet*, insbes. S. 14–35.

102 Dazu grundsätzlich Münkler, *Die Zukunft der Demokratie*, S. 12–53.

103 Mit diesen Fragen hat sich zuletzt Marco Walter in seinem Buch *Nützliche Feindschaft?* beschäftigt, wobei er die Frage nach dem politischen Nutzen der Feindschaft anhand der Diskurse im römischen und im US-amerikanischen Weltreich zu beantworten gesucht hat.

104 Kagan, *Of Paradise and Power*, passim.

105 Kleine-Brockhoff, *Die Welt braucht den Westen*, insbes. S. 39ff.

106 Ebd., S. 50ff.

107 Vittorio Hösle hat diese Entwicklung vor Beginn des Kriegs in der Ukraine unter dem Titel *Globale Fliehkräfte* beschrieben; vgl. zum Verhältnis USA–EU S. 137–173.

108 Vgl. dazu, die Zeit von 1453 bis zur Gegenwart abschreitend, Simms, *Kampf um Vorherrschaft*.

109 Vgl. dazu ausführlich Münkler, *Imperien*, S. 59–67; grundsätzlich ders., *Mitte und Maß*, S. 137–203.

110 Eine analoge Herausforderung zu den Steppenreitern, die das ostfränkische Reich bedrohten, waren für das westfränkische Reich die Wikinger oder Normannen, die von Norden her per Schiff die Küstenregionen und Flussmündungen attackierten und ausplünderten.

111 Zur polnisch-litauischen Reichsbildung vgl. Rhode, «Polen-Litauen», S. 1006–1062; zur kulturellen Blüte der polnisch-litauischen Reichsbildung Roos, «Königtum und Adel in Polen», S. 163–178.

112 Dazu oben, S. 53f.

113 Daneben waren noch die Poebene in Norditalien sowie Flandern und die nördlichen Niederlande bevorzugte Kriegsgebiete, wobei auch die günstigen Transportverhältnisse infolge der Flusssysteme eine Rolle spielten; vgl. oben, S. 97f.

114 Vgl. Gollwitzer: *Geschichte des weltpolitischen Denkens*, Bd. 1, S. 313–375.

115 Marx, *Die Geschichte der Geheimdiplomatie*, passim.

116 Schmitt, «Staatliche Souveränität und freies Meer», S. 421.

117 Eine Darstellung dieser Aufspaltung oder auch dieser Schwankung findet sich pointiert bei Barbato, *Wetterwechsel*.

118 Dazu Diner, «Europäische Gegenbilder», S. 229ff., sowie ders. «Zwischen Deutschland und Rußland», S. 243–264; beide in ders., *Weltordnungen*.

119 Vgl. Sprengel, *Kritik der Geopolitik*, S. 26.

120 Ich beziehe mich hier vor allem auf zwei Bücher Kjelléns: *Die Großmächte der Gegenwart* und *Die politischen Probleme des Weltkrieges*. Kjelléns organologische Vorstellungen, die auch in seine geopolitischen Konzepte Eingang gefunden haben, bleiben nachfolgend außer Betracht. Zur Organologie bei Kjellén und der diesbezüglichen Debatte in der deutschen Wissenschaft vgl. Sprengel, *Kritik der Geopolitik*, S. 29ff.

121 Kjellén, Die *Großmächte der Gegenwart*, S. 79.

122 Vgl. Münkler, *Der Große Krieg*, S. 319–342.

123 Ernst Jäckh, der in seiner Konzeption einer politischen Wissenschaft starke geopolitische Präferenzen hatte, sprach von den «kleinmitteleuropäischen» Konzepten Naumanns, denen er eine «großmitteleuropäische» Vorstellung im Anschluss an Kjellén gegenüberstellte. Diese reichte von Helgoland bis nach Bagdad; vgl. Sprengel, *Kritik der Geopolitik*, S. 30.

124 Einschlägig dafür ist Naumanns 1915 erschienene kleine Schrift *Mitteleuropa*; dazu Schmidt, *Die Wiedergeburt der Mitte Europas*, S. 56–63.

125 Vgl. Schmidt, ebd., S. 78ff.

126 Vgl. Leggewie/Karolewski, *Die Visegrád-Connection*, insbes. S. 29–78, die das Zusammenspiel der Akteure aber eher über die Distanz zur liberalen Demokratie als aufgrund geopolitischer Aspekte herstellen.

127 Dazu Barth, *Europa nach dem großen Krieg*, S. 33ff.

128 Aus der Fülle der Schriften Haushofers, in denen er diesen «Leitgedanken» wiederholt und variiert, ist hier vor allem der Aufsatz «Der Kontinentalblock. Mitteleuropa – Eurasien – Japan» zu nennen; weiterhin das Buch *Weltmeere und Weltmächte*.
129 Die Zitate entstammen überwiegend Haushofers Buch *Weltmeere und Weltmächte*, aber auch kleineren Aufsätzen; sie werden hier zitiert nach Diner, «‹Grundbuch des Planeten›», S. 145.
130 Ebd., S. 142f.
131 Zit. nach Jacobsen, *Karl Haushofer*, Bd. I, S. 153.
132 Vgl. unten, S. 285ff.
133 Vgl. oben, S. 115f.
134 Ähnliche Motive finden sich auch bei dem Philosophen Martin Heidegger.
135 Brzezinski, *Die einzige Weltmacht*, S. 68–72. Für Hinweise danke ich Andrin Kohler.
136 Ebd., S. 282ff.
137 Dugin, *The Foundations of Geopolitics*, passim.
138 Dazu ausführlich Dunlop, «Alexander Dugin's foundations of Geopolitics», S. 50f.
139 Meinecke, *Die deutsche Katastrophe*, S. 160.
140 Vgl. Hoffmann, *Renaissance der Geopolitik*, S. 81–215.
141 Dazu ausführlich Münkler, *Macht in der Mitte*, S. 45ff. und S. 137ff. Die hier angestellten Überlegungen folgen überwiegend dem dort eingehend Bedachten.
142 In diesem Sinne auch Dohnanyi, *Nationale Interessen*, S. 121–160.
143 Dazu ausführlicher Becher, *Die Türkei unter Erdogan*, S. 265ff. und 311ff.
144 Dazu Middelaar, *Das europäische Pandämonium*, S. 31ff. und 149ff.

Kapitel 3 – Module der Weltordnung

1 Vgl. dazu oben, S. 105, mitsamt der unter Fn. 19 angegebenen Literatur.
2 Zur römischen Aufstiegsgeschichte vgl. Bellen, *Grundzüge der römischen Geschichte*, Bd. 1, S. 53–82, sowie Heuss, *Römische Geschichte*, S. 67–129.
3 Man kann die Weltuntergangsvisionen in der Offenbarung des Johannes als Bestätigung der Vorstellung von der unerschütterlichen Stabilität der römischen Ordnung lesen, denn in diesen Visionen muss Gott selber eingreifen und der Geschichte ein Ende machen, um die Fortdauer des Römischen Reichs zu beenden; vgl. unten, S. 287ff.
4 Dazu M. Meier, «Die Teilung des römischen Reiches in Ost und West», S. 189–195.
5 Vgl. Wenskus, *Stammesbildung und Verfassung*, passim.
6 Vgl. Brotton, *Die Geschichte der Welt in zwölf Karten*, S. 219–388; eine ähnliche Sicht findet sich auch bei den Historikern der Weltmeere, etwa bei

Elvert, *Europa, das Meer und die Welt*, explizit S. 109ff., oder Abulafia, *Das unendliche Meer*, S. 577ff.

7 Dazu Boxer, *The Portuguese Seaborn Empire*, und ders., *The Dutch Seaborn Empire*.

8 Exemplarisch sei hier auf Wolfgang Reinhard, *Die Unterwerfung der Welt*, verwiesen, der auf mehr als eineinhalbtausend Seiten gesonderte Räume behandelt, die nur durch die Überschrift der europäischen Herrschaft miteinander verbunden sind. Dabei dient «europäisch» als Sammelbegriff für unterschiedliche Länder und Völker. Ähnliches gilt für den von Reinhard herausgegebenen Band *Weltreiche und Weltmeere*, den dritten Band der von Iriye und Osterhammel besorgten *Geschichte der Welt*. Grundsätzlich und methodisch reflektiert dazu Braudel, *Sozialgeschichte des 15.–18. Jahrhunderts*, Bd. 1, insbes. S. 17–92.

9 Dazu Sprengel, *Kritik der Geopolitik*, S. 88; der Begriff «tellurisch» hat später bei Carl Schmitt Karriere gemacht.

10 So stellt Schmitt in dem kurzen Text «Maritime Weltpolitik» (in *Staat, Großraum, Nomos*, S. 479) fest, die Erde sei erst durch die moderne Technik «eine Kugel» geworden, doch damit verbunden sei die Frage, «welche Gruppe von Menschen diese kleine Kugel handhaben wird als einen Spielraum für ihre Planungen».

11 Kapp, *Philosophische oder Vergleichende allgemeine Erdkunde*, Bd. 2, S. 410f.; vgl. Sprengel, *Kritik der Geopolitik*, S. 108.

12 Vgl. oben, S. 48ff., und insbes. S. 459, Fn 35.

13 Neben dem Text «Völkerrechtliche Großraumordnung» verfasste Schmitt in den späten 1930er und frühen 1940er Jahren mehrere kleinere Texte, in denen er seine Vorstellungen einem breiteren Publikum vorstellte. Zu nennen sind hier «Raum und Großraum im Völkerrecht» sowie «Großraum gegen Universalismus» und «Der Reichsbegriff im Völkerrecht» (beide in Schmitt, *Positionen und Begriffe*, S. 295–302 und 302–312). Diese «geojuridischen» Interventionen hat Schmitt in dem Werk *Der Nomos der Erde* systematisiert und als geopolitisch informierte Völkerrechtsgeschichte vorgelegt.

14 Panajotis Kondylis' kleines Buch *Planetarische Politik nach dem Ende des Kalten Krieges* steht in der Tradition von Schmitts Misstrauen gegenüber einem universalen Liberalismus, von dem Kondylis, wie zuvor bereits Schmitt, annimmt, dass er nicht in einen allumfassenden Frieden, sondern in die Totalisierung des Krieges münden werde (insbes. S. 105ff.).

15 Ich separiere hier – vorläufig – die Argumentation Schmitts im Sinne einer *ideengeschichtlichen* Konstruktion mit immanentem Geltungsanspruch von ihrer *ideenpolitischen* Stoßrichtung, die auf einen vom nationalsozialistischen Deutschland beherrschten Großraum hinauslief, der West-, Nord- und Mitteleuropa umfassen sollte. Südeuropa sollte italienischer Dominanz vorbehalten bleiben, was Schmitt freilich, da er Raumbegrenzungen nicht explizit thematisiert, nie eindeutig ausspricht. Letzten Endes bleibt dies

ein Manko seiner Großraumtheorie, dass sie keine klaren Kriterien für ihre Grenzen anzugeben vermag, was vermuten lässt, dass es kaum zu einer ‹friedlichen Koexistenz› der Großräume gekommen wäre.

16 Schmitt, «Großraum gegen Universalismus», S. 295.

17 Vgl. unten, S. 196f.

18 Dazu Murphy, *Hemispheric Imaginings*, sowie May, *The Making of the Monroe Doctrine*.

19 Schmitt, «Großraum gegen Universalismus», S. 297.

20 Vgl. Dugin, *Foundations of Geopolitics*, und ders., *Das Große Erwachen gegen den Great Reset*; dazu Laruelle, *Russian Eurasianism*, insbes. S. 107–144, sowie Leggewie, *Anti-Europäer*, S. 61–100.

21 Silnizki, *Geopolitik*, S. 44.

22 Vgl. oben, S. 57ff.

23 Vgl. Silnizki, *Geopolitik*, S. 44ff. und 48ff.

24 Ebd., S. 36.

25 Ebd., S. 39.

26 Ebd., S. 39f.

27 Ebd., S. 38. Dass der Rekurs auf staatliche Souveränität das russische Agieren gegenüber Georgien im Jahre 2008 sowie gegenüber der Ukraine seit 2014 und in gesteigerter Form im Jahre 2022 konterkariert, ist bei Silnizki unbedacht geblieben, wie überhaupt seine Argumentation immanente Widersprüche aufweist oder sich zu der tatsächlichen Politik Russlands im Widerspruch befindet. Carl Schmitt, auf den sich Silnizki mehrfach beruft, war da konsequenter, insofern er den auf Bodin zurückgehenden Souveränitätsbegriff mit der Kleinräumigkeit der politischen Ordnung Europas seit dem 17. Jahrhundert in Verbindung brachte und diese Kleinräumigkeit als Einfallstor des angelsächsischen Universalismus begriff: «Die Verbindung von Universalismus und staatsbezogener Kleinräumigkeit entspricht dem Wesen einer universalistisch-imperialistischen Weltpolitik.» (Schmitt, «Raum und Großraum», S. 253.)

28 Silnizki, *Geopolitik*, S. 41 (Hervorhebung bei Silnizki).

29 Silnizki, *Russland und der Westen*, S. 13.

30 Ebd., S. 14.

31 Ebd., S. 35; verräterisch ist in dieser Passage die Formel von Putins «eigenem wertlogischen Selbstverständnis».

32 Ebd., S. 36.

33 Ebd., S. 41 (Hervorhebung bei Silnizki).

34 Ebd., S. 42 (Hervorhebung bei Silnizki).

35 Ebd., S. 43 (Hervorhebung bei Silnizki).

36 Dazu ausführlich Münkler, *Imperien*, S. 67–77; eine andere Definition des Verhältnisses von Imperialität und Hegemonie findet sich bei Menzel, *Die Ordnung der Welt*, S. 29–65.

37 So etwa Vagts, «Die Chimäre des europäischen Gleichgewichts»; in: ders., *Bilanzen und Balancen*, S. 131–160.

38 Dazu oben, S. 59f.
39 Ausführlich dazu Münkler, *Der Dreißigjährige Krieg*, S. 711ff.
40 Ebd., S. 363ff., 745ff. und 789ff.
41 Vgl. unten, S. 241f.
42 Dazu Münkler, *Der Große Krieg*, S. 319ff.; zu den geostrategischen Revirements in der Vorgeschichte des Ersten Weltkriegs vgl. Kjellen, *Die politischen Probleme des Weltkrieges*, S. 13–15.
43 Vgl. oben, S. 459, Fn 35.
44 Zur Theorie des gerechten Krieges und der darauf fußenden Vorstellung einer humanitären militärischen Intervention vgl. Kreis, *Der «gerechte Krieg»*.
45 Vgl. Fuhrmann, *Deutsche Geschichte im hohen Mittelalter*, S. 173f.
46 Dazu Lüders, *Hybris am Hindukusch*, S. 69ff.
47 Zum Konzept der humanitären militärischen Intervention vgl. Münkler/Malowitz (Hgg.), *Humanitäre Intervention*.
48 Die relativierenden Zusätze «wesentlich» und «vor allem» beziehen sich darauf, dass Eigeninteresse und Gemeinwohl nicht immer trennscharf zu separieren sind und das Urteil darüber «im Auge des Betrachters» liegt.
49 Zur «Tragödie der Allmende» vgl. Hardins, «The Tragedy of the Commons», sowie Olson, *The Logic of Collective Action*, und Ostrom, *Die Verfassung der Allmende*.
50 Die Formel von der «Anarchie der Staatenwelt» kam nach dem Ersten Weltkrieg auf, als eine Reihe von Imperien zerfielen und zahlreiche neue Staaten entstanden, aber keine stabilen Ordnungsstrukturen in den internationalen Beziehungen erkennbar wurden. In der von Hans Morgenthau und John H. Herz begründeten «realistischen» Theorie der internationalen Politik spielt die Annahme eines anarchischen Verhältnisses zwischen den Staaten, die allesamt auf ihrer Souveränität bestehen, eine entscheidende Rolle; vgl. Frei, *Hans J. Morgenthau*, S. 114–177; weiterhin Mearsheimer, *The Tragedy of Great Power Politics*, S. 29–54. Die multipolare Ordnung wird im Folgenden von einer «Anarchie der Staatenwelt» unterschieden.
51 Ausführlich ist dieser Gedanke von der fortschrittsstimulierenden Kraft einer institutionalisierten Konkurrenz in multipolaren Ordnungen von Eric Lionel Jones in seinem Buch *The European Miracle* entwickelt worden, in dem er die europäische und die asiatische Entwicklung miteinander vergleicht. Jones geht davon aus, dass multipolare Ordnungen eine sehr viel größere Chance haben, sich einer Willkürherrschaft zu entledigen und durch die politische Freiheit ökonomisches Wachstum zu stimulieren. Wir haben es bei Jones also mit einer systemischen Begründung des liberalen Credos zu tun.
52 Für eine nichtmetaphorische Vorstellung vom Wirtschaftskrieg vgl. Luttwak *Weltwirtschaftskrieg*, der zu Beginn der 1990er Jahre die industrielle Konkurrenz zwischen den USA, Japan und Deutschland als einen mit ökonomischer Macht ausgetragenen Kampf um die globale Vormachtstellung beschrieben

hat. Die von Luttwak thematisierten Konstellationen sind inzwischen längst Geschichte; das von ihm behandelte Problem stellt sich heute in der Konfrontation zwischen den USA und China.

53 Thukydides, *Der Peloponnesische Krieg*, insbes. Buch I.; vgl. dazu unten, S. 345ff.

54 Hierzu die Beiträge in Speck/Sznaider (Hgg.), *Empire America*.

55 Dazu skeptisch Vagts, «Die Chimäre des europäischen Gleichgewichts», in: ders., *Bilanzen und Balancen*, S. 131–160, vgl. weiterhin, die Rolle Großbritanniens als globale Handelsmacht im Hinblick auf das europäische Gleichgewicht herausstellend, Durchardt, *Balance of Power und Pentarchie*, S. 96–115.

56 Dazu ausführlich, Münkler, *Machiavelli*, S. 196–201; das Machiavelli-Zitat dort S. 196; in der Debatte der italienischen Historiker über das *equilibrio italiano* ist entweder argumentiert worden, es habe überhaupt kein Gleichgewicht gegeben, sondern nur einen Zustand der Anarchie, oder es wird davon ausgegangen, das Gleichgewicht sei Ausdruck politischer Erschöpfung gewesen, insofern die größeren Mächte keine Vormachtstellung mehr angestrebt hätten; zum Überblick betreffs dieser Debatte Münkler, *Machiavelli*, S. 198f.

57 Vgl. Münkler, *Der Dreißigjährige Krieg*, S. 29ff.

58 Dazu Kreß (Hg.), *Paris 1919–1920*.

59 Vgl. oben, S. 48ff.; auf die Pariser Friedensverhandlungen konzentriert MacMillan, *Die Friedensmacher*, passim; weiterhin Leonhard, *Der überforderte Frieden*, der auch die Gründe für das Scheitern der Pariser Friedensordnung ausführlich diskutiert (S. 1154ff. und 1254ff.), sowie Conze, *Die große Illusion*, der die politischen Konsequenzen der Pariser Beschlüsse eingehend behandelt, von der Kontinuität imperialer Herrschaft bei den Siegermächten des Krieges (S. 223ff.) über die Strafbestimmungen der Friedensverträge (S. 383ff.) bis hin zur Revisionspolitik einiger Akteure (S. 472ff.), und schließlich Gerwarth, *Die Besiegten*, der den imperialen Zerfall der mittel- und osteuropäischen Ordnung (S. 219ff.) und die «europäische Krise des 20. Jahrhunderts» in der Folge der Pariser Friedensordnung erörtert (S. 317ff.).

60 Diese Frage ist in Deutschland vor allem zwischen Fritz Fischer (*Griff nach der Weltmacht* und *Krieg der Illusionen*) und Gerhard Ritter (*Staatskunst und Kriegshandwerk* sowie *Der Schlieffenplan*) kontrovers diskutiert worden.

61 Vgl. Canis, *Die bedrängte Großmacht*, wo die aufeinanderfolgenden Krisen und Schwächephasen Österreich-Ungarns dargestellt werden.

62 Ausführlich Ritter, *Der Schlieffenplan*; für eine knappe Zusammenfassung von Schlieffens Grundidee vgl. Münkler, *Der Große Krieg*, S. 72ff.

63 Vgl. Münkler, *Der Große Krieg*, S. 289ff.

64 Allison, *Destined for War*, passim.

65 Niall Ferguson hat in seinem Buch *The Pity of War* argumentiert, dass der Kriegseintritt der Briten in den Ersten Weltkrieg keineswegs in ihrem längerfristigen Interesse gelegen habe, weil das Empire infolge der Dauer

und kontinentübergreifenden Ausweitung des Krieges auf die Bahn des Niedergangs geraten sei.

66 Zu Geschichte und Struktur der Vereinten Nationen vgl. Kennedy, *Parlament der Menschheit*; Gareis/Varwick, *Die Vereinten Nationen*, sowie Wolf, *Die UNO.*

67 Dazu oben, S. 59f.

68 Kehr, *Der Primat der Innenpolitik*, insbes. S. 87–197.

69 Dazu aus historischer Sicht Junker, *Power and Mission*, S. 51–62, sowie ausführlich Schwabe, *Weltmacht und Weltordnung*, S. 43–77; zu den unterschiedlichen Traditionen US-amerikanischer Politik, hier speziell zum Wilsonianismus und dem Widerstand dagegen vgl. Mead, *Special Providence*, S. 132–173.

70 Zur postheroischen Gesellschaft, die nicht mit einer unheroischen Gesellschaft zu verwechseln ist, vgl. Münkler, «Die postheroische Gesellschaft und ihre jüngste Herausforderung»; in ders., *Der Wandel des Krieges*, S. 310–354, sowie die einschlägigen Kapitel in ders., *Kriegssplitter*, S. 143–207.

71 Dazu Singer, *Die Kriegs-AGs*; Joachim, *Der Einsatz von «Private Military Companies» im modernen Konflikt*; und Eckert, *Outsourcing War.*

72 Die Unterscheidung zwischen «heißen» und «kalten» Gesellschaften entstammt der Ethnologie und bezieht sich dabei zunächst auf kulturelle Traditionen, ist zuletzt aber auch verstärkt auf die demographische Zusammensetzung von Gesellschaften angewandt worden; vgl. auch Heinsohn, *Söhne und Weltmacht*, insbes. S. 87–112.

73 Die Bürgerkriegsforschung hat in den letzten Jahrzehnten einen erheblichen Aufschwung erfahren; vgl. etwa Jean/Rufin (Hgg.), *Ökonomie der Bürgerkriege*; Krumwiede/Waldmann (Hgg.), *Bürgerkriege*; Deißler, *Eigendynamische Bürgerkriege*; und Armitage, *Bürgerkrieg*; weiterhin aus kulturhistorisch-kultursoziologischer Perspektive von Treskow u.a. (Hgg.), *Bürgerkrieg*, sowie Ferhadbegović/Weiffen (Hgg.), *Bürgerkriege erzählen.*

74 Vgl. unten, S. 247ff.

75 Giorgio Agamben hat sich mit dem Ausnahmezustand als Instrument bei der Ausweitung von Machtbefugnissen eingehend beschäftigt, dabei aber die Differenz zwischen demokratischen Verfassungsstaaten und autoritär-autokratischen Ordnungen zu wenig bedacht; vgl. Agamben, *Ausnahmezustand*, S. 7–41.

76 Für eine Geschichte des Terrorismus als politische Strategie und die begleitende politische Debatte, wie darauf zu reagieren sei, vgl. nach wie vor Laqueur, *Die globale Bedrohung*, und ders., *Krieg dem Westen*, wobei Laqueur in dem einschlägigen Abschnitt (S. 311ff.) hinter den Kriegsbegriff ein Fragezeichen gesetzt hat.

77 Es gibt ziemlich sichere Hinweise darauf, dass einige Terroranschläge in Russland im Vorfeld des Zweiten Tschetschenienkrieges vom FSB, dem russischen Geheimdienst, vorbereitet und durchgeführt wurden, um damit

die Rechtfertigung für einen weiteren Krieg in Tschetschenien zu schaffen; vgl. Thumann, *Revanche*, S. 75ff.

78 Zum Begriff und politischen Konzept des «Hüters» vgl. oben, S. 184ff. Wilhelm Grewe spricht in seinem Werk *Epochen der Völkerrechtsgeschichte* vom «Niedergang der internationalen Schiedsgerichtsbarkeit» (S. 235).

79 Vgl. oben, S. 48ff.

80 Ich nehme hier und im Folgenden Überlegungen auf, die ich in dem Essay «Der Wille zur Strategie» (insbes. S. 246) entwickelt habe.

81 Die Passage findet sich in Ciceros *8. Philippischer Rede*.

82 In der Mobilmachung wird das Militär, wie es in der älteren Sprache heißt, vom Friedens- auf den Kriegsfuß versetzt.

83 Michael Walzer, *Gibt es den gerechten Krieg?*, S. 206ff.

84 Die Kolonialkriege wurden wesentlich um die Loyalität der Nonkombattanten geführt.

85 Dazu Münkler, *Der Dreißigjährige Krieg*, passim.

86 Der Begriff «Westfälische Ordnung» entstammt der angloamerikanischen Politikwissenschaft und ist von der deutschen Historiographie nicht umfassend übernommen worden, ebensowenig wie von einer marxistisch inspirierten Analyse der Konstellationen nach 1648; vgl. Teschke, *The Myth of 1648*, S. 215–248.

87 Dazu Sikora, «Ueber die Veredelung des Soldaten», S. 25–50; insgesamt ist eine auf die Ordnungsprinzipien der Binarität gestützte Juridifizierung des Kriegswesens die Voraussetzung dafür gewesen, dass im 18. Jahrhundert auch das Militär in die Vorstellung der Aufklärung einbezogen werden konnte; dazu Hohrath/Gerteis (Hgg.), *Die Kriegskunst im Licht der Vernunft*, Teil I und II.

88 Der I. Absatz im 1. Kapitel des Ersten Buches von Grotius' Werk beginnt mit der Feststellung: «Die Streitigkeiten zwischen Personen, welche durch kein gemeinsames bürgerliches Recht verbunden sind, beziehen sich entweder auf die Zeit des Krieges oder des Friedens.» (S. 47) Die Binarität steht für Grotius also am Anfang; im unmittelbaren Anschluss führt er aber eine Subsumtion des Krieges unter den Frieden ein, der zum *Zweck* wird, während der Krieg als *Mittel* zu betrachten ist: «Da jedoch der Krieg des Friedens willen begonnen wird und es keinen Streitfall gibt, aus dem nicht ein Krieg hervorgehen könnte, so ist bei dem Kriegsrecht der passende Ort, die möglichen Streitfälle zu erörtern. Der Krieg selbst wird uns dann zum Frieden als seinem Zwecke führen.» (Ebd.) Im Ergebnis befasst sich Grotius häufiger mit dem Krieg als mit dem Frieden (der nur in einigen Kapiteln des Zweiten Buches explizit das Thema ist) und stellt vor allem Beschränkungen der Gewalt im Krieg heraus (etwa in den Kapiteln 11–16 des Dritten Buches).

89 Vgl. dazu die gründliche Studie von Straumann, *Hugo Grotius und die Antike*, insbes. S. 126ff.

90 Dazu Walther, *Imperiales Königtum, Konziliarismus und Volkssouveränität*, S. 65–111.
91 Der Begriff der Souveränität wird von Bodin im 8. Kapitel des Ersten Buchs seiner *Sechs Bücher über den Staat* (Bd. 1, S. 205–239) behandelt.
92 Dazu Stolleis (Hg.), *Staatsdenker im 17. und 18. Jahrhundert*.
93 Pufendorf, *Die Verfassung des deutschen Reiches*, Kap. 6, § 9, S. 106.
94 Vgl. Mallett, *Merceneries and their Masters*, S. 76ff. und 207ff.
95 Dazu unten, S. 384ff.
96 Dazu Bührer u.a. (Hgg.), *Imperialkriege*, sowie Walter, *Organisierte Gewalt in der europäischen Expansion*.
97 Dazu Münkler, *Der Wandel des Krieges*, S. 135–247.
98 Vgl. Münkler, *Imperien*, S. 41ff.; zu dem Problem fortbestehender Abhängigkeit der postkolonialen Staaten und Gesellschaften ausführlich Getachew, *Die Welt nach den Imperien*, S. 80ff.
99 Dem Buch *Der totale Krieg* des Generals Erich Ludendorff kommt hier eine größere Bedeutung zu.
100 Die scharfe Trennung zwischen Staatenkrieg und Bürgerkrieg ist ein weiteres Element der binären Ordnung, wobei der Bürgerkrieg als das für die Verteidiger der Ordnung absolut zu Verhindernde gilt, während der (gehegte) Staatenkrieg als unverzichtbarer Bestandteil der zwischenstaatlichen Ordnung angesehen wird.
101 Vgl. Münkler, *Der Große Krieg*, S. 107–213.
102 Hier ist auch die von den Briten gegen Deutschland verhängte Handelsblockade zu nennen, mit der dem Reich der Zugriff auf die zur Weiterführung des Krieges benötigten Rohstoffe und Nahrungsmittel verwehrt werden sollte. Der deutsche U-Bootkrieg gegen England wiederum wurde unter Verweis auf die Handelsblockade legitimiert. In beiden Fällen war die Zivilbevölkerung, also Nonkombattanten, das strategische Ziel. Nach dem Ersten Weltkrieg hat der englische Strategiehistoriker Henry Basil Liddell Hart aus dieser Abschnürung von der Versorgung die zur Entscheidungsschlacht alternative Strategie des *indirect approach* entwickelt, in der die gepanzerte Faust des Gegners umgangen und auf seine Blut- und Nervenbahnen, also Kommunikation und Logistik, gezielt wird; vgl. Liddell Hart, *Strategie*, S. 244ff.
103 Münkler, *Der Große Krieg*, S. 545ff., sowie ders., «Die Eskalation der Gewalt», S. 29–59.
104 So etwa Getachew, *Die Welt nach den Imperien*, S. 86–125.
105 Vgl. Langewiesche, *Der gewaltsame Lehrer*, der das 19. Jahrhundert als eine eher kriegsarme Zeit beschreibt.
106 Mann, *Geschichte der Macht*, Bd. 1, S. 46–61; zur Geschichte der Gleichgewichtssysteme vgl. auch oben, S. 196ff.
107 Dazu Münkler, *Der Wandel des Krieges*, S. 151–168.
108 Vagts, «Die Chimäre des europäischen Gleichgewichts»; in: ders., *Bilanzen und Balancen*, S. 131–160.

109 Zum Problem von Rüstungsspiralen und der aus ihnen resultierenden Überforderung vgl. oben, S. 44f.

110 Dazu Duchhardt, *Balance of Power und Pentarchie. 1700–1785*, passim; speziell zu Großbritannien S. 96–115.

111 Vagts, «Die Vereinigten Staaten und das Gleichgewicht der Mächte»; in: ders., *Bilanzen und Balancen*, S. 161–192.

112 Ders., «Die Chimäre des europäischen Gleichgewichts», S. 158.

113 Schmitt, *Der Nomos der Erde*, S. 144; dazu auch unten S. 315ff.

114 Ebd., S. 117; ähnlich S. 153.

115 Ebd., S. 160.

116 Zum Great Game vgl. Meyer/Blair Brysac, *Tournament of Shadows*; zum Scramble for Africa vgl. Press, *Rogue Empires*.

117 Zur «Raumrevolution» oben, S. 104ff.

118 Schmitt, *Der Nomos der Erde*, S. 211 (Hervorhebungen bei Schmitt).

119 Ebd.

120 Vgl. etwa Gilpin, *War and Change in World Politics*, S. 27f. und 85–86; auch Mearsheimer beginnt seine Überlegung in *The Tragedy of Great Power Politics* mit einem Kapitel, das «Anarchy and the Struggle for Power» überschrieben ist.

121 Waltz, *Theory of International Politics*, Kap. 4 und 5.

Kapitel 4 – Erzählungen und Bilder der Weltordnung

1 Einen guten Überblick zu Wandel und Varianten des Ideologiebegriffs bietet nach wie vor die von Kurt Lenk herausgegebene Sammlung von Ideologiedefinitionen und -analysen unter dem Titel *Ideologie*; vgl. weiterhin die einführende, wissenssoziologisch inspirierte Darstellung ideologiekritischer Sichtweisen durch Jürgen Ritsert, *Ideologie*. Eine kulturwissenschaftlich angeleitete Differenzierung im Ideologiebegriff findet sich bei Terry Eagleton, *Ideologie*, wo auch die Dimensionen des Imaginären und des Symbolischen thematisiert werden (S. 166ff. und 174f.).

2 Zur Verbindung von «narrativer Extension» und «ikonischer Verdichtung» vgl. meine methodischen Überlegungen in *Die Deutschen und ihre Mythen*, S. 9–30.

3 Für die ältere historische Forschung vgl. nach wie vor Lemberg, *Geschichte des Nationalismus in Europa*, der die Wirkung der Nationsidee bei der Um- und Neugestaltung der politischen Ordnung Europas seit der Französischen Revolution herausgearbeitet hat; für eine vor allem sozialwissenschaftlich angeleitete Analyse vgl. Gellner, *Nationalismus und Moderne*, für eine stärker kulturwissenschaftliche Analyse Anderson, *Imagined Communities*.

4 Geibel, *Heroldrufe*, S. 116–118. Ein Bezug zur Weltordnung wird in dem siebenstrophigen Gedicht mehrfach hergestellt, etwa in der zweiten Strophe:

«Daß die Welt nicht mehr, in Sorgen / Um ihr leichterschüttert Glück, / Täglich bebe vor dem Morgen, / Gebt ihr ihren Kern zurück! / Macht Europas Herz gesunden / Und das Heil ist euch gefunden.» Oder in der sechsten Strophe: «Dann nicht mehr zum Weltgesetze / Wird die Laun am Seinestrom, / Dann vergeblich seine Netze / Wirft der Fischer aus in Rom, / Länger nicht mit seinen Horden / Schreckt uns der Koloß im Norden.» Das ist eine Zurückweisung der Weltherrschaftsansprüche Frankreichs, des Papstes und Russlands, das nach den damaligen geographischen Vorstellungen im Norden – und nicht im Osten – verortet wurde.

5 Zum Begriff der imperialen Mission und ihrer Bedeutung für den Legitimitätsanspruch eines Imperiums vgl. Münkler, *Imperien*, S. 132ff.

6 Vgl. Barth/Osterhammel, *Zivilisierungsmissionen.*

7 Vgl. Rauchensteiner/Seitter (Hgg.), *Katechonten. Den Untergang aufhalten*, sowie oben, S. 54f.

8 Zur Entstehung der Ukraine als selbstständiger Staat und dessen Vorgeschichte im 20. Jahrhundert Sasse, *Der Krieg gegen die Ukraine*, S. 25–45, und Kappeler, *Ungleiche Brüder*, S. 197–229.

9 Zum Begriff der Geschichtspolitik und der angestrebten Prägung des kollektiven Gedächtnisses durch Narrative und Symbole vgl. Assmann, *Der lange Schatten der Vergangenheit*, weiterhin Heinrich/Kohlstruck (Hgg.), *Geschichtspolitik und sozialwissenschaftliche Theorie*, sowie Schmid (Hg.), *Geschichtspolitik und kollektives Gedächtnis.*

10 Zu dieser Vorgeschichte der Ukraine durchaus in affirmativem Sinn Kappeler, *Ungleiche Brüder*, S. 26–32 und 33–53; vorsichtiger und die Traditionslinie als geschichtspolitische Konstruktion stärker herausstellend Plokhy, *Die Frontlinie*, S. 43–134.

11 Vgl. Kappeler, *Ungleiche Brüder*, S. 111.

12 Die notorische Rückständigkeit Russlands, die vor allem in der technologischen Abhängigkeit erfahrbar wird, ist die Leitthese in Manfred Hildermeiers Skizze der russischen Geschichte unter dem Titel *Die rückständige Großmacht.*

13 Zur Geschichte dieser Eigenstellung Russlands, das Narrativ seiner religions- wie geschichtsphilosophischen Unabhängigkeit, vgl. Groys, *Die Erfindung Rußlands*, passim, insbes. S. 7–18.

14 Dazu Lettenbauer, *Moskau, das dritte Rom*, sowie Kozyrev, *Moskau – das dritte Rom.*

15 Dugin, *Foundations of Geopolitics*, passim.

16 Dazu Scherrer, «Politische Ideen im revolutionären und vorrevolutionären Rußland», S. 208–218 sowie S. 228–232; weiterhin von Schelting, *Rußland und Europa im russischen Geschichtsdenken*, S. 75–219.

17 So Sergej Diaghilew, der Impressario der *Ballets Russes*; vgl. Figes, *Nataschas Tanz*, S. 294.

18 Dazu Scherer, *Kulturologie*, S. 127–151.

19 Dazu Münkler, «Translation, Filiation und Analogiebildung: Politische

Legitimation und strategische Reflexion im Spiegel vergangener Imperien», in: Münkler/Hausteiner (Hgg.), *Die Legitimation von Imperien*, S. 34–69.

20 Dieser Frage geht Geoffrey Hosking in seiner Darstellung der Geschichte Russlands mit dem Untertitel *Nation und Imperium* nach, wobei er den Konflikt zwischen beiden als durchgängige Selbstblockade Russlands begreift; in diesem Sinne auch Martin Schulze Wessels, *Der Fluch des Imperiums*.

21 Dazu Berlin, «Die deutsche Romantik in Petersburg und Moskau», S. 191 ff., und ders., *Die Wurzeln der Romantik*, insbes. S. 109–121.

22 Spenglers Äußerungen über Russland und «Russentum» sind, wie so vieles bei ihm, nicht kohärent. So schreibt er in *Der Untergang des Abendlandes* einerseits: «Es ist genau das, was der echte Russe als eitel empfindet und verachtet. Die russische willenlose Seele, deren Ursymbol die unendliche Ebene ist, sucht in der Brüderwelt, der horizontalen, dienend, *namenlos*, sich verlierend aufzugehen. Von *sich* aus an den Nächsten denken, *sich* durch Nächstenliebe sittlich zu heben, für *sich* büßen wollen, ist ihr ein Zeichen westlicher Eitelkeit und frevelhaft wie das In-den-Himmel-dringen-Wollen unserer Dome im Gegensatz zur kuppelbesetzten Dach*ebene* russischer Kirchen» (S. 394 f., Hervorhebungen bei Spengler). Doch dann an anderer Stelle: «Der primitive Zarismus von Moskau ist die einzige Form, welche noch heute dem Russentum gemäß ist, aber er ist in Petersburg in die dynastische Form Westeuropas umgefälscht worden. Der Zug nach dem *heiligen* Süden, nach Byzanz und Jerusalem, der tief in allen rechtgläubigen Seelen lag, wurde in eine weltmännische Diplomatie mit dem Blick nach Westen verwandelt Auf den Brand von Moskau, die großartig symbolische Tat eines Urvolkes, aus welcher der Makkabäerhaß gegen alles Fremde und Fremdgläubige redet, folgt der Einzug Alexanders in Paris, die heilige Allianz und die Stellung im Konzert der westlichen Großmächte. Ein Volkstum, dessen Bestimmung es war, noch auf Generationen hin geschichtslos zu leben, wurde in eine künstliche und unechte Geschichte gezwängt, deren Geist vom Urrussentum gar nicht begriffen werden konnte.» (S. 789) Zu Spenglers Russlandbild vgl. auch Demandt, «Spengler und Groeger. Die Zukunft des Russentum», S. 117–122; zur Vorstellung der Dekadenz bei Spengler und ihrer Applizierbarkeit auf die gegenwärtigen Verhältnisse vgl. Krebs, *Die imperiale Endzeit*, S. 162–193.

23 Groys, *Die Erfindung Rußlands*, S. 8.

24 Das Selbstbestimmungsrecht der Völker spielte eine Rolle beim Referendum auf der Krim, als sich eine Mehrheit der Abstimmenden nach der Invasion russischer Truppen und in Anwesenheit russischer Soldaten in den Wahllokalen für den Anschluss an Russland aussprach; mit dem Schutz der russischen Minderheit wurde argumentiert, nachdem das ukrainische Parlament die ukrainische Sprache, freilich nur für begrenzte Zeit, zur einzig offiziellen Sprache des Landes erklärte; dazu ausführlich Sasse, *Der Krieg gegen die Ukraine*, S. 69–81. Die inzwischen feststellbare Zurückdrängung

des Russischen in der Ukraine, der Sprache wie der Kultur, ist eine Folge von Putins Angriffskrieg.

25 Zit. nach Kappeler, *Ungleiche Brüder*, S. 215f.

26 Andreas Kappeler spricht deswegen von einer «ethno-nationalistischen Argumentation» Putins, «die an die revanchistische Politik Deutschlands und anderer Mächte in der Zwischenkriegszeit erinnert». (Ebd., S. 224.)

27 Ebd., S. 225.

28 Berdjajew, *Die russische Idee*, S. 29.

29 Ebd., S. 83; der zweite Teil des Zitats bezieht sich auf die aktuelle Lage Russlands unter der bolschewistischen Herrschaft.

30 Scherrer, *Kulturologie*, S. 127–151.

31 Ebd., S. 138.

32 Ebd., S. 139.

33 Dostojewski, «Etwas zu politischen Fragen»; in: ders., *Russland und Europa*, S. 74f.

34 Ders., «Utopisches Geschichtsverständnis»; in: ders., *Russland und Europa*, S. 110.

35 Solschenizyn, *Die russische Frage am Ende des 20. Jahrhunderts*, S. 100ff.

36 Ebd., S. 53 und 66.

37 «Russländisch» steht für die Multiethnizität des Raumes; «russisch» für das der russischen Nation Zugehörige.

38 Dazu die Berichte über die entfesselte Gewalt in den beiden Tschetschenienkriegen bei Goytisolo, *Landschaften eines Krieges*, sowie Hassel (Hg.), *Der Krieg im Schatten*.

39 Ich folge hier den Überlegungen, die Tobias Fella in seiner Berliner Dissertation *«Preventing Preemptive Superpower Suicide»* angestellt hat.

40 Bezeichnenderweise wird dieser Vergleich im Westen durchweg zum Weströmischen Reich hergestellt und nicht zu Byzanz, das den Untergang des Reichs im Westen um fast ein Jahrtausend überdauerte. Das gilt sowohl für die Debatten im *British Empire* (vgl. Hausteiner, *Greater than Rome*) als auch für die der US-Amerikaner (dazu Huhnholz, *Krisenimperialität*).

41 So heißt es in Gibbons *Verfall und Untergang des römischen Imperiums* (Bd. 1, S. 79): «Der Blick der Zeitgenossen vermochte in der öffentlichen Glückseligkeit schwerlich die im Verborgenen lauernden Ursachen des Verfalls und der Verderbnis zu entdecken. Der lange Friede und die gleichförmige Regierung der Römer leiteten ein schleichendes Gift in die Lebensnerven des Reiches. Allmählich verflachte die Gesinnung, das Feuer des Genius verlosch, ja selbst der militärische Geist verschwand.» Und bald darauf (S. 81): «Diese geschrumpfte Gestalt des Menschengeschlechts, um bei der Metapher zu bleiben, sank täglich mehr unter ihr altes Maß, und die römische Welt war in der Tat von einem Geschlecht von Zwergen bevölkert, als die wilden Hünen des Nordens einfielen und der kleinwüchsigen Rasse aufhalfen.» Gibbon lanciert hier den Gedanken, die Völkerwanderung habe die Menschheit vor ihrer «Selbst-Verzwergung» gerettet.

42 Die Theorie des Verfassungskreislaufs, auf die die Vorstellung vom Aufstieg und Fall der großen Mächte ursprünglich zurückgeht, findet sich im VI. Buch von Polybios' *Geschichte*, dt. von Hans Drexler, Zürich und Stuttgart 1963; zur Theorie des Verfassungskreislaufs vgl. nach wie vor Ryffel, *Metabolē politeiōn*, S. 198ff.; diese Vorstellung ist im Übrigen eng verwandt mit der Idee der Revolution, die ja ursprünglich auch auf ein Kreislaufnarrativ hinauslief; dazu Griewank, *Der neuzeitliche Revolutionsbegriff*, passim.

43 Alternativ zum Narrativ über den Krieg als Erneuerer des politischen Leistungswillens ist in der politischen Theorie des Hellenismus der dann von Cicero aufgenommene und popularisierte Gedanke der gemischten Verfassung herauszustellen, demzufolge eine Kombination monarchischer, aristokratischer und demokratischer Elemente in der Verfassung eines Staates die Fliehkraft der Kreisbewegung zu vermindern vermöge. Das ist die *innere* Antwort auf die Herausforderung des Kreislaufnarrativs; die Präferenz für den Krieg als Revitalisierungsressource ist die *äußere* Antwort.

44 Kagan, *Macht und Ohnmacht*, S. 26f.

45 Ebd., S. 28.

46 Ebd., S. 30f.

47 Ebd., S. 32f.

48 Kagan, *Die Demokratie und ihre Feinde*, S. 7.

49 Dazu oben, S. 243f.

50 Kagan, *Die Demokratie und ihre Feinde*, S. 22.

51 Ebd., S. 17.

52 Diese und andere Passagen bei Kagan sind gegen die europäische Vorstellung einer auf wirtschaftlicher Macht und juridischen Regelungen beruhenden Friedensordnung gerichtet, wie sie oben (S. 62ff.) dargestellt wurde.

53 Kagan, *Die Demokratie und ihre Feinde*, S. 16f.

54 Ebd., S. 20.

55 Ebd., S. 21.

56 Ebd.

57 Das gilt freilich nicht für den Anspruch, eine Weltmacht zu sein und demnächst als die weltpolitisch führende Macht auftreten zu können. Hier hat sich unter Präsident Xi Jinping eine deutliche Veränderung gegenüber der vormaligen Zurückhaltung ergeben. Die diesbezüglichen Einlassungen Xi Jinpings sind einem Nationalnarrativ im klassischen Sinn verpflichtet, insofern sie die gegenwärtige wie zukünftige Stärke Chinas herausstellen; sie beschreiben aber keine Weltordnung der Zukunft und sagen auch wenig über die Rolle aus, die China bei ihrem Zustandekommen zu spielen beabsichtigt.

58 Zhao Tingyang, *Alles unter dem Himmel*, passim.

59 Für einen Überblick dazu vgl. Ommerborn und Weber-Schäfer, «Die politischen Ideen des traditionellen China», S. 41–84. In der Einleitung zu der Sammlung chinesischer Texte über Fragen von Politik und Gesellschaft unterscheidet Daniel Leese drei Richtungen im politischen Denken

chinesischer Intellektueller: die Liberalen, die Neue Linke und die Neukonfuzianer; die beiden Letztgenannten seien mit der Suche «nach einem eigenständigen chinesischen Entwicklungspfad» befasst, während die Liberalen am westlichen Vorbild orientiert seien. Leese, «Politik und Gesellschaft Chinas im Spiegel aktueller Kontroversen», S. 34–38.

60 Zhao, *Alles unter dem Himmel*, S. 14 und 15. Mit seinen Überlegungen zur «Weltinnenpolitik» ist Carl Friedrich von Weizsäcker den Vorstellungen Zhaos freilich zeitlich zuvorgekommen; vgl. Bartosch/Ganscyk (Hgg.), *Weltinnenpolitik für das 21. Jahrhundert*.

61 Ebd., S. 185.

62 Ebd., S. 189–196.

63 Vgl. oben, S. 189f.

64 Interessanterweise fehlt in Zhaos Buch jeder Hinweis auf die imperiale und koloniale Politik Russlands in den Zeiten der Zaren und die Fortsetzung dieser Politik in der Zeit der Sowjetunion, wiewohl das von der Sache her nahegelegen hätte.

65 Zhao, *Alles unter dem Himmel*, S. 184.

66 Ebd., S. 202.

67 Ebd.

68 Ebd., S. 235.

69 Vgl. oben, S. 62ff.

70 Ebach, *Leviathan und Behemoth*, S. 15 sowie 22 und 26.

71 Eine an der Lebensweise der beiden Tiere orientierte Interpretation würde darauf bestehen, dass es sich um das Wasser großer Flüsse handelt, das den Lebensraum von Nilpferd und Krokodil bildet, also um das *Potamische* im Sinne der oben angestellten geophilosophischen Überlegungen Ernst Kapps (S. 97ff.), und keineswegs um das *Thalassische* oder gar *Ozeanische*, mit denen vor allem der Leviathan in der Fortentwicklung des Narrativs in Verbindung gebracht worden ist.

72 Auch die aus diesen älteren Mythen hervorgegangenen Heldenlieder, etwa die von Herakles oder auch Sigurd/Siegfried, berichten von Kämpfen gegen solche Ungeheuer. Heldentum wird vor allem als Ungeheuerbekämpfung verstanden. Das Wesen des Helden besteht darin, die Welt von Ungeheuern zu befreien.

73 Ebach, *Leviathan und Behemoth*, S. 22; zur Verknüpfung des Politischen mit dem Religiösen beziehungsweise zur Einheit von Herrschaft und Heil vor ihrer Separierung vgl. Assmann, *Politische Theologie zwischen Ägypten und Israel*, S. 23–53.

74 Ebach, *Leviathan und Behemoth*, S. 25.

75 Vgl. ebd., S. 26.

76 *Offenbarung*, 12, 3–4, 7–9; zitiert wird hier und im Folgenden nach der Einheitsübersetzung; zur Bedeutung des Drachen in den Visionen des Johannes vgl. Böcher, *Die Johannesapokalypse*, S. 76–83, sowie Pagels, *Apokalypse*, S. 13–41; zur Verbindung mit den alttestamentlichen Passagen über den

Drachen sowie mit Leviathan und Behemoth ebd., S. 32f., sowie Böcher, *Die Johannesapokalypse*, S. 72 und 81, auch Ebach, *Leviathan und Behemoth*, S. 76.

77 *Offenbarung*, 13, 1–2, 4.

78 *Hiob*, 41, 25–26.

79 Damit ist vermutlich der römische Kaiser Nero gemeint, der, vom Senat zum Tode verurteilt, den Freitod gewählt hat. Von ihm war die Erzählung in Umlauf, er lebe als *Nero redivivus* weiter; vor allem in den unteren Schichten der Stadt erfreute sich Nero einer gewissen Beliebtheit; vgl. Bätz, *Nero*, S. 460–475.

80 *Offenbarung*, 13, 11–v12, 14–15. Die Passage über die Anbetung des Standbildes bezieht sich auf den im Römischen Reich neu aufgekommenen Kaiserkult, bei dem eine Statue des Kaisers rituell mit Wein besprengt wurde.

81 Es ist ein Charakteristikum von Unordnung, dass sich in ihr Widersprüchliches und einander Entgegengesetztes miteinander verbinden.

82 Den Hintergrund dieser Vorstellung bildet die Eroberung Jerusalems durch römische Legionen, nachdem es zu einem antirömischen Aufstand von Teilen der jüdischen Bevölkerung gekommen war. Auf die Eroberung Jerusalems durch römische Truppen folgte die Zerstörung des Tempels, die «Zerstreuung» der Juden innerhalb des Reichs und das Ende jeder semiautonomen politischen Ordnung Israels. Für den zur zweiten Generation der Anhänger Jesu gehörenden Johannes war es insofern naheliegend, die Herrschaft Gottes *jenseits* jeder politischen Ordnung anzusiedeln und das Ende aller politischen Strukturen als Voraussetzung für den Anbeginn der Gottesherrschaft anzusehen.

83 Babylon steht für die Stadt Rom als Zentrum des Reichs, und die ihr zugeschriebenen Sünden, insbesondere die Hurerei, stehen für den dort vorherrschenden Lebensstil.

84 Es handelt sich um das Tier, von dem bereits die Rede war und das als Verkörperung des Römischen Reichs die Herrschaft des Antichrists symbolisiert.

85 *Offenbarung*, 17, 3–6. Die Trunkenheit mit dem Blut der Heiligen und der Zeugen Jesu bezieht sich auf die Christenverfolgungen und die Hinrichtung von Jesus-Anhängern in Rom; dazu Bätz, *Nero*, S. 348–361.

86 Ausführlich beschrieben in *Offenbarung*, 18, 9–20.

87 *Offenbarung*, 19, 17–18.

88 Das aus dem Munde des «Treue und Wahrhaftigkeit» heißenden Reiters kommende Schwert steht für das vernichtende Wort. Der Reiter, der die göttliche Streitmacht anführt, verfügt in den Visionen des Johannes somit über eine Waffe, der gegenüber die teuflischen Mächte wehrlos sind.

89 *Offenbarung*, 19, 19–20.

90 Schirinowski, *Der letzte Wagen Richtung Norden*; zit. nach Thom, «Die Erschaffung des Homo post-sovieticus», S. 93.

91 Der «heilige Krieg» wurde in der westlichen Welt zuletzt vor allem mit Blick auf den islamischen Dschihadismus diskutiert, während die christliche Tradition der Heiligung bestimmter Kriege vorwiegend in historischer

Perspektive (etwa mit Blick auf die «Kreuzzüge») thematisiert wurde; vgl. Tessore, *Der Heilige Krieg im Christentum und im Islam*, sowie Zinser, *Religion und Krieg*; für eine religionsgeschichtliche Behandlung des Themas vgl. Colpe, Der «Heilige Krieg».

92 Zit. nach Thom, «Die Auslöschung der Völker», S. 324.

93 *Offenbarung*, 20, 1–6.

94 Pagels, *Apokalypse*, S. 10.

95 Dazu Huhnholz, *Krisenimperialität*, S. 175–254 und 277–357.

96 Diese Vorstellung dominiert auch die Analyse von Ebach, *Behemoth und Leviathan*, S. 15–38.

97 *Hiob*, 40, 16–18 und 23–34.

98 *Hiob*, 40, 25–32.

99 Hobbes, *Leviathan*, S. 244; Hobbes war, wie sein mehrfacher Rekurs auf die Debatte zwischen Hiob und Gott über Gerechtigkeit zeigt, mit dem *Buch Hiob* wie überhaupt mit dem Alten Testament gut vertraut. Johannes, der Visionär auf Patmos, findet bei Hobbes hingegen keine Erwähnung. Das hat nicht nur mit der politik- und staatsfeindlichen Grundeinstellung des Johannes zu tun, sondern auch mit der ständigen Inanspruchnahme apokalyptischer Vorstellungen durch die Parteien des englischen Bürgerkriegs, den Hobbes durch die überlegene Macht des Leviathan beendet wissen wollte.

100 Tatsächlich wird, wie oben zitiert, das Problem der Überwindbarkeit beider Monster im *Buch Hiob* in Frageform formuliert – mit der impliziten Antwort, dass es *unmöglich* sei, dem Behemoth einen Haken durch die Nase zu ziehen. Bodin referiert das Buch Hiob also entgegen dessen Aussagen.

101 Bodin, *Vom aussgelasnen wütigen Teuffelsheer*, S. 148.

102 Schmitt, *Der Leviathan*, S. 124.

103 Als Gegenspieler des Thomas Hobbes hat Schmitt den niederländischen Philosophen Baruch de Spinoza ausgemacht, der aus der orthodoxen jüdischen Gemeinde von Amsterdam ausgeschlossen worden war und in dessen *Tractatus theologico-politicus* mit der *libertas philosophandi* implizit das Recht zur deliberativen Prüfung von Entscheidungen des Staates vorgesehen ist. Die Einbruchstelle des Liberalen bei Hobbes, so Schmitt, sei die Unterscheidung zwischen *confessio* und *fides*, äußerlichem Bekenntnis und innerem Glauben, mit der Hobbes einen Vorbehalt gegen die religionspolitischen Entscheidungen des Staates geltend gemacht habe. Dieser Vorbehalt, so Schmitt, «wurde zum Todeskeim, der den mächtigen Leviathan von innen her zerstört und den sterblichen Gott zur Strecke gebracht hat. Schon wenige Jahre nach dem Erscheinen des ‹Leviathan› fiel der Blick des ersten liberalen Juden [Spinoza] auf die kaum sichtbare Bruchstelle. Er erkannte in ihr sofort die große Einbruchstelle des modernen Liberalismus, von der aus das ganze, von Hobbes aufgestellte und gemeinte Verhältnis von Äußerlich und Innerlich, Öffentlich und Privat, in sein Gegenteil verkehrt werden konnte.» Schmitt, *Der Leviathan*, S. 86.

104 Vgl. unten, S. 315ff.

105 Schmitt, *Der Leviathan*, S. 34.

106 Hobbes, *Behemoth oder Das Lange Parlament*; zur Narrations- und Symbolgeschichte des Behemoth seit Thomas Hobbes' mythischer Umstellung vgl. Bredekamp, «Behemoth als Partner und Feind des Leviathan», S. 157–217, sowie ders., *Der Behemoth*, S. 39ff.; weiterhin Manow, *Politische Ursprungsphantasien*, wobei Manow in eine andere Richtung geht als die hier eingeschlagene.

107 Die berühmteste Darstellung des Gegensatzes zwischen der guten und der schlechten Regierung findet sich in den Fresken Ambroggio Lorenzettis in der Sala della Pace im Rathaus von Siena. Zum Vergleich Lorenzetti–Hobbes vgl. Münkler, *Politische Bilder, Politik der Metaphern*, S. 50ff.; zu Lorenzetti selbst Hofmann, *Bilder des Friedens oder Die vergessene Gerechtigkeit*.

108 Schmitt, *Der Leviathan*, S. 34.

109 Horst Bredekamp hat in liberalem Geist diesen Zusammenhang umgedreht, als er schrieb: «Im selben Zug, in dem der Staat sein Aggressionspotential verlor, wurde auch seine Gegenfigur ihrer dämonischen Kräfte entbunden. Der Behemoth wurde zur Entsprechung des entschärften Leviathan.» Bredekamp, *Der Behemoth*, S. 91.

110 Vgl. Schmitt, «Totaler Feind, totaler Krieg, totaler Staat» [1937], in: ders., *Positionen und Begriffe*, S. 235–239. Schmitt begreift den totalen Staat darin als Reaktion auf den totalen Krieg und die totale Feindschaft, macht sich also nicht unbedingt zum Herold des totalen Krieges, wie Ludendorff in seiner Schrift über den totalen Krieg, sondern formuliert die Hoffnung, dass diese Trias Europa erspart bleibe (dazu Eberl, «Großraum und Imperium», S. 187–198). Bereits 1931 hatte Schmitt sich mit der Entwicklung zum «totalen Staat» beschäftigt, dem er den «neutralen Staat» gegenüberstellt, der sich in der liberalen Tradition als eine Institution zur Neutralisierung gesellschaftlicher Konflikte begreift. Der «totale Staat» ist demgegenüber das Ergebnis eines Zusammenwachsens von Staat und Gesellschaft, bei dem der Staat sich nicht zum Spielball der gesellschaftlichen Interessen machen lässt; vgl. Schmitt, «Die Wendung zum totalen Staat» [1931], in: ders., *Positionen und Begriffe*, S. 146–157.

111 Neumann, *Behemoth*, S. 681f. In einer dem Buch vorangestellten «Bemerkung zum Namen Behemoth» hat Neumann festgehalten: «Da wir glauben, daß der Nationalsozialismus ein Unstaat ist oder sich dazu entwickelt, ein Chaos, eine Herrschaft der Gesetzlosigkeit und Anarchie, welche die Rechte wie die Würde des Menschen verschlungen hat und dabei ist, die Welt durch die Obergewalt über riesige Landmassen in ein Chaos zu verwandeln, scheint uns dies der richtige Name für das nationalsozialistische System: DER BEHEMOTH.» (S. 16).

112 Schmitt, *Der Leviathan*, S. 127.

113 Ebd., S. 131.

114 Vgl. Leese, «Politik und Gesellschaft Chinas», S. 31 und 48.

115 «Das Mißgeschick des Bildes vom Leviathan liegt darin, dass der Staats-

begriff des Hobbes in England seit 1660 dem monarchischen Absolutismus und damit den Stuarts zugeordnet war, also zu einer Politik gehörte, die mit Hilfe des grundbesitzenden Adels auf englischem Boden den kontinentalen, spanisch-französischen Staatsgedanken verwirklicht hätte, jedoch von den stärkeren und der englischen Nation gemäßeren Kräften der See und des Handels besiegt wurde. Diese Kräfte, die in der presbyteranischen Revolution den Ausschlag für das Parlament und gegen den König gaben, sind von Hobbes unter dem Gegenbild des Landtieres ‹Behemoth› mythisch unrichtig bezeichnet worden.» (Ebd., S. 119f.)

116 Dazu ausführlich Manow, *Nehmen, Teilen, Weiden*, S. 99–146.

117 Schmitt, *Der Leviathan*, S. 17f.

118 S. 285ff.

119 Dazu Münkler, *Der Große Krieg*, S. 241–247; dort auch weiterführende Literatur zur normativen Aufladung des Krieges.

120 Schmitt, *Der Leviathan*, S. 18; im Anschluss an diese Passage entwickelt Schmitt die Deutung, der Leviathan sei auf den germanischen Wappen und Feldzeichen als Schlange oder Drache präsent gewesen und stehe insofern für eine spezifisch germanische Vorstellung von kämpferischer Identität. Gegen sie sei die Verspeisung des Leviathan-Fleisches durch die Juden als Rachephantasie gerichtet. – Das ist Antisemitismus pur.

121 Schmitt, *Der Leviathan*, S. 71f.

122 Ebd., S. 73f.

123 Ebd., S. 74f.

124 Vgl. ebd., S. 75 und 74.

125 Schmitt, «Totaler Feind, totaler Krieg, totaler Staat»; in: ders., *Positionen und Begriffe*, S. 277.

126 Ebd., S. 238.

127 Christian Linder hat vorgeschlagen, das Erzählerische bei Schmitt als den hermeneutischen Zugang zum Werk zu wählen. In dieses Erzählerische sei freilich stets Schmitts Neigung zu einer starken Antithesenbildung eingebettet, jedoch von Antithesen ohne Synthese, was Schmitts Denken von dem Hegels unterscheide; Linder *Der Bahnhof von Finnentrop*, S. 21f.

128 Schmitt hat auch vor und nach dem Zweiten Weltkrieg Aufsätze zu Fragen der Weltordnung verfasst; die Bücher *Land und Meer* sowie *Der Nomos der Erde* entstammen jedoch der Zeit des Zweiten Weltkriegs, auch wenn das letztere erst danach fertiggestellt und veröffentlicht wurde; dazu Bendersky, *Carl Schmitt*, S. 243–273; Blindow, *Carl Schmitts Reichsordnung*, S. 126–160, der von einer «Volksnomostheologie» und «Mythologie des Reichs» spricht, und Mehring, *Carl Schmitt*, S. 389ff. sowie 397ff. und 424ff.; weiterhin ders., «Raumrevolution als Rechtsproblem», S. 99–117.

129 Schmitt, *Land und Meer*, S. 16.

130 Hier zitiert nach dem kleinen Essay «Das Meer gegen das Land», S. 397, bei dem es sich um eine Vorarbeit zu dem Buch *Land und Meer* handelt.

131 Schmitt, *Land und Meer*, S. 89.

132 Ebd., S. 43; dieser Aspekt tritt in dem größeren und systematischeren Werk *Der Nomos der Erde* zurück, wo Schmitt sich vor allem auf die Rolle Englands bei der Austarierung des europäischen Gleichgewichts konzentriert.

133 Ebd., S. 44. Zu dieser Verbindung des Konfessionellen mit der Geopolitik, die durch diese Verknüpfung erst ihre Brisanz erhielt, gehört in Schmitts Darstellung auch das Ausscheiden Frankreichs aus dem Kampf um das Meer nach der Bartholomäusnacht von 1572 und dem Übertritt Heinrichs IV. zum Katholizismus. Damit sei «die Entscheidung gegen das Meer und für das Land gefallen» (S. 53). In der starken Verbindung von Geopolitik und Konfessionskrieg, die Schmitt hier vornimmt, erweist er sich als politischer Theologe, als den ihn Heinrich Meier (*Die Lehre Carl Schmitts*, insbes. S. 107ff.) gezeichnet hat.

134 Ebd., S. 86.

135 Schmitt, *Glossarium*, S. 40.

136 Vgl. dazu Schmitts aus dem Jahr 1962 stammenden Vortrag «Die Ordnung der Welt nach dem Zweiten Weltkrieg».

137 Zur Rolle des Katechon in einer Weltordnung bei Schmitt vgl. Blindow, *Carl Schmitts Reichsordnung*, S. 151ff., und Linder, *Der Bahnhof von Finnentrop*, S. 42f., 205, 400f. und 446f. Der mit dem Katechon verbundene gegenrevolutionäre Impetus Schmitts (vgl. Mehring, *Carl Schmitts Gegenrevolution*, insbes. S. 23–127) verliert damit an politiktheoretischer Relevanz.

138 Schmitt, *Land und Meer*, S. 87.

139 Schmitt eröffnet seine Erzählung in *Land und Meer* mit der Feststellung: «Der Mensch ist ein Landwesen, ein Landtreter. Er steht und geht und bewegt sich auf der festgegründeten Erde. Das ist sein Standpunkt und sein Boden; dadurch erhält er seinen Blickpunkt; das bestimmt seine Eindrücke und seine Art, die Welt zu sehen» (S. 7).

140 In mancher Hinsicht liest sich das Werk *Tausend Plateaus* von Gilles Deleuze und Félix Guattari wie eine langatmige Ausschreibung dessen, was Schmitt in zumeist aphoristischer Kürze formuliert hat.

141 Schmitt, *Land und Meer*, S. 87f.

142 *Die Haager Landkriegsordnung*, S. 74–95. Aus gegebenem Anlass ist zu vermerken, dass auch das zarische Russland, auf das sich der russische Präsident Putin fortwährend beruft, das «Abkommen betreffend die Gesetze und Gebräuche des Landkriegs» tvom 18. Oktober 1907, vertreten durch «Seine Majestät der Kaiser aller Reußen» («Sa Majesté l'Émpereur de toutes les Russies»), unterschrieben hat. Mehr noch: die Haager Vereinbarungen von 1899 und 1907 gehen auf eine russische Initiative zur Begrenzung der Rüstung zurück (vgl. Dülffer, *Regeln gegen den Krieg?*, S. 19ff.). Die im Rahmen der zweiten Haager Konferenz erzielten Vereinbarungen hatten zwar keine Abrüstung, aber eine weitreichende Kodifizierung des Kriegsrechts zur Folge (ebd., S. 273ff.).

143 Schmitt, *Land und Meer*, S. 88.

144 Vgl. Münkler, *Der neue Golfkrieg*, S. 111f.

145 Dazu eingehend Münkler, *Der Dreißigjährige Krieg*, S. 635ff. Schmitt würde auf diesen Einwand erwidern, dass es sich beim Dreißigjährigen Krieg um einen Religionskrieg gehandelt habe, aber damit rekurriert er auf Parameter der Differenzierung jenseits der Unterscheidung von Land und Meer.

146 Vgl. ebd., S. 789ff. und 817ff.; Johannes Kunisch hat die Auflösung der Westfälischen Ordnung in der Zeit der Revolutions- und napoleonischen Kriege unter der Überschrift «Von der gezähmten zur entfesselten Bellona» beschrieben.

147 Vgl. dazu meinen Essay «Dialektik des Militarismus oder Hegung des Krieges», in dem ich, ausgehend von Clausewitz, die Kriegsauffassung von Friedrich Engels und Carl Schmitt mitsamt den sich daran anschließenden Vorstellungen einer Weltordnung miteinander konfrontiert habe (in Münkler, *Über den Krieg*, S. 116–148). Zu Engels vgl. auch meinen Essay «Der gesellschaftliche Fortschritt und die Rolle der Gewalt» (ebd., S. 149–172) und zur Rolle des Staates in der an Schmitt anschließenden jüngeren Debatte meinen Text «Die Kriege der Zukunft und die Zukunft der Staaten» (ebd., S. 199–219).

148 Vgl. oben, S. 305ff.

149 Schmitt, *Der Begriff des Politischen*, S. 55.

150 Schmitt bringt seine Skepsis gegenüber dem Fortschrittsgedanken und den darauf verpflichteten Geschichtsphilosophien deutlich zum Ausdruck in dem Essay «Die Einheit der Welt» (in ders., *Staat, Großraum, Nomos*, S. 496–512, insbes. S. 504ff.); mit dem Ost-West-Gegensatz beschäftigt er sich in dem Ernst Jünger zum 60. Geburtsgag (1955) gewidmeten Essay «Die geschichtliche Struktur des heutigen Welt-Gegensatzes von Ost und West» (ebd., S. 523–551), den er ausdrücklich nicht mehr in den Land-Meer-Gegensatz einschreibt, wie er das für das Verhältnis zwischen England und Russland im 19. Jahrhundert noch getan hat (*Land und Meer*, S. 16), dort auch mit explizitem Bezug auf die großen Monstren Leviathan und Behemoth. Schmitts Überlegungen zur Auflösung der staatenbezogenen Kriegsvorstellung finden sich in ders., *Die Wendung zum diskriminierenden Kriegsbegriff*, insbes. S. 37–52; zur Debatte über die Aktualität der Schmittschen Analyse des Krieges vgl. Mehring, *Carl Schmitts Gegenrevolution*, S. 389–403.

151 Schmitt, *Land und Meer*, S. 106.

152 Ebd., S. 107.

153 Schmitt, *Völkerrechtliche Großraumordnung*, S. 23ff.

154 Ebd., S. 43.

155 Ebd., S. 36f.

156 Vgl. oben, S. 143ff.

157 Schmitt, *Völkerrechtliche Großraumordnung*, S. 38.

158 Vgl. oben, S. 282ff.

159 Schmitt, *Der Nomos der Erde*, S. 28–32.

160 Die Zeugen, vor denen sich das Kriegsgeschehen abspielt, sind die Neu-

tralen, die gleichsam als «Hüter» der Hegung fungieren. Das erklärt, warum Schmitt im vorangegangenen Zitat das Verschwinden großer neutraler Mächte in der zweiten Phase des Ersten Weltkriegs für den Zusammenbruch des Völkerrechts verantwortlich gemacht hat.

161 Schmitt, *Der Nomos der Erde*, S. 158f. In der Gestalt des *iustus hostis* und dessen Bedeutsammachung für die Ordnung des europäischen Völkerrechts verabschiedet sich Schmitt von einer theologisch grundierten Feinddefinition, wie sie Heinrich Meier (*Die Lehre Carl Schmitts*, S. 107ff.) im Werk Schmitts ausgemacht hat.

162 Ebd., S. 163.

163 Folgt man Hegels Analyse des Kampfs um Anerkennung in dessen *Phänomenologie des Geistes*, so ist diese Form des Kämpfens um Anerkennung zum Scheitern verurteilt. In der Sicht der so genannten realistischen Schule der Internationalen Politik hat der Westen bei seinen NATO-Erweiterungen übersehen, «dass Russland als Großmacht keinen an dem Westen orientierten Staat an seinen Grenzen dulden würde» (nach Deitelhoff, «Zurück auf Null», S. 224). Im Sinne der hier angestellten Überlegungen war das keine Bedrohung oder Einkreisung Russlands, sondern eine Missachtung seines Großmachtanspruchs.

164 Schmitt, *Der Nomos der Erde*, S. 206.

165 Ebd.

166 Ebd., S. 207.

167 Dazu oben, S. 62ff.

168 Schmitt, *Der Nomos der Erde*, S. 208.

169 Ebd., S. 294.

170 Ebd., S. 297.

171 Schmitt, *Der Nomos der Erde*, S. 172f. und 294.

172 Manow, *Nehmen, Teilen, Weiden*, S. 115.

173 Eine linke Rezeption Schmitts hat es im Nachkriegsdeutschland nicht nur mit Blick auf seine Parlamentarismuskritik gegeben, sondern auch in einer breiten Beschäftigung mit der *Theorie des Partisanen*, etwa in dem Gespräch, das der damalige Maoist Joachim Schickel mit Schmitt führte; «Gespräch über den Partisanen – Carl Schmitt und Joachim Schickel» [1969], in: Schmitt, *Staat, Großraum, Nomos*, S. 619–642.

174 In diesem Sinne etwa zuletzt Getachew, *Die Welt nach den Imperien*.

Kapitel 5 – Analytiker des großen Umbruchs: Thukydides, Machiavelli, Clausewitz

1 Als Beispiele dafür sind ohne Anspruch auf Vollständigkeit zu nennen: Stürmer, *Welt ohne Weltordnung*; Maalouf, *Die Auflösung der Weltordnungen*; Masala, *Weltunordnung*; Neumann, *Die neue Weltunordnung*.

2 Das Werk des Thukydides, das später den Titel *Der Peloponnesische Krieg* erhielt, hatte zunächst die Überschrift *Xyngraphē*, «Zusammenschreibung», was sich auf die diversen Kriege bezog, die Athen in den drei letzten Jahrzehnten des 5. vorchristlichen Jahrhunderts geführt hatte.

3 Im Zentrum dieser spezifischen Beschäftigung mit dem umfangreichen und vielgestaltigen Werk Machiavellis, das auch Gedichte und Komödien umfasst, stehen die *Discorsi*, ein Werk über die ersten zehn Bücher der Römischen Geschichte des Titus Livius, der *Principe* sowie der Briefwechsel Machiavellis mit Francesco Vettori, in dem es um die machtpolitischen Konstellationen in Europa geht.

4 Neben *Vom Kriege* sind hier auch einige historische Arbeiten von Clausewitz relevant, unter anderem seine Schrift *Der russische Feldzug von 1812* sowie seine Analyse der militärischen Katastrophe von Jena und Auerstedt im Herbst 1806 in der Schrift *Preußen in seiner großen Katastrophe*.

5 Vgl. Westlake, «Thukydides und der Fall von Amphipolis», S. 620–638; Luciano Canfora (*Die verlorene Geschichte des Thukydides*, S. 89f.) hat die Exilierung des Thukydides bezweifelt und die Vermutung geäußert, diese sei von Xenophon in dessen Werk «eingeschmuggelt» worden.

6 Dazu Ridolfi, *Vita di Niccolò Machiavelli*, S. 183–201.

7 Am 19. Oktober 1818 schrieb Clausewitz' Freund und Förderer, der General von Gneisenau, an Karl von der Gröben: «Clausewitz' Beförderung haben Sie richtig geahnt. Der König ist nun gegen ihn versöhnt und soll wohlwollend über ihn sich äußern.» (Gneisenau, *Ein Leben in Briefen*, S. 362). Das sollte sich freilich schon bald als Fehleinschätzung erweisen.

8 Dazu nach wie vor Schwartz, *Das Geschichtswerk des Thukydides*, passim.

9 Für eine moderne Darstellung des Krieges/der Kriege zwischen Athen und Sparta vgl. Will, *Athen oder Sparta*.

10 Diese Sicht hat sich zwar nicht durchgesetzt, findet sich aber in der Literatur zum 20. Jahrhundert nach wie vor, etwa bei Traverso, *Im Bann der Gewalt*, insbes. S. 33–74. Zur «Anschlussfähigkeit» des Thukydides bis in unsere Gegenwart vgl. Meister, *Thukydides als Vorbild der Historiker*; speziell zum 20. und 21. Jahrhundert, S. 203ff. und 225ff.

11 So beschreibt es Marie von Clausewitz in der Vorrede zum Werk ihres Mannes; vgl. Clausewitz, *Vom Kriege*, S. 173–178.

12 Vgl. Clausewitz, «Nachricht»; in: ders., *Vom Kriege*, S. 179–183.

13 Aron, *Clausewitz*, insbes. S. 23ff. und S. 139ff.

14 Das gilt vor allem für die Zeit des Ersten Weltkriegs, als unter dem Einfluss der starken Stellung, die damals die Alte Geschichte und die Altphilologie hatten, der Peloponnesische Krieg und die Punischen Kriege Roms zum Analyseraster der Kriegsentwicklungen wurden (dazu Münkler, «Die Antike im Krieg», S. 58ff.). Auch in jüngster Zeit ist, wie Graham Allisons Buch *Destined for War* mit Blick auf die von Allison so genannte Thukydides-Falle zeigt, dessen Darstellung des Krieges und seiner Ursachen zur Klärung

aktueller Herausforderungen fruchtbar gemacht worden. Die Strategieanalysen von Clausewitz sind im Hinblick auf den Ersten Weltkrieg in einer kontrovers geführten Debatte auf ihre Tauglichkeit diskutiert worden (vgl. Aron, *Clausewitz*, S. 339ff. sowie 347–451, weiterhin Münkler, «Clausewitz im Ersten Weltkrieg», S. 59–86). Das Werk Machiavellis ist von der Mitte des 16. Jahrhunderts bis heute Bestandteil einer kontroversen Diskussion geblieben, bei der freilich bemerkenswert ist, dass Machiavellis Überlegungen zu den «internationalen» Beziehungen eher geringe Aufmerksamkeit gefunden haben.

15 Dies wird überzeugend herausgearbeitet von Schwartz, *Das Geschichtswerk des Thukydides*, insbes. S. 141–153.

16 Thukydides, *Der Peloponnesische Krieg*, II, 34–47, S. 136–145.

17 Vgl. Schwartz, *Das Geschichtswerk des Thukydides*, S. 118f. und 161f.

18 Dazu Baron, *The Crisis of the Early Italian Renaissance*, sowie ders., *Bürgersinn und Humanismus im Florenz der Renaissance.*

19 Diese Sicht entwickelt Machiavelli in seinen *Istorie Fiorentine*, der Geschichte von Florenz im 14. und 15. Jahrhundert.

20 Dazu Münkler, *Machiavelli*, insbes. S. 241–394.

21 Karl [sic!] und Marie von Clausewitz, *Ein Lebensbild in Briefen und Tagebuchblättern*, S. 281.

22 Clausewitz, «Bekenntnisdenkschrift», S. 686f.; dazu auch Münkler, «Instrumentelle und existenzielle Auffassung des Krieges bei Clausewitz»; in: ders., *Über den Krieg*, S. 91–115.

23 Die Bezeichnung «Jakobiner» im Berlin der nachnapoleonischen Zeit hatte nichts mit der gleichnamigen politischen Gruppierung während der Französischen Revolution zu tun, auch nichts mit ihren deutschen Anhängern und Parteigängern der 1790er Jahre. Die politischen Vorstellungen der so Bezeichneten entsprachen eher denen, die in der Anfangsphase der Revolution in Frankreich auf eine konstitutionelle Monarchie gesetzt hatten. Die meisten von ihnen wurden in der Zeit der Jakobinerherrschaft in Frankreich zum Tode verurteilt und hingerichtet.

24 Zit. nach von Schramm, *Clausewitz*, S. 498f.

25 Zu den Berliner Salons als Orten der Kommunikation vgl. Hertz, *Die jüdischen Salons im alten Berlin*; den Salon der Rahel Varnhagen hat Clausewitz wohl häufiger besucht; zu der Berliner Zeit, in der Clausewitz intensiv an *Vom Kriege* arbeitete, vgl. Paret, *Clausewitz und der Staat*, S. 374–398; zu den Orti Oricellari der Familie Rucellai als Kommunikationsort Machiavellis vgl. Prezzolini, *Das Leben Nicolò [sic!] Machiavellis*, S. 118–125; zum Briefwechsel mit Vettori vgl. Viroli, *Das Lächeln des Niccolò*, S. 183–189, 205–211 sowie 219–227 und öfter; über die letzten Jahre des Thukydides und die Fortsetzung seines Werks durch Xenophon, der eine andere politische Sicht als Thukydides vertrat, gibt es vor allem spekulative «Erzählungen», etwa Canfora, *Die verlorene Geschichte des Thukydides*, und Nickel, *Der verbannte Stratege.*

26 Thukydides, *Der Peloponnesische Krieg*, I, 22 (4), S. 24.
27 Vgl. Schwartz, *Das Geschichtswerk des Thukydides*, S. 122ff.
28 Thukydides, *Der Peloponnesische Krieg*, VI, 1, S. 461.
29 Ebd., V, 43, S. 417f.; für eine ausführliche Analyse des Rededuells zwischen Nikias und Alkibiades vgl. Kohl, *Die Redetrias vor der sizilischen Expedition*, passim; weiterhin Will, *Athen oder Sparta*, S. 157–163.
30 Ebd., VI, 9 (3), S. 468.
31 Ebd., VI, 11 (1), S. 469.
32 Ebd., VI, 13 (1), S. 471.
33 Ebd., VI, 18 (3), S. 476.
34 Dazu Welwei, «Das Problem des ‹Präventivkrieges› im politischen Denken des Perikles und des Alkibiades», S. 289–305.
35 Thukydides, *Der Peloponnesische Krieg*, VI, 18 (6), S. 477; das ist eine Sicht, die ganz ähnlich von den Neocons in den USA vertreten worden ist (vgl. oben, S. 270). Sie findet sich auch bei Gibbon als Erklärung für den Niedergang des Römischen Reichs.
36 Die Debatte über den Melierdialog ist in der Thukydidesforschung mit großer Intensität und häufig moralisch motivierter Parteinahme geführt worden, vor allem nach dem Zweiten Weltkrieg. Sie ist eine Spiegelung der eigenen politischen Positionierung in der Interpretation des Thukydides.
37 Thukydides, *Der Peloponnesische Krieg*, VI, 24 (3), S. 480.
38 Ebd., VI, 30 (2), S. 483.
39 Ebd., VI, 31 (3), S. 484.
40 Clausewitz, *Vom Kriege*, S. 261–264.
41 Ebd., VI, 103 (3), S. 540.
42 Ebd., VII, 13 (2), S. 551.
43 Dazu Bartoletti, «Der Siegeswille der Athener bei Thukydides», S. 82–89.
44 Thukydides, *Der Peloponnesische Krieg*, VII, 87 (6), S. 613.
45 So hält Thukydides über den Stimmungsumschwung in Athen nach Bekanntwerden der sizilischen Katastrophe fest: «Als sie [die Athener] dann aber zur [...] Gewissheit kamen, [dass das sizilische Projekt im Totalverlust der Flotte sowie zweier Heere geendet hatte,] waren sie erbittert gegen die Redner, die ihnen für die Ausfahrt Mut gemacht hatten – als hätten nicht sie dafür gestimmt –, und zürnten den Orakeldeutern und Sehern und allen anderen, die damals ihnen durch irgendwelche Weissagungen die Hoffnung auf die Eroberung Siziliens genährt hatten.» (Ebd., VIII, 1 (1), S. 614.) Auf dieser Ebene bleibt Thukydides auf Distanz zur Demokratie, beschreibt anschließend aber den Durchhaltewillen und die Opferbereitschaft des Volkes beim Bau einer neuen Flotte und der Aufstellung eines neuen Heeres. Das Volk folgt den angeratenen Maßnahmen: «Sie waren im ersten Schrecken, wie es Art des Volkes ist, zu jedem Gehorsam bereit. Und wie sie beschlossen hatten, so handelten sie auch.» (Ebd., VIII, (4), S. 615.)
46 Ebd., VIII, 2 (1), S. 615.
47 Die Athener hatten dem Hinweis der Melier auf die Götter, welche «unge-

rechte Angreifer» strafen würden, entgegengehalten, nichts von ihren Forderungen widerspreche dem Betragen der Götter untereinander; auch die Gottheit herrsche «nach dem Zwang der Natur, überall dort, wo [sie] die Macht hat.» (Ebd. V, 105 (2), S. 456.)

48 Ebd., VIII, 2 (2), S. 615.

49 Ebd., VIII, 2 (3), S. 616.

50 Für einen kurzen Überblick vgl. Kiechle, «Alkibiades», Sp. 262–264, dort auch weitere Literaturhinweise.

51 Dazu Will, *Athen oder Sparta*, S. 164ff.

52 Vgl. oben, S. 315ff.

53 Dazu Will, *Athen oder Sparta*, S. 76–80.

54 Für eine knappe Darstellung von Alkibiades' Eingreifen in das Geschehen und des Raffinements seines Agierens vgl. ebd., S. 252–257.

55 Thukydides, *Der Peloponnesische Krieg*, I, 141 (3), S. 107.

56 Ebd., I, 141 (5), S. 107.

57 Vgl. oben, S. 58f.

58 Ein Beispiel dafür ist die von Athen über Megara verhängte Handelsblockade, durch die Megara ohne Schlacht zur Resignation, zur Aufgabe seines politischen Willens gezwungen werden sollte.

59 In seinem Buch *Aufstieg und Fall der großen Mächte* hat Paul Kennedy den Umschlag vom Aufstieg zum Abstieg häufig mit einer Überdehnung der Kräfte, dem «imperial overstretch», in Verbindung gebracht. Clausewitz hatte etwas Ähnliches vor Augen, als er im Hinblick auf Kriegsoperationen vom «Kulminationspunkt des Angriffs» sprach.

60 Thukydides, *Der Peloponnesische Krieg*, I, 23 (6), S. 25.

61 In seiner Kriegsrede erklärt Perikles: «Gebt ihr ihnen hier nach, so wird man euch sofort etwas Schwereres auferlegen, in der Meinung, ihr habt auch hier aus Furcht gehorcht; lehnt ihr aber entschieden ab, so werdet ihr ihnen deutlich zu verstehen geben, dass sie mit euch eher von Gleich zu Gleich zu verkehren haben.» (Ebd., I, 140 (5), S, 107.) Das ist als indirekte Bestätigung der These «vom letzten und wahren Grund» des Krieges zu lesen. Auch die Vorstellung von einer Sicherung des Gleichgewichts ist hier zu finden: Durch den Widerstand gegen die Forderungen Spartas, das auf den Kriegseintritt Athens hinausläuft, soll das Gleichgewicht gesichert werden.

62 Vgl. hierzu die oben, S. 236ff., angestellten Überlegungen zum Gleichgewicht und zum Krieg als Instrument der Balance.

63 Im Anschluss an Clausewitz' Überlegungen zur «doppelten Art des Krieges» (*Vom Kriege*, S. 179) hat der Historiker Hans Delbrück zwischen Niederwerfungs- und Ermattungsstrategie unterschieden und beides am Beispiel von perikleischer und friderizianischer Strategie erläutert; vgl. Delbrück, *Die Strategie des Perikles*, sowie ders., *Geschichte der Kriegskunst*, Bd. 1, S. 139–150.

64 Bei Athen kam seit dem zweiten Kriegsjahr noch die große Seuche hinzu, die infolge des Krieges in der übervölkerten Stadt wütete.

65 Thukydides, *Der Peloponnesische Krieg*, III, 82 (2), S. 253.

66 Thukydides begründet seine Annahme damit, «dass beide [Athen und Sparta] in jeder Hinsicht auf dem Höhepunkt ihrer Macht in den Krieg traten, [...]. Denn dies war die gewaltigste Erschütterung für die Hellenen und einen Teil der Barbaren, ja sozusagen für den größten Teil der Menschheit.» (Ebd., I, 1 (1 und 2), S. 9.)

67 Ebd., III, 82 (3), S. 253.

68 Ebd., III, 82 (6), S. 254.

69 Das hat dann Thomas Hobbes, der Thukydides' Werk über den Peloponnesischen Krieg ins Englische übersetzte, in seiner Theorie des Gesellschaftsvertrags getan.

70 Zum italienischen Gleichgewicht vgl. oben, S. 196ff.

71 Vgl. Saracino, *Tyrannis und Tyrannenmord bei Machiavelli*, S. 205ff., 227ff. und 330ff.

72 Als europäische Großmacht war Spanien durch die Hochzeit Ferdinands von Aragon und Isabellas von Kastilien entstanden. Mit dem Tod Isabellas «erbte» Ferdinand die kastilische Krone, die nach seinem Tod zusammen mit der von Aragon an seinen Enkel Karl (Carlos I.) ging, der bald darauf zusätzlich zum deutschen Kaiser (Karl V.) gewählt wurde.

73 Zu Machiavellis Gesandtschaften und seiner Einübung in die «Kunst der Diplomatie» vgl. Reinhardt, *Machiavelli*, S. 51–166; weiterhin Mittermaier, *Machiavelli*, S. 98ff., 110ff., 149ff., 158ff. und 175ff., sowie Prezzolini, *Das Leben Machiavellis*, S. 65–79; ausführlich Ridolfi, *Vita di Niccolò Machiavelli*, S. 51ff. und S. 81–165. Bei diesen Gesandtschaften war Machiavelli nie Delegationsleiter – diese Position war einem den führenden Familien der Stadt entstammenden Adligen vorbehalten –, aber er war derjenige, der bei allen Verhandlungen zugegen war, sie häufig allein führte und die Ergebnisse in Berichten zusammenfasste und an die Signoria nach Florenz schickte. Er hatte die Interpretationshoheit über Erfolg oder Misserfolg inne.

74 Machiavelli, *Der Fürst*, S. 69.

75 Ebd., S. 100–104.

76 Zu Julius II. vgl. Shaw, *Julius II. The Warrior Pope*.

77 Von Machiavellis Gesandtschaft zu Cesare Borgia gibt es 52 Briefe, die den Zeitraum vom 7. Oktober 1502 bis zum 21. Januar 1503 umfassen; vgl. Machiavelli, *Sämmtliche Werke*, Bd. 2, S. 212–360. Die wissenschaftliche Beschäftigung mit diesen Briefen ist auf Cesares Mordaktion an seinen Obristen in Sinigaglia fixiert; darüber sind Machiavellis Interesse an den Eroberungen Cesares und sein Urteil über dessen militärische Fähigkeiten und politische Absichten ins Hintertreffen geraten. Die erste der beiden Gesandtschaften zur römischen Kurie drehte sich um die Wahl des Kardinals Giuliano della Rovere zum Papst (Julius II.) und dessen Folgen für Cesare Borgia. Sie dauerte von Oktober bis Dezember 1503 (*Sämmtliche Werke*, Bd. 5, S. 232–344). Bei der zweiten Gesandtschaft zur Kurie von August bis Oktober 1506 (*Sämmtliche Werke*, Bd. 6, S. 45–113) begleitete Machiavelli den Papst

von Viterbo bis Imola auf einem Kriegszug und notierte seine Eindrücke von dessen Kriegslust und deren Folgen für das italienische Machtgefüge.

78 Dazu Sasso, *Machiavelli e gli Antichi*, Bd. 1.

79 Von der Gesandtschaft an den Kaiser, die von Ende 1507 bis Mai/Juni 1508 dauerte, existieren 14 Briefe (*Sämmtliche Werke*, Bd. 6, S. 121–155); aufschlussreicher als diese selbst sind die drei kleineren Texte, die Machiavelli über die Verhältnisse im Reich und über Kaiser Maximilian als Person verfasst hat; der «Bericht über Deutschland» vom 17. Juni 1508 (*Sämmtliche Werke*, Bd. 2, S. 43–54); der kurze Text «Über den Kaiser Maximilian» (ebd., S. 54f.) und der Essay «Politischer Zustand Deutschlands am Anfang des 16ten Jahrhunderts» (*Sämmtliche Werke*, Bd. 2, S. 78–84).

80 Machiavelli, «Über den Kaiser Maximilian», in: ders., *Sämmtliche Werke*, Bd. 2, S. 55.

81 Machiavelli traf Ludwig XII. zumeist in dessen Stammsitz Schloss Blois; die Briefe seiner vier Gesandtschaften im Jahre 1500 (28 Briefe, *Sämmtliche Werke*, Bd. 5, S. 128–227), im Jahre 1504 (15 Briefe, ebd., S. 344–371), im Jahre 1510 (18 Briefe, Bd. 6, S. 222–278) und im Jahre 1511 (4 Briefe, ebd., S. 281–196) werden ergänzt durch die beiden Denkschriften «Politischer Zustand Frankreichs am Anfang des 16ten Jahrhunderts» (*Sämmtliche Werke*, Bd. 2, S. 61–76) und «Die Natur der Franzosen» (ebd., S. 76–77).

82 Machiavelli, «Die Natur der Franzosen», S. 77.

83 Vgl. Reinhardt, *Francesco Vettori (1474–1539)*, S. 85–93, sowie Devonshire Jones, *Francesco Vettori*, S. 86ff.

84 In seinem 17. (undatierten) Brief an Vettori äußert Machiavelli freilich Vorbehalte bezüglich der Rationalität König Ferdinands: Wenn Vettori genau hinschaue, «so werdet ihr beim König von Spanien Schlauheit und gutes Glück eher als Wissen und Klugheit sehen». Und er fügt hinzu: «So wie ich aber Jemand einen Fehler machen sehe, nehme ich an, daß er tausend mache.» Dann aber stellt er diese Beobachtungen wieder hintan: «Aber lassen wir diesen Theil und nehmen wir ihn als klug an, erörtern wir die Sache als eine weise Maßregel.» (*Sämmtliche Werke*, Bd. 8, S. 34.)

85 Machiavelli an Vettori am 20. Juni 1513; in: Ders., *Sämmtliche Werke*, Bd. 8, S. 41f.

86 Machiavelli an Vettori am 10. August 1513; ebd., S. 58.

87 Nach einer von der Forschung inzwischen akzeptierten Auffassung ist dieses Kapitel zwischen September 1515 und September 1516 geschrieben worden, als Lorenzo de'Medici das Herzogtum Urbino für Florenz eroberte und Machiavelli den Eindruck hatte, dieser Medici könne derjenige sein, der die beschriebene Aufgabe zu übernehmen in der Lage sei; dazu Buck, *Machiavelli*, S. 59.

88 Machiavelli, *Der Fürst*, S. 100f.

89 Ebd., S. 101.

90 Ebd.

91 Ebd., S. 102.

92 Ebd.
93 Ebd., S. 103.
94 Ebd., S. 104.
95 Vgl. Viroli, *Das Lächeln des Niccolò*, S. 305f. und 315.
96 Machiavelli an Vettori am 15. Mai 1525; in: ders., *Sämmtliche Werke*, Bd. 8, S. 163.
97 Machiavelli an Vettori am 16. April 1527; in: ebd., S. 190.
98 Vgl. oben, S. 198ff.
99 Vgl. dazu Luh, *Kriegskunst 1650–1800*, insbes. S. 22ff. und 81ff.; weiterhin Fiedler, *Grundriss der Militär- und Kriegsgeschichte*. Bd. 1: *Die stehenden Heere im Zeitalter des Absolutismus*, insbes. S. 38ff., 103ff. sowie 112ff., sowie ders., *Kriegswesen und Kriegführung im Zeitalter der Kabinettskriege* passim.
100 Clausewitz' kriegsgeschichtliche Bemerkungen sind über die acht Bücher seines Werks *Vom Kriege* verstreut; es handelt sich bei ihnen nicht um eine geschlossene Darstellung, sondern um historische Exemplifikationen der theoretischen Überlegungen.
101 Clausewitz, *Vom Kriege*, S. 564; zur Bedeutung von Staatsschatz und Steueraufkommen für den frühneuzeitlichen Staat und seine Fähigkeit zur Kriegführung vgl. Stolleis, *Pecunia nervus rerum*, insbes. S. 73ff. und 127ff.
102 Clausewitz, *Vom Kriege*, S. 575.
103 Ebd.
104 Ebd., S. 967.
105 Ebd.
106 Ebd., S. 968.
107 Ebd., S. 969.
108 Ebd., S. 970f.; zur Kriegführung in der Zeit der Revolution und der napoleonischen Epoche vgl. Fiedler, *Grundriß der Militärgeschichte*. Bd. 2: *Das Zeitalter der Französischen Revolution und Napoleons*, S. 52ff., 118ff. und 148ff., sowie ders., *Kriegswesen und Kriegführung im Zeitalter der Revolutionskriege*, S. 30–53 und 167–183.
109 Die Teilung Polens zwischen Russland, Preußen und Österreich ist dabei ein Ausnahmefall, mit dem sich Clausewitz eingehend auseinandersetzt (*Vom Kriege*, S. 641f.). Sein Argument lautet, Polen sei seit dem späten 17., frühen 18. Jahrhundert zum Durchmarschgebiet unterschiedlicher Heere geworden und habe damit die Staatsqualität verloren: «Das Land war seitdem nicht wie ein geschlossenes Haus, sondern wie eine öffentliche Straße zu betrachten.» (S. 642.)
110 Ebd., S. 968.
111 Ebd., S. 640.
112 Clausewitz bezieht sich hier auf den von Preußen nach den Regeln des Kabinettskriegs geführten Krieg gegen Napoleon von 1806, der in der Niederlage von Jena und Auerstedt endete. Die «halb soviel Einwohner» nimmt die Gebietsabtretungen Preußens im Frieden von Tilsit in den Blick,

als Preußen erheblich verkleinert wurde und aus der Reihe der europäischen Großmächte ausschied.

113 Clausewitz, *Vom Kriege*, S. 971f.

114 Ebd., S. 972.

115 Vgl. Wilhelm von Schramm, *Clausewitz*, S. 57–70.

116 Clausewitz, «Ein ungenannter Militär an Fichte».

117 Clausewitz, *Vom Kriege*, S. 192–201; dazu auch Kleemeier, *Grundfragen einer philosophischen Theorie des Krieges*, S. 218–243.

118 Clausewitz, *Vom Kriege*, S. 191f.

119 Ebd., S. 192.

120 Vgl. oben, S. 62ff.

121 Vgl. oben, S. 58ff.

122 Clausewitz, *Vom Kriege*, S. 192.

123 Ebd., S. 194.

124 Ebd.

125 Ebd., S. 194f.

126 Ebd., S. 195.

127 Ebd., S. 197.

128 Ebd., S. 198 (Hervorhebung bei Clausewitz).

129 Ebd., S. 199 (Hervorhebung bei Clausewitz).

130 Ebd.

131 Ebd., S. 200.

132 Ebd., S. 201.

133 Ebd., S. 193.

134 Ebd.

135 Dazu Fischbach, *Krieg und Frieden in der französischen Aufklärung*, insbes. S. 17–100.

136 Clausewitz, *Vom Kriege*, S. 212 und 213 (Hervorhebungen bei Clausewitz), zur «wunderlichen Dreifaltigkeit» ausführlich Herberg-Rothe, *Das Rätsel Clausewitz*, S. 98ff. sowie S. 150–160.

137 Clausewitz, *Vom Kriege*, S. 213.

138 Ebd., S. 972f.

139 Hierin bestätigt sich einmal mehr Clausewitz' Feststellung, dass der Krieg nicht mit dem Angriff, sondern mit der Verteidigung beginne, weil der Angriff nicht «den Kampf», sondern «die Besitznahme zum absoluten Zweck» habe, während die Verteidigung «den Kampf zum unmittelbaren Zweck» habe, «weil Abwehren und Kämpfen offenbar eins ist». (Ebd., S. 644.)

140 Ebd., S. 973.

Kapitel 6 – Die Weltordnung der großen Fünf

1 Dazu Münkler, «Sicherheitspolitische Modelle für ein Europa der Zukunft», S. 371–382.

2 Vgl. dazu die Eindrücke, die Jan Philipp Burgard in seinem Buch *Mensch, Amerika!* zusammengetragen hat.

3 Marshall, *Abschottung*, S. 27; beim Blick in die einschlägige Literatur fällt auf, dass sehr viel mehr von den Herausforderungen die Rede ist, die China für den Westen und die Welt darstellt, als von denen, die sich im Innern Chinas entwickeln.

4 Ebd., S. 165; zur Rolle Indiens in der neuen Weltordnung vgl. grundsätzlich Müller, *Weltmacht Indien*, S. 13–31, sowie Ihlau, *Weltmacht Indien*, insbes. S. 11–27.

5 Zur «Zweiten Reihe» vgl. Khanna, *Der Kampf um die Zweite Welt*, passim. In geopolitischer Hinsicht steht Parag Khanna erkennbar in der Tradition Halford Mackinders.

6 Ferguson, *Türme und Plätze*, S. 11f.

7 In dem als Forschungsüberblick angelegten, von Gunnar Folke Schuppert herausgegebenen Sammelband *Governance-Forschung* finden sich auch die Erwartungen an eine enthierarchisierte politische Ordnung. Die Beobachtung von Staatszerfall nach dem Ende der durch den Ost-West-Konflikt zementierten Ordnung hat die Erwartungen an Governance-Strukturen noch einmal erhöht; vgl. Beisheim/Schuppert (Hgg.), *Staatszerfall und Governance*.

8 Vgl. etwa Thomas L. Friedman, *Globalisierung verstehen*, der die Ordnung der Märkte als Grundlage des politischen Systems beschrieben hat; etwas zurückhaltender ist Alain Minc, der den Staat und einen entfesselten Markt als Sackgassen angesehen und darauf gesetzt hat, dass es möglich sei, den globalen Markt so zu regulieren, dass dies politische Steuerungskräfte freisetzt; vgl. Minc, *Globalisierung*, insbes. S. 1760ff.; dazu auch mit Blick auf die Theorien aus dem 20. Jahrhundert Slobodian, *Globalisten*, insbes. S. 7–42, der die supranationale und supraimperiale Kraft einer globalen Wirtschaftsordnung herausstellt.

9 Ferguson, *Türme und Plätze*, S. 39–69.

10 Dazu Kindleberger, *Die Weltwirtschaftskrise 1929–1939*.

11 Ferguson, *Türme und Plätze*, S. 404–406.

12 Ebd., S. 405.

13 Ferguson weist darauf hin, dass in den letzten Jahren infolge einer Dominanz von Netzwerktheorien und der Konzentration auf den von der Ökonomie vorangetriebenen Prozess der Globalisierung der Blick für die tatsächlich fortbestehende hierarchische Ordnung der Welt getrübt worden ist: Vom UN-Sicherheitsrat über die G7-Treffen bis zu den G20-Zusammenkünften ist die politische Welt hierarchisch strukturiert und hat stets ein

Gegengewicht zum Netzwerk der ökonomischen Komplexität gebildet; ebd., S. 462.

14 Brendan Simms hat in seinem Buch *Kampf um Vorherrschaft* die europäische Geschichte von der Mitte des 15. Jahrhunderts bis in die Gegenwart zwar als einen von den Deutschen betriebenen Kampf um eine unipolare Ordnung Europas dargestellt, doch kann man derlei allenfalls für kurze Abschnitte dieser langen Zeitstrecke wirklich gelten lassen.

15 Vgl. oben, S. 196 ff.

16 Vgl. oben, S. 46.

17 Vgl. oben, S. 184ff.

18 Für eine Zusammenstellung der Konfliktszenarien vgl. Susbielle, *China – USA*, passim.

19 Vgl. oben, S. 189 f.

20 Rosecrance, *Der neue Handelsstaat*; Rosecrance erklärte die damals im Vergleich mit den USA starke wirtschaftliche Stellung der beiden Verlierermächte des Zweiten Weltkriegs damit, sie hätten sich durch den Verzicht auf militärische Macht wirtschaftliche Vorteile verschafft und ließen dabei die USA für die Sicherheit ihrer Länder aufkommen. Diese Überlegung traf auf Japan sicherlich stärker zu als auf die damalige Bundesrepublik Deutschland.

21 Der Begriff *smart power* schließt an Joseph Nyes Konzeption der *soft power* an, verbindet diese aber mit anderen Elementen der Macht nach Maßgabe eines möglichst kostengünstigen und nachhaltigen Gebrauchs; vgl. Nye, *Soft power*, sowie ders., *Macht im 21. Jahrhundert*.

22 Dazu Kappeler, *Ungleiche Brüder*, S. 210ff. und 217ff.; sowie Sasse, *Der Krieg gegen die Ukraine*, S. 52ff. und 82ff.

23 Der Begriff geht auf einen Aufsatz von Geir Lundestad zurück, in dem dieser das Verhältnis zwischen den USA und Westeuropa vom Ende des Zweiten Weltkriegs bis zum Beginn der 1950er Jahre untersucht hat (Lundestadt, *«Empire by Invitation?»*); der Begriff ist seitdem vielfältig für Untersuchungen zum Einfluss des *American Dream* in aller Welt variiert worden; dazu auch Speck/Sznaider (Hgg.), *Empire America*.

24 Dazu Zielonka, *Europe as Empire*, S. 94ff. und 117ff. Zielonka spricht vom «neo-mediavelism» der EU (S. 164ff.), womit er die Konstellationen des Alten Reichs apostrophiert.

25 Peter Frankopan, *Die neuen Seidenstraßen*, S. 105.

26 Ebd., S. 165.

27 Ebd., S. 248; weiterhin Naß, *Drachentanz*, S. 171–182, und Sommer, *China First*, S. 211–249.

28 Zur «Thukydides-Falle» vgl. oben, S. 46.

29 Vgl. oben, S. 305ff.

30 Vgl. dazu einen der klassischen Texte der Soziologie, nämlich Ferdinand Tönnies' Schrift *Gemeinschaft und Gesellschaft*.

31 Françis Fukuyama hat in *Das Ende der Geschichte* diesen identitätspolitischen Fragen keine sonderliche Bedeutung beigemessen, sondern sich vor allem auf

die Ordnung des Politischen und des Wirtschaftlichen konzentriert, was ihn zu der These von der «weltweiten liberalen Revolution» geführt hat (S. 75ff.). Er ist darin den Vorgaben der Hegelschen Geschichtsphilosophie gefolgt, auch wenn er im dritten, vierten und fünften Teil seines Buches einen gar zu einfachen Optimismus durch starke Rückgriffe auf Nietzsche zu begrenzen gesucht hat (S. 241ff. 291ff., 399ff.). Samuel Huntington hat sich dagegen eher an Spengler und Toynbee orientiert, wobei er die von ihm herausgestellten Kulturkreise mit einem zyklischen Entwicklungsverlauf kombiniert hat, im Verlauf dessen Altern und Verjüngen eine große Rolle spielen. Dabei hat er, nicht zuletzt mit Blick auf den Islam, der Religion eine zentrale Rolle zugewiesen (Huntington, *Kampf der Kulturen*, S. 143ff., 168ff., 334ff., 444ff.). Es ist in diesem Zusammenhang festzuhalten, dass das von Huntington bemühte Dekadenzmotiv im russischen (und auch im chinesischen) Blick auf den Westen, insbesondere auf Europa, eine große Rolle spielt.

32 Herdegen, *Der Kampf um die Weltordnung*, S. 131ff. und 143ff.

33 Hösle, *Globale Fliehkräfte*, S. 33ff.; bereits Anfang der 1990er Jahre hat Emmanuel Richter in seinem Buch *Der Zerfall der Welteinheit* darauf hingewiesen, dass die Vorgaben der «Vernunft» und der Prozess der Globalisierung nicht in dieselbe Richtung laufen: Nicht eine durch globale Interdependenz geformte «weltpolitische Interessengemeinschaft», sondern eine auf Grundlage weltweiter Katastrophen simulierte «globale Schicksalsgemeinschaft» werde sich als Faktor des Zusammenhalts erweisen. Richter bezeichnet das als «apokalyptische Ökumene» (S. 217ff.).

34 Zu Begriff und Struktur des Rentierstaats vgl. oben S. 85 ff. und Fn 79 auf S. 463.

35 Vgl. oben, S. 62ff.

36 Diese Erwartung kam unter anderem auch darin zum Ausdruck, dass von einer Ablösung des amerikanischen durch ein chinesisches Zeitalter die Rede war.

37 Dazu Edmonds, *Die großen Drei*, S. 323ff. und 389ff.

38 MacMillan, *Die Friedensmacher*, passim, sowie Leonhard, *Der überforderte Frieden*, S. 1154ff.

39 Es überrascht, dass Jürgen Habermas, der sich jahrzehntelang gegen einen bevormundenden Paternalismus zur Wehr gesetzt und diesen abgelehnt hat, im Umgang mit der Ukraine und ihrem Widerstand gegen einen Aggressor in zwei längeren Essays für die *Süddeutsche Zeitung* dezidiert paternalistisch argumentiert hat.

40 Vgl. Weber, *Der Pakt*, passim.

41 Dass das nicht selbstverständlich war, sondern teilweise gegen die geostrategischen Interessen einer Seite durchgesetzt werden musste, zeigt der Fall Jugoslawien, wo erst Titos Bruch mit Stalin die Voraussetzungen für die Politik der Blockfreiheit schuf; dazu Kershaw, *Der Mensch und die Macht*, S. 374–378.

42 Dazu Sasse, *Der Krieg gegen die Ukraine*, S. 51ff.

43 Dazu Thumann, *Revanche*, S. 143–153, sowie Vaissié, «Die Zerschlagung der Medien, der NGOs und der Opposition in Putins Russland», S. 340–358.
44 Marshall, *Die Macht der Geographie*, S. 252.
45 Ebd., S. 253.
46 Ebd., S. 271.
47 Vgl. oben, S. 345ff.
48 Vgl. oben, S. 196ff.
49 Vgl. oben, S. 209ff.
50 Dazu Nye, *Das Paradox der amerikanischen Macht*, insbes. S. 203ff.
51 Krastev/Holmes, *Das Licht, das erlosch*, S. 284, 287 und 291.
52 Marshall, *Abschottung*, S. 44f.; dazu auch Naß, *Drachentanz*, S. 103–122, sowie Sieren, *Shenzhen*, S. 125–191.
53 Auch hier lässt sich eine Spiegelung der US-Politik durch die Russen konstatieren, insofern die USA den Einsatz von *Private Military Companies* zuvor in großem Stil praktiziert haben. Die Rolle von *Blackwater* war jedoch eine andere als die der *Gruppe Wagner*: *Blackwater* war als Unterstützungsmacht des regulären Militärs im Einsatz; *Wagner* trat an dessen Stelle und konkurrierte mit ihm. Auch darin zeigt sich die Schwäche Russlands im Vergleich mit den USA.
54 Für eine kurze Darstellung der Ursachen von Gorbatschows Scheitern vgl. Kershaw, *Der Mensch und die Macht*, S. 441–450.
55 Dazu Koenen, *Im Widerschein des Krieges. Nachdenken über Russland*, S. 259–314.
56 Markowicz, *Könnte die Ukraine Russland befreien?*, passim.
57 Der frühere französische Staatspräsident François Hollande hat in einer an der Universität Paris 1 Panthéon-Sorbonne gehaltenen Rede eine solche Entwicklung als Stimulans für die weltpolitische Rolle der Europäer umrissen; vgl. Hollande, «Gewalt schlägt Recht?», S. 45ff.
58 Der Frage, warum das so ist, geht Bettina Stangneth in dem Essay *Überforderung. Putin und die Deutschen* ebenso engagiert wie kämpferisch nach. Zu Putins destruktiver Politik gegenüber Europa vgl. Tenzer, «Putins hybride Kriegführung und die Destabilisierung des Westens», S. 180ff.; zum Fehlschlag eines Herausbrechens von Deutschland aus der europäischen Linie vgl. Gloger, «Epochenbruch oder: Zum vorläufigen Ende deutscher Russlandpolitik», S. 190ff.
59 Zu dessen deutschen Parteigängern kritisch von Lucke, «‹Ami go home›. Der Irrweg der Wagenknecht-Lafontaine-Linken», S. 6f.
60 Dazu ausführlich Hamilton/Ohlberg, *Die lautlose Eroberung*, insbes. S. 87–127.
61 Bereits zu Beginn des 21. Jahrhunderts stellte Rüdiger Voigt in seinem Buch *Weltordnungspolitik* die Frage, ob das Verhältnis zwischen Europa und den USA vor allem durch «strategische Partnerschaft oder (offene) Rivalität» (S. 69f.) geprägt sei.
62 Dazu oben, S. 97f.

Literatur

Abulafia, David: *Das unendliche Meer. Eine große Weltgeschichte der Ozeane*, Frankfurt am Main 2021.

Agamben, Giorgio: *Ausnahmezustand* (*Homo sacer II, 1*), Frankfurt am Main 2004.

Albertone, Manuela/De Francesco, Antonino (Hgg.): *Rethinking the Atlantic World: Europe and America in the Age of Democratic Revolutions*, Basingstoke 2009.

Allison, Graham: *Destined for War: Can America and China escape Thucydides' Trap?*, New York 2017.

Altrichter, Helmut/Neuhaus, Helmut (Hgg.): *Das Ende von Großreichen*, Erlangen/Jena 1996.

Altrichter, Helmut: Russland 1989. *Der Untergang des sowjetischen Imperiums*, München 2009.

Anderson, Benedict: *Imagined Communities. Reflection on the Origin and Spread of Nationalism*, London 1983.

Anderson, Perry: *Über den westlichen Marxismus*, Bodenheim 1987.

Arjakowsky, Antoine: «Die orthodoxe Religion als politische Waffe»; in: Courtois/Ackerman (Hgg.), *Schwarzbuch Putin*, S. 407–424.

Armitage, David: *Bürgerkrieg. Vom Wesen innerstaatlicher Konflikte*, Stuttgart 2018.

Aron, Raymond: *Clausewitz. Den Krieg denken*, Frankfurt am Main/Berlin/Wien 1980.

Assmann, Aleida: *Der lange Schatten der Vergangenheit. Erinnerungskultur und Geschichtspolitik*, Bonn 2007.

Assmann, Jan: *Politische Theologie zwischen Ägypten und Israel*, München 1992.

Barbashin, Anton/Thobum, Hannah: «Putin's Brain: Alexander Dugin and the Philosophy behind Putin's Invasion of Crimea»; in: *Foreign Affairs*, 31. März 2014.

Barbato, Mariano: *Wetterwechsel. Deutsche Außenpolitik von Bismarck bis Scholz*, Frankfurt/New York 2022.

Baron, Hans: *The Crisis of the Early Italian Renaissance. Civic Humanism and Republican Liberty in the Age of Classicism and Tyranny*, 2 Bde., Princeton/N.J. 1955.

Ders.: *Bürgersinn und Humanismus im Florenz der Renaissance*, Berlin 1992.

Barth, Boris/Osterhammel, Jürgen (Hgg.): *Zivilisierungsmissionen. Imperiale Weltverbesserung seit dem 18. Jahrhundert*, Konstanz 2005.

Der.: *Europa nach dem großen Krieg. Die Krise der Demokratie in der Zwischenkriegszeit 1918–1938*, Frankfurt/New York 2016.

Bartoletti, Vittorio: «Der Siegeswille der Athener bei Thukydides»; in: Herter (Hg.), *Thukydides*, S. 82–89.

Bartosch, Ulrich/Ganscyk, Klaudius (Hgg.): *Weltinnenpolitik für das 21. Jahrhundert. Carl-Friedrich von Weizsäcker verpflichtet*, Münster 2009.
Bätz, Alexander: *Nero. Wahnsinn und Wirklichkeit*, Hamburg 2023.
Bechev, Dimitar: *Die Türkei unter Erdoğan. Wie sich das Land von der Demokratie und vom Westen verabschiedet hat*, Hamburg 2023.
Beisheim, Marianne/Schuppert, Gunnar Folke (Hgg.): *Staatszerfall und Governance*, Baden-Baden 2007.
Bellen, Heinz: *Grundzüge der Römischen Geschichte*, 3 Bde., Darmstadt 1994–2003.
Bendersky, Joseph W.: *Carl Schmitt. Theorist for the Reich*, Princeton/N.J. 1983.
Berdjajew, Nikolaj: *Die russische Idee. Grundprobleme des russischen Denkens im 19. Jahrhundert und zu Beginn des 20. Jahrhunderts*. Eingeleitet, übersetzt und erläutert von Dietrich Kegler, Sankt Augustin 1983.
Berlin, Isaiah: «Die deutsche Romantik in Petersburg und Moskau»; in: ders, *Russische Denker*, Frankfurt am Main 1981, S. 191–206.
Ders.: *Die Wurzeln der Romantik*, Berlin 2004.
Bernecker, Walther L.: *Spanische Geschichte. Von der Reconquista bis heute*, Darmstadt 2002.
Beyme, Klaus von: «Schwedisches Imperium im Deutschen Reich: Ein vergessenes Kapitel der Imperien- und Mythenbildung»; in: Bluhm/Fischer/Llanque (Hgg.), *Ideenpolitik. Geschichtliche Konstellationen und gegenwärtige Konflikte*, Berlin 2011, S. 71–88.
Blätter für deutsche und internationale Politik (Hg.): *Die große Zäsur. Putins Krieg und das Dilemma des Westens*, Berlin, Dezember 2022.
Blindow, Felix: *Carl Schmitts Reichsordnung. Strategie für einen europäischen Großraum*, Berlin 1999.
Bloch, Ernst: *Das Prinzip Hoffnung* [1959], 3 Bde., Frankfurt am Main 1973.
Böcher, Otto: *Die Johannesapokalypse*, Darmstadt [3]1988.
Bodin, Jean: *Vom aussgelasnen wütigen Teuffelsheer*. Übersetzt von Johan Fischart, Straßburg 1591; Nachdruck mit einem Vorwort von Hans Biedermann, Graz 1973.
Ders.: *Sechs Bücher über den Staat*. Übersetzt und mit Anmerkungen versehen von Bernd Wimmer. Eingeleitet und hrsg. von P. C. Mayer-Tasch, 2 Bde., München 1981.
Boxer, Charles R.: *The Portuguese Seaborn Empire 1415–1825*, Manchester 1991.
Ders.: *The Dutch Seaborn Empire 1600–1800*, London 1992.
Braudel, Fernand: *Sozialgeschichte des 15.–18. Jahrhunderts, Bd. 1: Aufbruch zur Weltwirtschaft*, München 1986.
Bredekamp, Horst: «Behemoth als Partner und Feind des Leviathan. Zur politischen Ikonologie eines Monstrums»; in: Manow/Rüb/Simon (Hgg.), *Das Bild des Leviathan*, S. 157–217.
Ders.: *Der Behemoth. Metamorphosen des Anti-Leviathan*, Berlin 2016.
Brotton, Jerry: *Die Geschichte der Welt in zwölf Karten*, München 2012.
Brzezinski, Zbigniew: *Die einzige Weltmacht. Amerikas Strategie der Weltherrschaft* [1997], Frankfurt am Main 2004.

Buck, August: *Machiavelli*, Darmstadt 1985.
Bührer, Tanja/Stachelbeck, Christian/Walter, Dierk (Hgg.): *Imperialkriege von 1500 bis Heute. Strukturen – Akteure – Lernprozesse*, Paderborn u.a. 2011.
Burbank, Jane/Cooper, Frederick: *Imperien der Weltgeschichte. Das Repertoire der Macht vom alten Rom und China bis heute*, Frankfurt/New York 2012.
Burgard, Jan Philipp: *Mensch, Amerika! Unterwegs in einem Land im emotionalen Ausnahmezustand*, München 2021.
Canfora, Luciano: *Die verlorene Geschichte des Thukydides*. Mit einer Nachbemerkung von Otto Kallscheuer, Berlin 1990.
Canis, Konrad: *Die bedrängte Großmacht. Österreich-Ungarn und das europäische Mächtesystem. 1866/67–1914*, Paderborn u.a. 2016.
Casale, Giancarlo: *The Ottoman Age of Exploration*, Oxford/New York 2010.
Chakrabarty, Dipesh: *Europa als Provinz. Perspektiven postkolonialer Geschichtsschreibung*, Frankfurt/New York 2010.
Clausewitz, Karl [sic!] und Marie: *Ein Lebensbild in Briefen und Tagebuchblättern*, hrsg. und eingel. von Karl Linnebach, Berlin 1916.
Clausewitz, Carl von: «Ein ungenannter Militär an Fichte, als den Verfasser des Aufsatzes über Machiavelli»; Anhang zu Fichte, «Über Machiavelli als Schriftsteller»; in: Fichte, *Werke*, 1. Erg.-Bd., Leipzig 1919.
Ders.: «Bekenntnisdenkschrift»; in: ders., *Schriften – Aufsätze – Studien – Briefe*, Bd. 1, hrsg. von Werner Hahlweg, Göttingen 1966, S. 678–750.
Ders.: *Preußen in seiner großen Katastrophe*, Wien 2001.
Ders.: *Der russische Feldzug von 1812*, Stuttgart o.J.
Ders.: *Vom Kriege*, hrsg. von Werner Hahlweg, Bonn 1980 (19. Aufl.).
Colpe, Carsten: *Der «Heilige Krieg». Benennung und Wirklichkeit, Begründung und Widerstreit*, Bodenheim 1994.
Comte, Auguste: *Die Soziologie*, hrsg. von Friedrich Blaschke, Leipzig 1933.
Ders.: *Rede über den Geist des Positivismus*, übersetzt, eingeleitet und herausgegeben von Iring Fetscher, Hamburg ^{2}1966.
Conze, Eckart: *Die große Illusion. Versailles 1919 und die Neuordnung der Welt*, München 2018.
Conze, Werner: *Das deutsch-sowjetische Verhältnis im Wandel der modernen Welt*, Göttingen 1967.
Courtois, Stéphane/Ackerman, Galia (Hgg.): *Schwarzbuch Putin*, München 2023.
Crailsheim, Eberhard: «Aufbau und Verwaltung der iberischen Kolonialreiche»; in: Obenaus (Hg.), *Europas maritime Expansion*, S. 209–227.
Dante Alighieri: *Monarchie (De monarchia)*. Übersetzt und erklärt mit einer Einführung von Constantin Sautter (1913), Aalen 1974.
Darwin, John: *Der imperiale Traum. Die Globalgeschichte der großen Reiche 1400–2000*, Frankfurt/New York 2010.
Daschitschew, Wjatscheslaw: *Moskaus Griff nach der Weltmacht. Die bitteren Früchte hegemonialer Politik*, Hamburg 2002.
Deitelhoff, Nicole: «Zurück auf Null. Putins Krieg und die europäische Sicherheitsordnung»; in: Blätter (Hg.), *Die große Zäsur*, S. 223–230.

Delbrück, Hans: *Die Strategie des Perikles erläutert durch die Strategie Friedrichs des Großen*, Berlin 1890.
Ders.: *Geschichte der Kriegskunst im Rahmen der politischen Geschichte* [1900–1920], 4 Bde., hrsg. von Ulrich Raulff, Berlin 2000.
Deißler, Stefan: *Eigendynamische Bürgerkriege. Von der Persistenz und Endlichkeit innerstaatlicher Gewaltkonflikte*, Hamburg 2016.
Deleuze, Gilles/Guattari, Félix: *Tausend Plateaus. Kapitalismus und Schizophrenie*, Berlin 1997.
Demandt, Alexander (Hg.): *Das Ende der Weltreiche*, München 1997.
Ders.: «Spengler und Groeger. Die Zukunft des Russentums»; in: ders., *Untergänge des Abendlandes. Studien zu Oswald Spengler*, Köln, Weimar, Wien 2017, S. 117–122.
Dempf, Alois: *Sacrum Imperium. Geschichts- und Staatsphilosophie des Mittelalters und der politischen Renaissance* (1929), München/Wien 1973.
Devonshire Jones, Rosemary: *Francesco Vettori. Florentine Citizen and Medici Servant*, London 1992.
Diner, Dan: «‹Das Grundbuch des Planeten›. Zur Geopolitik Karl Haushofers»; in: ders., *Weltordnungen*, S. 125–163.
Ders.: *Versiegelte Zeit. Über den Stillstand der islamischen Welt*, Berlin 2005.
Ders.: *Ein anderer Krieg. Das jüdische Palästina und der Zweite Weltkrieg. 1935–1942*, München 2021.
Dohnanyi, Klaus von: *Nationale Interessen. Orientierung für deutsche und europäische Politik in Zeiten globaler Umbrüche*, München 2022.
Dostojewski, Fjodor: *Russland und Europa*. Aus dem Russischen und herausgegeben von Walter Koschmal, Berlin 2023.
Duchhardt, Heinz: *Balance of Power und Pentarchie. Internationale Beziehungen 1700–1785*, Paderborn u.a. 1997 (= *Handbuch der Geschichte der Internationalen Beziehungen*, hrsg. von Heinz Duchhardt und Franz Knipping, Bd. 4).
Dugin, Alexander: *Das Große Erwachen gegen den Great Reset*, London 2021.
Ders.: *The Theory of a Multipolar World*, Arktos Media, Januar 2021 (ebook).
Ders.: *Foundations of Geopolitics: The Geopolitical Future of Russia*, https://tec.fsi.stanford.edu/docs/aleksandr-dugins-foundations-geopolitics.
Dülffer, Jost: *Regeln gegen den Krieg? Die Haager Friedenskonferenzen von 1899 und 1907 in der internationalen Politik*, Berlin; Frankfurt/M.; Wien 1981.
Duncan, David: *Life and Letters of Herbert Spencer*, 2 Bde., Forest Grove 2002.
Dunlop, John Barrett: «Alexandr Dugin's Foundations of Geopolitics»; in: *Democratizatsiya*, Bd. 12, 2004, Heft 1, S. 41–58.
Eagleton, Terry: *Ideologie. Eine Einführung*, Stuttgart/Weimar 1993.
Ebach, Jürgen: *Leviathan und Behemoth. Eine biblische Erinnerung wider die Kolonisierung der Lebenswelt durch das Prinzip der Zweckrationalität*, Paderborn u.a. 1984.
Eberl, Oliver: «Großraum und Imperium. Die Entwicklung der ‹Völkerrechtlichen Großraumordnung› aus dem Geiste des totalen Krieges»; in: Voigt (Hg.), *Großraum-Denken*, S. 185–206.

Eckert, Amy E.: *Outsourcing War. The Just War Tradition in the Age of Military Privatization*, Ithaca/NY 2016.
Edmonds, Robin: *Die großen Drei. Churchill, Roosevelt und Stalin in Krieg und Frieden*, Berlin 1992.
Eich, Dieter/Leonhard, Ralf: *Umkämpfte Rohstoffe. Märkte, Opfer, Profiteure*, Berlin 2013.
Eisenbart, Constanze (Hg.): *Die Singuläre Waffe. Was bleibt vom Atomzeitalter?*, Wiesbaden 2012.
Elvert, Jürgen: *Europa, das Meer und die Welt. Eine maritime Geschichte der Neuzeit*, München 2018.
Faroqhi, Suraiya: «Das Osmanische Reich und die islamische Welt»; in: Reinhard (Hg.), *Weltreiche und Weltmeere*, S. 219–367.
Feldbauer Peter/Liedl, Gottfried/Morrisey, John: *Venedig 800–1600. Die Serenissima als Weltmacht*, Wien 2002.
Fella, Tobias: *«Preventing Preemptive Superpower Suicide». Neokonservative Logik und Amerikas Niedergang*. Unveröff. Dissertation, Humboldt-Universität zu Berlin 2022.
Ferguson, Niall: *The Pity of War*, London 1998. Dt. unter dem Titel *Der falsche Krieg. Der Erste Weltkrieg und das 20. Jahrhundert*, Stuttgart 1999.
Ders.: *Civilizations. The West and the Rest*, London 2011. Dt. unter dem Titel: *Der Westen und der Rest der Welt. Die Geschichte vom Wettstreit der Kulturen*, Berlin 2011.
Ders.: *Türme und Plätze. Netzwerke, Hierarchien und der Kampf um die globale Macht*, Berlin 2018.
Ferhadbegović, Sabina/Weiffen, Brigitte (Hgg.): *Bürgerkriege erzählen. Zum Verlauf unziviler Konflikte*, Konstanz 2011.
Fiedler, Siegfried: *Grundriß der Militär- und Kriegsgeschichte*.
Bd. 1: *Die stehenden Heere im Zeitalter des Absolutismus. 1640–1789*, München 1972.
Bd. 2: *Das Zeitalter der Französischen Revolution und Napoleons*, München 1976.
Ders.: *Kriegswesen und Kriegführung im Zeitalter der Kabinettskriege*, München 1986.
Ders.: *Kriegswesen und Kriegführung im Zeitalter der Revolutionskriege*, Koblenz 1988.
Figes, Orlando: *Nataschas Tanz. Eine Kulturgeschichte Russlands*, Berlin 2003.
Ders.: *Krimkrieg. Der letzte Kreuzzug*, Berlin 2011.
Fischbach, Claudius: *Krieg und Frieden in der französischen Aufklärung*, Münster/New York 1990.
Fischer, Fritz: *Griff nach der Weltmacht. Die Kriegszielpolitik des kaiserlichen Deutschland 1914/1918*, Düsseldorf 1961.
Ders.: *Krieg der Illusionen. Die deutsche Politik von 1911 bis 1914*, Düsseldorf 1969.
Fischer, Jürgen: *Oriens – Occidens – Europa. Begriff und Gedanke «Europa» in der späten Antike und im frühen Mittelalter*, Wiesbaden 1957.
Frankopan, Peter: *Die neuen Seidenstraßen. Gegenwart und Zukunft unserer Welt*, Berlin 2019.

Frei, Christoph: *Hans J. Morgenthau. An Intellectual Biography*, Baton Rouge 2001.
Friedman, Thomas L.: *Globalisierung verstehen. Zwischen Marktplatz und Weltmarkt*, Berlin 1999.
Fritsch, Rüdiger von: *Zeitenwende. Putins Krieg und die Folgen*, Berlin 2022 (4. vollständig überarbeitete Auflage).
Fuhrmann, Horst: *Deutsche Geschichte im hohen Mittelalter von der Mitte des 11. bis zum Ende des 12. Jahrhunderts*, Göttingen 1978.
Fukuyama, Francis: *Das Ende der Geschichte. Wo stehen wir?*, München 1992.
Gaddis, John Lewis: *Der Kalte Krieg. Eine neue Geschichte*. Aus dem Amerikan. von Klaus-Dieter Schmidt, München 2007.
Ders.: *On Grand Strategy*, New York 2019.
Galtung, Johann: *Strukturelle Gewalt. Beiträge zur Friedens- und Konfliktforschung*, Reinbek bei Hamburg 1975.
Gannuschkina, Swetlana (mit Alexandra Cavelius): *Auch wir sind Russland. Im Widerstand gegen Putins neue Weltordnung*. Aus dem Russischen von Bernhard Clasen, München 2022 (Aktual. Neuausgabe).
Gareis, Sven Bernhard/Varwick, Johannes (Hgg.): *Die Vereinten Nationen. Aufgaben, Instrumente und Reformen*, Opladen [5]2014.
Gehler, Michael/Graf, Maximilian (Hgg.): *Europa und die deutsche Einheit. Beobachtung, Entscheidungen und Folgen*, Göttingen 2017.
Ders.: *Europa. Ideen. Institutionen. Vereinigung. Zusammenhalt*, Reinbek 2018 (3. komplett überarbeitete und erheblich erweiterte Auflage).
Ders./Dürkop Oliver (Hgg.): *Deutsche Einigung. Zeitzeugen aus Ost und West im Gespräch 1989/90*, Reinbek 2021.
Geibel, Emanuel: *Heroldsrufe. Aeltere und neuere Leitgedichte*, Stuttgart 1871.
Geis, Anna/Müller, Harald/Wagner, Wolfgang (Hgg.): *Schattenseiten des Demokratischen Friedens. Zur Kritik einer Theorie liberaler Außen- und Sicherheitspolitik*, Frankfurt/New York 2007.
Gellner, Ernest: *Nationalismus und Moderne*, Hamburg 1995.
Gerwarth, Robert: *Die Besiegten. Das blutige Erbe des Ersten Weltkriegs*, München 2017.
Gessen, Masha: *Der Mann ohne Gesicht. Wladimir Putin. Eine Enthüllung*. Aus dem Engl. von Henning Dedekind und Norbert Juraschitz München 2013.
Dies.: *Die Zukunft ist Geschichte. Wie Russland die Freiheit gewann und verlor*, Berlin 2018.
Getachew, Adom: *Die Welt nach den Imperien. Aufstieg und Niedergang der postkolonialen Selbstbestimmung*, Berlin 2022.
Gilpin, Robert: *War and Change in World Politics*, Cambridge/UK 1981.
Gloger, Katja: «Epochenbruch oder: Zum (vorläufigen) Ende deutscher Russlandpolitik»; in: Courtois/Ackerman (Hgg.), *Schwarzbuch Putin*, S. 190–202.
Gneisenau, August Neidhardt von: *Ein Leben in Briefen*, hrsg. von Karl Griewank, Leipzig 1939.
Gollwitzer, Heinz: *Geschichte des weltpolitischen Denkens*, 2 Bde., Göttingen 1972 und 1986.

Götz, Roland: *Russlands Energiestrategie und die Energieversorgung Europas* (= SWP-Studie 6), Berlin 2004.

Ders.: *Russlands Ressourcen: Auswirkungen auf die inneren Verhältnisse und die Außenbeziehungen* (= SWP-Studie 5), Berlin 2006.

Goytisolo, Juan: *Landschaften eines Krieges: Tschetschenien*, Frankfurt am Main 1996.

Gramsci, Antonio: *Philosophie der Praxis. Eine Auswahl.* Hrsg. und übersetzt von Christian Riechers mit einem Vorwort von Wolfgang Abendroth, Frankfurt am Main 1967.

Grandits, Ernst A. (Hg.): *2112. Die Welt in hundert Jahren*, Hildesheim 2012.

Greiner, Bernd: *Krieg ohne Fronten. Die USA in Vietnam*, Hamburg 2007.

Ders.: Made in Washington. Was die USA seit 1945 in der Welt angerichtet haben, München 2021.

Grewe, Wilhelm G.: *Epochen der Völkerrechtsgeschichte*, Baden-Baden 1984.

Griewank, Karl: *Der neuzeitliche Revolutionsbegriff. Entstehung und Entwicklung*, Frankfurt am Main 1972.

Grotius, Hugo: *Drei Bücher vom Recht des Krieges und des Friedens* (1625). Neuer deutscher Text und Einleitung von Walter Schätzel, Tübingen 1950.

Groys, Boris: *Die Erfindung Rußlands*, München Wien 1995.

Die Haager Landkriegsordnung. Textausgabe mit einer Einführung von Professor Dr. Rudolf Laun, Wolfenbüttel-Hannover 1947.

Halbartschlager, Franz: «Der Weg um Afrika. Das erste Jahrhundert portugiesischer Expansionsgeschichte»; in: Obenaus (Hg.), *Europas maritime Expansion*, S. 138–165.

Hamilton, Clive/Ohlberg, Mareike: *Die lautlose Eroberung. Wie China westliche Demokratien unterwandert und die Welt neu ordnet*, München 2020.

Hardins, Garrett: «The Tragedy of the Commons»; in: *Science*, Nr. 162, 1968, S. 1243–1248.

Hassel, Florian (Hg.): *Der Krieg im Schatten. Rußland und Tschetschenien*, Frankfurt am Main 2003.

Haushofer, Karl: *Weltmeere und Weltmächte*, Berlin 1937.

Ders.: «Der Kontinentalblock. Mitteleuropa, Eurasien, Japan» [1940]; in: Jacobsen, *Karl Haushofer*, Bd. 1, S. 606–634.

Hausteiner, Eva Marlene: *Greater than Rome. Neubestimmungen britischer Imperialität 1870–1914*, Frankfurt/New York 2015.

Heidenreich, Elisabeth: *Sakrale Geographie. Essay über den modernen Dschihad und seine Räume*, Bielefeld 2010.

Heinrich, Horst-Alfred/Kohlstruck, Michael (Hgg.): *Geschichtspolitik und sozialwissenschaftliche Theorie*, Stuttgart 2008.

Heinsohn, Gunnar: *Söhne und Weltmacht. Terror im Aufstieg und Fall der Nationen*, Zürich [8]2006.

Heller-Roazen, Daniel: *Der Feind aller. Der Pirat und das Recht*, Frankfurt am Main 2010.

Herberg-Rothe, Andreas: *Das Rätsel Clausewitz. Politische Theorie des Krieges im Widerstreit*, München 2001.

Herbers, Klaus/Neuhaus, Helmut: *Das Heilige Römische Reich – Schauplätze einer tausendjährigen Geschichte* (843–1806), Köln u.a. 2005.

Herdegen, Matthias: *Der Kampf um die Weltordnung. Eine strategische Betrachtung*, München 2019.

Herter, Hans (Hg.): *Thukydides*, Darmstadt 1968 (= Wege der Forschung, Bd. XCVIII).

Hertz, Deborah: *Die jüdischen Salons im alten Berlin*, Frankfurt am Main 1991.

Heuser, Beatrice: *Den Krieg denken. Die Entwicklung der Strategie seit der Antike*, Paderborn u.a. 2010.

Heuss, Alfred: *Römische Geschichte*, hrsg. von J. Bleicken, Paderborn, [9]2003.

Hildermeier, Manfred: *Die rückständige Großmacht. Russland und der Westen*, München 2022.

Hilger, Andreas: «Die getriebene Großmacht – Moskau und die deutsche Einheit 1989/90»; in: Gehler/Graf (Hgg.), *Europa und die deutsche Einheit*, S. 117–139.

Hirschman, Albert: *Exit, Voice and Loyality. Responses to Decline in Firms, Organizations, and States*, Cambridge/Mass. 1970.

Hobbes, Thomas: *Leviathan oder Stoff, Form und Gewalt eines kirchlichen und bürgerlichen Staates*. Hrsg. und eingeleitet von Iring Fetscher. Übersetzt von Walter Euchner, Frankfurt am Main 1984.

Ders: *Behemoth oder Das Lange Parlament*. Übersetzt, mit einer Einleitung und Anmerkungen hrsg. von Peter Schröder, Hamburg 2015.

Hofmann, Hasso: *Bilder des Friedens oder Die vergessene Gerechtigkeit. Drei anschauliche Kapitel der Staatsphilosophie*, München 1997.

Hoffmann, Nils: *Renaissance der Geopolitik. Die deutsche Sicherheitspolitik nach dem Kalten Krieg*, Wiesbaden 2012.

Hohrath, Daniel, und Gerteis, Klaus (Hgg.): *Die Kriegskunst im Lichte der Vernunft. Militär und Aufklärung im 18. Jahrhundert*, Teil I und II. *Aufklärung*, 11. Jg., 1999 Heft 2; und 12. Jg. 2000, Heft 1.

Hollande, François: «Gewalt schlägt Recht? Die Allianz der Autokraten und der Kampf um die neue Weltordnung»; in: *Blätter für deutsche und internationale Politik*, Heft 3/2023, S. 41–48.

Holm, Kerstin: *Das korrupte Imperium*, München 2003.

Hosking, Geoffrey: *Russland. Nation und Imperium*, Frankfurt am Main 1992.

Hösle, Vittorio: *Globale Fliehkräfte. Eine geschichtsphilosophische Kartierung der Gegenwart*, Freiburg/München [2]2019.

Howard, Douglas A.: *Das Osmanische Reich. 1300–1924*, Darmstadt 2018.

Huhnholz, Sebastian: *Dschihadistische Raumpraxis. Raumordnungspolitische Herausforderungen des militanten sunnitischen Fundamentalismus*, Münster 2010.

Ders.: *Krisenimperialität. Romreferenz im US-amerikanischen Empire-Diskurs*, Frankfurt/New York 2014.

Huntington, Samuel P.: *The Clash of Civilizations*; dt. *Der Kampf der Kulturen. Die Neugestaltung der Weltpolitik im 21. Jahrhundert*, München – Wien 1996.

Ihlau, Olaf: *Weltmacht Indien. Die neue Herausforderung des Westens*, München 2006.

Imber, Colin: *The Ottoman Empire. 1300–1650. The Structure of Power*, London, New York [3]2022.
Inalcik, Halil: *The Ottoman Empire. The Classic Age 1300–1600*, London 1973.
Jacobsen, Hans-Adolf: *Karl Haushofer. Leben und Werk*, 2 Bde., Boppard am Rhein 1979. Bd. 1: *Lebensweg 1869–1946 und ausgewählte Texte zur Geopolitik*.
Janowitz, Morris: *The Professional Soldier. A Social and Political Portrait*, New York 1971.
Jean, François/Rufin, Jean-Christophe (Hgg.): *Ökonomie der Bürgerkriege*, Hamburg 1999.
Joachim, Laurent: *Der Einsatz von «Private Military Companies» im modernen Konflikt. Ein neues Werkzeug für «Neue Kriege»?*, Berlin 2010.
Jones, Eric Lionel: *The European Miracle: Environments, economics and geopolitics in the history of Europe and Asia*, Cambridge/UK 1981. Dt. unter dem Titel *Das Wunder Europa*, Tübingen 1991.
Junker, Detlef: *Power and Mission. Was Amerika antreibt*, Freiburg/Br. 2003.
Kagan, Robert: *Of Paradise and Power. America and Europe in the New World Order*, New York 2003. Dt. unter dem Titel *Macht und Ohnmacht: Amerika und Europa in der neuen Weltordnung*, München 2003.
Ders.: The Return of History and the End of Dreams [2008]. Dt. unter dem Titel *Die Demokratie und ihre Feinde. Wer gestaltet die neue Weltordnung?*, München 2008.
Kant, Immanuel: «Zum Ewigen Frieden. Ein philosophischer Entwurf»; in: ders., *Werke in zehn Bänden*, hrsg. von Wilhelm Weischedel, Darmstadt 1970, Bd. 9, S. 191–251.
Kapp, Ernst: *Philosophische und vergleichende Erdkunde als wissenschaftliche Darstellung der Erdverhältnisse und des Menschenlebens in ihrem inneren Zusammenhang*, 2 Bde., Braunschweig 1845.
Kappeler, Andreas: *Ungleiche Brüder. Russen und Ukrainer vom Mittelalter bis zur Gegenwart*, München [5]2022.
Kehr, Eckart: *Der Primat der Innenpolitik. Gesammelte Aufsätze zur preußisch-deutschen Sozialgeschichte im 19. und 20. Jahrhundert*. Hrsg. und eingel. von Hans-Ulrich Wehler, Berlin 1965.
Kelsen, Hans: *Die Staatslehre des Dante Alighieri*, Wien/Leipzig 1905.
Kempe, Michael: *Fluch der Weltmeere. Piraterie, Völkerrecht und internationale Beziehungen 1500–1900*, Frankfurt/New York 2023.
Kennedy, Paul M.: «Mahan versus Mackinder. The Interpretations of British Sea Power»; in: *Militärgeschichtliche Mitteilungen*, Bd. 16, 1974, Heft 2, S. 39–66.
Ders.: *Aufstieg und Fall der großen Mächte. Ökonomischer Wandel und militärischer Konflikt von 1500 bis 2000*, Frankfurt am Main 1989.
Ders: *Parlament der Menschheit. Die Vereinten Nationen und der Weg zur Weltregierung*, München 2007.
Kernig, Claus D.: *Lenins Reich in Trümmern. Schatten über Russlands Zukunft*, Stuttgart/München 2000.
Khanna, Parag: *Der Kampf um die Zweite Welt. Imperien und Einfluss in der neuen Weltordnung*, Berlin 2008.

Kiechle, Franz: «Alkibiades»; in: *Der kleine Pauly*, München 199, Bd. 1, Sp. 261–264.
Kielinger, Thomas: *Winston Churchill. Der späte Held. Eine Biographie*, München ²2015.
Kindleberger, Charles: *Die Weltwirtschaftskrise 1929–1939*, München 1973.
Kirschbaum, Heinrich: *Revolution der Geduld. Eine belarussische Bricolage*, Berlin 2020.
Kissinger Henry: *Weltordnung*. Aus dem Amerikan. von Karlheinz Dürr und Enrico Heinemann, München 2014.
Kjellén, Rudolf: *Die Großmächte der Gegenwart*, übersetzt von C. Koch, Leipzig-Berlin 1916 (13./14. Aufl.).
Ders.: *Die politischen Probleme des Weltkrieges*, übersetzt von Friedrich Stieve, Leipzig und Berlin 1916.
Kleemeier, Ulrike: *Grundfragen einer philosophischen Theorie des Krieges – Platon – Hobbes – Clausewitz*, Berlin 2002.
Kleine-Brockhoff, Thomas: *Die Welt braucht den Westen. Neustart für eine liberale Ordnung*, Hamburg 2019.
Kloosters, Wim: *Revolutions in the Atlantic World. A Comparative History*, New York 2009.
Koch, Klaus: D*as Buch Daniel*, Darmstadt 1980.
Koenen Gerd: *Im Widerschein des Krieges. Nachdenken über Russland*, München 2023.
Kohl, Werner: *Die Redetrias vor der sizilischen Exedition* (Thukydides 6, 9-23), Meisenheim am Glan 1977.
Kondylis, Panajotis: *Planetarische Politik nach dem Kalten Krieg*, Berlin 1992.
Korte, Eduard: *Kulturphilosophie und Anthropologie. Zum geistesgeschichtlichen Hintergrund Ernst Kapps*, Hamburg 1992.
Kozyrev, Illya: *Moskau – das dritte Rom. Eine politische Theorie mit ihren Auswirkungen auf die Identität der Russen und die russische Politik*, Göttingen 2011.
Krastev, Iwan/Holmes, Stephen: *Das Licht, das erlosch. Eine Abrechnung*, Berlin 2019.
Krebs, Wolfgang: *Die imperiale Endzeit. Oswald Spengler und die Zukunft der abendländischen Zivilisation*, Berlin 2008.
Kreis, Georg: *Der «gerechte Krieg». Zur Geschichte einer aktuellen Denkfigur*, Basel 2006.
Kremp, Herbert: *Morgengrauen. Von den Anfängen des Zweiten Weltkriegs*, Reinbek 2022.
Kreß, Claus (Hg.): *Paris 1919–1920. Frieden durch Recht?*, Baden-Baden 2020.
Krockow, Christian Graf von: *Churchill. Eine Biographie des 20. Jahrhunderts*, Hamburg 1999.
Krumeich, Gerd: *Die unbewältigte Niederlage. Das Trauma des Ersten Weltkriegs und die Weimarer Republik*, Freiburg/Basel/Wien 2018.
Krumwiede, Heinrich-W./Waldmann, Peter (Hgg.): *Bürgerkriege: Folgen und Regulierungsmöglichkeiten*, Baden-Baden 1998.
Kühl, Olaf: *Z. Kurze Geschichte Russlands, von seinem Ende her gesehen*, Berlin 2023.

Küsters, Hanns Jürgen: «Helmut Kohl, die CDU und die Wiederherstellung der deutschen Einheit»; in: Gehler/Graf (Hgg.), *Europa und die deutsche Einheit*, S. 27–42.
Kunisch, Johannes: «Von der gezähmten zur entfesselten Bellona. Die Umwertung des Krieges im Zeitalter der Revolutions- und Freiheitskriege»; in: ders., *Fürst – Gesellschaft – Krieg. Studien zur bellizistischen Disposition des absoluten Fürstenstaates*, Köln Weimar Wien 1992, S. 203–226.
Langewiesche, Dieter: *Der gewaltsame Lehrer. Europas Kriege in der Moderne*, München 2019.
Langosch, Karl (Hg.): *Geistliche Spiele. Lateinische Dramen des Mittelalters*, Darmstadt 1957.
Laqueur, Walter: *Die globale Bedrohung. Neue Gefahren des Terrorismus*, Berlin 1998.
Ders.: *Krieg dem Westen: Terrorismus im 21. Jahrhundert*, München 2003.
Laruelle, Marlène: *Russian Eurasianism: An Ideology of Empire*, Baltimore 2012.
Leese, Daniel: «Politik und Gesellschaft Chinas im Spiegel aktueller Kontroversen»; in: *Chinesisches Denken der Gegenwart. Schlüsseltexte zu Politik und Gesellschaft*, übersetzt und kommentiert von Daniel Leese und Shi Ming, München 2023, S. 11–42.
Leggewie, Claus: *Anti-Europäer. Breivik, Dugin, al-Suri & Co.*, Berlin 2016.
Ders./Karolewski, Ireneusz Paweł: *Die Vizegrád-Connection. Eine Herausforderung für Europa*, Berlin 2021.
Lemberg, Eugen: *Geschichte des Nationalismus in Europa*, Stuttgart 1950.
Lenk, Kurt (Hg.): *Ideologie. Ideologiekritik und Wissenssoziologie*, Darmstadt und Neuwied [6]1972.
Leonhard, Jörn: *Der überforderte Frieden. Versailles und die Welt 1918–1923*, München 2018.
Lettenbauer, Wilhelm: *Moskau, das dritte Rom. Zur Geschichte einer politischen Idee*, München 1961.
Liddell Hart, Henry Basil: *Strategie*, Wiesbaden o. J.
Linder, Christian: *Der Bahnhof von Finnentrop. Eine Reise in Carl Schmitts Land*, Berlin 2008.
Llanque, Marcus/Münkler, Herfried (Hgg.): *Politische Theorie und Ideengeschichte. Lehr- und Textbuch*, Berlin 2006.
Lorenz, Richard: *Das Verdämmern der Macht. Vom Untergang großer Reiche*, Frankfurt am Main 2000.
von Lucke, Albrecht: «‹Ami go home›: Der Irrweg der Wagenknecht-Lafontaine-Linken»; in: *Blätter für deutsche und internationale Politik*, Heft /2023, S. 5–8.
Ludendorff, Erich: *Der totale Krieg*, München 1935.
Lüders, Michael: *Hybris am Hindukusch. Wie der Westen in Afghanistan scheiterte*, München 2022.
Luh, Jürgen: *Kriegskunst in Europa 1650–1800*, Köln Weimar Wien 2004.
Lundestad, Geir: «Empire by Invitation? The United States and Western Europa, 1945–1952»; in: *Journal of Peace Research*, Bd. 23, Heft 3, 1986, S. 263–277.

Luttwak, Edward: *Weltwirtschaftskrieg. Export als Waffe – aus Partnern werden Gegner*, Reinbek bei Hamburg 1994.
Maalouf, Amin: *Die Auflösung der Weltordnungen*, Berlin 2010.
Machiavelli, Niccolò: *Sämmtliche Werke*. Aus dem Italienischen übersetzt von Joh. Ziegler, 8 Bde., Karlsruhe 1832.
Ders.: *Discorsi. Gedanken über Politik und Staatsführung*, übersetzt, eingeleitet und erläutert von Rudolf Zorn, Stuttgart [3]2007.
Ders.: *Der Fürst/Il Principe*. Übersetzt und herausgegeben von Rudolf Zorn, Stuttgart [7]2016.
Mackinder, Halford: «The geographical pivot of history»; in: *The Geographical Journal*, Bd. 23, 1904, Heft 4, S. 421–437.
MacMillan, Margaret: *Peacemakers. Six Months that Changed the World*, London 2001. Dt. unter dem Titel *Die Friedensmacher. Wie der Versailler Vertrag die Welt veränderte*, Berlin 2015.
Mahan, Alfred Thayer: *Der Einfluss der Seemacht auf die Geschichte. 1660–1812*, hrsg. von Gustav-Adolf Wolter, Herford 1967.
Malettke, Klaus: *Hegemonie – multipolares System – Gleichgewicht. Internationale Beziehungen 1648/1659–1713/1714*, Paderborn u.a. 2012 (= *Handbuch der Geschichte der Internationalen Beziehungen*, hrsg. von Heinz Duchhardt und Franz Knipping, Bd. 3).
Mallett, Michael: *Merceneries and their Masters. Warfare in Renaissance Italy* [1947], Barnsley/South Yorkshire 2019.
Mann, Michael: *Geschichte der Macht*. 3 Bde., Frankfurt/New-York 1990–1998.
Manow, Philip: *Politische Ursprungsphantasien. Der Leviathan und sein Erbe*, Konstanz 2011.
Ders./Rüb, Friedbert/Simon, Dagmar (Hgg.): *Die Bilder des Leviathan. Eine Deutungsgeschichte*, Baden-Baden 2012.
Ders.: *Nehmen, Teilen, Weiden. Carl Schmitts politische Ökonomien*, Göttingen 2022.
Mappes-Niediek, Norbert: *Krieg in Europa. Der Zerfall Jugoslawiens und der überforderte Kontinent*, Berlin 2022.
Marboe, Alexander/Obenaus, Andreas (Hgg.): *Seefahrt und die frühe europäische Expansion*, Wien 2009.
Marboe, Alexander: «Schiffsbau und Nautik im vorneuzeitlichen Europa»; in: Marboe/Obenaus (Hgg.), *Seefahrt und die frühe europäische Expansion*, S. 11–35.
Markowicz, André: *Könnte die Ukraine Russland befreien?*, Wien 2023.
Marshall, Tim: *Abschottung. Die neue Macht der Mauern*, München 2018.
Ders.: *Die Macht der Geographie im 21. Jahrhundert*, München 2021.
Marty, Martin E./Appleby, R. Scott: *Herausforderung Fundamentalismus. Radikale Christen, Moslems und Juden im Kampf gegen die Moderne*, Frankfurt/New York 1996.
Marx, Karl: *Geschichte der Geheimdiplomatie des 18. Jahrhunderts*, Berlin 1977.
Masala, Carlo: *Weltunordnung. Die globalen Krisen und die Illusionen des Westens*, München [3]2022.

Matuz, Josef: *Das Osmanische Reich. Grundlinien seiner Geschichte*, Darmstadt [3]1994.
May, Ernest R.: *The Making of the Monroe Doctrine*, Cambridge/Mass. 1992.
McLaughlin, Raoul: *Rome and the Distant East. Trade Routes to the Ancient Lands of Arabia, India and China*, London/New York 2010.
Mead, Walter Russell: *Special Providence. American Foreign Policy and How it Changed the World*, New York und London 2002.
Mearsheimer, John J.: *The Tragedy of Great Power Politics*, London/New York 2001.
Mehring, Reinhard: «‹Raumrevolution› als Rechtsproblem. Zum politischen Kontext und Wandel von Carl Schmitts Großraumdenken»; in: Voigt (Hg.), *Großraum-Denken*, S. 99–117.
Ders.: *Carl Schmitt. Aufstieg und Fall. Eine Biographie*, München 2009.
Ders.: *Carl Schmitts Gegenrevolution*, Hamburg 2021.
Meier, Heinrich: *Die Lehre Carl Schmitts. Vier Kapitel zur Unterscheidung Politischer Theologie und Politischer Philosophie*, Stuttgart Weimar [3]2009.
Meier, Mischa: «Die Teilung des Römischen Reiches in Ost und West»; in: Matthias Puhle/Gabriele Köster (Hgg.), *Otto der Große und das Römische Reich. Kaisertum von der Antike zum Mittelalter*, Regensburg 2012, S. 189–195.
Meinecke, Friedrich: *Die deutsche Katastrophe. Betrachtungen und Erinnerungen*, Wiesbaden 1946.
Meister, Klaus: *Thukydides als Vorbild der Historiker. Von der Antike bis zur Gegenwart*, Paderborn u.a. 2013.
Menzel, Ulrich: *Die Ordnung der Welt. Imperium oder Hegemonie in der Ordnung der Staatenwelt*, Berlin 2015.
Meuter, Günter: *Der Katechon*, Berlin 1994.
Meyer, Karl E./Blair Brysac, Shareen: *Tournament of Shadows. The Great Game and the Race for Empire in Central Asia*, Washington D.C. 1999.
Middelaar, Luuk van: *Das europäische Pandämonium. Was die Pandemie über den Zustand der EU enthüllt*, Berlin 2021.
Minc, Alain: *Globalisierung. Chance der Zukunft*, Wien 1998.
Missfelder, Jan-Friedrich: «Die Gegenkraft und ihre Geschichte. Carl Schmitt, Reinhart Koselleck und der Bürgerkrieg»; in: *Zeitschrift für Religions- und Geistesgeschichte*, Bd. 58, 2006, Heft 4, S. 310–336.
Mittenauer, Michael/Morrisey, John: *Pisa. Seemacht und Kulturmetropole*, Wien 2011.
Mittermaier, Karl: *Machiavelli. Moral und Politik zu Beginn der Neuzeit*, Gernsbach 1990.
Morris, Ian: *Geographie ist Schicksal. Machtkampf zwischen Großbritannien, Europa und der Welt – eine 10000-jährige Geschichte*, Frankfurt/New York 2022.
Müller, Harald: *Weltmacht Indien. Wie uns der rasante Aufstieg herausfordert*, Frankfurt am Main 2006.
Müller, Jan-Werner: *Wo Europa endet. Ungarn, Brüssel und das Schicksal der liberalen Demokratie*, Berlin 2012.

Münkler, Herfried: *Machiavelli. Die Begründung des politischen Denkens der Neuzeit aus der Krise der Republik Florenz*, Frankfurt am Main 1982.
Ders.: *Politische Bilder, Politik der Metaphern*, Frankfurt am Main 1994.
Ders.: *Die neuen Kriege*, Reinbek bei Hamburg 2002.
Ders.: *Über den Krieg. Stationen der Kriegsgeschichte im Spiegel ihrer theoretischen Reflexion*, Weilerswist 2002.
Ders.: «Gegensätzliche Kriegsursachenanalysen. Aristophanes, Thukydides, Platon und die Vernunft der Regierenden»; in: ders., *Über den Krieg*, S. 19–33.
Ders.: *Imperien. Die Logik der Weltherrschaft – vom alten Rom bis zu den Vereinigten Staaten*, Berlin 2005.
Ders.: *Der Wandel des Krieges. Von der Symmetrie zur Asymmetrie*, Weilerswist 2006.
Ders.: *Die Deutschen und ihre Mythen*, Berlin 2009.
Ders./Malowitz, Karsten (Hgg.): *Humanitäre Intervention. Ein Instrument außenpolitischer Konfliktbearbeitung. Grundlagen und Diskussion*, Wiesbaden 2009.
Ders.: *Mitte und Maß. Der Kampf um die richtige Ordnung*, Berlin 2010.
Ders./Hausteiner, Eva (Hgg.): *Die Legitimation von Imperien. Strategien und Motive im 19. und 20. Jahrhundert*, Frankfurt/New York 2012.
Ders.: *Der Große Krieg. Die Welt 1914–1918*, Berlin 2013.
Ders.: «Die Antike im Krieg»; in: *Zeitschrift für Ideengeschichte*, Heft VIII/2, 2014, S. 55–70.
Ders.: «Clausewitz im Ersten Weltkrieg»; in: Samuel Salzborn/Holger Zapf (Hgg.), *Krieg und Frieden. Kulturelle Deutungsmuster*, Frankfurt am Main u.a. 2015, S. 59–86.
Ders.: *Macht in der Mitte. Die neuen Aufgaben Deutschlands in Europa*, Hamburg 2015.
Ders.: *Kriegssplitter. Die Evolution der Gewalt im 20. und 21. Jahrhundert*, Berlin 2015.
Ders.: «Die Eskalation der Gewalt: Von der Julikrise 1914 zur Politik der «revolutionären Infizierung» in: ders., *Kriegssplitter*, S. 29–59.
Ders.: «Der Zweite Weltkrieg. Ein Krieg um die Ordnung der Welt»; in: ders., *Kriegssplitter*, S. 112–140.
Ders.: «Was ist eigentlich neu an den Neuen Kriegen?»; in: ders., *Kriegssplitter*, S. 208–228.
Ders.: «‹Raum› im 21. Jahrhundert. Über geopolitische Umbrüche und Verwerfungen»; in: ders., *Kriegssplitter*, S. 301–330.
Ders./Straßenberger, Grit: *Politische Theorie und Ideengeschichte. Eine Einführung*, München 2016.
Ders.: *Der Dreißigjährige Krieg. Europäische Katastrophe, deutsches Trauma*, Berlin 2017.
Ders.: «Der Wille zur Strategie. Strategisches Denken nach der Erosion binärer Konstellationen»; in: Wolfgang Peischel (Hg.), *Wiener Strategie-Konferenz 2019. Strategie neu denken*, Berlin 2021, S. 241–255.
Ders.: «Die europäische Nachkriegsordnung – ein Nachruf»; in: *Aus Politik und Zeitgeschichte* (APuZ), 72. Jg., 2022, Heft 28–29: *Krieg in Europa*, S. 4–9.

Ders.: «Von Vegetius zu Kant und wieder zurück. Der Krieg als Rückfall, als Zäsur in der Fortschrittsvorstellung»; in: *Neue Gesellschaft/Frankfurter Hefte*, 10/2022, S. 9–14.
Ders.: *Die Zukunft der Demokratie*, Wien 2022.
Ders.: «Sicherheitspolitische Modelle für ein Europa der Zukunft»; in: Frank, Johann/Berchtold, Johannes (Hgg.), *Fundamente von Freiheit und Sicherheit in Europa*, Berlin 2023, S. 371–382.
Murphy, Gretchen: *Hemispheric Imaginings. The Monroe Doctrine and Narration of US-Empire*, Durham 2005.
Mutschler, Fritz-Heiner/Mittag, Achim (Hgg.): *Conceiving the Empire. China and Rome Compared*, Oxford 2009.
Nagel, Tilman: *Timur der Eroberer und die islamische Welt in späten Mittelalter*, München 1993.
Naß, Matthias: *Drachentanz. Chinas Aufstieg zur Weltmacht und was er für uns bedeutet*, München 2021.
Naumann, Friedrich: *Mitteleuropa*, Berlin 1915.
Neumann, Franz: *Behemoth. Struktur und Praxis des Nationalsozialismus 1933–1944* [1942], hrsg. von Gert Schäfer, Köln-Frankfurt am Main 1977.
Neumann, Peter R.: *Die neue Weltunordnung. Wie der Westen sich selbst zerstört*, Berlin 2022.
Nickel, Rainer: *Der verbannte Stratege. Xenophon und der Tod des Thukydides*, Darmstadt 2014.
Nippel, Wilfried: *Griechen, Barbaren und «Wilde». Alte Geschichte und Sozialanthropologie*, Frankfurt am Main 1990.
Nolte, Hans-Heinrich: *Kurze Geschichte der Imperien*, Wien, Köln, Weimar 2017.
Nye, Joseph, S.: *Soft power. The means to success in world politics*, New-York 2004.
Ders.: *Macht im 21. Jahrhundert. Politische Strategien für ein neues Zeitalter*, München 2011.
Obenaus, Andreas: «Genuesen, Katalanen, Portugiesen. Die Anfänge der europäischen Atlantikexpansion»; in: Marboe/Obenaus (Hgg.), *Seefahrt und die frühe europäische Expansion*, S. 93–122.
Ders./Pfister, Eugen/Tremml, Birgit (Hgg.): *Schrecken der Händler und Herrscher. Piratengemeinschaften in der Geschichte*, Wien 2012.
Ders. (Hg.): *Europas maritime Expansion. Ideen und Innovationen, Entdeckungen und Eroberungen vom 9. bis zum 18. Jahrhundert*, Wien 2021.
Olson, Maucur: *The Logic of Collective Action. Public goods and the theory of groups*, Cambridge/M. 1965.
Ommerborn, Wolfgang/Weber-Schäfer, Peter: «Die politischen Ideen des traditionellen China»; in: *Pipers Handbuch der politischen Ideen*, hrsg. von Iring Fetscher und Herfried Münkler, Bd. 1, München 1988, S. 41–84.
Ostrom, Elinor: *Die Verfassung der Allmende. Jenseits von Staat und Markt*, Tübingen 1999.
Pagels, Elaine: *Apokalypse. Das letzte Buch der Bibel wird entschlüsselt*, München 2014.

Paret, Peter: *Clausewitz und der Staat. Der Mensch, seine Theorien und seine Zeit*, Bonn 1993.
Patel, Klaus Kiran: *Projekt Europa. Eine kritische Geschichte*, München 2018.
Pittioni, Manfred: *Genua. Die versteckte Weltmacht*, Wien 2011.
Plokhy, Serhii: *Die Frontlinie. Warum die Ukraine zum Schauplatz eines neuen Ost-West-Konflikts wurde*, Hamburg 2022.
Polasky, Janet L.: *Revolutions without Borders. The Call to Liberty in the Atlantic World*, New Haven 2015.
Potsch, Lukas: «Die Moderne als Weltbürgerkrieg. Zeit- und Geschichtskritik bei Roman Schnur, Reinhart Koselleck, Hanno Kesting und Nicolaus Sombart»; in: *Leviathan*, 47. Jg., 2019, Heft 2, S. 244–265.
Press, Steven: *Rogue Empires: Contracts and Conmen in Europe's Scramble for Africa*, Cambridge/Mass. 2017.
Prezzolini, Giuseppe: *Das Leben Nicolò [sic!] Machiavellis. Literarische Annäherung an eine unzeitige, widersprüchliche politische Biographie* [1929] Berlin 1989.
Pufendorf, Samuel: *Die Verfassung des deutschen Reiches*. Übersetzung, Anmerkungen und Nachwort von Horst Denzer, Stuttgart 1976.
Rauch, Carsten: *Die Theorie des Demokratischen Friedens. Grenzen und Perspektiven*, Frankfurt/New York 2005.
Rauchensteiner, Meinhard/Seitter, Walter (Hgg.): *Katechonten. Den Untergang aufhalten*, Berlin 2001 (= Tumult, Bd. 25).
Reinhard, Wolfgang (Hg.): *1350–1750. Weltreiche und Weltmeere*, München 2014 (= *Geschichte der Welt*, hrsg. von Akira Iriye und Jürgen Osterhammel).
Ders.: «Weltreiche, Weltmeere – und der Rest der Welt»; in: ders. (Hg.) *Weltreiche und Weltmeere* (Hg.), S. 9–52.
Reinhardt, Volker: *Francesco Vettori (1474–1539). Das Spiel der Macht*, Göttingen Bern 2007.
Ders.: Machiavelli oder die Kunst der Macht. Eine Biographie, München 2012.
Rhode, Gotthold: «Polen-Litauen vom Ende der Verbindung mit Ungarn bis zum Ende der Vasas (1444–1669)»; in: *Handbuch der europäischen Geschichte*, hrsg. von Theodor Schieder, Bd. 3., Stuttgart 1971, S. 1006–1062.
Richter, Emmanuel: *Der Zerfall der Welteinheit. Vernunft und Globalisierung in der Moderne*, Frankfurt/New York 1992.
Ridolfi, Roberto: *Vita di Niccolò Machiavelli*, Rom 1954.
Ritter, Gerhard: *Der Schlieffenplan. Kritik eines Mythos*, München 1956.
Ders.: *Staatskunst und Kriegshandwerk. Das Problem des «Militarismus» in Deutschland*, 3 Bde., München 1954–1968.
Ritsert, Jürgen: *Ideologie. Theoreme und Probleme der Wissenssoziologie*, Münster 2002.
Roos, Hans: «Königtum und Adel in Polen»; in: *Pipers Handbuch der Politischen Ideen*, hrsg. von Iring Fetscher und Herfried Münkler, Bd. 3, S. 163–178.
Rosecrance, Richard: *Der neue Handelsstaat. Herausforderungen für Politik und Wirtschaft*, Frankfurt/New York 1987.
Rudolf, Peter: *Welt im Alarmzustand. Die Wiederkehr nuklearer Abschreckung*, Bonn 2022.

Ryffel, Hans: *Metabolē politeiōn. Der Wandel der Staatsverfassungen*, Bern 1949.
Saracino, Stefano: *Tyrannis und Tyrannenmord bei Machiavelli. Zur Genese einer antitraditionellen Auffassung politischer Gewalt, politischer Ordnung und Herrschaftsmoral*, München 2012.
Sasse, Gwendolyn: *Der Krieg gegen die Ukraine. Hintergründe, Ereignisse, Folgen*, München 2022.
Sasso, Gennaro: *Machiavelli e gli Antichi e altri Saggi*, 3 Bde., Mailand und Neapel, 1986–1988.
Schaller, Christian: *Streit im östlichen Mittelmeer – Griechenland, Türkei, Zypern. Eine seevölkerrechtliche Einordnung* (= SWP-Studie 2), Berlin 2022.
von Schelting, Alexander: *Rußland und Europa im russischen Geschichtsdenken. Auf der Suche nach der historischen Identität* [1948], Ostfildern vor Stuttgart 1997.
Scherrer, Jutta: «Politische Ideen im vorrevolutionären und revolutionären Rußland»; in: *Pipers Handbuch der politischen Ideen*, hrsg. von Iring Fetscher und Herfried Münkler, Bd. 5, München 1987, S. 203–281.
Dies.: *Kulturologie: Rußland auf der Suche nach einer zivilisatorischen Identität*, Göttingen 2003.
Schmid, Harald (Hg.): *Geschichtspolitik und kollektives Gedächtnis. Erinnerungskulturen in Theorie und Praxis*, Göttingen 2009.
Schmidt, Rainer: *Die Wiedergeburt der Mitte Europas. Politisches Denken jenseits von Ost und West*, Berlin 2001.
Schmitt, Carl: *Land und Meer. Eine weltgeschichtliche Betrachtung [1942]*, Köln-Hohenheim 1981.
Ders.: *Der Nomos der Erde im Völkerrecht des Ius Publicum Europaeum*, Köln 1950.
Ders.: *Der Leviathan in der Staatslehre des Thomas Hobbes. Sinn und Fehlschlag eines politischen Symbols* [1938], Köln-Lövenich 1982.
Ders.: *Der Begriff des Politischen*. Text von 1932 mit einem Vorwort und drei Corollarien, Berlin 1987.
Ders.: *Die Wendung zum diskriminierenden Kriegsbegriff* [1938], Berlin 1988.
Ders.: *Positionen und Begriffe im Kampf mit Weimar – Genf – Versailles. 1923–1939* [1940], Berlin 1988.
Ders.: *Staat, Großraum, Nomos. Arbeiten aus den Jahren 1916–1969*. Hrsg., mit einem Vorwort und mit Anmerkungen versehen von Günter Maschke, Berlin 1995.
Ders.: «Raum und Großraum im Völkerrecht» (1940); in: ders., *Staat, Großraum, Nomos*, S. 234–268.
Ders.: «Völkerrechtliche Großraumordnung mit Interventionsverbot für raumfremde Mächte. Ein Beitrag zum Reichsbegriff im Völkerrecht» [1941]; in: ders., *Staat, Großraum, Nomos*, S. 269–371.
Ders.: «Die Raumrevolution. Durch den totalen Krieg zu einem totalen Frieden» [1940]; in: ders., *Staat, Großraum, Nomos*, S. 388–391.
Ders.: «Das Meer gegen das Land» [1941]; in: ders., *Staat, Großraum, Nomos*, S. 395–400.
Ders.: «Staatliche Souveränität und freies Meer. Über den Gegensatz von Land

und See im Völkerrecht der Neuzeit» [1941]; in: ders., *Staat, Großraum, Nomos*, S. 401–422.
Ders.: «Die Ordnung der Welt nach dem Zweiten Weltkrieg»; in: ders., *Staat, Großraum, Nomos*, S. 592–618.
Ders.: *Glossarium. Aufzeichnungen aus den Jahren 1947 bis 1958*, hrsg. von Gerd Giesler und Martin Tielke, Berlin ²2015.
Schmoeckel, Mathias: *Die Großraumtheorie. Ein Beitrag zur Geschichte der Völkerrechtswissenschaft im Dritten Reich, insbesondere der Kriegszeit*, Berlin 1994.
Schmutterer, Felix: *Carl Ritter und seine «Erdkunde von Asien». Die Anfänge der wissenschaftlichen Geographie im frühen 19. Jahrhundert*, Berlin 2018.
Schramm, Wilhelm von: *Clausewitz. Leben und Werk*, Esslingen am Neckar ³1981.
Schroer, Markus: *Geosoziologie. Die Erde als Raum des Lebens*, Berlin 2022.
Schulze Wessel, Martin: *Der Fluch des Imperiums. Die Ukraine, Polen und der Irrweg in der russischen Geschichte*, München 2023.
Schuppert, Gunnar Folke (Hg.): *Governance-Forschung. Vergewisserung über Stand und Entwicklungslinien*, Baden-Baden 2005.
Schwabe, Klaus: *Weltmacht und Weltordnung. Amerikanische Außenpolitik von 1898 bis zur Gegenwart. Eine Jahrhundertgeschichte*, Paderborn u.a. 2006.
Schwartz, Eduard: *Das Geschichtswerk des Thukydides* [1919], Hildesheim ³1969.
Seidlmayer, Michael: «Dantes Reichs- und Staatsidee»; in: ders., *Wege und Wandlungen des Humanismus*, Göttingen 1965, S. 33–46.
Shaw, Christine: *Julius II. The Warrior Pope*, Oxford 1993.
Sieren, Frank: *Shenzhen. Zukunft Made in China. Zwischen Kreativität und Kontrolle – die junge Megacity, die unsere Welt verändert*, München 2021.
Sikora, Michael: «Ueber die Veredelung des Soldaten». Positionsbestimmungen zwischen Militär und Aufklärung»; in: Hohrath/Gerteis (Hgg.), *Die Kriegskunst im Licht der Vernunft*, Teil I, S. 25–50.
Silnizky, Michael: *Geopolitik. Geotheologische und geoökonomische Betrachtungen*, Berlin 2015.
Ders.: *Russland und der Westen. Axiologische Irrwege der westlichen Geopolitik*, Berlin 2015.
Simms, Brendan: *Kampf um Vorherrschaft. Eine deutsche Geschichte Europas. 1453 bis heute*, München 2014.
Simon, Gerhard und Nadja: *Verfall und Untergang des sowjetischen Imperiums*, München 1993.
Singer, Peter W.: *Die Kriegs-AGs. Über den Aufstieg der privaten Militärfirmen*, Frankfurt am Main 2006.
Slobodian, Quinn: *Globalisten. Das Ende der Imperien und die Geburt des Neoliberalismus*, Berlin 2019.
Smith, Laurence C.: *Weltgeschichte der Flüsse. Wie mächtige Flüsse Reiche schufen, Kulturen zerstörten und unsere Zivilisation prägten*, München 2022.
Solschenizyn, Alexander: *Die russische Frage am Ende des 20. Jahrhunderts.*

Herausgegeben und mit einem Nachwort von Wolfgang Kasack, München 1994.
Sombart, Werner: *Händler und Helden. Patriotische Besinnungen*, München und Leipzig 1915.
Sommer, Theo: *China First. Die Welt auf dem Weg ins chinesische Jahrhundert*, München 2019.
Speck, Ulrich/Sznaider, Natan (Hgg.): *Empire America. Perspektiven einer neuen Weltordnung*, München 2003.
Spencer, Herbert: *Die Principien der Soziologie*, 4 Bde., Stuttgart 1887.
Spengler, Oswald: *Der Untergang des Abendlandes. Umrisse einer Morphologie der Weltgeschichte* [1923], München 1998.
Spohr, Kristina: *Wendezeit. Die Neuordnung der Welt nach 1989*. Aus dem Engl. von Helmut Dierlamm und Norbert Juraschitz, München 2019.
Sprengel, Rainer: *Kritik der Geopolitik. Ein deutscher Diskurs 1914–1944*, Berlin 1996.
Stangneth, Bettina: *Überforderung. Putin und die Deutschen*, Hamburg 2023.
Steininger, Rolf: *Der Vietnamkrieg*, Frankfurt am Main 2004.
Stöver, Bernd: *Der Kalte Krieg. Geschichte eines radikalen Zeitalters. 1947–1991*, München 2007.
Stolleis, Michael (Hg.): *Staatsdenker im 17. und 18. Jahrhundert. Reichspublizistik – Politik – Naturrecht*, Frankfurt am Main 1977.
Ders.: *Pecunia nervus rerum. Zur Staatsfinanzierung der frühen Neuzeit*, Frankfurt am Main 1983.
Straumann, Benjamin: *Hugo Grotius und die Antike. Römisches Recht und römische Ethik im frühneuzeitlichen Naturrecht*, Baden-Baden 2007.
Streusand, Douglas E.: *Islamic Gunpowder Empires. Ottomans, Safavids, and Mughals*, Boulder 2011.
Stürmer, Michael: *Welt ohne Weltordnung. Wer wird die Welt erben?*, Hamburg 2006.
Stykow, Petra: «Der Fall Russland: Korruption als Kollateralschaden der Transformation»; in: *Vierteljahreshefte zur Wirtschaftsforschung*, 2004, Heft 2, S. 247–268.
Susbielle, Jean-François: *China – USA. Der programmierte Krieg*, Berlin 2007.
Tenzer, Nicolas: «Putins hybride Kriegführung und die Destabilisierung des Westens»; in: Courtois/Ackerman (Hgg.), *Schwarzbuch Putin*, S. 180–189.
Tepel, René: «Schiffstypen, Navigation und Weltreiche zwischen Mittelalter und Früher Neuzeit»; in: Obenaus (Hg.), *Europas maritime Expansion*, S. 20–47.
Teschke, Benno: *The Myth of 1648. Class, Geopolitics and the Making of International Relations*, London/New York 2003.
Tessore, Dag: *Der Heilige Krieg im Christentum und Islam*, Düsseldorf 2004.
Thom, Françoise: «Die Auslöschung der Völker»; in: Courtois/Ackerman (Hgg.), *Schwarzbuch Putin*, S. 311–325.

Dies.: «Die Erschaffung des Homo post-sovieticus. Putins ‹Ingenieure der Seele›»; in: Courtois/Ackermann (Hgg.), *Schwarzbuch Putin*, S. 88–101.
Thukydides: *Der Peloponnesische Krieg*. Übersetzt und herausgegeben von Helmut Vretska und Werner Rinner, Stuttgart 2000.
Thumann, Michael: *Revanche. Wie Putin das bedrohlichste Regime der Welt erschaffen hat*, München 2023.
Tönnies, Ferdinand: *Gemeinschaft und Gesellschaft. Grundbegriffe der reinen Soziologie* [1887], Darmstadt ^{3}1991.
Traverso, Enzo: *Im Bann der Gewalt. Der europäische Bürgerkrieg 1914–1945*, München 2008.
von Treskow, Isabella/Buschmann, Albrecht/Bandau, Anja (Hgg.): *Bürgerkrieg. Erfahrung und Transformation*, Berlin 2005.
Trilling, Fritz: *Der zweite Brief an die Thessalonicher*, Zürich u.a. 1980.
Umland, Andreas: «Der Neoeurasismus des Alexandr Dugin. Zur Rolle des integralen Traditionalismus und der Orthodoxie für die russische Neue Rechte»; in: Margarete Jäger/Jürgen Link (Hgg.), *Macht – Religion – Politik. Zur Renaissance religiöser Praktiken und Mentalitäten*, Münster 2006, S. 141–157.
Vaissie, Célile: «Die Zerschlagung der Medien, der NGOs und der Opposition in Putins Russland»; in: Courtois/Ackerman (Hgg.), *Schwarzbuch Putin*, S. 340–358.
Vagts, Alfred: *Bilanzen und Balancen. Aufsätze zur internationalen Finanz und internationalen Politik*, hrsg. von Hans-Ulrich Wehler, Frankfurt am Main 1979.
Valeri, Nino: *L'Italia nell' Età dei Principati dal 1343 al 1516* (= *Storia d'Italia*, ed. Arnoldo Mondadori, Bd. V), Verona 1950.
Vegetius (= Publius Flavius Vegetius Renatus): *Abriß des Militärwesens*. Lat. und dt. Ausgabe. Mit Einleitung, Erläuterungen und Indices von Friedhelm L. Müller, Stuttgart 1997.
Viroli, Mauricio: *Das Lächeln des Niccolò. Machiavelli und seine Zeit*, Zürich München 2000.
Vogel, Walter: «Rhein und Donau als Staatenbildner»; in: *Zeitschrift für Geopolitik*, 1. Jg., 1924, S. 63–73 und 135–147.
Voigt, Rüdiger: *Weltordnungspolitik*, Wiesbaden 2005.
Ders. (Hg.): *Großraum-Denken. Carl Schmitts Kategorie der Großraumordnung*, Stuttgart 2008.
Walter, Dierk: *Organisierte Gewalt in der europäischen Expansion. Gestalt und Logik des Imperialkrieges*, Hamburg 2014.
Walter, Marco: *Nützliche Feindschaft? Existenzbedingungen demokratischer Imperien. Rom und USA*, Paderborn u.a. 2015.
Walther, Helmut G.: *Imperiales Königtum, Konziliarismus und Volkssouveränität. Studien zu den Grenzen des mittelalterlichen Souveränitätsgedankens*, München 1976.
Waltz, Kenneth: *Theory of International Politics*, New York 1979.
Walzer, Michael: *Just and Unjust Wars – A Moral Argument with Historical Illus-*

trations, New York 1977. Dt. unter dem Titel *Gibt es den gerechten Krieg?*, Stuttgart 1992.

Weber, Claudia: *Der Pakt. Stalin, Hitler und die Geschichte einer mörderischen Allianz*, München 2019.

Welwei, Karl-Wilhelm: «Das Problem des ‹Präventivkrieges› im politischen Denken des Perikles und des Alkibiades»; in: *Gymnasium*, Bd. 79, 1972, S. 289–305.

Wende, Peter: *Das Britische Empire. Geschichte eines Weltreichs*, München 2008.

Wenskus, Reinhard: *Stammesbildung und Verfassung. Das Werden der frühmittelalterlichen Gentes*, Köln/Graz 1961.

Westlake, H. D.: «Thukydides und der Fall von Amphipolis»; in Herter (Hg.), *Thukydides*, S. 620–638.

Will, Wolfgang: *Athen oder Sparta. Eine Geschichte des Peloponnesischen Krieges*, München ^{2}2020.

Winkler, Heinrich August: *Der lange Weg nach Westen*, 2 Bde., München 2000.

Wittfogel, Karl August: *Die orientalische Despotie. Eine vergleichende Untersuchung totaler Macht*, Köln u.a. 1962.

Wolf, Klaus Dieter: *Die UNO – Geschichte, Aufgaben, Perspektiven*, München ^{3}2016.

Zilonka, Jan: *Europe as Empire. The Nature of the Enlarged European Union*, Oxford 2006.

Zernack, Klaus: «Schweden als europäische Großmacht der frühen Neuzeit»; in: *Historische Zeitschrift*, Bd. 232, 1981, S. 327–357.

Zhao Tingyang: *Alles unter dem Himmel. Vergangenheit und Zukunft der Weltordnung*, Berlin 2020.

Zinser, Hartmut: *Religion und Krieg*, Paderborn 2015.

Zwahlen, Regula: «Krieg, Frieden und die Russische Kirche»; in: *Religion und Gesellschaft in Ost und West*, 2022, Heft 4–5, S. 5–8.

Dank

Ein Buch dieses Typs entsteht in zahllosen Gesprächen, in denen zunächst die Idee entwickelt und diese dann immer weiter konkretisiert und differenziert wird. Die Idee, über den Wandel der Weltordnungen zu schreiben und aus den damit verbundenen Beobachtungen Überlegungen zur globalen Ordnung des 21. Jahrhunderts zu entwickeln, ist lange vor dem russischen Angriffskrieg auf die Ukraine und auch vor dem Rückzug des Westens aus Afghanistan ein halbes Jahr zuvor entstanden. Aber beide Ereignisse und ihre Bedeutung für die globalen Konstellationen haben mir verdeutlicht, dass es nunmehr an der Zeit sei, vom Ungefähren zum Bestimmten überzugehen. Das ist nicht immer leicht und einfach, weil mit Entscheidungen verbunden, die alternative Überlegungen hintan- oder gar beiseitestellen. Dabei hat mich Gunnar Schmidt, der Verleger des Rowohlt Berlin Verlags, in bewährter Weise ermuntert, und die zahllosen Gespräche mit den Münchner Freunden Rachel Salamander und Stephan Sattler, Jens und Petra Fischer sowie Heinrich und Wiebke Meier, die von tagespolitischen Ereignissen zu grundsätzlichen Fragen und wieder zurück pendelten, haben mir geholfen, aus der Unmittelbarkeit der Ereignisse herauszufinden und den Blick auf das Prinzipielle der weltordnungspolitischen Fragen zu richten. Ihnen gilt mein Dank für eine Fülle von Anregungen und Hinweisen.

Des Weiteren habe ich den Teilnehmerinnen und Teilnehmern meines im Herbst 2022 an der Universität Luzern gehaltenen Seminars «Strategisches Denken» zu danken; im Gespräch mit ihnen habe ich meine Überlegungen zu präzisieren vermocht und viele Hinweise auf offene Fragen erhalten. Einmal mehr gilt mein

Dank Karina Hoffmann, die nicht nur das Manuskript abgeschrieben, sondern auch die diversen Ergänzungen und Erweiterungen, Streichungen und Korrekturen in den Text eingebracht hat. Sie war und ist der Angelpunkt meines Schreibprozesses. Vor allem gilt der Dank meiner Frau Marina Münkler, die mir jederzeit als aufmerksame Zuhörerin, Nachfragerin und Dreinrednerin zur Seite gestanden hat. Ohne sie wäre das Buch in der vorliegenden Form nicht entstanden. Ihr ist es gewidmet.